祸起1914
欧洲迈向一战之路

[英]马克斯·黑斯廷斯（Max Hastings）◎著

符金宇　胡　烨◎译

新华出版社

图书在版编目（CIP）数据

祸起1914：欧洲迈向一战之路 / (英)马克斯·黑斯廷斯著；符金宇，
胡烨译. —北京：新华出版社，2019.9

书名原文: Catastrophe 1914: Europe Goes to War

ISBN 978-7-5166-4839-1

Ⅰ．①祸… Ⅱ．①马… Ⅲ．①第一次世界大战—历史—通俗读物
Ⅳ．①K143-49

中国版本图书馆CIP数据核字（2019）第188927号
著作合同登记号：图字01-2019-4840号

祸起1914：欧洲迈向一战之路

著　　者：［英］马克斯·黑斯廷斯	译　　者：符金宇　胡　烨
责任编辑：江文军　马大乔	责任校对：刘保利
特约编辑：张　敬	封面设计：李尘工作室

出版发行：新华出版社
地　　址：北京市石景山区京原路 8 号　　　　邮　　编：100040
网　　址：http://www.xinhuapub.com
经　　销：新华书店
　　　　　新华出版社天猫旗舰店、京东旗舰店及各大网店
购书热线：010-63077122　　　　　中国新闻书店购书热线：010-63072012

照　　排：李尘工作室
印　　刷：河北鑫兆源印刷有限公司
成品尺寸：170mm×240mm
印　　张：41　　　　　　　　　　字　　数：590千字
版　　次：2019年12月第一版　　　印　　次：2019年12月第一次印刷
书　　号：ISBN 978-7-5166-4839-1
定　　价：86.00元

　　亨利·威尔逊准将1910年在英国陆军参谋学院当院长的时候，就曾断言欧洲必有一场大战发生，认为英国若是审时度势，唯一的胜算就在于和法国结盟，联手抗德。有位学生斗胆进言，指出只有"那帮搞政治的人干出什么愚不可及的蠢事来"，才会导致全面冲突爆发。此言一出，不禁惹得威尔逊哈哈大笑起来："哈哈哈！'愚不可及的蠢事'不正是你们马上要看到的吗？"

　　"我们正准备进入一条长长的隧道，里面充满了血腥与痛苦。"

——安德烈·纪德
1914 年 7 月 28 日

　　有个俄国外交官有一次半开玩笑地对一位英国武官说道："我们给你们英国安排了这么一场好仗，你们英国的士兵应该感到格外高兴才对。"那名英国武官回答道："这场仗到底好不好打，只有等到打了才知道。"

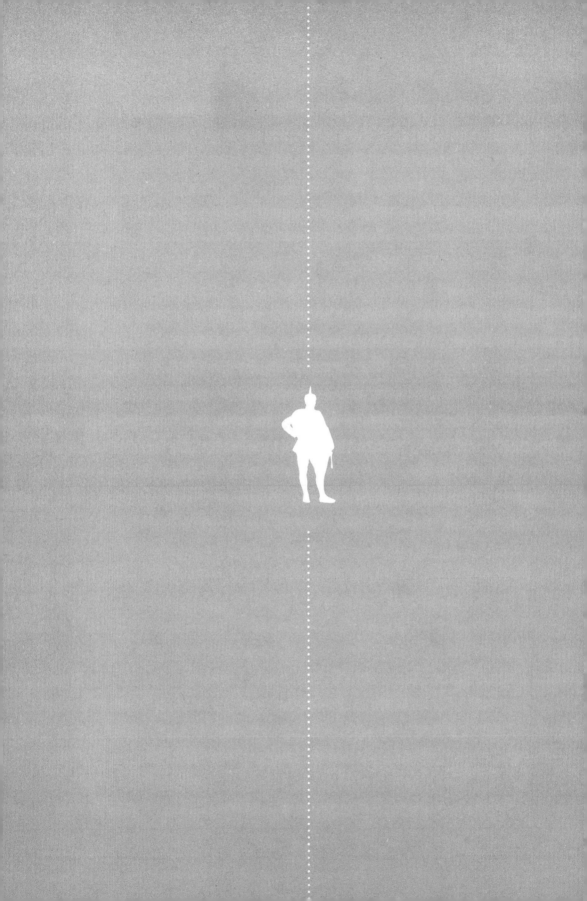

1914年年表

6月28日	弗朗茨·斐迪南大公在萨拉热窝遇刺身亡
7月23日	奥匈帝国最后通牒送抵塞尔维亚
7月28日	奥匈帝国对塞尔维亚宣战
7月29日	奥军炮轰贝尔格莱德
7月31日	俄国开始军事动员[①]，德国最后通牒送达巴黎和圣彼得堡
8月1日	德国和法国开始军事动员
8月3日	德国对法宣战
8月4日	德军入侵比利时，英国对德宣战
8月8日	法军短时攻占阿尔萨斯的牟罗兹
8月13日	奥军入侵塞尔维亚，法军大举进攻阿尔萨斯和洛林
8月15日	俄国和奥匈帝国在加利西亚首次爆发冲突
8月16日	列日最后一座堡垒被德军攻陷
8月20日	塞尔维亚人在瑟尔山击败奥军
8月20日	布鲁塞尔失守
8月20日	法军兵败莫朗日
8月20日	德军在东普鲁士的贡比嫩被击败

---

① 具体动员日期不详，因为所有国家采取预备军事手段的时间都要早于动员时间，而且在绝大多数情况下，国家首脑都是在部队已经开始调动之后才正式签署动员令。

8月22日	"边境战役"宣告流产,法军一日之内阵亡2.7万人
8月21—23日	沙勒罗瓦战役
8月23日	英国远征军在蒙斯首次参战
8月24—29日	坦嫩贝格战役
8月26日	英国远征军在勒卡托作战
8月28日	黑尔戈兰湾战役
8月29日	吉斯战役
9月2日	奥地利的伦贝格要塞落入俄军之手
9月6日	法国发动马恩河反攻
9月7日	奥地利重新进攻塞尔维亚
9月9日	德军开始撤退至埃纳河
9月9日	马祖尔湖区战役
9月23日	日本对德宣战
10月9日	安特卫普失守
10月10日	奥地利的普热梅希尔要塞被俄军攻陷
10月12日	佛兰德斯战役打响,战役高潮为历时三周的第一次伊普尔战役
10月29日	奥斯曼帝国加入同盟国一方参战
11月18—24日	罗兹战役,此役以德军撤退而告终
12月2日	贝尔格莱德沦陷
12月15日	加利西亚地区的奥地利军队被赶回喀尔巴阡山
12月17日	奥地利人被再次逐出塞尔维亚

*1914*年
各国军队编制一览

　　虽然各交战国军队编制以及下级单位兵力规模有所不同，但大致做一说明，想必会对读者有所帮助。

　　一个集团军一般由二至五个军组成（各军通常由一名中将指挥）。一个军由两至三个步兵师组成（各师由一名少将任师长），各师编制兵力为1.5万至2万人不等——骑兵师人数一般为步兵师人数的三分之一——辅以支援、工兵和后勤部队，通常配有重型炮兵。英军一个师一般由三个旅组成（各旅由准将任旅长），各旅均单独配有大炮，即通称的野战炮兵，理想配置是每一个步兵营至少配有一个炮兵连。有些欧洲大陆国家军队将团直接置于师的指挥之下，每个团包括两到三个营。反观英军步兵旅，一个旅通常由四个营组成，每个营初始兵力一千，营长由中校担任。一个营有四个步兵连，各连下属士兵200人，由少校或者上尉担任连长，同时包括一个机枪、运输、补给或者类似的支援梯队。一个连有四个步兵排，每个排由一名中尉担任排长，下辖40人。骑兵团各团兵力在400至600人不等，被分成多个骑兵中队或者骑兵连。无论"编制"兵力多少，在战争的巨大压力之下都会迅速减员。

序

　　温斯顿·丘吉尔在战后写道："这场大战找不到任何一个阶段比开头来得更有意思。各支庞大的部队按部就班、悄无声息地集结；动向部署扑朔迷离，捉摸不定；多少真相被蒙在鼓里，叫人不得而知，也无从知晓，这一切让最初的两军相接成为一出大戏，情节之盛，远非其后能比。大战期间也找不出任何一个阶段经历过如此宏大之战事，遭受过如此惨烈之屠杀，付出过如此沉重之代价。更何况，战争伊始，我们的疑虑、恐惧与兴奋尚未被此后经年累月的战火炼狱吞噬与磨灭。"纵使在与丘吉尔一同参与过这些重大战事的人当中，鲜有几个能够怀着如此强烈的热情去直面这些，可事实正是如此。

　　在我们生活的21世纪，人们每每提及这场大战，脑海中浮现出来的印象总是交错纵横的堑壕、混沌不堪的泥地、带着钩刺的铁丝网，还有那些感伤抒怀的诗人。人们多以为1916年索姆河战役打响的首日是整场战争中伤亡最为惨重的一天，事实却并非如此。回到1914年8月，法国军队正在穿过一片此前从未踏足过的原野，在明媚的阳光下向前推进；士兵们穿着蓝色军服和红色军裤，排着密集的队形；指挥官们骑着战马，走在队伍的前头；各色军旗招展飞扬，军乐队鼓号齐鸣。法国人在用一种与此后截然不同的方式作战，付出的单日伤亡代价也要更加骇人。诚然，法军到底伤亡多少，众说纷纭，可即便最乐观的预计也表明法国人在1914年开战的头五个月里减员人数[1]已经超过百万，其中死亡32.9万人。有个士兵连全连首次投入战斗时共有82人，待

---

[1] 此处所说的"减员人数"（"Casualties"）意指阵亡、失踪、受伤或被俘的士兵数目。

到八月将尽，能够毫发无伤、侥幸活下来的只剩下了三人。

德军同期减员人数为80万，死亡人数是整个普法战争的三倍。这个数据也意味着伤亡率要比这场战争其后任何一个阶段的都更高。英军八月份在蒙斯和勒卡托分别打了两仗，这两场战役也被载入了英国人自己的史册。10月份，英国那支小小的远征军被拖入了第一次伊普尔战役，这是一场为期三个星期的噩战。防线是勉强守住了——在这一点上，法国人和比利时人做出的贡献要远比英国民族主义分子所承认的更大——可这支老旧英国部队中的相当一部分人永远长眠在了伊普尔的公墓当中。单单1914年一年之内，英国士兵死亡人数便是三年前布尔战争的四倍。此时此刻，在东线，俄国人在短短几个星期里纷纷丢下自家农田、商铺和机床，动员入伍，同奥地利和德国的士兵展开正面交锋。塞尔维亚虽然只是一块弹丸之地，却让奥地利人接连吃到败仗，哈布斯堡王朝的统治也变得摇摇欲坠起来。圣诞节来临之前，奥地利人已经在塞尔维亚和俄国人手中损失了127万人，相当于每动员三个士兵，其中便有一人减员。

不少与1914年有关的著述，要么多限于描述当年八月各路大军是如何风起云涌，政治外交时局又是何等混乱，要么便是绘声绘色地讲述一个军事故事。我力图将多条线索合而为一，给读者一些交代，至少能够就"1914年欧洲到底发生了什么？"这样重大的问题做一番解释。开篇几章讲的是战争的起因，接着说的是之后战场上以及背后的种种动向，一直写到冬季来临，战事陷入僵局，呈现出某种军事特征。这种特征在很大程度上一直被保持着，直到进入1918年收官阶段。虽说以1914年圣诞作为结点纯属自作主张，可我还是要借用上文引述的温斯顿·丘吉尔的话语来证明这场战争在开局阶段具有的某种独特之处，足以将这一阶段拿出来单独审视。终章则进行一些更加全面的反思。

人们一直以来都将大战的爆发视为史上最为错综复杂的一系列事件，甚至要比俄国革命、"二战"爆发或者古巴导弹危机更加难以理解，也更不容易解释清楚。这种看法并非没有道理。这一段历史写的无疑是那一帮政治人物和军事将领的故事，正是这些人有意发动了这场战争；这一段历史写的同样是三个同盟国——德国、奥匈帝国，再加上意大利这个无所作为的一员——与俄、法、英三个协约国之间的较量与对抗。

在今天的英国，人们普遍认为这场战争既然可怕到了如此地步，那么敌对各方因何而战，是非对错已经无关紧要——愿意的话，不妨看一看《黑爵士》，这部电视连续剧写的倒是历史。不过，即便你无法完全认同西塞罗的观点，认为事件的起因要比事件本身更加重要，这种观点似乎也有失偏颇。肯尼斯·O.摩根是一位历史学家，博古通今，既非保守派，亦非修正主义的支持者。摩根在1996年就20世纪两大世界性灾难的文化后遗症做过一次演讲，谈到"第一次世界大战的历史本来面目在20世纪20年代遭到批评人士强行篡改"，首当其冲的便是梅纳德·凯恩斯[①]。此人对德国抱有强烈的同情心，认为1919年签订的《凡尔赛条约》有失公允，蠢笨无益，对此大加抨击，却丝毫不曾想过倘若德意志帝国及其盟友真的赢得胜利，欧洲又会迎来怎样一种和平。看看英国人在一战之后的情感转变，再看看1945年之后的胜利姿态，二者反差过于强烈。有一种观点认为1914—1918年的那场战争与1939—1945年的战争在道德秩序上不能等同视之。有人对这种观点嗤之以鼻，我便是其中一员。设想倘若英国袖手旁观，任由同盟国在欧洲大陆肆意妄为，那么英国的利益势必受到德国直接威胁，德国人独霸欧洲的胃口无疑将随着军事上取得的节节胜利变得越来越大。

17世纪有个作家，名叫约翰·奥布里，曾经写道："大概是在1647年，我出于好奇，前去看望司汤普牧师，想看一看他的手稿。这些手稿我小时候看过一些，可是到了我去的那会儿已经散落遗失，不知去向。司汤普的几个儿子有的当了炮兵，有的做了步兵，拿着这些手稿擦拭手里的枪炮。"所有的历史学家都要面对这样的失落。可是，那些反差的场景同样令一心探究1914年历史真相的人们感到苦恼：史料来自那么多种语言，令人难以尽阅。其中大部分要么存疑，要么纯属讹误。几乎所有的历史人物都在多多少少伪造与

---

① 约翰·梅纳德·凯恩斯（John Maynard Keynes，1883—1946），英国著名经济学家，以创立宏观经济学而闻名于世，被后人誉为"宏观经济学之父"。——译者注

自己所扮演角色有关的记录；大部分档案材料已经遭到毁坏，不单是因为疏忽大意，而是因为这些材料被认为有损某些国家或者某些人物的颜面和声誉。自1919年开始，德国的领袖们为了追求政治利益开始极力编造历史，有计划地毁灭那些让自己面上无光的证据，好让德国免于战争罪行。一些塞尔维亚人、俄国人，还有法国人也在干着同样的勾当。

不仅如此，正是由于太多政治人物和士兵在1914年之前的几年里三番五次改变自己的理念与想法，这些人在公私场合留下的文字言论才会被拿来当作证据，证明对他们思想意向做出的种种判断言之有理。有一位学者曾经把海洋学比喻成"一项具有创意的活动。从事这项活动的人……只是为了满足个人好奇。不管是自己的、还是别人的研究数据，都试图从中找出有意义的模式来。还有一点要比人们想象的更加常见，这些人对数据的解读往往都是推测罢了。"历史研究通常也是这样，对1914年的历史研究尤其如此。

学界对于该由哪家承担开战罪责的问题，已经喋喋不休地争论了好几十年，也经历了好几个特色鲜明的阶段。由于人们普遍认为1919年《凡尔赛条约》对德国的制裁过于严厉，有失公允。受此影响，有观点认为欧洲列强在战争责任问题上一概难辞其咎，这种看法自20世纪20年代以来大行其道。接下来便是路易吉·阿尔贝蒂尼①的那本传世之作《1914年大战溯源》（*The Origins of the War of 1914*）。该书于1942年和1953年先后在意大利和英国出版，为其后不少研究，尤其是强调德国要对战争负责这个问题定下了基调。1961年，弗里茨·费舍尔②出版《德国在第一次世界大战中的作战目的》（*Germany's War Aims in the First World War*）。这是费舍尔写的又一本具有开拓意义的专著。作者在书中指出，鉴于史实证据表明德国领导层有意赶在俄国加速发展、扩军备战、迅速扭转战略劣势之前发动一场欧洲大战，德意志

---

① 路易吉·阿尔贝蒂尼（Luigi Albertini, 1871—1941），意大利议员、知识分子、著名报纸《米兰晚邮报》主编，一战历史学家，自由派领军人物，以公开反对国家社会主义而闻名。——译者注

② 弗里茨·费舍尔（Fritz Fischer, 1908—1999），德国历史学家，长于一战研究，被誉为"20世纪德国最重要的历史学家之一"，20世纪60年代提出观点，认为德意志帝国是蓄意发起第一次世界大战的元凶，引发强烈争议。——译者注

帝国因此必须承担罪责。

该书一面世，便激起了费舍尔德国同胞的愤怒。这一辈德国人连承认德国要为发动"二战"承担责任都不愿意，现在可好，费舍尔居然言之凿凿地称自己的祖国还要背上"一战"开战的骂名，实在欺人太甚。费舍尔的学界同行也开始对他连番炮轰。"费舍尔争议"在德国引起的反响之剧烈，无论美英均无任何同类型历史争议可以与之相提并论。然而，待到尘埃落定，共识浮出水面，人们看法倒是相当一致。除开些许地方值得商榷，费舍尔所言不虚。

不过，在过去三十年间，费舍尔的观点在不同层面受到了欧美两国作家的强烈挑战。其中，令人印象最为深刻的异议来自乔治·亨利·苏图1989年出版的《黄金与鲜血》（*L'or et le sang*）。苏图并未追究大战的起因，却将注意力放在了协约国与同盟国敌对双方的作战目的之上，令人信服地表明，与其说德国人早在参战之初就已经制订好了一份有连贯性的计划来统治世界，还不如说是走一步、看一步。另外几位历史学家挖掘出更多争议话题。肖恩·麦克米金在2011年写道："1914年的战争更像是一场属于俄国人、而非德国人的战争。"萨穆埃尔·威廉逊2012年3月在华盛顿威尔逊中心召开的一场研讨会上发言指出："摆明了错在德国"这种说法已经站不住脚。尼尔·弗格森将主要责任归在了当时的英国外交大臣爱德华·格雷头上。克里斯托弗·克拉克认为奥地利有资格就弗朗茨·斐迪南大公被刺，向塞尔维亚进行军事报复，因为塞尔维亚本来就是个流氓国家。德皇与德国皇室研究权威的历史学家约翰·洛尔则坚持立场，认为"确有关键证据表明是德国蓄意发动的大战"。

无论上述论断确有其事也好，似是而非也好——至少目前是这么个感觉——人们都有充分理由相信，这些与1914年有关的历史争议将毫无疑问地永远持续下去。人们大可提出种种解释，但一切只是推论假说。21世纪初始已经为我们提供了大量有关这场"七月危机"的新鲜理论学说和富于想象的重新评估，却鲜有与之相关、令人信服的史料出炉。对于战争因何而起，现在没有，将来也永不会有"定论"出现。之所以如此，是因为每一位作家都

只可能提出自己的看法观点。就此而言，我自会将我的结论阐述清楚，也会尽我所能，将各家争议重新搬上纸面，以便读者自行判别。

亲历过那个时代的人其实和21世纪的后人一样，对于1914年8月降临在欧洲头上的这场巨变，以及其后那些年月发生的一切同样心有余悸。陆军中尉爱德华·路易斯·斯皮尔斯是英军驻法国陆军第五集团军联络官。他在战争结束很久之后回忆道："这就好比一艘正在下沉的邮轮。船上的所有人，无论尊卑贵贱，都在同一时间做着同样徒劳无用的挣扎，试图反抗这股巨大的自然力量。这股力量是那样强大，管你会不会水，游得好与不好，都让一切变得毫无意义，短短几分钟之内就将所有人统统吞噬。"

我在描写欧洲各国打得不可开交的时候，把写作重心放在了那些无足轻重、草莽民众的证词证言之上。这些人既有陆军士兵、也有海军水员，还有平民百姓，他们都是这场战乱的牺牲品。诚然，那些伟人要员和重大事件也会在我的书中一一叙述，可是过了一个世纪再写任何一本类似的书，无论如何都应该多做点努力，为这场"聚会"引入几位新来的"客人"，这也有助于读者明白我为何要将重点置于塞尔维亚和加利西亚的战线之上，因为这些都是西方读者了解不多、知之甚少的地方。

如此宏大的战事在幅员数百英里的辽阔战场上同时展开，要想加以细述，一大难点在于该以何种方式加以呈现。我的选择是以战区为序，轮流叙述，在时间顺序上出现错位在所难免。这就意味着读者必须时不时回过头去，打个比方，在描写坦嫩贝格战役开打的时候，英法联军就已经退到了马恩河畔。即便如此，我还是避免从一条战线突然跳到另一条战线，这样应该能够最大限度保持叙事的连贯性。一如之前的几本书，我这一次同样尽可能省去了某些军事上的细节，诸如师团番号之类的东西。毕竟，人的经历体验才是最能够引发21世纪读者联想的东西。不过，为了让读者更明了"一战"早期战役的演变发展，关键在于得让人明白每一名指挥官都害怕遭到敌人"侧翼包抄"，这是因为每支部队的外缘与后部都是最薄弱之处。不管是在法国、比利时、加利西亚，还是东普鲁士和塞尔维亚，士兵们在1914年的秋天都经常遭遇到侧翼包抄。之所以会发生这样的情况，是因为作战将领们要么有意选择暴露的侧翼发起进攻，要么就是为了避免成为侧翼进攻的牺牲品。

　　休·斯特拉坎[1]写了一本描写一战的鸿篇巨著，他在首卷中记叙了发生在非洲和太平洋地区的战事，提醒人们不要忘记这场战争后来真的演变成为一场世界大战。就我而言，同样宏大的叙事篇幅恐非拙著框架所能承受。因此本书仅仅着力描写发生在欧洲的惨剧，其场面已经足够宏大，悲惨程度也已足矣。为了让描述更加清晰，我自作主张，在文体形式上做了一些改变。虽然，"圣彼得堡"（St Petersburg）在1914年8月19日更名为"彼得格勒"（Petrograd），可我仍然在书中保留了旧名——这个名字现在又成了新名。"塞尔维亚"（Serbia）在当时的报刊文献中一般拼作"Servia"，我依旧采用前者，引文中亦是如此。除开某些带有政治意味的章节片段，哈布斯堡帝国的国民与士卒在书中一般被描述为"奥地利人"（Austrians），而非更为确切的"奥匈帝国臣民"（Austro-Hungarians）。对于像冯·克拉克（Von Kluck）这些全称中带有"冯"（"Von"）字样的人名，我在第一次提过之后便会将敬称省去。地名一律统一标准，比如说"牟罗兹"（"Mulhouse"）就不再选用其德语名称"穆尔豪森"（"Mühlhausen"）。

　　虽然，我之前也写过不少和战争有关，尤其是"二战"方面的书，但这本书是我头一回对这场"二战"的先导之战进行的长篇论述。我本人对这一历史时期的接触研究始于1963年。那时我还是一个新人，刚刚毕业，走出校园，没有正式工作，正处在"空档之年"，应聘进入BBC电视台，替26集史诗系列片《大战》（*The Great War*）做研究助理。周薪虽说只有区区10镑，可就凭我那点本事，至少也算多赚了9镑。节目制作人包括约翰·特林、科列利·巴奈特，还有阿利斯泰尔·霍恩。我采访了许多参加过一战的老兵并和他们保持书信往来。这些老兵当时刚刚步入暮年。我也查阅了不少出版的文学作品和档案文件。就我个人而言，这段年轻时代的经历是我一生中最开

---

① 休·斯特拉坎（Hew Strachan，1949— ），苏格兰军事史学家，先后任教于牛津大学万灵学院和圣安德鲁大学，长于英国陆军和一战历史研究。——译者注

心，也是最有收获的一段回忆，1963—1964年期间付出的辛劳也对我日后写本书起到了不小帮助。

回到我那个年代，凡是在学校里念书的都在如饥似渴地读着芭芭拉·塔克曼①1962年的畅销书《1914年8月》（*August 1914*）。没想到过了几年，竟然听闻某位历史学家斥责塔克曼的书"毫无学术价值可言"，着实吃惊不小。即便如此，那本书仍然不失为讲述历史故事的佳作，依旧受到不少崇拜者不加掩饰地喜爱，我就是其中之一。正是这本书极大地激起了我们这些人的热情，去追溯这一段过往岁月。这一段历史对后人产生的影响是无法磨灭的，正是这些日子见证了一个王权贵族统治下的欧洲垂垂老矣、在劫难逃的最后盛景，随之而来的是一个战火催生的混沌新世界。

马克斯·黑斯廷斯

伯克郡 奇尔顿佛里亚特

2013年6月

---

① 芭芭拉·塔克曼（Barbara Tuchman，1912—1989），美国历史学家、畅销书作家，凭借《八月炮火》（*The Guns of August*）和《史迪威和美国在华经历》（*Stillwell and the American Experience in China*）在1962年和1971年先后拿下"普利策奖"。文中所述《1914年8月》指的即是前者，由于该书主要受到弗里茨·费舍尔思想的影响，因此颇受争议。
——译者注

译者序

2018年是第一次世界大战结束整整一百周年的日子。我想欧洲各国的人们一定会在11月份举办各种各样的纪念活动，来追忆缅怀那段百年前的沧桑吧。而我能够在这样一个具有历史纪念意义的年份接手翻译这样一本厚重的历史巨著，不免也是一种机缘与荣幸。

平心而论，第一次世界大战和我们中国的关系并不那么密切。这毕竟是一场属于欧洲人的集体记忆，国内有关一战的文学影视作品也极其少见。也正因为如此，初拿到书的时候，我突然一下子想起了许久以前看过的两部和一战有关的外国电影。一部名叫"*A Very Long Engagement*"，中文译名叫作《漫长的婚约》。故事讲述的是一个女人历经千辛万苦，寻找大战中失散的未婚夫，待到最终找到，却发现自己日思夜想的爱人已经失去记忆，一切仿如隔世，恍然如梦。另外一部的名字记不得了，讲的是一战刚刚开始的那一年圣诞，对垒西线的士兵们共同"欢度"起了这个欧洲人的传统节日。当"敌人"面对面站在一起，没有了枪，也没有了恨，有的只是初次见面时的怀疑，腼腆的微笑，慢慢开始大方却又拘谨地交换礼品，为对方送上节日祝福，最后甚至一起踢起了足球。这部电影着实让当年的我为剧中的丰富人性内涵感触良多，也仿佛感受到了"本是同根生，相煎何太急"的苦痛。没想到这么多年过去，能有这样一个机会拜读并翻译这样一本巨著。作者在书中对这幅圣诞温情画面进行了更加深刻的解析，也让我对人性的复杂与无奈有了更新更深的认识。细细思量，这又何尝不像后人回头重新审视那场战争那样让人觉得时过境迁，物是人非呢？

第一次世界大战肇始于1914年7月28日，结束于1918年11月11日，亦被称

作"大战"（"the Great War"）。无论是被冠以"伟大"二字，还是一如时任英国首相劳合·乔治所言的"终战之战"（"the War to End All Wars"），这样的称谓都反映了当时世人为这场战争涂抹上的强烈理想主义色彩，却不想在后人眼中成了最刻骨铭心的讽刺——这场大战不仅没能终结一切战争，反而为日后更大的纷争动乱埋下了伏笔。

不错，那是一个理想主义行将死去的年代。战场之上，宫闱之间，一个老旧华丽的欧洲正在落幕，看似勇敢浪漫的骑士精神在枪林弹雨、血肉横飞的洗礼中永不复来。这不仅是一场欧陆权贵的最后较量，更是平民小辈的殊死挣扎。书中虽然提到了霞飞、毛奇、威尔逊，还有丘吉尔这些闻名遐迩的大人物，可更多讲述的是一帮"普通人"的故事。这些人看似平凡，实则不然。他们的名字我们乍一听或许一个也不认识，但倘若多花一点心思，多查一些资料，便会感受到这些名字背后的一个个鲜活的血肉之躯。用更多普通人的心声串起这样一段历史，无论是开篇的序言，还是终章的结笔，这样直白的情感诉求都能在作者的字里行间感受得到。

本书的作者马克斯·黑斯廷斯爵士（Sir Max Hastings）1946年12月28日出生于英国，是著名的战地记者、作家，军事史学家。黑斯廷斯投身新闻事业，完全称得上是子承家业。其父麦克唐纳德·黑斯廷斯（Macdonald Hastings，1909—1982）是一名资深记者、作家，其母安妮·埃莉诺·斯科特-詹姆斯（Anne Eleanor Scott-James，1913—2009）是英国最早的职业女记者，著名专栏撰稿人。而作者在书中提到的外祖父罗尔夫·斯科特-詹姆斯（Rolfe Arnold Scott-James，1878—1959）同样是著名记者、主编兼文学评论人，还是"现代主义"（"Modernism"）一词的创始人。马克斯·黑斯廷斯早年在英国接受教育，1968年去了美国，后以外籍记者身份为BBC制作电视节目，1982年英阿马岛战争爆发之际成为最早亲赴马岛采访的记者之一，十年后成为《每日电讯报》主编，2002年被授予爵士爵位。黑斯廷斯著述等身，多与"二战"有关。本书出版于2013年，算是近著，也是作者长长书目列表中难得的与"一战"有关的一本。

我有幸作为这本巨著的中文版译者，在翻译上自然也下了一番功夫。

原著英文名为"*Catastrophe Europe Goes To War 1914*"。译名大标题《祸起1914》，其实早在拿到书的第一时间便已想到。在我看来，"Catastrophe"这个词无论译成"灾难"，还是"浩劫"，都不如单单一个"祸"字给人冲击来得强烈。这个字揭示了战争的本质——无论怎样的宣传掩饰，这个世上哪里会有什么"伟大的战争"，哪一场战争到头来不是"人祸"？！"1914"这个数字将时间定格在了那个具有特殊意义的年份。作者将落笔的重心放在大战的头一年，用意也正在于此。至于书中的"译者注"，都是我加上去的，这是我从事翻译这么多年来一贯的风格，目的只有一个——让中国的读者读得更加明白。考虑到本书作者将诸多的笔墨放在那些"小人物"的身上，我想更应如此。这是我作为译介之人，沟通作者与读者的本分，也是我身为一个历史爱好者的兴趣所在。

本书是我和另外一位译者合译的。合译诚非易事，在此也要感谢另一位译者付出的辛劳。我同时还对全书进行了不止一次的校对与修订，以求关键人名、地名一致无误，语句文字通顺达意。最后交稿前，我还对这篇写在将近一年前的译者序进行了一些修改，确保不会出现前后矛盾的错误。

我要特别感谢新华出版社江文军编辑对我的支持。这么多年来，一直与江先生合作，此番翻译一波三折，其间又恰逢拙著《日本足球史》出版，前后耗去不少时间精力，谢谢江先生费心。最后，我还要感谢我的两位同事英国外教劳伦斯·开普林（Laurence Capelin）和美国外教托马斯·威廉·莫兰（Thomas William Moran IV）的耐心释疑，不吝赐教。该书诚属鸿篇巨著，书中不少文字与文化历史背景深厚，绝非单凭一本字典便能揣摩而出。幸得二位母语专家指点，方才明白个中深意，在此一并谢过，深表感激。

诚然，本人能力有限，译文出现纰漏错误，还请读者海涵见谅。谢谢！
是为序！

符金宇

二零一九年三月

广州　暨南大学

目 录

CONTENTS

目　录

引 子

萨拉热窝

　　1914年6月28日在波斯尼亚发生了一起耸人听闻的离奇小事。若问此事对世界历史究竟产生了怎样的影响，就好比一只黄蜂在一个久病在身、卧床不起的人身上狠狠蜇了一下，气得此人从床上一骨碌爬起身来，把去日无多的余生全部花在消灭这只害人虫身上去了。奥匈帝国的弗朗茨·斐迪南大公遇刺这件事情与其说为第一次世界大战提供了一个名正言顺的"由头"，还不如说是被各方拿来当作冠冕堂皇的借口，好把早就准备好的武力使将出来。一个十几岁的年轻人利用恐怖手段刺杀了一个人，而这个人却是哈布斯堡王朝众多领袖当中唯一一个有可能利用自身影响力阻止战祸发生的，这只能说是历史给我们开了一个小小的玩笑。不管怎样，那个炎炎夏日发生在萨拉热窝的那场事件都激起了后人的极大兴趣，任何一位试图记录1914年历史真相的人想必都会沉迷其中、难以自拔。

　　弗朗茨·斐迪南这个人除了自己的老婆以外，并不遭人喜欢。这位大公体态臃肿，年逾半百，是哈布斯堡王朝70位大公中的一位，自从1889年自己的堂兄、皇储鲁道夫与情人在梅耶林饮弹自尽之后就成了奥匈帝国的皇位继承人。奥皇弗朗茨·约瑟夫相当讨厌这个侄子。在他人眼中，大公生性高傲、固执己见，凡事循规蹈矩、恪守细节。弗朗茨·斐迪南平生最爱打猎。在被加弗里洛·普林西普用那把小小的老枪结果性命之前，据说射杀了超过25万只猛禽野兽。

1900年，大公对一位名叫索菲·肖特克的波希米亚贵妇一见倾心。这位夫人天资聪颖，性格强势，有一回在观摩部队演习时甚至对主管军官大发雷霆，批评士兵行军步伐不一、队列不整。然而，由于索菲缺乏皇家血统，因此在皇室眼中并无资格成为皇后。奥皇虽然勉强同意大公与索菲结为夫妇，但是却强调二人结合为贵贱通婚。这一纸君令也令大公夫妇为奥地利上流贵族社会所难容。弗朗茨·斐迪南与索菲虽然相亲相爱，却总有人在背后指指点点，说索菲是个没有皇家血统的皇室附庸，这也为他们的生活蒙上了一层阴影。弗朗茨·斐迪南在波希米亚的科诺皮斯泰行宫修有一条步道，平素最爱信步其上，取名"超级苦路"。每逢皇室聚会等重大活动，斐迪南总会紧随奥皇身后，妻子却不能相伴左右。斐迪南对宫务大臣蒙诺沃公爵阿尔弗雷德深恶痛绝，因为正是此人一手主导，才令自己蒙羞。

弗朗茨·斐迪南身为皇位继承人，如此地位也意味着夫妇二人需要与那些军事将领、政界名流还有外国要人沟通往来。1914年6月13日，德皇亲临科诺皮斯泰，拜访大公夫妇。随德皇一同到来的还有德国海军大元帅阿尔弗雷德·冯·提尔皮茨。提尔皮茨对玫瑰情有独钟，早就听闻城堡花坛里栽种的玫瑰美不胜收，一心想要好好欣赏一番。威廉二世向来不谙社交，常常出丑丢人。这一回他带来了两条达克斯小猎狗，一条叫瓦德尔，另一条叫赫克斯尔。不料两只狗竟然咬死了弗朗茨·斐迪南从国外带回的一只雉鸡，让狗主人好生面上无光。德皇与大公谈论的似乎尽是些无足轻重的琐事，对于欧洲和巴尔干政局反倒只字不提。

翌日恰逢星期天，利奥伯德·贝希托尔德伯爵携夫人造访科诺皮斯泰。这位奥地利外交大臣堪称奥匈帝国政坛最为举足轻重的人物。夫妇二人富可敌国，生活极尽奢华。对于豢养赛马名驹尤为狂热。二人饲养的几匹小赛马还在当年春天的弗洛伊登赏金障碍大赛中赢得桂冠。伯爵夫人南丁与索菲自小相识，是儿时玩伴。两位贵宾先在城堡享用早餐，接着参观庭院，欣赏宫内珍藏的名画——伯爵在收藏名画方面称得上行家里手——当晚乘车回了维也纳，此后再未见过城堡主人。

斐迪南大公在政治社会观念上属于保守派，表达起观点来总是措辞激烈。1910年，大公前往伦敦参加英王爱德华七世的葬礼，之后写信回国，感叹与自己同时代的王公贵族大多粗俗愚钝，煞有其事地声称某些到场政界人士言谈举止不合时宜，傲慢无礼，美国前总统西奥多·罗斯福更是遭到点名批评。人们有时会说弗朗茨·斐迪南聪颖有才。即便事实真如人们所言，这位大公也和不少皇室贵族一样，在进入这个现代社会之际为权力地位所累，仗着位高权重，口无遮拦，嘴里说出来的话即便按照当时的标准来看也显得愚昧落后。

斐迪南对匈牙利人极其厌恶，有一回对德皇说道："那些马扎尔人说起来出身多么高贵、有什么绅士风度，其实这帮家伙最不要脸，最喜欢欺君犯上，满嘴谎话，根本靠不住。"斐迪南视南部斯拉夫人低人一等，谈到塞尔维亚人时总会用"蠢猪"这样的字眼来形容。大公一心渴望为哈布斯堡帝国收复伦巴第和威尼斯，这些地方都是在他有生之年落入意大利人手中的。1891年，弗朗茨·斐迪南造访俄国，高调宣称自己的统治向世人提供了一个"值得称颂的榜样"。沙皇尼古拉二世看到弗朗茨·斐迪南说话肆无忌惮，尤其是在种族问题上毫无顾忌，不禁吓了一跳，不敢接话。大公和妻子都是坚定的天主教徒，对耶稣会宠幸有加，对共济会、犹太人和自由主义者则毫不掩饰敌意。索菲同样对宗教极其狂热，1901年甚至领着200来位名流贵妇在维也纳城举行了一场天主教徒大游行。

话说回来，大公对有件事情倒是笃信不疑。虽然，不少奥地利人，甚至就连陆军参谋长康拉德·冯·赫岑多夫都对俄国人深恶痛绝，盼着同沙皇俄国在战场上一决胜负，弗朗茨·斐迪南却对此不置可否。斐迪南再三讲过，自己决心已定，绝不允许俄奥两国刀兵相见。大公一心希望看到"两国皇帝和平相处"，为此挥笔写道："我永不会兴兵征俄，为免两国交兵，哪怕付出牺牲，也在所不惜。奥俄倘若兵戎相见，要么是罗曼诺夫家族下台，要么就是哈布斯堡王朝垮掉——要么，更有可能是两败俱伤、两家皆输。"斐迪南有一次致函贝希托尔德，写道："阁下，您千万莫受康拉德蛊惑，千万千万！康拉德对皇帝陛下的指责毫无根据！此人骨子里唯恐天下不乱，一心强逞英雄！一时鲁莽兴许能够征服塞尔维亚，之后又该如何收场？……康拉德指望

通过打仗来收拾烂摊子，可局面乱成这般模样，怎么说他都要承担部分责任。切记：我们千万不要亲自上阵扮演巴尔干战士的角色。千万不要自降身份，干这些流氓行径。最好离得远远的，看那帮浑蛋互相打个头破血流。任何与俄国对抗的举动一旦做出，都是不可原谅，缺乏理智的。"

弗朗茨·斐迪南虽然和德皇威廉一样说起话来喜欢措辞强烈，行动上却不如后者莽撞冒失。倘若与俄国兵戎相见决定性一刻到来之际，大公尚在人世，他很可能会施加影响，化解干戈。然而，事实却是大公已经撒手人寰。之所以如此，是因为他坚持要来这么一场御驾亲临，去造访叔叔统治下的那个最为动荡不安、危机四伏的地区。欧洲的每一位君王都拥有一个共同信念，那便是占有大片疆土，或者说拥有一个帝国，这是衡量他们刚勇伟大与否的关键标准。英法两国的殖民地或许远在大洋彼岸，可哈布斯堡王朝和罗曼诺夫家族的领土就在身边。匈牙利人的钱币上印着一行铭文缩写，完整写出来应该是："承蒙天恩，奥地利与匈牙利、克罗地亚、斯洛文尼亚和达尔马提亚的皇帝、使徒的国王弗朗茨·约瑟夫。"1908年，奥匈帝国吞并波斯尼亚与黑塞哥维纳，激起了俄国人的愤恨。这两个行省原属奥斯曼土耳其帝国所有，为塞族和穆斯林混居之地，虽然自1878年柏林会议一纸委令之后便由奥地利占领，可对于绝大多数波斯尼亚人来说，故国家园遭人吞并，内心痛恨之甚，苦不堪言。

有位外交官在1913年谈起奥匈帝国时不无失望地连连感叹道："我平生从未见过有这样一个国家，会如此不顾一切地损害自身利益！一个帝国早就因为本国社会矛盾与被压迫少数民族的不满变得民怨沸腾，不堪重负，还要一意孤行去侵占波斯尼亚和黑塞哥维纳，干这种事情简直就是蠢得离谱。"话虽如此，弗朗茨·约瑟夫即位不久便失去了对意大利北部的统治权，后来又在1866年与普鲁士人的战斗中吃了败仗，接连蒙羞的痛苦犹在。在他看来，在巴尔干半岛赢得新的领地，多少是种补偿，同时也好灭一灭塞尔维亚人的威风，叫对手休想把波斯尼亚和黑塞哥维纳也拉进来，成立什么泛斯拉夫人国家。

鉴于波斯尼亚和黑塞哥维纳两地民情激愤，弗朗茨·斐迪南选择在3月这么早的时间访问波斯尼亚，如此安排实在鲁莽。彼时，政治上持有异议的暴力团体为数不少。消息一经传出，便有人蠢蠢欲动，图谋伺机刺杀大公。"青年波斯尼亚人"是一个秘密组织，成员都是农村出身的学生。"青年波斯尼亚人"做出刺杀决定，也许是自身有意为之，也许是为了替贝尔格莱德背后的主子下手。在没有确凿证据的情况下，两种观点都说得过去。这个组织当中有一位便是19岁的加弗里洛·普林西普。一如历史上扮演这类角色的不少人物，普林西普的一生虽然短暂，却一直都在想方设法叫人打消这样的念头，不要以为自己个子瘦小，性格平淡，就难堪重用。1912年，普林西普志愿报名，打算参加第一次巴尔干战争，为塞尔维亚作战，结果因为太过瘦弱，被拒之门外。直到1914年6月干出那件大事，一夜成名，普林西普在事发后的首次审讯中辩解道："不管我走到哪里，人们都把我当作孬种。"

普林西普和两个同党5月份去了一趟贝尔格莱德。这座城市是一个年轻动荡国家的首都。这个国家直到1879年才完全脱离奥斯曼土耳其帝国获得独立，是个君主立宪制国家，堪称泛斯拉夫人运动的心脏与灵魂。普林西普在塞尔维亚住了两年，对塞尔维亚十分熟悉。"青年波斯尼亚人"得到了四把勃朗宁自动手枪和六枚炸弹。为他们提供武器的是沃金·坦科西奇少校，来自一个名为"不统一、毋宁死"（*Ujedinjenje ili Smrt*）的组织。这个组织由德国和意大利的秘密社团演变而来，专门从事恐怖活动，俗称"黑手会"（"the Black Hand"）。

领导"黑手会"的是36岁的军情部门领导人、陆军上校德拉古廷·迪米特里耶维奇，绰号"埃皮斯"（"Apis"），这是古埃及神话中崇俸神牛的名字。在争夺塞尔维亚国内主导权的三股势力当中，迪米特里耶维奇是其中一股的关键人物。另外两股势力分别由摄政王亚历山大——由于上校拒绝听命于皇室，此人对其恨之入骨——和首相尼古拉·帕西奇领导。"埃皮斯"看起来有些狂热革命分子的模样：面色苍白，已经谢顶，体形笨重，神神秘秘，借用某位外交人士的话来说，活像一个"大块头的蒙古人"。迪米特里耶维奇从未结婚，将一生都献给了自己的组织。这个组织以头戴面罩的入会仪式闻名，引以为傲的会章上刻着一面骷髅旗、一把匕首、一枚炸弹和一瓶

毒药。暗杀是上校的主业。他在一帮年轻陆军军官当中威望颇高。正是这帮人在1903年冲入寝宫之内，杀害了塞尔维亚国王亚历山大和王后德拉加。

"黑手会"的势力渗透至塞尔维亚的各个机构，尤其是塞尔维亚陆军。69岁的帕西奇须发皆白，看上去一副德高望重的样子，是"埃皮斯"的宿敌，"埃皮斯"的某些同党在1913年就讨论过如何将帕西奇置于死地。这位塞国首相和不少政界同僚将上校视为威胁，危害政权稳定乃至国家存亡。内务部长米兰·普罗迪奇6月14日曾对一位来访嘉宾提及"黑手会"，将之形容为"民主的威胁"。然而，在一个因利益冲突而四分五裂的国家里，民选政府没有权力把"埃皮斯"干掉或者关押起来，因为对手得到的是来自陆军参谋长的庇护。

除了手枪、炸弹以及自杀用的氰化物胶囊，并无确凿证据证明普林西普及其同党在贝尔格莱德还得到了哪些支援或指导。这帮刺客至死都矢口否认塞尔维亚官方参与了这场阴谋。虽然，看起来极有可能是"黑手会"煽动指导了"青年波斯尼亚人"刺杀大公，但是唯一能够确定的只有"黑手会"成员向刺杀者提供了武器装备，好让他们在哈布斯堡帝国的领土上开展恐怖活动。普林西普先是在贝尔格莱德的一座公园里练习如何开枪，接着在5月27日与两位同党特里福科·格拉贝茨和内德约科·卡布里诺维奇好好吃了一顿告别晚餐，然后才动身出发去了萨拉热窝，路上一共走了八天。其中有一段路需要徒步穿过一片开阔的乡间地带，他们得到了一位边防军官的帮助，后者正是奉"黑手会"之命施以援手。即便如此，如果说"埃皮斯"真的完全参与了暗杀计划，那么那个初出茅庐的刺杀者为了支付盘缠，在离开贝尔格莱德之后不久就当掉外套，换了几个第纳尔[①]，这又是为何，确实搞不明白。

还有其他人知道个中究竟吗？俄国驻贝尔格莱德大使尼古拉·哈特维希是一位狂热的泛斯拉夫主义支持者，与"黑手会"交情甚笃，很有可能参与了阴谋。不过，倘若就此下定结论，认为圣彼得堡对暗杀早有所知，又实在找不出证据，不足为信。俄国政府之所以对奥匈帝国耿耿于怀，是因为奥匈

---

① 第纳尔（Dinar），原南斯拉夫货币单位。——译者注

帝国大肆屠杀斯拉夫少数族裔。可是，沙皇和他的臣子们绝无任何说得过去的理由，要置弗朗茨·斐迪南于死地。

有个波斯尼亚农民曾给普林西普和格拉贝茨带路（另外一个同伙加布里诺维奇是自己一个人走的），指引二人重回哈布斯堡帝国。此人其实是一名塞尔维亚政府密探，不仅向贝尔格莱德的内务部透露了二人行踪，还报告行李里藏有炸弹和手枪。密报虽然得到了塞国首相的亲自过目和批阅，却只字未提刺杀弗朗茨·斐迪南的计划。帕西奇组织过一次调查，下令严禁从塞尔维亚私运武器进入波斯尼亚，却未采取任何进一步的行动。有位塞尔维亚大臣后来声称帕西奇大概在五月底，要么六月初的时候通知过内阁，说有几个搞刺杀的正在去往萨拉热窝的路上，企图暗杀弗朗茨·斐迪南。不管此言是否当真——内阁会议对此没有留下任何记录——帕西奇看来已经给塞尔维亚驻维也纳特使打过招呼，要特使只向奥地利政府传达一般性警告，措辞尽量含糊一些。帕西奇这样做，没准是因为不希望哈布斯堡帝国对自己的国家新添一份深仇大恨。

塞尔维亚人的所作所为对于哈布斯堡帝国来说，和爱尔兰人在20世纪好几个不同历史阶段对大英帝国干的那些事情其实一样暴力，区别只在于爱尔兰人做事更加懂得把握分寸一些。塞尔维亚人长期残酷对待本国少数族裔，尤其是穆斯林，早已令自己的国家声名扫地。有历史学家认为塞尔维亚统治者既然对恐怖行径情有独钟，参与刺杀弗朗茨·斐迪南的阴谋显而易见，塞尔维亚本来就该等同流氓国家。当然，这种观点凭借的还是间接证据和推断猜测。考虑到"埃皮斯"与帕西奇二人水火不容，应该不大可能组成共同阵线，联手刺杀斐迪南大公。

即使没有得到贝尔格莱德方面的警告，奥地利当局也应该有足够的理由，预计到可能出现针对弗朗茨·斐迪南的暴力抗议甚至是暗杀企图。斐迪南本人对危险也有充分认识。大公和妻子离开克拉梅茨的宅邸是在6月23日，由于专车车轴过热，不得不搭乘维也纳快车的头等包厢前往波斯尼亚。斐迪南当时还说了一句气话："这次旅行一开始就有这么好的兆头，真是难得。这边是汽车烧了，到了那边，他们还会向我们扔炸弹呢。"回到1914年之前

的那个年代，恐怖活动可谓无处不在，司空见惯，尤其是在巴尔干半岛。自视甚高的英国人就喜欢拿巴尔干开玩笑。有个笑话是这么说的，一个无政府主义者问另一个无政府主义者："你的定时炸弹现在几点钟了？"萨基[①]写过一本黑色幽默短篇小说，与暴力活动有关，名叫《复活节彩蛋》（The Easter Egg）。约瑟夫·康拉德和亨利·詹姆斯也都写过与恐怖分子题材有关的小说。

对于哈布斯堡王朝来说，恐怖活动这种事情早已习以为常。弗朗茨·约瑟夫的妻子伊丽莎白皇后——二人早就貌合神离，过着分居生活——1918年在日内瓦登船之际被一名意大利无政府主义分子刺杀身亡。十年后在伦贝格[②]，一个20岁的乌克兰学生刺死了加利西亚总督波托茨基公爵，一边刺还一边高喊："这是惩罚，谁叫你让我们受苦受难！"有个克罗地亚人开枪打死了哈布斯堡王朝的另外一位大公。法官在审判时质问这名恐怖分子——这名恐怖分子出生在威斯康星州——是否觉得杀人无罪。杀人者答道："在这件事情上我没罪。这在美国是共识。我身后有50万美籍克罗地亚人。我绝不会是最后一个……用暴力手段取这些达官贵人的性命，是我们唯一的武器。"1908年6月3日，一个名叫伯格但·泽拉纪奇的波斯尼亚青年原本打算在莫斯塔尔[③]开枪射杀奥皇，临到最后一刻却突然反悔，转道去了萨拉热窝，照着马里扬·瓦雷萨宁将军连开数枪。泽拉纪奇误以为已经杀死瓦雷萨宁，于是用最后一颗子弹饮弹自尽。虽然未经证实，但后来据说正是"黑手会"提供的左轮手枪。奥地利警方后来用锯子锯下了这个恐怖之徒的脑袋，放在犯罪博物馆里当作标本。

1912年6月，一个中学男生在萨格勒布朝克罗地亚总督开枪，虽然没有击中目标，却误伤了一位帝国行政机构的工作人员。1914年3月，特兰西瓦

---

① "萨基"（"Saki"），英国作家赫克托·休·芒罗（Hector Hugh Munro，1870—1916）的笔名。——译者注

② 伦贝格（Lemberg），即利沃夫（Lviv），乌克兰西部最大城市，文化中心之一，1772年"第一次瓜分波兰"之后，为哈布斯堡帝国吞并，"伦贝格"是其德语名。——译者注

③ 莫斯塔尔（Mostar），波黑南部城市，坐落在内雷特瓦河畔，是黑塞哥维纳地区重要的文化中心。——译者注

尼亚教区主教代理人被定时炸弹炸死,炸弹是从罗马尼亚邮寄过来的。即便如此,弗朗茨·斐迪南对这些危险总是付诸一笑,看得很开。好比有一回他在观摩军事演习,只见草丛里突然窜出一个人来,头发凌乱,手里还紧紧攥着一个又大又黑的家伙,大公的手下顿时乱作一团。大公却哈哈大笑起来:"嘿,让这家伙给我来一下。他就是干这个的——他是御用摄影师。别打扰人家干活!"

然而,波斯尼亚的危险就在眼前,开不得半点玩笑。奥地利警方之前已经查明并挫败了好几起阴谋。据悉,加弗里诺·普林西奇也参与了这些"反政府行为"。即便如此,当普林西奇以新到访游客的身份登记进入萨拉热窝的时候,仍然没有任何人采取任何行动,监控他的行踪。负责皇室出访安保任务的是波斯尼亚总督奥斯卡·博迪奥雷克将军。博迪奥雷克手下的政治部部长事先警告过,要博迪奥雷克小心提防"青年波斯尼亚人"的威胁,不想遭到对方嘲讽,笑他"像个愣头青,胆小怕事"。后来据说政府官员们把更多精力花在了讨论诸如晚宴菜单该如何准备,上酒的时候酒温多少合适,这些问题上面,而非认真考虑如何保证来访贵宾的安全。正是官方的疏忽大意才给了普林西普及其同党下手的机会。

弗朗茨·斐迪南和索菲原本计划等到6月27日过了的第二天才进入萨拉热窝,不料夫妇二人一时兴起,当晚就开车进了城——这是一座半带东方情调,充满异国风情的城市,生活着42000居民——直奔当地的手工艺店参观,途中还看了一个卖地毯的摊贩。围观者众,普林西普就混在人群当中。大公夫人玩得相当尽兴。当晚晚些时候,大公夫人在温泉小镇伊里泽接见了约西普·苏纳里奇博士。此人是波斯尼亚议会要员,曾经极力建议取消访问。大公夫人对苏纳里奇表达了不满,嗔怪道:"亲爱的苏纳里奇博士,这次您可是错了哦。情况并不总像您说的那样。我们不管走到哪里,每一个人,差不多每一个塞尔维亚人都对我们彬彬有礼,非常友好,热烈欢迎,十分热情。我们对于这次访问感到非常开心。"苏纳里奇答道:"夫人,如果明天晚上有幸再次相见,您还能把今天说过的话再说一遍,那我一定会感谢上帝的。我心里的这块石头也可以放下了。"

当晚，东道主在伊里泽的波斯尼亚酒店为大公设宴洗尘。客人享用了种种美食，有摄政王浓汤、美味蛋奶酥、白汁烩鳟鱼拌肉末、鸡肉、小羊肉、牛肉、惊奇凤梨酒、奶酪、冰淇淋以及各式糖果。大公夫妇还品尝了马德拉白葡萄酒、芳香葡萄酒和波斯尼亚当地酿造的兹瓦卡葡萄酒。弗朗茨·斐迪南于翌日上午启程前往萨拉热窝，临行前还给大儿子马克斯发了一封电报，祝贺儿子在绍滕学院取得优异的考试成绩。大公和索菲对孩子们疼爱有加，在科诺皮斯泰的游戏室里与孩子们一起玩玩具是大公最开心的事情。当天恰逢大公夫妇结婚十四周年纪念日，可对于塞尔维亚人来说，这个日子却意味着痛苦的回忆——1389年的这一天，他们在科索沃败在了奥斯曼土耳其帝国的脚下。

大公启程时穿着一身骑兵将军的军礼服——军服是天蓝色的，衣领金光闪闪，上面别着三枚银星，黑色军裤两侧绣有红色条纹，头盔上插着绿色的孔雀羽毛。索菲体态丰满、端庄大方，戴着一顶阔边花式女帽，脸上遮着一层薄纱，身穿一袭白色丝织长裙，红色的腰带上插着红白两色的针织玫瑰花，肩上披着一条白鼬毛皮制成的披肩。28日上午10点多，大公夫妇的车队按照预订的行程，离开萨拉热窝车站。"青年波斯尼亚人"的七个刺客早已各就各位，将博斯纳河上的三座桥梁一一守住，其中一座定是弗朗茨·斐迪南的必经之路。

皇家车队沿途经过的那几个地方事后被天主教大主教称作"暗杀事件的多发之地"。就在快要到达第一个安排的停车点之前，印刷工内德里克·卡布里诺维奇朝弗朗茨·斐迪南的专车扔了一枚炸弹，不料炸弹落到合上的车篷顶上，还未爆炸便弹了开来，只是炸伤了大公的两名随行人员。卡布里诺维奇自杀未遂，被当场逮捕，带离现场。他骄傲地大声喊着"我是塞尔维亚的英雄！"其他参与刺杀的人由于过于紧张，大都尚未来得及拿出武器，事后给出的理由也是五花八门。大公继续随车一路前往市政厅，在市政厅耐着性子听完事先写好的欢迎辞，终于发了脾气——大公心生愠气，情有可原。一行人随后重新回到车上，大公提出希望能够慰问一下刚刚被卡布里诺维奇的炸弹炸伤的两名官员。就在汽车开进弗朗茨·约瑟夫大道时，坐在专车前排的博迪奥雷克将军突然开口，提醒司机走错了路。轿车于是停了下来。由于没有倒车装置，只好靠人力推回阿佩尔码头，路旁站着的恰好就是普林西普。

这个年轻人拔出手枪，抬起枪口，接连开了两枪。另一位同党米哈伊洛·普卡拉看见有个探员发现苗头不对，试图阻止普林西普开枪，赶紧冲上前去，将探员一脚踹倒在地。索菲和弗朗茨·斐迪南双双近距离中弹。索菲身子一歪，当场死亡。大公还在一旁喃喃自语："索菲，索菲！你不能死……为了孩子，要活下去！"这些话成了斐迪南的最后遗言——11点刚过不久，大公便气绝身亡。普林西普被身旁的民众抓住。普卡拉是个眉清目秀的小伙子，一心想搞恐怖活动，干一番大事业，为此甚至拒绝了贝尔格莱德国家大剧院提供的活计。他看见有一名军官试图用佩剑攻击普林西普，便和对方扭打起来。另外还有一个年轻人，名叫费迪南德·贝尔，也竭尽全力保护普林西普免遭殴打。

刺杀斐迪南大公的计划安排可以说业余的离谱，却取得了成功，唯一的原因就在于奥地利当局失职，未能在敌对环境下采取起码的预防措施。这也反过来留下了一个疑问：这场刺杀事件到底真的是幕后主谋"埃皮斯"费尽心机所为，还是只是反政府主义分子针对哈布斯堡王朝统治无心插柳打的一个擦边球？我们虽然无法断言，但负责调查的萨拉热窝区法官里奥·普费弗第一眼见到普林西普时，脑海里闪过的念头是"这样一个看上去病怏怏的人竟然可以犯下如此弥天大罪，实在难以想象"。这个年轻的杀人犯还在极力辩解，声称自己无意置大公夫人还有大公本人于死地："子弹不是你想打哪里，就打得中哪里的。"的确，即便距离如此之近，普林西普只用两发手枪子弹，就打死两个人，想来确实蹊跷，要知道手枪造成的枪伤往往都是难以致命的。

刺杀事件发生后48小时之内，波斯尼亚国内200多位塞族头面人物遭到逮捕，连同普林西普和卡布里诺维奇一起被投进军事监狱，关押起来。有好几个农民直接被活活吊死。数日之内，几乎所有参与谋杀的共犯都被抓捕归案，唯一逃脱的一个当木匠的是个穆斯林，名叫穆罕默德·穆罕默德巴西

奇，此人逃到了蒙特内格罗。敌对情绪随后蔓延开来。截至7月底，已有5000塞尔维亚人被关押，其中约150人被绞死。奥地利后备部队民兵对更多穆斯林和克罗地亚人展开初步报复。审判于10月开始举行，普林西普、卡布里诺维奇和格拉贝茨均被判入狱20年——三人由于身为未成年人，因此免于极刑。另外三人被判监禁，还有五人于1915年2月3日被处以绞刑，另外四名从犯被判处三年至终身监禁。被告当中有九人后来得以释放，普林西普供认其中有几个农民曾经帮助过自己。

斐迪南大公和夫人的死讯当天便传遍了整个奥匈帝国，随后更是传遍了整个欧洲。维也纳的阿斯彭机场当时正在进行飞行表演，乐队正在演奏《航空兵进行曲》，是首新曲子。下午3点，消息从萨拉热窝传来，一切活动戛然而止。陆军副官长冯·帕尔伯爵向奥皇禀报弗朗茨·约瑟夫大公遇刺的消息时，奥皇正在伊舍①。奥皇在得知大公死讯后脸上没有流露出任何表情，只是在当晚独自一人吃了晚餐。

德皇当时正在基尔参加赛艇会。一艘汽艇驶向德皇乘坐的游艇，威廉二世挥手要来艇驶离，谁知对方反而靠拢过来。船上坐的是帝国海军办公厅主任格奥尔·冯·穆勒。这位海军元帅在烟盒里夹了一张便条，扔到"霍亨索伦"号的甲板上。一名水兵拾起烟盒，交给德皇。威廉二世打开烟盒，看了一眼便条，脸色霎时变得惨白，喃喃说道："一切都要从头开始了！"德皇是欧洲为数不多的对弗朗茨·斐迪南怀有好感的人，在二人交往当中倾注了大量情谊，倒是真的为斐迪南遇刺身亡感到悲痛不已。威廉二世随后下令取消赛艇会。海军少将艾伯特·霍普曼是德国海军部中央参谋部参谋长，当时也在基尔，与英国大使刚刚一同用完午餐，得到报告说弗朗茨·斐迪南"突然身亡"。霍普曼当晚在了解了具体情况之后提笔写道："这样一次恐怖活动带来的政治后果到底有多严重，实难估量。"

不过，绝大多数欧洲国家倒是以平静的心态接受了这条消息，毕竟恐怖

---

① 伊舍（Ischl），即巴德伊舍（Bad Ischl），奥地利的一座温泉疗养小镇，位于上奥地利州南部。——译者注

活动在当时实在是司空见惯，不足为奇。在圣彼得堡，英国记者亚瑟·兰塞姆[1]的几位俄国朋友对刺杀事件不以为然，认为这只是"巴尔干人野蛮兽性的典型表现"。大部分伦敦市民也对此持相同看法。在巴黎，另外一位记者、《费加罗报》的雷蒙·雷库里记录了民众的普遍看法，写道："随着危机往下发展，高潮很快就会退去，演变为一场巴尔干式的口水大战。类似这样的嘴皮子仗每隔15—20年就会打上一场，最终会在巴尔干人民内部得到解决，无须劳烦列强出马。"时任法国总统的雷蒙·普因加莱当时正在观看朗尚赛马会，萨拉热窝枪击事件的消息并未影响到总统欣赏比赛的兴致。两天之后，在普鲁士的一所中学里，12岁的艾芙丽德·库尔和同学在报纸上看到了刺杀者和受害者的照片。虽然同学指责自己说话不礼貌，可阿弗莱德还是开起了玩笑："那个弗朗茨·斐迪南胖得简直像猪一样，普林西普比他好看多了。"

斐迪南大公的葬礼在霍夫堡教堂举行，当天室内空气闷热难耐，让人透不过气来。葬礼仅仅持续了15分钟。弗朗茨·约瑟夫在葬礼结束之后回到伊舍，继续疗养。这位老皇帝虽然对于侄儿被人以这样一种方式杀害感到怒火中烧，却也并未惺惺作态，装出一副悲痛不已的样子。绝大多数大臣要么和奥皇一样感到愤懑，要么无动于衷。6月29日，在维也纳，约瑟夫·雷德里克教授[2]在日记中写道："城里头感受不到一丝悲伤气氛，四处照旧响着音乐。"伦敦的《泰晤士报》在报道7月1日葬礼时用的字眼让人读起来味同嚼蜡、昏昏欲睡。《泰晤士报》驻维也纳记者断言："从各大报纸的角度来看，几乎没有任何迹象表明会对全体塞尔维亚人展开报复，因为这个错误据信应该只是少数人中的一小撮所为……至于塞尔维亚，各大报纸在措辞上也

---

① 亚瑟·兰塞姆（Arthur Ransome, 1884—1967），英国著名作家，新闻记者，以创作儿童冒险系列作品《燕子号和亚马逊号》（Swallows and Amazons series）闻名于世。——译者注

② 约瑟夫·雷德里克（Joseph Redlich, 1869—1936），奥地利政治家，历史学家，早年在维也纳大学攻读法律与历史，1906年留任，教授宪法学，1907年成为奥匈帝国参议院自由派代表，直至一战结束，1917年领导发起内阁改革，后以失败而告终，是一战之前及期间奥地利政坛的重要人物。——译者注

大体保持了相当的克制。"

　　不少外国观察人士看到维也纳市民在哀悼这位皇位继承人时居然表现得如此敷衍，纷纷对此表示费解。如此看来，哈布斯堡王朝几乎没有任何犹豫就做出决定，以刺杀事件为由头，兴兵讨伐塞尔维亚，哪怕与俄国兵戎相见也在所不惜，实在颇具讽刺意味。因为普林西普开枪打死的这个人正是这个帝国里头一心想要避免和俄国开战的那一位。

第一章
"我有一种感觉，马上会有大事发生。"

第一节　变革与没落

　　1895年的一天，一位年轻的英国陆军军官正在伦敦与政坛元老威廉·哈考特爵士共进午餐。宾主二人边吃边聊。按照受邀一方的亲身描述，整顿饭都是他一个人在说个不停。待到谈话完了，这位名叫温斯顿·丘吉尔的陆军中尉——是的，丘吉尔当时就是一名中尉——迫不及待地问了哈考特爵士一个问题："那么，接下来会发生什么？"款待丘吉尔的老爵士用维多利亚时代那份独有的自信说道："亲爱的温斯顿，我活了这么大把年纪，凭我的经验，可以肯定地告诉你，什么事情也不会发生。"那些深褐色的老照片对于年轻一代总是充满吸引力，对拍摄对象进行长曝光带来的静谧感令这些照片魅力倍增。人们总是珍惜缅怀大战爆发之前的最后几年那个老旧欧洲留下的印象：王公贵族们要么头戴王冠，身着礼袍，要么打着白领结，穿着燕尾服；巴尔干农民脚蹬宽大的灯笼裤，头戴红色黑缨的圆筒无边毡帽；皇室成员出出进进总是成群结队，虽然看上去高高在上，其实早就气数已尽，在劫难逃。

　　年轻小伙们唇上蓄着胡子，抽着烟斗，头上戴的不用多说肯定是一顶草帽，手里握着船篙，撑着平底船。姑娘们斜倚在船边，留着齐耳的短发，竖着高高的衣领，此情此景足以让人想起暴风雨来临之前的田园浪漫。在上

流社会的圈子里，即便开口说话也得多加小心。"见鬼""该死"诸如此类的字眼是绝不允许出现的。至于更加过头的外号，除非是最亲密的关系，否则不大可能出现在男女之间的对话当中。"不错"这个形容词意味着高度褒奖，"浑蛋"这样的字眼则无异于严词谴责。五十年过去了，已是作家的英国"一战"老兵雷金纳德·庞德言之凿凿地写道："我们这派历史学家习惯了冷嘲热讽的客观论调，可是我们无法看透，也无法驱散环绕在那个时代头上的金色光环，那是一个独一无二的时代。尽管社会不公无处不在；房租利息节节飙升；多少人穷困潦倒、贫苦度日；酒鬼醉汉随处可见。可是身处那个时代的人们懂得体会一种不曾被污染过的幸福，这种快乐从此不再，不可复得。"

话虽如此，可是即便庞德经历过那个时代，我们没有，他的观点也难以让人接受。男人也好，女人也罢，只有对这世上翻天覆地巨大变化故意视而不见的人才会想当然地认为20世纪早年虽然比不上今天称心如意，却是一个平静安详的时代。事实恰恰相反。那是一个热情与失望积聚酝酿的时代，科技与工业新成就层出不穷，各方各派政治欲望难以调和，不少领袖人物意识到旧有秩序已经无法维系下去。诚然，围侍在王公贵族身旁的男仆们头上仍然染着白色的发粉；上流体面的家庭依旧习惯每日的晚餐总有十到十二道菜式；比武决斗在欧洲大陆尚未完全退出历史舞台。可是，明眼人一看便知，这些都已走到穷途末路，明天与未来将由人民大众，或者说将由那些懂得如何操控民众意志的人主宰，即便大权在握的人们极力阻止这股历史洪流的到来，传统的统治阶级也再无法为所欲为。

活在我们这个时代，总会有人理所当然地以为，身处一个经历史无前例飞速剧变的时代的人们总是活得身不由己，国家领袖们也只能顺应时势，做出决定。这其实不过是一派臆想罢了。回望1900年至1914年，科技、社会与政治进步席卷欧美。这十数年虽然在人类历史长河之中只是短短一瞬，可变革规模之大，为历代所不及：爱因斯坦发表相对论；居里夫人成功分离出镭；里奥·贝克兰发明酚醛塑料并为人类第一次制造出合成聚合物。电话、留声机、汽车、电影相继问世，电力走进家庭。在这世上更加富有的国家，这些对于衣食无忧的人们来说已经成为平常生活的一部分。报纸大量发行，开始产生前所未有的社会效应与政治影响。

1903年，人类首次实现动力飞行。五年之后，斐迪南·齐柏林伯爵用抒情的笔调勾勒出实现人类不受限制、翱翔蓝天的使命——这样的梦想将一步一步成为现实——"唯于此方可完成那神圣的古老命令……万物众生皆应匍匐于人类脚下"。在海上，自从1906年英国皇家海军无畏舰下水后，但凡动力传动炮塔上没有安装重炮的主力舰都不再适合加入前线舰队作战，将统统被淘汰出历史舞台。一干海军上将们还在军校当士官生那会儿，海军中队交火的距离不过区区数千码[①]，现在却已增至十数英里。潜艇已经得到认可，成为战争武器，前景可待。回到岸上，虽说工业时代首场大仗并非"一战"，而是美国内战，可在这两场战争之间的那些年里，具有毁灭威力的技术已经发生了翻天覆地的变化：机枪变得越加可靠好用，火炮杀伤力大大增强。人们意识到带刺的铁丝也能用来限制步兵行动，跟对付牲口一样有效。然而，未来的战争到底会是什么样子，依旧扑朔迷离，大多猜测都被证明只是谬误。1908年，德国杂志《军事周报》（*Militär-Wochenblatt*）刊登了一篇匿名文章。文章认为1904—1905年日俄战争在满洲的经验"证明了只要具备充足的勇气，懂得巧妙利用地形，哪怕是毫无遮掩的开阔地，防卫再加森严的工事堡垒与堑壕堑沟也并非固若金汤……国与国之间殊死一战，直至消耗殆尽，这样的理念是欧洲各国之前从未体验过的"。

社会主义成为一股主要力量，开始影响每一个欧洲大陆国家，自由主义则陷入历史低潮。女性对男尊女卑的从属地位发起反抗，成为颇有意义的大事，英国尤其如此。纵观欧洲各国，1890至1912年间实际工资增长了差不多50%，儿童死亡率逐步下降，人们的营养状况大幅改善。然而，即便取得如此进步——要么换句话说，按照托克维尔的观点，贫穷只有不再是生活必须承受的一部分时才变得更加让人难以接受，正是因为取得了这样的社会进

---

① 码（Yard），英制长度单位，一码约等于 0.9144 米。下文提及的英里（Mile）同样为英制单位，一英里约等于 1.609 千米。——译者注

步，数百万产业工人才不甘于接受社会不公。俄、法、英、德，罢工频发，震惊业界，有时甚至演变成暴力，令统治阶级提心吊胆，坐立不安。俄国在1905年经历了史上首次大规模的革命运动。德国取代法俄，成为大英帝国眼中最有可能与自己分庭抗礼的头号敌人。英国虽然一直以来是世界头号工业强国，但全球工业产量所占份额已经从1870年的三分之一跌落到1913年的七分之一。

这一切发生之快，若论时间长短，与2001年恐怖分子袭击美国至今也差不了多少。查尔斯·马斯特曼[1]是一位社会历史学家，也是一个政治人物。他在1909年思索扑朔迷离的未来走向时写道："人类文明究竟是会枝繁叶茂，开花结果，还是会像一堆枯枝败叶，或者褪色的黄金一样破败凋零？……我们到底会坠入一个喧嚣动荡的新时代，还是会有一扇大门突然打开，让人看到门里那令人难以想象的辉煌成功？"奥地利作家卡尔·冯·朗格在1914年初写道："我有一种感觉，马上会有大事发生。只是不能确定这些事情会在何时开始。没准还能多过几年和平日子。可是，剧烈动荡一夜之间降临，也并非没有可能。"

打着翼领的欧洲政治官僚们发现在思想和行动上难以适应，不足为奇，毕竟这个新时代来得太快；通信手段突飞猛进，改变着人们的行事方式；军事破坏力在迅速增加，却鲜有人明白那究竟意味着什么。马车时代的老式外交方式，例如依靠王公贵族治国理政，好坏与否皆由出身决定，已经被证明完全无法应对电气时代的危机。温斯顿·丘吉尔在20世纪30年代写道："我们从小长大学到的那些永恒不变，或者不可或缺的东西，不管物质上的，还是

---

① 查尔斯·马斯特曼（Charles Masterman，1873—1927），英国政治家、知识分子，文化界人士，大学时便对社会改革和文学产生强烈兴趣，一生笔耕不辍，步入政坛之后成为自由党激进派代表人物，与劳合·乔治以及温斯顿·丘吉尔等自由党领导人密切合作，推进社会福利改革计划，"一战"期间力主英国参战，任"战争宣传局"局长，负责政府宣传工作，组织作家、画家等文化界人士进行了大量创作，一方面号召民众一致对外，另一方面在海外造势，争取美国加入英法作战，战后虽然在政坛逐渐失势，但在个人方面仍然保持高产，后因酗酒等原因身体每况愈下，1927年11月17日病逝。
——译者注

制度上的，几乎没有一样能够保留下来。以前自己满以为不大可能，或者大人说过不会实现的事情，现在统统变成了现实。"

1815年至1870年间，俄、普、奥、法四国位居英国之后，在世界舞台上的地位大同小异。此后，新兴的德国在国力上迎头赶上，被视为当时最成功的欧洲大陆国家，从制药工艺到造车技术，几乎所有工业领域都在世界上名列前茅，在推动医疗保险和退休金待遇等社会改革方面也是先驱。虽然，英国某些好战分子拿着大英帝国王土辽阔当幌子自欺欺人，吹嘘自己小小的母国天下第一，可经济学家们冷静预判英国终将走向没落，在制造业和商业贸易两方面都落到美国和德国后面，法国则将排名第四。几大强国都在极尽所能地壮大国力，扩张领土。唯有英法两国由于开疆扩土的帝国野心已经得到满足，所以更加醉心于维持海外现状。

其他国家对此耿耿于怀。1912年5月，英国驻柏林武官、陆军中校亚历克·拉塞尔表达了对亲眼所见的狂热情绪的担忧。拉塞尔认为"德国民众内心深处怀有不满，认为自己国家的军队越来越不愿上阵打仗，看着法国人在眼前趾高气扬、傲慢无礼，又明摆着处处与我们作对，与我们为敌，心中愤恨不已"。拉塞尔最后总结道："我们激起了一些民族情绪，等到战和问题悬而不决的时刻，这种情绪就有可能打破平衡。"拉塞尔心忧德国人的反复无常，这种民族情绪有时甚至变得近乎歇斯底里。这种担心在他发回的每一封急件中都能感受得到，此后两年之中变得越发严重。

不过，与邻国的想法恰恰相反，许多德国人对于打仗毫无兴趣。这个国家正在面临一场宪法危机。帝国议会中的头号大党社会民主党——德国发生了当时世界上声势最为浩大的社会主义运动——坚决反对滥用武力。早在1914年，英国海军随员就在报告中不无惊讶地提到，德国帝国议会只要赶上海军辩论，就几乎没有几个人参加，出头露脸的只有区区20到50个议员，别人在台上发言，他们一个个在底下叽叽喳喳，聊个没完。产业工人阶级与政府之间隔阂相当之深。德国政府由一帮保守派大臣组成，这帮人之所以能够得到委任上台，完全取决于德皇一人的喜好。

然而，德国即使说不再被视为一个类似俄国的专制国家，却仍然更像

一个军事独裁政权,而非民主国家。德意志帝国国家机器最强有力的一环在于军队,德皇最喜欢的也是武官将校围伺左右、簇拥身旁的感觉。1913年10月18日,德皇威廉二世下令举行大规模庆祝活动,纪念在莱比锡战役中击败拿破仑·波拿巴一百周年。全国各大百货商店谨遵君令,以皇室为榜样,在商场腾出大片地方布置纪念展览。市场上摆着大量带有军事色彩的产品,供人挑选。有一种口琴名叫"候鸟",意在纪念彼时风靡奥地利和德国的一项同名青年爬山运动。这种口琴就是通过军事邮政信箱对外销售。有一款竖琴最为畅销,上面刻着一行文字,写着"通过战斗,赢得胜利"。格特鲁德·斯卡德拉是一名教师,当时27岁,住在距离不莱梅不远的一个小镇上。她在1914年5月的一篇日记里记叙了一场为红十字会募捐的活动,写道:"我对做这个很感兴趣——想想三个哥哥弟弟都有可能应征入伍,我又怎么会不感兴趣呢?不但如此,我还认识到红十字会这份工作的重要意义,我了解了弗洛伦斯·南丁格尔的生平,保罗·罗尔巴克写的《德国世界策略》那本书也非常好看,这些让我懂得了我们现在时刻面临战争威胁,局势严峻。"

　　威廉二世一手掌控的这个国家其实是在他的有生之年才归于统一的。这个国家尽管已经取得了巨大的经济成就,却仍然面临着存亡安危,而这种危险恰好来自这位一国之君。德皇虽然对于血腥杀戮并无真正嗜好,却喜欢一身戎装,扭捏作态,一门心思想着建立军功伟业。此君身上表现出来的人格特征就像肯尼斯·格雷厄姆笔下的那位癞蛤蟆先生[1],只不过套上了一身军装而已。但凡拜访过德皇的人都会对宫中弥漫的同性相好之风念念不忘,每每见到德皇与符腾堡公爵等男性宠臣见面时互相亲吻嘴唇总会议论纷纷。20世纪的头十年,宫墙之内,军帐之中,同性丑闻层出不穷,一如法国的"德雷

---

① 肯尼斯·格雷厄姆(Kenneth Grahame,1859—1932),英国作家。文中提到的"癞蛤蟆先生"(Mr. Toad)出自其代表作——童话故事《柳林风声》(The Wind in the Willows),是一个喜欢吹牛、炫耀的角色。作者在此借指德皇威廉二世并无真才实学,只知好大喜功的性格特点。——译者注

福斯事件"①一般，把整个帝国上下闹得沸沸扬扬。1908年，德皇御下军务大臣迪特里希伯爵冯·许尔森·黑泽勒在晚宴之后献上独舞一曲，谁知竟然心脏病突发，不治而亡。黑泽勒当时身穿一条芭蕾舞女演员穿的短裙，正在黑林山的一间狩猎小屋内当着众人表演，德皇就坐在观众当中。

虽然，与威廉二世过分亲密的圈内人士对这种荒诞怪癖颇有兴趣，可这位皇帝在追求自身喜好时却总是显得缺乏判断力。与之同时代的大多数人，包括欧洲各国政坛人士都觉得威廉二世这个人有那么一点儿神经错乱，这在临床上很可能也正是这么一回事。克里斯托弗·克拉克②曾经写过："威廉二世是属于英王爱德华七世那个时代范畴的极端典型，是夜总会里让人讨厌的那一类人，会跟坐在隔壁的人絮叨自己喜欢的那点破事，一说起来就喋喋不

---

① "德雷福斯事件"（Dreyfus Affair）是指1894年发生在法国的一起政治丑闻。1894年12月，一位名叫阿尔弗雷德·德雷福斯（Alfred Dreyfus，1859—1935）的法国炮兵中尉因涉嫌里通外国，将军事情报泄露给德国驻巴黎大使，被军事法庭判处终身监禁。德雷福斯随后被关押在法属圭亚那达五年之久。1896年，事情突然出现转机，有新的证据表明事件真凶并非德雷福斯，而是另有其人。然而，法国军方试图强行掩盖真相，并且以伪造的文件对德雷福斯提出新的指控。军事法庭捏造证据，陷害德雷福斯的这种做法引起了法国国内一些人士的不满。著名作家埃米尔·左拉（Emile Zola，1840—1902）专门在巴黎某报纸上刊出公开信，向政府施压，要求恢复司法公正，重新公开审理此案。德雷福斯于同年被重新押解回法国，接受审判，虽然仍然被判处十年徒刑，却得到赦免，重获人身自由。针对德雷福斯的所有指控最终都被证明完全是子虚乌有，1906年，德雷福斯获得无罪赦免，重回军队，获少校军衔，这一事件才尘埃落定。一方面，"德雷福斯事件"被视为现代社会普遍存在的司法不公的典型案例，媒体与舆论在最终赢得翻案的过程中扮演了相当重要的角色。另一方面，由于德雷福斯是阿尔萨斯人，同时又有犹太血统，因此此事也将当时的法国社会和政坛分裂为两派。支持军方的多为天主教反犹人士，而站在德雷福斯一边的则为反对教会、主张共和的人士。此事同时反映出德国强占阿尔萨斯和洛林对于法国民众所造成的感情伤害。——译者注

② 克里斯托弗·克拉克（Christopher Clark，1960— ），奥地利历史学家，剑桥大学历史学客座教授，长于普鲁士及德国历史研究，著作包括《钢铁王国：普鲁士兴衰史，1600—1947》（Iron Kingdom：the Rise and Downfall of Prussia,1600—1947）、《德皇威廉二世》（Kaiser Wilhelm Ⅱ）以及《梦游者：1914年欧洲通往大战之路》（The Sleepwalkers：How Europe Went to War in 2014），2015年因对英德文化交流做出的巨大贡献而被授予爵士勋位。——译者注

休，没完没了。难怪那么多欧洲皇室成员，只要一听说要被德皇拖着吃午餐晚宴，推托不了，一个个就胆战心惊。"海军少将艾伯特·霍普曼是位个性强悍、反对传统的海军将领，1914年5月写过这么一段话来描述这位皇帝："他这个人本身就代表了虚荣，只图自己心情好坏，开幼稚的玩笑，不惜牺牲任何东西。只要他想做，就没有任何人管得住他。我曾扪心自问，但凡是有血有肉的大活人，伺候在这样的人身旁，如何忍受得了？"霍普曼还在日记里写道自己在1914年6月18日晚上做了一个奇怪的梦："我站在一座城堡面前……看见老皇帝威廉一世就在那里，一副老态龙钟的样子，正在对一些人说着什么，手里还握着一把剑，剑插在剑鞘里。我朝老皇帝走过去，把他搀扶起来，牵着走进了城堡。老皇帝边走边说：'你必须把剑拔出来……我那个孙子（威廉二世）太没用了（拔不出来）。'"

诚然，欧洲的所有君王在1914年上演的这场末日游戏里都只是一张"变牌"，而最大的变数就在威廉二世。俾斯麦留给祖国的宝贵遗产在政治体制上根本行不通。在这种体制之下，德国人民的意愿本应通过帝国议会组织的形式表达，却被德皇还有钦定的大臣和陆军参谋长等人利用手中权力窃取。威廉二世登基不久，就在1890年解除了铁血宰相[①]的职务，开始了属于自己的时代。乔纳森·斯泰贝格[②]对此是如此评价的："俾斯麦……留下的体制只有他自己（这样异于常人的人）才有能力驾驭，或者说如果在他之上的那个皇帝是一个行事正常的人，那么也无大碍。可是，（之后）两个条件都无法满足，这个制度也就落入了那帮只知趋炎附势、玩弄诡计、夸夸其谈之徒的手中，德意志帝国也就成了邻国的心腹大患。"马克斯·韦伯[③]恰好生在这样一个时代，对俾斯麦也持同样看法："他留下的这个国家毫无政治素养可言……

① 威廉二世于1888年6月登基，年少气盛，与执掌德国政坛近三十年的铁血宰相俾斯麦产生了诸多难以调和的分歧与冲突。俾斯麦最终于1890年3月18日递交辞呈，威廉二世于是体面地解除了这位帝国宰相的职务，一时轰动全欧。——译者注

② 乔纳森·斯泰贝格（Jonathan Steinberg），历史学家，长于现代欧洲历史研究，美国宾夕法尼亚大学历史系主任。——译者注

③ 马克斯·韦伯（Max Weber，1864—1920），德国著名政治学家、哲学家、思想家、政治经济学家，现代社会学最重要的创始人之一。——译者注

完全没有政治决心。这个国家已经变成无论任何事情，一旦打着皇权君令的名义做了决定，就得耐着性子，低头认命地委屈接受。"民主的影响力在国内经济方面体现得最为明显，在外交政策层面则最无足轻重。外交这一块儿总是讳莫如深，制定政策的几位大臣都是德皇亲自任命的近臣，毫不顾及帝国议会中各方代表的势力平衡，军方虽然不见得次次总要出面说话，可只要开了口，说的话句句分量十足。

霍亨索伦家族在处理社会关系上一塌糊涂。威廉皇储1913年从英国结束猎狐之旅归国，自以为德国颇受英国统治阶级欢迎，其实大错特错。皇储的父皇虽然一只胳膊早就萎缩，却成天想着穿军装、立军规这些琐事，为人敏感易怒，一心想要赢得别人尊敬，不惜软硬兼施，结果在继承人问题上产生错判。威廉二世有一回向塞西尔·约翰·罗兹[1]这位皇权统治的拥护者请教："罗兹，你现在就告诉我，我这个人为什么在英国不受人欢迎？要怎么做，才能让人喜欢？"罗兹答道："要不，您什么也不做试试看？"德皇犹豫片刻，接着哈哈大笑起来——要想让他这种人听取这样的建议，是做不到的。1908年，威廉二世在德国驻伦敦大使发来的急电上草草写上了这样一行批注："如果英国人想要打仗，就叫他们尽管放马过来，我们可不怕！"

1914年之前，欧洲国家之间的盟友关系并非坚如磐石，各国在结盟问题上或逡巡不前，或摇摆不定，有的甚至背信弃义，转投他方。法国人在20世纪初的战争计划书上谋划着万一逮到机会，应该如何入侵英格兰，而英国人直到1905年还保留着一份应急方案，以便有朝一日与法国一决雌雄。英法两国有一段时期都认为俄国很可能退出三国协约，转而加入三国同盟。1912年，奥地利的贝希托尔德伯爵在正儿八经地考虑与圣彼得堡重修旧好。不过，这一计划最终因为双方在巴尔干问题上分歧太大，不可调和，最终搁置。翌年，德国慷慨解囊，向塞尔维亚提供贷款。牛津大学首批罗德奖学金的获得者当中就有不少是德国的年轻人，这些年轻人代表了英国对于德国文

---

① 塞西尔·约翰·罗兹（Cecil John Rhodes，1853—1902），英国商人，矿业巨头，南非政治家，罗得西亚的创立者，一生拥护王权统治，是大英帝国开疆辟土的坚定帝国主义分子。——译者注

化的尊敬，甚至是崇拜。再将目光转向工业方面。英国的维克斯公司直到1911年还在和德国的克虏伯集团合作设计生产炮弹引信。

虽然，英德"海军军备竞赛"严重损害了双边关系，德国宰相特奥巴登·贝特曼·霍尔维格和英国大法官理查德·霍尔丹还是跌跌撞撞地为改善两国关系做了一些努力。贝特曼试图寻求英方保证一旦欧洲大陆爆发战事，英国能够保持中立。贝特曼为了取得突破，甚至不惜牺牲德国国家利益，结果被狂热的德国民族主义分子视为亲英派，从而失去信任。与此同时，德皇的弟弟普鲁斯亲王海因里希1914年1月在柏林会见英国海军随员威尔弗雷德·亨德森上尉。海因里希在谈话中专门提到"其他欧洲海军大国都不是白人国家"。这句话带着鲜明的英国味，个中含义想必放到伦敦任何一场晚宴聚会上，都能听得明白。海因里希的一番话把英德两国排在了那些皮肤略带浅白的俄国人、意大利人、奥地利和匈牙利人，还有法国人前头，自然赢得亨德森的热情赞扬。亨德森在写给英国海军部的报告中引述了亲王的话语，写道："亲王陛下的话让我不禁想起这是一种多么典型的英国式表述，亲王的看法不正道出了我们大英帝国海军部一直以来的心声吗？"

这样的话语倘若放在这代人之后的外交报告之中，足以让人觉得尴尬，势必要删去。然而，亲王的思想却在那个夜晚得到了迎合和认可。当晚，德英两国海军官员共坐一席，推杯换盏，敬酒词只有一句，便是这"两个白人国家"。在1914年的基尔赛艇会上，一些德国海员还与前来造访的英国皇家海军水兵信誓旦旦地共祝两国友谊万古长存。"波美"号指挥官对"南安普敦"号巡洋舰上的海军军官说道："我们正在努力让自己尽力融入贵国的海军传统当中。我看到有些报纸上说什么需要好好考虑我们两国可能开战的问题，这种文章我一看就气不打一处来——我们两家要是真打起来，那可是手足相残的内战啊！"帝国海军元帅提尔皮茨为女儿请了一位英国女家庭教师，他的几个女儿都是在英国切尔滕纳姆女子学院读的书。

话说回来，德国就算对英国心存敬意，却也在同时处处挑衅英国的权威。表面上看来最招人耳目的是建造舰队，争取在实力上与英国皇家海军分庭抗礼——大力发展海军这件事情基本上是德皇的一厢情愿，遭到了首相与军方的强烈反对——更加根本的一点则在于拒不接受欧洲大陆势力均衡的理念，这个才是英国人的心头大患。1914年在基尔，英国海军中将乔治·沃伦德爵士试图恭维提尔皮茨。这位英伦绅士说道："您可是欧洲最响当当的大人物啊。"提尔皮茨答道："这种事情我可从没听说过。"沃伦德接着又说："至少在我们英国是这样的。"这位海军元帅听完愤愤不平地嘟囔起来："你们英国人总把我看作怪物，说我老是欺负你们英国。"提尔皮茨的确是个让英国人害怕的怪物，德皇也是如此。不管德国如何欲盖弥彰，德国的领导者们急切渴望着将欧洲大陆的统治权牢牢地握在自己手中——没有任何一届英国政府会在这一点上做出让步——然后再将手伸向大洋彼岸。

哈尔登爵士曾经对利赫诺夫斯基亲王说过这么一段话。沿用这位德国驻英大使的话来说，就是"如果我们进攻法国，那么英国将无条件地站在法国一边，因为英国绝不会允许欧洲大陆的势力均衡被人打破"。不过，柏林方面从来不把利赫诺夫斯基当一回事，部分原因在于他这个人只要一提到英国，就什么事情都来劲。英国人可不这样认为。英国首相赫伯特·阿斯奎斯在给红颜知己维尼西娅·斯坦利的信中提到利赫诺夫斯基一家时写道："（这一家人）很难招待。不懂礼数，他这个人话还特别多，喜欢为了一些鸡毛蒜皮的小事问个没完没了。"

哈尔登的警告通过这位大使传到了柏林，德国人对此不以为然。在帝国总参谋长赫尔穆特·冯·毛奇将军看来，英国陆军不过是一支小小的帝国宪兵队而已，成不了气候，至于英国皇家海军，等到两军兵戎相见的时候，也只能无计可施。德皇在大使送来的报告上御批了几个大字，认为英国人所谓的势力均衡不过是"愚蠢的看法"，只会让英国"永远成为我们的敌人"。德皇给奥地利的弗朗茨·斐迪南写了封信，在信中将哈尔登的言论说成"全是一派恶毒攻击，是对我们（德奥）两国同盟以及我们两国良好发展势头的仇恨与嫉妒"。有好几位英国学者也提出警告，要提防德国大学院校里鼓吹德皇领导的人民与英国人必有一战的言论，历史对决不可避免，还把德国比喻成蒸蒸日上的罗马帝国，把英国形容为迦太基人，败局已定，劫数难逃。

德国与二元君主制的奥匈帝国堪称三国同盟的两大支柱，意大利虽说是三号成员，但一旦开战，没人指望它能靠得住。回首19世纪的绝大多数时间里，"欧洲的病人" 一直是奥斯曼土耳其帝国，不仅国力日衰，领土也遭到蚕食。谁知到了这个时代，陷入这种尴尬境地的已经换成了哈布斯堡王朝治下的奥匈帝国。这个帝国自身社会矛盾尖锐，少数族裔情绪不满，难保有朝一日不分崩离析，这早已成为各国王公大臣和报纸新闻议论的焦点，各种猜测层出不穷，在德国尤为如此。不过，霍亨索伦家族统治者却把保全这样一个连路都走不稳的盟友，提升到了本国外交政策核心目标的高度。德皇及其顾问之所以把自己和哈布斯堡王朝拴在一起，相当重要的一个原因就在于奥匈帝国一旦土崩瓦解，受益的一方将会是德奥两国的宿敌：俄国还有那些得到俄国庇护的巴尔干半岛国家。德皇反复表达了对于 "斯拉夫人国家" 的不置可否，对于所谓俄国领导之下反对 "日耳曼人国家" 的统一战线严词谴责。1912年12月10日，德皇就对瑞士驻柏林大使亲口说道："我们不会抛下奥地利，任由奥地利垮掉。如果外交达不到目的，那么我们就打一场种族战争。"

哈布斯堡帝国拥有5000万人口，来自11个不同民族，占据的领土包括今天的奥地利、斯洛伐克、捷克共和国、匈牙利、克罗地亚、波斯尼亚和黑塞哥维纳，波兰的一部分以及意大利的东北部。弗朗茨·约瑟夫当时已是83岁高龄，1848年登基即位，1867年创立二元君主体制。这位老皇帝与女演员卡塔丽娜·施拉特保持了长达28年的亲密关系。约瑟夫在信中将施拉特称为 "我亲爱的好朋友"，施拉特则在回信中将约瑟夫称作 "皇帝陛下，我最尊敬的主人"。施拉特1914年已有51岁，二人之前就双宿双飞，过上了卿卿我我的小日子。约瑟夫每次下榻伊舍的夏日寝宫，总会一个人溜达着去费利希塔斯别墅，施拉特就住在那里。约瑟夫有时候晚上7点才到，会提前派人送去便条，上面写着 "替我留着小门，不要上锁"。

奥皇年轻时参过几年军，打过一些小仗，平日里差不多总爱一身戎装。他将军队视为维护帝国统一的强大力量。军中的军官团成员清一色全由贵族组成，其中大多数都是骄傲自大，蠢笨无能之辈。弗朗茨·约瑟夫年轻时，有一次举行实兵演习，校场上结着厚厚的冰，这位君王不顾天寒地冻，坚持继续演习，结果不少马匹打滑摔倒，摔死了两名骑兵。弗朗茨·约瑟夫的倔强恰好体现了他的治国之道。从更大的层面来看，他正是凭借这份倔强才得以和不可阻挡的社会、政治和经济力量公然对抗，让自己的统治维持下去。诺曼·斯通①曾将哈布斯堡王朝的君主体制定义为"一个在制度上逃避现实的体制"。生活在这个帝国首都的穷人与无业流民不比欧洲任何一个大城市少，而生活困苦之让人绝望要远在大多数其他城市之上。1913年一年当中，维也纳就有将近1500人企图自杀，其中超过一半的人成功结束了自己的生命。说到民意呼声，有位作家是这样描述奥地利议会的："这与其说是一个立法机构，还不如说更像是一个专门唱反调的地方。不过，考虑到是在维也纳唱反调，尖叫声和争吵声中多少还带着一些音乐天赋。"1914年3月，由于议会吵得太过厉害，弗朗茨·约瑟夫实在听不下去，索性宣布休会，从此由自己和大臣发号施令，管理国事。

　　奥匈帝国虽然是个农业国家，但是维也纳却被誉为世界上最具文化气息、最有国际氛围的首都，深得弗朗茨·莱哈尔和托马斯·曼的喜爱。列宁也把维也纳比作一座"雄伟庄严、风景如画，充满活力的城市"。在维也纳，你能听到当地人用英语歌唱欧文·柏林的"亚历山大的雷格泰姆爵士乐队"。1913年，萧伯纳的"卖花女"在维也纳成功举办世界首演。同样是在这一年，斯大林、托洛茨基、铁托和希特勒等人也在维也纳或多或少住了几个月，如此巧合不能不让人感叹历史的奇妙。伟大的美国拳击手杰克·约翰逊成了当年冬天阿波罗大剧院的当家明星。在维也纳，咖啡厅随处可见，宾客流连忘返。其中的朗特曼咖啡馆是西格蒙德·弗洛伊德最爱光顾的地方。这座城市足以让人看见世人趋炎附势到何种登峰造极的地步——店家老板们

---

① 诺曼·斯通（Norman Stone，1941— ），苏格兰历史学家，本科毕业于牛津大学，拿到博士学位后重回牛津任助教，1980年赴剑桥大学，任现代史教授，是时任英国首相撒切尔夫人的欧洲政策顾问，1997年退休后赴土耳其多所大学讲座授课。诺曼·斯通尤以历史短篇小说见长，代表作包括1975年出版的《东线：1914—1917》（*The Eastern Front：1914—1917*），该书荣获英国历史类图书奖"沃尔夫森历史奖"。——译者注

一个个点头哈腰，忙着为客人掸去身上的灰尘，甚至亲吻手背，为了讨好那帮中产阶级客人，不忘在客人名字中加上"冯"这样象征贵族身份的敬称，将客人亲切称为"大人"或者"夫人"。家仆佣人几乎完全按照封建时代的规章行事。雇佣法规定女仆每两周有一个星期天放假一次，每次只有七个小时。维也纳的上流社会每逢新年总有一个习惯，将一滴烧熔的铅水滴进一桶冰镇香槟里面，看看铅液最后凝固成什么形状，借此推断来年的运数。

奥地利的权贵们过着欧洲最讲究礼仪的社交生活，在皇家大戏院和皇家歌剧院的正厅包厢里抛头露面是常事，在家款待客人则是每周必做的大事。每一个上流社会的维也纳人都知道星期天下午要去克洛伊夫人家拜访；星期一要去豪格维茨伯爵夫人家；星期二是贝希托尔德伯爵夫人家；星期三则属于布阔伊伯爵夫人。斯滕伯格伯爵夫人会在塞默灵的高山雪场举行周末滑雪比赛；拉里施伯爵夫人会组织桥牌聚会；波林·梅特涅公主由于款待的犹太银行家实在太多，人送雅号"犹太圣母"。要知道，维也纳拥有全欧人数最多、势力最大的犹太人群体，与之相对的反犹势力自然同样强大。

虽然在政治和军事上德国人要在奥地利人面前高一等，可每次只要踏上那帮哈布斯堡达官贵人的土地，就会不由自主地感觉自己在社交礼仪方面捉襟见肘。威克姆·斯蒂德①长期以来担任《泰晤士报》记者，在描述维也纳时如是写道："（这里）庄严与温馨并存，五光十色，流光溢彩。相比之下，基本见不到丑陋难看的建筑，意大利风格的影响随处可见，女人们个个仪态万方，风姿绰约；当地人热情好客，彬彬有礼，说起话来口音浓厚，感觉温馨，足以让每一个到访此地的游客看得开心、听得舒服。"不过，斯蒂德也发现维也纳人势利虚荣到"令人难以忍受"的地步，感觉"人人都过着不切实际的生活"，抱怨这个城市缺少灵魂。

---

① 威克姆·斯蒂德（Wickham Steed，1871—1956），英国新闻记者，历史学家，1896年任《泰晤士报》驻外记者，先后在柏林、罗马和维也纳工作，1914年调回伦敦，任该报外文编辑。斯蒂德是坚决的反犹分子，讨厌德国，蔑视奥匈帝国，"一战"期间力主英国参战，采取强硬路线，对抗德国，深得《泰晤士报》老板诺斯克里夫的赏识，成为后者在外交事务上的顾问，并在战后接受后者邀请，1919—1922年任《泰晤士报》主编。——译者注

奥地利人苦心经营着与德国、土耳其和希腊的友好关系，试图借此挫败塞尔维亚人的野心。后者雄心勃勃，企图建立一个名叫"南斯拉夫"的泛斯拉夫人国家，将数百万哈布斯堡王朝的臣民纳入其中。在1914年之前的那些年里，奥匈帝国也开始习惯时不时利用军事威胁为外交服务。奥匈帝国的将军对于打仗这种事情，从来都是不顾后果，草莽行事，将战争简单视为谋取国家利益的工具，全然不顾人民士卒的死活。随着少数民族在哈布斯堡帝国日益孤立，压迫也变得愈加沉重。维也纳有意在统治的穆斯林、塞族和克罗地亚人之间挑起纷争，制造隔阂。绝大多数少数族裔被剥夺了政治权利，却要承受沉重的赋税剥削。维也纳兴许算得上一段轻松欢快的华尔兹，可弗朗茨·约瑟夫统治下的其他地方却毫无恩惠与仁慈可言。倘若要找个理由辩白，顶多只能说是周围的邻国也好不到哪里去。

俄国的统治者们与德皇都有一个共同信念，都认为两国注定要卷入一场日耳曼人与斯拉夫人之间的历史对决。德国人毫不掩饰对于俄国人的轻蔑，对对方总是爱理不理。与此同时，沙皇的臣民们则对德国人在文化与工业上的优势地位嫉恨不已。这两个国家最惹人注意的摩擦点，也是最有可能爆发冲突之处就在土耳其。俄德两国均将江河日下的奥斯曼帝国当作盘中餐，都在努力确保得到自己想要吃到嘴里的那一块肉。达达尼尔海峡是通往黑海的要道，俄国37%的出口货物都要从此经过，谁能控制海峡成为尤为关键的问题。若是由衰败的奥斯曼土耳其帝国来掌管，圣彼得堡还可以睁一只眼闭一只眼，可落入德国人之手却万万不能接受，而扼住达达尼尔海峡恰恰又是德皇外交策略的重要目标之一。1908年，"青年土耳其党人"（The Young Turks）夺取了君士坦丁堡的政权，对来自德国的援助，尤其是派遣军事顾问表示欢迎，意图借此帮助祖国实现近代化。反观柏林，李曼·冯·桑德斯将军1913年前往君士坦丁堡指挥卫戍部队时，德皇威廉二世说了这么一番话："你去给我打造一支新的部队，一支能打硬仗的部队，要听我的指挥。"

李曼赴土耳其就任引起了圣彼得堡的恐慌。俄杜马主席敦促沙皇尼古拉二世做事果敢一些，趁着德国人不及下手，把达达尼尔海峡从土耳其人手中抢过来："海峡必须归俄国所有。打仗我们欢迎得很，这样还可以提升我们

俄国的国家声誉。"1913年12月，俄罗斯王公大臣们齐聚一堂，召开枢密会议，海陆两军大臣在接受质询，被问道是否已经做好开战准备时答道："俄罗斯已经做好万全准备，只待与德国一决高下，至于与奥匈帝国兵戎相见，更加不在话下。"翌年2月，俄国军情部门向政府发去一封德国的秘密备忘录，令圣彼得堡闻之色变。密报强调柏林志在控制达达尼尔海峡，确保把守海峡炮兵连队的指挥权由德皇的军官掌握。在某些历史学家看来，如果说俄国人为了赢得黑海出海口，希望在1914年开战，这种说法不免夸大其词。但是，倘若说俄国人为了阻止德国人获得出海口，不惜拼死一战，这个说法绝对站得住脚。

俄国在决战到来的前几年里发展迅速，让德奥两大死敌倍感失望。虽然，1917年之后新上台的布尔什维克党人捏造了一个沙皇时代经济凋敝的谎言，可事实上，俄罗斯经济在当时世界排名第四，年增长率差不多达到10%。俄国1913年的国民收入几乎可以媲美英国，是法国的1.71倍。即便分摊到更加广大的人口之上——毕竟沙皇统治着两亿臣民，而德皇统治下只有6500万人口——这个数字仍然达到了德国的83.5%。俄国同时拥有欧洲最大的农业产量，谷物产量差不多是英、法、德三国的总和。得益于连续几年收成不错，俄国财政收入迅速增加。1910年，俄国在欧洲的国土铁路密度尚不及英国或德国的十分之一，在得到法国贷款注资之后迅速增加。俄国在铁、钢、煤以及棉花制品产量上虽然仍落后于德国和英国，但已经足够同法国一较高下。

绝大多数俄国人的生活水平要比19世纪末有了明显提高。人均收入在1898—1913年间增长了56%。随着学校的增加，识字率也在同期翻了一番，达到将近40%，新生儿死亡率以及整体死亡率都在急剧下降。虽然对于政府的影响仍然微乎其微——这是因为政府仍然把持在地主贵族们的手中——可商人阶层已经开始扩大。俄国上流社会的奢华生活开始吸引西欧的目光。英国专供上流社会品评的时尚杂志《女士》（*The Lady*）用浪漫甚至煽情的笔调对尼古拉二世治下的这个帝国进行了一番描述，写道："这个国家幅员辽阔，不仅拥有宏伟的城市，还有干旱的草原，贫富悬殊巨大。不少英国的绅士贵妇都为之深深吸引，将这里当成了自己的家。大体说来，英国人是受到俄国人喜欢和欢迎的。传闻有钱人家的女儿从小受到精心栽培，从托儿所到学校都严加管教，过着简朴健康的生活，学习多门外语，英语和法语也在其中……这些俄罗斯姑娘都受过良好教育，聪明睿智，仪表大方，举手投足让人感到愉悦稳重。"

欧洲其他国家的皇室和贵族成员与俄国的王公贵族交往起来轻松自如，毫无障碍，这是理所当然，毋庸置疑，后者在巴黎、比亚里茨还有伦敦，过着跟在圣彼得堡一样自由自在、无拘无束的生活。可是，沙皇统治及其背后极度享乐的贵族阶级面临着尖锐的内部矛盾。如果说哈布斯堡王朝的棘手问题在于如何处理少数民族矛盾，那么罗曼诺夫王朝的麻烦则要严重得多。强硬推行同化政策，尤其是在语言上强迫使用俄语，在芬兰、波兰、巴尔干半岛以及高加索山的穆斯林地区激起了强烈反抗。不仅如此，俄国还要面对因产业工人不满引发的大规模社会动荡。单单1910年一年里头，这个国家就发生了222起停产罢工事件。俄国警方把一切统统归结于经济而非政治因素。到了1913年，罢工次数猛增至2404起，其中1034起被认为是出于政治目的。翌年，数字达到3534起，其中2565起被认为具有政治原因。尼古拉·弗兰格尔男爵[1]颇有先见之明，观察写道："我们正处在大祸将至的前夕。如此祸事自从文明世界遭到蛮族入侵以来从未见过。用不了多久，今天的一切对于这个世界来说都将变得毫无意义。一个野蛮落后的时代即将开始，并将持续好几十年。"

尼古拉二世为人生性敏感，纵使不能说比德皇更加聪明，但至少更有理智。沙皇目睹了1905年日俄战争在俄国国内引发的革命——这场仗就是威廉二世怂恿他打的——懂得一场全面欧洲战争就算不对所有，但至少对绝大多数参战国来说都将是一场灭顶之灾。可是，沙皇始终不肯放弃天真幼稚的想法，一心幻想建立一个符合欧洲各国君王共同利益的同盟会，还以为自己和

---

[1] 尼古拉·弗兰格尔（Nikolai Wrangel，1847—1920），俄国贵族、男爵，著有《从农奴制到布尔什维克主义》（*From Serfdom to Bolshevism*）。——译者注

威廉二世惺惺相惜，互相理解，两个人都一心想着共同维护和平。然而，沙皇的内心又是矛盾的，需要同时忍受俄国这些年来接连遭受羞辱的刺激——先是1905年在战场上吃了日本人的败仗，接着又在1908年被奥地利人在外交上戏弄了一番，让哈布斯堡帝国轻轻松松便把波斯尼亚和黑塞哥维纳吞进肚中，后面这件事尤其让人怒气难消。1914年1月，沙皇向法国原外交大臣泰奥菲尔·德尔卡塞正色说道："我们绝不会再让人踩在脚下。"

尼古拉二世身为一国之君，堪称兢兢业业、勤勤恳恳，凡是国外发来的急信电报总要亲自过目，不少军情报告上都留有他的亲笔批注。可是，这位沙皇生活在一个自命为神、与民隔绝的环境之中；环侍左右的那帮王公大臣鲜有真才实学；加之一心只想维持自己的极权统治，这一切注定了他的能力与才华只能到此为止。沙皇总是摆出一副自以为是的家长做派，每每出访农村，看到农民兴高采烈地三呼万岁，还以为自己这个皇帝深受爱戴，其实完全是自欺欺人，他穷其一生也从未真正接触了解过这些农民。沙皇总以为只有犹太人、学生、无地的农民和一些产业工人才会怀有革命或者说是改良的思想。即便换作德皇本人，在藐视民意方面也不敢像沙皇这般大胆造次。想当年，杜马投票反对斥资为波罗的海舰队建造四艘战列舰，尼古拉二世只不过微微耸了耸肩，便颁布君令：无论如何，必须把四艘战舰给造出来。国家委员会几乎全部由大贵族大地主把持，可即便是215名成员一致通过的决议，对于沙皇来说也分量有限。

如果说在1914年，没有哪一个欧洲国家的政府谈得上有什么凝聚力的话，那么尼古拉二世的政府就更加明显，纯粹是个烂摊子，一盘散沙。兰斯多恩爵士用讥讽的语调调侃沙皇软弱的性格："和沙皇打交道，只有一个办法，就是争取最后一个离开他的房间。"尼古拉二世最为器重的政治顾问当数外交大臣谢尔盖·萨佐诺夫。萨佐诺夫当年53岁，属于级别较低的贵族，在欧洲游历甚广，曾在俄国驻伦敦大使馆任职，对英国人的真实意图有着一种近乎病态的怀疑。萨佐诺夫此时负责外交部已有四年，可他领导的这个部门——人们一般以外交部所在的"克里斯特桥"来指代，就像法国外交部常被人称作"奥赛码头"一样——几乎从来就没有跟陆军部和陆军部的首脑弗拉迪米尔·苏孔里诺夫打过招呼通过气，苏孔里诺夫对于国际局势也差不多一无所知。

俄国政坛分为东西两派。有一派倾向于将新的重心置于俄国在亚洲的领土之上，开发那里的矿产资源。外交官罗森男爵就曾提醒沙皇注意自己的帝国除了边境之外，在欧洲毫无利益可图，确实没有什么东西值得大打出手。不过，罗森遭到了另外一派皇室顾问的挖苦与嘲讽，说他"简直就不是一个地道的俄罗斯人"。尼古拉二世本人对德国崇拜有加，这让他在情感上将大部分敌意对准了奥匈帝国。沙皇虽然并不认同泛斯拉夫主义，却下定决心要在巴尔干半岛捍卫俄国影响力的合法存在。不过，究竟该如何为这种观点在道德或政治层面正名，这才是备受争议的关键所在。

俄国的知识分子自然对这样的王权统治嗤之以鼻、感到厌恶。法国上尉朗格卢瓦对沙皇俄国了如指掌，堪称专家。他在1913年写道："不幸的是，俄国的年轻一代在他们老师的支持甚至怂恿之下，接纳了带有反战甚至是反爱国主义色彩的思想。这是我们很难想象得到的。"随着战争来临，不少受过良好教育家庭的孩子纷纷逃避兵役，体现出这一类人有多么冷漠和自私。俄国文学界是不会产生吉卜林[①]这样的人物来为帝国歌功颂德的。自信不足，却又侵略成性，一直以来都是俄罗斯人民族性格中最显著的矛盾。尼古拉二世的臣子们并非没有脑子，这帮人非常清楚自己的国家在战场上已经接二连三吃过多少败仗——先是英国人、法国人、土耳其人，后来又轮到了日本人。对后者的失利也代表着近代史上一个欧洲国家破天荒败给了一个亚洲国家，让这种耻辱进一步加深。1876年，俄国外交大臣戈尔恰科夫亲王就愁容满面地对另一位亲王说道："我们的国家伟大归伟大，却没有力量。"1909年，季里耶夫将军在日记中哀叹道："我们已经成了一个二流国家。"在季里耶夫看

---

① 约瑟夫·鲁德亚德·吉卜林（Joseph Rudyard Kipling，1865—1936），英国小说家、诗人，因作品表现大英帝国的扩张精神而被乔治·奥威尔称作"帝国主义诗人"（"A prophet of British imperialism"），代表作包括《丛林故事》（*The Jungle Book*）、长篇小说《吉姆》（*Kim*）、诗歌《军营歌谣》（*Barrack Room Ballads, and Other Verses*）等，1907 年获得诺贝尔文学奖，年仅 42 岁，不仅成为首位获此殊荣的英国作家，也是迄今为止荣获该奖项最年轻的作家。——译者注

来，俄罗斯帝国的国家团结与道德凝聚力已经崩坏。他在目睹俄国默许奥地利吞并波斯尼亚和黑塞哥维纳之后更加痛苦万分，慨叹道："耻辱啊，耻辱！与其忍受这样的耻辱，还不如干脆死了算了！"

法国同俄国的新关系始于1894年。两国于当年签署了一份军事公约。俄法之所以重新交好，源于彼此都相信仅凭一己之力无法与德国抗衡。德国是共同的敌人，唯有两国携手，才能提供安全保障，挫败德皇的扩张野心。法国此后向圣彼得堡提供了大量贷款，主要用于修建具有战略意义的铁路。法俄两国在文化上联系紧密，谢尔盖·达吉列夫的"俄罗斯芭蕾舞团"便是典型，这可是最受巴黎人推崇的艺术团。两国在军事上的紧密联系《两国协约》（the Dual Entente）也取得进展。1901年，俄法达成协议，一旦以任何形式宣战，俄军将在18天之后对德作战。来自法国的资金支撑着一个重整军备的庞大计划。俄国人甚至盼着在20世纪30年代之前建立起一支世界一流的海军。

沙皇俄国拥有和平时期欧洲规模最为庞大的陆军，总兵力多达142万人，动员时可达500万。可是，问题在于这样的军队能否真正应战？不少外国人士对此表示怀疑。英国武官有一回看完俄军对抗演习之后，写下了这样一句话："我们的确欣赏了不少精彩的军事表演，可是在现代化战争中派得上用场的训练却几乎一点也没见着。"法国将军约瑟夫·霞飞1913年8月应邀参加检阅尼古拉二世的军队，对此也持相同看法。霞飞发现沙皇手下一些顾问，包括陆军大臣在内，对专门请来的法国盟友怀有明显敌意。俄国军队深受领导无方，长期内耗所累。有位历史学家撰文指出俄军还保留着"某些皇家卫队的特征"。虽然，俄军指挥官相信手下的士兵如果为了斯拉夫人的事业打仗的话，表现会比1904—1905年对阵日本人要好一些，可这支军队在精神特质上只是一味强调残酷严苛的军事纪律，而非作战技能或斗志士气。

俄国人对于能够向巴尔干半岛人民伸出援手，帮助其中一部分人摆脱奥斯曼土耳其帝国的统治，深感自豪与光荣，因此下定决心，决不能坐视不管，任由巴尔干人民再次落入奥匈帝国或者德国的魔掌之中。圣彼得堡的半官方报纸《新时代报》在1908年6月的一篇文章中写道：如果任由德国在南欧和东欧占据文化上的统治地位，那么"俄罗斯要想避免不成其为俄罗斯"将不大可能。1913年，英国驻贝尔格莱德公使巴克莱写道："塞尔维亚这个地方，说得实在一点，就是俄国的一个行省。"巴克莱此言未免有些过头，毕竟塞尔维亚领导人有着强烈的自主意识。不过，圣彼得堡也把话说得很清楚：塞尔维亚受俄国保护。俄国对塞尔维亚做出安全保证，可以说是对欧洲和平的致命威胁，这和德国支持奥地利是同一个道理，二者的关键区别在于前者属于防御性质，而后者具有攻击性。不过，俄国以获得军事支持为代价，没有坚决阻止塞尔维亚人在哈布斯堡帝国内部进行颠覆活动，怎么说都是不负责任的。

南部斯拉夫人生活在四个不同的国家，分别是哈布斯堡帝国、塞尔维亚、蒙特内格罗和保加利亚，由八个不同的政府管理。狂热的民族主义热情让他们付出了惨重的血的代价——斯拉夫人总人口的16%，差不多两百万人，包括妇孺儿童在内，在1918年停战日到来之前的六年中死于非命。塞尔维亚为了从奥斯曼土耳其帝国的手中抢得一些松散领土，扩大地盘，增强国力，在1912和1913年先后打了两场巴尔干战争。1912年，俄国外交大臣对外宣称如果塞尔维亚人和保加利亚人战胜土耳其人，那么这将是第一次巴尔干战争最不愿看到的结果，因为这会让这两个侵略成性的国家把斗争矛头从穆斯林转向日耳曼人："如果出现这种情况，我们……就必须做好准备，打一场惊天动地、不死不休的全面欧洲大战。"谁知，塞尔维亚和保加利亚人真的打赢了战争。塞尔维亚和罗马尼亚人接下来在第二次巴尔干战争中再次获胜——打这一仗是为了抢夺第一次遗留的胜利果实——让事态变得更加严重。塞尔维亚吞并马其顿和科索沃，领土面积翻了一番。塞尔维亚人开始变得无比骄傲、雄心勃勃、自信爆棚，以为战争总会给自己带来好处。

俄国驻贝尔格莱德公使尼古拉·哈特维希是一位坚定的泛斯拉夫主义支持者。虽然，圣彼得堡肯定不希望看到塞尔维亚与奥地利之间爆发军事冲突，但人们相信哈特维希1914年6月正在积极促成这一切发生。俄国驻君士坦丁堡大使抱怨"哈特维希这个昔日专栏作家的所作所为，看上去像极了一

个不负责任的记者"。塞尔维亚是一个年轻的国家，1878年才从奥斯曼土耳其帝国的统治下挣脱出来，像一颗毒瘤一样，紧紧贴在哈布斯堡帝国的东南边境上。西方政治家用不屑和狐疑的眼光打量着这块地方。这个民族总是自以为是，成日里嚷嚷着"塞尔维亚人走到哪里，哪里就是塞尔维亚"，正是这样的话让巴尔干半岛充满变数。欧洲各国的大臣官员们只要一听到什么"小塞尔维亚"这种以受难为荣的调子就气不打一处来。塞尔维亚人对于本国少数民族，尤其是对穆斯林压迫之残忍简直深恶痛绝。每一个欧洲大国都承认塞尔维亚只要能够击败弗朗茨·约瑟夫的帝国，就可以实现夙愿，让生活在哈布斯堡王朝统治之下的两百万塞尔维亚同胞拥有属于自己的国家。

塞尔维亚人口不过450万，却生活在面积87300平方公里的土地上，这里既有肥沃的农田，也有贫瘠的山地，是一个比罗马尼亚或者希腊还要小的小国。五分之四的塞尔维亚人依靠土地为生。由于长期受到奥斯曼帝国的统治，这个国家依旧保留着有别于西方的东方传统。诸如面坊、锯木厂、炼糖厂、烟厂等仅有的一些工业也要依赖农产品才能发展。"（这里）坐火车到伦敦不过两天行程，"一位英国旅行者在大战爆发之前用充满热情的笔触写道，"这里有着大片尚未开发的土地，土壤极其肥沃，蕴藏着巨大的财富；这里的历史比任何一个童话故事都要奇妙；这里藏龙卧虎、爱国群雄并起，有朝一日终将震惊整个欧洲……我从未见过任何一个国家能够如此美不胜收，让人过目难忘，能够让人身临其境地感受到中世纪的味道。整个国家都带着一股浪漫的氛围，令人怦然心动。人们总爱谈论那些千钧一发、死里逃生的奇闻轶事，讲述那些充满骑士风度的英雄事迹……初到此地的每一个人都会受到热情款待，英国人更是特别受到欢迎"。

不过，在另外一些人眼中，塞尔维亚远没有这般美好。这是一个带有典型巴尔干传统的国家，暴力动荡充斥国内，王朝更替要靠暗杀篡位才能实现。1903年6月11日，一群塞尔维亚年轻军官趁着夜色，冲进暴君亚历山大和德拉加王后在皇宫内的住所。二人尸首后来被人在花园里发现，上面布满了弹孔与刀伤。行刺者中就有日后策划萨拉热窝枪杀案的德拉古廷·迪米特里耶维奇。迪米特里耶维奇当晚在与皇家卫兵的冲突中负伤，就此为自己赢得了民族英雄的地位。塞尔维亚国王彼得结束在瑞士的长期流放生涯，归国继位，名义上实行君主立宪制，可塞尔维亚依旧处于派系相争的动荡之中。彼得有两个儿子，长子名叫德约杰，在俄国受的教育，是一个生性粗暴、玩世不恭的家伙，1908年竟然将自己的男仆活活刺死，丑闻曝光后迫于压力，只好放弃王位继承权。德约杰的弟弟亚历山大虽然成为王位继承人，却涉嫌暗中下毒，谋害兄长。塞尔维亚王族家庭从未有过一天和平共处的日子，军队干政之频繁堪比今天的某个非洲小国。

塞尔维亚虽然只是一个农业国家，却充满经济活力，拥有一批受过良好西方教育的知识分子。有位知识分子充满干劲、见多识广，对一个造访塞尔维亚的外国人热情说道："我太爱这个国家了。这个国家到处充满了田园风光，难道你不觉得吗？每次总让我想起贝多芬的《田园交响曲》。"知识分子说完还随口哼了一两段："哦，不，我唱错了。刚才唱的应该是《第三交响曲》才对。"几个世纪以来的奥斯曼帝国统治为这个国家留下了一份具有异国情调的文化遗产。美国记者约翰·里德写道：

车站里，人们走来走去，形形色色。男人们有的裹着头巾，有的戴着土耳其毡帽，还有的头上顶着一顶圆锥形的棕色皮帽；有的穿着土耳其式样的长裤；有的穿着长衬和紧身裤，裤子是用手织麻布制成的，柔软光滑，皮革背心上面密密麻麻地绣着轮子和花朵的彩色图案；有的穿的就是深棕色的羊毛外套，饰有黑色穗带图案，鲜红的腰带在腰上缠了一圈又一圈，脚上的皮凉鞋在大脚趾的位置缝了一个圆孔，用皮带系在腿肚子上，一直缠到膝盖上去。女人们用土耳其面纱遮住面庞，穿着及膝的灯笼短裤；要么就是一身皮夹克或者羊毛外套，上面绣着色彩鲜艳的图案，胸衣用的丝非常稀有，丝都是村里人自己编织的，衬裙是麻布做的，上面绣着花纹，黑色的围裙上绣着花，厚厚的罩裙上面编织着彩色条纹，显得艳丽夺目，扣子要从背后才能扣上；头上戴的是黄色或者白色的丝织方巾。

咖啡馆里,男人们喝着土耳其咖啡,嚼着黄油干酪。每逢周日,村民们便会聚集在村里的广场上载歌载舞。结婚、受洗,就连每次选举集会跳的舞都不尽相同。村民们唱的歌往往带有政治意味——"如果你愿意替我交税,我就给你投票!"就是这样一个国家,一方面让奥地利人忧心忡忡,恨之入骨,另一方面又让俄国人关怀备至,保护有加。无论人们如何看待塞尔维亚在1914年危机当中所扮演的角色,都很难认为这个国家的人民受苦受难是完全无辜的。

在西欧,巴尔干半岛暴力事件层出不穷,人们早已对此习以为常。即便发生什么新的大事,也只会让人提不起精神,听着厌烦罢了。回到1914年6月的巴黎,人们想象中的欧洲整体局势并不如1905年和1911年那么危险,毕竟三个同盟国与三个协约国之间的紧张局面在那两年都通过外交途径得到了改善。雷蒙·普因加莱当时53岁,原为保守派总理,1913年当选法国总统,也让自己的位置头一回有了实权,不再是个摆设。普因加莱虽然是1870年以来首位前往德国驻巴黎大使馆赴宴的法国总统,可他对德皇统治的这个国家又恨又怕,为此大力推动援俄,以此作为法国外交政策的重心。诚然,几乎没有哪一位严肃认真的历史学家会认为法国希望在1914年打一场欧洲大战,可正是普因加莱在一定程度上让自己的国家在参加这样一场大战的问题上放弃了独立判断的能力。德国人是法国人的宿敌。人人都知道德国人的战争计划在于在对付俄国之前,先对法国下手,发动突然袭击。普因加莱认为协约国必须同心协力——他的这种想法也许没错——否则德国人就会把他们各个击破。

法国自从1870年败在普鲁士手中以来,元气恢复得相当不错。俾斯麦当年将阿尔萨斯和洛林这两个原本属于法国的省份收入囊中,作为莱茵河以西的战略缓冲区,虽然依旧令法国人愤愤不平,却已不再是这个国家国民意识中流血的伤口。诚然,法国治下的穆斯林国家,尤其是北非地区,对法国统治长期不满,可法兰西三色旗下的庞大地区正呈现出一派蒸蒸日上的繁荣景象。虽然,过去十多年来,法国高级军官表现出来的残忍、势利、蠢笨无能以及德雷福斯事件中的反犹行为,令法军威信一落千丈,但法军仍然被认为——尽管，没有得到德皇的认可——是欧洲大陆最令人生畏的战斗力量。从世界上首个电话亭，到实现铁路电气化，再到米其林城市地图，无一不代表着这个国家飞速增长的财富以及对科技创新的大力投入。卢米埃尔兄弟率先发明了电影。交通运输正在实现机械化，巴黎成为世界上第四座拥有地铁的城市，年客流量很快就将达到四亿人次。巴黎作为举世公认的文化之都，是地球上最前卫、最具艺术天赋的画家们挥洒自如、尽情创作的天堂。

法兰西第三共和国又被称作"农民的共和国"。社会不公虽然仍旧存在，可地主阶级的影响力要比其他任何一个欧洲国家都小。法国人的社会福利在不断进步，自愿退休计划和意外保险法相继出台，公共卫生也在不断改善。法国中产阶级的政治影响力要比其他任何一个欧洲国家的中产阶级都大。普因加莱是公务员的儿子，他本人是一名律师。乔治·克列孟梭之前当过首相，日后还将担任首相，而他的本行是医生，他的父亲同样是医生出身。虽然，1914至1918年法国的几大干将约瑟夫·霞飞、斐迪南·福煦还有菲利普·贝当个个出身平凡，可倘若非要说贵族势力还在哪个行业起作用的话，恐怕非军队莫属。教会在农民和工人大众当中的影响力在飞速减退，残存势力主要集中在贵族和资产阶级身上。社会变得日益开明。《拿破仑法典》第213条规定妻子在法律上必须服从丈夫，法令虽然仍然有效，但一小部分女性已经踏足法律和医疗行业，人数还在不断增加，最有名的当数两次获得诺贝尔奖的居里夫人。

农村条件依旧落后，农民与牲口混居一起，相隔不远。外国人总是嘲笑法国人的卫生标准太低：大多数人一周只洗一次澡，中产阶级地位更显卑微，抛头露面的时候总会穿上假领子，戴上假袖口。虽然，人们对于妓院的存在持有争议，不知这样做到底体现的是社会开明还是道德败坏，可法国人在这方面要比其他任何一个欧洲国家都更加宽容。酗酒问题相当严重，贫困人口的增加让这个问题变得更加棘手。平均每一个法国男子一年要喝掉162升的酒。有些矿工为了减轻工作压力，一天可以喝掉整整6升。法国拥有50万家酒吧，也就是说，平均每82个法国人就有一家酒吧。据说母亲甚至把酒装在

婴儿的奶瓶里，医生给病人，哪怕是孩子治病时都常常把酒开进处方。烈酒被认为代表着男人的阳刚，二者密不可分，喝啤酒或白开水则意味着没有爱国主义精神。

法国的政治家们念念不忘如何扭转德国在人口上的优势。不少日后参加"一战"的人都出生在1890至1896年间。德皇威廉二世的臣民们同期制造出来的人口要比法兰西共和国制造出来的多出一倍。1907年人口普查显示法国人口只有3900万，这意味着德法两国的人口比例为3∶2。在法国，有工作的母亲能够获得带薪产假，愿意母乳喂养的还可以拿到现金奖励。虽然，卫生标准自20世纪开始大幅提高，那个年代入伍新兵每十人当中只有一个身高不足5英尺1英寸[1]，不少资产阶级家庭还是选择公然与神父作对，一家只生一个孩子。普因加莱把自己1913年制定的三年强制兵役法当成一项关键的国防举措。法国通过艰苦卓绝的努力，恢复了往昔的大国地位。即便如此，没有任何人，哪怕法国人自己也不会认为法国在孤军作战的情况下，能够与德国在兵力上分庭抗礼，这也成为法国寻求与俄国结盟的原因所在。

英国是协约三国中最后一个加入进来的，也是第三大支柱。虽然，大英帝国疆域之辽阔，为前世所未见，并且依旧保持着世界头号经济强国的地位，可那个时代的人们只要眼光稍微敏锐一点，就能看出英国的统治地位早已江河日下、日渐衰败。国内创造出大量的新兴财富，社会政治分歧却变得日益尖锐。英国最富有的500万人享受着8.3亿英镑的收入，剩下的3800万人一年却只能挣8.8亿英镑，勉强打个平手。新闻记者乔治·丹杰菲尔德[2]1935年

---

[1] 英尺（Foot）和英寸（Inch）都是英制长度单位，一英尺等于12英寸，一英寸约合2.54厘米，一英尺约合30.48厘米。文中所述"5英尺1英寸"折合公制应在154.9厘米左右。——译者注

[2] 乔治·丹杰菲尔德（George Dangerfield，1904—1986），英国新闻记者、历史学家，1930年移居美国，1933—1935年担任杂志《名利场》主编，1943年加入美国国籍，代表作有1935年出版的《自由英国的离奇死亡》（*The Strange Death of Liberal England*）和1952年面世的《善意的时代》（*Era of Good Feelings*）。前者探讨了"一战"之前英国自由党迅速没落的历史原因，后者讲述的是自托马斯·杰斐逊至安德鲁·杰克逊这一时期美国政治文化的历史变迁，并且摘得1953年的"班克罗夫特图书奖"和"普利策历史类图书奖"。——译者注

出版的里程碑式的著作《自由英国的离奇死亡》（*The Strange Death of Liberal England*）中，回顾了爱德华七世时代及其后英国的状况。

新兴金融资本家属于新出现的富豪阶层，鲜有责任感可言，而一直以来，正是这种责任意识制约着英国有产地主阶级的权力。这类人纯粹就是国际人物，或者说看上去很国际化，金钱是他们的语言……这些人的钱从何而来？似乎没有人关心这个问题。反正，钱就摆在那里，任由这些人花销，任由这帮人用你能想到的最铺张浪费的方式挥霍，因为是这些钱的新主人订立的时尚标准……战前的英国社会，富豪财阀变得越来越肆无忌惮，中产阶级开始安于现状，沦为依附。被剥夺了分享财富权利的看来只剩下了工人……中产阶级……眼巴巴地看着这帮英格兰的创造者们，眼神里带着妒忌、畏惧和仇恨。

查尔斯·爱德华·蒙塔古[①]1926年出版自传性小说《不公》（*Rough Justice*），对1914年之前的那个时代所持看法相同。他在书中写道："那个让人喜爱、叫人放心的英国社会看来正在崩溃，从社会顶层开始垮掉……老骑士们似乎和自己的马儿闹翻了，开始害怕起来，即使马儿愿意，也不敢靠近。搞懂马儿要什么，明白马儿脑子里慢慢转着的友好想法，本是这些人的老本行，可是他们选择了逃避……一直以来，旧有统治阶级之所以有权拥有这样的地位与头衔，理由只有一个，就在于这个阶级的成员有能力去爱护、

---

① 查尔斯·爱德华·蒙塔古（Charles Edward Montague，1867—1928），英国新闻记者、作家，1867年1月1日出生在伦敦，1890年被《曼彻斯特卫报》主编查尔斯·P. 斯科特相中，就此崭露头角，后来，成为该报资深记者，并迎娶了斯科特的女儿。蒙塔古是爱尔兰自治的支持者，"一战"之前曾经极力反对英国参战，可在战争爆发之后，却成为坚决的主战人士，为此甚至不惜染黑头发，好应征入伍。蒙塔古从掷弹兵团的一名中士开始，一步步晋升为中尉，1915年升至情报处上尉，大战后期担任武装护卫，为萧伯纳等名人亲赴战场保驾护航。战后，蒙塔古重拾反战思想，1922年出版文集《幻灭》（*Disenchantment*），对大战进行批评与反思，其后重返《曼彻斯特卫报》，1925年退休，潜心写作，1928年病逝，享年61岁。——译者注

去关心那些佃农、工人、仆人、水手还有列兵。这些人都是他们的同路人，跟了他们一辈子，一同干农活、玩游戏、养孩子，一起上战场冲锋陷阵、同生共死、不畏艰险。"蒙塔古的话虽然只是一种情感宣泄，并无实际意义，却反映了当时的现状——上流贵族和保守党在竭尽全力抵抗自由党1909年开始推行的基本社会改革。

好也罢、歹也罢，那个年代的政府和底下的官僚机构其实很难妨碍到大多数人的日常生活。就算没有护照，照样可以出国旅行；你想兑换多少货币，就能兑换多少，没有任何人会出面干涉或阻止。一个外国人不用经过任何程序，得到官方许可，就可以在伦敦找个房子住下来。虽然，自由党从1905年上台执政以来，在社会福利方面的支出翻了一番，达到2亿英镑，可这笔钱由1913年至1914年各类税收得来，不及国民收入的8%。义务教育年龄达到13岁。英国公民年满70便可享有一份微薄的退休金。1911年，劳合·乔治创立了最初的保险制度，用以照顾生病和失业人群。

即便如此，在20世纪的头十年里，英国工人实际上比1900年还要贫穷，不满的情绪随之而来。劳资争议与停产罢工频频上演，煤矿业闹得尤其厉害。1910年，海员和码头工人发起罢工，要求提供最低工资保障，改善工作待遇。运输业同年也爆发罢工。伯蒙德塞糖果厂的女工一周只能挣到7至9先令，年轻女孩挣得更少，仅有3先令。女工们经过罢工争取，周工资增加了1至4先令不等。1911年因罢工损失的工作日超过1000万天——比比2011年140万个工作日的数据就知道局势有多严重。工人阶级战斗精神如此之高，并非工会领导有方，而是来自阶级底层。就连不少工会领导人当上雇主之后也被吓了一跳。某位工会秘书曾经神情沮丧地向一位仲裁人诉苦，说自己也搞不明白这个国家到底发生了什么："每个人看上去都跟疯了一样。"

国家这只大手究竟有多么厉害，只有在动用武力镇压劳工阶级造反的时候才让人看得清楚。1910年，政府动用军队镇压罗达谷煤矿工人大罢工，轻骑兵和兰开夏火枪兵被派往托纳潘迪。时任内政大臣温斯顿·丘吉尔紧急调遣骑兵分队前往伦敦东区平乱，那里聚集了成千上万罢工的码头工人。有一回赶上铁路工人大罢工，切斯特菲尔德市市长命令部队开火，阻止罢工人群破坏市火车站。带队的军官经过一番考虑，拒绝执行命令。

煤矿主是那个时代资本主义剥削最为残酷无情的代表。1912年，工会提出要求，建议成年男子每班薪金5先令，男童2先令，这一提议后来被称作"5+2"提案。煤矿主对此一口回绝。要知道在那个年代，伦敦酒商贝里兄弟的一打"凯歌"香槟卖96先令，一打1898年产的"圣乔治之夜"香槟酒也要卖到60先令。1912年因罢工损失的工作日超过3800万个。当然，工人们的痛苦不难理解。1913年10月，圣亨尼德煤矿发生大爆炸，事故起因在于安全管理严重疏忽，最终439人遇难。时任首相赫伯特·阿斯奎斯在下院发表讲话时泪流满面，呼吁罢工工人回到煤矿。阿斯奎斯的夫人玛格特为人粗俗之极，不懂审时度势却又个性强势，竟然打算与矿工领导人私下协商，解决争端。矿工领袖拒绝了玛格特的提议，玛格特随后愤怒地写道："我搞不懂为什么要让每个人都知道我们见过面、谈过话。"1910至1914年，工会成员人数从270万增加到将近400万。大战爆发之后的七个月内，英国共发生罢工937起，令国家蒙受沉重打击。

不过，至少还有一件事情能在严重程度上和这场工业战争相提并论，那便是北爱尔兰危机。这场危机在1912年至1914年间差点就让这个联合王国爆发内战。爱尔兰自治是阿斯奎斯付出的代价，借以换取爱尔兰议员通过自己提出的1909年预案——这份预案在当时引起各派激烈斗争，也为英国日后成为一个福利国家播下了种子。北爱尔兰地区的新教徒此后拿起武器，坚决反抗，绝不甘心委身于一个天主教占统治地位的国家，沦为少数派。北爱尔兰新教徒拒绝接受议会通过的自治法案，赢得了保守党及其领导人的支持。甚至准备采取暴力手段，反对法案推行。由于不少英国贵族在爱尔兰拥有家产，这也让这些贵族对阿斯奎斯萌生出一种特别的仇恨。

1914年3月，"克勒克兵变"爆发，一些陆军军官明确表示拒绝参与镇压北爱尔兰叛乱，结果英国陆军总参谋长、陆军元帅约翰·弗伦奇爵士与陆军部长杰克·西利上校双双引咎辞职。杰克·西利盛怒之下向总司令进言，指

出凡是不愿在北爱尔兰服役的军官都可以"消失"。时任陆军部军事行动处处长的少将亨利·威尔逊准男爵在日记里兴高采烈地写道："我们的士兵挫败了阿斯奎斯和他的那套鬼把戏。"英国首相无奈之下，只好临时接任陆军部长一职。

阿斯奎斯领导的那一批自由党人组成了英国历史上最才华横溢的内阁领导，1914年名头最响的大人物包括财政大臣劳合·乔治、海军大臣温斯顿·丘吉尔和理查德·哈尔登。哈尔登之前当过陆军大臣，力主改革旧弊，后来当上了大法官。阿斯奎斯身为先前那个时代的亲历者，1864年目睹了五个谋杀犯的下场——这位首相当时虽然只有12岁，还是一个孩子，却足以看懂眼前的一切——看着五具尸首吊在新门监狱外的绞刑架上晃来晃去，头上蒙着白色头罩。作为一位出身平凡中产阶级的律师，"阿斯奎斯身上总是自然而然地流露出一种罗马式的矜持与拘谨，"阿斯奎斯传记作者写道，"每每有更加强烈的情感需要抒发，总会极力克制。"乔治·丹杰菲尔德说得更加不留情面，直言阿斯奎斯这个人缺乏机智与热情，虽然聪明过人，可执政期间处理英国面对的每一场危机，都没能做出令人信服的回应，"他这个人足智多谋，却不够细心，即便按照别人的计划办事，也能够漂亮地临机应变。身上带着那么一点点帝国主义的味道，一点点改革的色彩，一点点幽默感，而且作为自由党政客当中最挑剔的一个，还有那么一点点模棱两可"。如果说丹杰菲尔德的这番评论有些冷嘲热讽，那么说阿斯奎斯到了1914年8月已经垂垂老矣，心力交瘁，肯定不会过分。

此时的英国政坛已经变得充满火气，做事往往不负责任。哈尔斯伯里伯爵是一位经验老到的保守派律师，对于"受到一个由社会党人把持的内阁领导"大加斥责。一位托利党议员在下院图书馆里把一本规则手册扔在温斯顿·丘吉尔的面前，还扇了丘吉尔一耳光。北爱尔兰暴乱之前还经常有人看见两党领袖同在一个房间休息，可是现在两党党魁和追随者们已经不再往来。玛格特·阿斯奎斯曾经写信抗议自己没有接到邀请，参加寇松侯爵的五月舞会，这场舞会就连英王与王后都应邀到场。寇松在回信中用傲慢的语气写道："我绝大部分朋友都对这样的一届政府持坚定的反对立场，如果邀请这届政府首脑的妻子和女儿到场，哪怕是一次普通的社交聚会，我认为也是有失体统的。"

博纳·劳是加拿大人，拥有苏格兰血统，1911年11月取代阿瑟·贝尔福成为托利党旗手，打出北爱尔兰这张"橙色底牌"，作为一招妙棋来钳制自由党人，不能不说用心险恶。1913年11月28日，这位"英王陛下的少数派反对党"领导人向英军发出公开号召，号召军队不要在北爱尔兰地区强制推行地方自治。此举既要赢得己党和多数贵族的支持，又要同时避免引发英王责难，公然违宪，令人吃惊不小。北爱尔兰统一党成员当中的头面人物当数律师出身的爱德华·卡尔森爵士。此人曾与奥斯卡·王尔德在法庭上针锋相对，被人恰到好处地称为"聪明的疯子"。詹姆斯·克雷格上尉是反叛组织"北爱尔兰人"的党首，对此写道："就我个人所知，我敢保证有一种看法在国外到处流传，认为德国和德国皇帝更愿意看到约翰·雷德蒙德（和他的爱尔兰自治党）来治理这个国家。"

陆军元帅罗伯茨伯爵是英国最具威望的老兵，他对1914年4月为新教徒叛乱分子提供枪炮一事表示公开支持，声称任何试图胁迫北爱尔兰就范的举动都将"毁掉军队"。成千上万人公然手持武器，走上贝尔法斯特街头，倾听卡尔森、克雷格和弗雷德里克·埃德温·史密斯等人的讲话，后者堪称保守党最具煽动性的代表人物。与此同时，英国政府却束手无策。在爱尔兰南部，好斗的民族主义分子眼看卡尔森公然藐视议会，从中得到暗示，开始想方设法准备武器。英国陆军对待强悍好战的民族主义分子，远不如对待北爱尔兰人的过分之举那么宽容。1914年7月26日是星期天，英军在都柏林的单身汉步道向手无寸铁的平民开枪——这些人据说参与了私运军火——造成3死38伤。

如果说大英帝国在世人眼中象征着富裕强大，那么阿斯奎斯政府从来就是软弱无能的代表。这届政府最明显的失败之处就在于无力遏制业界的暴力行径和北爱尔兰的狂热动乱。阿斯奎斯政府看上去甚至连女性争取选举权的运动都处理不好，这些运动沸沸扬扬，震耳欲聋。好事之徒在伦敦到处打砸窗户，把酸水泼在高尔夫俱乐部的草地上，烧出标语来，还在狱中发起绝食

斗争。1913年6月，艾米莉·戴维森①在一场马赛上被英王的赛马撞倒，不治身亡。1914年头七个月，就有107栋房屋遭到女性参政运动人士焚烧。

不过，阿斯奎斯的批评者们显然忽略了一点，那便是没有任何人能够遏制或者压制这股巨大的社会政治力量撼动英国。乔治·丹杰菲尔德写道："历史上鲜有哪位首相在如此之短的时间里头，经历如此之多的劫难。"爱尔兰自治派著名领袖约翰·迪戎曾对英国作家威尔弗里德·斯卡文·布朗特说过："这个国家正在面临革命的威胁。"国内冲突频发，纷争不断，也让国外舆论界感触颇深。有人写道：我们看到一个伟大的民主国家正在陷入衰败与没落。英国的两大盟友法国和俄国对此深感失望，而那些将来的敌人，尤其是德国，则觉得简直难以置信，试想一个国家如此动荡，军队本来规模就小，还因为派系不和四分五裂，这样又怎能对欧洲大陆诸国构成威胁，动摇对手称霸大陆的野心呢？

第二节　作战计划

两大敌对国家联盟兵戎相见、一较高下，这是迟早的事情。不少欧洲人都在等着这一天的到来，只是各人期望的热切程度有所不同罢了。在人们眼中，一场席卷欧洲的大陆战争不是不可想象的天方夜谭，反倒是国际局势紧张的产物，不仅顺理成章，而且也绝不会让人无法忍受。欧洲诸国拥有2000万常备军和后备役部队，各自已经制订方案，应对各种突发事件，完成兵力部署。但凡打算参战的国家都主张采取进攻态势。英国陆军1909年制定了

---

① 艾米莉·戴维森（Emily Davison，1872—1913），20世纪初英国妇女参政运动活动人士，以绝食等极端形式争取女性参政权而闻名，曾经九次被捕，1913 年 6 月 4 日在艾普索姆德比大赛上冲入赛道，挡在英王乔治五世的一匹名为"安默"（Anmer）的赛马面前，结果身负重伤，四天后不治身亡。根据现代历史学家的分析，戴维森并非蓄意自杀，而是为了在英王马匹的辔头上披上象征妇女参政运动的披带，借此吸引人们对女性争取选举权运动的注意。——译者注

《野战勤务条例》。条例大部分由道格拉斯·黑格伯爵起草，其中明文写道："要想取得战役的决定性胜利，只有一个方法，那便是大力进攻。"1914年2月，俄国军情部门向政府发去两份来自德国的备忘录。备忘录中讨论的是如何为两线作战做好舆论准备。意大利是三国同盟中最后一个加进来的，名义上得同德国和奥地利并肩作战，这就意味着法国人在兵力分拨上不单要考虑如何迎战德国人，还得想想怎样保卫法国的东南边境。不过，一旦战争真正开始，意大利到底会做何举动，这一点别说欧洲列强没有一个说得准，就连意大利人自己也说不清。看上去比较靠谱的说法应该是不管哪一方，只要能够满足意大利人扩张领土的野心，罗马政府就会提供支持。

在德国，总参谋长赫尔穆特·冯·毛奇在1906年继承了前任阿尔弗雷德·冯·施里芬制订的计划。这项计划要求发动大规模进攻，横扫法国北部，包围巴黎，击溃法军，然后掉头向东，对付俄国。过去一个世纪，有关德国倘若在1914年开战，胜算几何的争论核心就在于"施里芬计划"。德国领导层之所以对发动一场全面欧洲大战充满信心，依赖的完全就是施里芬的计划，或者说得更加准确一些，胜负成败全都取决于毛奇如何将这一计划付诸实践。

德皇总喜欢装出一副假样子，让人以为是他一个人在治理德国——某些时候的确是他一个人在管理这个国家。贝特曼·霍尔维格身为德皇任命的帝国宰相，属于保守派里的自由分子，在努力维系日渐对立的帝国国会的同时，也在多多少少施加影响。不过，威廉二世统治下的德意志帝国最具影响力的人只有一个，那便是毛奇，此人手中掌握着欧洲最令人生畏的军事机器。毛奇能够成为将军多少有些出人意料，他本是一个科学家，笃信上帝，喜欢拉大提琴，对《悲伤的尤里乌斯》这样极其忧郁的曲子百听不厌。毛奇一生为人所津津乐道之处，一在于对妻子忠诚不渝，二在于对于来世、灵魂和神秘主义的东西极其痴迷，这也得到了妻子的支持和鼓励。毛奇相信自己坐着普天之下最光荣的位置，自己和自己的军队从不听命于政客，只效忠于德皇。

德意志帝国总参谋部堪称德国最受人敬仰的机构，一切运作都在毛奇的

指挥之下。帝国总参谋部下辖军官625人，全部在位于柏林国王广场的一栋大楼里工作。毛奇和家人就住在楼内的一间公寓里。大楼安保戒备森严。这里见不到一个秘书或文员，一切文件均由参谋人员起草。每天早上，待到清洁工离开，除伊莱扎·毛奇及其贴身侍女之外的任何女性都不得进入大楼。一旦新的动员计划准备完毕，多余的复印件都会被小心翼翼地销毁干净。总参谋部对科技设备并不仰仗：楼内见不到一辆汽车，即便是颇有势力的铁路科也只有一台打字机。要想拨打紧急电话，得去走廊上唯一的一间电话亭。大楼内部不设餐厅。由于工作日工作时间长达12—14个小时，大部分参谋人员会将午餐装在随身携带的餐盒内，在各自的办公桌前用餐。总参谋部的每一位成员都经过反复教育，要把自己当成一个神圣精英组织中的一员，一丝不苟地严格遵守社交规则，比如说，任何人都不得进入社会主义分子经常光顾的酒吧。

毛奇本人一心想给人某种个人权威的印象，虽然这种印象很快被证明不过是不切实际的幻想，却对德国一步步走向战争产生了重要影响。毛奇为人极其聪明，颇有涵养，靠着和德皇的亲密联系一步步晋升。毛奇的发迹之路还要从当年替叔叔"伟大的老毛奇"当人事行政参谋算起，后者可是1870—1871年击败法国的胜利英雄。德皇威廉二世发现自己与这位民族英雄的侄子意气相投，深信老毛奇的军事天赋一定能够在下一代身上得到传承。不过，任命毛奇为总参谋长的决定却颇具争议，事实上甚至引起了不小震动。以前教过毛奇的一位军事教官写道："此人将来必生祸端。"威廉二世的选择纯粹出于他和毛奇的私人关系——他发现这位将军是一位心仪的伴侣，侍奉床前，让人愉悦。上下古今，此为成为宠臣的必要条件。毛奇虽然也让人看到他有胜任军官职务的能力，却并未表现出明显的军事天赋，要么换句话说，他并没有多少机会展示自己的军事天才。

让人觉得讽刺的是老毛奇在1890年之后一改初衷，认为欧洲的命运从今往后应该通过外交渠道，而非在战场上一较高下来决定。战争对于德国已经不再具有重要意义。不曾料想，他那位天资差了不止一截的侄儿从1906年开始，就口口声声说施里芬两翼合围的构想让人看到了希望，能够确保德国征服欧洲。1913年2月毛奇向奥地利总参谋长康拉德·冯·赫岑多夫表示："奥地利的国运并不取决于布格河，而在莱茵河。"他认为军事气球和机动车辆等新技术的出现，有助于自己对德军实行高度集中的战场控制，让德军变得更加强大，并且对此深信不疑。不过，其他一些高级军官则要谨慎得多，卡尔·冯·埃内姆[①]尤为如此。埃内姆曾经警告过，指挥调动将近300万人的大军并非易事，后备役装备有限、训练不足，在作战上很有可能难以施展。埃内姆预测在对法国发动大规模快速进攻之后，德军将逐步失去动能，难以继续前进。他的预见不能不说颇有先见之明。

然而，在德国与俄法不可避免终有一战这个问题上，毛奇即使不是一个狂热分子，至少也是一个冥顽不化的宿命论者。1912年10月，已是64岁的毛奇说道："要是战争终要来临，我就希望能够来得早一点，趁我还不太老，还能够把事情处理妥当。"毛奇在向德皇的报告中透露自己有信心速战速决、毕其功于一役，并且在1914年7月危机爆发之初重申了自己的观点。这位总参谋长让人最难以参透的一点就在于内心始终同时存在疑虑和担心，一旦真正开战，这些疑虑和担心将以最剧烈的方式爆发出来。毛奇的理性告诉自己，大国之间一旦发生大战，势必旷日持久，无法轻易决出胜负。毛奇有一回对德皇说过："下一场战争将是一场国家战争。不会仅凭一场决定性战役就分出胜负，而将是一场让人筋疲力尽的长期争斗，敌人不到所有的部队被击败，是不会服输的……这样的战争我们即使赢得胜利，也将被消耗殆尽。"

可是，毛奇在1914年之前的所作所为却与他这番谨小慎微的话语完全不符。毛奇默认欧洲终将爆发大战，心态从容淡定，而诸如贝特曼和德皇在内的其他人则有时不免动摇。这位德意志帝国的最高指挥官最终在一种病态的念头面前败下阵来，这种病态是不少国家，不少时代高级将领共有的一种通病——这些人太希望向自己的政府和人民展示，自己花了那么多人力物力

---

① 卡尔·冯·埃内姆（Karl von Einem，1853—1934），普鲁士将军，1903 年出任普鲁士陆军大臣，在任期间负责帝国陆军现代化改革，重在引进机关枪与火炮等重型武器，以迎接现代化战争的到来，1914 年 9 月升任德国第三集团军司令，指挥部队在西线作战。——译者注

打造而成的武装部队有足够能力实现祖国和人民的愿望。毛奇曾向冯·比洛亲王说过这么一番话——有人说这是一段名言，也有人认为这番话令人作呕——"我从不缺少个人勇气，却缺少当机立断的力量。我这个人就是顾虑太多，太过瞻前顾后，换句话说，我就是对自己的职位太过认真负责，缺少那种抛开一切危险不顾，该出手时就出手的能耐。"话虽如此，毛奇的举动却与其职业应有的自知之明背道而驰。他一心想为祖国赢得胜利，让人看到自己配得上这份责任，因为在大部分同僚看来，他担不起这个担子。而要想做到这一点，就必须以令人难以置信的速度动员集中兵力；必须部署一支小规模牵制部队拖住俄国人，然后趁机倾举国之兵，以压倒性的力量在四十天之内打败法国，然后掉过头来，挥师东进。

奥匈帝国的作战计划要更加灵活，要么说得实在一点，其实就是一团乱麻，毫无章法。这是因为奥匈帝国无法确定究竟是与塞尔维亚单独作战——这是奥地利人一心希望看到的——还是在加利西亚边境再开辟一条战线，同俄国人和波兰人打上一仗。1914年的欧洲舞台上引人注目的奇怪角色其实不少，不过最受关注的当数康拉德·赫岑多夫。丘吉尔描述起此人来说道"这个军官皮肤黝黑、个子不大、一脸病容、身形瘦削，苦行僧般不苟言笑的脸上长着一双炯炯有神、表情丰富的眼睛"。很难想象还有谁比赫岑多夫更不适合自己扮演的角色：此人不仅毫无能力可言，还是一个极端的帝国扩张支持者，一心希望哈布斯堡王朝能够把亚德里亚海、地中海东部、巴尔干半岛和北非统统收入囊中。赫岑多夫完美诠释了老毛奇口中关于那一类最危险军官的名言：这类人不仅没有脑子，而且精力无限。赫岑多夫的妻子十多年前过世，他和母亲同住在一套房子里，不久前爱上了一位酒业大亨的妻子弗吉尼亚·冯·赖宁豪斯，简直一见倾心、痴迷不已。赫岑多夫自信倘若有朝一日，领导奥地利赢得一场伟大的军事胜利，那么凭借个人荣耀，就可以说服亲爱的赖宁豪斯和老公离婚，与自己结为连理。赫岑多夫在写给情人的信中袒露自己希望"能够打上一仗，待到凯旋，就可以冲破我俩之间的一切障碍……名正言顺地娶你做我最亲爱的妻子"。

康拉德从1906年开始就在一直要求对塞尔维亚动武。从1913年1月1日到

1914年6月1日这17个月里头，这位总参谋长总共26次敦促奥地利政府开战。1914年情人节当天，康拉德致函毛奇，强调奥地利迫切需要"打破再一次套在头上的包围圈"。对于康拉德而言——其实应该是对于贝希托尔德来说——斐迪南大公遇刺身亡无异于提供了一个发动战争的天赐良机。康拉德目睹了奥斯曼土耳其帝国在过去三年的地区战争中是如何被那一帮年轻强硬的巴尔干国家弄得摇摇欲坠，一点一点失去领土的。他相信萨拉热窝给了奥地利最后的机会，只要能够打掉以塞尔维亚为首的斯拉夫国家的强势威胁，就能够避免落得和奥斯曼帝国的同样下场。赫岑多夫为此说道："（像我们哈布斯堡王朝这样）一个拥有悠久历史的王朝和一支拥有辉煌过去的军队是不会就这样甘心耻辱失败的。"

奥地利外交大臣贝希托尔德1914年7月对康拉德的政策做了一个形象的比喻："战争，战争，还是战争。"这位外交大臣一心希望将1866年兵败普鲁士的耻辱洗刷干净，长吁短叹道："这令人恶心的和平，就这样一直拖着拖着。"贝希托尔德如此强烈渴望军事冲突的到来，让他很少考虑过仗一旦真正打起来，到底该如何作战这些实际问题。多年以来，奥地利的军队一直落后于邻国，可以说已经烂得发霉。议会拒绝征收更高的税赋，这样一来也就无法获得更多财政预算，而相当一部分用得上的钱又被花在了海军身上。尽管，奥地利本国的工厂也能够制造出精良的武器，尤其是重型火炮和M95步枪，可是军队还是没钱购买足够的枪支弹药。

奥匈帝国由好几个不同的少数民族组成，各族之间经常因为矛盾爆发冲突。从1911年的数据来看，每1000名奥匈帝国士兵中有267个日耳曼人，233个匈牙利人，135个捷克人，85个波兰人，81个乌克兰人，67个克罗地亚和塞尔维亚人，45个罗马尼亚人，38个斯洛伐克人，26个斯洛文尼亚人，还有14个是意大利人。与之形成对比的是军官团中日耳曼人占到76.1%，奥地利人占10.7%，捷克人为5.2%。就人口比例而言，日耳曼军官的人数要比应该的比例多了三倍，匈牙利人只有一半，斯拉夫人更少，仅占十分之一。正因为如此，奥地利军队只好按照殖民地军队的方法管理，指挥斯拉夫步兵冲锋陷阵的当然是日耳曼军官，就像英国军官领着一帮印度人打仗一样。在欧洲列强

当中，奥地利是最没有资格在战场上耀武扬威的一个。康拉德只是简单地想当然，以为只要俄国胆敢掺和进来，干涉塞尔维亚，那么德国人就会出马，好好教训教训俄国人。

柏林政府一直以来都在敦促维也纳采取严厉措施，对塞尔维亚人严加管教。威廉二世和毛奇早在1912年就做出保证，要弗朗茨·斐迪南和康拉德相信"不管发生什么情况，都可以完全依靠德国的支持"。这番话也被某些历史学家戏称为"第一号空头支票"。柏林政府对于自己许下的承诺从不遮遮掩掩。同年11月28日，德国外交大臣阿尔弗雷德·冯·基德伦·韦克特在向帝国议会的报告中说道："不管出于什么原因，只要奥地利受到胁迫，为了保全自身的强国地位，我们就必须和奥地利站在一起。"贝特曼·霍尔维格在12月2日重提了这番旧话，声称如果奥地利人因为捍卫在巴尔干半岛的合法权益，遭到俄国进攻，"那么我们就将为保护我们在欧洲的地位而战，捍卫我们自身的文化与安全"。

1912年12月8日，德皇与一帮军事领袖在皇宫齐集一堂，召开会议——贝特曼与外交大臣哥特列布·冯·雅各因故未能出席。消息一经传出，此次会议立时成为老中青三代关注的焦点。威廉二世与帝国陆海两军的主要将领讨论了哈尔登报告中所说英国坚决维护欧洲大陆势力均衡的问题。虽然，此次会议并无记录可查，但帝国海军办公厅主任格奥尔·穆勒在会后不久的日记中写道：毛奇扬言"开战一事，越快越好"。这位海军上将随后加了一番评论，写道："毛奇说出这样的话，并没有给出一个合理的结论。开战的最后通牒到底是单独送给俄国或者法国，还是两家一起送呢，这会让我们在战争爆发的时候站在正义的一方。"

另有三份材料可以证明穆勒所述属实，其中包括萨克森州驻柏林军事权代表的记叙。后者在11日写给萨克森州陆军大臣的信中写道："冯·毛奇阁下希望发动战争……另一方面，冯·提尔皮茨殿下希望如果真要打仗，最好就在一年之内开战，因为届时基尔运河和黑尔戈兰岛的潜艇基地都将完工。"继12月8日会议之后，德国领导人商定对全国人民发动新闻攻势，为同俄国开战做好准备。不过，新闻攻势最终并未落实。穆勒致函贝特曼，告诉了会议上做出的决定。诚然，有人对1912年的这次军事会议到底起了什么作用持怀疑态度，对费舍尔极尽抹黑德国的论调不置可否，并不认为是德国之后调整政策导向，才加快了全面欧洲战争的到来。即便如此，德国此后的所作所为表明柏林政府对于这样一种结果可能会带来怎样的影响，完全没有感到丝毫困惑，着实令人吃惊。这个国家的领导人有充分的理由相信，只要赶在俄国1916年完成重整军备之前发动战争，德国必将赢得胜利。穆勒感到有必要向德皇汇报，让德皇知道有些高级军官由于确信战争迫在眉睫，已经把存款股票兑换成了黄金。

贝特曼此后时不时地表现出摇摆不定的迹象。好比他在1913年6月就说过："战争和挑衅的话语，还有永无休止的扩军备战，这些我已见得太多太多。现在正是时候，让各个大国坐下来，为寻求和平好好努力。不然的话，局面肯定会变得不可收拾，这是任何人都不想看到的，我们每一个人都会受到伤害。"话虽如此，这位帝国宰相却在激起德国战争的过程中扮演着重要角色。贝特曼在和陆军元帅威廉·冯·德·戈尔茨的谈话中向这位老兵和军人出身的知识分子透露，说自己在军费问题上肯定能够得到帝国议会的支持，想要多少，就能得到多少。戈尔茨回答说："既然如此，那么军队最好赶快把采购清单呈报上去。""是的，"这位帝国宰相说道，"不过您如果开口要一大笔钱的话，就得让别人看到您把这笔钱很快花出去——您得打仗！"戈尔茨高兴地连连称是。贝特曼先是习惯性地犹豫了一会儿，接着说道："可是，即便是俾斯麦在1875年也没有选择先发制人。"贝特曼非常清楚那位铁血宰相晚年极力敦促德国应该停止战争。戈尔茨不无嘲讽地说道："俾斯麦之前已经打赢了三场战争，他说这样的话当然轻松。"贝特曼是促使帝国国会通过1913年军费开支的重要推手，这笔庞大的军费开支将让德意志帝国的军事力量得到大大加强。

与此同时，从1912年12月召开军事会议开始，直到1914年8月大战爆发，这19个月内，对发动一场欧洲大决战表现出强烈兴趣的德国军事将领可不止一位。毛奇只不过是其中最招人耳目的那个罢了。1914年5月，帝国陆军军需主任格奥尔·冯·瓦德西伯爵写了一份备忘录，表示自己一方面对于德国当

下的战略前景持乐观态度，另一方面也对今后长期作战感到忧虑："德国完全没有必要担心在不久的将来遭到敌人进攻，但是……德国不仅找不到任何理由——不管这个理由是什么——避免战争，而且，更重要的是，得在今天抓住机会，迅速赢得一场欧洲大战的胜利，这个机会对于我们德国和三国同盟来说还是十分有利的。只是，情况很快就不会再像现在这样。"还有大量历史文献证据证明德国领导人愿意在1914年开战，而不是像近些年提出来的那些假象所说的那样无动于衷，等着接受其他情况。

协约三国和同盟三国倒是有一个共同之处，即三个盟友当中都只有两家下定决心，共同作战。这代表的不仅是一种善意的表示，也让军事合作成为可能——不过，军事合作这种事情绝对谈不上板上钉钉、有什么保证可言——这种合作会比法俄之间的合作多那么一点点，英国在这方面也会做得少那么一点点。俄国人心里清楚不管仗怎么打，自己都得应对从波兰发起的进攻，因为那个突出部无险可守，北西两面都受到德国威胁，南面则容易遭到哈布斯堡帝国的进攻。在俄国人看来，动员之后能够以多快的速度部署兵力，代表着能够以多快的速度守住波兰，而俄国的首要任务就在于保住边境。

俄国人早在1900年就订出了计划，在东普鲁士对德国发难的同时在加利西亚进攻奥匈帝国。俄国人虽然在1905年打过退堂鼓，可到了1912年还是重新回到了原先定好的计划上，此后一直坚持不改。要知道，俄国人对于占领哈布斯堡王朝统治下的加利西亚一直颇有兴趣，这样一来，就可以在喀尔巴阡山地区赢得一条新的稳固的山区边境。俄国人有两个备选方案。第一个方案被称为"G计划"，旨在针对德国将大部分兵力部署东线做出应对，不过这一情况不大可能发生。另外一个方案被称作"A计划"，在1914年付诸实施。按照该计划要求，两个集团军向东普鲁士境内推进，作为进攻德国本土之前的必要步骤。与此同时，另外三个集团军对奥地利人发起主要攻势，把对手赶回喀尔巴阡山。

法国为了对付德国，打算实施自己的"第17号计划"。该计划虽然由霞飞最后完善，却远不如毛奇的安排那么具体，要知道施里芬甚至为大规模进攻法国该走哪条路线画了草图。反观法国总参谋部，虽然也曾预想到了之后该如何深入德国，却只是设计了针对德军的军事行动而已。"第17号计划"主要针对的是如何解决边境后方部队集中时的后勤问题，丝毫没有涉及作战时间安排，也没有制定明确的领地目标。比计划本身更为重要的是精神与信念，法军总参谋部将此视为救星，热情饱满地大力提倡。霞飞在制定的《1913年军规》中明文写道："法国陆军要回归传统，从今往后，只知进攻，别无二心。""17号特工"是柏林政府在巴黎最好的情报来源。此人是个奥地利人，人称施鲁加·冯·塔斯滕菲尔德男爵，成日游手好闲，在巴黎街头的林荫大道闲逛，手里相当一部分情报都是靠着在社交沙龙里交际厮混得来的。"17号特工"向毛奇透露——这一回他的情报是正确的——霞飞打算将主攻方向集中在战线中路的阿登山区。

这位法军总参谋长其实是一个搞技术，而非玩谋略的人。由于总是一脸严肃，自打儿童时代便得了个绰号，叫作"霞飞老爹"。德国情报部门虽然对霞飞的评价是工作认真负责，却判断此人应变过于缓慢迟钝，面对类似施里芬侧翼合围这样出人意料的先发进攻时无法有效应对。不过，法国政界人士对霞飞倒是颇为认可，这是因为霞飞与他的不少同辈不同，没有政治私心。法国的政客们还发现霞飞为人直率，这放在法国政坛可算是件稀罕事。传闻阿加迪尔危机[①]爆发之际，时任法国领导人约瑟夫·卡约在这位总参谋长刚刚上任的时候，问过对方这样一个问题："将军，人们说拿破仑只有觉得有

---

① 阿加迪尔危机（Agadir Crisis），又称"第二次摩洛哥危机"（"Second Moroccan Crisis"），是指发生在1911年7月—11月的一场国际外交危机。事件的起因是当年4月在摩洛哥爆发的起义。由于摩洛哥苏丹被起义者包围在当时的首都非斯，法国于是在4月底派出快速部队，前往救援。同年7月1日，德国炮舰"豹"号以保护德国贸易利益为名，抵达摩洛哥的阿加迪尔港，立时引起了法英两国的高度戒备。英国政府担心德国军舰的到来会威胁到英国在直布罗陀的海军基地，于是迅速调遣军舰，赶赴摩洛哥，以备有事，同时给予法军支援。德国由于当时正经受经济危机的打击，只能做出让步，于7月开始与法国进行协商，最终于11月4日签订《非斯条约》，承认法国完全接管摩洛哥。阿加迪尔危机的影响是多方面的。首先，这场危机宣布摩洛哥独立地位的完全丧失；其次，英法两国在这次危机中进一步增进了盟友关系。两国海军达成协议，英国皇家海军承诺保护法国北部海岸不受德国侵扰，而法国海军则将重心置于西地中海，保护英国在该海域的贸易利益；再次，英德之间的敌意也随之加剧。时至今日，阿加迪尔危机也成为"炮舰外交"的典型例子。——译者注

七成把握打赢战争时才会开战。我们现在有没有七成把握？"霞飞的回答短小精炼："没有，总理先生。"

姑且不论这位总参谋长在1911年是否真的如此谨小慎微，他在此之后都变得越发自信。霞飞相信只要有了俄国的协同合作，法军就有力量，更加重要的是有了斗志去战胜德国人。霞飞此举可以说是犯下了一个1914年全欧洲所有军人都会犯的错误——太过相信人的勇气的力量，从而做出错误的决定。法国人将这种勇气称为"斗志"——也就是胆量——和"干劲"，军事训练中强调取胜的信念高于一切。法国陆军虽然准备了大量75毫米快发野战炮，却对榴弹炮和重型火炮不闻不问，认为与进攻的作战原则毫无关系。虽然，战事发展最终会让人看到75毫米火炮和"斗志"并不能构建起有效的作战体系，可回到1914年夏天，霞飞和绝大多数同僚却以为仅凭这些就能够构建起有效的作战体系。

至于法国人对德国人作战意图的评估，法国军情二局的情报官员们可以说严重低估了德军的整体实力。法国人没有料到毛奇会将后备役和常备军部署在一起，还以为毛奇会调派22个师去对付俄国人，事实上毛奇只用了仅仅7个师。诚然，法国人准确预测到了德国人会尝试两翼合围，却由于错误地低估了敌人兵力，因此在地域范围上做出了误判。法国人原以为德国人只能从比利时的某个角上打进来，而非横扫整个比利时。按照霞飞的估算，德军如果集中在北部和南部，那么毛奇的中路势必成为薄弱之处，法军在此推进，将有机可乘。在这一点上霞飞犯下了大错。

法德指挥官都严重低估了对手的能力。虽说，作战双方精心制定的动员与部署计划并不能成为1914年开战的理由，可是如果两军将士能够意识到自己在进攻作战原则上存在根本缺陷，那么这两大强敌也许就不会那么不顾一切地投入到战争中去了。所有国家在进行评估的时候无一例外地受到了日本人的重要影响，后者1905年面对俄国人的机关枪，最终赢得了进攻的胜利。每个国家得出的结论都认为日本人的胜利说明只要充分发扬精神斗志，就能战胜现代科技。

1914年初夏，热情高涨的英国爱国人士正在翘首以盼6月的到来，他们将在这个月迎来滑铁卢战役胜利一百周年纪念。爱国人士打算利用这一纪念日好好庆祝一番，庆祝在过去一百年里，英国军队再也没有在西欧的土地上流血牺牲。话虽如此，英国人早就小心翼翼地制定好了应急方案，打算再一次在西欧的土地上挥洒热血。英法两军的参谋官对话始于1906年，英国到了第二年还同俄国签订了协定。然而，当俄国人1912年看见一家英国造船厂开始为土耳其人建造两艘战列舰时，却有理由怀疑自己的这位新盟友到底安的是何居心，要知道这两艘战列舰代表着对沙皇黑海统治地位的致命威胁。英国外交部面对来自圣彼得堡的质问，回答含糊不清，声称英国无权干涉私人商业合作。与此同时，还有一支英国海军代表团在帮助土耳其人打造舰队，而李曼·冯·桑德斯正在帮着训练土耳其陆军。

贝特曼·霍尔维格1908年有一次和劳合·乔治共进晚餐。这位宰相大人吃着吃着突然提高嗓门，连连摆手，痛斥敌人正在组成"铁圈"，企图包围自己的国家："你们英国和法国抱团，还跟俄国拉帮结派。不过，你们这样做并不是因为互相喜欢对方，而是因为都讨厌德国！"贝特曼此言差矣。英国之所以遵守协约，与其说是为了拉拢俄法做盟友，共同对付德国，倒不如说是为了让英国自己减少一个敌人。人们看得越发清楚——至少百姓心里明白——那个让英国人民感到无比自豪的庞大帝国正在日渐成为经济和战略上的沉重负担，而非财富的来源。俄国在中亚的实力，以及由此产生的"大博弈"，需要付出巨大的努力与开支去应对。英国1898年与法国在上尼罗河流域的法绍达展开对抗，让骨子里藏着的妒忌与敌意又一次苏醒萌动①。20世纪头十年里发生的这一切与其说是一场三国之间的攻守同盟，英国从中扮演着

---

① 这里指的是发生在 1898 年的"法绍达事件"（"Fashoda Incident"），亦称"法绍达危机"（"Fashoda Crisis"）。法绍达是位于西尼罗河、今南苏丹东北部的一座小城。法国派往该地的一支远征军试图控制上尼罗河盆地，将英国势力逐出苏丹地区，由此引发英法两国交恶，甚至一度宣称要发动战争。法国迫于压力，最终不得不放弃目标，做出让步，虽然巩固了自身在摩洛哥的地位，却将埃及完全让给了英国。"法绍达事件"堪称英法两个殖民大国之间最后一场具有战争风险的领土争端，英国赢得了外交上的胜利，法国也意识到从长远利益考虑，要想在法德开战之际赢得支持，就必须与英国交好。这也为两国 1904 年达成"英法协约"埋下了伏笔。——译者注

一个忠诚伙伴的角色，倒不如说是两场平行发展的缓和好戏。

身在圣彼得堡的萨佐诺夫深知自己的国家和法国多么需要英国的一臂之力。他在1913年12月31日的信中写道："两军交战，胜负难料，本是兵家常事。更何况（法俄）两国即便在战场上赢得胜利，也很难给予德国人致命一击。可是，一旦英国也加入进来，那么这场争斗对于德国来说也许就在劫难逃了。"正因为如此，这位俄国外交大臣才会对伦敦"在政策上优柔寡断、扭扭捏捏"感到愤怒不已，将这种姿态视为严重阻碍，无法威慑对手。不过，英国人对俄国由始至终不冷不热。不少民主派强硬人士只要一想到自己的国家要和一个贵族统治的专制国家牵扯在一起，更加糟糕的是还要和这个专制国家手下的巴尔干仆从交际往来，就感觉颜面扫地。回到巴黎，1914年7月危机即将爆发之际，《费加罗报》的拉蒙·雷库里看见英国大使弗朗西斯·伯迪子爵正要步入"奥赛码头"，于是赶紧上前采访。伯迪在同僚当中外号"公牛"，正为欧洲局势前途未卜感到忧心忡忡，答道："你们相信俄国人吗？我们可不信，一半以上的人都不信！"伯迪接着又说："对于塞尔维亚人我也是这么个看法。这就是为什么我们英国一想到要掺和到塞尔维亚人和俄国人的扯皮当中去，就感觉不舒服。"不仅如此，不少英国人，尤其是那些上了年纪的英国人，不管打什么仗，只要一想到和法国站在一起，顿时就没了兴致。回想1904年罗斯伯里男爵的保守党同僚对英法协约表示欢迎的时候，男爵就曾愤愤不平地说过这么一段话："你们统统错了。这样做意味着到了最后要同德国人开战！"威灵顿公爵的侄孙女、老妇人朗兹伯勒1914年对作家奥斯伯特·西特维尔说道："我怕的可不是德国人，而是法国人！"

不信是相互的。法国总统普因加莱之所以下定决心要跟俄国拉拢关系，成为军事盟友，主要原因就在于担心有朝一日，战争打响，英国人届时恐怕不会和法国站在一起。法俄两国倒是签订了双边协议，承诺在遭到攻击时互相支援，可英国对于这样关系紧密的拉帮结派毫无兴趣，只是表示了一下良好意愿，举办了几轮陆海军参谋人员的会谈。关于可能对法派遣英国远征军的首次讨论于1908年12月举行。皇家防务委员会在1911年8月23日召开专门委员会会议，与会者包括阿斯奎斯和丘吉尔。会上花了很长时间讨论欧洲一旦有事，英国可能被迫介入的问题。某位现代历史学家指出，此次会议"为英德之间的军事对抗定了方向"。这番话听起来似乎有些不着边际，因为没有人比阿斯奎斯更加清楚，自己的党派和议会是多么不愿做出承诺，卷进欧洲大陆的纷争里去。

首相在皇家防务委员会会议结束之后，语气严肃地写道："一切和政策有关的问题都必须留待内阁定夺，向来如此，现在亦得如此。对这些问题做出预判，根本就不是陆海军军官应该插手的事情。"某位高级参谋官对此非常生气——此人就是亨利·威尔逊——表达了自己的看法："直到现在为止，还没有达成任何一项和法国结盟的具体协定。政府极不情愿授权总参谋部处理最终合作的事宜，可是除了这个，我们什么也没有干。"威尔逊的怨气看上去不无道理。外交部主任亚瑟·尼科尔森在1914年8月提醒外交大臣格雷注意："您已经答应过（法国大使）康邦先生不止一回了，如果德国发动侵略，您会站在法国一边。"格雷答道："我是说过，不过康邦他什么书面记录也没有"——这样的回答足以让人明白为什么法国人总是指责英国人表里不一、搞两面派，这并非偏见，确有道理。

有位近年来专门研究"一战"的历史学家指出，阿斯奎斯领导之下的文职大臣和军事将领们自从1911年开了那次会议之后，就"满怀热情地投入到制订作战计划中去了"。英国人在接下来的几年里肯定采取了一些预防步骤，还制定出了应对方案，好比将牛津大学考试学校指定为医院所用。话虽如此，可要把这些举措视为"满怀热情"，似乎不大说得过去。英国在加入三国协约的过程中，与一切决策有关让人感觉最不同寻常的一点就在于——这一点已经在1911年皇家防务委员会会议中有所体现——英国政府虽然一方面承认确有可能卷入欧洲大陆战争，另一方面却打算只动用少得离谱的兵力去完成这样的任务。按照温斯顿·丘吉尔的回忆，他在19世纪80年代那会儿还是一名年轻的骑兵军官，和同僚当时都明显意识到就凭英国陆军那一点微薄兵力，和欧洲大陆的对手比起来简直无足轻重。"任你是如何好战的陆军军官，还是动辄喊打喊杀的参谋人员……这些人哪怕处在最乐观的阶段，也不会相信我们小小的陆军会被再次派往欧洲作战"。15年过去了，虽然，哈尔

登对英军进行了体制改革，可这支军队按照欧洲大陆的标准来看依旧兵力薄弱。1913年《陆军评估报告》对于一旦欧洲开战，英国陆军究竟应该扮演怎样的角色只字不提。英国远征军之所以会被当作假定存在，原因就在于根本没人说得清楚这支军队究竟会被部署在世界的哪个地方——大家心里想着兴许是在印度，没准非洲，要不就是中东。

从这件事可以看出英国人在历史上是如此荒唐，这种英国式愚蠢多少个世纪以来，甚至包括21世纪在内，都在一直不断重复上演——首先，在战略上摆个姿态，做做样子；接着投入一小股力量，权当表示一下善意；最后全然不顾这一点儿兵马根本无法满足当前的军事需求。诺斯克里夫勋爵[1]自1907年开始，就一直在自己的《每日邮报》上疾呼招兵买马，要让英军在兵力规模上与欧洲大陆列强不相上下。可是，勋爵的一片苦心鲜有人响应。人们之所以指责阿斯奎斯政府办事不力，尤其将矛头公然对准时任外交大臣爱德华·格雷子爵，最重要的原因就在于二人采取的政策让人明显觉得，一方面承认英国在欧洲全面战争爆发之际不大可能保持中立，因为德国赢得欧洲霸权的结果对于英国来说断然无法接受；另一方面又拒绝采取恰当而实在的措施去参与到这样一场斗争中去。

格雷常常被人描绘成一个性格温和、彬彬有礼的人，时常就1914年大战将至发表一些哀国忧民的感叹，话说得动情到让人听着都觉得不大像他，平时还会就观鸟钓鱼写一些美文。52岁的格雷虽然早年丧偶，但个人生活并不像同时代大多数人想象的那么枯燥乏味。爱情生活虽然比起同僚劳合·乔治来要拘谨得多，却也一直丰富多彩。最近有位作家写了一本有关格雷生平的传记，指出格雷育有两个私生子。同时代的人当中有一些颇看不起格雷。艾尔·克罗爵士是英国外交部的一名外交官，平素酗酒无度，尽人皆知。此君就把格雷唤作"一个蠢笨无能、性格软弱的傻子"。还有一回，由于格雷总

---

① 诺斯克里夫勋爵（1ˢᵗ Viscount Northcliffe，1865—1922），原名阿尔弗雷德·查尔斯·威廉·哈姆斯沃斯（Alfred Charles William Harmsworth），英国报业及出版业大亨，《泰晤士报》《每日邮报》和《每日镜报》的老板，对英国民意舆论影响巨大，是"一战"期间英国反德宣传运动的最大推手。——译者注

是习惯沉默寡言，劳合·乔治于是得出结论，说外交大臣这个人外表看上去是个什么样子，就是什么样子，之所以不愿开口，反映出来的不是性格有多强势，而是软弱。格雷既不会说一门外语，也不喜欢在国外生活，虽然算得上极聪明的一个人，却属于见识狭隘之辈，常常受到情绪波动的影响。

即便如此，格雷仍然在1905年至1916年间一直打理英国的外交政策，把这当成了自己的私人兴趣和爱好。劳合·乔治写道："大战爆发之前的8年里面，内阁在考虑外交事务上花的时间简直少得离谱。"阿斯奎斯政府对待外交事务及其他欧洲国家的态度，反映出了那个时代的道德自负，一副高高在上、目中无人的样子，尤其让德国人感到不悦。法国驻伦敦大使保罗·康邦不无讽刺地说道：对于一个英国人来说，倘若发现自己的利益竟然和全人类的利益相同，没有任何事情能比这个更让他感到快乐，"而且就算达不成一致的话，他还会竭尽全力，去创造一致"。有一次举办一场晚宴，好几位政府阁僚都到场，诺斯克里夫爵士用轻蔑的口气说道：就连英国的报纸编辑都比内阁大臣们对外交事务了解得多。大使馆一等秘书对外交大臣如此评价道："爱德华·格雷爵士属于这么一类人，这种人既是天生如此，也是习惯使然，希望在法官的座席上找个位置坐下来，高高在上地把自己的同胞好好审判一番。当然，在此之前，他是不会给自己的同胞任何机会，搞清楚审的究竟是怎么一桩案子。"

诚然，这番话属于典型的恶意嘲讽。不过，亨利·威尔逊1911年与各位大臣就作战方案谈过一次，之后写道：自己"对于格雷和（时任陆军大臣）哈尔登把握局势的能力并未留下什么印象。格雷在两个人当中显得更加糊涂，也更加粗心。这个人不单对于战争意味着什么毫无概念，更让我吃惊的是，居然连这个问题的答案都不想知道……这是一个无知、自负而且软弱的人。任何一个国家，哪怕只比葡萄牙大那么一点的国家，像他这种人都不适合当外交大臣。"萧伯纳对格雷深恶痛绝，把对方描绘成"从头发尖到脚趾头，都像一个骄横狭隘的容克……而且喜欢撒谎"。萧伯纳的这番批评无疑与1906年发生在埃及一个小村子里的争议事件有关。村里当时因为军官是否

有权打鸽子，引发争议，英国人最后的回应方式极其粗暴①。

如果说这样的话属于萧伯纳式的夸张，那么格雷的秘密外交无疑是专横粗暴的——那个年代的英国处理外交事务向来如此。1904年8月，佩尔西勋爵代表执政的保守党，对下院有关新近结成英法协约的问题做了一番回应，口气还蛮有一些贵族气派："对国际条约中是否存在秘密条款进行推断与猜测，这是一项公共特权。这项权利能否得以保留，取决于官方是否保持节制。"不过，阿斯奎斯在1911年9月5日致函格雷，提醒这位外交大臣注意，授权允许英法两军总参谋部进行对话存在风险。阿斯奎斯在信中写道："亲爱的格雷，类似霞飞将军和菲尔霍姆上校之间那样的对话，在我看来是极其危险的。尤其是谈到英国可能提供援助的部分。考虑到当下的情况，我们不应该鼓励法国人，让他们产生某种类似的错觉，做出错误的计划。阿斯奎斯。"

话虽如此，首相面临国内的棘手难题堆积如山，却在外交事务上给了格雷几乎完全的自由，不能不说糊涂。这位外交大臣自以为可以就英国在战时提供支援一事，向法国方面做出保证，无需向全体内阁或者下院有所交代。这种做法不仅与现代民主施政理念背道而驰，甚至就连那个年代的标准都达不到，可能只有1956年英法串通一气，入侵埃及才能与之相提并论，毕竟后一件事更加说不过去。格雷之所以喜欢偷偷摸摸、秘密行事，原因在于他心

① 这里说的是发生在埃及扎莎崴村的"扎莎崴事件"（"Denshawai Incident"）。1906年6月13日，几名英国军官来到扎莎崴村打鸽子消遣取乐，由于鸽子是村民养的，与当地人的生计有关，因此遭到了村民阻止。双方随后发生肢体冲突，一名英国军官开枪击伤了村里穆斯林礼拜师的妻子，引发当地人的更大愤慨。村民群起而攻之。当时正值正午，天气炎热，一名英国军官在逃跑途中身体不适，休克倒地，不治身亡。有个村民试图上前救助，却被随后赶来的英军士兵以为是杀人凶手，结果惨遭射杀。大批英军于翌日闯入扎莎崴村，一共逮捕了52人，以谋杀罪进行审判，其中四人被判死刑，两人终身监禁，还有26人受到不同程度的惩罚。萧伯纳对英国的做法进行了批评，认为英国军官飞扬跋扈、肆意妄为，而殖民地长官不近人情，不仅不去理解当地村民的感受，反而将此事视为叛乱事件，以强硬手段处理，令人羞耻和愤怒。萧伯纳自己也因为这番评论遭到了英国国内舆论的抨击。"扎莎崴事件"发生在埃及民族运动日渐高涨之际，代表着英国在埃及殖民统治的转折点。英国原本企图借此炫耀国力，不想引起埃及国内上下一致愤怒。此事也为"一战"期间埃及反英斗争埋下了伏笔。——译者注

里清楚自己从议会那里得不到任何授权。七月危机期间，格雷希望英国能够与法国并肩作战的想法远远走在了绝大多数政府同僚和英国民众的前头。

不过，我们很难就此轻下断言，认为正是因为格雷既没有在最后几年的和平日子里把这件事情向英国民众公开，也没有明确警告柏林政府英国不会永远保持中立不变，才要为开战背负重大责任。德国人一直在沿着为1914年设定好的道路前进，既没有料到英国会真的进行干涉，也没有把英国陆军放在眼里，因为这是一支他们看不上眼的军队。虽然，英国在全球商船运输方面占据绝对的统治地位，也有能力实施海上封锁，但德国人之所以没有在由此可能引发的经济危机面前退却，是因为他们打定主意，速战速决。事实上，即便换了另外一个人来当外交大臣，在英国参战的问题上采纳其他观点，阿斯奎斯政府无论采取何种举措，都不大可能避免欧洲大战在1914年爆发。

筹备之中的英国远征军就自身规模而言，装备已经算得上相当精良。不过，兵力不足还是反映出了英国人不愿意在陆军上花大手笔，毕竟皇家海军已经耗去了四分之一的国家财政支出。亨利·威尔逊1910—1914年担任军事行动处处长时就调侃过"我们的那支陆军实在是小得可笑"。威尔逊不无嘲讽地说道，欧洲大陆其实根本就谈不上什么军事麻烦可言，我们英国的解决办法永远只有一个，就是6个师。话虽如此，可这样的局面政府上下都能接受，而政府的政策又反映了民众的情感——海军才是深受英国人民爱戴和珍视的。相比之下，无论常备军还是本土防卫义勇军[①]都招不到足够人手，参军服役的热情在农村和威尔士地区尤其低下。

威尔逊在拉拢与法国的军事关系方面扮演着关键角色。英法两国的军事关系要比绝大多数英国士兵希望的更要近乎，这一点也是内阁所不知情的。

---

① 本土防卫义勇军（Territorial Force），是英国陆军1908—1920年的预备役部队，"一战"之后经过整编，重新更名为"本土陆军"（"Territorial Army"），即今之陆军后备队（Army Reserve）。本土防卫义勇军由时任陆军大臣理查德·哈尔登提出构想，经"1907年本土及预备役法令"批准通过，对原有的义勇步兵和义勇骑兵重组整编，于1908年4月1日正式组建成立。——译者注

威尔逊是一位出色的演说家，能够口若悬河、滔滔不绝地说上一大串，看待事物常常反复不定，做起事来往往不顾后果，前后五次没能通过军事学院的入学考试。威尔逊一直以来都是征兵制的倡导者。他把本土防卫义勇军里的那些兼职志愿兵形容为"英国最优秀，也是最爱国的人，因为这些人都想努力干出一点名堂来"。1910年，威尔逊当时还在英国陆军参谋学院当院长，就断言欧洲必有一场大战发生，认为英国若是审时度势，唯一的胜算就在于和法国结盟，联手抗德。有位学生斗胆进言，指出只有"那帮搞政治的人干出什么愚不可及的蠢事来"，才会导致全面冲突爆发。此言一出，不禁惹得威尔逊哈哈大笑起来："哈哈哈！'愚不可及的蠢事'不正是你们马上将要看到的么？"伊舍子爵后来回忆道：威尔逊要学员归队时"必须带着一种（大战）大祸将至、迫在眉睫的感觉"。首相在向维尼西娅·斯坦利提到威尔逊时，说他这个人"是个恶棍，虽然令人讨厌，倒也聪明"。首相的话似乎说到了点子上。威尔逊的确是一个恬不知耻的阴谋家，凡事都要插上一手，甚至不惜为威胁叛乱的北爱尔兰新教徒提供支援。不过，话说回来，差不多也正是因为他的这些所作所为，英国陆军才开始制订计划，准备向欧洲大陆派遣部队。这份计划被称为"W.F.计划"（*"With France" Scheme*），即《与法国并肩作战计划》。

1911年，威尔逊从格雷那里征得同意，由自己出面同英国各大铁路公司联系，制订一个方案，以便战时能够将部队各单位运送至各个港口，并且制定出了一份合适的时间表。同年7月末，劳合·乔治在伦敦市长官邸发表讲话，声称无论与德国产生任何争端，英国都将坚定不移地站在法国一边。威尔逊成了准备兑现承诺的英国第一人。1913年，威尔逊一年之内先后七次访问法国，同霞飞及其幕僚会晤，承诺英国将在动员后的13日之内派遣15万人，在阿拉斯至圣康坦一线与康布雷之间作战。这样的设想虽然不切实际，有一名英国高级军官却为此创造了一份军事协定。威尔逊坚持认为，英国远征军规模虽小，但在道义上贡献重大。他在这一点上大大低估了德国的潜力。即便如此，威尔逊当时虽然只是一名准将，却发挥了非比寻常的影响力，令阿斯奎斯有所触动，即使不必坚决执行，至少也得好好考虑向欧洲大陆做出的军事承诺。这一点似乎让人看到威尔逊身上带有某种政治家般的审慎，而非战争贩子的味道。

　　与此同时，在1914年举行的英俄海军参谋对话当中，英方讨论了俄军在波美拉尼亚登陆时，英军为俄军提供支援的问题。这本是所有武装部队都喜欢的那一类战争博弈游戏，不想消息被一位俄国外交官泄露给了柏林，德国由此进一步加深了对于三国协约的偏执敌意。遗憾的是，在波美拉尼亚登陆的作战方案缺乏可行性。英国皇家海军为了准备最终决战，将工作重心主要集中在了海上封锁之上，却对封锁在外交层面可能引起的复杂后果并未给予充分考虑。一如英国人制定过的所有作战计划一样，这一次的计划同样在规模上有所限制，在内容上缺乏连贯，在政治上也没有动力想把计划做大。欧洲大陆诸强都在盼着有朝一日兵戎相见，这样的心理也让列强的期盼最终成真。可是，这个近海的岛国却还在想着还是让那几个大陆国家赶紧自相残杀，这样兴许会更加靠谱一些。

第二章
走向战争

第一节　奥地利人的威胁

如果说哈布斯堡帝国对于弗朗茨·斐迪南遇刺身亡，并未表示出多少真诚的哀悼之情，那么奥地利人对于谋杀者的愤怒显而易见。约文·阿瓦库莫维奇是塞尔维亚的一名律师，小有名气，也是自由派反对党的一员。那一天，他正准备带着家人度假，刚刚跟着提行李的服务员进了蒂罗尔酒店房间，服务员就递过来一份报纸，上面写的正是萨拉热窝事件。阿瓦库莫维奇脸色变得严峻起来，对妻子和女儿说，这件事情肯定会对他们的祖国产生重要影响。当晚，阿瓦库莫维奇用完晚餐之后坐在休息室里，静静地听着几位客人谈论。这几位客人同住在这家酒店。其中一个人声称塞尔维亚参与了刺杀，必须承担责任。"我注意到有一个男人穿得相当体面，举止也颇有教养，狠狠说道：'塞尔维亚有罪，必须受到惩罚。'另外三个人也跟着附和，'就要这样！'……我后来才从门童那里得知，原来这个人是外交部的一名官员。"

在维也纳，萨拉热窝事件一开始贴上的是"波斯尼亚人"的标签，后来干脆换成了"塞尔维亚人"。针对塞尔维亚人的暴力示威席卷整个帝国。在萨拉热窝，塞尔维亚人开的欧罗巴酒店遭到打砸，损毁严重，同时遭到攻击的还有一所塞尔维亚学校。德国领事写道：这座城市正在经历"属于自己的圣巴托罗缪之夜"[1]。6月30日，在维也纳，大约200名学生聚集在塞尔维亚大使馆门前抗议示威。学生们高喊着"塞尔维亚去死！奥地利万岁！哈布斯堡王朝万岁！"的口号，并且焚烧了塞尔维亚国旗。这样的场景在接下来的几天之内反复上演。

奥地利驻贝尔格莱德代办威廉·冯·斯托克在6月30日给维也纳的报告中愤怒地说："人们在每一条街道，每一间咖啡馆里都在拿我们的痛苦大肆庆祝，幸灾乐祸。把这场悲剧说成是上帝的安排，是奥匈帝国对塞尔维亚犯下所有罪行的正义惩罚。"塞尔维亚反对派报纸完全无视本国利益与声誉，对大公被杀事件拍手称快。约万·蒂尼奇是一名学生，那天匆匆跑到贝尔格莱德的大广场上，刚想和朋友谈论这件大新闻，却惊讶地发现同学们非但没有感到震惊，反而一个个显得骄傲无比，侃侃而谈。有一位律师十分聪明、年轻有为，高调宣称奥地利在波斯尼亚搞军事演习，早就让人难以容忍，纯属挑衅，是对全体塞尔维亚人的直接威胁，波斯尼亚的塞尔维亚人现在就要"赴汤蹈火"，和塞尔维亚国家紧密团结在一起。误会令怨恨进一步加深。就在同一天，蒙特内格罗边境小镇梅托尔卡插满了彩旗，奥地利人还以为他们的邻居正在庆祝弗朗茨·斐迪南大公遇刺，简直气急败坏，直到过了一个星期才恍然大悟，原来梅托尔卡当天是在庆祝蒙特内格罗王储的生日。就这样，奥地利面对大公遇刺之后接踵而来的挑衅，真真假假，叫人难以分辨，有的无足轻重，只是奥地利人一厢情愿地想当然罢了，有的则实实在在、声势浩大。

一切战争，只要交战国在两个以上，那么让参战各方下定决心，投入

---

[1] "圣巴托罗缪之夜"（"St. Bartholomew's Eve"），是指1572年法国天主教徒在巴黎发起的一场有组织的宗教大屠杀，屠杀对象是法国新教"雨格诺派"的教徒。屠杀自8月23日夜至24日凌晨，这一天正值"巴托罗缪节"的前夜。数万天主教徒伙同警察对巴黎城内的"雨格诺派"教徒进行了惨无人道的大屠杀。巴黎全城陷入一片腥风血雨之中。屠杀持续数周之久，并且蔓延至外省。法王还亲自下令处死"雨格诺派"领袖、海军上将加斯帕·德·科里尼。由于缺乏确切的历史统计，这次屠杀死亡人数始终无法确定，各方估计不一，在5000至30000人不等。巴托罗缪大屠杀是法国宗教战争的转折点，"雨格诺派"就此遭受重创。——译者注

战斗的动机就会有所不同，这一点在1914年得到验证。七个国家在做出决定的那一刻怀着不尽相同的野心和担心。虽然，战争接下来在世界不少地方、主要是欧洲上演，各交战国都信誓旦旦地承诺攻守同盟，可是各国的作战动机显然绝非一致。奥地利在弗朗茨·斐迪南遇刺身亡之后，几乎第一时间便做出回应，兵发塞尔维亚。奥地利反应如此迅速，并不在于其领导人有多么在乎斐迪南大公和那位丢人现眼的大公夫人，而是因为这场刺杀事件给了他们一个一直以来都在苦苦找寻的绝佳借口，好和那位总爱添麻烦的邻居清算总账。

哈布斯堡帝国的统治者们相信军事行动才是摆脱困境的唯一正道，对象不只针对塞尔维亚，还包括本国治下那帮不安分的臣民。财政大臣李特·冯·比宁斯基后来回忆道："我们很早就决定了开战。"维也纳派驻贝尔格莱德的武官报告，此次刺杀行动塞尔维亚情报部门头子精心策划已久。虽然，维也纳方面并不见得能比当代的历史学家们找出更多证据来证明此事与塞尔维亚国王或者塞尔维亚民选政府有所牵连，可奥地利的统治者仍然认为，既然如此，那么刺杀行动就等于对奥地利宣战。奥地利陆军大臣亚历山大·冯·柯洛巴廷与波斯尼亚和黑塞哥维纳总司令奥斯卡·博迪奥雷克将军也在敦促尽快采取军事行动。贝希托尔德虽然平日里总被同僚讽刺遇事犹犹豫豫、举棋不定，这一次却一反常态，表现得坚定决绝，还在6月30日私下谈到了必须和塞尔维亚"好好算一算总账"。

贝希托尔德的身边围着一群年轻的外交官，其中包括雅诺斯·福尔加什伯爵、亚历山大·冯·穆苏林男爵，还有亚历山大·奥约斯公爵。这帮人深信强硬的扩张主义外交政策不失为一剂良药，足以解决帝国面临的内部矛盾。福尔加什是力主打垮塞尔维亚的主要推手。奥约斯肩负着确保得到德国支持的重任，强调维也纳做事要不顾后果，扬言道："这么做是否会引发一场世界大战，对我们来说根本就无所谓。"穆苏林则起草了关键的通信文书。这个"冲动的话匣子"后来骄傲地把自己比作"挑起战争的那个人"。

奥皇弗朗茨·约瑟夫亲笔致函德皇威廉二世，写道："在波斯尼亚近来发生如此悲惨的事件之后，想必您也一定认为我们两国与塞尔维亚之间要想达成（和平）调解，避免争端，已无可能。"7月4日，贝希托尔德派奥约斯火速赶往柏林。这位外交官在抵达柏林之后与威廉二世及其顾问进行了一系列讨论。奥约斯得到承诺：无论奥地利采取什么行动，德国都将给予无条件支持——这番承诺将在日后成为一张臭名昭著的"空头支票"，也是人们认为德国要为"一战"爆发承担责任的关键所在。7月5日晚，这位奥地利特使在报告中写道，德皇声称"倘若德奥两国真的觉得有必要对塞尔维亚动武，那么如不好好把握当下的良机，他将为此感到遗憾，因为现在的局势正对我们两国有利"。

德国人敦促奥地利人加快进度，不给塞尔维亚人时间获得外交和军事支持。德国人希望维也纳速战速决，派遣哈布斯堡帝国军队占领塞尔维亚首都，待到生米做成熟饭，好让圣彼得堡无计可施。奥约斯归国之时，德国外交次官亚瑟·齐默尔曼预测奥地利与塞尔维亚兵戎相见的可能性在九成左右。而在接下来直至维也纳递交最终通牒的几周之内，德国人看见奥地利人拖拖拉拉，不禁大为光火。帝国宰相贝特曼也让人看出在这慌乱时刻显得定力不足。库尔特·里兹勒身为贝特曼的亲信秘书兼主要顾问，看见主子被眼前的局势弄得焦虑不安，在7月6日的日记中表达了自己的难过之情："对塞尔维亚动武将会引发一场世界大战。不管战争结果如何，首相都希望能够改变现存的一切……周围全是虚幻的错觉，浓雾笼罩在人们心头。欧洲无论走到哪里都是这样。俄国人将赢得未来。这样的担忧……压在我们心头，就像一场噩梦，变得越发沉重。"

里兹勒试图让贝特曼把心放宽，建议单走外交渠道兴许能够迫使塞尔维亚就范，当然最后也不忘加上一句，给贝特曼打气鼓劲："如果战争真要到来，（遮掩两国之间不共戴天仇恨的）友好面纱终究要被扯掉，那么全体德国人民都会在紧迫感与威胁感的驱使之下追随阁下。胜利就是解放。"正是在这种瓦格纳式的长吁短叹和不切实际的异想天开之中，德国的政治领袖们投入了这场七月危机。走到这一步，贝特曼和德皇为国家该做的一切都做了，该说的一切也都说了。虽然，毛奇曾向德皇保证帝国军队已经准备万全，随时可以投入战斗，可是有些历史学家仍然认为在向奥地利做出关键保

证之前，并没有人直接征求过毛奇本人的意见。

奥约斯回到维也纳之后，德国领导人反倒表现得无动于衷起来。阴谋论者认为这纯粹就是在演戏。贝特曼也曾偷偷去过几次柏林，与军方交换意见，不过他在7月余下的大部分日子里一直待在奥德河畔霍亨菲诺的私宅当中。毛奇去了卡尔斯巴德疗养——他这已是一年当中第二回去那里疗养了。7月25日，毛奇返回柏林，正好赶上维也纳与贝尔格莱德摊牌。德皇7月6日乘船去了北海，开始一年一度的夏季游艇旅行，直到27日才返程结束。包括普鲁士陆军大臣埃里希·冯·法金汉在内的一众高级军官全都放了假。各大报纸也被勒令不得发布煽动性文章，以免激怒法国人。

虽然，有些学者认为这一切都是在演戏骗人，可是如果说德国人到了这一刻，就算知道局面压不下去会有怎样严重的后果，早就听天由命，他们也真的相信自己有本事将这场奥塞之战控制在局部范围之内，做这样的推断才更加符合情理。海军少将艾伯特·霍普曼性格强势，消息灵通，经过一番观察，在7月6日的日记中写道："在我看来，当前局势对我们十分有利。既然如此，一个政治家倘若真有远大的眼光和坚定的决心，就应当好好把握，充分利用。"霍普曼在接下来的几周里始终坚持自己的观点——柏林有不少人与他看法相同——认为德国在这场巴尔干危机中只需付出小小成本，就能赚取宝贵的外交资本。7月16日，霍普曼在日记中写道："就我个人而言，并不认为我们会卷入战争。"到了21日，他又写道："欧洲是不会因为一个塞尔维亚就真的打起来的。"

在维也纳，贝希托尔德7日告知奥地利内阁"即便我们对塞尔维亚开战可能引发大战"，德国人仍然没有对于采取过激措施给予足够支持。就在当天，奥地利驻贝尔格莱德特使乌拉第米尔·吉斯尔男爵在维也纳参加完会议回到贝尔格莱德之后，从外交大臣那里带来了明确指令："无论塞尔维亚对（尚在起草之中的）最后通牒作何回应，都必须撕破脸皮，坚决开战！"唯有匈牙利总理大臣伊斯特万·第萨伯爵对"欧洲大战的悲惨后果"表示担忧，建议谨慎行事。第萨告诉尤里乌斯·安德拉什伯爵，杀害大公的是一小撮目无法纪之徒，不该因为一小部分人犯下的罪行就迁怒于整个国家。第萨直到7月中旬还在坚持自己的看法。

相比之下，奥地利陆军总参谋长康拉德却在不断敦促采取行动，发动入侵。奥约斯伯爵在大战结束之后写道："今时今日，没有任何人能够想象得到我们当时有多么相信德国人实力强大，相信德国军队战无不胜，正是这些才让我们打定主意，一心以为一旦对塞尔维亚动武引发欧洲大战，德国肯定会在更大程度上为我们提供安全保障。"

不少奥地利军人不仅毫不担心可能与俄国开战，反而将这次摊牌视为天赐良机，正好彻底铲除泛斯拉夫主义的威胁。沃尔夫冈·海勒是总参谋部的一名参谋官，他在7月24日的日记中提到自己有绝对的信心，塞尔维亚肯定会拒绝维也纳的最后通牒，唯一担心的只是俄国人恐怕不会如此轻易上钩——"除非我们实施'攻俄计划'，否则无法真正赢得胜利。只有当塞尔维亚和蒙特内格罗不再是一个独立的国家，（斯拉夫）问题才能得到真正解决。只对塞尔维亚开战，却不将这个国家从地图上彻底抹去，将毫无意义。打什么所谓的讨逆战争毫无价值，纯粹是浪费子弹。南斯拉夫问题必须得到彻底清算，这样才能让全体南斯拉夫人紧密团结在哈布斯堡王朝的旗帜之下。"海勒的观点在当时的奥地利王公贵族、军事将领，政坛人士和外交官员当中可以说大行其道、颇有市场。

于是乎，一场奥地利人与塞尔维亚人的战争在劫难逃。可是，一场巴尔干半岛的局部战争难道真的注定要演变为一场席卷欧洲的灾难吗？塞尔维亚真的值得让人伸出援手，从奥地利和德意志帝国裁定的命运当中解救出来吗？诚然，塞尔维亚的所作所为极不负责，这一点几乎毋庸置疑，不容争议。可是，单单以此作为证据，就把这个国家定义为流氓国家，就要亡国灭族，这听上去又显得言过其实。如果说哈布斯堡帝国是因为自身的虚弱无能，才会如此躁动不安，才会为了惩罚"埃皮斯"及其同党，悍然发动一场战争，那么哈布斯堡帝国的邻居，那个国力强大、蒸蒸日上的德国竟然也会为了这么一点蝇头小利，不惜甘冒全面大战的危险，这就着实让人匪夷所思了。

问题的答案看来不止一个。首先，德意志帝国的统治者和同时代的不少

人一样，将战争视为实现国家野心与展现国家力量自然而然的手段。毕竟，普鲁士在19世纪后期就先后三次采用过这种成本低廉的方法。德皇威廉二世麾下帝国海军办公厅主任格奥尔·穆勒曾在1911年向他的主子说过："战争在所有罪行当中并非最恶的一个。"正是这样的想法左右了柏林政府的思路。德皇及其主要顾问低估了自己的国家，没有意识到德国凭借经济与工业发展，同样可以获得统治地位，完全无须与他国兵戎相见。德皇及其大臣以为只有靠着在战场上兴兵动武，才能赢得霸权，其实大错特错。

然而，偏执与妄想恰恰是那个时期德国人在心理上最显著的特征。国内，社会主义思潮风起云涌；国外，三国协约在军事上咄咄逼人，使得德国人以为本国的战略地位远未逐步加强，反而正在不断削弱。不少德国银行家与实业家病态地认为西方民主国家正在绞杀德国的贸易。柏林驻维也纳大使起初还试图平息奥地利政府的怒气，谁料德皇在大使报告上竟然批了这么几句话："谁给你的权力，让你这么做？简直愚蠢之极！"德国人知道沙皇势必将塞尔维亚置于俄国的保护伞下，因为尼古拉二世之前早就承诺过要这么做。可是，毛奇与贝特曼·霍尔维格坚持己见，已经到了走火入魔的地步。二人坚持将俄国视为实实在在的威胁，如果与尼古拉二世的军队注定有此一战，那么不如趁早动手。1914年5月20日，这位总参谋长在从波茨坦到柏林的路上，对同坐一列列车包厢的外交大臣雅高说道，俄国只需几年工夫，就将赢得这场军备竞赛。如果说赶在俄国人赢得优势之前先发制人，需要付出的代价是同法国，也就是毛奇预料之中俄国的盟友同时兵戎相见，那么这位总参谋长已经为此制定出了一份详尽的计划，并且口口声声承诺有信心赢得胜利。

贝特曼天生是一个官僚，而非领袖。劳合·乔治后来回忆起自己1908年访德研究健康保险法时曾与贝特曼有过几次谈话，如此评价道："他这个人虽然挺有意思，却不能给人留下深刻印象……是一个聪明、勤奋，也很明事理的官员。不过，他并没有给我留下印象，并未让我觉得好像遇见了什么非常强大、有朝一日能够改变命运的人。"贝特曼同样是一个优柔寡断的人，尤其是在战和的利弊问题上摇摆不定。1912年，贝特曼访俄归来，对俄国国力蒸蒸日上的迹象深感吃惊，第二年就开始大声鼓噪着要挑起战端，先下手为强。1913年4月，贝特曼在帝国国会发表演说，大谈斯拉夫人与条顿民族之间"不可避免的斗争"，并且警告维也纳，只要奥地利与塞尔维亚开战，俄国肯定会掺和进来。不过，这位帝国宰相赶上脑子稍微好使的时候，又会承认武装冲突的确会带来危险。1914年6月4日，贝特曼就对巴伐利亚公使说过：保守派幻想通过一场战争，就能够让自己重掌国内权威，打垮令人讨厌的社会党人，这种想法简直荒唐。"一场世界大战以及随之而来不可估量的后果，会让社会民主党人的势力大大加强。单凭这一点，我们就应该懂得和平有多么珍贵"。战争，贝特曼接着还说，能够随随便便就让某些人丢掉王座。

贝特曼的判断能力并没有因为独处有所提高。久病的妻子在1914年5月去世，留下他一个人将闲暇时间消磨在柏拉图的希腊文原著上。贝特曼在政治上几乎找不到一个朋友，尤其是在帝国议会当中。毛奇根本就没有功夫搭理贝特曼，因为对毛奇来说，自己职业生涯成败与否，完全掌握在主子德皇一人手中。这位帝国宰相在七月危机中一开始还以为找到了机会，如果在外交上有所举动，就能重塑个人权威与声誉。贝特曼是鼓励德皇支持奥地利的幕后推手，在到底给主子看哪些电报通信的时候表现得尤其挑剔，这样才能显出自己是多么沉着镇定，目标坚定。贝特曼相信不管圣彼得堡做出怎样自认为合适的回应，德国都应该坚持自己选择的道路，完全不用担心惧怕。

贝特曼、德皇威廉二世，还有毛奇，三个人就这样在相互纠结与制约当中做出了关键决定。德国在积极鼓动奥地利人进攻塞尔维亚，身在柏林的这三位主要角色从未做过任何努力去控制事态发展，避免扩大成为一场灾难。正因为如此，这三个人才要为接下来发生的一切承担罪责。诚然，如果说三人在七月危机刚刚开始的时候就在处心积虑，企图加速欧洲全面战争的到来，这种说法也许有失偏颇。可是，正是德国人对这样一个结果普遍笃信不疑的宿命论思想，才在很大程度上导致了这场全面大战的发生。社会民主党领导人奥古斯特·倍倍尔是数百万产业工人心目中的英雄。他在1911年阿加

迪尔危机爆发之后发表了一段热情洋溢的讲话，说道："每个国家都将进一步武装自己，迎接战争的到来。直到有一天，有一个国家，或者另一个国家开口说道：'哪怕落得个痛苦的下场，也要好过这样没有结果的痛苦下去。'（有的国家也许还会说）'如果拖得再久一点，我们可能会比现在更加弱小，而非更加强大。'接着，灾难就会发生；接着，欧洲就将开始实施大规模动员计划，动员1600万甚至1800万人，这些人都是不少国家的精华，就这样被最致命的杀人武器武装起来，走上战场，相互厮杀。资产阶级的世界啊，你们的黄昏到来了！"

托马斯·曼[①]在笔下写道：德国的知识分子在高唱战争的颂歌，"就像在互相比赛一样，唱得豪情万丈，仿佛这些人自己，还有德国人民——知识分子不就代表了人民的声音么？——除了与这么多国家为敌，找不到更好的办法，看不到这个世界更加美好的一面"。有些保守派人士对1912年出版的一本畅销书爱不释手。书的作者是一位将军，名叫弗雷德里希·冯·伯恩哈迪，书名叫作《德国：下一仗该怎么打》（*Germany and the Next War*）。作者在书中宣称德国"有责任开战……战争是具有第一重要性的生物本能……没有战争，那些低等腐朽的民族就会轻易阻碍健康新鲜生命的成长，世界的没落就将接踵而至……上天赐予了我们权利去征服，去占领"！伯恩哈迪虽然并未得到毛奇赏识，被毛奇斥为"一个只会白日做梦的蠢货"，可他的这本书却在英国引起了广泛关注。不少人进行了强烈抨击，其中就包括阿瑟·柯南·道尔爵士和赫伯特·乔治·威尔斯。不过，英国舆论之所以哗然，可能是因为他们觉得自己的祖国把所有征服和占领该干的事情，早就已经干完了。

仗是大家都想打的，也是不可避免的，如此宿命论的论调在哈布斯堡帝

---

① 托马斯·曼（Thomas Mann，1875—1955），德国小说家、社会批评家，作品以洞悉知识分子的精神世界，批判揭露欧洲，尤其是德国社会腐朽衰败而闻名，代表作为 1901 年的长篇小说《布登波洛克一家》（*Buddenbrooks*）以及 1924 年出版的《魔山》（*the Magic Mountain*），1929 年获诺贝尔文学奖，1933 年因抨击纳粹政策被迫流亡海外，1944 年加入美国籍。——译者注

国要更加明显。1914年3月，颇具影响力的军事刊物《但泽军报》宣称，国际局势很少像今天看上去这样严峻。巴尔干半岛战乱不断，意大利1911年吞并利比亚，这些都只是前奏和序曲，"一场大战即将到来，在不可避免地等着我们。我们看到今天的军备竞赛不再像过去几十年那样，不再是维持势力均衡的一种手段，相反已经变得丧心病狂、毫不掩饰，都在为战争抓紧准备，而战争可能在今天或者明天就将到来"。《但泽军报》同时着重提到俄国还需花费数年功夫，才能完成战略铁路网络建设，而这对于实现快速动员必不可少，因此提前开战"对我们的敌人来说将是极其不利的"。文章作者由此得出结论，认为在失去主动权之前先发制人最符合奥地利及其盟友的利益："今天，胜利的天平倒向我们。可是，天知道明天是不是还是这样！迟也罢，早也罢，流血牺牲终将到来。所以，让我们抓紧时机。我们有这样的力量——我们需要的只是决心！"

7月14日，贝希托尔德伯爵主持召开了一场重要会议，会上就帝国下一步该如何行动做出决定。康拉德提出开战时机的问题，考虑到正值农忙收割季节，动员后备役兵员恐引发经济困难，因此希望将开战时间推迟到8月12日之后。外交大臣拒绝了推迟开战的提议，对这位陆军参谋长说道："外交上我们拖不了那么久。"言下之意，协约国保持和平的压力维也纳方面恐怕难以承受。德国大使得到消息，贝希托尔德的幕僚正在对送给贝尔格莱德的最后通牒进行文字措辞上的修改，好确保贝尔格莱德方面肯定拒绝接受。

西欧各国并未对发生在巴尔干半岛的这场口水仗给予足够关注。《泰晤士报》7月3日在王室和社会版面上发布消息，声称："家庭佣人问题是当前最为严重的问题。为了帮助改善现在的状况，《泰晤士报》几个月前便制定计划，由女性专家帮助夫人小姐们挑选既能干又可靠的仆人……"16日的《泰晤士报》在第二条社论中讨论了欧洲局势，敦促塞尔维亚应该就弗朗茨·斐迪南大公遇刺一事主动展开调查。该报最后得出的结论相当轻率，认为无论是动用武力，还是威胁使用武力，都在奥匈帝国对塞尔维亚的外交接触中起不到任何有效作用："任何以武力方式解决问题的企图都将对欧洲和平构成新的威胁。我们相信，奥皇陛下和他最足智多谋的顾问们对这一点有着非常

清醒的认识。"两天之后《泰晤士报》外国版面的头条新闻是一条和墨西哥有关的消息，唯一一条关于欧洲的消息标题是《塞尔维亚人怕了》。7月17日，劳合·乔治在面向伦敦商界的一次讲话中谈道："虽然我们在外交事务上从来就不曾有过一片万里无云的湛蓝天空，但有些乌云似乎已经散去。"劳合·乔治强调自己有信心，欧洲的问题将很快得到解决。自从事发，英国政坛与新闻界——不管怎么样，新闻界此时关注的焦点在于北爱尔兰危机——都认为如果真要为了奥地利对塞尔维亚吹胡子、瞪眼睛这么一点小事大动干戈、付诸武力，简直匪夷所思，实在不值。

法国1911年至1914年先后经历了七届政府更迭，此后长期政局不稳，一直忙于处理零乱琐碎的国内事务，约瑟夫·卡约的妻子亨丽埃特射杀《费加罗报》编辑加斯顿·卡尔梅特一案便是其中之一。总统雷蒙·普因加莱和临时总理勒内·维维亚尼7月16日一早搭乘"法兰西"号战列舰，从敦刻尔克出发，对俄罗斯进行国事访问。总统与临时总理声称要将此次出访当成一次度假旅行。普因加莱后来写道"自己是带着和平幻想起航的"。船上的无线电设备相当简陋，海上航行期间，二人发现竟然处于无法与外界取得联系的境地："波涛汹涌的海面上起了浓雾，仿佛把欧洲的海岸藏了起来。"

法国代表团于20日抵达彼得霍夫宫的栈桥码头，受到俄国皇室成员以及尼古拉二世手下几位大臣的欢迎。根据法国大使莫里斯·帕莱奥洛格的报告，他听见沙皇在等待接见来访的法国客人时说了这么一番话："我简直无法相信（德皇）居然想要打仗……如果你像我一样了解德皇……（就知道）他这个人装出这副样子完全是在演戏！紧要关头能够指望英国帮忙，还是这个对我们更加重要。除非德国人昏了脑袋，否则是绝不会同时进攻俄、法、英三家的。"宾主双方首先客套了一番，普因加莱随后请塞尔盖·萨佐诺夫谈谈他对萨拉热窝刺杀事件的看法。根据总统的回忆录记载，这位俄国外交大臣表现得极其不屑。从法国驻维也纳大使馆传来消息，警告奥地利人似乎有可能采取过激行动，可是消息过了好几天还没有送到圣彼得堡。在随后举行的晚宴上，帕莱奥格洛随着访问深入，也变得越发兴致高涨，情绪激动，写道："女人脖子上挂着的珠宝让我久久不能忘怀……有钻石、珍珠、红宝石、蓝宝石、祖母绿、黄宝石，还有绿柱石，应有尽有，美不胜收。"这一幕也成了欧洲旧统治阶级志得意满，享受平静安逸生活的最后盛景。

勒内·维维亚尼属于英国人心目中那种理想的正儿八经的法国人形象——说话口齿伶俐，为人难以捉摸，容易感情用事，冲动随性，时不时会按捺不住脾气，口无遮拦，冒出几句污言秽语来。此次访俄期间，维维亚尼脑子里显然更多想着的是国内的事情，而非外交事务——他一方面担心卡约那件案子到底审理得如何，生怕乱哄哄的法庭上万一冒出一些令人尴尬的证据来，自己面子挂不住，另一方面还得牵挂着自己的情妇、法兰西喜剧院的一位女演员。随着消息从巴黎传来，普因加莱变得越发没有耐心，无法坐等欧洲危机出现什么解决之道，而维维亚尼似乎只在乎巴黎又有哪些闲言碎语、小道传闻。维维亚尼说了，塞尔维亚这件事情既然明摆着要有个结果，急着回家也就毫无意义。

普因加莱对三国协约可谓满腔热情，带头和俄国人商讨起了对策。他在日记中用夸张的笔调辩解道："我已经承担起了维维亚尼应该承担的责任，担心他有些犹犹豫豫、胆小怕事。"帕莱奥格洛注意到"每次主动开口的总是普因加莱。过不多久，就只剩他一个人在滔滔不绝了。沙皇虽然只是默默点头，可脸上的表情表明发自内心地认可，散发出来的是信任和同情"。虽然，这位大使的话不见得句句属实，可在谈话气氛双方意气相投这一点上倒是没有说错。

换作今天，我们会把这次会晤称作"法俄两国首脑峰会"。可是，要想对这样一场会谈做出评价，可以说困难重重，这是因为没有任何会议记录留存下来，与之有关的政府公报也少之又少。几位主要当事人日后写的回忆录对于当时到底谈了什么，多在闪烁其词，甚至也许有意欺瞒。普因加莱和萨佐诺夫都声称谈的只是一些笼统的事情，因为二人对于奥地利向塞尔维亚发布最后通牒一事一无所知。这个说法很可能并不属实，因为俄国的密码破译人员已经破解了维也纳的外交通信。沙皇的总参谋部也已完全掌握了哈布斯堡帝国的计划与军事动向。阿尔弗雷德·雷德尔上校是奥地利

情报首脑，有同性癖好，在1913年自杀身亡。此人是圣彼得堡安插的特工网络中最为有名的人物。俄国人虽然从一名间谍手中以10000卢布的价钱买到了德国陆军1905年的模拟作战方案，对于德国人打算在西线发动大规模两翼合围的作战计划已经没有疑虑，可手头有关德国的情报相比之下确实要少很多。

法俄代表团很可能就巴尔干半岛危机进行了深入交谈，并且达成一致，决定共同采取强硬路线。普因加莱认为德国人只是虚张声势，说道："不管任何时候，只要我们对德国人表示出和解姿态，德国人总是恶语相向。反过来，每次只要我们表现强硬，他们就会软下去。"强硬被视为是一招妙棋，相当管用，有力地影响着1914年7月危机中列强的行为举动。有些历史学家认为普因加莱此次圣彼得堡之行让萨佐诺夫坚定了开战的决心——在英国外交部的罗伯特·范西塔特看来，萨佐诺夫是一个"让人失望、摇摆不定的家伙"。法国大使馆有一回举行国宴，这位俄国外交大臣对法国总统说了一番话，语气措辞像极了另一边的康拉德。话是这么说的：如果危机加剧，俄国正赶上农忙收割的季节，可能会在兵力动员上面临很大困难。法国总统之所以在回忆录中对与这种突发状况有关的谈话记上一笔，表明在他和萨佐诺夫看来，巴尔干半岛局势要更加严重，而不像两个人后来嘴上说的那么简单。

不过，法俄一致商定，即便俄国需要像上一次巴尔干危机那样采取预防性动员，双方都要就奥地利对塞尔维亚的最后通牒做出强硬回应，但又不要让自己背上促使欧洲大战爆发的罪名。这样说不难理解。沙皇肯定对于打这样一场大仗毫无兴趣，沙皇手下的将军们明白如果到了1916年再同德国人兵戎相见，自己的军事位置会稳固得多。在奥地利的最后通牒送达之前，俄国驻巴黎、维也纳和柏林的大使，连同俄国陆军军需主任，军中性格最为强硬的尤里·丹尼洛夫将军都不在岗，这无疑进一步表明圣彼得堡无意激起对手的敌意。关于这些会议唯一能够确信的就是沙皇亲自提出在1915年访问法国。法俄两国代表团随后乘船沿涅瓦河而上，观光旅行，途中经过造船厂，新建的战列舰就停泊在厂内，工人们却在罢工闹事。尼古拉二世赶紧解释，声称这一幕其实是德国人在背后煽阴风、点鬼火，试图借机破坏这次国事访问。普因加莱听了后耸了耸肩，说了一句："纯粹自作多情。"

法国总统一行21日接见了驻圣彼得堡的各国大使，还和大部分使节说了一堆老掉牙的套话。各国大使身着绣有金线的制服和齐膝的短裤。其中，德国特使表达了意愿，期待能与自己的法国妻子夏天晚些时候拜访法国。英国大使是乔治·布坎南爵士，用总统的话来说，"一脸冷冰冰的样子，挺着个大肚子，说起话来彬彬有礼"。英使表示了对于欧洲局势的担忧，建议维也纳和圣彼得堡直接对话。普因加莱回答大使，认为事态照此发展将会非常危险。他在日记里写道："这次谈话让我感到相当悲观。"哈布斯堡帝国大使弗雷德里希·斯扎帕里的话让这位法国总统感到更加不安。总统回忆道："此人给我的印象是奥匈帝国打算让全体塞尔维亚人承担（在萨拉热窝）犯下罪行的责任，很有可能想把这个小小的邻国好好羞辱一番。如果我一句话都不开口，他会以为我们法国容忍率先动武。我只好回答说塞尔维亚在俄国是有朋友的，这些俄国朋友听到您讲这些话肯定会相当吃惊。其他地方也会有人和他们一样感到惊讶的。"

根据帕莱奥洛格的记录，斯扎帕里冷冷地对普因加莱说道："总统先生，我们奥地利是绝不可能容忍一个外国政府在自己的领土上策划阴谋，反对我们自己的！"据说总统当时敦促欧洲各国务必保持谨慎，接着说道："只要拿出一点点善意来，塞尔维亚这次的事情就能够轻易解决。不过，这件事情也可以很容易变得不可收拾。塞尔维亚在俄国有许多非常热心的朋友。俄国还有我们法国这个盟友。有太多复杂的事情让人担心！"斯扎帕里鞠了一躬，再也没有多说一句便径直退了下去。按照帕莱奥格洛的记录，普因加莱对维维亚尼和帕莱奥格洛说道："我对刚才的谈话很不满意。奥地利大使显然得到了指示，什么也不肯谈……奥地利肯定留了一手，想打我们个措手不及。萨佐诺夫必须硬起来，我们必须给他支持……"帕莱奥格洛的这番记叙虽然并非原话，还是应该捕捉到了总统讲话的语气。

巴黎发来的电报报告说德国正在为奥匈帝国提供支持。按照维维亚尼和

普因加莱的说法，二人一致认为这听上去似乎是在虚张声势，借此增加塞尔维亚方面的压力。话虽如此，两位法国领导人还是觉得手头信息太少、时间拖得太久，感到惴惴不安。此后不久，德国人便开始干扰法国外交方面的无线电通信。柏林政府在这场七月危机中采取这种手段，扮演这样一个角色，仅凭这一点就完全不值得同情，勿论在与其他国家沟通交流时不断撒谎诡辩。如果德国真的希望看到和平的结果，就根本不会做出这样的举动，把法国领导人蒙在鼓里，不让对方不知道事态发展，也不会在自己掌握的情报上面遮遮掩掩、谎话连篇。

普因加莱23日在"法兰西"号的迎宾甲板上举办了一场晚宴。虽然，撑起了雨篷，可一场暴风雨还是扫了宾客们的兴致，俄国皇后和几位公主都被淋得浑身透湿。不过，让总统感到不悦的却是自己的海军军官竟然在当晚的节目安排上毫无新意。总统抱怨当晚晚餐的手艺还不如一个厨娘。不过，法国代表团在几个小时之后动身离开圣彼得堡之际却信心满满，自信访问不仅取得了圆满成功，并且进一步确认法国对俄承诺不变。的确，我们虽然在这方面还是找不到任何证据，可维维亚尼之所以让人一看就觉得不自在，很可能是因为担心总统在许愿承诺的时候不知会夸下怎样的海口。普因加莱后来回想起来，觉得德国人在这段关键的日子里费尽心机，让自己得不到信息情报，原因就在于德国人害怕如果不这样做，俄法两国有可能策划出一个比较靠谱的和平方案，抢得先机。虽然，这种说法站不住脚，可奥地利人推迟时间，直到确信法国总统代表团已经远远驶离俄国海岸，到了公海，才向塞尔维亚递交最后通牒，这是不争的事实。普因加莱和维维亚尼直到次日才陆续得到业已送达的奥地利最后通牒的节选内容。

令人诧异的是，普因加莱和维维亚尼二人从7月14日开始，直到25日，在此期间竟然完全没有收到来自法国驻贝尔格莱德公使馆的任何急电。究其原因，其实是公使病了。与此同时，帕莱奥洛格在圣彼得堡一个劲地催着萨佐诺夫"硬起来"。在那段日子里，各国大使一个个都成了不可或缺的大人物，既要扮演中间人的角色，有时甚至还要唱主角。帕莱奥洛格为人捉摸不定，他并不害怕刀兵相见，相信军事实力的天平现在还是朝向俄法一边倾斜。不过，有人在没有证据的情况下，仍然想要证明此次圣彼得堡首脑峰会应当受到谴责，是在背后不怀好意、鬼鬼祟祟的搞名堂，这一点还是让人看不明白。

俄国的确是在和德国激烈竞争，争夺达达尼尔海峡的控制权和通往黑海的必经之路，此言不假。可是，后面这件事情对于1914年事件的影响仅仅在于这场争斗加剧了两国之间的敌意与猜疑。沙俄比欧洲任何一个国家都有更加充分的理由推迟摊牌。7月份在圣彼得堡，法俄这两个加入了三国协约的国家讨论的并非两国应该如何在军事上先发制人，而是怎样合理应对奥地利的率先发难，因为对手一举一动的背后显然有德国人在撑腰。无论是说俄国会默认塞尔维亚就这样被人占领，还是说巴黎会丢下圣彼得堡孤军奋战，不施以援手，这两种说法永远都说不过去。奥地利人和德国人之所以对这一点心知肚明，却双双拒绝就此收手，那是因为他们深信自己有本事打赢这一仗。

奥地利人最终下定决心，不顾贝尔格莱德对维也纳提出要求的回应，悍然兴兵入侵塞尔维亚。这个决定是7月19日在贝希托尔德宅邸召开的一次秘密会议上做出的。第萨伯爵之前是唯一一个对此持反对意见的人，现在也已妥协，接受了外交大臣的方案。匈牙利的舆论变得和奥地利一样狂热起来，开始对塞尔维亚人大肆抨击。穆苏林男爵是奥地利致塞尔维亚最后通牒的起草人，日后不无骄傲地谈起自己"像打磨宝石一样字斟句酌"，这样"才能用雄辩的谴责之词震惊世界"。最后通牒发出的前一天，通牒草案被送到柏林。德国政府既没有打算修改措辞，也无意缓和语气，只是事后编了一套谎言，声称通牒公布之前从未见过上面到底写了什么。

最后通牒于7月23日晚6点送达贝尔格莱德，对塞尔维亚在哈布斯堡帝国制造恐惧和谋杀予以谴责。通牒指控"黑手会"参与了萨拉热窝刺杀事件，这一条在绝大程度上所言不虚。不过，第5条和第6条要求授予奥地利人充分权力，让奥方在塞尔维亚国内进行调查与仲裁，这两点意味着交出主权，是任何一个国家都无法妥协接受的——当然，维也纳根本就没有指望塞尔维亚会这样做。贝希托尔德的火箭就这样发射升空，飞向了远方。

第二节　俄国人的反应

　　塞尔维亚首相尼古拉·帕西奇7月23日并没有在贝尔格莱德参加大选——每逢危机来临，帕西奇都会选择远离首都。他有这样的习惯，恐怕并非偶然。由于帕西奇不在，奥地利的最后通牒由塞尔维亚财政大臣拉扎·帕楚代为接受。接下来是一场手忙脚乱。"埃皮斯"作为最该为这场危机承担责任的一员，径直去了妹夫日万·日万诺维奇的家中，语气严肃地警告道："局势现在十分严峻。奥地利发来最后通牒。消息已经传给俄国，动员令也已下达。"日万诺维奇和其他不少人一样，很快便将家人转移至乡下，临时躲了起来。

　　俄国公使，也就是那个总是让人匪夷所思的尼古拉·哈特维希7月10日心脏病突发，竟然就此一命呜呼。副手瓦西里·斯特兰德曼发现自己一下子成了公使馆的负责人，看到人手不足，于是把自己的老婆，还有哈特维希的女儿柳德米拉·尼古拉耶芙娜也临时拉了过来，帮忙给电报加密。电报早已堆积如山，正等着赶快发给远在圣彼得堡的萨佐诺夫。此情此景，让人得以一瞥外交家们的家庭场景，不能不说有些怪异。当晚晚些时候，这一大家子正在忙着给电报加密，一个仆人走了进来，报告说26岁的王储亚历山大正在廊下等候，想谈一谈最后通牒的事情。年轻的王储看得出来情绪激动。俄国公使对他说："条件非常苛刻，和平收场基本无望。"斯特兰德曼继续说道，除非塞尔维亚完全接受上面提出的条件，否则只能等待开战。王储点头认可，接着直接问了一句："俄国那边会怎么做？"斯特兰德曼回答道："这个我不好说，因为圣彼得堡那边还没有看到通牒，我也没有得到任何指示。""这个我知道，可您的个人看法呢？"斯特兰德曼说自己认为俄国应该会向塞尔维亚提供一些保护。亚历山大接着问道："那我们接下来该怎么做？"俄国人于是要王储赶紧给沙皇发电报。

　　王储是在俄国接受的教育。他沉默了一小会儿，开口说道："好的，我的父王彼得会发电报的。"斯特兰德曼催促道:"你非得亲自告诉(沙皇)发生的一切,告诉他你是如何看待目前局势的,向沙皇求援。签名的应该是你,而不是国王。"亚历山大敏感地问道:"此话怎讲?"斯特兰德曼说道:"因为沙皇了解你的为人。沙皇喜欢你,但他对于彼得国王就不怎么熟了。"二人就到底该谁签名,讨论了好几分钟。斯特兰德曼建议将电报复制一份,送给意大利国王维托里奥·埃玛努埃莱三世,后者是亚历山大姑姑的爱人。斯特兰德曼还答应自己立刻电报圣彼得堡,要求运送12万条步枪和其他军事装备过来,塞尔维亚人现在急需这些武器——俄国人此前答应送来,却并没有说到做到。

虽然事态紧急,刻不容缓,可西欧各国及其领导人对于奥地利最后通牒的回应却缓慢拖沓。法国总统与总理还在海上。按照《费加罗报》的拉蒙·雷库里的记述,自己当时身在巴黎,第一时间意识到事态严重,但并不是从大臣和外交官,而是从财经记者那里得到的消息。早在奥地利人动手之前,也就是7月12日到15日,维也纳和布达佩斯的股票交易所很可能得到了内部消息,交易变得异常活跃。"人人都在抛售股票,管他什么价位,只要能抛的,全都抛了个干干净净",《费加罗报》财经主编告诉雷库里。虽然,奥匈帝国在行动上有意注意节奏,可股票交易所才不会被那帮大臣们的骗术蒙骗。他们知道:要打仗了!

整个哈布斯堡帝国还有塞尔维亚,数百万人屏住了呼吸。在格拉茨,一位中学教师在23日写了这么一番话:"所有人脑子里想的,嘴里谈的,除了这件事,没有任何其他东西。"塞尔维亚此时正值一派绿意盎然的时节,花园里到处都绽放着玫瑰花、康乃馨、桂竹香、茉莉花,还有紫丁香。椴树和金合欢的芬芳扑鼻而来,走到哪里都能闻到。农民们从周边的乡村纷纷涌进贝尔格莱德和其他大城市,不少人带着家人一起进城,在大街小巷叫卖着煮鸡蛋、梅子白兰地、奶酪还有面包。夕阳西下,年轻人三五成群,聚在一起,唱着歌儿,白发苍苍的老人在一旁静静倾听。在塞尔维亚首都,斯拉夫卡·米哈伊洛维奇大夫写下了自己在医院里听到最后通牒传来时的情形:"我们一个个全都镇住了,面面相觑,目瞪口呆,可是还得回去工作……我们估

计塞尔维亚和奥地利的关系会紧张起来，却没有料到会有最后通牒……城里的人全都惊呆了。街上和咖啡馆里挤满了焦急的人们……塞尔维亚这么小一个国家，刚刚和土耳其，还有保加利亚打了两仗，死了那么多人，过去还不到一年。有些伤员现在还躺在医院里。难道又要看到更多流血牺牲，更多悲剧发生吗？"

七月危机在24日进入关键阶段。奥地利最后通牒中提出的条件对欧洲各国的王公大臣们来说此时已经不再是秘密。萨佐诺夫第一时间声称："这是一场欧洲大战。"他对沙皇说奥地利人倘若没有德国的保证撑腰，绝无胆量乱开战端。尼古拉二世虽然反应比较谨慎，仍然在当天晚些时候召开内阁会议。萨佐诺夫随后接见了乔治·布坎南爵士。爵士敦促一定要留出余地，好做外交斡旋。帕莱奥洛格依旧保持一贯强硬主张。接下来四天里在圣彼得堡发生的一切足以让人相信，大战将至，遭殃的可不仅一个巴尔干半岛。

各国制订的1914年作战计划都相当复杂，其中又以俄国的为最，这是因为俄国人计划中涵盖的路途最为遥远。比起德国士兵平均200英里的行程，每一个接到动员令的沙俄士兵都必须长途跋涉平均700英里，才能到达自己所在的部队。战略铁路网需要12天的时间才能发出武装紧急集合号，部队集结无论如何都要比德国人慢得多。萨佐诺夫在得知接到最后通牒一个小时之后，下令部队装备进入战时编制。24日当天晚些时候，财政大臣彼得·巴克向外交部官员发出指令，要求做好准备，将存在柏林价值一亿卢布的国家资金调回国内。

无论是奥地利一心动武，还是德国答应提供支援的"空头支票"，每一步都要早于协约国的回应。早在先前1912—1913年冬的一场巴尔干危机中，俄罗斯就采取了与1914年7月24日同样的军事预防措施，只是没有挑起敌意而已。除非圣彼得堡方面有意默许奥地利侵犯塞尔维亚，否则下达给俄国各部队的预期警报命令代表的就不是急于在欧洲挑起战事，而是谨慎行事。然而，此时却出现了一个新的关键变数。德国曾在1912—1913年拒绝为奥地利人在巴尔干半岛推行强硬路线提供支持，原因在于德国人自己在军事准备上还有好几个关键要素未能完成，比如说，莱茵河上的雷玛根大桥和卡文德尔的大桥尚未完工，无法通过上述两地将奥地利重型火炮运送北上，基尔运河还在改建拓宽当中。此外，还需新增军费开支。不过，现在这些环节都已完成，毛奇的战争机器已被调校到了接近完美的状态。圣彼得堡和欧洲其他国家都知道俄国一旦有所行动，德国肯定会做出回应。萨佐诺夫声称动员并不代表宣战，沙皇的军队可以保持待命好几个星期，就像之前的几次危机一样按兵不动。可是，德国的政策完全不同，也根本不是同一码事——德皇的军队一旦集结起来，就必须向前进发。

俄国24日的内阁会议一共开了两个小时。萨佐诺夫重点谈到了柏林正在厉兵秣马、加紧战备——他在谈及这一点的时候很可能有些危言耸听——还有以往的教训不堪回首，俄国人每次在奥地利人或者德国人的强硬面前做出让步，结果都被对手视为软弱无能。萨佐诺夫认为既然到了这个关头，就要挺直腰杆，如果任由塞尔维亚被人打垮，简直无异背叛，断然无法容忍。两位后勤大臣弗拉迪米尔·苏孔里诺夫和伊格尔·格里戈诺维奇先后发言，声称虽然全国重整军备的计划尚未完成，但陆海两军都已经做好战斗准备。二人的此番发言非常重要，假设话说得更加谨慎，或者说更加实际一点，俄国也许就会把迈出的脚给收回来。

虽然，在外人看来也许有些不合常理，可最具分量的一番话竟然来自农业大臣。亚历山大·科里沃申是一位老谋深算的权臣政客，人脉极广。科里沃申声称："民众恐怕不大会理解，为什么在与俄国切身利益息息相关的关键时刻，帝国政府却不愿敢作敢为。"科里沃申也承认危险存在，但认为妥协让步肯定是错的。沙皇与叔叔尼古拉大公进行了很长的私人谈话，大公当时身为圣彼得堡军区司令。虽然，二人具体谈了些什么不得而知，但大公很可能表达了信心，相信法国会施以援手，俄军也具有这个战斗能力——看来大公对自己1912年的访法之行印象很深，他在那次访问中还检阅了霞飞的部队。不仅如此，大公和他的兄弟彼得还娶了一对姐妹，是蒙特内格罗国王的两个女儿，正是这两个女人在不遗余力地催着俄国人同奥地利人血战到底。

沙皇对战争前景依旧感到担忧，深知这场战争足以让自己的王朝垮台。

沙皇在7月24日语重心长地写道:"(仗)一旦打起来,要停下来就难了。"即便如此,沙皇仍然对动员之前的准备工作感到满意。尼古拉二世一直在极力扮演一个强国统治者的角色——强国这个称号俄国似乎有些受之不起——为人处事上既不能说卑鄙下流,也谈不上阴险狡诈,只能说鲁莽冲动。他在步弗朗茨·约瑟夫的后尘,走上了一条王朝毁灭的道路——这一次,他毁掉的是自己的江山。

24日当晚,萨佐诺夫向塞尔维亚大使亲承俄国将保卫塞尔维亚国家独立。萨佐诺夫并未敦促塞尔维亚接受奥地利人最后通牒里的大部分条件。他给贝尔格莱德开出的可不是"空头支票"。萨佐诺夫的保证起到了重要作用,让塞尔维亚政府下定决心,对于维也纳提出要求中的相当一部分予以拒绝——要知道,倘若没有俄国人,无条件投降是塞尔维亚唯一的选择。萨佐诺夫自认为俄国可以仰仗法国,对于英国的支持却完全不作指望。他不无失望地谈起,在英国除了《泰晤士报》,所有的报纸都在为奥地利撑腰。英国有不少人,其中一些还是政府要员,都对俄国的干预完全没有同情心。这帮人都和奥地利人一样,把塞尔维亚看成是巴尔干半岛上的一个祸害,只会制造麻烦。

24日当天,就在整个欧洲屏住呼吸,静待塞尔维亚对维也纳的最后通牒作何反应之际,一场狂风暴雨袭击了欧洲中部。据说,矗立在布达佩斯议会大楼外的久洛·安德拉什——此人正是二元君主制的缔造者——的雕像被狂风吹得摇摇欲坠。人们感到惶恐不已,奔走相告,说是先人将风暴视为不吉之兆,有大祸将至。不过,就像财政部官员拉约什·塔洛奇在日记里写的那样:"大祸?谁的大祸?"当天下午,惴惴不安的人们还聚集在柏林的大街小巷,可到了夜幕降临之时已经听不到新的消息。

翌日,星期六,德语教师格特鲁德·斯卡德拉在日记中写道,早上报纸刚一送来,家里人就忙不迭地抢了过来,争着看上面是否有最新的消息。斯卡德拉是这样写的:"虽然,我们都有被拖入战争的危险,可人们还是为奥地利的英勇举动鼓掌欢迎。杀害大公夫妇的恶行必须得到严惩。"即便早已设立了摊位和旋转木马,地方政府还是取消了射击游艺大会,以示当前国际局势之严峻。与此同时，无论大街小巷，自家花园，还是在诸如"俄国沙皇"这样的咖啡馆里，贝尔格莱德城内随处可见忧心忡忡的人们在窃窃私语。就像格特鲁德·斯卡德拉家里的情形一样，大大小小各种报纸只要一出来就会被抢购一空。传言四起——说是传言，却都相当准确——说奥地利军队已经在边境集结。恐慌倒是没有出现。塞尔维亚人总有无尽的能力去自我安慰，相信命运总会放自己一条生路。

25日晚，德国社会民主党人举行示威游行，抗议发动战争。贝特曼虽然拒绝了保守派提出禁止集会游行的要求，却同时下令一切集会只能在室内举行，不得上街造谣生事。全国各地参加游行的人数超过10万。社会民主党领导人大声疾呼，声称奥地利正在挑起战争，德国不应卷入其中。

但凡搞政治的都清楚要胸有成竹地处理不止一件紧急事件，会有多么困难。这一条用来解释为什么英国政府在处理欧洲事务时总是不紧不慢、拖拖拉拉，大有用处。直到7月的最后一周，那帮高级大臣的脑子里还在一心想着北爱尔兰危机，其他什么也装不进去。首相赫伯特·阿斯奎斯对于斐迪南遇刺的事情只提起过一次，是在给他亲爱的维尼西娅·斯坦利的信中，那还是刺杀事件发生后不久，等到再次提起已是7月24日的事情了。在此期间，这位首相大人的匈牙利女相好拜访了戴维·劳合·乔治，在后者面前喋喋不休地说了一通，说什么英国人在处理萨拉热窝事件上太不上心，太过冷漠。斯坦利认为，除非奥地利人的愤怒能够得到平息，否则战争在所难免。财政大臣并没有把这位女士的话当一回事，后来还为此表示过歉意。《泰晤士报》7月3日发表社论，标题是《争取和平》，内容却和北爱尔兰、而非欧洲有关。联合王国看来完全有可能陷入一场内战，北爱尔兰新教徒们将和自由党政府决一死战。不单保守党，就连大部分英国贵族和陆军军官中的不少人都在积极支持叛乱分子。

回到那样一个时代，每一个欧洲国家都在以帝国领土的疆域大小来判断实力强弱，帝国扩张的支持者们倘若发现英伦群岛的某一部分能够拱手相让，这无疑将有损大英帝国的伟大形象。北爱尔兰危机的降临，对于一个本就因工人斗争蒙受打击的国家而言，无异于雪上加霜——建筑业在继续关门

停业,煤矿、铁路,还有机器制造业冲突频发。劳合·乔治在7月份的一次演讲中警告人们,工业斗争与爱尔兰冲突是"过往数百年以来,历届政府必须直面的最严重问题"。劳合·乔治并未危言耸听。一场史无前例的宪法危机正在向人们招手。英王乔治五世将敌对各派请至白金汉宫,试图找出一条妥协之路,就等于承认了这一点。

《泰晤士报》7月20日再发社论,标题叫作《英王与危机》,内容与北爱尔兰有关。天主教的热情正随着新教徒的节奏水涨船高。星期二,也就是21日,《曼彻斯特卫报》发布消息,说都柏林火枪兵团的一些士兵刚从训练营回来,有人听见当中有人高喊"哪怕付出生命代价,也要争取自治!""还我祖国!"《经济学人》杂志的一位投稿人质问道,罗伯茨伯爵不假思索就发表公开宣言——罗伯茨的宣言旨在支持军队里同情爱尔兰的一派——宣称如果爱尔兰民族主义分子穿着英军的卡其布军服,并且扬言自己有权如此穿着,那么就必须给士兵们权力按良心办事。这样的宣言后果将会如何?试想爱尔兰自治派的两大头面人物雷德蒙德和迪戎一同迈步走向白金汉宫,前去参加英王的会议,沿途身着军装的爱尔兰卫兵们夹道欢呼,这又是何等难得一见的场景?

7月22日,北爱尔兰危机虽然依旧占据着《泰晤士报》的专栏位置,口气已经有所变化,承认尽管"我们无意夸大危险……对危机严重程度的冷静观察会让各国趁着为时不晚,有所克制",但奥匈帝国与塞尔维亚之间日益加剧的紧张局势已经变得"十分严重,不容忽视"。《泰晤士报》同时指出,战争对于奥匈帝国来说显然是关乎生死的大事,希望奥皇能够"理智"行事。24日下午,阿斯奎斯不得不通知下院,国王就北爱尔兰危机召开的会议未能达成决议,已经宣告破裂。内阁随即陷入一片骂战,开始讨论起地方自治法案一旦立即实施,预定清除出去的北爱尔兰六郡未来边界到底在哪里——此举算是新教叛乱分子用枪顶着做出的让步。不过,外交大臣爱德华·格雷爵士在随后向阁僚、议员的报告中谈到了奥地利给塞尔维亚最后通牒里提出的严苛条件。温斯顿·丘吉尔就此写下了一段不朽的名言:"正当弗马纳郡和蒂龙郡的牧区渐渐消失在爱尔兰的迷蒙与狂飙之中,一道奇特的光亮突然在天空闪现，人们眼看那光越来越强，落下来，罩在了整个欧洲的版图上。"

不过，在24日当晚，没有几个英国人会在临睡之际念念不忘巴尔干半岛上演的这出大戏将对自己造成怎样的影响。正是因为欧洲大战把这场爱尔兰危机扫到了一边，让政府暂时、随后进而永久推迟地方自治——爱尔兰到了1921年就分裂了出去，成为一个独立国家，地方自治就此不复存在——才让那些狂热的仇恨，那些英国政治体制面临的巨大威胁在今天被人低估忽略。北爱尔兰乱局同时深深改变了柏林政府的态度。德意志帝国的领导人本以为英国人会被国内动乱给牢牢牵住，压根就没有想到一个国家有如此多的牵挂内乱，竟然还能够施展自己的大计。

《泰晤士报》25日首度公开承认事态严重，撰文——文章依旧排在第二条社论的位置——指出除非奥匈帝国缓和对塞尔维亚的态度，"否则我们就将站在战争边缘。这场战争蕴含的危险将让列强难以估量……奥匈帝国下达最后通牒的时候，只给一个小小的好事的巴尔干王国留了短短几小时来决定这场战争到底是打还是不打。这一次倘若再要爆发一场巴尔干战争，那么列强中将有一家从一开始便成为主要参战国"。到处都在传闻，说奥地利如果真的有意避免冲突，那么在最后通牒中就会给塞尔维亚人留下超过48小时再做答复，这样一来就可以争取时间进行外交斡旋。

不过，英国民众更加操心的仍然是国内鸡毛蒜皮的小事，《泰晤士报》读者来信专栏就为了"汽车喇叭叫个不停，让人头疼"议论纷纷。阿斯奎斯7月24日向维尼西娅·斯坦利提起巴尔干局势，虽然也开始有些慢慢担心，可还是带着一副置身事外的超然语气："俄国正想办法把我们也给卷进去……这件事情有意思的地方在于就算不是大多数，可至少在很多方面，奥地利是有道理的，塞尔维亚反而站不住脚。不过，奥地利人真算得上是欧洲头号蠢货……做事的方法太过简单粗暴，让大多数人认为这件事情是大国在肆意妄为欺负小国。不管怎么说，现在是过去四十年里最危险的时刻，不过没准碰巧也会起到不错的效果，让人把北爱尔兰'内战'的可怕画面抛到脑后。"阿斯奎斯告诉坎特伯雷大主教，塞尔维亚人活该"好好挨一顿痛打"。25日

下午，阿斯奎斯在唐宁街10号主持了一个由外交界人士参加的花园酒会。弦乐队在一旁演奏，德国大使和塞尔维亚大使在窃窃私语，劳合·乔治也和各路同行交杯换盏，相谈甚欢。

当天恰逢星期六，晚上在奥尔特灵厄姆举行了一场伯明翰自由党人聚会，检察总长约翰·西蒙爵士在会上致辞说道："我们大家一心只想着国内的政局发展，有些人也许没有注意到目前的局势有多么严峻，正在威胁整个欧洲大陆……让我们承担起我们应该承担的责任。我们英国……应该自始至终作为一名调停者，推动国际关系向着更加友好、更加和平的方向发展。"面对如此振振有词的自我标榜，勿论敌友，想必不少欧洲国家都会自愧不如，这也是不难理解的事情。

为期一周的考斯赛艇节即将到来，主办方在乡间别墅举行盛大宴会。发言人在新闻发布会上声称："普鲁士的亨利亲王原本应邀出席，不过鉴于目前局势紧张，亲王无法离开德国，到场参加。如果局势有所缓解，亲王有可能晚一些抵达。"英格兰银行行长沃尔特·坎利夫在苏格兰高地的茵薇花园向到访的嘉宾们言之凿凿地保证大战绝对不会爆发，因为"德国人还没有拿到贷款"。克灵根戴尔靠近海牙，与英国一海之隔。乔治·卡佩尔夫人①在此地举行别墅聚会，消夏狂欢，场面盛大，流光溢彩。金融家厄内斯特·卡塞尔爵士在聚会上做出同样承诺，声称现在大家可没有钱去打一场全面欧洲战争。不过，有位年轻的女嘉宾宣称自己不管发生什么，都得回国——瓦奥莱特·阿斯奎斯只想和父亲一起待在唐宁街。几个年轻人从瓦奥莱特的话中听出了弦外之音。在掷弹兵近卫团服役的拉塞尔斯伯爵对好友卡斯勒罗斯伯爵说道："我们最好也回去。"二人于是乘车去了海滩，临时找了一条船。一同上船的还有其他几位客人，大家都怀着同样的想法，感到惴惴不安，赶紧回了英国。

眼看快到晚上6点，也就是奥地利在25日的截止时间，塞尔维亚的答复被

---

① 乔治·卡佩尔夫人（Mrs George Keppel），即爱丽丝·卡佩尔（Alice Keppel，1868—1947），爱德华时代英国最有名的社交名媛，23岁嫁给英国贵族军人乔治·卡佩尔，后来做了英王乔治七世的情妇。——译者注

塞国首相亲自交到了奥地利的吉斯尔·帕西奇男爵手中。首相深知此刻形势有多么严峻，脸上神情严肃阴郁，用并不流利的德语对吉斯尔说道："贵国提出的要求有一部分我们接受，至于余下部分，我们希望您会让我们看到您身为一名奥地利将军的忠心与勇气。我们一直以来都对您十分信任。"塞尔维亚除了授权奥地利人在本国境内进行调查之外，几乎全盘接受了维也纳提出的苛刻条件。随着塞尔维亚的答复在西欧各国公之于众，有些人还误以为战争就此得以避免。"人们虽然纷纷松了一口气，可听到塞尔维亚做出让步，还是多少有些失望"，安德烈·纪德如是写道。然而，维也纳可丝毫没有装出一副希望看到和平结果的假样子——不管塞尔维亚做出怎样的答复，吉斯尔男爵得到的指令是必须搭乘晚上6点30分的列车，速速赶往边境小镇泽蒙。

最后通牒没有被完全接受，消息传来，立刻在维也纳引发一阵骚动，人们涌上街头，载歌载舞，狂欢作乐，直至午夜时分才陆续散去。最近有研究暗示塞尔维亚的尼古拉·帕西奇对于发动战争也在暗中窃喜，一心指望战争能够让俄国人参与进来，帮助塞尔维亚人实现建立泛斯拉夫人国家的梦想。不过，帕西奇的这个想法距离成为现实太过遥远。这样的论断完全无法辨明真伪，也根本找不到证据证明。塞尔维亚人清楚得很，知道自己的答复不会让维也纳满意，所以早在当天下午2点，也就是提前4个小时发布了动员令。就在当晚，塞尔维亚政府官员约万·祖约维奇换上军装，登上列车。列车将带着这位陆军总参谋长一路东行，驶往塞军集结区。与此同时，祖约维奇当医生的哥哥也去了一所师野战医院报到。塞尔维亚人刚刚经历过两场大战和一次动员，比任何一个欧洲国家都更加熟悉这一套流程。不过，塞军在第二次巴尔干战争结束之后仍然没有完成重整军备。塞尔维亚政府十分清楚自己的武器储备有多么薄弱——之所以对帕西奇欢迎开战有所怀疑，这一点也不失为另外一个原因。

次日清晨，贝希托尔德向奥皇进行了汇报，谎称塞尔维亚人向莱茵河上的奥地利邮轮开火。垂垂老矣的弗朗茨·约瑟夫立刻签署帝国动员令，义愤填膺地说道："既然如此，那就打吧！"自打危机开始，弗朗茨·约瑟夫的大臣们一直在围绕两件事情展开激烈辩论：其一，采取哪些外交举措才能确保

得到德国支持；其二，击败塞尔维亚之后，又该如何对这个国家进行肢解。贝尔格莱德是这个国家唯一算得上大城市的地方，将连同其他一些地区并入哈布斯堡帝国。其他地方将按比例分配给罗马尼亚、保加利亚、希腊和蒙特内格罗，省得这些国家因为分赃不均吵来吵去。这样一来，塞尔维亚将不再让欧洲头疼，泛斯拉夫运动也将从此失去主要推手。奥地利和德国一直在不断撒谎，试图掩盖自己的真实意图，好让俄国和欧洲各国相信哈布斯堡帝国政府根本就无意强行变更领土。

伊斯特万·布里安男爵写道："我们将踏着大步，如滚滚惊雷一般席卷整个欧洲，真正地决定自己的命运。"《柏林日报》主编特尔多奥·沃尔夫声称每一期特刊只要一出来，便会引起首都人们的疯狂争抢，一睹为快。这样的情况愈演愈烈，不仅反映了人们对于新闻的渴求，也说明没有任何人希望置身事外，人人都渴望与他人分享内心的恐惧。"人群突然涌动起来。几辆送报车刚一出现，人们就一拥而上，围了起来。有的人手里拿着报纸，其他人围在一旁，伸长脖子瞅着……人们站在汽车和马车顶上，在街上无所事事地走来走去，面面相觑，都在等待着，不知道接下来会发生什么……之前从来没有见过这么多人在街头看报纸……可是现在，不管是克兰兹勒咖啡馆门前的卖花人，还是咖啡馆里坐着的贵妇，人人手里都拿着报纸"。

25日晚上9点30分又出了一期新的增刊，报道说塞尔维亚人已经拒绝了维也纳提出的最后通牒。没有几个人大肆庆祝，大多数人只是径直走开回家。不过，聚集在奥地利和意大利大使馆门前的人们还在高喊着爱国主义口号："打倒塞尔维亚！"民族主义分子在首相办公室门前齐声高唱。咖啡馆里的乐队首先演奏了一曲"德意志万岁"——用沃尔夫的话来说，"这些曲子如此动听，宛如天籁"——接着又演奏了奥地利国歌《上帝保佑吾皇弗朗茨》。库尔特·里兹勒写道："每每到了晚上，还有礼拜日，人们都会齐声高歌。首相对此感触良多，尤其是听到欧洲各国人民都在以这样的方式表达内心的激愤时更加情绪激动，勇气倍增。人群中有许多人也许还搞不清楚局势，总之都在要求立即采取行动，急切地盼望着全民行动起来……为了伟大的事业站起来，展现我们的力量。"

法国陆军总参谋长兼总司令霞飞发现那帮文官政要一个个神情紧张，惶惶不安——这帮人当然会有如此表现，谁叫危机来势汹汹，总统总理又都不在国内。霞飞见状于是告诉陆军部长梅希米自己已经做好准备，在总统与总理不在的情况下发布动员令。霞飞说道："部长先生，如果我们非要开战的话，就得这么做。"梅希米情绪激动地回答道："加油！"7月25日，这位陆军部长在没有事先通知霞飞的情况下，电令全体休假的高级军官立即返回各自岗位。霞飞对此大为光火，只好提醒陆军部长注意采取这样的措施得有恰当的程序，梅希米不要把它省掉。当晚，法国军情部门得知在瑞士休假的德国军官已被悉数召回，德国境内各战略要地的桥梁已有卫兵布防把守。即便如此，法国仍然没有决定征召休假的士兵归队，毕竟此时还有不少士兵家里正等着他们帮忙收割庄稼呢。

在伦敦，爱德华·格雷爵士仍然抱着幻想不放——格雷的想法虽然谈不上丢人，却过于不切实际——还在指望着德国会对维也纳施加影响，莫让巴尔干半岛的口水仗升级成为一场席卷欧洲的大战。可是，就在25日当晚，外交部东西欧处处长艾尔·克劳爵士郑重警告局势目前已经相当严峻。克劳写道，当前一切都取决于一个关键问题："德国是否已经下定决心打这一仗。"克劳敦促道，要想避免灾难，最可行的办法就是英国明确表态，如果法俄卷入战争，英国绝对不会保持中立。不过，到了这个紧要关头，无论内阁还是下院都不大可能做出这样的承诺，即便格雷亲自开口，也不大可能——更何况格雷没有这样做。

欧洲此时此刻已经开战，只是规模大小尚不确定。一切都取决于俄国人作何反应。法国驻柏林大使朱勒·康邦对比利时大使说道："法国的命运，还有欧洲能否保留和平的希望，今时今日统统取决于另外一个国家打算怎么做，取决于沙皇打算怎么做。沙皇究竟会做出什么决定？是因为什么建议才做这样的决定？如果沙皇决定开战，那么法国就将成为俄法同盟的牺牲品，就得跟随盟友赴汤蹈火，奔赴战场。"人们都认为塞尔维亚若是没有把握得到俄国撑腰，断无这个胆量，对奥地利人的最后通牒哪怕连一个不字都不敢说。7月26日凌晨1点，圣彼得堡在波兰下达戒严令。当天晚些时候，关键的

预先动员令也已发布。陆军需要14天左右才能做好战备，全部部署完毕则要大概一个月，可以说时间紧迫、分秒必争。萨佐诺夫希望只进行部分动员。俄国在1912年就采取过同样做法，并未加速战争的到来。避免直接挑衅德国人看上去不失为明智之举，要想这样，就得避免在华沙军区正式组建部队，因为那里离德国边境最近。可是，当军需主任丹尼洛夫当天从高加索地区赶回来的时候，他对外交大臣解释道，如果只是有限动员，恐对全部进程产生致命影响。

同样是在26日，内务大臣下令禁止公开发布谈论与武装部队有关的一切信息，否则一律按照俄罗斯叛国法处置，同时下发通知，除内陆的里海和亚速海以外，俄国所有领海海域的灯塔及航行灯全部熄灭。塞瓦斯托波尔的海军基地对外关闭，停止装运。海上的俄国船只接到指令，暂停无线电通信。一系列国内限令开始陆续实施。圣彼得堡市内所有餐馆晚上10点全部关门停业。次日，俄境内所有德国和奥地利人都必须按照指令，在打点好个人事务之后离开俄国。同样自27日，黑海上的船只接到警告，凡天黑以后试图近岸航行的船只都有可能遭到火力打击。

士兵们也开始陆续行动。莫斯科城外，萨姆斯科伊轻骑兵团已经从演习中召回，返回军营。马匹钉上了新的蹄铁，士兵们分到了战时军服，武器装备也一一进行了核对。士兵们将个人用品锁进各自的柜子里，贴上标签，写上每个人直系亲属的姓名和地址。军官食堂的银餐具被送往国家银行暂时保存起来，珍藏的团旗也被送往博物馆。按照塞尔维亚驻柏林武官的记录，自己在7月26日—27日横穿德国时并未观察到任何迹象预示战争即将来临，可一进入俄国境内，"就发现了正在大规模动员的场景"。乔治·布坎南爵士向萨佐诺夫问起俄军是否正在紧锣密鼓地匆忙备战，这位外交大臣用安慰的语气答道，士兵们只是在准备对付即将发生的工人闹事。不过，英国大使确信俄军正在备战。当天，格雷向德国驻伦敦大使利赫诺夫斯基递交了英国就解决危机的有关提议，建议召开一场四国会议。柏林很快予以回绝，德国人相信召开这样的会议肯定是为了谴责奥地利。这也再次证明德国人对于通过外交手段解决问题毫无兴趣。

7月的最后几天，各国政府之间联系空前频繁，相对简陋落后的国际通信网络一时陷入瘫痪，起关键作用的电报也频频处于迟迟不见消息到来的窘迫境地。只有一小部分政府信息通过外交无线电传送，绝大多数靠的是商用电报网络。举个例子，正是由于从法国驻圣彼得堡大使馆发出的每一份电文都必须由专人携带至两英里之外的公共电报局才能发出，俄军动员的具体细节才会迟迟不见送到法国政府的手中。英国外交部的密码员一共才四个人，根本就忙不过来。密码员两两一组，一个人把密码字组读出来，另外一个把字组转写成邮电的常用语句。全部工作都是通过普通书写完成。由于五位数的密码字组发送起来更贵，密码员为了省钱，就让字组尽量简短精练。每写完一条电报，便用信封装好封存起来，再交给信使，由信使送往半英里之外、斯特兰德大街的伦敦中央邮局发送出去。

德国民众也开始越发清楚地意识到自己有可能上战场打仗。一想到这一点，社会党人便会感到难过失望，保守派分子则群情激昂。威廉·凯森当时只有27岁，住在不莱梅，是个泥水匠，也是一个坚定的社会民主党员。他在7月26日写给女友海琳的信中表达了自己对于欧洲前景的厌恶："战争这两个字就像一片可怕的汪洋大海，海里全是鲜血和恐惧。只要一想到这两个字，我就不寒而栗。"不过，凯森倒是充满希望，认为"社会主义国际"会采取干涉，阻止战争爆发。即便干预无效，海森还预测会有兵变发生，尤其是"只要士兵们一看见那些杀人的飞机从天空中俯冲下来，夺人性命的时候"。在这7月的最后一个周末，放眼整个欧洲，成千上万人由于害怕这场突如其来的狂风暴雨，选择匆匆举办婚礼。在距离汉诺威不远的小镇林登，结婚登记处在星期天晚上11点关门之前一共为46对新人办理了结婚登记。而在汉诺威，喜结连理的新人更是多达200对。

海军元帅提尔皮茨早在1914年就对一位外交官讲过这么一段话——此话是否当真，值得怀疑——说英国对报纸的管控要好过德国："你们英国虽然口口声声什么'新闻自由'，可是只要政府给个暗示，全国的报纸在谈到和你们国内政治无关的话题时就统统成了一个调子。"相比之下，德国的报纸，这位海军元帅不无鄙夷地说道，简直就像"远洋货轮，没个定准"，每

一家都只替自己那一小撮人说话。德国共有3000家报纸，其中50家在柏林。此时此刻，《柏林邮报》在嚷着应该让奥地利一家单干，奥地利人自己想走哪条路，就走哪条路。《莱茵—威斯特法伦报》在7月24日撰文指出："我们不需要为哈布斯堡王朝发动侵略战争提供支持。"社会民主党刊物《前进报》则在7月27日轻蔑地宣称："只有少不更事的年轻人才会被这场所谓的勇敢冒险吸引，这场冒险将把欧洲变成一个散发着血污和腐尸恶臭的大屠宰场。"

与之形成对比的是，小城弗莱堡的半官方报纸《弗莱堡日报》言之凿凿地确信奥地利与塞尔维亚大战在即，"完全支配了我们的城市。人们的生活完全变了模样，不管是在家中，商店和公共场所，街头巷尾，还是电车车厢里，好像我们每个人都要拔出剑来。这些真正的高尚情感深深植根在德国人民的爱国主义情怀之中"。《弗莱堡报》这样写道："一波爱国主义的热情如开春的洪水一般倾泻下来，流过整座城市。"即便是最主张和平的社会党人报纸也在说，如果战争要降临到德国的头上，那么德国的工人阶级也会拿起武器战斗，团结起来，保卫我们的祖国。德国如果战败，"将是无法想象、令人震惊的……我们绝不希望看到我们的女人和孩子们沦为哥萨克残忍暴行的牺牲品"。

有一个自由派记者在7月26日的《威悉报》上撰文指出："我们绝不能眼看着奥地利失败，因为到了那个时候，我们自身就会受到威胁，成为庞大俄国野蛮欺辱的对象。为了确保拥有自由与和平，现在就必须奋起反抗。不管来自东方和西方的风暴有多么令人害怕，我们军队的技术、勇气与牺牲终将取得最终胜利。每一个德国人都将感受到责任的光荣，证明自己无愧于在莱比锡和色当浴血奋战的父辈们。"话虽如此，即便是强硬的社论作家也希望法国和英国能够保持中立，这样德国就不用分心，可以集中精力，一心一意对付俄国。柏林政府也曾经心血来潮，表示过一些克制姿态，督促奥地利人一开始动员部队，只需足够对付塞尔维亚就可以了。

可是就在7月26日，朱勒·康邦警告德国外交大臣雅各，英国这一次不会再像1870年那样保持中立。雅各耸了耸肩，说道："您有您的消息，我们也有我们的，完全都不一样。我们有信心英国将继续保持中立。"康邦和不少人一样，这些人总在日后认为这是一个致命的误会，也就是说，如果德国人事先知道英国将要参战，很可能就不会冒险发动战争。然而，康邦的观点是错误的。德国的关键决策者们，尤其是毛奇，早就权衡过英国到底有没有可能，有多大可能采取干预，最终认为这将不会左右大局，因此不予考虑。一场大陆战争最终胜负如何，取决于对决双方的兵力多寡，英国陆军能够做出的那一点贡献实在微乎其微，英国皇家海军则更加插不上手，帮不了忙。

即使到了如此紧要关头，英国统治阶层中的大多数人仍然对塞尔维亚的命运毫不关心，坚决反对采取干预。英国驻巴黎大使弗朗西斯·伯迪子爵在7月27日写道："看起来真叫人难以置信，俄国政府竟然会为了出头，给塞尔维亚人当保护者，把欧洲拖到战争里去。"不少要人纷纷表示质疑，认为为了一个肮脏下作的小小塞尔维亚，居然要破坏欧洲和平，如此做法实在有欠明智。

与此同时，在维也纳，贝希托尔德决定必须在军事上先发制人，刻不容缓。他忧心忡忡地写道："除非宣战，让局面变得明朗起来，否则协约国不大可能尝试和平解决争端。"毛奇在没有事先告知贝希托尔德的情况下，从柏林向维也纳发去电报，敦促奥地利抓紧时间，全面动员，拒绝调停。不过，奥地利人在解密看到电报的时候已经兑现承诺，开始进军了。7月28日，星期二上午11点，在巴德伊舍，奥皇弗朗茨·约瑟夫端坐在书房内一张小小的写字桌前，提笔签署了开战宣言。这一纸宣言将把他的帝国就此送上一条不归路。

当天午后两三点左右，开战宣言的复印件通过电报被送到了塞尔维亚外交部驻尼什的临时办公地点。外交部官员一开始对此表示怀疑，以为是作弄人的恶作剧。有位外交部官员名叫米兰·斯托雅迪诺维奇，日后回忆道："这封电报在措辞上显得和平时不太一样，在那个年代，人们还是非常看重这方面的礼数规矩。"虽然，电报上的话读起来让人感觉粗鲁无礼，只有寥寥数语，完全不像外交措辞，塞尔维亚人最终还是认定电报千真万确、属实无误。有位外交部官员于是拿着电报，跑去街上的"欧罗巴咖啡馆"。首相正

在咖啡馆里和俄国代理公使斯特兰德曼共进午餐。

这位塞尔维亚领导人把电报上的寥寥数语看了一看，咖啡馆里的每一双眼睛都在盯着他。首相随后在胸前画了个十字，把这封死亡宣判书递给了那位俄国朋友，站起身来，对周围的人们说道："奥地利已经向我们宣战。我们的事业是正义的。上帝会帮助我们的。"正在此时，另外一位外交部官员匆匆忙忙地跑了进来，报告说有一份同样措辞的电报刚刚送抵克拉库耶伐次的陆军最高指挥部。此后不久，一封来自圣彼得堡的电文被交到斯特兰德曼手中。按照电文上的要求，斯特兰德曼必须将其亲自转交给帕西奇。电文上写有沙皇的亲笔签名，声称俄国虽然希望和平，但绝不会对塞尔维亚的命运坐视不管。帕西奇读完之后，再次在胸前画了个十字，虔诚而夸张地说道："上帝啊，感谢伟大仁慈的俄国沙皇！"

回到巴黎，7月28日这一天最轰动的头条消息竟然不是奥地利对塞尔维亚宣战，而是当天对卡约夫人做出的无罪判决——人人都知道是这位夫人杀害了加斯顿·卡尔梅特。陪审团在世人的一片哗然之中做出决定，认为正是由于《费加罗报》在卡约夫人还在做情人的那段日子里，对卡约夫人丈夫以及二人关系的报道，才导致卡约夫人开枪打死了《费加罗报》编辑，卡约夫人的做法并非全无理由。与此同时，法国的领导人们仍然还在波罗的海上继续航行，几乎完全无法取得联系。这趟旅程已经成了一场噩梦——普因加莱和维维亚尼出于无奈，只好继续借道斯德哥尔摩。走的这条海路简直没完没了，不知何时才能上岸，殊不知战云此时已经扑向西欧。26日收到的好几份无线电报根本无法解密，总统与总理二人就如何处理危机进行了深入探讨。普因加莱写道："维维亚尼先生和我聊着聊着，总会回到同一个问题：奥地利人到底想要得到什么？德国人又想得到什么？"

我们姑且承认，这位法国总统在处理危机时表现得要比他日后承认的更加积极主动，可欧洲的战火此时已经点燃，正在升起熊熊烈焰，他实在不应该还在欣赏波罗的海的沿途美景。在巴黎，霞飞和法兰西的战士们面对政治瘫痪的烂摊子，已经一筹莫展。霞飞将军愤怒地写道："（那些部长们）一门心思想着的只是……万万莫要采取行动，切莫被人当作是对德国人先发制人的回应。如此胆小如鼠的心态，在很大程度上正是由于政府首脑齐齐不在才导致的。"28日发生的事情让霞飞感到更加震惊——梅希米在当天收到了康邦7月21日从柏林发来的急电，也就是说这封电文被耽搁了整整一个星期，简直"匪夷所思"。电文中写道，德国已经开始行动，准备动员。虽然，大使的话有些夸大其词，可法国人已经相信毛奇的军队在备战方面领先了一个星期。即便如此，梅希米在维维亚尼不在场的情况下仍然不能采取任何行动。

陆军部长如此小心翼翼，其实是明智慎重的。可是，霞飞火气正旺，强调事态紧迫，法、俄、德三国正在通往战争舞台的道路上你推我搡，争唱主角。大战将临，每一位统领全军之人都明白如果让敌人做好准备，先发制人，后果将不堪设想。正因为如此，每一位统帅都会向各自的政治领袖频繁施压。俄国总参谋长就曾向国家杜马主席抱怨沙皇做事瞻前顾后、犹豫不决。欧洲的军备竞赛和军事应急计划并非战争的原因所在，只能算是征兆，而非诱因。可是，到了1914年7月的最后几天，这帮将军们却在把政府逼着走向深渊。这是因为将军们知道在战场上玩"奶奶走步的游戏"①只能是自寻死路，一旦自己的国家在战场上输掉，那么承担所有罪责的就将是他们。

27日，普因加莱和维维亚尼得知法国媒体对于二人久久不在巴黎早已义愤填膺，展开口诛笔伐。于是决定在哥本哈根加满燃料之后加快行程，赶紧回国，并于7月29日一早按时抵达了敦刻尔克。德国人虽然一直在持续不断地干扰巴黎与圣彼得堡，还有柏林之间的无线电通信，可这些小动作究竟能否改变结果走向，还很难得出结论。俄国人已经下定决心，只要奥地利胆敢进攻塞尔维亚，就要做出回应。法国政府之所以承诺对俄国和塞尔维亚提供支援，很大程度上是受到了情报影响，认为一旦开战，德国人将把进攻的矛头首先对准法国，率先发难。安装在埃菲尔铁塔上的无线电台功率极其强大，这样一来，俄国武官就能在危机时刻克服德国人的干扰，与圣彼得堡保持联

---

① "奶奶走步的游戏"（"Grandmother's Step"）是一种儿童游戏，玩时一人背对众人，其他人从起点线上开始偷偷向前移步，触碰其背，背对众人者可以不时回头，一旦发现有人正在移动脚步，就可以命令其退回到起点线。作者在此比喻大战在即，在做决定时放不开手脚、迈不开步子，进退犹豫不决、举步不前。——译者注

系。普因加莱和维维亚尼的这次波罗的海游艇之行对于改变历史走向应该并没有，甚至可以说完全没有什么影响。总统向来倾向于对德采取"强硬"政策，不管他这一次在圣彼得堡有没有会见萨佐诺夫，都愿意领导自己的国家在七月危机中替俄国人撑腰。

不少法国民众也意识到自己越来越有可能上战场打仗。26日是礼拜日，当天的巴黎街头到处都能见到人们聚在一起，群情激动。军乐队周末总会上街表演，一出现便受到人们喝彩欢迎。抗议者在奥地利大使馆门外焚烧了哈布斯堡帝国的旗帜。大多数巴黎市民面对战争即将到来，并未表现出多少狂热激情，更多是一种默默接受的无奈之情，纷纷将指责的矛头直接对准了德国人。出版商路易·德雷纳离开自己在奥尔良的印刷厂时听见一群人在高喊："德国佬去死！"这些人完全没有想过到目前为止，奥地利才是这场危机的主要推手。"我们正准备进入一条长长的隧道，里面充满了血腥与痛苦"，安德烈·纪德如是写道。虽然，直到普因加莱和维维亚尼29日回到巴黎之前，政府都没有释放出任何明确信号，让公众明白政府的意图所在，但人们普遍认为只要俄国参战，法国也将参战。

霞飞在27日自作主张，告诉俄国人可以得到法国的全面支持。这位总参谋长和陆军部长梅希米都在催促俄国抓紧时间，做好动员工作，尽快完成兵力部署应对德国。二人都非常清楚德国人的作战计划讲求在西线发动突袭，以快取胜。俄国人应该尽快让自己成为"实实在在的威胁"，迫使毛奇分兵两线，这对于保障法国的安全至关重要。在巴黎，人们开始疯狂储存黄金，引发股市一片恐慌。法国也好，整个欧洲也罢，信贷崩盘制造出一场巨大的财政危机，唯有政府出面干预才能稍稍缓解。人们要么在大街上四处闲逛，要么聚集在咖啡厅和餐馆里，寻找的不是乐子，而是最新的消息，还有能够倾听自己大倒苦水的对象。

28日是星期二，当晚在柏林，来自工人居住区的数千群众游行穿过市中心，齐声高唱社会主义歌曲，高喊口号"反对战争！""社会民主党万岁！"游行人群遭到了手持马刀的骑警拦阻，禁止进入主干道。不过，还是有千余人在晚上10点左右冲破阻拦，冲进了菩提树大街。围观人群在人行道上高唱《坚守莱茵河》和《万岁，胜利者的桂冠！》等爱国主义歌曲，宣泄自己的不满。警察半个小时之后开始清理街上的人群。鲍尔咖啡馆和克兰兹勒咖啡馆阳台上有些客人端着杯子，在慢条斯理地享用热巧克力，对此报以了热烈的掌声。

共有28人因为高喊反战口号，引起"民众骚乱"遭到逮捕。右派报纸在第二天发难，将参与游行示威的人叱为"暴徒"，把反战抗议人士骂作叛徒。有些历史学家认为，德国参与反战游行示威的人数要比预期的多，这种估计也许没有问题。可是，德皇、毛奇还有贝特曼的所作所为完全不受不同声音的左右。按照他们的判断——他们的判断也是对的——一旦德国投入战争，这些异议之声就会统统消失。比起四年前，人们走上街头，疾呼普鲁士推行选举改革，此次反战示威的人数明显少了许多。

英国终于在7月26日，也就是星期天迎来了第一项重大战略举措。英国皇家海军的本土舰队原定当天结束模拟军事演习之后解散。诺斯克里夫旗下《每日邮报》的全体工作人员相信自己在第一海军大臣当天提出的倡议中起到了一些作用。《每日邮报》的工作人员眼看战事一触即发，于是给正在诺福克度假聚会的丘吉尔发去了一份电文，上面写着："致在欧弗斯特兰德梨树小屋的温斯顿·丘吉尔：已经宣战，奥塞德三国正在集结舰队，请问英国舰队是否真的解散。每日邮报。"电报送到手中的时候，丘吉尔正在附近的海滩上信步闲游。丘吉尔虽然从未对电文做过回复，却在一个小时之内与第一海务大臣路易斯·蒙巴顿亲王通了电话，并且乘坐当天下午的火车赶回了伦敦。当晚晚些时候，命令传来，取消解散舰队。舰队将在两天之后紧急调往奥克尼群岛斯卡帕湾的海军基地。保罗·康邦日后评价道，丘吉尔凭着自己的一腔热情，大力支持采取干预，下令停止解散舰队，为法国做出了伟大的贡献，"丘吉尔的这份历史功绩我们（法国人）至今尚未完全意识得到"。

即便如此，大部分英国人心目当中对于危险迫在眉睫仍然毫无意识。阿斯奎斯在28日写给维尼西娅·斯坦利的信中说道："我们昨天开了一次内阁会议……主要讨论了到底是战是和的问题。我担心格雷提出试着召开四方会谈的方案恐怕没有结果，德国人会拒绝参加。唯一真正的希望在于奥俄两国能

够自己达成一致。可是，到了现在这个关头，情况不容乐观。更何况，温斯顿的斗志恐怕也已经起来了。"丘吉尔在对这件事情的看法上毫无顾忌，完全是一副无所畏惧的样子，和柏林做出这样政策的背后原因简直一模一样："如果战争不可避免，那么现在摆在眼前的就是我们目前为止最好的机会，也是唯一机会，能够将法国、俄国和我们三个国家团结起来。"丘吉尔在当天给妻子克莱门汀的信中写道："我美丽的爱人，一切都在朝着一场灾难和毁灭发展。我感到非常兴奋，跃跃欲试，无比满足。"阿斯奎斯28日写信给维尼西娅·斯坦利，写到最后突然变得低调起来，用平淡的语气写道："今晚在下院实在是无所事事，所以才会叫瓦奥莱特去找一两个人到家里来吃饭，打打桥牌。"首相在第二天，也就是29日的晚上还是显得一样平静："我刚刚参加完陆军委员会的会议……会议挺有意思，能让你明白真正打仗的时候，首先要做些什么。"

有些人把大战将至视为天赐良机，抓紧时机捞取利益。火棉炸药公司的信纸抬头工工整整写着一行字，相当醒目，上面写着在肯特的车间"专门制造无烟火药、强棉药、爆炸火药、遇难求救信号器材以及雷管等"。该公司7月29日专门致函塞尔维亚陆军部长，表明公司董事会愿意提供1万发枪榴弹，"我们正在为另外一个国家政府准备一份8万发枪榴弹的合同，这只是那份合同的一部分……在本合同之前，我们已经完成了一份2.5万发的订单。所有枪榴弹已在实战中用光，效果十分满意……这1万发枪榴弹已经装箱，等待运输，24小时之内即可装船完毕。如果需要的话，这种榴弹也可以用手投掷，用于近战"。虽然并无记录证明贝尔格莱德方面是否下了这批订单，但火棉炸药公司作为英国企业代表，展现出的澎湃热情无可挑剔。

7月28日晚，俄国军情部门报告奥地利已有四分之三的部队，也就是说16个军中有12个完成了动员——这已远远超过了对付塞尔维亚所需的兵力。虽然，沙皇尚未正式签署命令，但俄军总参谋长当晚便给所有军区的高级军官发去电报，提醒"7月30日将被正式宣布为总动员的第一天"。沙皇面对萨佐诺夫的一再催促，终于做出让步，同意自30日开始总动员。俄国实际上自7月24日就已开始进行军事准备，是除奥地利和塞尔维亚之外，其他国家中最早的一个。不过，俄军的所有决定都是针对奥地利试图武力攻击塞尔维亚所做。随着消息传来，奥地利人炮轰贝尔格莱德，圣彼得堡的和平希望终于在29日宣告破灭。

俄国的政治家和外交官们一致认为俄国必须打这一仗。萨文斯基是俄国派驻索菲亚公使团的领导人，一向都是温和派。他在当天说道，如果俄国做出让步，"那么我们在斯拉夫世界和巴尔干半岛的威信将就此丧失殆尽，永远不复存在"。驻君士坦丁堡大使亚历山大·吉尔斯声称，倘若俄国低头认输，那么土耳其和所有巴尔干国家将肯定倒向同盟国阵营。另外一位外交官尼古拉·德·巴西里在给友人的回信中——这位友人是一位奥地利武官，曾经警告巴西里，如果沙皇决定开战，俄国恐将陷入内乱——自豪地写道："你们在算计的时候犯了一个大错，误以为俄国会因为害怕革命，就不敢履行自己的国家使命。"

贝特曼·霍尔维格警告圣彼得堡，除非俄国停止备战，否则德国就将开始动员。这条电文虽然让萨佐诺夫更加坚定了自己的想法，认定大战在所难免，却让沙皇再次产生动摇。沙皇实际上已经收到了德皇的亲笔致函。他在回信中主张俄国应该退后一步——哪怕退一步并不见得会起效果——转为采取部分动员。不过，萨佐诺夫坚持己见。就在第二天7月30日下午5点，尼古拉二世一边在感叹"要把成千上万的人送去当炮灰"，一边却签下了总动员令。总动员令将于次日一早正式生效。

当晚，俄军不少部队被电话铃声惊醒，说有传令兵带来秘密指令。萨姆斯科伊轻骑兵团已经接到命令，整装待发，在36小时之内登上火车，开赴波兰与东普鲁士接壤的边境地区。同样驻扎在莫斯科郊外兵营的掷弹兵团则赶往奥地利边境。士兵们都分到了罐装应急口粮。号兵索科洛夫发现罐头上的生产日期写的是1904年，可他的话根本阻挡不了士兵们的好奇心。不到一个小时，军营里就丢满了空空如也的罐头盒子，让轻骑兵团的军官们好生面上无光。"这些士兵简直就像一群孩子"，弗拉迪米尔·利陶尔懊恼地写道。他把俄国士兵的行为和落单的德国兵做了比较。那些德国兵都是后来抓到的，有些已经饿得奄奄一息。德皇的士兵果真军纪严明，在没有命令的情况下，

没有任何人去碰随身带着的应急口粮。

7月30日，最后一列载着平民的列车穿过东普鲁士边境，进入俄国。车上有一位俄国乘客之前一直一言不发，保持沉默，此时突然一下子打开了话匣子，滔滔不绝地大谈自己有多么失望，没能够在经过特切夫的时候往德国人的铁路桥上扔个炸弹。这个俄国人越说越来劲，嘲笑德国卫兵身上还穿着阅兵服，不是打仗的军装，言下之意那帮"德国猪"连上战场的准备都没做好。俄国领导人的内心清楚得很，自己正在参与的这场冒险已经超出了国力范围。俄国领导人倘若没有得到法国人的支援保证，很可能不会有如此胆量，敢在1914年跟同盟国一较高下。不管是在外交，还是军事上，都可能会准备得更加充分，可能会一直等到奥地利军队开始进攻塞尔维亚才开始实施动员。可是，圣彼得堡的决策者们，尤其是萨佐诺夫，在担心面前没能沉得住气，生怕一拖再拖会让德国人抢得先机、先发制人。当然，不管俄国人在到底该用哪种方式动员的问题上有多么犹豫含糊，都肯定与欧洲战事的最终结果无关。只要圣彼得堡做出决定，不管对奥地利采取什么样的军事行动，德国人都定将做出回应。

俄国人对于自己漫长的备战工作，不加丝毫掩饰。沙皇在7月29日晚与德皇通信的时候毫不遮掩——这又是一次典型的"尼基威利式"[①]的沟通——"我们现在采取的军事措施是五天前就已经决定好的，是在考虑到奥地利准备就绪的情况下，出于自卫才做出的"。时至今日，有些人试图将挑起战争的主要责任归于俄国，依赖的证据和德皇1914年7月指责俄国的话如出一辙："……沙皇应该允许奥地利对塞尔维亚在有限范围内开战，这样就能在更大范围之内保全欧洲的和平。"这样的话或许言之有理，但关键之处在于必须承认话中提到的几个条件，而非只想杜撰出一些不实的指控来指责俄国两面三刀。七月危机中有几个日子最为重要。第一个是7月23日。奥地利在这一天清楚表明要消灭塞尔维亚，还有一个就是24日，俄国在这一天开始采取积

---

① "尼基威利"（"Nicky-Willy"），即沙皇尼古拉与德皇威廉的昵称，作者借此揶揄二人。
——译者注

极措施，予以回应。除非，或者说只有等到能够拿出证据来证明塞尔维亚政府参与了刺杀弗朗茨·斐迪南的阴谋，或者说俄国对于这场暴行事先有所知晓，否则沙皇承诺要与企图消灭塞尔维亚的势力斗争到底就说得过去。尼古拉二世之所以谨小慎微，不敢放手一搏，并不是因为沙皇本人对于俄国此举是否合法有所疑虑，而在于他担心一旦开战，将对自己的政权带来什么样的威胁。

第三节　德国人在前进

关于这场七月危机，只有一个观点站不住脚，那便是这场危机是由一系列意外导致的。恰恰相反，列强的领导人们都认为自己的所作所为合理合情，追求的一系列目标具有连续性，并且有实现的可能。即便如此，在德国到底谁说了算这个问题上依旧存在着一个大大的谜团，也就是说，到底是谁在掌管德国？在过去十年里，这个国家纵使经济实力在稳步增加，可政治管理上暴露的问题愈演愈烈。新一代的政客通过选举开始崭露头角，其中不少是社会党人，在相互竞争，争夺宫廷之外的权力。宫墙之内则依旧被那些穿着带刺马靴的军事贵族牢牢把持。德皇虽然已经成为德国蒸蒸日上民族主义的象征，而非行政上的统治者，可是只要心血来潮，仍然会对国事朝政横加干涉。围在德皇身边的那些个人、机构和政党为了赢得权力，你争我斗，相互倾轧。陆海两军互不买账。总参谋长和陆军部长形同陌路，鲜有沟通。组成帝国的王国领地也会时不时冒出头来，和柏林作对。

有位德国作家在1910年预言道，但凡冲突发生之前总会出现政治军事紧张的局面，每每到了这个时期，"新闻报纸以及电报、电话这些关键的传播工具将会施加巨大的影响力，这也许是好事，也许又是坏事"。毛奇对此也表示认同。无论陆军拥有多么强大的力量，这位陆军总参谋长始终认为，要想吸引成千上万平民百姓应征入伍，投身一场20世纪的战争，这项事业就必须得到民众支持。"毛奇对我说过，"一位普鲁士军官在1908年说道，"……

那个战争由王公大臣们做主的时代已经结束了。一场战争倘若为德国人民所不屑、为德国人民所不理解,那么这样的战争就不会赢得同情与共鸣,就将成为一件非常危险的事情。如果……人民认为打这样的仗只是出于毫无意义的目的,只是为了帮助统治阶级从矛盾尴尬中脱身,那么这样的仗我们恐怕首先得朝自己人打起。"毛奇的这番话颇有深意,足以解释为什么德国在之前的几次巴尔干半岛危机中一直拒绝与奥地利并肩作战。毛奇的话表明了他为什么在1914年7月要下这么大的功夫,确保德国在世人,尤其是德国人民眼中是一个受到威胁的受害者,而非穷兵黩武的侵略者。这场欧洲危机本就因国内动荡而不堪重负。劳工纷争、罢工频发,让柏林政府提心吊胆、坐立不安,一如同样的问题困扰着英国、法国和俄国一样,社会稳定叫人担心。

要想对德皇个人行为做出评价是相当困难的,这是因为这位皇帝脑筋变换得实在太快。政府文件上随心所欲写下的那一行行批文足以让人明白,这样一位陛下有多么放纵无常,无可救药——"萨佐诺夫先生,留着骗自己去吧!""活见鬼!""没门!""这事由不得他说了算""英国人,休要猖狂!"这一个又一个感叹号正是德皇在制定政策时最喜欢的工具。威廉二世当然也会回归正常、注意分寸,可这种时候总是姗姗来迟,根本无法弥补更多时候骄横傲慢造成的伤害与损失。德皇在7月5日还对贝特曼说过这样的话:"我们应该采取一切手段,防止奥地利和塞尔维亚之间的争端演变成为一场国际冲突。"没想到第二天,他就给维也纳开出了"空头支票"。

7月27日,德皇刚刚结束挪威的邮轮之旅回国,看了塞尔维亚人对奥地利人最后通牒低声下气做出的答复,德皇的第一反应是"现在已经没有开战的理由"。可是就在同一天,贝特曼却告诉德国驻奥地利大使:"我们必须装得好像被迫参战一样。"埃里希·冯·法金汉将军是普鲁士陆军大臣,他在27日会晤了德皇和毛奇二人,后来回忆道:"已经决定好了,哪怕付出生命代价,也要干到底。"三天之后,也就是30日,巴伐利亚将军克拉夫特·冯·戴尔门辛根在日记中写道:"德皇陛下绝对是希望看到和平的,皇后也在利用自己的权威朝这方面努力。陛下甚至希望能够让奥地利回心转意，不要一意孤行。可这样做才是最可怕的灾难！我们将失去盟友的全部信任！"

不过，到了这个时候，这位将军从宫里听来的那些小道消息已经过时了。德皇28日就已经放出话来，声称："箭在弦上，不得不发。"从说话的样子来看，此话应当属实。人们或许会把德皇的反复无常、率性而为比作一个蹩脚的业余演员，正使出浑身解数，想要演好莎翁历史剧中皇帝的角色。威廉二世虽然一方面竭尽全力，想和剧组中的其他演员保持同步，演好好战的皇帝这个角色，另一方面却从未弄明白，要想扮演这样一个角色到底需要做些什么——总是要么接错了话，要么就是念错了台词。

不过，如果说德国的政策早先在7月还有变动的话，那么到了这个地步，通往战争的步伐已经越走越快，停不下来了。29日在柏林，法金汉试图加快德国人的步伐，宣称犹犹豫豫的时间已经到头，德国不可能坐以待毙，等着俄国人先下手为强，必须动员起来。贝特曼和毛奇虽然出于国内因素考虑，仍旧希望能够走在俄国人的后面，而不是先对手一步，却也知道时间紧迫、刻不容缓。给中立国比利时的最后通牒也已写好，上面要求给予方便，让德军借道通过。贝特曼随后在外交上犯下大错。英国人心里原本还在犹豫不决，举棋不定，没想到贝特曼竟然给爱德华·格雷爵士发去一封急电，向英国提议能否承诺保持中立，以换取德国保证尊重比利时和法国的领土完整。如此提议简直就是敲诈勒索，摆明了德国人打算进攻西欧，立刻引起伦敦朝野震怒。"德国人在外交上不只粗鲁无礼，简直就是荒唐幼稚"，阿斯奎斯鄙夷地怒斥道。格雷的回答极其简单：英国在任何情况下都绝不会接受如此可耻的要求。

7月29日夜，英国拒绝中立的消息从伦敦传来，威廉二世和贝特曼心中不免紧张起来。事实摆在眼前，他们正在领导自己的国家走向历史上规模最大的一场军事冲突，而英国很可能不会保持中立。德皇突然建议奥地利人在条件全部满足之前，仅仅答应先占领贝尔格莱德。30日凌晨2时55分，贝特曼急电维也纳，敦促奥地利接受外交斡旋。然而，待到贝特曼的电报送到贝希托尔德手中，奥地利已经开始实施动员。而且，奥地利人在同一天也收到了毛

奇的电报，要求奥匈帝国拒绝调解，抓紧部署兵力对付俄国而非塞尔维亚。就这样，这位总参谋长在并不知晓俄国已经全面动员的情况下不仅许下了个人承诺，扩大战争，还强调自己胸有成竹，有足够能耐在外交圈子里施加影响，这一点早已超出任何一位陆军总参谋长的职权范围。贝希托尔德在读完这两封完全自相矛盾的电报之后，向康拉德问道："柏林到底是谁在做主，是毛奇还是贝特曼？"两个奥地利人耸了耸肩，动作看上去或许夸张，倒也实在，接着便继续研究起如何好好动员和轰炸贝尔格莱德来。

至于贝希托尔德的问题答案，换作当时，当然只能是毛奇。贝特曼未做任何进一步努力去和这位总参谋长争个对错，任由后者坚持己见，说什么既然已经迈开了步子，就必须沿着这条路一直走下去。不仅如此，这位帝国宰相还将很快开始鼓吹起什么伟大长远的战争目标，将目标明目张胆指向让欧洲臣服在德国的脚下。德皇和贝特曼尽管在7月份犹犹豫豫地瞎折腾过一阵子，可二人绝不会自己改变主意——即便这很可能是避免灾难的唯一办法——让德国收回对奥地利的承诺，不再支持奥地利入侵塞尔维亚。到了7月的最后几天，毛奇和法金汉二人都在强调军令如山，令出必行——既然大战在即，不可避免，那么士兵就应摆在决策过程的首位——态度之强硬，不容异议。威廉二世和自己的宰相一样，缺乏勇气在人前让步，收回成命，只能眼看着手下的将军们不断鼓吹什么身为一国之君，就有责任接受战争考验。法金汉有一回说过，决斗应该保留下来，作为军官之间解决个人矛盾的方法，并且重点提到了决斗对于保持"军队的光荣"极其重要。此时此刻，法金汉又用同样的语调断然打消了德皇姗姗来迟的疑虑，让对方无话可说："我提醒陛下这些事情现在已经不是他一个人做得了主的了。"

毛奇成为这场德国末日游戏中的关键人物。军队是德意志帝国最强有力的组织，而毛奇指挥着军队的一切动向。历史学家之所以会对这位总参谋长口诛笔伐，部分原因就在于即便对于毛奇从一开始就极力想要发动战争的指责有待商榷，可是此人一方面深深怀疑自己选择的这条道路能否走得通，德国是否有把握赢得胜利，另一方面又坚定不移地选择走这样一条道路。如果说是一个类似康拉德这般的蠢货在一门心思发动善恶大决战，还有充分理由让人无法容忍，那么像毛奇这般老谋深算的人物完全清楚这样做的后果，偏偏还要做出这样的决定，就让人觉得更加卑鄙可耻了。最能说得过去的解释——毛奇后来在战争压力之下的种种举动也证明了这样的解释——便是这位总参谋长也像他的主子一样，根本就是一个软弱之徒，只不过装出一副强者的面孔罢了。维也纳也好，柏林也好——圣彼得堡和巴黎也是一样，只是程度稍轻一点而已——各方各派此时此刻都在盼着来一次最终摊牌，好一了百了，不再像过去十余年间的那些危机，反反复复的悬而不决。

德国有不少军人，还有保守派政治人士都相信这样一场战争能够让人看到希望，扭转社会民主党蒸蒸日上的势头。在这些人看来，社会民主党不仅是对德国伟大形象，也是对自身权威的严重威胁。军方将领同时预测，俄国将在两到三年内国力大幅提升，如此一来，德国人实现施里芬首先击败法国，然后挥师东进这一神奇设想的最后一丝希望将彻底破灭。不管英国人是否承诺参战，单靠威吓想要唬住对手，总将以失败告终。德国人相信自己在1914年拥有更好的机会击败协约国中的任何一个对手，这个机会一旦错过，将不再拥有。柏林唯一需要尽力去做的只有确保让沙皇为了应对德皇强大的军事回应，背上率先动员，挑起战端的骂名。

比利时人突然意识到自己的国家正身处险境。比利时外交部政治处处长德·盖菲耶·埃斯特洛伊男爵正陪同爱人在恩加丁度假，突然接到命令，要求迅速回国，于是在7月29日立即动身，准备赶往布鲁塞尔，却在途中发现多辆列车要么被德国，要么被奥匈帝国的士兵征用，用作部队运输。完全是因为一次偶遇，男爵才在一位比利时工业大亨订下的私人车厢里找了个位置，赶在30日早上抵达了布鲁塞尔。

弗朗西斯·伯迪子爵在当天写了这么一段话，虽然判断有误，却反映了巴黎当时的气氛。话是这么写的："到底是战是和，局势还处在微妙的平衡当中。我们被别人视作决定性因素。意大利人建议他们自己和我们英国都应当置身事外，站到一旁。法国人没有多少讨价还价的资本。我给格雷写了封信，告诉他在巴黎这里的感觉就是列强之间能否维持和平，一切取决于英

国。只要英国宣布同法俄站在一起，就绝对不会爆发战争，因为德国没有胆量面对海上运输被英国切断的危险。"7月30日当天下午，消息传来，一些法国人试图穿越边境，进入德国境内，结果被拦了回来，有些汽车，甚至就连铁路机车试图越境，也都遭到扣留。电话线也被切断了。

放眼整个法国，人们纷纷聚在一起，谈论事态的最新发展。在伊泽尔省的伯雷佩尔，小型工厂已经停工。人们一个个神情严肃，聚在街头，讨论着危机，脸上的神情与其说带着兴奋，还不如说面色凝重。借用某个当地人的话来说，"这就好像一场葬礼。我们的小镇感觉像在默哀"。7月30日，德国弗莱堡市储蓄银行的一千名客户清空了户头，逼得银行只好对取款数额严加限制。欧洲大多数银行门前同样排起了长龙。不少商铺店家拒绝接受纸币付款，还有一些干脆关门歇业。在勒阿弗尔，餐厅的侍应生会在点餐之前提前告诉客人，本店只接受金币，不接受纸币付款。

还是有人会不时表现出乐观来。30日晚上，成群记者聚集在波旁宫院内，将外交部的马尔维先生团团围住。马尔维向记者透露了圣彼得堡、柏林和维也纳三方的最新交流情况。"只要外交官开始谈判，"马尔维说道，"我们就有希望达成和解。"可是，当晚晚些时候，拉蒙·雷库里正在为《费加罗报》写专栏，一个报社同事匆匆忙忙地跑进办公室，大声叫道："亨利·德·罗斯柴尔德就在楼下。他在和外交部的一个高官吃饭。那个人跟他说距离开战只有几天，没准甚至只有几个小时的时间了。"过了不一会儿，雷库里的一个女性朋友走了进来，问雷库里是否需要取消下周开车去比利时度假的计划。"这个没什么问题，"雷库里答道，"如果你真的定了开车去，要不换个地方，去比阿里茨或者马赛吧。"

到了30日晚上，毛奇已经不愿继续坐等俄国发布动员令。他告诉贝特曼，德国必须采取行动。二人经过一番商量，决定无论沙皇做何反应，德国都将在第二天，也就是31日中午发布动员令。就在最后日期到来前的几分钟，圣彼得堡宣布动员开始，德国人如释重负。柏林已经达成了最关键的外交目的，看着俄国人继奥地利人之后第一个拔出剑来，如此一来就可以名正言顺地开战了。"受到战争威胁的声明"在31日正式发布，德军一刻也未拖延，立刻在德法边境展开巡逻。双方军队在未经下令的情况下发生了几次交火，主要集中在阿尔萨斯地区。德军轻工兵由于得到假情报，误以为法军近在咫尺，炸毁了伊尔渡口附近的一座铁路桥。不过，柏林直到8月3日才正式下令出兵进攻法国本土。

德皇8月1日下午5点在柏林皇宫的星厅正式签署德意志帝国动员令。这位陛下随后一如往常地打了个错误的手势①，订了香槟，送到自己的套房里来。巴伐利亚将军冯·温宁杰在接到俄国实施动员的消息后，很快去了一趟普鲁士陆军部——"到处都可以看见人们脸上的微笑，有人在走廊里握手，挨个互相祝贺，庆祝终于清除了障碍"。对于温宁杰、毛奇、法金汉及其同僚而言，俄国人的举动正中下怀，德国人热切期盼的愿望已经实现。由于德国人是在7月31日实行的预先动员措施，他们唯一需要担心的只有一个问题——法国会否拒绝效仿，不往圈套里钻。威廉二世对法国人怀有鄙视，认为法国是"一个娘娘腔的民族，不像盎格鲁撒克逊人或者条顿民族那般刚勇"。这样的观点无疑影响到了这位皇帝，让他没有考虑过一旦同法国人开战，后果将会如何。

当天，柏林还发生了另外一场内部危机。毛奇在动员令签署仪式结束之后便离开了皇宫。就在此时，一封由德国大使利赫诺夫斯基从伦敦发来的电报被送到了德皇手中。电报声称带来了格雷的承诺，英国将保持中立，并且保证如果德国放弃进攻法国的话，那么法国也将保持中立。威廉二世闻之大悦，立即将毛奇召了回来，告诉毛奇现在只需安心对付东线即可。二人接下来的对话可谓经典：这位总参谋长被消息吓了一跳，赶紧辩称动员令既然已经下达，计划就不可更改。朝令夕改将让军队在战场上变成一群乌合之众。毛奇显得极其愤怒，抱怨威廉二世本应在外交努力失败的时候采取干预，可当务之急是如何打仗，这是自己的分内之事。

随着事态发展，真相很快明了，原来利赫诺夫斯基的急电只不过表明

---

① 德皇威廉二世出生时因为胎位不正，导致臂丛神经受伤，发育不全，左边的胳膊要比右边的短大概6英寸，也就是15厘米左右。作者这里不仅暗指德皇身体残疾，也预示着他在思维和情感上的异常，这一点也为不少历史学家所赞同。——译者注

这位大使愚蠢地误解了英国人的立场。法国人已经在动员，德国必须两线作战。然而，与德皇威廉二世的这次谈话却对毛奇产生了毁灭性打击。毛奇回到总参大楼时简直可以说是怒火中烧，气得满脸通红，对手下的副官怒道："我要打仗对付的是法国人和俄国人，不是这样一个皇帝。"毛奇的妻子后来承认自己感觉丈夫当晚可能有一点轻微中风。毛奇的健康状况本就不佳，经常神经兮兮，情绪不稳。现在，两军开战在即，毛奇费了多少苦心才走到这一步，偏偏在这紧要关头显出身心俱疲、精神憔悴的征兆，这些重荷将在六个星期之内把他彻底击垮。

德国人在发布动员令的同时对俄宣战，奥地利紧随其后，六天之后对俄宣战。海因里希·希姆莱当时还是一名14岁的巴伐利亚中学生，他在8月1日的日记里写道："我在花园里玩了一上午，下午也是。7点半的时候，德国宣布要跟俄国打仗了。"法国接到照会，声称法国只有将德法边境的要塞作为"诚意的表现"交给德国，德国才会认可法国保持中立。贝特曼见军方不把自己当一回事，变得怒不可遏。原因就在于总参谋部的军官汉斯·冯·海夫顿少校。正是此人替德皇执笔起草了《致德国人民书》。这位帝国宰相和这位少将从来就互相看不顺眼，积怨已久。此事一出，二人之间的矛盾更是公开爆发。8月1日下午，德皇穿上近卫军的全副军装，身披半身铠甲，乘车自波茨坦经过柏林市内的菩提树大街，沿途受到群众热烈欢呼。威廉二世感到无比扬眉吐气，说道："看到这样的场面，真叫人充满信心……人民团结一致，同仇敌忾。"新闻记者特尔多奥·沃尔夫也在场围观，谈到人们一看到德皇出现便变得群情激动起来，写道："当天阳光和煦。在热烈的气氛当中，已经可以感受到带着汗味的狂热，还有刺鼻的血腥。"某右派报纸撰文声称，凡威廉二世所经之处，"身后的人群简直疯狂崇拜，堪称最为高潮的一刻"。就连互不相识的陌生人也在相互握手欢呼。

俄国人发布动员令替毛奇解决了一个关键的政治难题。倘若德国率先发难，那么国内的社会民主党人恐怕还会继续反战。现在可好，虽然德国政府早就在暗中密谋进军，可柏林现在能够振振有词地宣称是俄国人先动的手，德国只是做出回应而已——只是为了保卫德意志帝国不受斯拉夫人的侵略。海军上将穆勒在8月1日写道："气氛简直再好不过。政府干得实在漂亮，让人还以为遭到侵略的是我们。"毛奇病倒之后写信给一位相识的陆军元帅，写道："这场战争是我一手策划，也是我一手发动的，这个时候遭此厄运，不能有所作为，真是让人痛苦。"德国头面人物当中并非只有毛奇一人在恬不知耻地忙着邀功，把这场恐怖劫难的功劳记在自己头上。外交大臣哥特列布·雅各后来向一位女性密友透露道，自己满脑子都在想着德国"想要打仗"这件事情，简直到了魂不守舍的地步。1916年，船运大亨艾伯特·巴林拒绝与雅各会面，因为"自己不想和这样的人有任何更多牵连，这个人要为挑起这场可怕的灾难负责，要为成千上万人的死亡负责！"

威廉·冯·斯图姆是雅各的密友，1915年曾向特奥多尔·沃尔夫说道："我们都接受了事实，认为同俄国会有一仗……认为如果现在不动手开战，拖到两年之后再打，情况会对我们更加不利……没有任何人有先见之明，在军事上不是所有事情都会按你想象的那样发展。"冯·比洛亲王之前是德意志帝国的首相，曾经指责贝特曼·霍尔维格7月5日给奥地利开出的"空头支票"。比洛亲王的言下之意并不在于要承认德国挑起战争，而是指责那位帝国宰相本应坚持立场，把维也纳给贝尔格莱德最后通牒里开出的条件先好好商量一番，同时也对柏林拒绝听从英国建议，召开外交谈判表示了谴责。

在动员令发布前后的两天里，德国民众的情绪变得远不如之前那般高昂。7月31日，《法兰克福报》的一名记者写道："一切事情都变得沉重起来，平静得让人害怕……女人和孩子们静静坐着，屋内鸦雀无声，每个人都在面色凝重地想着即将到来的明天会是什么样子……人人都在担心那些可怕的事情有可能明天就会发生。"社会民主党人威廉·希伯莱茵说道：在汉堡，人们对于下达动员令感到难过和担忧。"大多数人都很难过，感觉好像明天就要被砍掉脑袋一样"。据《汉堡回声报》报道，8月1日夜里，"这个星期的头几天还有几个没脑子的蠢货在吵吵闹闹、大肆庆祝，可现在这股热闹劲已经消失不见了踪影……几乎听不到任何一个人在街上嘻嘻哈哈，大声喧哗"。

格特鲁德·斯卡德拉当天到费尔登市中心来来回回跑了好几趟，想打听一些最新消息，直到晚上6点才看见张贴的动员令。斯卡德拉描述了周围邻居们复杂的心情："我们感到有些开心，因为政府的行为是高尚而坚决的，也有一些担心，想哭出来，担心以后的日子该怎么过。"斯卡德拉接着写道："现在，所有担心都成为现实，一切看上去是那样真实，却又那样不大可能……东边、西边，还有北边，到处都有敌人在无情地欺负我们。现在他们会看到我们奋起反抗！……我们并不想打仗——如果真的想打的话，那么在过去43年的和平日子里头，我们早就可以打上10回了。"8月2日是星期天，柏林警察发布警告，庆祝活动不得过头，比如说民众见到德皇专车出现时不得一拥而上。人们头一回见到公共建筑外面出现了士兵，身穿灰绿色作战军服，在把守警卫。从这场战争的一开始，德国就成了第一个带头的国家，让这场争斗打上的不仅是欧洲内乱，也是世界大战的标记。

德国人正在紧锣密鼓地加紧动员，弗朗西斯·伯迪爵士则在巴黎拜访了法国总理，发现总理"正处于极其紧张的状态之下……显然，德国人打算趁着俄国人尚未做好准备，赶紧下手"。法国在军事准备上已经被德国落下了两天。霞飞告诫政府，每多耽误24小时，就意味着毛奇的进攻一旦开始，法国就有可能多失去12英里的领土。虽然，仍然有一些社会党人在坚决反对战争，可这些人的和平姿态已经被抛在一边，无人理睬。许多政府官员下了禁令，禁止公众举行抗议活动。伊泽尔省省长便是其中之一，他在7月31日下令禁止社会党人在维埃纳地区举行反战示威游行。当地工会原计划8月2日在格勒诺布尔举行类似集会游行，不过知道这样的活动明摆着得不到群众支持，而且怎么说都会遭到禁止，索性取消计划，不了了之。

让·饶勒斯是法国著名的社会主义运动领导人。饶勒斯7月31日坐出租车前往巴黎一家餐馆用餐，途中向同车的伙伴抱怨说，司机开车开得这么快，简直会害死他们。"不会，"同车的另外一个人挖苦道，"这个司机和巴黎的其他司机一样，都是社会主义的好同志，都是我们工会的人"。不过，当天晚上让饶勒斯毙命的并非司机的超速驾驶，而是一个精神错乱的疯子。这个疯子趁饶勒斯用餐的时候，在他背后开了枪。刺杀事件很快在欧洲掀起了一场震惊与恐慌的狂潮，人们情绪之激动，要远远超出弗朗茨·斐迪南遇刺事件。饶勒斯在多个国家被视为政坛巨人。法国《时代报》无不惋惜地评价道，饶勒斯倒下了，"就在他的演说词即将成为保卫家国利器的那一刻……"

拉蒙·雷库里在谈起31日那个周五晚上时说道："我当时正和一位朋友出来，差不多将近凌晨一点钟的时候，刚刚走到德鲁奥街拐角的地方，就听见远处传来一阵清脆的马蹄声，过来一队骑兵。那家咖啡馆才刚刚关门，周围却聚集了很多人。马蹄踏在石子路上，显得声响更大了。只听见一个声音喊道：'甲骑兵来了！'人群像被电流穿过一样，一下子乱了起来。每一层楼上的窗户都被打开。有人站在长椅上，有人站到了咖啡馆的桌子上。一个大个子出租车司机也不顾是否会把出租车车顶压垮，爬到了上头。骑兵队出现在了眼前，走在最前面的是一群孩子和年轻人。骑兵们一个个身穿作战装备，戴着头盔，披着长长的披风，显得身形庞大，把整条路都给占满了。每一个人的嘴里都在喊着同一句话，气势骇人：'法兰西万岁！''军队万岁！'站在车顶的出租车司机看上去像疯了似的，比其他人喊得都要大声，把帽子抛向天空，疯狂地轮着双臂。"

当晚晚些时候，就在意大利人大街中央邮局的门口，一个《时代报》的报童看见有人在张贴动员令。8月1日将近凌晨4点的时候，这个小男孩飞一般地跑进了《时代报》的经理办公室，大声叫着："贴出来了！"报社员工纷纷跑出室外，想亲眼看个究竟。只见一大群人聚集在邮局窗前，盯着一张小小的蓝纸看——俄国的动员令是紫色的。"动员并不代表非得打仗！"总理维维亚尼在签署动员令的时候一再强调。不过，正如拉蒙·雷库里所言，"没有任何人会相信总理。就算动员令不代表非要打仗，那也不会好到哪里去"。法军接到指令，靠近德国或者比利时边境六英里范围之内不得进入，确保侵犯领土的口实稳稳落在柏林头上。

随着法军开始集结，弗朗西斯·伯迪爵士写道："民众表现得异常平静。今天这里有人喊'英国万岁！'，明天那里就会有人嚷嚷'不讲信义的阿尔

比恩！'①我本来要去埃德蒙德·德·罗斯柴尔德在塞纳河畔的布洛涅别墅吃饭，后来改成在巴黎碰面，这是因为罗斯柴尔德的所有马匹和汽车都被征用。他那台电动布鲁厄姆汽车现在连出城都困难——没有特别许可令，任何汽车一律不得出城。我们的四个男仆已经第一时间离开，找自己的部队去了。管家是十天前走的。还有另外三个仆人都已经参军入伍。我只好提出请求，希望能够把我的法国司机留下来。"像麦琪食品公司这样德国人开办的企业遭到了示威游行者的暴力冲击，这样做当然包含着某种特别的恶意，因为法国乳制品的小型生产商们将这些巨头视为生意上的威胁。德国人和奥地利人开的商店被洗劫一空，警察就站在一旁，袖手旁观。维维亚尼在对众议院的发言中说道："德国人没有什么可以指责我们的。现在真正遭到侵犯的是我们的独立、尊严和安全，这一切我们协约国为了欧洲的利益都将努力捍卫。"维维亚尼的话赢得了雷鸣般的掌声。

美国小说家伊迪丝·华顿当时住在法国，7月份还去了西班牙和巴利阿里群岛旅行。华顿8月1日返回巴黎，原本计划继续前往英国，好在这个夏天南北都走一走，却发现不得不放弃计划。"一切都看着那么奇怪，让人产生某种不祥之兆，显得虚幻不实，就像风暴来临之前的黄色闪电。好些时候，我感觉自己仿佛已经死了，醒来发现身在一个陌生的世界。结果真的生活在一个陌生的世界"。

第四节　英国的决定

此时此刻，全欧洲都在屏息凝神，等待阿斯奎斯政府下一步将作何行

---

① "不讲信义的阿尔比恩"（"Perfidious Albion"），"阿尔比恩"语出原始凯尔特语，是大不列颠群岛最早的称呼，今天多用于诗歌等文学作品，用以指代英格兰或者不列颠。"不讲信义的阿尔比恩"是一个国际关系和外交用语，原指英国君主或者政府为了追求自身的现实政治利益，对盟友采取两面三刀、背信弃义等不守信用的举动。时至今日，这个短语的含义已经与最初的本意脱节，常见于一些幽默讽刺的文学作品中，多为法国、西班牙和葡萄牙这些历史上与英国过节较多的国家所用。——译者注

动。在维也纳，亚历山大·弗洛伊德写信给哥哥西格蒙德·弗洛伊德，用难以置信的口吻提起英国竟然加入俄国的阵营与其并肩作战，认为："一个文明开化的民族是不会和野蛮人站在一起的。"不少德国人同样难以理解英国人为什么要参加这样一场战斗，同自己作对，因为这场战斗在他们看来和英国毫无关系。理查德·斯图姆夫是德国帝国海军公海舰队的一名水兵。在他看来，英国皇家海军的一个编队几个星期之前还在基尔赛艇会上受到德国人民的热情欢迎，这个国家现在竟然想着要与德国为敌，简直令人恶心："只要一想到（英国人做出这样的举动）其实是因为嫉妒的驱使，就让人觉得痛苦，商业上的妒忌心是可耻的，是让人痛恨的！"德国人一心指望英国保持中立，为此一拖再拖，迟至8月3日才对法宣战。德皇还在一厢情愿地以为事情会有转机，自己的弟弟与英王乔治五世早些时候的那次谈话让他印象尤其深刻，简直有些走火入魔。海因里希亲王当时结束对伦敦的访问归国，为他带来了英王保证，说英国绝不插手欧洲大陆的任何争端。威廉二世以为英国会审时度势，不管发生什么事情都会说到做到，还自作聪明地说道："无畏舰可是没有轮子的啊。"

一位来法国访问的游客写了这么一段话："此时此刻若非身在巴黎，你是无法意识到法国人民这些日子该有多么着急，他们在焦急地等待英国人开口。"阿斯奎斯政府的态度仍然叫人难以辨明。《泰晤士报》在29日的社论中公开表扬了自己国家的大公无私，写道："维持欧洲大陆势力均衡，是我们英国不变的利益与传统政策之所在。""无论发生什么情况，我们都将一如既往地坚守"与法国的同盟协议。然而，法国人对于英国人信誓旦旦地表达友好愿望，除了感到愤怒，还是愤怒。法国人唯一想知道的只有英国军队是否会和自己并肩作战，而此时此刻的答案却是不会。

格雷、丘吉尔、哈尔登，还有阿斯奎斯都希望英国能够同其他签订协约的盟友堂堂正正站在一起。外交大臣早在7月29日就在私底下扬言，倘若政府无法做到这一点，自己便甩手不干。第一海务大臣于是又是请客吃饭，又是连哄带骗，要好友财政大臣当一回说客，说服劳合·乔治不要那么顽固不化，拒绝承诺让英国参与欧洲大陆的争端。丘吉尔言下之意——这样的话简

直荒唐——参战并不需要付出多大代价："只要我们同心协力，就能够推行宽松自由的社会政策……海军打仗的成本就会降下来。"不过，看到俄国开始动员，大部分英国人表示坚决反对，不让自己的国家步俄国人的后尘。《每日新闻报》在9月29日断言："我们为了争取和平所能做的最有效工作就是明确表示，我们绝不会为了俄国人统治斯拉夫世界的霸权去牺牲哪怕一个英国人的性命！"工党正在商量对策，一旦阿斯奎斯打算参战，就要工会立即发起全面大罢工。《每日邮报》7月30日的头版头条赫然写着"全欧洲武装起来"，感觉像是在描述一件遥远的事情。两天之后，标题又换成了《欧洲正在走向灾难》。在7月31日的一场晚宴上，俄国驻英大使班肯多夫伯爵对英国作家莫里斯·巴林说道，自己和法国特使都认为英国不会参战，对此感到十分难过。

偏左的《每日纪事报》7月31日对于民众并未表现出好战倾向表示欢迎，写道："完全没有出现反德情绪，着实令人高兴，比起前不久经历过的那些来，简直值得大加称赞。过去这几年的确起了不小作用，让英国人民开了眼界，重新看到我们与那些伟大民族在利益上同属一体。放眼欧洲，这些国家在不少方面与我们的文明程度最为相似。只要一想起我们之间发生战争，生灵涂炭，这样的想法放在现在或许要比一代人之前更加让人觉得恶心。"就在当天，《曼彻斯特卫报》成为第一家英国报纸，头一个建议如果法国遭到进攻，英国也许就该参战。不过，这家报纸对于德国进攻比利时的可能性予以了否定，认为这将破坏欧洲1839年签署的协定①。该协定保障了比利时的中立地位，柏林政府和伦敦政府当时都在协定上签了字。

7月31日，星期五，正好赶上个大晴天，多切斯特郡治小城多赛特的营房之内，一名皇家威尔士火枪兵团的士兵早上6点刚到就被吵醒，只听见团

① 此处所指协定为1839年4月19日签署的《伦敦条约》（*Treaty of London*），条约由欧洲协调、荷兰联合王国以及比利时王国共同签署。按照条约规定，欧洲列强承认并且保证比利时的独立与中立地位，同时承认卢森堡国内德语地区的完全独立。《伦敦条约》的第十二条强调了比利时必须永久保持中立，同时暗示条约各签署国在比利时受到侵略时有责任保护比利时的中立地位不受侵犯。——译者注

乐队正在屋外演奏《我就喜欢在海边》，这可是那些小调里面最欢快热闹的一首。诚然，不少英国人现在已经有所意识，承认战争距离英国的海岸近在咫尺。诺曼·麦克劳德是海军部的一名私人秘书，写道："（我）感到非常焦虑，因为我完全反对打仗，担心引发财政和经济危机。人们正在大肆抢购囤积食品。银行利率已经涨到了10%……我想这些困难会让人不那么急着开战。"一个来自伦敦的代表团拜访了财政大臣，声称"拯救这个世界的唯一办法就在于让我们的国家远离战争，这样我们也许还能继续成为这个世上的伟大市场，经济霸主"。8月1日，《每日新闻报》登载了一篇文章，作者是该报主编阿尔弗雷德·乔治·加德纳，标题是《为什么我们不准参战》。作者在文中问道："这个世界如此宽广，我们和德国到底有何利益冲突？什么也没有！可是，我们和俄国有，我们和俄国的潜在冲突就在于整个东南欧和南亚。"保罗·康邦在星期六阁议结束之后告诉格雷——康邦这番话是通过翻译，用法语说的。他在官方交流场合只用自己的母语——说自己直截了当地拒绝向巴黎传达英国的决心，"或者，说得直接一点，根本就没有什么决心可言"。

不少英国人认为倘若真要追究这场即将到来的噩梦因何而起，那么罪魁祸首就是贝尔格莱德和圣彼得堡。《经济学人》警告道："塞尔维亚头一个发起挑衅，接下来轮到俄国。如果真要发生一场大战，那么俄国人实施动员就是最大的祸根。我们都在担心，生怕《泰晤士报》上那些煽阴风、点鬼火的文章会刺激沙皇，让沙皇以为英国会替他鼓气撑腰。"维也纳的约瑟夫·雷德里奇在写给《经济学人》的信中质问道："无论何党何派，奥地利全国各地的人们都在激烈争论着同一个问题——像塞尔维亚这样的邻居，奥地利到底还要忍耐多久？"九位鼎鼎有名的剑桥学者向《泰晤士报》致函写道："我们都将德国视为在艺术与科学上引领世界的国家，我们过去、现在都在向德国的学者们请教学习。倘若为了塞尔维亚和俄国的利益对德宣战，不啻于对人类文明的犯罪。如果是出于光荣的责任，我们乐意参战，爱国主义将让我们停止寻找借口，可是，在这紧要关头，我们认为我们有理由提出抗议，拒绝因为别人而卷入争斗，与一个同我们有着如此紧密关系的国家自相残杀。"

8月1日当晚,格雷与私人秘书在圣詹姆斯大街的布鲁克斯夜总会共进晚餐。二人饭后还一起打了一会儿台球。与此同时,那位首相却早已带着满肚子怨气和不满躺在了床上——由于危机压力过大,首相不得不取消了与维尼西娅·斯坦利去乡下共度周末的计划——即便不能共结连理,那位26岁的姑娘也是首相念念不忘的痴情爱人。"我要跟你实话实说,我还从来没有这么失望过,"阿斯奎斯在给斯坦利的信中写道,"我有些睡不安稳,"阿斯奎斯继续写道,"不过,说真的,虽然睡一阵子,醒一阵子,但也不是睡得不好。感谢上帝,你的影子总在我眼前浮现,为我带来安宁和平静。"不管首相在信中给斯坦利写了多少绵绵情话,倾诉了多少痴心衷肠,对于提升自己的声誉都毫无帮助,倒是给了人们一个难得的机会,好好看一看他脑子里究竟装了些什么。

名气最大的三家左翼报纸《每日纪事报》《每日新闻报》《曼彻斯特卫报》仍然在不依不饶地反对英国干预。不过,政府的态度恰恰相反,正在变得愈加强硬起来。8月2日,星期日,阿斯奎斯与利赫诺夫斯基共进早餐,席间对这位情绪容易激动的德国大使提出警告,如果德军真的进攻中立国比利时,后果将十分严重。人们聚集在唐宁街和白厅外面,不少人脸上第一次露出焦急的神色。保守党党魁博纳·劳致函首相,承诺一旦英国宣战,自己领导的保守党将予以支持。写这样的信,无异于有意加速战争的到来。

内阁随即开会商议,并从格雷那里得知法国舰队已经开始动员。格雷向各位阁僚宣布,法国指望英国能够守住英吉利海峡和北海,这样法国就能够按照1912年英法海军谈判时达成的秘密条款,集中力量应对地中海的局面。好几位大臣听到这个消息,不禁大吃一惊,甚至有些茫然不知所措,这是他们头一回听说英国跟法国达成过如此重大的条款。虽然,阁僚之间对此有着不同程度的异议,但内阁还是最终达成一致,同意按条款办事,部署军舰保卫法国北部沿海。德国人闻讯立即提出只要英国保持中立,德国就绝不侵犯英吉利海峡。可是,当保罗·康邦得知英国海军许下的承诺时立刻变得精神抖擞起来,说道:"这个决定我已经等了很久……一个伟大的国家不能在开战的问题上磨磨蹭蹭。从英国下定决心在海上开战的那一刻起,就注定要在陆上开始战斗。"

不过，英国内阁仍然拒绝接受这一建议。8月2日晚，约翰·弗伦奇爵士——弗伦奇3月份因为"克勒克兵变"辞职，之前一直担任大英帝国陆军总参谋长——打来一通奇怪的电话，声称自己不是从各位大臣，而是从《世界新闻报》的老板乔治·里德尔爵士那里得知政府军事意图的。这位小个子陆军元帅向里德尔问道：如果战争来了，是不是会派遣远征军去法国，又由谁负责指挥？里德尔把这个问题转达给了政府。劳合·乔治回话说法国人定好明天上午10点在唐宁街同自己会面。劳合·乔治回话的时候，还没有人跟他说过要考虑派遣英国军队赴欧洲大陆参战的问题。

此时此刻，比利时已经成为英国人关注的焦点所在。8月2日下午3点，比利时驻科隆副领事抵达布鲁塞尔的外交部，汇报说自当天上午6点开始，看见每隔3到4分钟便有火车从这座位于莱茵河畔城市的车站驶出，车上装得满满的全是士兵。这些部队并非开往法国，而是前往亚琛和比利时边境。消息随后传来，德军已经进入卢森堡境内，据信很快就将对比利时发起进攻。比利时外交大臣让·达维尼翁对一同共事的盖菲耶男爵动情地说道："让我们去做个弥撒，为我们可怜的国家祈祷吧。我们的国家从未如此需要上天的庇佑。"

比利时国王阿尔贝一世曾在1913年11月访问过柏林，当时就听出德皇与毛奇话中有话："像比利时这样的小国，如果希望保持独立，就应该审时度势，和强国站在一起。"8月2日，这位国王终于见识到了这番威胁的真实意图——德国直接要求比利时借道，为德军放行。法国人并不清楚布鲁塞尔政府会做何反应，因为法国人总觉得比利时大部分地区是亲德的。阿尔贝一世身为武装部队总司令及比利时国王，亲自拍板，拒绝了柏林方面的无礼要求，国王的决定也得到了民众的全面支持。

"起草（对柏林最后通牒的）回复并非难事，"盖菲耶男爵说道，"我们只需要把感受用简单的话语白纸黑字写下来，这份情感触动着我们每一个人。我们相信已经正确表达出了全国人民的心声。"不过，就在当天，也就是星期天晚上，比利时政府虽然已经做好了最坏打算，布鲁塞尔的人们似乎

仍然处在一种什么也不知晓的情绪当中，那些卑微的民众更是如此。在这个阳光明媚的夏日，随着夜幕降临，人们悠闲地从布鲁塞尔的乡间散步回来，成群结队走回城里，不少人唱着歌，手里还拿着鲜花。

英国同样是1839年签订条约，保证比利时中立地位的签约国。条约是在比利时刚刚脱离荷兰，独立不久后签订的。8月2日晚些时候，德国人正告英国政府，不管英国同不同意，德军都打算通过阿尔贝一世国王的国土前进。次日早晨7时许，比利时拒绝接受德国最后通牒的信函送达柏林。消息传来，布鲁塞尔满城都飘扬起了黑、黄、红三色国旗。大多数德国人用半是轻蔑、半是可怜的眼神看着比利时人的抗争表演。"哎，这帮可怜的傻瓜，"德国公使馆参赞一面怔怔地看着满街飞舞的比利时国旗，一面絮絮叨叨地念道，"哎，这帮可怜的傻瓜。明明看到压路机开过来，为什么就不知道让个道呢？我们又不想伤害他们，可他们非得挡在路上，难道不怕被压得稀巴烂么？哎，这帮可怜的傻瓜！"

有一段时间出现过这样一种观点，认为如果阿尔贝国王懂得低头认命，让德军自由通过，那么国王子民的日子可能会要好过得多。可是，比利时国王凭什么要这样做，或者说，又有哪一位主权国家的统治者这样做过？纵观近代历史，保护小国免遭侵略往往被视为民主大国道德责任之所在。回到1914年，这股不可抗力对局势的影响要远比国际法更加强大。无论大多数英国民众，还是英国政府，在他们眼中，德国入侵比利时不仅是对道义的侵犯，也是对欧洲秩序的践踏。颇具讽刺意味的是，德国人一旦打定主意，侵犯比利时的中立地位——就像他们过去十年以来一直偷偷摸摸干的那样——就最好下定决心干到底，不用发什么最后通牒就直接进攻。德国人从开口威胁，到发起进攻，给了阿尔贝国王时间来团结本国人民，赢得外国舆论的支持，做好抵抗的准备。比利时人展开大规模铁路隧道破坏计划，效果明显，足以在接下来的几个月里有效限制敌军火车在自己国家的行动。

那些为德国入侵行径大加辩护的人到了现在会说——就像柏林政府当时宣称的那样——即便德皇的军队没有兴兵犯境，侵犯中立国比利时，协约国也会轻易破坏比利时的中立地位。这样的论断要想言之成理，依据只有一个，那便是英国人曾经讨论过必要时封锁安特卫普，防止安特卫普落入德国人手中，以作通道之用。只是，这个应急方案随着局势发展就此作罢，最后不了了之。英国人反复告诫法国人切莫染指比利时领土，霞飞对此表示默认。有了俄国的先发举动，到目前为止，只要避免成为那个主动发起进攻的侵略者，在这场控制局面的博弈之中就是明白无误的赢家。然而，毛奇没能保持这份定力，他的军队跨过了比利时国境。俾斯麦早就警告过同胞不要轻举妄动，因为他预计到此举对于国际舆论有何影响。阿斯奎斯政府中有一些人早就认定英国在欧洲必有一战。对于这些人来说，德国侵犯比利时无异于天赐良机。倘若没有比利时，英国纵使真的参战，国内也会分成两派，难以齐心。毛奇做出了一个致命的误判——他太过相信英国会打这一仗，压根就未想过破坏比利时中立一事会左右英国参战，结果大错特错。当英国人看到阿尔贝国王准备领导人民光荣赴死、英勇殉国，成千上万此前还在一直反对战争的人们就此被团结在了为正义而战的事业中。

英国如此忙着拯救"英勇的小国比利时"，着实是一件相当讽刺的事情。布尔战争期间，阿尔贝的国家可是热情洋溢地高举着反英大旗。比利时人在殖民刚果的过程中犯下的非人罪行罄竹难书，唯一与之堪比的恐怕只有德国在西南非洲的累累恶行了。英法两国士兵都对比利时军队报以蔑视，将比利时军官视为一帮只知装腔作势的纨绔子弟。不仅如此，就在一个月前，比利时的天主教报纸还在强烈支持奥匈帝国，认为奥匈帝国有权对塞尔维亚采取军事行动。其中有一份报纸，列日的《快报》就对俄法同盟大加抨击，斥其为"所有心中对于自由、民主和人类文明怀有美好憧憬的人们的噩梦……这样的同盟简直违反人性"。

可是，这并不重要。在伦敦，仍然有一些大臣坚持认为，倘若只是让德军假道通过，仅凭这一点尚构不成理由开战。可是，大多数英国人民已经在这场巴尔干半岛和欧洲的乱局之中认清了自身义不容辞的道义所在。8月2日是星期天，格雷正在与哈尔登共进晚餐，一封电报被送到手中。电报上警告德国进攻比利时迫在眉睫。二人迅速乘车去了唐宁街，把正在会客的阿斯奎斯给叫了回来。格雷与哈尔登告诉了阿斯奎斯消息，要求授权动员军队。哈

尔登考虑到阿斯奎斯如果继续兼任陆军大臣恐怕忙不过来,于是自告奋勇,愿意临时承担陆军大臣一职。首相对两点建议都表示了肯定。

8月3日,星期一,这一天是英国的银行休假日。《泰晤士报》当天一早宣布:"欧洲即将面临自罗马帝国灭亡以来最惨烈的一场大战……罪魁祸首就是德国。德国倘若真有诚意,在维也纳开口的时候就会出声阻止灾难发生。可是德国并没有选择这样做。"当天阳光灿烂,白厅外面挤得水泄不通,密密麻麻地围满了等待消息的人们。上午11点,内阁得知了阿尔贝一世的决定,比利时将会奋起反抗。即便如此,部分大臣仍在发愁。约翰·西蒙爵士与博尚伯爵先后发表声明,声称宁可辞职,也不让英国卷入战争。不过,劳合·乔治才是关键人物。他最终打消疑虑,接受了英国参战的事实。一位自由党人失望地抱怨道,首相"缺乏勇气坚持信念"。事情的真实原因很可能在于劳合·乔治更多考虑的是政治后果,比起为了协约国这点事情闹出乱子来,更加担心政府和自由党的内部分裂,因为这样会让保守党在党争之中坐收渔翁之利。阿斯奎斯给多佛通电,要求基奇纳伯爵暂时推掉访问埃及的行程。基奇纳是英国声名显赫的军人。首相要求这位陆军元帅返回伦敦,以便必要时借他一臂之力。

海军部王室代表乔治·兰伯特并不知晓事态的最新发展,他在当天上午对财政司司长说道:"我希望内阁能够不再犹豫,做出明确决定。"借用一位目击者的话来说,财政司司长"看上去脸色苍白,忧心忡忡,和星期六完全换了个样子",答道:"我想他们已经决定好了。"不过,英国民众态度分歧依旧明显。诺曼·麦克劳德是个公务员,他在8月3日写道:人们即使知道了比利时方面传来的消息,"也对事态变化感到非常难过,害怕达成什么秘密外交协定,欺骗人民,迫使人民卷入到战争里去。要不是考虑到要赚钱,我早就辞职不干了"。《世界新闻报》的老板乔治·里德尔爵士告诉劳合·乔治:"自己只要一想起政府打算参战,就气不打一处来。"盖伊·弗里特伍德-威尔逊在《泰晤士报》读者来信专栏发表文章抗议道:"我以一个'平常百姓'的身份写这封信。毫无疑问,我是特别蠢的那一个,因为我实在看不出为什么在我这辈子,我的祖国要被拖进这样一场战争里去。"塞尔维亚这种国家，盖伊强调道："连牺牲哪怕一个英国掷弹兵的生命都不值得。"

不过，英国境内的所有军事组织都接到了动员令。皇家海军陆战队的莫里斯·菲斯廷上尉接到电话的时候正在小城迪尔郊外的海军陆战队基地打板球比赛。菲斯廷可是憋了一肚子的火——他打了66次不出局，刚刚还完成夙愿，把球从窗户直接打进了军士长们用餐的食堂。皇家威尔士火枪兵团的上校正在参加晚宴，侍应说传令兵带着电报在外等候。在场宾客几乎都对电报内容心里有数，不过宴会照常进行。送信的士兵一直等到宴会结束，女士们全部退场，才得到许可，把给团里的动员电报送了进来。

英国是几个大国当中唯一一个就参战一事展开议会辩论的。8月3日下午3点，格雷现身下院。此时的格雷一眼便能看出早已筋疲力尽、面容憔悴。格雷代表政府，就危机首度发表正式声明。格雷天生不善言辞，原本有机会好好准备一下演讲稿，结果时间却被利赫诺夫斯基亲王占去。亲王专程去了格雷的办公室拜访，尽最后努力希望英国不要将德军借道比利时的小小一隅视为开战理由。这也成了二人的最后一次会面。

下院当天座无虚席，就连留给外交官和公众的旁听席也被挤得水泄不通。阿斯奎斯面无表情，听着格雷发言。格雷希望下院从"英国的利益、英国的荣誉还有英国的责任"三个方面好好考虑一下到底应该如何处理这场危机。这位外交大臣告诉议员们英国已经与法国达成秘密海军协定，还有政府为何决心不能坐视不管，任凭德国的炮舰跑到英国的门口，在法国北部沿海肆意妄为。听到这里，保守党议员们纷纷高声欢呼起来，自由党党员们则坐在座位上，一语不发，一看就知道不少人并不买账。格雷谈到了英国的利益和贸易通道的问题，不过并没有给人留下什么深刻印象。他接着突然提高声调，用一种此前从未见过的义愤之情，谈起了比利时的中立地位不容侵犯，厉声说道："难道我们可以忍心袖手旁观，眼看着历史上最严重的罪行在眼前发生？如果真是这样的话，那我们岂不是也成了罪孽深重的共犯？"

格雷接着话锋一转，回到欧洲势力均衡的问题上来，这是英国政府几个世纪以来的基本路线，再令人熟悉不过。格雷说道，英国必须表明态度，"反对任何国家一切毫无节制的扩张行径"。在经过长达75分钟的演讲之后，格

雷以一种颇具戏剧性的方式作了总结陈词,呼吁道:"有那么一刻,我根本就不相信即便我们置身事外,待到战争结束就能够改变已经发生的一切……就能够避免让对面的西欧大陆落入敌手,为一国独占统治……我只是认为我们应该在世人面前放下我们的骄傲自负,放下我们的名声美誉,无论后果多么严重,多么可怕,我们都不应该选择逃避。"

格雷的最后一段发言成为过去一个世纪以来,有关英国到底应不应该参加第一次世界大战的争论的焦点。下院当天下午用满场掌声与欢呼来欢迎格雷的这段讲话。格雷在其长达29年的首相生涯中以沉默寡言、惜字如金为人熟知,正因为如此,他这一刻的雄辩才起到了如此美妙的效果。西蒙与博尚在听完格雷的演说之后双双收回辞呈。虽然,议会从未要求在最后关头进行投票表决,但即便是一向主张和平的自由党党内气氛也发生了戏剧性反转,变得支持参战起来。

"现在应该怎么做?"丘吉尔与格雷并肩走出下院时问了一句。我们要给柏林政府送去最后通牒,这位外交大臣答道,要求德国24小时之内把军队撤出比利时。弗朗西斯·伯迪子爵写道:"格雷的演讲……非常精彩,比我预期的还要(让巴黎)满意。德国早就决心发动战争,不惜一切手段诱骗我们不要插手争端。"朱勒·康邦在战后说道:"当时英国政府执政的是自由党,这对我们来说真是莫大的幸运。要是换了其他反对党,英国很可能就会推迟干预。"康邦此言也许不错。没有任何人可以保证,倘若台上坐的是保守党,政府还会不会这样急着参战,自由党没准也只能调整步伐、亦步亦趋。自由党或许还是叛逆性太强,两位自由党下级内阁成员莫莱子爵和约翰·伯恩斯一起选择了辞职走人。

诚然,白天的一幕堪称波澜壮阔,可人们当晚依旧无法确定英国到底应该采取什么军事措施才切合实际。外交大臣格雷在下院发言声称,英国作为一个海军强国,参战的话,"当然会有所损失,但这点损失和袖手旁观比起来,也差不了多少",格雷的这番话让后人看到他在政治上幼稚到何种离谱的地步,从而严重损害了自己的声誉。正是由于英国政府对这样的幻想念念不忘,才没有一位大臣下令授权立即调派陆军,赴欧洲大陆作战。这样的搪塞推诿令军事将领们大为光火，军方深知时不待人，必须争分夺秒，赶快下令召集英国远征军，赶在德军铁蹄踏破比利时和法国之前起航赴欧。

库独里哀·德·夏西涅是《费加罗报》派驻伦敦的记者，他给《每日邮报》的新闻编辑汤姆·克拉克打了个电话，希望打听一些最新动态。"你们是不是打算帮法国一把？"夏西涅焦急地问道，"我知道全英国人民都会支持我们，可你们的政府还在'等着看'，简直一点用也没有。那帮人到底什么时候动手？时间很快就要来不及了。局面会变得不可收拾，如果……诺斯克里夫爵士和你们《每日邮报》就不能帮点忙吗？"有个上了年纪的法国人站在尼斯当地的报社外面，看着门口贴着的海报，厌恶地大声说道："英国太不关心我们了，真不要脸！"8月3日傍晚，德国驻巴黎大使拜访勒内·维维亚尼，高声宣读了开战宣言。这是一份因满是谎言而在道义上毫无力量的宣言。宣言宣称法国飞机轰炸了纽伦堡和卡尔斯鲁厄，由于飞机从比利时上空飞过，因此侵犯了比利时的中立地位。维维亚尼对指控全盘否认，二人随后再未多说一句，相互鞠躬，各自离开。霞飞将军在动身前往司令部之前和普因加莱正式道别。这位将军将在接下来的几个月里坐镇统帅部，发布军令，他将拥有比这个国家任何一位指挥官都要绝对的权力。

8月4日早上8点刚过，德军首批部队就从盖默里希越过比利时边境，这里距离列日仅有30英里。比利时宪兵撤退之前下令对德军开火。抵抗虽然徒劳，却并非没有意义。中午时分，国王阿尔贝一世正式向英国发出呼吁，要求英国作为比利时中立地位的保卫者出兵支援。国王随后穿上戎装，踩蹬扶鞍，骑上战马，走在队伍的最前面，身后跟着一小队马车，其中一辆车内坐着国王的妻子和孩子，一行人动身前往布鲁塞尔的议会大厦。国王下马走进议会大厅，向议员们大声说道："先生们，你们已经下定决心，绝不动摇，坚决捍卫父辈留给我们的神圣遗产了吗？"全体议员齐刷刷地站了起来，高声答道："是的！是的！是的！"此情此景，令人激动。

在柏林，德皇威廉将帝国议会的全体议员们召至行宫。德皇头戴头盔，身着全套军礼服，在贝特曼的陪同下接见了议员。贝特曼同样戎装在身，一身龙骑兵近卫队的装扮。德皇对比利时只字未提，只是宣称战争由塞尔维亚

挑起，并且得到了俄国支持："我们拔剑而战，我们的良心是干净的，我们的双手也是干净的。"德皇的一席话赢得了到场议员经久不息的掌声。相比之下，贝特曼后来在帝国议会的发言则是完全另外一码事。贝特曼的直言不讳日后被提尔皮茨斥为疯狂作死。贝特曼说道："不错，我们入侵比利时是违反了国际法。可是，只要能够达成我们的军事目的，我们犯下的这个错误——我现在公开地说——我们就能够让这个错误变成一件正确的事情。"社会民主党议员对此给予了热情的掌声，保守党议员也鼓起掌来。

阿斯奎斯和格雷8月4日一直匆匆奔走于下院和白厅之间，他们受到了民众的欢呼喝彩。首相在给维尼西娅·斯坦利的信中写道："温斯顿现在已经披挂齐整，准备上阵了。他盼着明天一早就开始海战……所有这些事情都让我感到无比难过与忧伤。"当天下午，下院宣读了英王乔治五世颁布的动员法令，阿斯奎斯随后在下院宣读了英国对德最后通牒，要求德国在当晚午夜，也就是伦敦时间晚上11点之前做出答复。最后通牒直到当晚7点，也就是格雷得知德军已经进入比利时境内之后才最终发出。贝特曼从英使手中接过最后通牒时愤愤说道："我全身的血液都在沸腾，竟然在比利时身上大做文章，简直虚伪之极，这根本就不是英国参战的原因！"这位帝国宰相向爱德华·戈申爵士喋喋不休地抱怨了一通，斥责英国要为开战以及之后的一切灾难负责，最后还说："一切就是为了一个词——'中立'——一切就是为了一张废纸。"贝特曼的这句话被载入史册。许多德国人承认自己将英国人插手干预视为背信弃义。

回到伦敦，天色将晚，内阁再次召开会议，宣布德国已经接受与英国开战的消息。阁僚们先是进行了一番讨论，接着便全都静静地坐在唐宁街的议事厅里，等待时钟敲响。大本钟响起了午夜11点的第一声钟声，政府知道木已成舟。二十分钟之后，开战电文被传给了英国陆军。电文写得相当简明扼要。在诺曼·麦克劳德看来，在此之前的20个小时里，"民众情感发生了非比寻常的变化。直到星期一还是情绪激烈的反战派'中立联盟'占上风。然而，德国人拒绝尊重比利时的中立地位，彻底毁掉了这一切"。麦克劳德注意到"还有另外一个显著变化。星期五和星期六的时候，伦敦城内还可以见到恐慌情绪，人们在抢购食品储备。（可是到了星期一），人们已经表现出对政府的完全信任——我此前从未见过这样的场景，至少在布尔战争期间哪怕连一回都没见过"。

8月4日晚，在位于查塔姆的皇家海军陆战队基地餐厅内，一名服务员将一份电报交到了海军陆战队司令手中。司令大声宣读起了电文："立刻开始对德作战。"赢得了聚集在餐厅内军官们的齐声喝彩。他们中的不少人将在此后的一年内战死沙场。至于印度、加拿大、澳大利亚、新西兰，还有南非这些大英帝国的自治领及殖民地，没有任何人在有关开战决定的问题上事先征求过他们的意见，只是由各自的总督签署了代表官方权威的声明，宣布与母国一道与德意志帝国就此进入战争状态。发出抗议声音的只有为数不多的几个老布尔人。其中一位名叫雅各布斯·迪芬特尔。迪芬特尔将手下的突击队员召集起来，然后发了一封电报给以前的老上司路易斯·博塔，后者此时已经当上了南非总理。迪芬特尔在电报中写道："我的人全都武装好了，也上了马，只等开打。不过，我们到底是跟谁打，是打英国人，还是德国人？"迪芬特尔最终接到命令，加入一支另外集结的部队进攻德属西南非洲。另外一些人举起枪开始反英叛乱，很快就被镇压了下去。

即便对于不少灵机善变、消息灵通的欧洲人来说，也没有意识到自己要干的这件事情后果到底有多严重。这一点从英国领导人的讲话中便可得到验证。英国领导人还在谢天谢地，感谢这场战争让自己的国家得以从爱尔兰脱身，不用流血摊牌。格雷在8月3日的下院演讲中说了一小段离题话，听来幼稚可笑："还有一件事情我想附带说一句：爱尔兰的局势现在这么糟糕，开战这件事也算是件好事。"威廉·波德伍德男爵是英印政府的军事秘书，写道："考虑到爱尔兰局势，这场战争机遇难得，正好避免了内战。等到仗打完了，我们也累了，不想再打了。"

拉姆齐·麦克唐纳由于支持者——一如他们在德国的工人同志们一样——投票支持发行战争债券，宣布辞去工党主席。麦克唐纳在下院发言声称英国应该保持中立时还赢得了一些喝彩。不过，他接着又说了这么一番话："在我们每个人的内心深处都相信保持中立才是对的，因为只有保持中立，

才与我们国家的传统，才与目前执政党的传统一致。"此言一出，立时激起一阵嘲笑。对于那些敏感的在场人士来说，如此笑场显然不合时宜。庞森比先生是斯特灵自治市的代表议员，评论道："我们正处在大战边缘，而他讨厌看到人们以一种轻松的心态去面对战争。"庞森比的话赢得了一些赞许的声音。另外一位议员韦奇伍德先生则声称，这次开战不会"像18世纪那些令人怀念的老战争……而是事关文明存续的大事，这个文明耗费了数百年历史才走到今天"。下面这段话虽然在当时鲜有掌声，却恐怕算得上最睿智的评论。这段话同样出自拉姆齐·麦克唐纳之口："没有哪场战争是从一开始就不受人欢迎的。"

危机进入最后几天，不少头面人物，也就是那帮各个国家最重要的大人物，那帮这个世界上最有权势的人都经历了畏缩的时刻。这帮人依稀看到自己正在走的这条路倘若继续走下去，下场会有多么可怕，于是一个个回过头来，渴望找到来时的路。这样的形容放在德皇、贝特曼和沙皇尼古拉二世身上再贴切不过，可是如果用来描述奥地利人、毛奇，或者萨佐诺夫，就没那么容易看出来了。法国人坚信支持俄国是自己的宿命，其信念之坚决，让人匪夷所思。之所以如此，仅仅是因为法国人确信——法国人这样想也没多少不对——既然自己身为协约三国中的一员，那么德国军队无论如何都会对自己下手。反观英国，除了丘吉尔这样几个为数不多的野心家之外，恐怕是最不愿意参战的一个。不过，英国人在德国侵犯比利时的事实中找到了参战理由。正是由于英国是一个大国，所以英国人才会觉得每当有大事需要解决的时候，自己必须从中扮演重要的角色。

在剩下的最后几天和平日子里，英国保密局军情五处处长弗隆·凯尔待在水门大厦的办公室里24小时足不出户，忙着组织缉拿已经查明的德国间谍。弗隆手下的这个组织虽然成立不久，只有17名员工，却已经和各郡警察厅长建立起了强有力的联系。从8月3日开始，直到16日，一共有22名间谍被逮捕归案。有些间谍用了沃尔特·李曼的方法成功逃脱——李曼是个外语教师，住在赫尔市，是在泽布吕赫坐渡轮逃走的。英国人相信虽然还有间谍未被发现，即便如此，这一小撮人也帮不了德国什么忙。

被捕的大多数间谍都是通过截取通信的方式得以确认的。内政部下达授权令，专门截取这些间谍与德国情报机构、德意志帝国海军情报处之间的通信往来。整个监视系统由温斯顿·丘吉尔一手扶持培养。德皇见手下的间谍头目们如此不堪重用，不禁火冒三丈。威廉二世有一次对英国间谍网总负责人古斯塔夫·施泰因豪尔大发雷霆，怒道："我身边是不是都是一群傻子？到底谁在负责？"德国陆军军情部门集中精力对付法国，英国则留给海军对付。施泰因豪尔战前多次出入英国，主要通过向移居英国的德国侨民主动写信来招募人手做间谍。施泰因豪尔手下最能干的"邮递员"当数卡尔·恩斯特。此人住在本顿维尔，是一名理发师，通过在给水兵理发的时候套近乎，搜集情报。德国在英国的战时情报网络自从1914年被端掉之后再也没有恢复过来。害得柏林直到8月21日才得知消息，英国远征军已被派往法国。

与此同时，萧伯纳也给自己作品的德语译者发去电报，上面写着："你我战时无法继续合作。无论如何都送上我最友好的祝福。"诺斯克里夫勋爵在给自己以前在维也纳的通信记者威克姆·斯蒂德的信中写道："好吧，该来的终于来了！"斯蒂德回信写道："是的，感谢上帝！"好些俄国人对维多利亚女王时代念念不忘，总把英国称作"英国女人"。有个农民在1914年8月说"自己很高兴见到英国女人终于和俄国站在一起，因为首先英国女人很聪明，又愿意帮忙，还有，如果俄国情况不妙，英国女人很善良，愿意帮忙；再有，如果要谈和的话，英国女人意志坚强，不会让步。"

弗兰·苏克利是斯洛文尼亚家喻户晓的智者哲人，1914年的时候已经65岁。8月4日这一天，这位不愿在哈布斯堡王朝面前低头臣服的老人正坐在堪迪哈有名的斯滕伯尔花园的树下，读着英国对德宣战的消息。老人对围坐身边的一小群信众说道："你们最好现在感谢上帝，祈祷这场战争三年之内赶快结束。"苏克利的话很快传遍了斯洛文尼亚。"斯洛文尼亚人人都以为我肯定疯了。大家一心指望着只要三个星期就会有结果出来，顶多不超过三个月"。在柏林，《每日邮报》的弗雷德里克·威尔斯描述了当天发生在英国大使馆的一幕："当德国人意识到英国对德宣战，立刻变成了愤怒的暴徒……石头、钥匙、棍子、刀子，还有雨伞，凡是能扔的东西都从窗口扔了进去，

上面的玻璃全被砸了个稀巴烂。"

作家杰罗姆·K·杰罗姆当时正在英国参加一个乡村网球俱乐部的聚会。他表达了自己的宽慰与感激之情，写道："……我真的很害怕格雷到了最后一刻会顶不住。……让我感觉没有信心的是阿斯奎斯。我没有想到这个老人会有这样坚定的决心……感谢上帝，接下来会有一段时间看不到'德国制造'这几个字了。"8月4日晚，大批民众聚集在白金汉宫门外，齐声高喊口号，唱着歌曲。莫里斯·巴林看见一个男人喝得醉醺醺的，穿着晚礼服，站在特拉法尔加广场上停着的一辆出租车顶上，对着一旁路过的行人滔滔不绝地发表演说。

即便英国已经宣战，仍然有人对此拒不认同，表现得情绪异常激动。8月5日，查尔斯·P.斯科特在《曼彻斯特卫报》上发表文章，写道："英国签下这些不可告人的秘密协定，如此一来就能够以符合法律的名义，在背后干这些只有疯子才干得出来的蠢事，让自己掺和到两大军事同盟的疯狂战争赌博中去……我们将为这场战争赌上我们引以为傲的一切家当，却什么也赢不回来……终有一天，我们将为此后悔不已。"时至21世纪，不少英国人都对斯科特的话表示认同，这不仅仅是主要因为接下来经历的一切过于惨痛，还在于这些人并不理解为什么要付出如此沉重的代价，去和德意志帝国的军队作对。

诚然，塞尔维亚政府或许没有卷入刺杀弗朗茨·斐迪南大公的行动，可塞尔维亚军队却与这件事情瓜葛极深。协约国三巨头倘若事先有知，其中任何一个是否又会做出不同的举动呢？答案是几乎肯定不会。之所以如此，原因在于这件事情本来就不是奥地利人和德国人兴兵犯境的真正理由，也不是他们的对手做出回应的原因所在。俄国人只是觉得仅仅因为一个普林西普，还有"埃皮斯"犯下的罪行，就要把一个小小的斯拉夫国家彻底消灭，这样的惩罚未免太过严重，让人实在无法忍受。法国人除非老老实实宣布保持中立，并且按照德国人的要求，把边境上的堡垒要塞乖乖交出来，否则法俄同盟必然会让毛奇在西线发起进攻。英国人其实对塞尔维亚大祸临头，毫无触动，之所以采取行动，完全是因为德国侵犯了比利时的中立地位，并且对法国构成威胁，才必须有所回应。这场冲突很快就将演变成为一场世界大战，参战各方却有着大相径庭的动机，在作战目标上也鲜有相同之处。在巴尔干半岛的冲突将关系到东欧局势；欧洲大陆战争将决定德国人能否赢得统治权；德国还要挑战英国的全球海上霸主地位，这三场争斗将最终演变为一场大战。随着以日本、土耳其和意大利为首的其他国家卷入争斗，其他方面，尤其是领土方面的争夺也将一一融入这场大战。

过去一个世纪以来，有不少英国人一直认为代价太过高昂，找不到任何理由来替参战加以粉饰。不少人指责是爱德华·格雷爵士让英国卷入了大战。可是，假设德国人真的赢得欧洲大陆统治权，进而可能获得对英霸权，那么这位外交大臣如果不采取任何行动去避免这样的结果，又是否应该对此负责呢？

劳合·乔治在回忆录中提出了另外一个反对参战的理由，这个理由在当时颇为吃香。他将矛头对准了那帮自己看不顺眼的军人："要不是那帮军事人员满脑子什么职业热情，缺乏耐心，匆匆忙忙把军队之间之前商量好的计划拿出来付诸实施，政府间的谈判也许能够继续下去。这些谈判当时甚至还没来得及开始，就没了下文。若非如此，这场战争很可能也会因此得以避免。"劳合·乔治的话纯属强词夺理。这根本就不是一场"意外导致的战争"，而是一场奥地利人在德国支持之下处心积虑、蓄谋已久的战争。

即便时至今日，也和1914年一样，要想对有关英国是否有必要参战的问题进行任何评判，都必须考虑一个问题，即德皇威廉二世治下的德意志帝国到底是一个怎样的国家。虽然，今天有一小部分人为了达到耸人听闻的效果，会说如果当年德国获胜，那么就会提早半个世纪创造出一个类似欧盟的政治实体来。这样的说辞听起来敷衍草率。即便德皇统治不能与纳粹政权相提并论，可在治国理政方面也丝毫谈不上明智开化。统治压迫才是德皇的目的所在，能够以和平手段达成目的固然不错，但若有必要，挑起战端也未尝不可。德国人生就的偏执让他们将一切试图遏制或者质疑其自身在国际事务中强势行为的举动统统视为敌意。不仅如此，七月危机期间，德国人和奥地利人一样在不断撒谎，遮掩自己的真实意图与行为。相比之下，不管英国人

做事有多么不如人意，阿斯奎斯政府不管是对盟友，还是可能刀兵相见的敌人，至少都道出了自己的真实看法。

翻看德意志帝国在海外他国犯下的罪行，即便按照当时的标准也称得上惨无人道，泯灭人性。1904—1907年，德国人在德属西南非洲对赫雷罗人和纳马人展开种族屠杀。屠杀本为奉命行事，杀完之后又大肆庆祝，其罪行之发指远超英国人在殖民地干过的丑事。诚然，德国人1914年入侵比利时和法国时犯下的暴行，包括尽可能大规模屠杀平民，这些都不能与"二战"期间的所作所为相提并论，因为这些暴行中并未包含种族灭绝的意图，可是，这些恶行却给世人留下了深刻的恶劣印象，让人无法忘记这个一心想要统治欧洲的国家是何等残忍。

有人认为倘若大英帝国能够在1914年恪守中立，那么最后的结果会要好得多。这个说法似乎站不住脚。德国领导者向来独断专行、贪得无厌，其本性恐怕不会因为战场上的胜利而有所收敛。诚然，德国参战之时带着的并非一副统治世界的宏大蓝图，可德意志帝国的领导人们毫无疑问希望通过赢得胜利来攫取巨大的战利品作为回报。1914年9月9日，贝特曼·霍尔维格当天草拟了一份清单，在上面列出了自己想要得到的东西。此时的柏林似乎以为胜利就在眼前，唾手可得。"这场战争的目的"，贝特曼写道，"在于削弱我们的敌人，不管是在东方，还是西方，都要在可以预见的将来为我们提供安全保障"。

法国将把布里埃的铁矿割让给德国，一同让给德国的还包括贝尔福，从敦刻尔克到布伦沿海的狭长一线，连同孚日山脉的西侧。法国具有战略意义的堡垒要塞将被统统拆毁。就像1870年之后那样，法国必须支付大笔战争赔款，足够确保"法国在接下来18—20年内无力承担足够的军费开支"。其他方面，卢森堡将被直接并入德国；比利时和荷兰将成为帝国的附庸；俄国的边境线将大大缩短；还要在非洲成立一个幅员辽阔的殖民帝国。一个德国治下，北起斯堪的纳维亚半岛，南至土耳其的庞大经济联盟即将形成。

乔治·亨利·苏图曾经说过一番话，相当令人信服：贝特曼从来就没有把自己提出的领土要求，像在欧洲大陆推行关税联盟一样认认真真当一回事——贝特曼曾经极力劝说德皇打消吞并比利时的念头。不过，不管柏林政府打算采取什么手段，目的确凿无疑。借用苏图的话来说，"必须明白无误地认识到，关税联盟将使德国实现对欧洲的控制"。虽然，德国其他领导人各有各的"购物清单"，可大家一致认为如果德国没有在领土和经济两方面得到自认为"合适的"回报，那么这场仗就没有打完。德国既然已经击败了欧洲大陆上那几个有实力挑战自己的对手，那么接下来做个顺水人情，和保持中立的大不列颠和平相处，对英国的全球海上霸主地位睁一只眼、闭一只眼，又有何说不过去？

人们常常批评阿斯奎斯政府在七月危机期间处理欧洲事务时模棱两可、含糊不清。这一点既像1906—1914年一样体现在宏观的战略层面，也体现在战术细节层面。英国虽然已经加入三国协约，可欧洲各国政府，包括伦敦在内，对于英国会否加入欧洲大战的问题均无明确把握。英国人也几乎没有什么能力掌控局势发展。虽然，德国人并不希望和英国人兵戎相见，可在德国人眼里，英国人只是欧洲大陆武力交锋的边缘角色。英国唯有组建一支兵力强大的常备军——这一点在英国国内是不可接受的——才有可能在1914年起到有效威慑作用。英国人最严重的错误莫过于自以为有能力维持自己一直以来倍加重视的欧洲大陆势力均衡，却没有一支足够兵力的军队来替自己的外交政策保驾护航。不过，没本事征兵组建军队是不会被视为战争贩子的。

有人声称英国应该趁着1914年危机尚未爆发，提前宣布不管俄法同盟与德国发生任何冲突，英国都将坚决参战。这种说法显然无视了什么叫作民主，忽视了谨慎治国到底需要什么。没有任何一届政府能够在无视欧洲大局的情况下号召议会支持，承诺无条件加入一场欧洲战争，也找不到任何理由这样做。倘若阿斯奎斯1914年7月答应为法俄提供无条件支持，他才该为自己的鲁莽承担责任，才该为为何开出这样一张"空头支票"感到羞愧。德国正是因为对奥匈帝国许下的空口承诺受到谴责，法国人对俄国的承诺同样是句空话，只是程度稍微轻了那么一点而已。

英国之所以一心希望维持现状，承诺维系和平，是因为英国还在希望自己能够成为世界的领头羊。阿斯奎斯政府始终对俄国放心不下，这一点明显

能够感觉得到，总在担心俄国会干出什么样的蠢事来，同时又无意激惹法国的敌意。于是乎，阿斯奎斯政府在战前十年，特别是在1914年7月唯一能做的合乎情理的选择就只有向盟友表达善意，要么提供一些临时支援，至于支援多少，怎样支援，这些问题一律得视事态发展和具体情况而定。执行这样的政策，失败显然是迟早的事情。英国人在履行对欧洲，尤其是协约国承诺的义务时畏手畏脚，这样做足以让自己卷入这场史无前例的冲突中去，却又无法避免灾难的发生。话虽如此，可英国要想在战前外交政策上找出其他办法，既可以在国内赢得政治支持，又能够说服德国接受战争代价过于高昂，难以承受，进而回心转意，看来也不大可能。

有些人直到奥地利对塞尔维亚宣战之后还在高谈阔论，说什么全面冲突能够避免，还有一些人坚持认为俄国要对之后发生的一切负责。这些人说这些话，言下之意就该放任奥地利人和他们的德国担保人为所欲为，拿着枪在巴尔干半岛和比利时，乃至整个欧洲横行霸道。是德国对比利时发出的最后通牒让英国内阁的主战派获得了授权。有时候人们会说这只是一个说辞、一块遮羞布，因为格雷、丘吉尔还有他们的好几位同僚早在比利时中立地位遭受侵犯之前就已经跃跃欲试，一心开战了。可是，若非德国侵犯了比利时的中立地位，这帮人原本可以达成所愿，这种说法疑点依旧存在。下院也好，民众也好，大部分英国人把德国侵犯比利时中立这件事情拿来当作对德开战的正当理由，此举看似并无什么不光彩之处，也谈不上不懂审时度势。即便如此，英国人还是打起了退堂鼓，不愿为了支持塞尔维亚奔赴战场，或者说不愿为了这件事情履行对协约国不明不白的义务。即便德国有意在1914年挑起全面欧洲大战的罪名不予成立，德国看上去仍然要承担最大的指责，因为德国有能力阻止大战发生，事实上却没有这样做。

8月3日，德皇吩咐勤务兵把自己的灰色野战服、长筒靴、棕色手套，还有不带羽毛的头盔——准备停当，他明天要对帝国议会发表讲话。不过，德皇随后又改了主意，认为这样的场面应该打扮得更加隆重些才够得体。他决定身着盛装，所有身在柏林的高官都要佩戴勋章绶带，陪同出席。这位德国皇帝次日以德意志帝国最高军事领袖的身份华丽出场，用充满热情的语调向到场的全体帝国议员们说道："我衷心感谢大家，感谢大家对我的爱戴与忠诚。战斗就在眼前，我看到我的人民不再持有分歧，我们每一个人都是德国人。"威廉二世接下来将要享受几个星期的快乐时光，好好体会一下梦寐以求的军事胜利是个什么滋味。不过，待到这几个星期过去，阴影就将笼罩在他的头上，也将笼罩在整个欧洲的头上。

第三章

"看这世界燃起熊熊大火，场面何等壮观。"

第一节　大迁移

放眼整个欧洲大陆，这是历史上最后一次伴随着开战宣言的到来，响起嘹亮的号声。这号声是那样动听，又是那样让人浮想联翩。在类似弗莱堡这样的小城里，只见一名号手在一位警官的陪同下，坐着汽车呼哧呼哧地在城里的大广场上转来转去，每见到一个路人便会停下来，把最新的消息再重复一遍。这些国家刚刚宣布参战，大多已经怀着彻底绝望的心态，迅速完成了从和平到战争的转变。格哈德·塔彭中校是毛奇手下的作战处处长。他承认自己在打开办公室保险箱，拿出德国《1914—1915年部署计划》的那一刻会产生某种"异样的感觉"。可是，军事动员代表了这位总参谋长一生最伟大的职业成就。战争尚未到来之际，柏林一度担心铁路工人会在社会党的鼓动之下举行罢工，干扰计划的实施，可是一切风平浪静，无事发生。召集的四百万大军当中，只有为数不多的几个当了逃兵。

就内容而言，政府制定的应急方案远不止动员机制这么简单。莫里斯·汉奇是大英帝国防务委员会的秘书，自1910年开始每年都对《战争手册》进行修订增补。《战争手册》是一本红色外皮的四开本，封面上的副标题用金色大字写着："关系紧张及开战时部门行动协调所用。"最新修订完毕的《战争手册》从1914年6月30日开始在白厅内部分发。全书共318页，书页均为灰蓝色，书中详细写明政府各部门战时职责之所在。首先写的是"预防阶段"："（负责外交事务的）国务大臣在预见国家在不久的将来有可能卷入战争威胁时必须提前向内阁发出警告。"《战争手册》在语句措辞上给人感觉总在拐弯抹角，好像生怕得罪人似的。书中强调了谨慎行事的重要，写道："外务次官须对相关工作人员给予特别指令，指示其必须在关系紧张及一切与预防措施有关事务方面保持最大克制。"

手册接下来分门别类地阐述了各种各样具体的必要步骤，比如说如何向议会提交法案、控制外籍人士、引入审查制度、抢夺敌方商船、切断敌方潜艇电缆、在海峡群岛派驻民兵，以及通知中立国即将对敌方港口实行封锁，等等。有一条附录专门针对电报通信管理，写道："应将电报按照数量多少、优先权的顺序标识出来，我们假设……联合王国将在这场战争中很快发现必须面对三个同盟国的合力进攻。"手册对陆军部提出警告："务必采取某些特定防御措施，以防敌方背信弃义、暗中偷袭。"海军部首席保密检查员的电报挂号被设定为"搜遍伦敦"。内政部收到的指令是向各郡警察局长发出警告，要求"对行踪可疑的外国人给予特别注意"。8月份的头几天里，就真的发生了这种事情。

令塞尔维亚人感到郁闷的是自己的国家为形势所逼，不得不赶在收割季节之前动员应战，而不像前两次巴尔干战争一样等到秋天来临，那个时候粮仓早已堆满。让人难过的不只是看到男人们背井离乡，奔赴前线，就连马车和耕牛这些宝贵的生产资料也要被一一带走，送给军队。即便如此，按照塔迪加·佩约维奇的描述，身边的每一个人仍然在放声高歌，"因为这是塞尔维亚人的传统，在士兵们上战场之前要为他们高歌送行"。不管是年纪轻轻的，还是上了年纪的，没有人说得准这一走会要多长时间才能回来。天真无邪的孩子们在争相追问，自己的家为什么成了这个样子。

虽然，对敌人的宽容很快就将从各交战国民众的生活中消失，可善意在8月份还是能够感受得到。英国全国自由教会委员会通过一项决议："全面大战的罪孽与恐怖已经降临到每一个欧洲人的头上。不要去纠缠到底是谁的责任，因为那样做没有意义。"亨利·W.内文森是《每日新闻报》的驻柏林记

者，笔下描写了自己看着德国的年轻人离家远去、奔赴战场的情形："小伙子们身体健壮、接受过良好的训练，和我们英国的年轻人是一样的出身。"内文森赞颂了德国肥沃的乡野，孩子们穿得干干净净、行为举止规规矩矩，还有德国为推动世界进步做出的一切贡献。一些英国学者同样怀着赞许的心情，尽力让人们保留对德国的一丝敬意，即便这个国家现在已经成为英国的死敌。"只有愚昧无知的人才会愚蠢到去嘲笑德国的文化。"剑桥的一位神学家如是写道。

有一个中学教师，31岁，住在格拉茨附近，是一个狂热的奥地利民族主义支持者，在日记里签名的时候总会写上自己的简称"艾塔·吉"。有一天，朋友马萨跟艾塔说起有些人应征参军，感觉痛苦。艾塔越听越反感，于是大声反驳起来。"不好意思，"艾塔打断了朋友的话，"如果有谁因为这个诉苦，那可真是不可理喻。我认为这是懦夫的行为。是的，完完全全就是一个懦夫！"回到那个年代，引经据典几乎等于有文采的代名词。年轻的爱德华·比尔来自比利时，家中兄弟四人。他在应征加入比利时武装部队时无不骄傲地用上了凯撒大帝的名言："比利时人才是高卢人中最勇敢的。"

作家塞尔盖·孔杜拉什金正与家人在俄罗斯南部度假，目睹了祖国大规模动员的场景，写道："无所不能的国家机器记录下每一个人的名字和号码，不管你是身在高加索的遥远群山之中，还是住在阿玛瑙斯的冰川之下，都能找到。信使快马加鞭，把电报送到医生、教授和工程师的家门——人人都要上战场！个人已经无法乘坐火车远行，邮件运送时断时续，有一阵子都不接受私人发送电报。几百年来习以为常的正常生活看上去已经陷入停顿，悄无声息的断了开来，被纳入了战争的轨道。"

俄国的动员兵力不过是停留在纸面上的一个数字而已，从未达到过完全的潜力。虽然就数字而言是各交战国中最大的，可大多数应征入伍的士兵对于到底该干什么完全一无所知。伊万·库切尼哥描述了村里发生的一幕：不知从哪里突然出来一个警察，挨家挨户敲门，把村民全都召集起来开会。村民们一头雾水，不知发生了什么，一个个你问我，我问你，谁也不知道答案。村里的长者突然开口要大家安静下来，说道："孩子们，出大事了！敌人打过来了！敌人已经开始进攻我们伟大的祖国母亲俄罗斯，伟大的父亲沙皇陛下需要我们的帮助，德国现在就是我们的敌人！"人群中发出一阵轰响："德国人！是德国人！"长者提高了嗓门，要大家再次安静下来："是的，孩子们，为了节约时间，就不要搞什么名单了。谁要是觉得自己身体健康，能够为国出力的，就去阿来斯加区指挥官办公室那里报名。我给大家提个醒，最好带上两套内衣，其他东西那边都会给你，大家手脚利索点，赶快行动吧。"人们四散开来，各自回家，田里的农活早被丢在脑后。库切尼哥写道："上帝啊，临到不得不走的时候，好多人都哭了。"库切尼哥的女儿才刚刚五岁，坐在爸爸怀里，头倚着爸爸，说道："爸爸，你为什么要走？为什么要离开我们？你走了，谁来赚钱养活我们啊？"女儿抱着库切尼哥亲了又亲，库切尼哥的眼泪唰的一下流了出来："孩子的问题我答不上来，只好说，乖，爸爸很快就会回来的。"

在法国，自动员令颁布以来已经过去了整整15天。应征入伍的人必须按照年龄分组报到，年纪最小的最先报到，年纪最大的最后报到。军营处理起新兵来，速度快得吓人。一个人刚进来报到，只用20分钟就脱掉了平民的衣服，洗完澡，换上一身军装，然后就被分配到了各自所在的单位。法国得到了殖民地雇佣兵团的增援，这些雇佣兵大多来自北非。法国一共集结了380万受训士兵，和德国兵力大体相当。伊弗雷姆·格勒纳杜是个农民，才17岁，刚刚参加完好友的葬礼，还在守灵。一群宪兵骑马跑进了他住的小镇厄尔·卢瓦尔圣卢，贴了一张白色的公告，上面写着几个大字："全民总动员。""中学校长朝我们大声喊着，要我们去敲钟报警。现在正是农忙季节，所有人都丢下手里的农活，围在了镇公所前面。"男人们互相问着对方："你什么时候动身？""我明天就走。""我？后天走。""我是25日。""什么，你不打算走了？25日我们都走了。"第二天，圣卢镇专门宣读公告的传报员阿奇里斯在镇里跑上跑下，一面吹着小号，一面大声宣读着最新的消息："家里有靴子还能穿的，都记得带上。每人可以领到15法郎。"

8月1日下午4点30分，两辆警车开进了伊泽尔省瓦尔提列村的教堂广场，

一同到来的还有动员令。村里的敲钟人很快把村民召集起来，村里的一位老师是这样描绘当时的场景的："感觉就在那一刻，封建时代的老式敲钟报警方法一下子又回到了眼前。没有人多说一句话。有些人屏住呼吸，还有一些人惊得目瞪口呆。不少人手里还拿着叉干草的叉子。女人们互相问道：'敲钟是怎么回事？出什么大事了吗？'女人、孩子、男人，人人充满了焦虑，情绪激动。妇人们紧紧挽着丈夫的胳膊。孩子们看着母亲在眼前抽泣，也忍不住嚎啕大哭。"大部分男人随后去了咖啡馆，讨论接下来的农忙收成该怎么办。大家都表现得非常镇定。

保罗·古当是一名陆军中士，一想到要丢下卧病在床的妻子和四个孩子，照料家庭的重担要落在年迈的父母身上，就感到十分难过。好在宗教给了人们勇气支撑下去："上帝赐予我力量，把所有恐惧和担心抛到一旁，一心一意只想着保卫祖国。"亨利·佩兰在维埃纳开了一家铁器店，成日里满城跑来跑去，忙着讨债，还得花大把功夫教年轻的妻子如何打理生意，好在自己不在的时候照看店面。一家人后来双膝跪下，祈求上帝保佑。佩兰对两个年幼的孩子解释道："爸爸要出门一段时间，去给国家办事。"在成千上万的火车站，到处都能见到人们三五成群，或强忍悲痛，或愁容满面，或旁若无人地放声大哭，每一个男人都在亲人的簇拥之下登上火车。有个人兴高采烈地大声喊道："大家都跟我出国去柏林吧！我们到柏林去庆祝吧！"安德烈·纪德以旁观者的笔调写道："人们脸上虽然挂着微笑，却无人鼓掌。"有些农民把这样的场合当成了过节——这帮乡下的年轻人还从来没有这样放肆过。有几个试图躲进林子里藏起来，可家里的女人不依不饶，把大部分逃跑的男人给抓了回来，逼着这帮没用的大老爷们去军营报到。

欧洲正在经历规模庞大的人口移动，随之而来的是社会的动荡起伏。"那么多男人离开了家，"法国一家地方报纸《伊泽尔十字报》写道，"人们无不感到忧伤，悲伤的气氛笼罩在多芬纳的小城和村庄上空。"格勒诺布尔学院院长写道："沿着山谷一路走来……以往村里男人们赶集时熟悉的欢声笑语，咖啡馆和集市广场上生机勃勃的'村民谈话'全都消失不见了，剩下的只有女人、孩子和老人，一个个愁眉苦脸、默不作声。"随着熟练工人被征去参军，汽油储备也被拨给军队专用，工厂里的机器不再轰响，面包也变得短缺起来。在马勒瓦，有个司机古道热肠，主动把自己汽车油箱里的油吸出来，这样就有足够的燃料好让脱粒机开上两天，把庄稼给收了。

英国是各交战国当中唯一一个没有建立一般军事勤务制度的国家。正因为如此，英国的职业军队才规模相对要小，只有247432人。其中还有一半分散在帝国的各个角落。欧陆列强个个拥兵百万，受过训练的士兵集结起来可达好几百万。英国与之不同，号召入伍的预备役只有145347人。这些人都是老兵，以前参过军，有约在身靠得住，能够招之即来。此外，还有平日兼职参加地方自卫队的268777人。征兵工作进展还算顺利，可仍然有一部分人不愿摆脱平民生活，表现得极不情愿，甚至公然反抗。莱昂内尔·丁尼生是英国皇家步枪兵团的名誉队长，也是诗人阿尔弗雷德·丁尼生的孙子，他作为一名板球运动员去年冬天还去南非参加了国际板球锦标赛。有15个预备役士兵表现极不配合，处处作对，他们的行为后来被人称作"布尔什维克式唱反调"。于是丁尼生判处这15名士兵"军营禁闭"21天。套用丁尼生的话来说，这样"可以让他们消停一点"。

奥地利人集结起来的军队就像浪漫王国鲁里坦尼亚[1]的军队一样没用，根本打不了他们主子一心想打的这一仗。奥地利军队的最大能耐在于那一身花里胡哨的军礼服，还有吹拉弹唱样样精通的军乐队。有些大炮还是1899年生产的铜制炮管。哈布斯堡王朝的统治者们也许对打败塞尔维亚充满热情，可他们中的大多数人一直都在逃避兵役，把参军打仗这种事情丢给地位卑微的平民百姓去做。上了年纪的人发现自己上了前线，年轻力壮的那帮家伙却留在后方，把守桥梁和车站。战争初期的伤亡人员表显示死者当中不少人年龄都在42岁以上，在家里都是已经做了父亲的人。征召医生更是引发严重问

---

[1] 鲁里坦尼亚（Ruritania）是一个杜撰的中欧王国名，源出英国小说家安东尼·霍普（Antony Hope，1863—1933）1894 年所著小说《曾达的囚徒》（*Prisoner of Zenda*）。——译者注

题，尤其是在阿尔卑斯山的农村地区。那些地方通信条件极其简陋，马匹、推车和马车都被军队悉数征用了去。康拉德为了进攻塞尔维亚，特意从斯拉夫少数族裔中征兵，组织部队。维也纳自欺欺人，以为这是妙棋一招，让斯拉夫人同室操戈、手足相残，这样一来就能增强哈布斯堡帝国臣民对帝国的忠诚。

人们对于到底哪个国家应该拿起武器，站在哪一边作战，还是感到迷惑不解。有个日本人在柏林街头得到人们的拥抱，一头雾水，莫名其妙。原因是有人谣传日本会为同盟国撑腰鼓劲。意大利据说也会加入同盟国作战。所以当意大利劳工回家路上碰到向前线开拔的哈布斯堡帝国军队时，奥地利士兵们会热情高呼："意大利人，好样的！"意大利工人也会报以同样热烈的回答："奥地利万岁！"谁也不曾料到，意大利的军队正处在朝不保夕的境地。战前的绝大多数时候，这个国家竟然连一个总参谋长都没有。原来的总参谋长在7月1日一命呜呼，吕吉·卡多尔纳伯爵直到27日才奉命接替死者，走马上任。卡多尔纳刚刚承诺意大利为德国提供支援，就发现自己许下的保证遭到了外交大臣的一口否决。意大利之所以有意参战，纯粹为了抢夺领土，特别是希望能将塞尔维亚的部分地区，还有哈布斯堡帝国讲意大利语的那一部分收入囊中。扯皮随之而来，围绕着支持德国是否违宪争争吵吵。意大利国王维托里奥·埃玛努埃莱三世原本打算应卡多尔纳请求，签署动员令，与德奥并肩作战，谁知到了8月2日，内阁竟然投票表示中立。虽然不少奥地利人和德国人对意大利人的背信弃义嗤之以鼻，可意大利好歹得以暂时避免一场流血牺牲的战争立刻到来。

此时此刻的欧洲随处可见平民百姓四处奔走，想尽办法回到故国。杰弗里·克拉克原是英国皇家步枪兵团的一名军官，住在巴黎市郊。克拉克在巴黎车站的月台上碰到一个铁路部门的员工，二人攀谈起来。那个法国人正在赶路，准备去自己所在兵团报到，他问英国人打算去哪儿，得到的回答是正准备回家参军。"哦！"法国人热情地答道，"这么说来，我们算是同路人了。"法国人伸出手来，一边握手一边说道："再见！很快就能再见了。"在德国，50万俄国劳工被迫辞去暑期工作。在英国，成千上万在德国酒店和餐馆打工的人成群结队地登上渡轮，去往中立国荷兰。柏林有数百英语教师因为手头现金紧张，陷入困境，一筹莫展。匆忙回国的美国游客多达8万。有些坐的是"维京"号邮轮，船是这些人集体凑钱包下来的。火车站人满为患，全是来自各个国家、走投无路的人们。伦敦一家鞋店的老板乔治·加尔平有一个德国邻居，住在温布尔登，大战爆发前不久正好回了德国。加尔平把这位德国邻居送到维多利亚车站。刚刚成为敌人的德国邻居开玩笑说道："别太担心了。等到我们打到英国的那一天，保证绝不会亏待你和你全家人的。"

彼得·科勒惠支是东普鲁士画家凯绥·珂勒惠支①的小儿子，出生在一个充满艺术气息和左派思想的家庭。大战将至，17岁的彼得正与三个伙伴一起在挪威度假。几个人经过一番商量，决心应征入伍，于是搭上了一列从卑尔根开往奥斯陆的火车返乡。车上有些乘客来自英国和法国，对几个年轻人非常友好，让他们感到过意不去。彼得几个人最终抵达柏林，"一谈起自己马上就要成为一名战士就兴奋不已，再一想到有美女相伴，还有战场上的厮杀场景，更是激动得难以自已"。家里人虽然为此大吵了一架，可彼得的父亲最后还是在参军令上签了字，同意还不到入伍年龄的彼得参军。彼得和哥哥汉斯二人于是动身前往军营报到，留下父母在家"哭啊、哭啊，哭个不停"。彼得在背囊里放着母亲临行时送的礼物，一本歌德的《浮士德》，就这样去了前线，再也没有回来。

有些外交人士仍然表现得漫不经心，好像天下依旧太平。这些人继续怀着19世纪绅士战争的心态，毫不掩饰自己身为外交官的受保护地位。在巴黎，有人在8月2日晚上还看见巴伐利亚外交大臣在里兹饭店用餐。奥地利大使塞琴伯爵反应更加迟钝，还在时髦的同盟俱乐部里面大快朵颐，全然不懂

①凯绥·珂勒惠支（Kathe Kollwitz，1867—1945），德国女艺术家、版画家、雕刻家，1867年7月8日出生于东普鲁士的柯尼斯堡（今俄国加里宁格勒），是家中的第五个孩子，她自小便展现出艺术天赋，其父卡尔·施密特是一名激进的社会民主党员。珂勒惠支17岁时与贫穷的医学院学生卡尔·科勒惠支订婚，二人于1891年结婚。受早年经历及家庭影响，珂勒惠支的作品充满对被剥削、被压迫劳工阶级的同情与反抗意识，重要代表作有铜板组画《织布工人暴动》（*March of the Weavers, Riot and the End*），晚年作品转向母爱主题。文中提到的彼得是她的小儿子，1914年10月阵亡。——译者注

得看俱乐部其他成员脸上的愠色。其他人没有办法，最后只好把他拒之门外。在柏林，法国大使朱勒·康邦从德国人那里得到告诫，不要让手下去布里斯托酒店吃饭，因为很难保证安全。宾主双方对此都大为光火。康邦发了脾气，怒道："你们告诉我，到底要我的人去哪里吃饭？我只知道去布里斯托酒店吃饭的人都是有教养的。"这位法国大使打电话给酒店，要求对方将为使馆工作人员备好的饭菜赶快送来。酒店经理回话说，除非外交部授权，否则无权行事。从8月3日晚上开始，直到次日上午，康邦一直都在手忙脚乱地烧毁秘密文件，忙得焦头烂额，直到一切准备停当才乘车去往中立国丹麦，借道回国。

海上传来的消息同样紧张万分。"戈本"号战列巡洋舰，还有保驾护航的轻巡洋舰"布雷斯劳"号在地中海上居然大难不死，一路向东，逃之夭夭。英国皇家海军笨手笨脚，犯下的错误简直贻笑大方，把个温斯顿·丘吉尔气得火冒三丈。德国报纸《沙龙报》用胜利的语气报道了"戈本"号8月2日从墨西拿出发的情景，写道："烟囱里冒着滚滚浓烟，寂静中只听见起锚时锚链咔嚓作响。现场聚集了差不多1000人，争着涌向码头。'戈本'号上传来'万岁，胜利者的桂冠'的乐曲声，每一个音符都听得清清楚楚。军官水兵们分列战舰两侧，低头行礼。船上的人都在为最高统帅高声祝贺，三呼万岁，欢呼声传到岸上，码头上的人群依旧一片安静，鸦雀无声。每个人都为德国海军的沉着自信，傲然迎战的乐观姿态感动。当天晚些时候，有（假）消息传来，说有人发现了一艘英舰残骸。无论如何，有一件事确凿无疑：德国人闯了过去！"

德国人的确闯了过去，英国皇家海军搞糟了这次追捕行动，远在伦敦的海军部对此大为懊恼。英国人给了两艘德国军舰机会，让他们得以直闯达达尼尔海峡。待到进了博斯普鲁斯海峡，执政的"青年土耳其党人"成功说服柏林，将两艘军舰连同全体船员送给土耳其海军。这一幕堪称戏剧性十足。"戈本"号在与英国海军的对抗中赢得了胜利，或许让土耳其人在观念上产生了重大变化，最终倒向了同盟国阵营。当然，土耳其人之所以做出这样的决定，更具决定性意义的仍然在于英国人几十年来一贯的轻视与怠慢，尤其是夺走克里特岛和塞浦路斯，无一不让奥斯曼土耳其帝国感到痛苦。再说，土耳其人对俄国人同样又恨又怕。

大战在即，最可怕的先兆莫过于银行信贷一溃千里，在号称"世界金融之都"的伦敦城里立时掀起了一场轩然大波。一连好几天，货币制度如危墙一般摇摇欲坠，直到财政大臣8月13日痛下决心，誓要顶住压力，英格兰银行出手买下总值超过3.5亿英镑的未承兑汇票才得以稳定局势。虽然，这笔钱数目之大令人咋舌，可这次出手干预总算是挽救了危在旦夕的金融体系。

第二节 群情高涨

有些人面对欧洲大战事态的发展，表现得相当平静，泰然自若。在普鲁士的施奈德米尔，12岁的艾芙丽德·库尔问奶奶，德国到底打不打得赢。"奶奶这辈子，德国打仗还没输过，"老妇人骄傲地答道，"所以，这一回也不会输。"孙女好像越听越不明白，打仗不是应该惊天动地吗，为什么对自己的日常生活根本就没有什么影响呢。她接着说道："那我们可以继续吃香肠、腊肉，去散步，好像什么事情都没有发生一样。"

说来奇怪，大部分交战国都指望这场战争能够速战速决，不要拖得太久。没什么见识的人这样想也就罢了，可就连那些读过书、见过世面的也抱着这样的幻想。部分原因就在于那帮经济学家。这帮人虽说向来缺乏正确的判断力，却还在信誓旦旦地说什么欧洲一旦打起来，很快就会资金短缺。不过，每一个国家都有一帮深谋远虑的军士将领，他们深知欧洲一旦爆发全面大战，势必是一场旷日持久的恶战。

《浮士德》依旧在巴黎歌剧院上演；在报纸上仍然能够找到某个孩子被送牛奶的货车撞倒，不幸身亡的消息；人们在展望未来的研讨会上讨论在英吉利海峡下面开挖隧道的种种好处。谁知到了8月2日，这座法兰西之都就宣布进入临时围城状态。巴黎市政府将维持公共秩序的工作全部交由军队负责，实行严格的出入制度，禁止各种集会和娱乐活动。三天之后，巴黎通过

法令，"战争期间报刊不得随意发表轻率的言论"，除非经政府或最高统帅部授权，否则严禁发布任何与军事有关的消息，新闻记者不得进入作战地带。在接下来的几个月里，身为法军最高统帅的霞飞，几乎将所有国家权力集于一身，这让他在德国的同行毛奇妒火中烧，毕竟后者要处处受制于德皇。巴黎街头不少商铺挂出牌子，上面用半是遗憾、半是骄傲的口气写着："店主和店员已经动身，为法兰西而战，本店暂停营业。"咖啡馆和酒吧一到晚上8点就打烊，餐馆则是晚上9点半。骑兵们把营寨扎在了巴黎的林荫大道上，战马被拴在街头的栗树下。晚上10点不到，这座欧洲昔日最为繁华喧嚣的城市已经变得鸦雀无声、一片沉寂。

德意志帝国议会8月5日一致通过决议，发行总额50亿马克的战争公债。社会民主党议员虽然大部分反对开战，却对这项决议表示了支持。战争既然已经成为事实，那么之前执着的信念也就不再重要，爱国主义高于一切。这一点在英国和法国同样如此。社会党人对保守派奚落自己是"没有国籍的人"尤为敏感，出于无奈，只好团结在了同一旗帜下面。不仅如此，左右两派都对俄国又恨又怕。大部分德国人真的以为自己的国家正被敌人团团包围。《慕尼黑新报》8月7日用痛楚的笔调回顾了外敌入侵的往事。这些老生常谈的话题早就耳熟能详，现如今旧瓶又装上了新酒："这是对日耳曼民族的敌意，敌意这一次来自东方。"半官方报纸《科隆报》宣称："英国已经摊牌，每个人都看到了英国人的底牌：一场人类历史上最大的阴谋。"

《新普鲁士报》头一个用上了"政党休战"的字眼来描述德国政坛各大党派停止争吵的新局面。这个词源于一个中世纪的传统，当城堡被敌人包围，遭到围攻的时候，城里的私人恩怨都要摆在一旁，不得再提。此时此刻，"政党休战"再次成了广为人知的平常字眼。法国同样如此。总理勒内·维维亚尼在8月4日创造了一个新词："神圣的团结"，这个词从此被法国人挂在了嘴边。话是这样说的："大战在即，法兰西的儿女们将英勇地保卫祖国，我们神圣的团结在敌人面前坚不可摧。"报纸频频打起口水仗。《伊泽尔十字报》作为天主教的喉舌，公开宣称这场"洗刷罪孽的战争"之所以会降临到法国头上，完全是因为法兰西第三共和国犯下了累累罪行，是惩罚报应。"到处都有这样的想法，"另外有人写道，"认为这场战争将会净化空气，从今往后一切都将变得美好起来。"社会主义报纸《人民权利报》则用了另外一个措辞："和平之战"。

英国同样如此，一团和气成为主旋律。8月11日，英国政府表态，欢迎所有被赦免的在押妇女参与政论。大名鼎鼎的潘克斯特一家里面，西尔维亚还在继续为和平祈祷，姐姐克里斯塔贝尔和妈妈艾米琳则在大声痛骂"德国鬼子"[①]。英国工会联合会执行委员会宣称工会联合会将这场战争视为"对和平以及不受约束民主政府的保护与维系"。一如某些当代历史学家一样，当时不止一小部分人认为同德国打仗有助于避免英国产业工人与雇主及政府之间产生激烈的暴力冲突。

爱尔兰自治党党魁约翰·雷德蒙德表现出了极其开明的调和姿态，他在对下院的发言中讲道："在爱尔兰，自愿兵分为两大派。一派出现壮大在南部。我要对政府说的是，叫他们最好明天就把派来的每一个士兵都从爱尔兰撤走。我要说的是，爱尔兰的海岸将由爱尔兰自己的孩子来保卫，将不受外敌侵略。为了这个目的，南部武装起来的民族主义天主教徒非常乐意和北爱尔兰的武装清教徒们共同拿起武器，并肩作战。"雷德蒙德的讲话虽然赢得了雷鸣般的掌声，可发表这样的言论，也等于就此放弃了自己身为爱尔兰民族主义旗手的身份与地位，从而葬送了自己的政治生涯。

《每日邮报》主管汤姆·克拉克在8月5日的日记中写道："北爱地区那场不是战争的战争早已被人淡忘。人们每每谈起此事，总会轻声哀叹，感到惋惜。过去几天发生的一切如同一场噩梦……我们现在已经迈出了决定性的一步，这一步走得要让人感觉舒服得多。（英国人民）清楚自己面临什么样的

---

① 艾米琳·潘克斯特（Emmeline Pankhurst，1858—1928），英国著名政治活动人士，女子参政运动先驱领导人，1999年曾入选《时代》杂志"100位20世纪最有影响力的人物"。艾米琳一生致力于为女性争取政治、社会平等权利，"一战"期间号召英国女性向法国女性学习，团结起来，参与工农生产，和男性一道为英国战势努力做出贡献。艾米琳共育有子女五人，文中提到的克里斯塔贝尔（Christabel Pankhurst，1880—1958）和西尔维亚·潘克斯特（Sylvia Pankhurst，1882—1960）姐妹二人均是有名的社会政治活动人士，同为争取妇女参政权的先驱。——译者注

困难。他们有信心，却不骄傲。今天每一个人都在牵挂着北海。也许就在今晚，战争就会在北海打响，就将决定我们的生命安危。"《泰晤士报》写的社论听口气与其说像个学究在严厉说教，倒不如说更像是一个中学生，嘴里充满了浪漫与激情："（不列颠的人民）不仅感受到了，心里同样清楚正在接受召唤，为了实现一如既往的事业，拔出剑来。就像威廉国王在王旗上写下的大字一样，不列颠的人民将再次'保卫欧洲的自由'。"正是为了这样的事业，威灵顿公爵才会在西班牙半岛浴血奋战，纳尔逊子爵才会在特拉法尔加为国捐躯。这是一场以弱胜强的事业，是小国人民英勇反抗强大邻国的事业，是法理战胜蛮力的事业。

战争让不少人一下子变得大方起来。这些慷慨举动有的管用，有的却派不上用场，大多只能招来一顿臭骂。有位法国名人把珍爱的汽车捐给了国家，没想到几天之后却在里沃利大街见到了自己的爱车，里面坐的竟然是陆军部长的情妇，当时的心情简直可以说是怒不可遏。勒文施泰因-韦尔特海姆-罗森贝格的阿洛伊斯亲王是一位德国贵族，家境富有，对于打仗动武毫无兴趣，以前就逃过兵役。可是这一回，亲王也和不少同胞一样将自己的一辆豪车主动送给了巴伐利亚陆军，并且毛遂自荐，提出愿意开车，当个司机，"好为国家贡献一点力量"。不仅如此，亲王还将在小霍伊巴赫的城堡腾出来，改作医院，可以接纳十名军官和二十名其他级别的军人，并且承担所有医疗费用。亲王因此被授予了中尉军衔。亲王的裁缝这下子可忙坏了手脚，足足花了两个星期才为亲王量身定做出军装制服。亲王就这样一身戎装，高高兴兴地上前线去了。

对于有钱的权贵来说，既然自己不用应征入伍，亲身感受枪林弹雨的滋味，那么就要出钱为大众做点贡献。英国搞了个"国家赈济基金"，捐赠者名单上头一个写着的便是英王乔治五世的大名。英王捐了5000英镑，王后随后又加了1000几尼①。欧内斯特·卡塞尔爵士和诺斯克里夫勋爵各自捐了5000

---

① 几尼（Guinea），原为1663年英国发行的一种金币，等于21先令，即1.05英镑，1813年停止流通，后特指等于21先令的币值单位。——译者注

英镑，德比伯爵捐了2000英镑。地位越低的，出钱越少。不过，没有任何人说得清楚，这笔现钱到底该用在什么方面才算起到了作用。还有人搞了个塞尔维亚救济基金，到9月份已经筹得十万英镑。萨瑟兰郡的公爵发起倡议，呼吁贵族们把各自乡间大宅的大门打开，当作医院。不过，腾出来的250间宅邸中不少因为下水道堵塞，起不了作用。公爵于是又想出来一个法子，宣布将伦敦的一家疗养院腾出来，并把医务人员配置齐全，专门接收病人。海军部有位官员将信将疑，亲自前去打探究竟，结果大吃一惊。原来，这位公爵真的在维多利亚大街有一座医疗机构。这座医院起初是为了北爱尔兰义勇军设立的，当时正等着北爱尔兰打内战。

数百万德国人发起爱心募捐，为士兵送去食品、饮水、香烟和衣物。不过，人们帮助伤者的满腔热情有时也会过头。《北德意志通信报》提醒家境富有的女士不要邀请穷人家的孩子去家里做客，因为与生活标准比自己高出一大块的人打交道，有可能让地位低下的一方感到不满。有些贸易公司找到了新的商机。科陶德纺织厂打出广告，推销自家生产的黑色防水绉纱，声称"默哀时戴上这个会显得更加时髦"。博柏利公司推出"现役服装"，在广告词里声称："每一位军官都希望拥有自己的博柏利防水服。"成衣商"Thresher & Glenny"靠着制造军装，生意做得红红火火。罗斯公司的双筒望远镜销量大增。有一家公司专门制造两辆跑车，在广告词里大力推荐自己的跑车适合"军官和其他人士"。在巴黎，销售针织品的店铺开始销售厚内衣和毛袜。这些都是非夏令季节的产品，适合作战所用。有人投诉伦敦的枪械生产商"韦布利和斯科特"，抱怨这家公司的左轮手枪7月份才卖5几尼一把，现在居然涨到了10英镑。

这些"投机倒把"的行为引起了公愤。人们开始囤积食品，迫使一些德国商家关门，几乎所有店铺都在涨价。在慕尼黑，土豆价格翻了一番，面粉涨了45%，盐涨了3倍。在汉堡，一群愤怒的妇女冲进一家商店，痛斥店主"发战争财"，拿起店里的香肠把老板狠狠打了一顿。据《德国人民报》报道，一群买菜的和一个卖菜的女人就土豆涨价大吵了一场，土豆以往一千克

只卖6到7芬尼①，现在已经涨到12芬尼。卖菜的女人凶巴巴地辩解道："好吧好吧，你们要是不喜欢这个价，我就把土豆都卖给俄国人去！"几个人听了立刻冲上前去，扭打起来，直到警察赶来，才把女人从愤怒的市民手中解救出来。

与此同时，杂志上到处都是士兵和军事装备的照片和图片。报纸上除开与战争有关的新闻，其他一律不见了踪影。不过，这些消息大部分都是空穴来风。数学课上，老师在教孩子们做加减法时也用上了与士兵和军舰有关的应用题。描写战争的诗歌铺天盖地，几乎无一例外粗制滥造，不忍卒读。好比桂冠诗人罗伯特·布里奇斯的女儿伊丽莎白就写了这么一首："把我拿去尽管用，英格兰！在你需要我的时候。然后再还给我，英格兰！如果我的生命你还需要。这样的礼物会更好。死亡，我会为你的事业献出我的生命！"伦敦的杜莎夫人蜡像馆把德皇威廉二世的蜡像从皇家陈列馆移到了恐怖展室。英国人一向以英式幽默出名，现在也受到了战争影响。萧伯纳写了一篇文章，调侃交战双方不如把各自的军官一枪打死，散伙回家，结果惹来麻烦，图书馆和书店纷纷将萧伯纳的作品下架。那位自命不凡的文学大师约翰·柯林斯·斯夸尔号召人们把萧伯纳浑身涂满柏油，沾上羽毛。萧伯纳依旧不知悔改，反唇相讥道："倘若联军真的有心让德国亡国灭种，那么合适的方法应该是杀掉所有的德国女人。"

8月2日，来自舍伍德森林步兵团一个连的士兵列队开进了泰恩河畔的阿姆斯特朗造船厂，他们各就各位，部署在了一艘无畏舰周围。船已经差不多完工。这是一艘注定成为土耳其海军骄傲的军舰。500名土耳其水兵同一时间正乘坐一艘老旧的客轮沿泰恩河顺流而下，准备接管军舰。谁知，温斯顿·丘吉尔临时变卦，皇家海军需要优先使用。于是，短短几周之内，"雷沙迪赫"号就改了名字，成了"埃林"号，开赴斯卡帕湾，与大舰队会合。另外一艘战列舰"奥斯曼苏丹一世"则成了"阿金库尔"号。英国尽管提出向土方每日支付1000英镑，作为征用军舰的费用，并且承诺战争结束时原物

———————————————

① 芬尼（Pfennig），德国辅币名，100芬尼等于1马克。——译者注

奉还，否则全款赔偿，可土耳其舆论对于这样平白无故少了两艘军舰，依旧一片哗然，毕竟部分造船经费还是通过公债募集而来。土耳其人的怒火被点燃，直接促使君士坦丁堡下定决心，几天之后欢迎"戈本"号和"布雷斯劳"号的加入。土耳其的中立地位显然已经岌岌可危。

欧洲各国正在尽力自我调整，适应一系列新出现的同盟和敌对关系。在维也纳，弗朗茨·约瑟夫为了展示君主之间的团结友谊有多么牢不可破，拒绝了陆军部的建议，没有让第二十七步兵团改变之前"比利时国王步兵团"的称号。奥地利第十二轻骑兵团也被继续称作"英王乔治五世骑兵团"。不过，英国王室却在抓紧摆脱与德国人的关系，唯恐丢了大英帝国的面子，要知道海军和陆军司令的军服可都是德皇专门派人送给白金汉宫的礼物。人们忙着给公共场所改名换姓，重新起一个带有爱国主义色彩的名字。尼斯的符腾堡国王公园被改成了"阿尔萨斯-洛林广场"。柏林的大咖啡馆摇身一变，成了"团结咖啡馆"。咖啡馆的墙上挂着地图，随时更新战局变化，并且专门请人向客人大声宣读最新的战场消息。不少德国餐馆饭店把菜单中的法语和英语词汇删了出去。这下可好，食客们看着德语菜名，一头雾水，根本就不知道到底点了什么。与此同时，法国的比尔森啤酒也有了一个新名字，叫作"马斯啤酒"。

人们对于间谍的恐惧席卷欧洲。明斯特是有名的天主教城市，当地市民抓了几个修女，说是俄国派来的奸细。警方把市民公园的园长捉了放、放了捉，反反复复折腾了四次，仅仅因为园长习惯穿一身英国式样的外套。英国报纸从布鲁塞尔发来报道，声称"有五个德国间谍乔装打扮成神父，已经在布鲁塞尔被捕"。有传言说俄国间谍把德国人的桥给炸了，还在水源里下毒，慕尼黑警方只好满大街小巷地巡逻，好让公众放心水龙头里的水是安全的。贝尔格莱德有几个人遭到拘捕，据说是在泽蒙的莫斯科酒店为奥地利士兵打火炬，发信号。

巴黎的阿斯托里亚酒店遭人指控，说酒店的德国经理在酒店屋顶安装了某种仪器，可以监听法国的无线电波。酒店只好关门歇业。英国大使后来听到传闻，说这位德国酒店经理未经审判，就被枪决。大使虽然对这样的消息

不置可否，也只能无奈写到估计"会有不少屠杀出现"。《泰晤士报》刊登了一封读者来信，提醒人民要对某一类人严加防范。这些人住在英国，位居要职，具有德国血统，会对国家安全构成威胁。信是这样写的："过去四分之一个世纪里，有一些外国人位高权重，他们中有的已经归化，有的则不然。据说这些人和德国还有金融圈里的人一直保持着密切联系，早已渗透进了英国社会。"写信的人敦促务必对这些"身居高位、与德国串通一气的人"进行电话窃听，严密监视，在信的最后还念念不忘郑重其事地加上一句警告："我并不希望危言耸听，可我知道写的都是实话。"如此令人作呕的信的最后签名只有一个简单的"S"。

再将目光转向柏林，阿斯泰·尼尔森是一位有名的女演员，出生在丹麦。有一天，她正经过菩提树大街，突然听到有人在骂自己。尼尔森感到莫名其妙，回忆道："我的帽子被扔在地上，黑色的头发露了出来。'是个俄国人！'我听见有人在背后朝我大声嚷着，一只大手一下子揪住了我的头发。我大叫起来，又怕又痛。这个时候，一个男人走到我跟前，转过身来，认出了我。他对着我身后疯狂的人们大声喊着，告诉他们我是谁。身后的人放开了我，开始互相指责起来。其中一个挥舞着胳膊，像疯了似的，打到了另外一个人的脸上。血一下子就流了出来。'别待在这里，'救我的那个男人对我说，'这里的人彻底疯了，根本就不知道自己在做什么。'"

人们到处都在打听最新消息。新一期的报纸只要一出来，便会被从卖报人手中迅速夺走。喝咖啡的总在叽叽喳喳地说个不停，哪怕对面坐的人压根就不认识也停不下来。谣言变得越来越流行，也越来越离谱。在圣彼得堡，人们纷纷谣传奥皇弗朗茨·约瑟夫已经归西。驻守莫斯塔尔的奥地利士兵听说法国爆发了革命，法兰西共和国总统遭人刺杀。无所不知的"万事通"站在尼斯的梯田台地上预言饥荒即将到来，这将迫使德国在几周之内退出战斗。当地有个居民8月5日写了这么一段话："管他岸上的也好，海里的也好，没有一条和战争有关的消息是真的。报上写的东西全是凭空想象出来的。"在德国，就在同一个星期，《汉诺威快报》发表消息，公然谴责道："一帮畜生！……就在昨天，一个法国外科医生伙同两名乔装打扮的法国军官试图用霍乱细菌污染我们的水源。几个家伙被军事法庭就地正法。"还有人说比利时的暴民正在密谋加害德国公民。据说毛奇的士兵抓了一个比利时人，口袋里塞得满满的全是德国人的手指头。他把这些德国人的手指头割下来，只是为了拿走他们的戒指。

俄国人纷纷涌向当地火车站，只有到了火车站才觉得容易打听到最新消息，从莫斯科发来的报纸要好几天才能送到偏远地区，等到送到，也没有什么新鲜内容可以读了。乡下的人们跑到公路上，漫无目的地闲逛，碰到路过的就拦下来，看能不能问出点最新消息来。"有个人在路上见到一个哥萨克骑兵，喜出望外，"塞尔盖·孔杜拉什金讲述了发生在高加索地区的这么一个故事，"无比认真地听哥萨克人胡扯一通，还在耐心地盼着有什么好消息，可听着听着脑子就不好使了。"报纸姗姗来迟，孔杜拉什金的家人朋友全都冲到度假别墅的阳台上。二十几个人一窝蜂跑了出来，从8岁的到60岁的，有孩子、学生、职员、教授，还有医生。其中一个因为说话口齿清楚，被推举出来给其他人大声读报，这可真是具有契诃夫式喜剧色彩的一幕。推选出来的那个人于是把那些索然无味的旧闻又重新读了一遍，说什么已经宣战，德国人打到了波兰，俄国人开进了东普鲁士，头一批战俘被押解到了华沙，诸如此类。

关于战争到底会如何发展，人们众说纷纭，莫衷一是，讨论虽然激烈，却几乎都是无根无据的凭空猜想。德国专家对于前景预测极其乐观。《布伦瑞克通信报》某撰稿人宣称现代武器与战术将使死亡率降低，写道："诚然，有些冲突可能会相当严重，这一点无可否认。不过，整体死亡人数将会减少。现在动员起来这么多士兵，并不一定像想象的那样非得面对痛苦的经历。战争将不再是屠杀。"英国人开始关注德国人预计发动的进攻威胁，不少平民报名参加各地举办的步枪俱乐部。人们眼看着高射炮被装到了海军拱门和伦敦桥的上面，一个个惊得目瞪口呆。海军催着陆军部赶紧在海德公园布置几架飞机。

这种恐慌心理在北海的另一头同样感受得到。安娜·特莱普林住在德国港口城市库克斯港，她得到警报说英国军舰可能炮击港口，而她和三个孩

子就住在靠近海边的小屋里。厄斯金·柴尔德斯在战前出版的惊险小说《沙洲之谜》（*The Riddle of the Sands*）中描写了德国人的威胁，把英国读者看得兴奋不已。不少德国人同样对一本名叫《1906》的小说中骇人听闻的英国故事大感兴趣。小说出版于1905年，作者用的是匿名，叫作"西斯特恩"（"Seestern"），实际上是一个新闻记者，名叫费迪南德·格劳特霍夫。书中描写了英法海军进攻库克斯港，联军军舰和海岸要塞之间爆发激烈的炮战。特莱普林夫人只好鼓起勇气，带着孩子，搬去了汉堡。

据说当时的欧洲在欢迎这场战争的到来，这种说法放在今天，即使不能说不可全信，至少也需要具体情况、具体对待。不管哪个国家，农村的乡下人全都感到难以置信，惴惴不安。在街上欢呼庆祝的大部分都是一帮城里的年轻人，毫无责任感的那一类。凡是有脑子、明事理的都知道害怕。米歇尔·科迪是法国的一名高级公务员，他写了这样一段话："大战爆发带来的每一个念头，发生的每一件事情，对于我内心深处的伟大信念来说都是一种苦涩的致命打击。让我再也不敢相信人类在不断取得进步，在不断向着更加美好的幸福生活前进。我从来没有想过会有战争这样的事情发生。"

不过，有些充满浪漫主义和民族主义情怀的人却表现得无比激动。比如那位名叫"艾塔·吉"的奥地利妇女。她用诗一般的语言讴歌"这个伟大的时代……看这世界燃起熊熊大火，场面何等壮观"。即便到了8月2日在火车站哭哭啼啼送别当中尉的丈夫，这个女人仍然情不自禁地啧啧称赞："多好的（一代）年轻人，在欢笑和喝彩声中告别家人，去面对战斗与死亡。没有任何人胆颤退缩，没有任何人低声哭泣。难道这样的一支军队不该注定赢得胜利吗？"德国人的乐观最为明显，这无疑受到了1870年战胜法国的影响，德国人对于那个光荣时刻依旧念念不忘。德国"红十字会"提醒人们少给士兵们一点巧克力，那东西容易让士兵们打不起精神来。8月2日，一位记者在《每日评论》上撰文指出："德国在过去短短几天里经历了一场奇迹般的自我重生，将一切琐碎的外来的东西统统抛弃。这股极其强大的新生力量代表着对真实自我的重新认识。"

在8月4日的帝国国会会议上，贝特曼·霍尔维格强调指出，这一天将永远载入史册，成为德国历史上最伟大的日子。法金汉向帝国宰相说道："即使我们因此而失败，这一天也是美好的。"不少议员纷纷表示赞同。8月14日，贝特曼的秘书里兹勒欣喜地说道："战争、战争，人民已经站了起来。感觉之前好像从未发生过这样的事情，现在就这样突然出现，充满力量，在不断向前发展……表面上看似一团混乱，实则暗含着最意味深长的秩序。此时此刻，百万大军已经渡过了莱茵河。"有个女孩名叫格特鲁德·鲍默，写的那些话多愁善感、惺惺作态，令人作呕，典型体现了当时德国人的感受——"战争会让这个世界充满更多的爱，因为战争会教会一个人如何去爱自己的邻居，多过爱自己"。

相比之下，英国又是另外一番场景。海军部的诺曼·麦克劳德虽然承认"无论海军还是陆军都有一种自信的感觉，相信既然已经开始了这样一场伟大的事业，就有决心尽可能去把它做好，"可也意识到，"要说什么打仗的热情，那肯定是完全没有这么一回事的。当然，人们也会很快报名，自愿应征入伍，每个人都成了陆海军方面的行家里手，可是人们不会对打仗表现出喜悦，不会认为打仗是什么光荣的事情，而这在布尔战争刚刚开始和结束的时候表现得非常明显。吉卜林式的战争情结已经大抵被遗忘干净了。对于战争的恐惧至少在这个时候依旧看得见。"《经济学人》杂志着重强调了事态发展的严重以及对人类文明的长远影响，写道："从上周开始，成千上万的人被从农田和工厂里拉走，开始遵照欧洲王公军阀的命令相互残杀。这恐怕是人类历史上最为悲惨的惨剧……在不少眼光敏锐的人看来，一场社会动荡，一次波澜壮阔的大革命，都是无法避免的。这或许是欧洲大陆工人阶级最后一次任由自己听命于外交人士的发号施令，奉着好战军阀的命令，齐步走向死亡。"《经济学人》杂志同时提出疑问，质疑心怀不满的英国工人阶级，还有受到疏远压迫的爱尔兰人面对战争到来，会做何反应。一位记者写道："坦白地讲，在英国北部，还有很多人表现得无动于衷。"

情况的确如此。虽然有成千上万人很快自愿报名、参军入伍，可还有更多人本来可以成为新兵，却选择呆坐家中。有位多伊尔先生，在达勒姆郡的伯特利有一栋大宅子。他在给《约克郡邮报》的信中写道："我们应该开始

严肃认真地教育民众战争的意义到底在哪里。几天前，我路过我们这里的一个大村子，看到十来个年轻人在田里操练，就停了下来。这些年轻人都已经参军。靠在周围栏杆上看热闹的人至少要多6倍。我问其中一个看热闹的小伙子，问他身体相当结实，像个运动员，为什么只看不练。小伙子把我上下打量了一番，直截了当地说：'因为练这个没有意义。我们6个月都派不上用场，等到6个月过完，也不会有什么敌人了，德国会被从地图上抹去的。'另外一个年轻人在一旁插话道：'这是别人打仗，不关我们英国的事。让奥地利和塞尔维亚尽管打个你死我活，分个输赢。德国要不是被俄国人逼着，也不会参战。我们就该在一旁看热闹。不管怎么样，没事就好。海军会保护我们的安全。'"

不过，另外一些人则在心驰神往着能够有朝一日穿上一身卡其布军装。作家艾伦·帕特里克·赫伯特虽然天生反对偶像崇拜，却在多年之后写了这么一段文字，对讽刺音乐剧《哦，战争多美好！》（*Oh, What a Lovely War!*）进行了批评。这部音乐剧暗示赫伯特和他这一代人"之所以会进到部队里去，要么是因为被唱着爱国歌曲的少女迷住了眼睛，要么就是被那些霸道的贴布告的逼着进去的"。赫伯特公开宣称坚信英国参战是为了正义的事业，对于自己参军上阵，无怨无悔。大多数英国知识分子对赫伯特的观点表示认可。托马斯·哈代认为"英国这一次是无辜的……之所以会爆发战争，是因为德国人想要打仗"。牛津大学历史学教授沃尔特·雷利爵士向一位朋友亲口承认："当我听到德国人谈论他们的宿命，还有如何实现宿命的时候，我就知道，这一天终将到来。我既高兴能在有生之年见到这一天的到来，又为不能亲自投身这场战斗感到难过。"很多人把参军服役描绘成了一幅理想的画卷。蒙塔古便是一个。他在自传性小说《不公》中写道："总会去做一些平常不难的事情，总能随心所欲地放松自己……每天身体强壮地过日子，总能让自己得到释放，只要下一个决心，就在列队行军齐步走的过程中，就在一招一式地操练演习当中……就让或欢快，或严肃的军号声带着你度过每一个忙碌却又轻松的日子。"有位朋友谈起蒙塔古，说他是"唯一一个凭着一股子勇气，能够在一夜之间让白发变黑的人"。的确，47岁的蒙塔古虽然一开始反对战争，可为了能够参加掷弹兵近卫团，竟然把一头白发染成乌黑。

英国难得有几个家庭像罗伯特·埃米特一家那样，眼看大战将至，还怀着战斗的热情期待战争来临。埃米特是一个富有的美国人，来自美国东海岸，时年43岁，从1900年开始就一直住在沃里克郡，成天猎狐消遣，每逢假日总会在莫里顿·帕多克斯的私人宅邸里举办聚会，参加的大多是骑兵和预备役军官。这帮人"成天把自己弄得忧心忡忡"，生怕政府临阵退缩，不敢宣战。在这些人看来，"宣战是对德国悍然入侵比利时天经地义的回应"。这帮人一天到晚总是电话忙个不停，向伦敦俱乐部的门童打听最新消息。埃米特在美西战争中曾经参加过纽约国民警卫队，当过中尉。好不容易等了一个星期，挨到星期二，带着全家人去了伦敦。一家人还是和以往一样住在克拉里奇酒店。埃米特待到在酒店安顿住下，便对妻子和三个年少的儿子开始发话，说自己现在只有两个选择，要么悄悄离开，回美国老家去过安稳日子，要么留下来，拿起武器上战场。埃米特表达清楚观点之后要家人做选择。三个儿子毫不犹豫地一口答应留下来。"接下来该轮到孩子母亲表态了。孩子母亲也勇敢地说了一声'好'。再加上我的最后表态。全家人达成一致。我心里的大石头终于落了地。"

待到大战爆发的那个星期，已经当上少校的埃米特回了一趟沃里克郡，在自家草坪上升起了星条旗。虽然，埃米特这样做是为了表示与英国团结对敌的决心，邻居们却误解了他的一番好意。埃米特的姐夫打来电话，告诉埃米特要是不把旗子给降下来，他家的房子肯定会被人一把火烧掉。人们会以为埃米特这样做，是打算在德国人打来的时候表明自己的中立立场，好保护自家财产安全。这下可惹恼了埃米特，他坚持了三天，思考再三，终于把美国国旗给降了下来。埃米特随后很快便把在帕多克斯的私宅捐献出来，在战争的余下几年里一直用作医院，自己则负责训练新入伍的骑兵，还有刚刚参军的三个儿子。

放眼整个欧洲，每个家庭看着新一轮经济困难即将到来，都在各自调整家庭开支。家中的佣人被纷纷辞退，生活变得拮据起来。不少德国女仆发现工作难找，只好纷纷跑去城里的餐馆厨房打工。瓦奥莱特·阿斯奎斯和父亲

在埃尔科爵士家中住了一个周末，只要向维尼西娅·斯坦利一提起受到的怠慢，就气不打一处来——"埃尔科爵士突然给家中所有仆人发了最后通牒，要么去参军，要么卷铺盖走人。爵士随后动身去了伦敦，把可怜兮兮的埃尔科夫人——就是阿瑟·贝尔福的老相好——一个人丢在家里收拾烂摊子。埃尔科先生闹出这么大的乱子，居然跟埃尔科夫人连招呼都不打一个。这里的人连打仗的事情听都没听说过，说起来也真够可怜"。

原材料短缺迫使大批工厂要么减产，要么干脆暂时停工。德国的失业率从7月份的2.7%一下飙升到了8月份的22.7%。靠回扣佣金过日子的销售人员见收入在一天天缩水。柏林有一位牧师，住在莫阿比特的出租公寓区。在他看来，对战争充满热情，不过是知识分子们闲来无聊的消遣。《莱茵报》注意到"在我们工人阶级生活的地区，每到天色将晚便随处可见紧张的气氛。没有人闲谈细语，也没有人轻声哼唱。只听见有人在低声抽泣，看见男人脸上面色凝重……既没有人高喊爱国主义口号，也没有人三呼万岁，只有辛苦劳动和默默牺牲"。有位记者去伦敦东区的霍克斯顿采访，那个地方"从来都是穷人聚居区"，结果发现住在那里的人们"生活在战争恐惧的重压之下，生活困苦，处境艰难"。兰开夏的情况尤为糟糕。当地五分之一的棉织机已经停产，还有七分之一只能短时间开工运转。超过十万棉纺工人失业下岗，伯恩利有一半人口一时之间没了工作，普雷斯顿的失业人数也占到了全城人口的三分之一。

犹太裔历史学家古斯塔夫·迈尔8月12日见到父亲一脸痛苦万分的样子，父亲在柏林策论多夫区开的窗帘店因为生意做不下去，只好关掉。在弗莱堡，参军入伍的差不多有一万人，占了城里劳力的绝大部分。有家工厂有231个工人，走了154个。迪特勒的家具厂损失了54名工人，占员工总数的三分之一。当地一家出版社更惨，少了100多人，绝大多数是印刷工。建筑行业几乎一夜之间垮了下去。纺织品和皮制品生产商受原材料短缺所累，损失惨重。

大量征用马匹造成的社会与经济影响不容低估。陷入困境的不止农业，还有各类运输行业。虽说汽车将很快流行成为代步工具，可在1914年那会儿，但凡火车到不了的地方，只有马和牛才是运人送货的惯常方式。在德国哈雷附近的乡下,有个牧师说得直截了当,比起征用劳工当兵,征用牲口和货车更让农民日子难过。在英国,虽然政府给予一定补偿,马匹还是遭到无情征用。每征用一匹军马补偿40英镑,给军官当坐骑用的每匹60英镑,这个价钱已经算得上相当慷慨,有些马主人甚至开始四处搜寻那些平庸的狩猎用马。盖伊·哈科特–弗农是掷弹兵近卫团的一名陆军中尉,他写给家人的信中既有乐观的精神,也有迷茫,还带着一些侥幸心理。信是这样写的:"只要俄国人一开进柏林,也就是再过4—6个月的光景,战争就会结束。不过,我希望他们不要像巴尔干战争那样围着战利品吵个没完。我不知道他们到底会不会派我们上去。他们不是在征用马匹么?真是这样的话,就让'柴尔德'去吧,不过他们如果要的话,得收60英镑。要换别的路子,可能还卖不到这么多钱。"伦敦塔下,买来的马匹被拴在一起,排成一列列长队,站在护城河的沟里。

约克郡的斯莱德米尔庄园占地辽阔,农田成片。8月5日,每一个运货的马车夫都收到了动员令。马克·赛克斯爵士是议会议员,在南非服过役,是当地有头有脸的大人物。赛克斯爵士一直相信将来战事一开,军队运力肯定吃紧,为此找到陆军部,说服陆军部私底下答应自己的计划,把自家附近务农的工人召集起来做自愿兵,负责开车。这些人虽然从未受过军事训练,但也属于征召对象。赛克斯自己出钱召人开车,还分了级别,有的叫"马车夫",有的叫"工长",还有的叫作"路主",不同级别配有对应的"黄铜翻领徽章"。1913年,陆军部负责给这些人每年分发赏金,金额在1—4沙弗林[①]不等。只要在规定时间之内,在斯莱德米尔跑一个八字形的路线,过几个障碍,就能拿到1沙弗林,这笔钱想来实在好赚,马车夫们都管这个叫作"傻瓜钱"。8月5日晚上8点刚刚一到,就有800多个驾马车的聚集在了陆军勤务部队在布拉德福德的兵站,每个人都分到了军装,还接受了一小会儿培训。这批人中的大多数几个星期之后就已经开着车,出现在法国了。

大战之所以来得如此匆忙,原因并不在于民众的民族主义狂热,而在于

---

① 沙弗林(Sovereign),英国旧金币名,面值1英镑。——译者注

这七个国家政府中那一小撮政客的个人决定。战争尚未爆发之前，这几个国家中的绝大多数只有极少一部分民众上街游行，要求开战。没有任何证据表明这一小部分民众的所作所为能够影响到决策者。恰恰相反，正是因为开战已成事实，才加速推动了人们的爱国主义热潮，让各方各派为了各自的事业团结起来。不少人此前一直强烈反对战争，到了这个时候也认为争争吵吵的日子应该到头了，国家团结成为一种责任。有位清教教士住在黑林山，他注意到那些天主教徒以前对自己不理不睬，现在居然会主动打起招呼，道一声"牧师，你好"。艾芙丽德·库尔当时12岁，和爷爷奶奶一起住在施奈德米尔。她在8月3日写道："我们要学唱一些新的歌曲，唱的都是打仗有多么光荣。城里人们的热情每时每刻都在高涨。成群结队地上街游行，高喊：'打倒塞尔维亚！德意志万岁！'每个人都在扣眼上戴着黑、白，红三色绒球，要么就打着黑、白，红三种颜色的蝴蝶结。"

陆军元帅罗伯茨伯爵深受英国民众爱戴，声望颇高。他在8月6日的《泰晤士报》上撰文指出："不管是说'我的祖国对又如何、错又如何'，还是说'对也好，错也好，都是我的祖国'，只要是配得上人这个称号的，这都是内心深处最宝贵的情感。"即便是像拉姆齐·麦克唐纳这样坚决反战的原工党领导人也认为时间紧迫，"能够报名参军的都应该去报名参军，在兵工厂工作的就应该全心全意干好手头的活儿"。整个法国，各党各派都在形式上谋求政治和解。8月4日，在巴黎，法国卜议院公开宣读了总统普因加莱的亲笔信。总统在信中号召各党派、各阶级结束纷争对立，把法兰西第三共和国紧紧团结起来。普因加莱的呼吁赢得了雷鸣般的掌声。昔日的党争政敌也纷纷相互握手。"祖国正处在危险之中"这句话一时被人们挂在嘴边，津津乐道，成为"神圣的团结"的最好体现。无论法国还是德国，这种团结都被人理解为右派政治势力的胜利，反映了反战社会党力量的减弱。

8月刚刚开始的几天，英国工党在好几个大小城市组织集会，号召"停止战争"。费边党人比阿特丽丝·韦伯参加了在特拉法尔加广场举行的集会。凯尔·哈迪和乔治·兰斯伯里在集会上先后发言。韦伯觉得这些人的讲话无论形式还是内容都让自己感觉不到有所触动，她后来这样写道："唱一唱'红旗'，摆一摆早就是陈词滥调的激进决议，说什么争取世界和平，这样的表演只会让人觉得脸上无光，根本起不到作用。"韦伯注意到即便是不少激进的反战人士"也认为我们必须和比利时站在一起"，她对此表示了认同。不过，韦伯对于"利用宗教刺激爱国主义"仍然不敢苟同，认为这是"令人恶心的亵渎"。她当时脑子里想到的可能是伦敦主教说过的一席话——"这是有史以来为了基督教进行的最伟大的一场战争……是我主耶稣与铁拳暴力的较量"。

回到圣彼得堡，在尼古拉耶夫斯基、巴尔迪斯基和瓦尔沙夫斯基三大车站，成千上万人在铁轨旁的基督圣象前点燃蜡烛，送别即将前往军营报到的亲人。弗莱堡的天主教大主教在向信众谈起这场战争时用了"祸患"这个词，言下之意上帝让人世间有此一劫，是为了考验信众。一位执行宗教仪式的牧师用洪亮的声音大声宣布："打败德国，伟大的自由圣战！摧毁一切腐败与邪恶！治愈德国人民身上的伤口！让新的一代生长。他们将是全新的一代，满怀着对主的敬意，对责任和友爱的忠诚。"在哈布斯堡帝国，色考主教欣喜地宣称自己相信这场战争将带来新的（精神）秩序："那些不信主、不信耶稣的文明，那些没有宗教信仰的高级政治统统都将完蛋。"

在这场同时上演的支持战争大戏中，俄国的最有看头。8月4日，圣彼得堡的德国大使馆遭到暴民洗劫，一个可怜的看门人被人杀害。有个俄国人向英国通信记者亚瑟·兰塞姆翻译了一句话——话原本是古罗马人用来宣判迦太基终将灭亡的誓言——"德国必将毁灭"。两天之后，将近25万人在莫斯科集会，高唱爱国主义歌曲。即便是在外省城市，少了大都市的精英阶层，人们仍然涌上街头。有人高举沙皇尼古拉二世的画像，上面装饰着俄罗斯国旗。人们在高喊"沙皇万岁！人民万岁！"

如此狂热的一幕虽然在不少城市上演，却并没有多少俄罗斯人会天真地认为这场战争会给自己带来好处。事实上，从来就没有哪一场战争能够带来好处。越是社会底层的人，越是怀疑战争，说得更加确切一些，越是悲观。历史学家艾伦·怀尔德曼写道，俄国农民将这场战争视为"一次上层阶级毫无意义的冒险，付出代价的却是自己"。孟什科夫是《新时代报》的主要专

栏作家，他写道："今天已经不像苏沃洛夫和拿破仑那个时代，今天的人民大众既没有信念，也没有能力去热情如火地支持一场战争。"在里加，一边走着的是高举旗帜，欢呼庆祝的队伍，另一边则有人在高呼"反对战争！"

某些地方因为反对拉人当兵而发生了暴动，或者至少是因为征兵时采取的具体措施不对，想要出一口恶气。一位政府官员从托姆斯克发来电报，声称："预备役军人在到处制造混乱……在新西伯利亚，一群预备役军人把商店洗劫一空，随后准备开始抢劫集市，直到军队赶来增援，暴乱才得到制止……暴徒们向军队投掷石块。"有人开枪，打伤了一名士兵，军队随即朝人群开枪，打死两名平民，还有两人受伤严重。与此同时，好几个村子里的预备役军人抢劫了酒店，有些人在愤怒地游行示威，要求得到食物，反对征用马匹，说没有马，干不了农活。

在巴黎，艺术家保罗·马泽去荣军院报名参军，结果发现不再现场接收自愿入伍者。有个陆军中士上了年纪、头发花白，看到这个年轻人垂头丧气的样子，对他说了句："不用担心。只要仗还没打完，你就会如愿的。"马泽能说英法两种语言，后来在勒阿弗尔加入刚刚登陆的英国远征军，成了随军翻译，最后当上军官，还赢得了勋章。每个国家都有大批年轻人，尤其是搞文学艺术的，想一睹战场的模样。这些人与其说满怀热情，倒不如说充满好奇。路德维希·维特根斯坦出生在维也纳，当时25岁，正在剑桥师从伯特兰·罗素学习哲学，一开始以为打仗能够让自己找到机会，摆脱纷繁错杂哲学思想和对未知事物思索的痛苦折磨，于是自愿报名，参军入伍，还把受到的礼遇写进了用密码写成的日记里面。"我现在就能够干活了吗？"维特根斯坦8月9日问了自己这么一个问题。"我很好奇未来的生活是什么样子。维也纳的军事当局对我很有礼貌。那些军官一天下来得接待好几千人，可还是彬彬有礼地耐心回答了我的问题。这些事情让我深受鼓舞，让我想到了在英国人们都是这样待人接物的。"不过，维特根斯坦的满腔热情短短几天之后就泄了气。他被分派到了一艘名叫"哥普拉纳"号的巡逻艇上，在维斯杜拉河上当探照灯操作员。维特根斯坦发现这些普通水兵不但不讨人喜欢，简直就是令人厌恶："这帮船员都是一群讨厌的蠢猪！做事毫无热情，举止粗鲁，头脑愚蠢，满怀心计！所以说什么拥有共同的伟大（战争）事业就能让人性变得高贵，根本就不可信。"

保罗·哈布当年24岁，德国人，老家在斯特滕，是个小村子，靠近斯图加特。哈布自愿报名参军的时候已经和21岁的女友玛丽亚订了婚。哈布是8月4日动身去的前线。临行前给父母写了一封信："请把我的衣服洗了，收得久一点，我到时候会开口问你们要的，到时再把包好的衣服打开……玛丽亚的信就放在放订婚戒指的匣子里，里面还有我的表链和其他一些纪念品，这些东西能让我想起和玛丽亚在一起的美好时光，请代我好好保管。我想我很快就会回来的。"和其他不少人一样，哈布也会很快感到失望的。

战争催生出好些新的忠义故事，相当引人注目。1914年7月的最后几天，英国小说家、公务员厄斯金·柴尔德斯就干了一件叛国通敌的事情。他驾着自己的小艇"阿斯加德"号驶进爱尔兰的霍斯港，为爱尔兰民族主义独立民兵送去了一船步枪。这些枪支都是从德国走私过来的。谁知短短一个月后，44岁的柴尔德斯就被第一海军大臣温斯顿·丘吉尔招至麾下——丘吉尔可不管柴尔德斯开着"阿斯加德"号干了些什么——成了一名海军预备役军官，并且就如何应对德国在北海沿岸的动向提出建议。柴尔德斯1903年发表惊险小说《沙洲之谜》，书中写的是德国如何阴谋进攻英国的故事。在此之前，他在弗里斯兰群岛一带有过多年的航海经历。现在，这位作家为海军部专门起草了一份备忘录，建议先打下博尔库姆岛和尤伊斯特岛作为跳板，为日后发动对德两栖作战做好准备。柴尔德斯写道："沿埃姆斯河谷而上，发起进攻……这个计划看来是绝佳的机会，能够给予敌人致命一击，结束战争。"他最后总结道："身为起草人，我斗胆希望如果军队需要，能够有幸为国效力，不管是负责飞机防护还是其他职位，只要能够执行本备忘录中草拟的任何一项行动即可。"

8月20日，柴尔德斯作为情报官，登上了水上飞机母舰"恩加丁"号。两天之后，海军元帅约翰·杰利科伯爵与温斯顿·丘吉尔共同造访该舰，柴尔德斯的爱尔兰老乡看到他向二位高官敬礼握手时一定会感到大为惊讶。柴尔德斯写道："船上一派喜气洋洋、乐观自信的气氛。虽然荒唐，可用'悲观'

二字形容或许更加准确。如此粗制滥造的一艘小小游船，装上几门玩具枪一样的蹩脚大炮，停着几架花里胡哨的小飞机，谁都明白葬身鱼腹是迟早的事情，心里反倒高兴起来。不过，说实在的，真的没人能够预知命运，因为这是一场全新的战争，一场实验，结果如何，没人能说得准。"不管哪个国家，能有这样先见之明的人为数不多，柴尔德斯算是一个。这些人为能够在20世纪的首场大战中出一份力感到高兴，因为那些最让人兴奋的新机器将在这场战争中派上用场，天空中将布满飞行的"魔毯"。

第三节　出发

　　除了丘吉尔和哈尔登两个人，英国其他内阁大臣对于军事事务可以说全都一无所知，这帮人也清楚自己在这方面到底有多孤陋寡闻。的确如此，在那个时代，所有国家的政客都希望把战略和军事科学这些事情完全丢给军人打理，这样的错误只有等到他们老了才懂得后悔惋惜。阿斯奎斯有意重新任命哈尔登担任陆军大臣，后者在过去十年里一手主导了陆军改革，做事大刀阔斧，颇见成效。可是，阿斯奎斯做不到这一点，因为那位大法官已经成为以《泰晤士报》为首报刊媒介口诛笔伐、恶毒攻击的对象，被斥为"亲德分子"。陆军大臣的位置最终被让给了有"KK伯爵"之称的陆军元帅——喀土穆的基奇纳伯爵。基奇纳是英国最负盛名的军人，如此安排自然迎得广泛好评。这位新上任的陆军大臣同时拥有不少非比寻常的优秀条件，比如说，少年时期曾在瑞士生活过一段时间，能说一口流利的法语。1870年，基奇纳曾在法军战地救护部队短期服役，有一回乘坐热气球在空中观察卢瓦尔集团军，不料回来得了肺炎，不得不就此终止了救护部队的服役生涯。

　　基奇纳伯爵为人不苟言笑，节俭朴素，寡言少语。不过，此人有着明显局限，不仅完全不谙政事，而且对政客嗤之以鼻。劳合·乔治笔下就曾描述过伯爵在内阁开会时是如何"大着嗓门，喋喋不休""眼神中流露出来的神情冷漠孤傲，仿佛把谁都不放在眼里，一看就知道与一帮格格不入的人待在一起有多么难受。毕竟他和身旁坐着的这帮家伙斗了一辈子，心中看这些人总是一如既往地带着军人才有的轻蔑与忧虑"。

基奇纳是一个不合群的人，从不习惯与他人商量，也不对人袒露心声，即便进了陆军部也丝毫不改行事的作风。基奇纳一向对法军看不上眼，1911年的时候就跟劳合·乔治说过：一旦开战，德国人"就会像赶山鸡一样把这帮法国佬打得落花流水"。即便如此，基奇纳依旧算得上一位出色能干的军人。他在1914年做出的重大贡献在于坚持认为英国必须做长远打算，以备长期作战。基奇纳发现全凭一己之力单打独斗，要将一支由散兵游勇组成的皇家军队转型改造成为一支能够适应欧洲大陆作战的陆军，困难重重。常备军也好，预备役也好，再加上地方自卫队和近乎乌合之众的民兵，英军分布在世界各地、多多少少受过训练的兵力总共也就733514人。谁都知道这一点人手远远不够，可令人遗憾的是，基奇纳却搞糟了扩军计划。明眼人都知道正确的做法应该是在现有地方自卫队的框架上进行改造，可是这位新任陆军大臣根本就不把"地方军"放在眼里，决定抛开地方自卫队，创立一支"新军"，军官士兵全部起用新人。混乱接踵而至，成千上万满怀热情，参军入伍的年轻人从1914年8月开始，直到第二年在法国战死沙场，这期间承受的苦难折磨，说起来无一不是辛酸痛苦的故事。

8月份自愿报名参军的人当中有一个年轻人名叫罗伯特·裘德，21岁，是个工人，在工厂里做工，来自伦敦南部。裘德一开始想加入海军，被派往德文波特参加试训，结果因为"受不了听人发号施令"，没能通过。裘德连同三个工友很快去了东肯特郡步兵团，待到一行人赶到坎特伯雷兵站，却发现那里一没东西吃，二没地方住，只好凑合着在军营广场上睡了一宿。几个人接着去往帕弗利特的一座营地，发现每张帐篷底下都住了22个人。"我们这里什么人都有！"裘德写道，"各种穿戴，千奇百怪……每隔几分钟就会走一次队列。我可真是烦透了拿士兵玩这种把戏。到了吃晚饭的时候，饭菜端上来一看，只见'热水里面泡着几块东西，那也叫作肉'。"当局给裘德和其他新兵放假三天，商量如何安置。谁知五分之一的人就此走掉，再也不见回来。

不少自愿参军的人遭到拒绝。作家杰罗姆·K.杰罗姆写过一本书，名叫《三人同舟》（*Three Men in a Boat*），该书堪称描写爱德华时代幽默诙谐剧的不朽名篇。杰罗姆在被英军拒收之后跑去法国，当了一名救护车司机。不过，话说回来，杰罗姆毕竟已是55岁高龄，穿不上英国皇家陆军的军装也不奇怪。有个步兵团打广告招募军官，上面大言不惭地写着："相貌端正，举止得体的公学学生优先考虑。"不过，即便有些应征者符合这样的标准，也会被拒之门外。《泰晤士报》刊载了一封读者来信，信是好几个人联名写的，自称"八个未获任命的军官"。八位作者均表达了不满，认为自己"身体健康，英勇无畏，绝对适合现役军人"，却仅仅因为三十出头，就被认为年龄偏大，不被授予军衔，令人恶心。这帮人打算转为普通士兵，不过希望能够和自己具有相同社会背景的人分在一起，写道："欢迎所有年龄相仿，条件相同的公学学生参加我们的非正式聚会，共商组建'射手兵团'事宜。地址如下：布鲁克西街59号。"英国人这个时候正兴致高涨地组建"同好营"，待到日后到了法国才知道下场有多悲惨。

某些爱国人士认为如果年轻后生不太积极自愿报名，那么姑娘们也可以"尽一点绵薄之力"，好让小伙子们感到羞愧，不好意思不去参军。伯纳德·哈姆利那天正好和一个朋友在温布尔登公园打高尔夫球，刚刚打出一记漂亮发球，正在自我庆祝，两个女孩从附近的会所走了出来。一个女孩尖声说道："这个球打得可真漂亮，不是吗？希望你们打德国人的时候也能打得这么漂亮。"两个女孩说完还给了哈姆利二人一人一根白色的鸡尾巴毛[1]。哈姆利两个于是赶紧表明身份，说自己是伦敦第一步枪旅的军官，这次出来只有几个小时的时间，放松一下而已。两个姑娘听了，多少有些不好意思，勉强说了几句道歉的话。

斯蒂芬·朗在卡姆登大街也碰到一位女士送给自己白色鸡尾巴毛。他告诉对方自己只有17岁，在铁路上班，属于"预备役工作"。谁知这位小姐愤

---

[1] 白色的鸡毛有"懦夫"之意，旧时视斗鸡尾部长有白色羽毛为劣种，不善斗。这种用法到了18世纪之后，在英军和一些爱国团体中尤为流行，甚至被某些早期女权主义者拿来羞辱不愿参军入伍的男子。——译者注

愤不平地说道:"这种话我之前就听过",还把白色鸡尾巴毛递到朗的鼻子跟前。朗只好跟另外一个负责招募士兵的中士解释,把同样的话又说了一遍。没想到中士答道:"19岁?那不正好吗?"

"可我只有17岁,我是1898年生的。"

"1896年生的?那太好了。要的就是你们这帮狗娘养的来打仗。"中士说完就把朗的名字写了上去。

有些女性迫切希望自己能够拯救祖国于危难之中,却发现很难找到胜任的事情。不过,格莱蒂斯·温特波顿是个例外。温特波顿的丈夫亚齐是第5龙骑兵团的一名中尉。温特波顿发现战场上根本就没有妻子和母亲的用武之地,大为不满,于是把几个孩子全都送去乡下,开着自家的汽车,自告奋勇地来到驻守奥尔德肖特的骑兵师找埃德蒙德·艾伦比少将。艾伦比少将是骑兵师师长,被部下戏称为"公牛"。他在8月14日抽空给温特波顿写了份证词:"兹证明本人乘坐的汽车由亚齐·温特波顿女士亲自驾驶。温特波顿女士完全具备当驾驶员的能力,我有信心推荐她做这份工作。"不过,陆军仍然不让温特波顿去战区工作。温特波顿后来加入一支英国志愿军部队,当了一名救护车驾驶员,和比利时人一同作战,几周之后就在枪林弹雨中开始工作了。

协约国刚刚开始部署的时候自信在纸面上对敌占有优势。俄、法、英三国,再加上比利时,总人口达到2.79亿,而同盟国只有1.2亿。协约国军队动员了199个步兵师,同盟国只有137个。骑兵师比例为55∶29。由于协约国总兵力中俄军占到一半,因此人们还在做着美梦,幻想西欧战场上能够出现沙皇军队的身影。

兵力部署是早就定下来的。德国人往西线调派了7个集团军,用于实施毛奇修改过的"施里芬计划",对法军实施大包围,以求速战速决,一举击垮对手。奥地利几乎派上了一半兵力进攻塞尔维亚,剩下的放在加利西亚,留着对付俄国人,那里是俄属波兰与奥匈帝国的交界之处。塞尔维亚准备在西线抵御奥地利人的侵犯。俄国人投入了两个集团军进攻东普鲁士,另外四个集团军用来对付奥地利人。法国则在着手实施"第17号计划"。法军在8月6

日之前接到的命令是不得进入比利时境内，飞机也不要飞越比利时领空，确保德国人为破坏比利时中立地位承担全部责任。

只有英国在如何开始军事行动的问题上举棋不定，跟之前在战和问题上犹豫不决一模一样。内阁专门召开军事会议。首次会晤在唐宁街举行，由阿斯奎斯主持召开，时间是8月5日下午4点。摆在英国人眼前的困境在于能否下定决心，把那支小小的陆军派到英吉利海峡的对岸去。格雷和诸如亨利·威尔逊这样的老兵尽管一向支持渡海作战，还跟法国人做过保证，可有几位重要人物仍然坚决反对。这几位大人物认为英国有能力、也应该只打一场海上战争。英国战前有关大陆战争的计划相当一部分集中在海上封锁，对德实行经济战这一块儿。可是，这个计划要想开展下去并不容易，部分原因在于外交部并不希望同其他中立国家把关系搞僵，况且还指望着能够继续维持英国的贸易。对全球金融灾难性崩溃的恐惧与担忧是另外一个关键原因，使得英国在这方面束手束脚，不敢轻举妄动，毕竟这样的金融危机现在已经初露苗头。更何况，既然战争危机看起来只需持续几个星期，欧洲的命运就将尘埃落定，那么花上好几个月封锁禁运，迫使德国垮台，似乎无利可图。另外还有人经过思考，提议利用皇家海军的海上控制权，在德国的波罗的海沿岸派兵登陆，开辟第二战场。

诺斯克里夫勋爵是欧洲最有势力的报业大亨，旗下拥有《泰晤士报》和《每日邮报》两大报纸，一开始对卷入任何形式的大陆争端都持坚决的反对态度。"我听说要派英国远征军去法国，到底是搞什么名堂？"勋爵对着手下一帮高级主管大声叫道，"简直是胡闹。一个士兵都不要离开这个国家。我们的舰队厉害得很，要什么，就能帮什么。我可不会支持派兵出国，哪怕一个兵都不成。要是敌人打进来该怎么办？我们英国自己该怎么办？没有我的同意，一个兵都不许走。明天你就给我在报上登出来，叫他们统统不许走！"不过，这一回倒是难得，这位报刊大王在一众编辑苦口婆心的劝说之下竟然回心转意，改变主意——诺斯克里夫的报纸对派遣远征军一事表示了支持。

有人在8月5日的军事会议上提出了一些古怪的建议。陆军元帅约翰·弗伦奇爵士对英国的那帮盟友表示严重怀疑，一心想着既然要打，那就不如单干，一切行动都尽量不要让法军插手。弗伦奇在唐宁街的会议上提议在安特卫普一带布置阵地。中将道格拉斯·黑格伯爵将指挥一个军的兵力。黑格在会后写道："弗伦奇爵士说英国远征军从安特卫普开始作战，和德军发起对攻，会有'优势'。这种没脑子的话，我一听就怕了。也不想想德国人实力有多强，而且还保持兵力完整。"黑格日后将成为英国历史上带兵上阵的将军里头最出名、没准也是最出洋相的一个。他详细阐明了自己的观点，担心"如果从一开始就和法国人各自为战"，恐怕会输掉这场战争，同时还对基奇纳的看法表示认同，认为这场战争不可能很快结束。

黑格1914年时53岁，脑瓜机灵，相比其他人算是受过不错的教育，在牛津大学读了三年之后进了桑德赫斯特皇家军事学院。黑格并非贵族出身，祖上是苏格兰人，以酿造威士忌为业。在时人看来，黑格既是一个有能力的管理者，又是一个会打仗的指挥官，不料名声却在死后一落千丈。从后来出版的战时日记可以看出他这个人对于那么多人战死西线表现得无动于衷，冷酷漠然，而且对于阴谋暗斗颇感兴趣，确实令人恶心——黑格厚颜无耻地利用妻子多丽丝身为女王随身侍女，谋取一己之私。不过，考虑到黑格生活的那个时代、阶层还有社会环境，他这个人虽然永远不会赢得后人爱戴，却与1914年—1918年西线惨烈的背景相契合，没有任何一个国家的任何一位军事将领拥有与之匹敌的崇高名望。黑格身为军人，能征善战，绝非漫画里讽刺那般。

不过，黑格在8月5日的军事会议上提议英国应该先缓一缓，推迟几个月，待到兵力更加强大，在组织、训练和装备上准备更加充分时，再向欧洲派遣部队。黑格的意见把亨利·威尔逊吓了一跳。威尔逊一针见血地指出法国的生死存亡就算并非短短数日能够看到，至少也是几个月内才见分晓的事情。不管英国能够派遣多少兵力，英国的盟友都迫切需要人手增援。英国政府之所以下定决心，立刻派遣远征军，威尔逊当记头功。纵观历史，一个资历相对较浅的军官能够产生如此巨大影响，的确少之又少。

军事会议于是在翌日正式授权，政府批准向法国派遣远征军。远征军由一个骑兵师和四个步兵师组成。另有两个步兵师暂时留守国内，负责本土防

御。留守部队意在维持兵力平衡，以备紧急部署之需，任务包括在劳工阶级不满，可能引发社会秩序混乱时进行镇压。如此一来，英国远征军最初的兵力不仅比不上法国，甚至就连比利时都不如。即便如此，派遣远征军赴欧作战也足以成为英国政府最关键的战时战略决定。毕竟，考虑到绝大多数英国政治人物以及国内民众骨子里的岛国性，这些人原本永远都不会去想一想自己的国家是否真的无法避免卷入这场欧洲大陆的地面战争。

一如事先预计的那样，英国远征军的指挥权被交到了弗伦奇爵士的手中。这位61岁的老骑士拥有爱尔兰血统，因在布尔战争中立下战功赢得盛名。就在几个星期前，弗伦奇还因为卷入"克勒克兵变"麻烦缠身，甚至为此辞去了帝国陆军总参谋长的职务，此番虽然重新走马上任，可还是担心职业生涯就此走到尽头。虽然，自由党政府和不少上流贵妇感觉这位约翰爵士可怜兮兮，值得同情，可弗伦奇作为最高司令官，还是不够资格。弗伦奇视野有限，平生从未指挥过如此庞大的部队。倘若去了法国，就得与这个关键盟友紧密合作，可他连一句法语也说不上来。黑格在8月11日写道："我知道在我国面临如此危机之际，弗伦奇根本就不适合担任如此重要的指挥职位。"黑格的这番话得到了业内人士一致认可。威尔逊本可担任弗伦奇的总参谋长，因为英国高级军官当中只有他一人在自信程度上堪比霞飞，却因为在北爱尔兰危机中大力支持橙党深受牵连，不得不屈居阿奇博尔德·穆雷爵士之下，挂上了一个听来相当古怪的头衔—— 副参谋长。

劳合·乔治后来回忆起那段日子的纷争迷茫，感慨道："那是我头一次觉得这位军事领袖有多么不靠谱，明明判断错误还要固执己见，不仅把事情弄得一团糟糕，还从不和人协调合作。法国和我们英国有史以来组建的最精锐部队就这样被他输得一败涂地。"诚然，这位政治人物是因为这场战争才口出此言，对军人极尽挖苦之能。这位财政大臣的话，尤其是对于基奇纳的侮辱确实过了头。关于弗伦奇最中肯的评价应该是他身为总司令，接下来在战场上的指挥能力，比起其他欧洲列强、不管是哪一边的军事同行来，都只能说是半斤八两，一样差劲。

基奇纳给约翰爵士的指令是8月10日下达的，其中有一段极为关键。这一段话在接下来的好几个星期一直被那位总司令理解为示弱胆怯的表现。话是这么说的："从一开始就必须承认英国的军队，加上应急增援部队，在兵力上十分有限。只要时时考虑到这一点，就应该明确意识到最重要的保护措施在于更大程度减少人员伤亡和物质消耗……尔部理应，也定能找到机会，在战争中充分展示无畏的勇气与严明的军纪。不过，各级军官都应清楚意识到这是我军首次经历欧洲大陆战事，不像以往对付未经训练的敌人，作战行事务必更加小心谨慎。"换句话说，基奇纳心里清楚得很，即将到来的这场战争和自己十六年前在苏丹，拿着大炮和加特林机枪大肆屠杀手持长矛的德尔维希人，完全是两码事。

英国人在1912年下半年，也就是第二次摩洛哥危机之后组织成立了一个铁路执行委员会，应对战时铁路管理问题。此时此刻，委员会立刻行动，很快将远征军的部队运送至各大港口，等待上船，效率之高，令人印象深刻。不过，就在弗伦奇的士兵在皇家海军的大炮保护下乘船越过英吉利海峡的时候，陆军部还在就部队登陆之后如何行动，争争吵吵，意见不一。基奇纳预计德国人会越过默兹河长驱直入，因此倾向于将英军集中在亚眠，远在比利时边境的后方。亨利·威尔逊对于陆军大臣的意见深感不安，在8月12日会后写道："他还在以为德国人会从默兹河北面进攻，趁我们来不及集结部队，把我们打个落花流水。"

基奇纳的判断是对的。事实上，他在战略评估上体现出来的洞察力要远在法国参谋部之上。可是，威尔逊认为英军的头等要务在于阻止德军速战速决——虽然当时还没有发明"闪电战"这个词，但威尔逊说的就是这个意思——他的看法同样言之成理。就这样，就在那个闷热的夏天，就在陆军部，基奇纳最终向威尔逊做出让步，同意英国远征军向前推进至边陲重镇莫伯日，在法军左翼就位。

此时此刻，一切都只关乎调兵遣将，兵贵神速。《伦敦新闻画报》刊载了一张照片，画面上是报刊销售巨头"WH Smith"连锁店在伦敦的马厩，马儿被集中关在这里，烙上印记。自愿兵的训练房和兵站一般设在各城市的中心地带，这样的话，地方自卫队动员的骡马炮兵连就要穿过伦敦金融区的中

心地带，奔赴战场。巴黎有一位时髦的神父，叫作穆涅尔神父，有一天在巴黎北站外面一家咖啡厅里听一帮年轻人做忏悔。这帮年轻人个个家境殷实，正迫不及待等着奔赴战场。"神父先生，快一点。我的火车差不多要开了。"有个人去位于阿斯托尔大街8号的格雷夫尔伯爵宅邸参观，走进院子，见到一群年轻人，隐约记得好像在哪里见过，后来才认出原来是伯爵仆人，正准备出发前去各自的部队报到。这些房间曾经举行过那么多华丽盛大的聚会，现在人去楼空，只传来空荡荡的回声。访客走进屋内，只见主人正在吃着冰冷的午餐，午饭是管家从外面餐馆买回来的，这也是管家最后一次在主人面前服务。只见这位仆人摘下帽子，敬了个礼，然后便去贝尔福的军营报到去了。

欧洲绵延数千英里的铁路线上，一车又一车士兵随着列车慢慢悠悠地摇来晃去，昏昏欲睡地向着指定的战场进发。人们表达同仇敌忾的方法感觉多少有些做作。法国人在车厢两旁用粉笔写着"德国佬去死！"之类的标语；英国兵则喜欢用"绞死德国皇帝！"这样的字眼。德国人的运兵列车上装饰着新剪下来的绿色树枝。弗莱堡有一个人，8月6日那天挤在人群里观看城里的步兵团列队出征，被小伙子们漂亮的军装，还有坚定的神情给深深吸引住了："人群突然发出一阵欢呼，原来是机关枪连走了过来……接着是野战炊事班……接下来是运送给养和驮包的马车，所有马匹都披着新的马衣，每一辆马车、每一件设备都焕然一新。让人赏心悦目。"在施奈德米尔，艾芙丽德·库尔看见城里的部队迈着坚定的步伐，朝着火车站列队走去，嘴里唱着《坚守莱茵河》，赢得了围观群众的阵阵掌声。"士兵们肩并着肩，像灰色的潮水一样涌上月台。每个士兵的脖子上都挂着花环，要么胸前别着花圈。枪膛里插着翠菊、紫罗兰，还有玫瑰，好像要用这些花朝敌人开火一样。每个士兵脸上都带着严肃的神情。我还以为他们会兴高采烈地笑起来呢"。按照德国人当时的道德规范要求，在车站慈善机构工作的年轻女子应该由年长的已婚妇女监护。一位地方长官不无挑剔地提醒人们注意："在这支拿着武器的军队后面，还有一支为爱献身的大军。"

列车缓缓驶出月台，把送行的人们抛在身后，渐行渐远。一个高个子士兵把身子从车窗里探了出来，小艾芙丽德大声喊着："再见！"那个士兵也报以善意的回答："再见了，姑娘！"在312个小时之内，共有1.1万列火车横穿德国，将119754名军官、210万士兵和60万匹战马送往法、比、卢交界的各个集结区。毛奇麾下七个西部集团军的步兵、骑兵和炮兵一日之内便渡过了莱茵河，动用火车560列，每列均由54节车厢组成。

在俄国腹地，塞尔盖·孔杜拉什金看着一列接一列长长的火车从眼前驶过，满载着一车又一车士兵，缓缓朝北驶去，只听见车厢与车厢之间减震器碰撞发出的咔咔声："女人们大声喊着，哭着，送别自己的男人。有的人因为悲伤，已经虚弱到站都站不起来，只能互相依偎着，靠在对方胸前，哭喊着：'天啊，他是我的男人，我的爱人啊！'"列车载着萨姆斯科伊轻骑兵团的战马与骑兵，发出叮叮当当的声响，穿过莫斯科城。一位路人在为士兵们祈求上天保佑，还把一座圣像送给了机枪排的指挥官。

弗拉迪米尔·利陶尔是一名陆军中尉，父母都住在圣彼得堡。利陶尔连跑一趟莫斯科中央电信局的时间也抽不出来，那里是他唯一的地方，能够打个电话，告诉父母自己已经出发上了前线。利陶尔后来写道，其实不管发生什么，父母也不会有多么难舍难分。他们的态度很明确，既然儿子选择了当兵这条路，那么打仗就是合同上写好了的事情。"他们只会希望我平安，简单说一句：'上帝保佑'"。车站里头，不少马匹在拼命反抗，不愿往涂着深红色油漆的木头车厢里钻。不过，马是无论如何都要弄上车的。等到马儿上了车，整团人马也就动身出发了。火车一列接一列开出热泽夫车站，向西南驶去。即将奔赴前线的士兵们朝窗外望去，只见一位上了年纪的老中士，头发已是斑白，正挺直腰杆站在那里举手敬礼，脸上淌满了泪水。

催人泪下的场面不止这一幕。利赫诺夫斯基亲王在离开德国驻伦敦大使馆时一路上哭个不停。符腾堡大公看着自己的部队动身开赴前线的时候同样潸然泪下。温斯顿·丘吉尔在送别亨利·威尔逊前往法国的时候情难自已，嚎啕大哭，让这位参谋官好不感动，写道："我从没这样喜欢过他。"虽然，有些即将出征的英国士兵已经算是老兵，参加过殖民地战争，可其他人对于打仗到底是怎么一回事仍然一无所知。卡斯勒罗斯爵士是一名中尉，在爱尔

兰近卫兵团当军官,这辈子几乎从未受过军事训练,只是因为指挥官上司是家里的世交,碍于面子才答应带这个年轻人上战场。护卫队在招募人手方面自有一套。有个移居海外的英国人从加莱回国。此时此刻的英吉利海峡到处可见南下的汽船,船上满载着英国远征军士兵。这个英国人坐船经过一艘运兵船,只见数百士兵沿着船栏,一字排开,用洪亮的声音齐声高喊:"我们勇于赴死!"英国人回忆起这一幕时不无感慨,说话的口气依旧带着他这个年龄和身份特有的傲慢:"这样一场战争居然能让这帮傻大个嘴里发出这样伟大的声音,确实难得!"

8月3日凌晨5点,比利时掷弹兵团的查尔斯·斯坦和战友们就被嘹亮的军号声给吵醒。两个小时之后,斯坦和战友们已经排好队伍,领到了各自的战地包扎包。团长上校对全团士兵进行了训话,告诉士兵们战争看来无法避免,比利时必须为了保卫自己,奋战到底。士兵们齐声高喊:"国王万岁!比利时万岁!上校万岁!",随后迈着整齐的步子,从围观的人群面前走过。人群中有人在欢呼,也有一些人,尤其是女人则在哭哭啼啼。

即便如此,打仗似乎仍然是一件让人不懂害怕,反而感觉兴奋的事情。约泽·切维尔巴是一名画家,年纪轻轻,颇有前途,此时此刻也成了一名奥匈帝国的步兵。他在信中向朋友吐露了心中的迷惑,写道:"我到底回不回得来,只有老天知道。不过,如果真的回来,就得像个男人一样堂堂正正地回来。我知道人在这样的坏境中都会成熟……这一年里头有太多事情让我操心,让我常常从梦中醒来。我都已经计划好了去威尼斯旅行。"陆军中尉夏尔·戴高乐写道:"再见了,我的家,我的书,我熟悉的一切。一切或许就这样画上句号,生活看上去会比现在要紧张得多,最琐碎的小事也会蹦将出来,让人觉得慰藉。"话虽如此,可戴高乐承认自己并不害怕,有能力成为一名职业军人。他在期待着这趟"未知的冒险之旅",这场冒险自己"之前早就赞美过……毫不畏惧"。普略·德·迪于斯上尉属于那种心里怀着崇高快乐幻想的人。在他的笔下,"前线这样的词充满魔力,让人感觉无上光荣,豪情万丈,包含着所有美好的、高尚的人类优秀品质。一想到为了保卫祖国,能将自己化为一捧黄土……出发的时候就掩饰不住内心的激动"。

8月16日是星期天，波茨坦车站聚集了一大群人，一个个欢声笑语，热情洋溢，身上穿着灰色的军服，胸前的勋章闪闪发光。这些人即将登上列车。这11节车厢将载着德皇威廉二世、毛奇和一干随行人员前往科布伦茨，刚刚装修完毕的司令部就在那里。总参谋长毛奇几天前已经说了："这个世界倘若还有一丝正义可言，那么我们就必须打赢这场战争。"毛奇直到此时脑子里仍然抱着这个念头。尽管，下属们颇有微词，可鉴于毛奇身体状态每况愈下，妻子伊莱扎和贴身侍女依旧得到德皇亲许，随军同行，照顾毛奇的饮食起居，毕竟没有任何人要比毛奇对挑起这场战争担负更大责任。火车缓缓驶出车站，这一批身着军装的乘客们要经过一天一夜的旅行才能到达目的地。每一个人都对车上一丝不苟的安排啧啧称道——每一间包厢外面都写着乘客的名字；火车刚一发车，就餐座位顺序就已安排停当。不过，还是有那么几位对如此美酒佳肴、奢华享受感到些许不安。有人心有疑虑地写道："我们到底是去打仗，还是去享受？"

有个10岁的男孩名叫伊夫斯·孔加尔①，住在靠近色当的德法边境线上。他在7月29日写了这么一段兴高采烈的话："我在想打仗到底是怎么一回事，我好想当一名士兵去打仗。"谁知道就在几天之后，战争的残酷就降临到了孔加尔住的小镇头上——德军先头部队越过边界，进入法国。德军占领色当之后，把所有汽车、马匹，还有喝的吃的，就连家里的电话全都毫不留情地抢了过去。伊夫斯的爸爸也和其他人一样被抓了起来，扣作人质，防止镇上

---

① 伊夫斯·孔加尔（Yves Congar，1905—1995），法国天主教士、道明会修道士、神学家，1905年4月13日出生于色当。"一战"期间，色当被德军占领，孔加尔写了很多日记，还画了不少插图。这些具有历史价值的日记后来被发表，让人们看到了这场战争在一个孩子眼中究竟是怎样的一番模样。文中提到"伊夫斯的爸爸"名叫乔治·孔加尔，是当地的一个银行家，战争期间被德军流放到了立陶宛。伊夫斯年轻时曾修学哲学、神学，后于1925年加入道明会，教名"马里—约瑟夫"，"二战"期间成为法军的随军神职人员，军衔中尉，1940年被德军俘虏，经过五年战俘生涯，于1945年获得解放，后被授予"法国荣誉军团勋章"。伊夫斯在战后继续任教著书，成为20世纪最著名的罗马天主教神学家，是普世教会合一运动的先驱，1994年11月被时任罗马教皇约翰·保罗二世任命为枢机，1995年6月22日因病辞世。——译者注

居民反抗。

　　总有一些人，不管再如何小心翼翼地踮着脚，都会踩进战争刚一开始的那一滩血泊之中。弗洛伦斯·法姆伯勒①是英国人，在俄国自愿报名当了一名战地护士。她见到的第一个死掉的士兵是一个军官的马夫，名叫瓦西里，是个小个子，还没来得及上前线就被主人的马一脚踢中脑袋，送到医院后不治身亡。法姆伯勒偷偷跑到停尸房去看："只见尸体又瘦又小，都已经干瘪得起了褶皱，看上去更像是个孩子，哪里像个成年人？僵硬的脸上惨白惨白，我从来没有见过有人脸色这样奇怪，两颊也陷了下去。"人们在死者眼睑上涂了些方糖，这样可以把眼睛闭上。从此以后，战死沙场的人再也不会有谁得到这样的优待。美好的序曲已经结束。战争伊始的美好幻想不复存在，取而代之的只有残酷的现实。

---

① 弗洛伦斯·法姆伯勒（Florence Farmborough，1887—1978），英国女作家、摄影师、护士、大学讲师，1887年4月15日出生于英国白金汉郡，1908年移居俄国，先后在基辅和莫斯科当过家庭女教师，1914年"一战"爆发后自愿参加"红十字会"，在加利西亚和罗马尼亚前线担任战地护士，期间写有日记，拍摄了大量照片，并为《泰晤士报》和BBC担任战地记者，"十月革命"后被迫返回英国，成为英国皇家地理协会成员，1926年赴西班牙瓦伦西亚大学任教，这期间亲历西班牙内战，为西班牙国家广播电台担任英语播音员。1974年，法姆伯勒将自己早年在俄国的日记和照片结集成册，写成《在俄国前线当护士》（*Nurse at the Russian Front*）一书。法姆伯勒终身未嫁，1978年8月18日因病去世，享年91岁。——译者注

第四章
德里纳河的灾难

虽然，西线将成为这场大战的主战场，屠杀却是从东线先开始的。康拉德·赫岑多夫指挥的奥匈帝国军队对塞尔维亚率先发难，以报大公被刺的一箭之仇。7月29日天刚蒙蒙亮，贝尔格莱德的居民们就被枪炮声惊醒，声音是从河边的边境要塞泽蒙的方向传来的。几个小时之后，奥地利海军的浅吃水炮艇开始沿着萨瓦河和多瑙河顺流而下，炮轰塞尔维亚首都。炮弹击中了大教堂周围的一些建筑物。街上顿时空无一人。河上有座桥梁，是连接塞尔维亚与哈布斯堡帝国的必经之路。塞尔维亚士兵引爆了桥上的炸药，爆炸声震耳欲聋。碎石四散飞溅，击中了一艘奥地利人的炮艇，船上大部分士兵坠河淹死。塞尔维亚工兵见此情景，兴奋不已。

人们成群结队地企图逃出城去，他们在贝尔格莱德车站围住了三列火车，这些火车正吐着蒸汽，准备开往东部。火车最后还是吐着黑烟，缓缓出发了。家家户户穿着形形色色的衣服，凡是拿得动的行李一律带上，就连车厢顶上也堆得满满的。奥地利军舰的炮弹从河上打过来，在最前面一列火车周围炸开，车上的人群立时陷入一片混乱。"枪声、炮弹爆炸的声音，还有女人、孩子惊恐的哭叫声混杂在一起，"斯韦塔·米卢蒂诺维奇写道，"幸运的是并没有人被弹片击中，轮机长开足马力，全速冲过死亡区域，向托普希德驶去……（与此同时，在贝尔格莱德）经过第一轮炮击之后，不少女人开始给男孩子披上披肩，套上裙子，以为这样做会让敌人将其当成女孩，手下留情。"

塞尔维亚外交部官员日万·日万诺维奇写道："奥匈帝国1914年7月对塞

179

尔维亚宣布发动的这场战争来得如此突然，让人措手不及，简直就像地震、火灾和大洪水。塞尔维亚已经经历过两场巴尔干战争，难道现在不比任何时候都需要和平吗？"日万诺维奇的这番话显得虚伪做作，他本人就是"埃皮斯"德拉古廷·迪米特里耶维奇的妹夫，后者正是刺杀弗朗茨·斐迪南大公的背后主谋。就算塞尔维亚人民不该因为奥匈帝国对自己的祖国宣战遭此大难，那些秘密参与黑手会阴谋的人也根本没有资格扮演无辜的受害者。可是，这帮人要做的正是假装清白。

　　塞尔维亚领导人心里明白自己根本不可能指望在军事上赢得对奥地利的胜利。可是，如果军队能够勉强撑下去，等到兵强马壮的几大盟友在其他地方打赢胜仗，那么这一仗也许多少，不，应该说是完全有利可图。一个泛斯拉夫人的国家将从哈布斯堡帝国的废墟上崛起。学校里，老师们在地理课上给孩子们教的可是从前的塞尔维亚国。马其顿、达尔马提亚、黑塞哥维纳、克罗地亚、巴纳特，还有巴齐克，统统都是塞尔维亚版图的一部分。有位英国游客对塞尔维亚人的遭遇颇为同情，写了这么一段话："每每看到多瑙河对岸的风光，每一个塞尔维亚人都会难以释怀。每一个塞尔维亚人都在翘首远眺对岸那个曾经属于他们的帝国。同胞们的家就这样星星点点地散落在那一片带着柔和棕色、蓝色和黄色的平原上。"为了故国家园，塞尔维亚人不惜一战，就像那首古老民谣传唱的那样："我是一个塞尔维亚人，生来就是一个战士。"

　　与此同时，隔河相望另一边的奥匈帝国统治者们发动了这场蓄谋已久的战争，完全没有意识到自己的军队虽然外表光鲜，不可一世，事实上早已僵化腐败，垂垂将死。亚历山大·冯·布罗施·阿雷瑙将军战功赫赫，多年来一直辅佐弗朗茨·斐迪南南征北战。阿雷瑙在7月29日满心欢喜地写道："奥地利这个国家倘若论起潜力来，比美国还要大。奥地利人从当年的忍辱负重、碌碌无为、无所事事、软弱无能，现在一下子变得镇定自若、生机勃勃、沉着稳重。每一个人都为伟大的祖国和领袖感到骄傲不已！那封（给塞尔维亚的）最后通牒着实令人振奋……接下来的动员如此顺利。现在又正式对敌宣战，纵使我等军人也感觉喜出望外。任你俄国熊如何嚎叫，也休想插手干涉！这一招接一招，环环相扣、步步进逼，纵使俾斯麦和老毛奇二人在世，处理起来也断无这般英明果敢、大刀阔斧……游刃有余。塞尔维亚被我们打了个措手不及……已经摇摇欲坠，朝不保夕，跟着的那几大强敌也被统统镇住，不知所措。塞尔维亚人早就清楚纵使任何人插手，也救不了自己。"阿雷瑙的这番话突出反映了奥地利的指挥官们究竟有多么目中无人，将这场欧洲大陆的战祸劫难视为儿戏，其中最典型的代表人物首推康拉德。军事领导人的乐观情绪也影响到了普通民众。西格蒙德·弗洛伊德就写过这样的话："这恐怕是过去三十年来，我头一回感觉自己是个奥地利人，想和这个帝国再去努力奋斗一把。这个国家曾经让人感觉毫无希望。现在却处处可见奋发向上的气氛，简直再好不过。只要从一开始充满勇气地去干，就能让人自由释放。"

奥地利把整个欧洲拖入了大战，只是为了惩罚，或者说得更加确切一点，消灭塞尔维亚。可是，同盟国将要面对的对手要比塞尔维亚更加强大，也更加难以对付。为了在战场上击败协约国，紧密合作势在必行。7月30日，德国驻维也纳武官卡尔·冯·卡格内克上校向毛奇的副手提出请求，要求"必须绝对做到开诚布公，互通有无，避免重蹈以往联合作战的覆辙"。然而，事态发展截然相反。同盟国之间没有采取任何行动进行有效合作。康拉德或许自有理由，只动用一小股兵力来对付塞尔维亚，以防对手先发制人，留着奥地利陆军的大部分主力应对俄国的威胁，毕竟俄国人在波兰的加利西亚地区蠢蠢欲动。只有待到打败俄国，才能转头好好收拾塞尔维亚人。

德皇威廉二世在7月31日给维也纳的信中写道："在这场艰苦的斗争中，胜负关键在于奥地利应该集中主要兵力对付俄国，切莫同时分兵进攻塞尔维亚。由于我军大部分兵力将受到法国牵制，因此这一点尤为重要。在这场大战中，德奥两国必须并肩行动。塞尔维亚只是一个小角色，无足轻重，只需采取最基本的防御措施即可。"德皇的话可谓常识，康拉德却对此置之不理。不管是在这件事情，还是其他事情上，这位奥地利陆军总参谋长空有满腔热情，却思维混乱，分不清轻重缓急，竟然将兵力一分为二。康拉德用19个师去对付塞尔维亚人的11个师，然后调派另外30个师去加利西亚和俄国人

的50个师决一胜负。德奥未能通力合作，达成战略一致，双方都负有责任。两国都只顾按照自己指挥官的意图行事，各自为战。康拉德在波斯尼亚调派了两个集团军，两支部队一开始相距70英里，这样做只是为了从西面进攻塞尔维亚和塞国的小兄弟蒙特内格罗。还有一支集团军原本留在奥地利境内，8月份只用了三个星期便匆忙组建完毕——如此做法形同儿戏——就被重新部署到了加利西亚，打算从贝尔格莱德西面渡过萨瓦河，南下进攻。

进攻塞尔维亚的军事行动由波斯尼亚总督奥斯卡·博迪奥雷克将军负责指挥。此人刚刚搞糟了弗朗茨·斐迪南大公在萨拉热窝的安保工作，却在一个月后受邀指挥如此至关重要的军事行动。博迪奥雷克虽说打了一辈子光棍，唯一的事业就是当兵，却对军事发展的方方面面，现代的也好，重要的也好，一概充耳不闻，视而不见。博迪奥雷克一生从来未经战阵。奥军训练装备乏善可陈。军中的斯拉夫士兵早就心存不满。指挥官们对于火炮弹道等技术细节从不关注，毫无兴趣。博迪奥雷克本人曾经千方百计阻挠购买现代山炮，而这种武器用于塞尔维亚的地形将十分管用，所谓步炮协同纯粹就是空话。1906年的一场战略会议上，参谋官们正在讨论补给方面的问题，博迪奥雷克打断讨论，插话说道："打仗就要挨饿！要是今天给我20万人打一仗，我保证只要10万人就能打下来。"

有人以为康拉德及其属下都是英勇的骑士，浑身上下散发着维也纳宫廷的高贵气质，可这帮人在战争期间的愚蠢野蛮行径让这一切幻想统统化作泡影。康拉德及其幕僚早在入侵塞尔维亚之前就已开辟第二战线，专门对付不忠的少数族裔——波斯尼亚和黑塞哥维纳从7月26日开始实施军管。成百上千塞尔维亚人被关押起来，其中包括三位奥匈帝国国会议员。在斯洛文尼亚，地方官们坐着马车，从一个区窜到另一个区，大声宣布实行宵禁。一小队人马每经过一个十字路口都会停下来。先是一个鼓手把鼓敲得咚咚作响，吸引人们注意。接着会出来某位地方名流，穿着黑色外套，戴着高顶礼帽，高声朗读宵禁告示。

过往路人很少有人真正留心正在上演的这一幕。借用斯洛文尼亚人瓦伦汀·奥布拉克的话来说，这是因为"人们尚未意识到宵禁令的真实意图"。

宵禁的确是过于严苛了。发出反对之声的报社纷纷遭到强行关闭。在杜布罗夫尼克，有50人遭到处决，其他地方被杀的人更多。在奥地利，据说有些捷克人仅仅只是因为喊了几句"塞尔维亚挺住！"就惨遭毒打，在林茨甚至有人被活活打死。这个帝国生活居住着200万塞尔维亚人。如此暴行频发，将迫使成千上万塞尔维亚人越过边境，加入贝尔格莱德的军队作战。

与此同时，塞尔维亚人民并非空有一腔狂热的民族主义热情，他们同样知道如何拿起武器，上场打仗。在过去的两次巴尔干战争中，塞尔维亚人已经积累了足够经验，而这却是哈布斯堡帝国军队所不具备的。塞尔维亚人从来不惧牺牲。来到塞尔维亚的外国人总会感叹塞尔维亚观众对于《科利奥兰纳斯》的疯狂喜爱。这场莎翁笔下最血腥的名剧每每上演，剧院总是座无虚席。塞尔维亚人将这场与奥匈帝国的斗争视为千载难逢的良机，可以借此实现建立泛斯拉夫人国家的大业。塞尔维亚人口不过区区400万，却动员组建了一支将近50万人的军队，八成兵力已经在西线部署停当。盟友蒙特内格罗的4.5万兵力则在更为靠南的地方就位待命。

塞尔维亚人将在祖国的崇山峻岭中展开反抗，他们将得到地方游击队，也就是人们常说的"革委会"士兵的支援。《泰晤士报》的随军记者写道：塞尔维亚军队"不容小视"，将给奥地利军队制造"相当麻烦"。这样的话不能不说颇有先见之明。塞军士兵中间没有阶级之分，大家互为同志，鲜有出身高低的等级之见。一个普通士兵如果和某位军官是老乡，相互认识，通常会先敬礼致意，再互相握手。官兵之间这样打交道在其他国家军队当中几乎难以理解。"我们都是塞尔维亚人，都是农民出身，这是我们大家的骄傲。"有位塞尔维亚上校向一名美国记者解释道。不过，塞军武器匮乏。1914年动员部队里有三分之一的士兵没有配发步枪。国内弹药生产效率低下。到了7月末，由于急需武器，只好经常挨家挨户搜查枪支。军装也是之前巴尔干战争留下来的，早就破破烂烂。许多新兵只能分到短上装和帽子，有人甚至连这一点行头也分不到手。塞尔维亚总参谋长在向陆军部的汇报中指出，应该下令告示新兵从家里自带衣服靴子前来报到，因为"我们这里根本就没有军装，至少暂时没有"。不过，好在塞尔维亚人喜欢打仗，而且能征

善战。塞尔维亚人把这场战争首先视为一场充满浪漫色彩的冒险。每一个团开赴前线时都会有两到三个吉普赛人走在前面，有的吹着风笛，有的拉着一种塞尔维亚特有的提琴，有时哼着情人的恋歌，有时唱着胜利的赞歌，还有的时候吟诵着历史长诗。

"埃皮斯"的妹夫日万·日万诺维奇对于这股躁动不安的乐观热情描述道："日夫科维奇的人们在高唱：'我们打败了土耳其人，我们赶跑了保加利亚人，现在该轮到奥地利人了。来吧来吧，让奥地利人看看到底谁更厉害'。"地质学家塔迪加·佩约维奇看到士兵从克拉古耶维奇的后方基地列队出发，奔赴前线，随身装备居然只有一把铲子和鹤嘴锄，却士气高昂，斗志万丈，他不禁惊讶不已。士兵们兴高采烈地开着玩笑，说这些铲子和锄头都是专门用来埋那些德国死尸"施瓦本"的——塞尔维亚人用这个词来表示弗朗茨·约瑟夫和威廉二世的仆从走狗。奥地利人在战场上只装备了10厘米口径火炮，也没有重型火炮。相比之下，塞尔维亚人不仅拥有更加现代的15厘米口径榴弹炮，而且很快就会让对手看到他们用起这些武器来是如何得心应手的。

塞军总参谋长拉多米尔·普特尼克元帅已是67岁高龄，依旧能征善战。此人与黑手会过从甚密，却没有几个塞尔维亚人为此担心。七月危机爆发之际，这位坚强的老兵正在匈牙利温泉疗养，把塞尔维亚的战争计划锁在了贝尔格莱德的一处保险柜里，钥匙只有他自己一个人才能拿到。普特尼克的手下无奈之下，只好用火棉炸开保险柜，取出文件。奥地利人最后一次展现战时风度，让这位老将军回国。普特尼克虽然轻微感染肺炎，可8月5日已经重回岗位，指挥作战了。

塞尔维亚政府清楚，首都贝尔格莱德坐落在多瑙河畔，是本国与匈牙利的交界之处，一旦开战，势难守住，于是将政府文档和工作人员全部提前转移东撤至尼什。一同转移的还有几位重要特使，俄国特使瓦西里·斯特兰德曼便是其中之一。动员令一下，到处乱作一团，火车也只能缓慢前行，路上耗去的时间几乎是正常时间的两倍。塞尔维亚大臣们刚刚在新的住地安顿下来便立刻把俄国公使团围了起来，要求俄国迅速提供武器装备支援。塞尔维亚人一开始提出的要求是20万套军装和4台无线电发射器。

即便如此，漫不经心、疏忽大意仍是常事。财政部公务员米兰·斯托雅迪诺维奇写道："我们直到现在还是搞不清我们和祖国到底要做什么……只是相信塞尔维亚一定会赢得胜利。我当时搞不懂，现在也没弄明白，这份自信从何而来？这种对胜利的疯狂信念究竟从何而来？我们只有400万人，敌人却有4500万。而且，就是这种稳操胜券的信念让我们在面对战争时表现得胸有成竹，甚至在欢歌笑语。为了转移到尼什，我这个部门需要前前后后忙上整整两天两夜，所有人都在唱个没完没了，人人眼神发亮，信心满满，这边房间里一群人刚刚唱完，隔壁另外一帮人又拉开嗓子，唱了起来：

> 保加利亚，你这个叛徒，
> 来到布雷加尔尼察河干上一架！①
> 滚吧，奥地利，滚吧！
> 同样的命运在等着你！

不过，随着奥地利人在多瑙河上的军舰，还有对岸匈牙利一侧的大炮对准塞尔维亚首都一起鸣炮开火，贝尔格莱德居民一时间伤亡惨重。警察从一条街道跑到另一条街道，脚下路上全是碎石玻璃，眼前的人个个灰头土脸，满身血污，耳畔传来的爆炸声震耳欲聋。警察警告市民要么找地方躲起来，要么赶紧逃命。不少人一把拿上能够带走的家当，跟跟跄跄地逃去乡下避难。可是，乡下到底安不安全，又有谁说得准？日万·日万泽维奇第一眼见到贝尔格莱德遭到炮轰时感慨道："我现在终于体会到了为什么土耳其人要管老城叫作'战争之家'。这个名字实在太贴切了。炮弹从各个方向飞来，在

---

① 布雷加尔尼察河（Bregalnica）是马其顿共和国境内的第二长河，也是第二次巴尔干战争中布雷加尔尼察战役的战场。交战双方为塞尔维亚王国和保加利亚王国，战役爆发于 1913 年 6 月 30 日，7 月 8 日结束，是第二次巴尔干战争中规模最大的一场战役，以塞尔维亚取胜而告终。不过，在保加利亚史书中，布雷加尔尼察战役和随后进行的卡里曼奇战役（Battle of Kalimanci）被认为是同一场战役，后者于 7 月 18—19 日进行，保加利亚人取得了最后的胜利。——译者注

城里四下炸开，到处都是。"

斯拉夫卡·米哈伊洛维奇是一名医生，早先的几场战争中曾经为国参战。他见到首都有些人处变不惊，竟然待在城里不走，感到非常惊讶，写道："只要炮火一停，咖啡馆就会重新开业，人们也会赶紧跑回店里，来上一杯葡萄酒，或者一杯拉基亚，聚在一起谈论最新的消息，等到喝完再匆匆忙忙跑回家去，等着新一轮炮击开始。敌人的炮火持续不断，在城内四处开花，恐惧进一步扩散……食品供应出现了不少问题。炮火一停，就会看见女人、孩子，还有老人慌慌张张地跑来跑去，手里提着篮子，赶快找齐要用的东西。"

约万·祖约维奇在外交部上班，8月6日一整天都在帮着贝尔格莱德地质学会的工作人员收拾东西，把珍藏的陨石标本打包装箱。没想到待到装箱完毕，却发现找不到办法，趁着奥地利人炮击还没开始把木箱给运出去。到了第二天，法语协会的图书馆被炮弹击中，燃起熊熊大火。祖约维奇又和一群市民忙上忙下，把馆里的藏书给抢救出来。可惜，图书馆最终还是被烧成了一堆断垣残壁。当晚，贝尔格莱德大学大部分校舍也被烧毁。祖约维奇在日记里痛苦地写道，情况已经相当明了，奥地利人炮口对准的就是文化设施。祖约维奇后来把那些陨石标本全都搬回家中，好好藏了起来。

与此同时，两个奥地利集团军正从南面和西面横穿波斯尼亚，向位于塞尔维亚和蒙特内格罗交界处的德里纳河大步前进，一路尘土飞扬。每一名步兵都被60来磅重的背包压弯了腰，在炎炎夏日下挥汗如雨。奥军士兵虽然每人都配发了肉罐头作为额外给养，可这会儿大多数人已经把罐头丢在路上，没有随身背着。奥地利人迟早会为此追悔莫及，因为野战炊事房和补给车还远远落在大部队后面。"我们星期一穿过亚布拉尼察，到了拉马，"马提亚·马雷希奇是冯·拉奇伯爵步兵团的一名士兵写道，"天气实在太热。感觉渴、渴、渴！身上的行头重得像铅一样，天气热得让人实在难耐，可还得继续向前，向前。人有时候真的会忍不住问自己，到底为什么来到这个世上。难道就是为了来受罪的吗？"

开车的奥地利士兵简直拿汽车不当一回事，要知道军队里就那么为数不多的几辆宝贝汽车。巴尔干半岛的公路没有铺路，坑坑洼洼，开车的全然不顾，只知一路猛冲。亚历克斯·帕拉维奇尼是一名自愿兵，专门负责开车，8月6日的日记写得相当难过："要是照这样继续开下去，车子很快就会全部报废。这些人看来认为汽车是永远不会坏的。"人群熙熙攘攘，拖车大炮排成长龙，一眼望不到头，把从波斯尼亚通往前线的每一条道路都挤得水泄不通。"堵成这个样子，很难相信路会畅通起来，"帕拉维奇尼在经过一整天交通混乱之后写道，"我花了9个多小时，才开了差不多40公里。"有几个士兵向下士埃贡·基希[①]汇报，说找到一个士兵的尸体，尸首的头和手脚都被塞尔维亚人砍了，大腿上的皮肤也被剥去。基希将信将疑："如果士兵说的是真话——我对此表示怀疑——那么塞尔维亚人把这个可怜的家伙肢解分尸，并非出于发泄兽欲，获得快感，而是为了在开战之前给我们一个下马威。"

　　奥军士兵快要到达德里纳河时突然发现天空中布满了"大大的苍蝇，嗡嗡作响"（基希语），全都不知怎么回事。这帮对战争一无所知的年轻人接着回过神来，原来听到的是子弹飞过头顶的声音——这是他们头一次听到子弹的声音。8月10日，博迪奥雷克的部队开始从三个地点渡河。三个渡河点都位于贝尔格莱德的西南两面，两两之间相距50—100英里。在巴塔尔，有一队人马通过了浮桥。浮桥搭好不久，一头是波斯尼亚，另一头是塞尔维亚。走在队伍最前面的军乐队还在演奏军乐。塞军一发炮弹打过来，落在乐队中

---

① 埃贡·基希（Egon Erwin Kisch，1885—1948），奥地利及捷克斯洛伐克作家、记者，以德语写作，自号"疯子记者"（"the Frenzied Reporter"）1885年4月29日出生在布拉格一个富有的犹太人家庭，家里人都说德语，"一战"期间应征入伍，加入奥地利军队，军衔下士，在塞尔维亚和喀尔巴阡山一带作战，1916年因发表评论，抨击奥军作战不力，遭到短期羁押，1918年大战行将结束之际当了逃兵，返回维也纳，成为一名"左"派运动分子，后加入奥地利共产党，1929年以"一战"经历为素材，写成《把这些写下来，基希！》（Write That Down, Kisch!）一书。基希在20年代后期和30年代早期创作了一系列作品，描写了自己前往苏联、美国、中亚和中国的经历。1933年，纳粹德国"国会纵火案"后，基希因为反对纳粹党被捕入狱，后被驱逐出境，作品也在德国遭到禁止，其后游走世界各地，辗转澳大利亚、西班牙、法国、美国和墨西哥等国，著书演说，号召人们起来反对纳粹德国，直至1946年3月才重回故乡布拉格，两年后因病离世。——译者注

间，当场炸死好几个乐手，其他人被爆炸的冲击波掀进河里。奥地利人的音乐戛然而止。

奥匈帝国主力部队利用夜色掩护，在德里纳河西岸集结，打算待到拂晓时分利用火炮掩护渡河。可是，奥地利人自己的炮弹不知怎么射程变短了，有的落在河里，有的落到了正在等待渡河的奥地利步兵头上。基希下士看见一发炮弹在一棵树的树冠上面炸开，树下站着一名师长和参谋官，两个人都穿戴得整整齐齐。"见鬼了，"将军吓得够呛，赶紧劝道，"差一点就落到头上，我们最好还是躲到后面去。"不过，塞尔维亚守军天刚破晓就撤离对岸，远远退进内陆，把德里纳河的水上通道拱手让给了入侵者。

博迪奥雷克似乎并不在意这些事情有多丢人。他在8月12日的日记里还自鸣得意地写道："今天我的战争才算真正开始了。"奥地利人直到15日才在东岸站住脚跟，开始缓慢向前推进。亚历克斯·帕拉维奇尼写道："地平线上四处腾起烟柱，标志着我军向前推进到了什么地方。不断有火堆被点燃。干草垛堆得到处都是，就是为了干这个的。敌人的大炮在猛烈开火。这番场景像极了一场精彩的野战演习。"相比之下，基希下士的笔下则是一场悲剧："我们在开阔的田野上不停行军，只有抽空打个盹才能停下脚步。身上的衣服和装备因为刚才渡河已经全部湿透。敌军就在前方，可我们还要面对其他敌人，这个敌人要更加可怕——重重的背包压在背上；气力早已耗尽；灌木丛的枝丫撕破了衣衫，割伤了皮肤；荨麻刺得人浑身难受；肚中早已空空如也；经过了午后的炙烤，接着还要忍受入夜之后的霜冻——我们就这样到了莱斯尼卡。路上偶尔经过一间小木屋，或者一座小村庄。村里早被洗劫一空。唯一能够见到的活物就是几只鸡。"

奥匈帝国悍然入侵迫使平民百姓纷纷拿起武器，展开大范围抵抗。法国人在1870—1871年同普鲁士的战争中就采用过这样的招数，这种战术"二战"期间也将得到广泛运用。不过，回到1914年，塞尔维亚却是唯一一条战线能够见到人们广泛采用这种战术——奥地利人对此大为光火。亚历克斯·帕拉维奇尼报告说游击队员在前线后方几英里处出没，利用广袤的玉米田做掩护，朝自己开枪。有一支奥军部队正穿过林地进发。丛林中突然窜出一名"革委会"士兵，朝着胡果·舒尔茨中尉近距离开枪平射。舒尔茨中尉当场倒地身亡。那个塞尔维亚人也被乱枪打死。奥地利士兵围上前去检查尸体，发现这个塞尔维亚人依旧双目圆睁，脸上的笑容已经僵硬，"一看就知道这个人对于用自己的生命换取敌人军官的性命，感到十分满足"。大部分民兵会采取更加隐蔽的方法，静待敌军通过，然后再从后面开火，打得敌人手忙脚乱，只知胡乱放枪。

"（我们的士兵）就像受到惊吓的鸡一样四下逃窜，"埃贡·基希写道，"不管有没有看见敌人，有没有下命令，东一枪、西一枪、左一枪、右一枪地乱打一通。结果误伤了很多自己人……乱开枪的士兵虽然人数不多，制造的麻烦却不小。有一名下士在我身后一直在吹哨子，让士兵停下来，不要胡乱开枪。我突然听到有人倒下，转身一看，只见那名下士倒在地上，鲜血从前额汩汩冒了出来，一会儿工夫就一动不动了。军官们又是吹哨，又是大声喝令，花了十来分钟工夫才让士兵们停止放枪，这样才能继续前进。沿途见到的景象惨不忍睹，偶尔见到几个打死的塞尔维亚人，可更多是自己人，都是被我们团里的战友打伤的。这便是我们经历的第一场小规模遭遇战。"

奥地利人下定决心，打仗就要按照自己的规矩来打。奥地利人将打游击视为大不敬，是一种冒犯。不仅如此，他们生怕塞尔维亚人哪怕取得一丁点儿胜利，都可能引发奥匈帝国境内斯拉夫少数族裔的同情。在哈布斯堡帝国治下的波斯尼亚，奥地利人采取先发制人的压迫政策。弗朗茨·约瑟夫的臣民被成批押上火车，当作人质，只要"革委会"有所行动，敢搞破坏，就将立即处决。与此同时，在塞尔维亚，有位军长告诫手下军官务必确保自己的士兵"狂热地相信自己在道德和兵力上占有优势"。奥地利情报处处长奥斯卡·冯·胡拉尼洛维奇上校就警告过奥军可能碰上游击队。奥地利军方的意见是只要有人胆敢反抗，就要坚决执行自卫军事管制法，毫不留情，绝不手软。

就这样，成千上万塞族平民未经审判便被随意枪决绞死，绝大多数都是无辜百姓。举个例子，8月16日，有5个农民被拖到第十一步兵团团长跟前。

这5个人也搞不清楚到底是斯洛文尼亚人还是克罗地亚人，总之据说都是游击队员。步兵团人事行政参谋开口问道："你们谁看见他们开枪的？"几个士兵立刻答道："是上尉，还有10个士兵也都看到了。"这几个倒霉的农民于是被带到一处河堤上面，勒令跪下，然后一枪打死。虽然，我们在亚历克斯·帕拉维奇尼的记述中能够找到不少其他的类似事件，细节方面也非常详细生动，可是如果仅凭书面文字就认为他对塞尔维亚人的指控属实，未免过于草率。帕拉维奇尼描述了自己所在分队8月17日是如何遭到敌人袭击的。敌人是在前线后方的一块玉米地里开的枪。奥地利人赶紧派出巡逻队前去侦察，结果抓回来63个人。巡逻队声称发现一些女人和孩子也背着步枪，还有一位神父身上藏了好些手榴弹。

"一个小时过去了，"帕拉维奇尼写道，"眼前尸横遍野，一片惨象。为了避免枪声让（我军）士兵受到惊吓，这些人都被用刺刀活活刺死。神父的胡子应该是被扯下来的。这帮人对我们这样坏，我们的人实在气不过才这么做。当天下午，我开车到了沃斯尼察，看见绞刑架上吊着14个塞尔维亚人。是科科托维奇中校下的命令绞死这些人。仍然有人从房顶上朝我们的部队开枪。这里的人对我们恨之入骨，人人都是敌人。这里的人太会要阴谋诡计了，小孩子还有老妇人虽然看上去低声下气，可我得时刻提防，小心被他们一枪打死……我们不是在和一支30万人的军队作战，我们是在和整整一个民族为敌。这样的战争看上去简直就像受到了宗教的狂热驱使。神父是最可怕的煽动者，修道院也成了煽风点火的场所。"

东线遭到处决的平民为数不少，尤其是奥匈帝国的士兵在塞尔维亚处决了大量平民，这些行径有一个显著的特点，就是都被照相机给拍了下来，照片也被公之于众。奥地利人之所以这样做，是因为他们并不觉得惩罚屠杀那些所谓的义勇军或者奸细间谍会令自己面上无光，反而是管理施政的重要一环。康拉德希望能够让尽可能多的人看到这帮家伙的下场。刽子手在照相机前得意扬扬地展示尸首，好比冒险家在人前炫耀猎获的珍禽异兽一般。有一位在塞尔维亚作战的奥地利军官8月24日写道：

迎面走来一队犯人，大概30个，据说都是义勇军，被关在一起等着处决。很多人围在一旁，跟着这帮人走，里头有奥德斯卡奇亲王和魏斯中尉。围观的人们按捺不住愤怒，挥起拳头照着这些人脑后好一顿猛揍。全都是些可怜的家伙，被绑了起来。我们试图让人们平息下来，可是根本做不到。行刑的地方就在林子边上，修道院的后面。这帮该死的塞尔维亚佬得自己给自己挖坑。挖完了就命令他们面朝着坑跪下来，一次五个，用刺刀捅死，三个步兵刺一个。场面确实残忍。奥德斯卡奇亲王简直就像一头发狂的野兽，也想亲自上去捅上几刀。往尸体上埋土的时候，有几个好像还没死，挣扎着想从坑里爬出来，有几个真的站了起来，场面看起来相当吓人。我们的士兵下起手来，活脱脱就是野兽。我实在看不下去，由着他们去处置了。

卡西米尔·卢特根多夫将军是入侵塞尔维亚的奥军的一名师长，8月17日当天下令枪杀了萨巴克城里的120名居民，据说是因为此前爆发了激烈枪战。不过，事实却是塞军早就撤出了萨巴克城，城里没人反抗，只剩下一班老弱妇孺。卢特根多夫将军到底为什么下令枪杀平民，原因至今仍是个谜。不过，这位将军对待手下人同样毫不留情。就在8月17日当晚，卢特根多夫将军得到报告，说二等兵约瑟夫·埃伯特和医院护理员弗朗茨·布泽克还有约瑟夫·杜赫里克三个人因为抢来的杜松子酒喝得酩酊大醉，到处放枪滋事。

卢特根多夫将军二话不说，立刻下令将寻衅滋事者就地正法，以儆效尤。卢特根多夫将军可不会为了这种事情浪费子弹，他下令将这几个家伙用刺刀当众刺死。第二天晚上，这几个倒霉蛋被带到萨巴克城的教堂前。三个人一路大喊大叫，争辩自己是无辜的。教堂周围早就围了一大圈人。神父上前给他们三个行圣礼，祈求上帝宽恕三人的罪过。由于指派的行刑队拒绝行刑，只好另找人手，所以时间上推迟了一会儿。这一出黑色闹剧还在继续。只见军长卡尔·特尔斯特扬斯基将军匆匆赶到现场，跑上前去，边跑边挥舞着手中的帽子，对着行刑队大喊："住手！住手！"可惜，特尔斯特扬斯基将军来得太迟，三个士兵全部遭到处决。卢特根多夫将军在1920年因为这起谋杀事件遭到一家奥地利法庭的审判，被判有罪，可他从来没有因为屠杀萨巴

克城的平民百姓遭到起诉。据估计,自奥地利人8月入侵以来,头两周之内未经审判,即遭处决的平民人数大约在3500人。康拉德毫无悔意,声称"这些人,包括妇女在内全都参加了战斗,对奥地利军队犯下了严重罪行……任何人只要了解巴尔干人的开化程度和思想动态,就不会对此感到惊奇"。匈牙利人与塞尔维亚人堪称世仇,据说某些针对平民最惨无人道的罪行就出自匈牙利人之手。

与此同时,前方地区奥地利士兵的日子并不好过,他们发现敌人比自己的指挥官更懂得如何用兵打仗。塞尔维亚炮兵早就勘察过地形,提前对目标进行了定位。塞尔维亚人的战术不仅灵活,而且管用。好比8月18日,塞尔维亚人面对敌人进攻,首先迅速撤退,接着突然杀一个回马枪,从一处预设工事发起猛烈的炮火攻击,给了敌人好一阵迎头痛打。追击的奥地利士兵陷入混乱,一个个抱头逃窜,四下里寻找地方躲藏起来。见敌人开始投掷手榴弹,哈布斯堡帝国的军队大吃一惊,他们此前还从未见过这种武器。一个塞尔维亚士兵用德语喊了一句:"军官,向前一步!"一个名叫瓦格纳的上尉下意识地往前迈了一步,立刻被一枪击中。奥军指挥官依旧顽固不化,拒绝吸取教训。有个指挥部得到警告,前方山坡上有塞尔维亚军队设下的野战工事和水泥掩体,挡住去路。参谋官竟然对警告置之不理,因为"用这样的方式打仗在他们看来不合情理"。结果,奥地利士兵为此付出了惨重的代价。

对于奥地利士兵来说,军令混乱,前后矛盾司空见惯,不知该如何是好。塞军枪炮齐发,火炮齐鸣,把前进的奥地利军队打得焦头烂额。声响之大,震耳欲聋,让那些初次体会打仗滋味的根本就找不到合适的词来形容。奥地利医生约翰·巴赫曼形容密集的枪声简直就像暴风雨来临时,噼里啪啦打在屋顶一样,炮声感觉像有人照着你头上撑开的雨伞狠狠打了一记闷棍,打得你脑子里嗡嗡作响。"就像一把被人用力拉坏了的低音弦乐器。我这个音乐爱好者只好努力去判断重音到底在哪,怎样才能拉出低音符号'a'来。"奥军给养部门几乎陷入瘫痪。士兵们饿得实在受不住,连死掉和受伤的战友都不放过,开始在他们的背囊里疯狂找吃的填肚子。

奥地利军队对一处被称为"404高地"的山包发起进攻。塞军据守壕沟之内。经过一番猛烈炮击和轻武器交火之后，高地守军开始撤退。不过，奥地利人同样损失惨重，军官伤亡尤其严重。军官们骑马冲在最前面，手中挥舞的马刀在阳光下闪闪发光。有名士兵对军官的如此举动大感不解，说道："他们这样做，让人还以为是要送上前去，给'革委会'那帮家伙当最醒目的靶子呢。"这场小规模战斗很快偃旗息鼓，进攻的奥军继续前进，开进了一座名叫斯拉蒂纳的小村庄。他们在这里头一回遇到了一些平民。令当地居民大为惊讶的是，洗劫自己村子的敌人里头绝大部分是捷克人，竟然都是"斯拉夫同胞兄弟"。

基希下士的一块肥皂掉进了村中的池塘。肥皂是上头奖励得来的，掉到水里沉下去，再也捞不上来。"我相当舍不得，在水里找起了肥皂，"基希写道，"这是文明世界留下的最后一块残片。"基希越来越觉得除了自己以外，欧洲人人都在靠着战争大发横财，对此感到愤怒不已。他站在一处刚刚打下的阵地上，仔细看着地上散落的弹药，都是塞尔维亚人留下的。让基希感到愤懑难平的是不少子弹都是奥地利和德国生产制造的，什么"希滕贝格弹药、雷管及金属制造厂""凯勒公司"，还有布达佩斯的"曼弗雷德·魏斯公司"。基希还捡到过土耳其士兵留下的弹夹，发现弹夹是卡尔斯鲁厄的"德意志金属雷管制造厂"生产的。俄国人的弹药上面写着"柏林制造"的字样。还有其他弹夹产自巴黎或者列日，要么上面干脆什么标记也没有。

第一次塞尔维亚战役的决定性阶段始于8月15日，奥地利人倾巢而出，向策尔山守军发起进攻。策尔山位于德里纳河以东约20英里处，是一块高原台地，长约12英里，宽在4英里左右，于群山环抱之中高高隆起，海拔大概3000英尺，从山上望去，可以看到一望无垠的玉米地。奥地利步兵身上背的东西实在太多太重，爬山变得异常困难，大炮也无法跟着步兵一同上到山顶。"革委会"游击队的狙击手从周围林子里不时突施冷枪。15日当晚下起了瓢泼大雨，进攻部队抵达高地。凌晨1时许，塞尔维亚人偷偷接近奥军营地，谎称是哨兵，是哈布斯堡帝国的克罗地亚人。奥地利哨兵没有怀疑。塞尔维亚人利用夜色掩护，对敌人猛烈开火。奥军士兵还在熟睡之中，完全无法组织有效抵抗，损失惨重。塞尔维亚士兵口中高喊着"圣母助我！"不过，这个时

候更需要天助的恐怕是他们的敌人才对。

大部分奥军军官在集结部下的时候被击毙，约瑟夫·菲德勒便是其一。在那几天的战斗中，哈布斯堡帝国军队一共损失了35名上校军官，菲德勒是头一个。这位奥军师长情急之下，抢过一杆步枪，和手下一起同敌人展开近身作战。双方好一场混战，交火持续数小时，直至天色微明，筋疲力尽的两军才各自退去。塞尔维亚人随后又调来部队和火炮增援。彼得国王在相距不远的一处山头观看了战役的全过程。塞尔维亚军队在国王的亲自督战之下，对士气低落的敌人给予了沉重打击，直至最后撤退。

塞尔维亚人为胜利付出了惨重的代价，共有47名军官和将近3000士兵阵亡。有一个团下面有4个营长、16个连长，除了3个连长以外，其余或死或伤。塞尔维亚骑兵负责袭扰奥地利人的后卫部队，突然发现面对的是敌人的机关枪。两个塞尔维亚骑兵中队发起英勇冲锋，敌人的机关枪在一两分钟之内便开了火。马上的士兵们头一回真切体会到了自己在现代武器面前是多么不堪一击，这一点日后将在法国得到最为明确的验证。不过，奥地利人的损失要远比对手惨重得多。从战役打响，直到最后收尾，塞尔维亚游击队利用一切机会袭击对手。策尔山战役就此成为塞尔维亚人历史上的一场大捷，为后世传唱。8月20日，奥军残部退回波斯尼亚境内，回到了战役刚刚开始的位置，伤亡总计2.8万余人，为协约国献上了一战的首场败仗。按照常理，奥地利人本应将博迪奥雷克就地撤职，正是此人一手导致了这场惨败。不过，维也纳宫墙之内的那股势力足以保住这位将军的司令位置，或者说得更加确切一些，能够让康拉德继续留在自己的位置上。打头阵的捷克人成了倒霉的替罪羊，背上骂名，说是他们碌碌无为，才让奥皇大失所望。据兵败策尔山的官方调查得出结论，唯一尽忠职守的只有日耳曼人部队。

塞尔维亚人并不具备足够实力，在取得大捷之后乘胜追击向西逃窜的敌人。不过，在康拉德的坚持之下，在匈牙利边境与塞军对峙的哈布斯堡帝国军队从20日开始动身向加利西亚进发。此举严重削弱了博迪奥雷克的兵力。部分奥军部队虽然仍然在向塞尔维亚境内推进，但已经陷入士气低落、物质匮乏的困境。步兵马提亚·马雷希奇在8月21日的日记中写道："天气让人实在受不了。我们沿着眼前的道路，从孔尼采一直往山里走。虽然就走在河边，想喝水却不准喝。一切都像极了演习，一切又都不一样。"马雷希奇在三天后的日记里继续写道："直到现在我才明白，这些都是真的。和这样一个坚强不屈、英勇善战的民族作战有多么可怕，他们是在为自己的生存而战。说得文绉绉一点，他们为的可是'生死存亡的民族大计'。今晚的夜色很美，满天繁星。我什么也没有垫，直接躺在地上，做了个祈祷，然后抬起头，望着夜空，真的好想（远在斯洛文尼亚的家乡）卡尼奥拉，好想妈妈，好想那些浪漫美好的日子。那些悠闲的日子多么让人留恋，可惜没能去好好欣赏。我恐怕再也没有机会过那样的好日子了。"

滞留塞尔维亚境内的奥地利部队不消一会儿工夫就经受不住，纷纷退下阵来。士兵们早已唇干舌燥，嗓子冒烟。天上此时突然乌云大作，雷电交加，降下一阵倾盆大雨。士兵们一个个赶紧拿出水壶，去接从天而降的雨水。所有部队都把背囊、帽子、佩刀和枪支抛在一旁，丢了一地。有位预备役军官名叫罗兰德·伍斯特，是一名中尉，看见有一匹马体力不支，倒在地上，于是拔出左轮手枪，想把马一枪打死。这可是伍斯特中尉平生头一回用枪。他朝着马儿连开了三枪，没想到这头牲口居然挣扎着站起来，慢慢走了开来。有位上级军官看见年轻的伍斯特中尉一脸茫然，不知所措，不由得气急败坏，赶紧命令他拿起一把尖嘴镐，结束了马儿的性命。由于没有足够的交通工具运送伤员，伤兵被遗弃在战地医院里无人问津。埃贡·基希失望地写道："我们的军队被打败了，说得更加贴切一点，应该是溃不成军，现在一门心思只想着如何全面撤退。"基希用两根卷烟做了笔交易，在一辆运货的大车上给自己留了一个位置："士兵们成群结队、横冲直撞，不顾一切地向边境仓皇逃去。赶车的死命抽着马儿……管你军官，还是士兵，统统一个德行，要么在排成长龙的大车中间窜来窜去，要么就在路边的沟渠里深一脚、浅一脚地夺路而逃。"

亚历克斯·帕拉维奇尼描述了奥军慌不择路、仓皇撤退的场景——远处扬起满天尘土，消息传来，说一列运送辎重的火车遭到了攻击，言下之意，塞尔维亚人就在身后紧追不舍。一干将军和手下的参谋官们立刻钻进各自的

汽车里，一溜烟地开过德里纳河，全然不顾伤兵死活。受伤的士兵个个鬼哭狼嚎、呼天抢地，哀求着不要把自己丢下。"路上七零八落，散的全是人和马，死的死、伤的伤，混在一起。每个人都玩命似地朝着桥的另一头跑去。这么大一群人像洪流一样继续向布尔奇科（河对岸奥地利一侧）涌去。好些马匹淹死在了河里"。眼看逃兵近在眼前，看得清清楚楚，塞尔维亚炮兵也加快了节奏。一时之间，弹如雨下。奥军不少军马被炸得遍体鳞伤、奄奄一息。所有人都在自顾逃命，没有一个人会停下来给这些马儿补上一枪，结束它们的痛苦。还有一个士兵写道："我们的部队被打败了，在漫无目的地逃跑，你争我抢，一片混乱……士兵们乱成一团，人人胆战心惊，向边境线疯狂逃去……由于跑得太快，人踩人的事情比比皆是。"

奥地利中学女教师艾塔·吉是一个民族主义分子，狂热好战，她在8月17日的日记里写道："只要一想到我们的小伙子们在战场上流血牺牲，我就心痛不已。他们在污秽不堪的沼泽和堑壕里摸爬滚打，不惧艰险，尽忠职守！我们已经50年没有打过仗了，小伙子们还不适应这样强大的压力。"艾塔·吉所言不虚。待到8月24日夜幕降临，除了落入塞军手中的4500名俘虏，塞尔维亚的土地上已经没有一个奥地利士兵了。塞尔维亚伤亡1.6万余人，奥地利方面伤亡人数在两倍之上。要不是随后席卷欧洲的这场屠杀更加惨烈，否则这样的伤亡数字必定相当骇人。哈布斯堡帝国的大军将校无能，士兵作战不力，只能说是自取其辱。一个小小的巴尔干国家证明了自己的实力，把奥匈帝国的来犯之敌打得丢盔弃甲，像乌合之众一样抱头鼠窜，逃过德里纳河去。

回到奥地利国内，弗朗茨·约瑟夫的军队虽然经历惨败，可奥地利人民依旧载歌载舞，欢庆胜利，殊不知报纸上胡编乱造，吹嘘出来的胜利只是一厢情愿的异想天开而已。艾塔·吉在8月22日的日记里写道："太棒了！真是太棒了！我们的心中涌动着无比的狂喜，经过艰苦卓绝的战斗，终于打败了嚣张狂妄的塞尔维亚人，打败了塞尔维亚30个营的兵力……赢得了辉煌的胜利。听说我们也牺牲了不少英勇无畏的战士。可是，胜利是属于我们的……大伙儿聚在咖啡馆里，直到深夜，等待着传来的每一条消息。"可是，到了第二天，艾塔·吉的心情却一落千丈。她似乎冷静了许多，开始追问自己，为什么奥地利人明明"打败了塞尔维亚30个营的兵力"，取得了胜利，却"退回到了原来的阵地呢"？艾塔·吉在焦虑地思索着："有人说'撤退井然有序，并未遭到敌军骚扰'。可是，既然打了胜仗，为什么还要撤退呢？城里流言四起。有些军官说我们在塞尔维亚的兵力太少了……有一个军官还说'德意志胜利步兵团'的8000人被塞尔维亚人全部消灭，活下来的只有400人。这可是最受喜欢的由维也纳的士兵组成的部队啊。出了这样的大事，难道不吓人吗？到底由谁来为这种事情负责？"

奥地利的部队被打得七零八落，剩下的散兵游勇此刻都躲在了德里纳河西岸的后方，一个个都在诅咒着自己的指挥官："我们的那帮将军全是一群蠢驴，又老又笨……谁挑起来的战争，谁就要对成千上万死去的弟兄们负责。"在波斯尼亚的兰贾，有一个团举行了一场点名行军。军官一个接一个地报出士兵的名字，却没有一个人出来应答。士兵们整齐列队，齐声怒吼："他已经死了！"第一批伤亡人员名单公布出来。仅仅一周之内，基希下士所在的部队就损失了69名军官，其中23人战死，阵亡士兵人数在千人以上。这样的伤亡数字意味着有71%的军官死伤，士兵伤亡比率在25%上下。有一个营的军医在信中难过地告诉家人，自己所在部队损失了8名军官和200多士兵，"（我们的士兵）饱受饥饿折磨……在塞尔维亚作战之所以变得极其困难，是因为敌人全民皆兵，所有人都投入战斗"。再往南面，哪怕是个小小的蒙特内格罗，也证明有能力把打上门来的敌人给轰出去。

弗朗茨·约瑟夫的军队在塞尔维亚损失惨重。消息到了8月下旬已经传遍了整个哈布斯堡帝国，尽人皆知。报告声称萨瓦河上飘满了奥地利兵的死尸。报告所言不虚。艾塔·吉写道："我的心都要碎了，只想好好放声大哭一场，把这些可怕的景象从脑海中抹去。"奥地利政府杜撰出来的则是截然不同的另一番场景，公开宣称此次出兵讨逆，远征塞尔维亚，对于国家战争大计并非至关重要。可是，这样的谎言谁也欺骗不了。"看到这样的公告，让人感觉害怕，"尤金·兰佩是斯洛文尼亚的一名神父，写道："每一个人都从胜利的狂喜一下子坠入了悲伤忧郁之中。我们要是连塞尔维亚人都对付不了，

又该拿俄国怎么办？"的确，俄国人来了该怎么办？当刊着这些消息的报纸送到奥军营地时，士兵们纷纷表示难以接受。士兵们被告知一旦俄军加入战斗，那么塞尔维亚前线"只是一场助兴表演而已"，塞尔维亚境内的行动原本计划只是一次突袭，取得成功之后各单位"就要撤退，为下一场入侵行动做准备"。埃贡·基希和战友们对这样的说辞不由得怒火中烧，认为"一派胡言，谎话连篇"。

奥地利军官面对失败，只有一个对策，那便是在下一场战役到来之前狠抓纪律，采取的措施极其严苛，甚至可以说惨无人道。有几个士兵因为偷吃应急口粮受到惩罚。在炎炎烈日之下被绑在树干上整整一天。基希对这种做法失望之极，认为这让人想起了美洲的"印第安红番"，他们就是这样对待抓到的白人的。不服命令的士兵会被勒令集合，列队走出营地，进行操练，据说这样做是为了保持士气高昂，指挥官们则在策划着如何重新发动战事。基希用讽刺的笔调写道，每天操练6—8个小时"的确是最好的办法，让每个人都感觉来劲"。

8月28日，塞尔维亚人向哈布斯堡帝国策动了一次进攻，规模不大。几支部队从贝尔格莱德以西渡过萨瓦河，攻占了匈牙利境内的小镇泽蒙。据奥军多瑙河舰队司令官报告，当地百姓"兴高采烈地欢迎塞尔维亚军队入城，人们抛撒着鲜花，挥舞着旗帜"。萨瓦河上的铁路桥一头连着贝尔格莱德，另一头通往对岸敌方控制的一侧，刚刚开始打仗的时候曾被塞军破坏，到了第二天已经修复得差不多，可以步行通过了。不少人走过大桥，跑去北岸一头。约万·祖约维奇便是其中一个。他过桥是为了从之前奥地利人的炮兵阵地看一看自己的城市到底被破坏成了什么样子，顺便拍几张照片。与此同时，匈牙利小镇泽蒙的不少居民也抓紧机会，过桥来到贝尔格莱德。这些人都是塞尔维亚人，对塞尔维亚怀有同情，完全没有想过有朝一日奥地利人回来的时候会遭到报复。就在同一时间，在更南面，塞尔维亚和蒙特内格罗大约40个营的兵力9月刚一开始就渡河进入波斯尼亚。零星战斗在接下来的几个星期里头时有发生。

塞尔维亚政府赢得了喘息之机，开始竭尽全力从盟友手中获得能够获得的一切援助，这些支援对于一个交通极为不利的内陆国家来说相当难得。9月7日，英国外交大臣写了一段话，语气相当客套礼貌，完全带着那个时代的味道："爱德华·格雷爵士谨向塞尔维亚外交大臣表示祝贺……爵士十分荣幸地告知外交大臣，业已收到英王陛下驻开罗代办发来的电报，报告已经下达指示，允许向塞尔维亚运送3000袋大米。"不过，国难当头的塞尔维亚人需要的远不止短短几天粮食供应那么简单。对于塞尔维亚人来说，战争还远未取得胜利，刚刚开始而已。

9月份开始，奥地利人便发动了第二次进攻。增援部队陆续赶到，填补了博迪奥雷克兵团的人员亏空。每支部队都安排了一个斯洛伐克人带路。有一个营全营上下没有一个军官会说斯洛伐克语，于是只好演起了哑剧，连比带划地跟上面指派的"向导"解释，要对方明白如果现在还想当逃兵开溜，可是要受军法处置，会掉脑袋的。这个可怜兮兮的农民会错了意，以为军官是在警告要把自己立刻绞死，一下瘫倒在地，哭成一团，大声辩解自己是无辜的。

埃贡·基希又跟着部队朝德里纳河重新进发了，他试着尽量说服自己，让自己相信如果是第二次上战场才被打死的话，感觉也不见得那么不舒服。"这就跟下水一样，第二次下去就知道其实没有想象的那么冷了，"基希在日记里写道，"炮火的滋味肯定也是这样。不过，当你没有陷入枪林弹雨的时候，你总会吓得瑟瑟发抖，连牙齿也会打颤。"话虽如此，奥地利人对塞尔维亚重新发起的进攻还是落得了和第一次同样的结果，惨败收场。9月8日，奥地利人开始在靠近韦力诺村的地方上船，冒着密集的轻武器火力，乘坐突击艇，强渡德里纳河。基希所在的排共有20个人，把突击艇推进河里的时候船上却只坐了10个人，其余的人见势不妙，全都不见了踪影。塞尔维亚人的子弹打在水面上嗞嗞作响。一船人也不知道划到何时才是尽头，好不容易到了东岸，船一下子被士兵们团团围住，都是些伤兵，争先恐后地想抢一条船，逃回安全地带去。有三个团的奥地利士兵，一共好几千人围着桥头堡乱转，没人知道如何是好，前方塞尔维亚人的水泥掩体里喷出长长的火舌，根本没法前进一步。

夜幕降临，奥地利士兵浑身沾满了泥水，整晚一连好几个小时挤在一起，蜷缩在河边，丝毫不敢轻举妄动。待到9月9日晨光初露，奥地利人终于下达了撤军的命令。此时此刻，完好无损、能够将这帮残兵剩卒带回去的船只剩下了12条，每一条上面都挤了40来个人，撤退拖拖拉拉地持续了好几个小时。绝大部分人把武器装备丢在了身后。士兵们只求一条生路，早就失去耐心，愤怒和绝望之下照着船上的船工破口大骂。与此同时，塞尔维亚步兵冲向河边，把枪膛里的子弹统统倾泻在了逃窜之敌的头上。好几条船被炮火击中，沉入河中，有些奥地利士兵不识水性，有些是因为有伤在身，动弹不得，不少人就这样被活活淹死。士兵们争着抢着往船上挤，船上早就坐不下人，结果被船上的人给毫不留情地轰了下来。埃贡·基希趁人不备，紧紧抱住划手坐的横板，这才逃出生天，渡河保住了性命。

惨败之后的一周之内，萨瓦河和德里纳河上漂满了奥地利人的尸体。在其他地方，部分奥军部队虽然在向塞尔维亚境内推进的过程中一开始并未遭遇什么麻烦，但也谈不上取得任何明显军事优势。马蒂亚·马雷希奇在9月16日失望地写道："我真的快饿得不行了，满脑子想着都是家的模样，想着要是回家了日子该有多么舒坦……想写的东西还有很多很多，可我得注意不要用太多的纸，鬼知道这场仗还要打多久，到时候就连像样的纸都难找到一张。我只能把最重要的事情写下来。天知道我要是死了，谁会来读这些日记？有东西想写的话，最好还是多写一点。我到底是会死，还是会活下来？……现在浑身都不舒服。脚上长了冻疮，除了皮肤开裂的地方，其他地方都没有知觉。右边这只耳朵什么也听不见。真不知道我现在还算不算个人，还是不是从前的那个我。"

虽然，一场新的灾难已经上演，可奥军其他部队仍然在准备重新渡过萨瓦河，发起进攻。9月14日晚，奥军从萨瓦河与德里纳河的交汇处涉水上岸。奥地利人虽然在东岸站住脚跟，打退了塞尔维亚人的反扑，可是在接下来的数日之内寸步难行，只能蜷缩在一条狭窄的环形防线里面。自己人打伤自己人的事情时有发生。博迪奥雷克对此不以为然，命令士兵们务必加倍努力，"克服恐惧心理，不畏伤亡"。可是，奥地利人依旧无法向前攻占帕拉尼卡半岛。战事一拖好几个星期，毫无结果，奥地利人只好再次从德里纳河退回了波斯尼亚。

交战双方都无力赢得决定性胜利。在南面，塞尔维亚和蒙特内格罗人被迫放弃波斯尼亚境内的据点。待到塞尔维亚人和蒙特内格罗人都撤走，奥地利人在当地绞死枪杀了好些居民，因为这些人胆大妄为，竟敢同情临时占领的塞尔维亚和蒙特内格罗军队。打仗的这块地方本来就没有什么忠诚可言，奥地利人这样做倒也符合这场战争的精神。博迪奥雷克将军抱怨道："我们的塞族人在帮塞尔维亚打仗，不单黑塞哥维纳是这样，维斯格拉德也是这个样子，当地人趁着我们部队撤退的时候竟然和我们公然为敌。"有一位波斯尼亚神父名叫维德·帕雷查尼宁，据说因为向敌人发信号，送情报，结果被奥地利人活活绞死。神父在绞索套上脖子的最后一刻高声大喊："塞尔维亚万岁！塞尔维亚军队万岁！伟大的俄罗斯万岁！"

奥地利医生约翰·巴赫曼留有多处记录，写到"那帮同情塞尔维亚的波斯尼亚垃圾"据说替塞尔维亚军队当间谍。巴赫曼笔下提到了一对农村夫妇，两个人都年纪不小，被疑作奸细，结果男的被绞死，女的遭到枪决，家里在被洗劫一空之后被一把火烧了个精光。不过，即便是巴赫曼，在目睹了一个塞尔维亚犯人头部的严重伤势之后也吃惊不小。巴赫曼照看了这个犯人一整夜，把他安顿在了距离维斯格拉德公路不远的一座谷仓里，天亮的时候过来找到这个人，趁着部队还没开拔给他换了敷药。巴赫曼后来得知这个犯人还是被绞死了，因为他一整晚都在骂骂咧咧、诋毁奥地利，结果惹恼了团长上校。"下这样的命令，让我无法理解，反映出团长这人是多么冷酷无情，"巴赫曼写道，"那个家伙真的非常可怜，因为伤势感染得了脑膜炎，完全是因为发着高烧，精神错乱，才说的胡话。"

同样的命运也降临到了住在哈布斯堡帝国的塞族人头上。不少塞族人越过边境，加入塞尔维亚军队作战，结果落到了奥地利人的手里。贝尔格莱德方面俘获的奥匈帝国士兵多达7万人。即便有被抓回来的危险，也无法阻止其中452人加入塞尔维亚军队作战。维也纳对控制之下的波斯尼亚采取了更为强硬的镇压措施，企图让当地居民更加服服帖帖。学校里禁止教授西里尔语。

奥匈帝国的军队得到命令,凡有恐怖主义嫌疑者,一经发现,绝不轻饶。奥地利人同时得到警告,要小心提防塞尔维亚"革委会"游击队的出没。按照指示,一有风吹草动,就要立刻开枪,即使面对妇女儿童也绝不能手下留情,"因为妇女儿童同样会丢炸弹,会扔手榴弹"。这场争斗已经演变成为一场旷日持久的双线作战——将近一百万塞尔维亚人和奥地利人一面在萨瓦河的北岸展开殊死搏斗,一面在德里纳河以东的山区互相残杀。

这一幕其实只是那个时代的一出小小闹剧而已。就在双方两线作战的同时,在相邻的波斯尼亚,对这场闹剧始作俑者的审判也在慢慢进行之中。有个奥匈帝国的军官被派到了萨拉热窝,目睹了一天两轮的游街示众。拉到街上示众的人据说都是参与了刺杀弗朗茨·斐迪南大公的同谋共犯,排成长长一列,从关押的军营一直走到政府大楼,等着示众。"走在前面的是一个身体强壮的卫兵,身后跟着这帮重罪之人,队伍两侧有更多卫兵负责押解,还有一小队士兵跟在后面。所有犯人都用铁链拷着,一个拴一个,这样就没法逃走。普林西普总是走在队伍的正中间。看上去根本就不引人注目,黑黑的头发,白皙的皮肤,个子瘦瘦小小……交接犯人的时候,一旁看守的士兵总会发出嘘声,用蒂罗尔方言痛骂一顿。普林西普每次听到这些都会咧嘴一笑,一脸满不在乎的样子。"

塞尔维亚和奥地利双方的领导人终将慢慢懂得,彼此打得难分难解的这场争斗不过是两败俱伤的一场灾难罢了。战争将把塞尔维亚变成一片焦土,夺去75万塞尔维亚人的生命——每六个塞尔维亚人中间就有一个死于非命,这是大战所有参战国当中就人口而言最高的伤亡率。奥地利人也只有在这一点上才达到了目的——塞尔维亚因为几个国民参与刺杀了斐迪南大公,结果遭到了可怕的惩罚。可是,康拉德的军队同样蒙受奇耻大辱,这种耻辱绝非日后的胜利可以抹去。在塞尔维亚的土地上,全世界都听到了哈布斯堡帝国的丧钟。不过,巴尔干半岛的兵戎声将会渐渐淡去,淹没在更加宏大、更加响亮的枪炮轰鸣当中,这样震耳欲聋的声音将响彻其他战场,将从西至东响彻整个欧洲。

第五章
在战旗与军号的陪伴下死去

第一节　实施"第17号计划"

8月的头两个星期艳阳高照。法国、德国、比利时，还有英国的士兵们在娇艳的阳光之下，从下了火车后的集结点列队出发，迈着整齐的步伐，穿过一片片黄灿灿的玉米地，在乡间农人惊奇不解的目光注视之下，朝着敌军走去。数百万大军一日之内要穿越好几英里的辽阔地带，有的在徒步行进，有的骑着战马，有的驾着大车，还有不多的几个坐着原始落后的汽车。"头发、眉毛还有胡子上都沾满了尘土，"第十四步兵团的保罗·林迪尔写道，"一队大客车从巴黎开过来，打身旁驶过，我们就变得和道路一样灰白了。"毕竟，在那个年代的法国，确实很难找到几条铺着碎石路面的公路。再看一看德军，与每一个军同行的都有2400辆运货的马车和1.4万匹马，把12英里长的道路挤得水泄不通。

德军和英军已经各自穿上了灰绿色和卡其布军装，法国和比利时人则依旧保留了19世纪军服那一抹鲜明亮丽的色彩。法军士兵简直可以说是盛装上阵，在各色军旗掩映之下，踩着鼓点、伴着军号、迎着敌人的炮火向前迈进。1914年法国阵亡士兵的墓碑上，名字后面刻着一句简单铭文"司号兵"的可不止一两个。不少参战部队都拥有一支完整的军乐队，有些军官还戴着洁白的手套。指挥官手持佩剑，身跨战马，走在队伍最前面，带领各自的部

队展开战斗。

从9月开始，交战各路大军开始竞相挖起了堑壕，谁都想把自己埋藏得更深一些。不过，8月份在法国和比利时战事的最显著特点在于不管步兵、骑兵还是炮兵，各种部队的动向双方都看得清清楚楚、一目了然。士兵成群结队地发起冲锋，虽然面对的现代化武器威力强大，足以摧毁一切生灵，可他们还是一如古代骑士一般向前冲去。结果如何，除了个别几位将军之外，绝大多数人并不感到意外。法军1914年8月22日一日之内付出的伤亡代价之大，为此后任何一个国家单日死伤人数所不能及。法军最高统帅约瑟夫·霞飞将军亲自指挥的一系列战役在旁观者看来，与19世纪战事几乎在所有方面别无二样，唯一的区别在于实在让人看不出这位名将的军事天赋到底体现在哪里。法国老兵们深信不疑的只有一样东西——精神，也就是所谓的"斗志"——法国人相信唯此方可战胜敌人的炮火，这让超过25万法国年轻人在短短三周之内付出了惨重的代价。德军同期死伤人数在三分之一上下。之所以如此，只是因为属于德国人的死亡时间来得稍晚一些罢了。

1909年的某一天，一位游客在列日的街上四处闲逛。这是一座宏伟的要塞城市，位于默兹河两岸，扼守着通往比利时的门户要道。这位游客长得实在无趣，脸上的肉松松垮垮，垂了下来，看上去永远都是一副愁眉不展、无精打采的样子。让他目不转睛盯着的并非列日气势恢宏的建筑珍宝，而是守卫城市出入要道的一连串现代化工事堡垒。这位游客便是44岁的埃里希·鲁登道夫上校。这是一位对军事极其痴迷的战士，被视为德国陆军最为耀眼的将星。鲁登道夫此次列日之行，正是为了实地考察心目中早已确定的"明日战场"。鲁登道夫深知攻下列日要塞，随后横扫中立国比利时，德国若想实现摧毁法军的宏图大计，成败关键在此一举。如此宏伟蓝图早在20世纪初年便由帝国陆军总参谋长阿尔弗雷德·冯·施里芬伯爵酝酿而成。施里芬当时预想的是打通荷兰，毛奇虽然采纳了施里芬的方案，却将计划改成了取道列日一线。这是因为毛奇认为应当保持荷兰不受战争干扰，作为一个通向外部世界的中立通路，当作德国的"气管"。事实证明，荷兰也的确起到了这样的作用。

事实上，从来就没有什么完全精确执行的"施里芬计划"，更加符合情理的说法应该是"施里芬理念"倒是毫无争议地存在过。该理念明确指出了两个基本要点：其一，必须首先迅速击败法国，然后掉转头来，对付俄国；其二，要想实现第一要点，就必须完成巨大的两翼合围战术，并将德军主力集中右翼，以期毕其功于一役。1913年，鲁登道夫从总参谋部作战处处长的位置上被撤了下来，撤职的原因据说是因为过于固执、一味坚持认为德国倘若真想实现这场宏伟的战争构想，必定要大举扩充兵力。谁知一年之后，鲁登道夫发现自己又一次站在了列日要塞跟前，在枪林弹雨、枪炮轰鸣之中扮演着唯有自己方可胜任的特殊角色。

法金汉在8月刚刚开始的时候曾经说过："我们必须趁着现在广泛蔓延的乐观情绪尚未消失殆尽，抓紧时间，好好利用，这一点非常关键。"毛奇想做的也正是如此。他打算拿列日开刀，发起猛攻，打西线战场上的这首场大仗。列日守军约有四万，另有一个野战师增援，兵力远在德军预计之上。负责进攻列日的德军军长奥托·冯·艾米希向比利时人发去公告，扬言"我军借道贵国，讨伐意欲犯我之敌，望给予通畅道路。鄙人保证绝不让比利时人民蒙受战争之苦"。

不过，当艾米希麾下来自威斯特伐利亚和汉诺威的德国士兵发起头一波攻势时，遇上的绝非什么"道路通畅"，而是猛烈的炮火和各种轻型武器的激烈还击。身穿草绿色军服的德国士兵此前从未听过愤怒的炮火是怎样的声响，还被打得丢盔弃甲，损失惨重。一位比利时军官写道："德军步兵排成一列列向前推进，我们只需将他们一排排地扫射击倒……德国人完全没有想过该如何排兵布阵，只知道前仆后继地一味向前……几乎在肩并着肩前进，直到我们把他们扫倒在地。倒下的士兵一层层堆积起来，尸体垒在眼前，真是可怕，甚至堵住了我们的枪眼，就连开火都感觉困难。"德军用这样的方式拉开了战幕，其他几个欧洲参战国在接下来的几周之内也会如此效仿。毛奇在列日收获的不是胜利，而是头一批没了丈夫儿子，哭天抢地的女人！

比利时政府沉不住气，立刻发表了胜利公告，上面写着"我军大获全胜，德军进攻均被挫败"。谁知艾米希的进攻才刚刚开始。接下来数日之

内，艾米希的部队在猛烈的炮火支持下接二连三发起强攻。伤亡人数节节攀升。有一个旅兵员损失过半，旅长和一个团长双双阵亡。在对维斯格拉德发动的另一次进攻中，军官死伤30人，士兵1150人。8月6日，战场上新出现了一位不速之客——一艘齐柏林飞艇对列日空投炸弹，炸死9人，欧洲城市有史以来首次遭到空袭。

亨利·威尔逊早在战争爆发之前，就曾请求比利时人加强列日和那慕尔的防御，可惜这样的肺腑之言比利时人当时听不进去。现在可好，比利时人发现自己的要塞面对持续进攻难以支撑。热拉尔·勒曼将军是列日要塞的卫戍司令，由于保持阵地连成一片实在太难，只好放弃努力，不再坚守。勒曼将近半数兵力紧急调配加入比利时野战军，试图利用棱堡的交叉火力阻挡德军突破。列日要塞堡垒和保卫法国东部边境的堡垒一样，均由混凝土修筑而成，辅以巨大的土堤增强防御，虽然并未配备足够的机关枪，但在机枪火力覆盖之下，深沟险壑足以让敌军步兵近身不得。每一座炮台的防御主要仰仗火炮的威力。这些巨炮有的铺设铁轨，暗藏炮台之中，有的装在钢铁炮塔之上，重量虽在百吨以上，却仍然能够依靠人工完成手动操作，沿轨道运行。

德军动用了5个军，共15万兵力大军压城，试图打通列日。进攻的德军开始越来越多地利用夜色掩护，渗透至各炮台中间地带。按照上级下达的命令，德军士兵夜间推进时，武器一律不准上膛，以免相互误伤，可是混乱依旧，直到有人亲自站出来领兵带队，才得以收拾乱局。8月7日清晨，鲁登道夫上演了颇具戏剧性的一幕，他将几支部队重新集结起来——这些部队之前已经被比利时人的炮火打得失去了斗志——亲自率队，进入列日，守军早已弃城而去，城内空无一人。鲁登道夫凭借如此轻而易举的举动，为自己赢得了德国陆军最高荣誉勋章"蓝马克斯勋章"。帝国上下无人不知列日已被攻陷的消息。就在一个星期之前，德皇的臣民们还鲜有人像1870年普法战争那样信心满满。此时此刻，攻占列日的消息一经传来，便在民众当中掀起一股狂潮，狂热一直持续至9月份。德国人和绝大多数民族一样，虽然对滥杀无辜并无兴趣，却对攻城拔寨、赢得胜利，尤其是速战速决情有独钟。国内大小城镇陷入一片欢歌热舞之中，人们纷纷走上街头，载歌载舞。翌日，德国中小学生全部集合，参加庆典，放假一天，以示庆祝。

然而，庆祝还是来得早了一点。列日城虽然已经沦陷，可比利时人还占据着周围大部分炮台，负隅顽抗。8月8日，卡尔·冯·艾米希将军接替指挥攻城行动。艾米希放弃正面进攻，将6万人马部署在了一个封闭的"铁环"之中，等待重型火炮的到来。比利时人不断开火射击，军医洛伦茨·特莱普林所在的团头一批伤亡的有三个士兵。这三个人擅离职守，贸然离开占领的巴尔尚炮台，跑去默兹河里洗澡。一发炮弹打来，弹片四散飞溅，导致三人身体不同程度划伤和瘀青。这位外科医生在8月11日的日记里写道：要不是出了这样一桩事情，日子还真是过得无聊，"浑浑噩噩，平平稳稳"。特莱普林甚至写信给妻子，要妻子寄一本书来，好打发时间。特莱普林的妻子告诉孩子们爸爸去了一个地方，那里只能说法语。英格博格才四岁大，一听就哭了起来，说："爸爸要是回来，讲的话我就听不懂了。"

军队走到哪里，哪里的百姓就会对战争很快心生厌恶。"你根本想象不出我们这里的日子过得多么辛苦，"让娜·范·布莱恩博格夫人的丈夫是根特市的一名医生，她在给朋友的信中诉苦道，"不少人的生活都被毁了。皮埃尔想把我送去英国……可是，我不想去那么远的地方，到时候想回家都回不了。再说，现在去的话也太迟了。"此时此刻，布莱恩博格夫人的祖国已经陷入困境，其艰苦程度之深远不止于此。进攻列日引发了德国人的疯狂举动。他们认为是义勇军在阻挡自己前进的步伐，疯狂报复持续了一个月左右。德皇的军队犯下累累暴行，极尽残忍。8月4日晚，贝尔瑙突然枪声大作，村里的德军搞不清枪声从何而来，慌乱之中，共有11名德国士兵被打死。德军第二天即将10名村民残忍杀害，以示报复，其中一家五口藏在地窖之中，亦未幸免。又过了一日，入夜时分，比利时军队一发炮弹打来，正好落在一个名叫圣哈德兰的小村子，炸伤了好几个驻守村中的德国士兵。德国人声称是村里的一名教师给弗莱隆炮台的比利时军队发的信号，暴露德军位置，于是将这名教师连同数名家人立刻枪决。第一场大屠杀同样发生在这一天。冯·克莱威尔少将为人喜怒无常、歇斯底里，为了给自己部队进攻受挫

找借口，竟然声称"列日城和周边郊区的所有居民全都参与了反抗"。从4日开始，直到7日，克莱威尔的旅一共打死了117名平民。按照克莱威尔的说法，这些人全都参与了"大规模反抗"。

德军另外一个旅也犯下了同样罪行。这个旅由于进攻受挫，损失惨重，竟将怨气发泄到了苏马涅这个小村子的头上。村里共有118名村民要么惨遭枪杀，要么被刺刀活活刺死，上百间民房遭到焚毁。德国士兵对幸存下来的村民叫嚣道："就是你们的兄弟躲在弗莱隆炮台后面朝我们开的炮。"6日，德军将居住在罗姆塞和奥尔恩的两百平民抓来顶在前头，当作人肉盾牌，进攻昂堡和邵德方丹两处炮台。德军为了防止比利时炮兵炸毁默兹河上的桥梁，还抓来百姓，绑在桥上，不给吃喝数日之久。8月8日，一伙德国步兵冲进梅伦附近的一处牧场，把住在当地的72名居民全部抓了起来，其中包括8名妇女和4名年龄在13岁以下的女童，并将所有人全部处决。梅伦当地的村长随后赶来，希望辨认死者身份，予以安葬，竟也死于枪下。村子绝大部分都被焚毁。奥尔恩和圣哈德兰同样有64人惨遭毒手，里索纳还有40人被德军残忍杀害。截至8月8日，列日一带共有850名平民惨遭杀害，1300栋建筑被付之一炬。德国人如此大肆报复，一来为了平息愤怒，二来为了显示自己对列日的控制。弗朗科尔尚有一个税务稽查员，因为父亲被德军杀害，于是找到德军指挥官抗议，声称当地没有任何平民反抗德国军队。这名德军指挥官耸了耸肩，用法语答道："有没有都不重要。既然你们在列日杀了我们的人，我们就同样有权杀你们的人。"

比利时人修筑的掩体成了有效对抗野战火炮的最好证明，只有克虏伯和斯柯达公司锻造的最重的炮弹才能打穿比利时人的隐蔽炮台。46岁的哈利·凯斯勒伯爵是一名预备役骑兵上尉，在列日外围负责指挥一支弹药运输队。一天早上，凯斯勒惊奇地发现竟然遇上了一群奥地利炮兵。奥地利人告诉凯斯勒他们是匆匆赶过来的，带来了四门斯柯达公司制造的305毫米口径榴弹炮。这些巨炮在8月12日开火，拉开了进攻序幕。克虏伯公司的四门420毫米口径巨炮紧随其后，展开炮击。每门巨炮都配备了200名操作人员，在300码外利用电子点火开炮，将穿甲弹发射出去。列日的防守终于支撑不住，钢筋水泥被炸得土崩瓦解，夹杂着血肉断肢，四散横飞。一处阵地上，一发炮弹打来，一次就炸死守军300人。勒曼将军因为吸入浓烟，不省人事，被人从隆辛炮台的断垣残壁中抬了出来。三十几发炮弹便足以摧毁一阵棱堡。默兹河右岸的炮台在13日终于落入德军之手，左岸炮台也在三天之后陷入沉寂。

攻占列日要塞让进攻的德军部队付出了伤亡5300人的代价。这场攻城战虽然耗时11天，却并未延缓德军前进的步伐，因为德皇的大军在继续向前推进之前无论如何都需要时间完成集结。一部分部队已经沿着12英里宽的走廊，迅速南下至法国边境。两支部队兵力庞大，若要从如此狭窄的地带通过，势必产生拥堵。不过，列日之役的确造成了一些干扰。例如，德军右翼进攻部队未能迅速打通列日，从而错失时机，他们只有做到这一点，才能赶在霞飞的部队重新部署完毕，做好交锋准备之前长途跋涉，穿越比利时和法国北部。

某些德国军事专家战前就曾说过，相对旷日持久的有限战争而言，一场速战速决、摧枯拉朽的绝对战争更为可取。其中一位在1913年写过这么一段话："虽然这样的话听起来感觉奇怪，可是将敌人的兵力和武器毫不留情地完全消灭才是最人道的目标。'人道'这个词的定义越广泛，就越难有效开展作战……（如此一来），仗会拖得越来越久，对各交战国全体人民产生的后果也会变得越加惨重。唯有不遗余力，投入一切可以投入的力量，才能迅速彻底地击败敌人。"这正是毛奇1914年8月一心想要实现的目标。

这场欧洲大战在刚刚开始的头几个星期里，法国的军队同样在尽最大努力，试图在德军行动尚未完全起势之前达成自己希望的目的。从比利时到瑞士绵延数百英里的边境线上，德法两军虎视眈眈，互呈犄角之势。霞飞的大军为了实现"第17号计划"，开始向前推进。弗朗索瓦·索尔代将军麾下骑兵团的骑兵们身着拿破仑时代的华丽军服，显得奇装异彩，他们正作为法国第五集团军的先头部队，一马当先向列日疾驰而去，沿途受到比利时百姓的夹道欢迎。然而，风云突变。8月8日，索尔代的龙骑兵和长矛骑兵在距离列日城十英里处遭到德军阻击。法国人胯下的战马筋疲力尽，只能败下

阵来。法国骑兵的头盔、胸甲还有马鬃头饰虽然炫目多彩，却根本无法与杀伤力巨大的武器相抗衡。英国骑兵好歹配有步兵使用的步枪，接受过下马作战训练。可索尔代的骑兵只有佩剑和1890式卡宾枪，用起来和手枪相差无几。

一位轻骑兵中士后来描述了骑兵团蒙受的奇耻大辱。骑兵团原本打算对比利时境内的敌军骑兵发起冲锋，结果遭到了德军步兵的致命火力还击，许多骑兵被击落马下，死伤惨重："这样的场景一次又一次上演，有20—30回。"每打一次，法国骑兵的人数就少一些。如何管理战马是一门至关重要的军事技能，法军在这方面乏善可陈。索尔代的骑兵在战役开始的头几个星期一日之内须长途跋涉35英里，有些团的行军路程更加遥远。第9甲骑兵团的士兵在行军日记中就曾有过48小时之内长途奔袭上百英里的记录。每一匹战马需要驮载250磅的重量，又得不到良好喂养，加上鞍伤无人照料，疼痛难忍，很快便筋疲力尽，成批倒下。相比之下，英国骑兵受过训练，懂得尽可能照料好自己的战马，留力备战。法国，还有德国的骑兵则只会把这些可怜的牲口活活累死。

大战早期的冲突当中，交战各方战斗规模不大，不少士兵展示出对战争究竟为何物有多么幼稚与无知。查尔斯·斯泰因是比利时掷弹兵团的一名士兵，他看到德国人炮弹打来，还在赞叹烈焰腾空、浓烟蔽日的景象是多么壮观，直到看见战友四散逃窜，才恍然大悟，清醒过来。11日晚上，斯泰因所在部队的一名哨兵慌乱之中开枪打死了一头奶牛，因为奶牛距离哨兵岗哨太近，盯着哨兵直瞪瞪地看。德国有一个连的预备役士兵同样干了件荒唐的事情，他们在清晨的迷蒙中隐约看见一群黑影在活动，于是猛烈开火，一顿好打，待到恢复秩序，才发现打死的原来是几头牛和一名回营的巡逻兵。法国上尉普略·德·迪于斯发现一枚哑弹落在身旁，好奇地俯身下去，想把哑弹捡起来。一个老兵见状赶紧大喊起来，说这样会灼伤自己——普略·德·迪于斯对于刚刚出膛的炮弹发烫这样的常识居然完全不知。

就在毛奇的各路纵队大踏步穿过比利时的同时，德军与霞飞的大军也在南面爆发了首场惨烈交锋。8月3日，法国人进入了他们"丢掉的那个省"，这个省在1871年普鲁士赢得普法战争之后便被普鲁士吞并。1914年到底有多少法国人对阿尔萨斯和洛林真的心存怀念，我们不得而知。几年前，有个年轻人在被问到这个问题时只是轻描淡写地说了一句："这些损失不过是历史旧事罢了……我觉得这个问题不会让今天的法国年轻人提起兴趣，我也没有兴趣。"《祖国报》早在1908年就曾断言："对于大多数法国人来说，失去阿尔萨斯和洛林就好像英法七年战争一样，早就成为遥远的过去。"

不过，的确有一批人对于国土沦丧耿耿于怀，对于收复失地充满热情，不惜余力。路易·拿破仑·科诺便是其中一位。这位将军1914年任职骑兵军军长，大战爆发之前每年都会带着自己的龙骑兵团战士在一处边防哨所之内露营一宿，举行纪念仪式，哨所所在位置正是通往阿尔萨斯的必经之路。类似科诺这样的人不止一个。这帮人到了1914年已经成为法军的高层首脑，在率军出征之前无不挥泪宣誓，誓要解放自己的手足同胞。在这些人看来，同胞正身处敌人的奴役与压迫之下，可事实却是应征入伍，加入德军作战的阿尔萨斯和洛林人最终竟然达到了38万。阿尔萨斯省本是一个讲德语的地区，却在近代历史的绝大部分时间里处于法国统治之下。阿尔萨斯省南北宽百余英里，东西纵深不足40英里，西面主要为孚日山脉——德国人称之为"伏盖森"（"Vogesen"），好比将阿尔萨斯称作"艾尔萨斯"（"Elsass"），洛林称作"洛特林根"（"Lothringen"）一样。法国和阿尔萨斯的接壤处沿山脊而走，山高林密，不少地方海拔可达3000英尺。

在北面，德国人修建了宏伟的米奇格要塞，布有地下掩体，相互连通，保卫通往斯特拉斯堡的去路。南面，古老的莱茵河冲积平原被夹在孚日山脉与阿尔卑斯山之间，穿过平原便可去往纺织业发达的小城牟罗兹。这条狭窄"走廊"虽然宽不足20英里，但军队完全可以由此从容通过。阿尔萨斯大部分地区皆为乡野，盛产奶酪佳酿，尤以生产棉麻织物出名，因地处死角，前方正对着德国南部的崇山峻岭，犹如装在口袋底部，在战略地位上并无多少价值可言。不仅如此，如果要对与阿尔萨斯交界的地方增援补给，德国人要比法国人从容得多。不过，毛奇早有先见之明，深知一旦战争爆发，倘若能

够就此收复东部旧省失地,这样的诱惑法国人绝对无法抵挡。

布防阿尔萨斯的德军士兵大睁着眼睛,好奇地看着法军先头部队出现在眼前。法国士兵还是像以前一样穿着长长的蓝色外套,红色军裤,戴着平顶军帽。德国人的普鲁士父辈们在1870年不仅见到过这支军队,还打败过这支军队。有一个德国士兵在给家人的信中写道:"法国人看起来简直就像图画书里冒出来的一样。"霞飞和他的部下没什么好抱怨的,他们并非事先没有得到警告,继续执着于这些花里胡哨的军服装饰将是一件愚不可及的蠢事。早在1914年春,法国驻柏林武官塞雷上校就递交过一份长文,对德国人的最新动向做了详细汇报。塞雷指出德国人拥有榴弹炮与重型火炮,实力不容小觑。可是,巴黎的那帮高级军官对此不置可否。塞雷同时强调德军的灰绿色军装有助于隐藏遮蔽,肉眼难以发现,并且敦促法军不仅应当换掉传统装束,就连剑柄、炊具,甚至衣服扣子这些闪闪发亮的东西都应该统统抛弃。塞雷在报告中援引德皇的话语,写道:"(几个世纪以来)我们一直以为军装应该具有美感、让人愉悦……近身作战的时候要想杀死敌人,就非得有效识别对手,这一点至关重要。现如今,两军交兵,阵地往往相距数里之遥,我们不应再这样暴露自己。"塞雷在笔下写道:威廉二世同样对于士兵穿着的盛装军服退出历史舞台感到遗憾,可他同时宣称战争发展至今时今日,已经成了一件"不再让人感到开心、不再光鲜亮丽的事情"。

有一篇文章唱起了反调,让塞雷上校大为光火。文章刊登在4月30日的《时代报》上,声称其他国家都对采用黄褐色军装后悔万分,好在法国没有干出同样的蠢事来。塞雷盛怒之下,再次致函陆军部,痛陈老式军装让法国士兵成了世界上最招惹目光的士兵,写道:"区别在于到底看得见还是看不见,哪怕是最不起眼的(法国)士兵也会立刻引来敌人的注意,这样对士气产生的严重(负面)效果,要比让士兵拿着一杆老枪上战场打仗严重得多。"塞雷补充说道:"法军在装束上过于打眼,会在面对敌人时让对手看得一清二楚。"法军一直拖到7月才好不容易出台新的规章,决定采用新的蓝灰色便装,也就是后来人们俗称的"蓝色天际"军服。不过,这套军装直到大战开始也没有分发给士兵。

虽然，伊冯·杜拜尔将军进攻阿尔萨斯的兵力达到26万人，在法国五个集团军中已是兵力最多的一个——法军在随后几周进行了整编，改为七个集团军——可是南面的法军指挥官们从霞飞处得到的指示却是，自己只有一个任务，那便是与敌交战，尽可能多的牵制敌方兵力，将决定性一击交由北面的友军完成。德军一开始并未做出像样抵抗。杜拜尔部在通往牟罗兹的路上伤亡仅有百余人。8月8日下午3点，牟罗兹的法国居民已经在欢庆蓝白红三色旗在城头再次飘起，敌人早已弃城而去，逃之夭夭。凡法军脚步所到之处，人们无不走上街头，一遍又一遍地高唱起《马赛曲》，载歌载舞。路易·博诺将军是牟罗兹当地的法军指挥官，他的父亲就是阿尔萨斯人。博诺将军特意安排了一场两个小时的胜利大游行，用雷鸣般的声音大声宣告："阿尔萨斯的孩子们，经过44年的痛苦等待，法兰西的战士们再一次站在了我们神圣的国土上。他们是为了完成复仇大业，艰辛付出的第一批人。"

然而，庆祝活动并未持续多久。短短24小时之后，德军援兵陆续到来，展开大举反攻。两军冒着烈日酷暑，在小树林和葡萄园里展开混战。德皇的士兵们并非个个都是英雄好汉。奥托·特施纳少校下令发起正面进攻时，只有参谋官和为数不多的几个士兵服从命令，其余的人全都躲进沙坑，不敢出来。特施纳没法子，只好扬言倘若再有人临阵退缩，就要就地正法，这下可好，把躲在坑里的一群人吓得屁滚尿流，一个个迈开双腿，飞也似地往后方跑去。还有一位军官被派去查看前线战况，结果遇上了一大股逃兵抱头逃窜。这名军官后来回忆道："那帮人告诉我说他们被打败了，想撤到莱茵河的对岸去。"不过，就在此时，战局发生逆转。德国人占了上风，法国人只能放弃牟罗兹。博诺浑身颤抖着下令全军撤退，退过边界，撤回贝尔福。

让霞飞愤怒的不单是军事挫败，还有精神羞辱。他严厉呵斥了博诺，批评博诺贻误战机，博诺原本可以乘胜追击，一举摧毁敌军架在莱茵河上的桥梁，再在牟罗兹大摆一场庆功宴。这位法军最高统帅早就打算在阿尔萨斯举行游行，展示胜果，提升全军士气。可是，现在不但庆祝没有搞成，博诺还在一味强调自己遭受敌军压制，要求增派援军。这位法国将军和主要下级

军官于是被齐齐革职,罪名在于指挥撤退时"混乱无序到令人无法形容的地步,马匹、大炮,连同掉队的士兵乱作一团"。诚然,霞飞并未向法国民众透露兵败受挫的消息。从中可以看出这位法军总司令从一开始就在为人行事上表现得极其独断专行,如此专横霸道也将在霞飞日后的指挥中得到进一步体现。

不过,胜利的消息很快就在德皇的盟友当中传了开来。"晚上传来了好消息,德军(在牟罗兹)打败法国人,取得了辉煌的胜利,"奥地利中学女教师艾塔·吉写道,"就是这些德国人!他们难道真的是冉冉升起的新势力吗?昔日荣耀的法国难道注定就此衰落下去,变得星光黯淡吗?"不过,对于身在阿尔萨斯的不少德国士兵来说,他们和自己的法国敌人一样在这场战争初体验当中遭受了沉重打击,遍体鳞伤。8月10日,一位炮兵军官对威廉·凯森中士说道:"这么久以来,我们一直都在盼着开战。可是,现在看到现实如此残酷,又开始害怕,哆嗦得想回头。"凯森在给女友海琳的信中写道:"那个军官的话让我清醒过来,久久无法忘记,因为我知道别人也有着和我同样的想法。就在那个军官说话的时候,有几个人急急忙忙地跑进来,报告说法国要求谈和。你一定想象不到听到这样的消息,我们有多么兴奋。哦,这些人全都疯了。根本不知道这到底意味着什么——这场生死存亡的斗争才刚刚开始,不到用光最后一个芬尼绝不会停止。这场战争将是欧洲的最后一战。"

再往北面,37岁的恩斯特·克洛普准尉一面注视着战场,一面陷入悲思。克洛普来自普福尔茨海姆,和平时期是一位艺术家。此时此刻,死去的战友就在眼前一行行躺着,等着被人埋进土里。这些人拼死夺取的那座法国小村庄已经在战火中差不多成了废墟。人们在吵着嚷着,乞求得到一点吃的喝的,能够有人帮忙把马、猪,还有牛从马厩和围栏里救出来。这些吵吵闹闹的声音让克洛普觉得压抑低落。"我真的不愿回忆这些邪恶的暴行,"克洛普在日记里写道,"我从没见过任何事情比战场更叫人心里难受,那么多人就这样死了、伤了。我们虽然打了胜仗,可我感觉非常难过。村里看上去好像刚刚被古代的匈奴人洗劫过一样。没有一样东西是完好的。厨房、箱子,还有地窖,吃的喝的全被搜得一干二净。就连肥堆也被一把火烧了个精光。"

　　数以百万的年轻人在他们的初次战斗经历中有着和雅克·里维尔①同样的迷茫与困惑。里维尔这一年28岁，这位法国知识分子是作家安德烈·纪德的好友。里维尔和战友们眼看房屋被熊熊大火吞噬，在烈焰中垮塌，依稀感觉自己正在参加一场军事比赛，置身于虚幻的战争当中，欣赏空旷操场上升起的烟火表演。里维尔看着骑兵冲过边境线，心想两边军队相隔如此之远，到底该怎样区分哪一边是法国的骑兵，哪一边是德国的骑兵。他很快明白，要想分清哪些是自己人，哪些是敌人，根本就做不到。里维尔所在部队就对自己的龙骑兵开了火，好在没有造成什么伤亡。每次听到炮声，里维尔也和所有新兵一样，分不清这一炮到底是自己人打的，还是朝自己打来的。他突然想起一些更加奇怪的比喻："在远方的天际线上，三个长枪骑兵高举长矛，从草地上慢慢跑过，看上去就像船只在远方的惊涛骇浪中颠簸起伏。"

　　当然，也有一些年轻人至少有那么短短一阵子让人觉得热情高涨。吕西安·拉比22岁，是一名军事医学院的学生，动员入伍之后专门负责抬担架。拉比对自己无法参战大失所望，到了8月10日实在忍受不住，于是放出豪言，说要扯掉胳膊上的红十字臂章，找几个志同道合的战友一起偷偷溜出去杀几个德国人。拉比在日记里写道，自己一听到敌人对救护车开火的消息就怒不可遏，满腔热情立时被点燃。"我们没有跟任何人提起这个，因为像我们这样擅自行动，肯定得不到批准。"拉比声称自己完成了目标，然后回到部队继续干自己该干的活。"很久以来，我一直希望能够做成这件事情。现在，我可以继续履行我的职责，怀着更加轻松的心态去干好医务兵这份工作了。"

———————————

① 雅克·里维尔（Jacques Riviere，1886—1925），法国作家、评论家、知识分子，1886年7月15日出生于波尔多，父亲是当地的一位名医。雅克自小喜爱写作，年轻时在波尔多获得艺术学位，服过兵役，1907年去往巴黎，以教书谋生，其间受到莫里斯·巴雷斯、安德烈·纪德以及保罗·克洛岱尔等文人影响，有大量书信往来，1914年大战爆发时加入第220步兵团，同年8月24日被俘，由于多次越狱未遂，被转移至汉诺威的纪律营关押，其后因身体状态每况愈下，被羁押在瑞士，直至大战结束，1918年以战俘生涯为题材，出版回忆录《德国人：一个战俘的回忆与思考》（*L'Allemand, souvenirs et réflexions d'un prisonnier de guerre*）。雅克战后开始为《新法兰西评论》（*Nouvelle Revue Française*）担任编辑，让这份颇具影响力的文学杂志重获新生，1920年获得"布鲁门萨尔奖"。1925年2月14日，雅克因伤寒在巴黎去世，年仅39岁。——译者注

德法两军在阿尔萨斯的最初交锋并无什么精妙的战术可言，只是反复投入兵力，利用人海战术，直接沿着行军路线发动进攻，根本没有尝试散开队形，分散部署。指挥官们不以为然，坚持认为短兵相接的遭遇战实在太多，防不胜防，因此只能采用这种战术。为了保持冲击力，士兵们在更多情况下排得密密麻麻，肩并肩向前迈进，而非像碎石一样分散开来。可是，结果是惨痛的。法国人也好，德国人也好，进攻士兵一旦遇到敌人的机关枪和火炮，下场只能是惨不忍睹。

职业军人之前早就花过大量时间来思索，倘若面对这样的局面，应该如何应对——早在差不多十年之前，自动武器就在中国的满洲展示过骇人的杀伤力，这一幕当时也被不少欧洲军事观察家看在眼里。德国人从历史教训当中吸取经验，给自己的军队装备了马克沁机关枪。1914年配备的马克沁机关枪已经多达12500挺，标号"MG08"，还有更多在生产当中。人们普遍相信毛奇军队配备的自动武器按兵力比例来说要比英国远征军多。可是，事实并非如此。英国生产的维克斯机关枪作为马克沁机关枪的改进产品，瞄准距离2900码，成为此后五十年大多数重型机枪的鼻祖。不过，在"一战"开始之后的头几周内，英国报纸在提到自动武器时用的还是法语词"Mitrailleuses"①。

俄国人使用的同样是以马克沁机枪为原型的改良产品，由于子弹要比英国人和德国人的子弹重量轻一些，所以在枪膛上做了改动。所有这类机枪全部采用水冷机制，重量在40磅左右，如果算上弹匣里的子弹带，每一条弹带会增加大约15磅的重量。机枪通常需要三名士兵共同操作，有效射程在1100码。子弹散射在瞄准点周围数平方码的"被弹面"上，这样能够增加杀伤力。法国人更喜欢自己制造的"哈其开斯机关枪"。这种机枪通过弹夹装弹，采取气冷方式，虽然容易卡壳，却不失为一把好枪。不过，法国人战争初期在自动武器数量上不如德国和英国。霞飞军中机枪一开始并不多见，后

---

① 法语"Mitrailleuses"一词来自"Mitraille"，直译过来就是"葡萄弹"，即"霰弹"，俗称"散弹"，为多管多发速射枪械，1851年由比利时人发明，早于加特林机枪十年问世，1870年普法战争中首次成为标配。——译者注

来才为人所知，并且得一雅号"高贵武器"。法军指挥官个个都在抱怨自己没有配备足够的这种武器，不能不说是一个莫大的讽刺。不过，回到8月份那会儿，即便干劲再足的指挥官，也没有谁愿意和机关枪扯上关系，因为这种武器用起来实在太过直接粗暴。1914年值得一提的显著一点就在于虽然机枪数量不多，只有区区几挺，但是造成的死伤却令人瞠目结舌，闻之色变。

约瑟夫·雅克·塞泽尔·霞飞身为法军最高统帅，一时之间几乎成了独掌法国大权的唯一一人。霞飞将统帅部设在一座学校之内，地点位于维特里弗朗索瓦的罗约·科拉广场。这座小镇就坐落在马恩河畔。霞飞在统帅部里发号施令，一手操纵着法军的生死命运。他每天清晨5点便离开住所，开始一天的工作。霞飞的住处距离统帅部不远，房东好像叫作什么沙普龙先生，是一位工兵主任，已经退役。霞飞本人之前也当过工兵，现在就和这位沙普龙先生同吃同住，每天一到中午11点便回到沙普龙先生的家中吃午餐，这个定时习惯也提升了霞飞的名望，让人知道他处变不惊，临危不乱。霞飞只在1914年8月才暂时放弃了饭后午休的习惯。晚饭一般在6点半开餐，和英国军官食堂的惯例一样，统帅部的军官吃饭时严禁谈论和军事有关的"业务"。晚餐过后会召开一次晚间会议，时间不长，美其名曰"小小增进一下关系"。到了晚上9点，总司令便会上床就寝。

绝大多数英军将领都对个人穿着外表相当在意，可霞飞手下的军官看上去常常让人感觉不修边幅，邋里邋遢。霞飞本人臃肿的体态也成了某些人嘲讽的对象。据说按照法军军规要求，军官人人都要学会骑马，可是到了霞飞这里，这条规矩肯定只能作废。霞飞1914年已经62岁。他出身贫寒，父亲是个酒商，家里一共养了11个孩子，霞飞靠着天生的过人才华才一步一步脱颖而出。霞飞大部分军旅生涯都在法属殖民地度过。1911年，法军总参谋长一职出现空缺。约瑟夫·加利埃尼本是最合适的候选人，却坚称唯有霞飞，而非自己才能担此重任。霞飞以沉默寡言出名，习惯安静倾听，而非滔滔不绝地发表意见。他在统帅部开会或者应对危机局势时往往一坐好几个小时一言不发，叫手下将领不仅心里七上八下、惴惴不安，甚至有些提心吊胆、不知所措。

霞飞为人实在，不善虚情假意、玩弄心计，对于旁枝末节的小事唯恐避之不及，只对事关重大的决策感兴趣。霞飞在统帅部有一批支持者。这帮人并非傻子，懂得如何在陈规旧习的紧密束缚之下思考行事。任何富有创意的意见都是不受欢迎的。斐迪南·福煦将军或许称得上他那个时代法国最具能力与号召力的军事将领。据说福煦早在1911年就对总参谋部的一位军官提出告诫，要小心提防毛奇可能采取两翼合围的大包围战略："你去告诉霞飞将军……永远不要忘记一点，德国人会拿出35个军的兵力来跟我们在战场上一决胜负，他们会把右翼安排在靠近英吉利海峡一带。"然而，法军统帅部没有意识到北面战线的重要意义。霞飞犯下了致命大错，将精力几乎完全集中在德法边境之上，一门心思自己搞进攻，开战头三个星期对于敌人动向几乎没有做过任何研究。

如果这位总司令谨慎明智一些，至少会稍稍按捺一下，等到得知俄国人在东线采取行动之后再先发制人，大举进攻。战事爆发不久就有情报警告德军在比利时的兵力之强，大大超乎原先预计。可是，霞飞仍然在8月11日下令发动总攻。进军阿尔萨斯成为一道美味大餐。两天之后，霞飞将总兵力的三分之一投入到了对阿尔萨斯-洛林地区的进攻当中。不少士兵原本只是农民，甚至连头发上沾着的稻草还来不及掸去，就踏着大步向德国人发起冲锋。伯尔纳·德拉贝是一名下士，他所在的旅接到的命令只有轻描淡写的几个字，任务就是"围攻斯特拉斯堡"。德拉贝下士可没把旅长和这些大话放在眼里："看他那一身黑衣红裤的窝囊样子，就像（1859年）索尔弗利诺①侥幸没被

---

① "索尔弗利诺"（Solferino）为意大利北部伦巴第附近的一座小镇，因1859年6月24日发生于该地的"索尔弗利诺战役"（Battle of Solferino）而闻名。交战一方为拿破仑三世统治之下的法国与维托里奥·埃玛努埃莱二世治下的萨丁尼亚王国联军，另一方则是弗朗茨·约瑟夫一世的奥匈帝国。交战双方投入兵力大体相当，共计约30万人，双方伤亡人数均在万人以上，战役最后以法国和萨丁尼亚联军的胜利而告终。由于战役极其惨烈，令包括拿破仑三世在内的各国君主大为触动，奥皇甚至从此不再御驾亲征，这场战役也由此成为了世界历史上所有参战军队均由一国君主完全指挥的最后一场大规模战役，并在日后促成了《日内瓦公约》的签订以及"国际红十字会"的成立。
——译者注

打死的残兵败将一样。"德拉贝对下令逼着自己上前冲锋的上校也没有好印象，写道："这家伙老了，根本就不知道敌暗我明，火力有多么要命，还没等你往前冲就打了过来。炮弹和机枪子弹跟下雨一样，劈头盖脑地落下来，所有人都在四处逃命。说什么上刺刀，干净利落地结果敌人，让这些骗人的谎话统统见鬼去吧。头一个被打死的连敌人长什么模样都没看清就倒了下去。等到（我们）真正见到德国人，才知道他们穿的是灰色衣服，躲在大约50米开外的地方，要不是头盔上的尖钉闪闪发亮，根本就认不出来。接下来说是撤退，结果差不多成了溃逃。"

塞雷上校战前是法国驻柏林武官，一直以来都在担心本国军官队伍里有太多半吊子混混，而非受过正规军事战术教育、真真正正的职业军人。塞雷在一份报告中写道："法国现在这个样子，让我想起了一座工厂，工厂里面有太多工程师和发明家，却没有足够的工头和领班，德国这方面的人倒是很多。现代战争重兵作战，需要的到底是灵光乍现的天才，还是老老实实干活的呢？"按照法军定下的规章制度，能够得到提升的军官要么是一把年纪的老资历，要么就是碌碌无为的窝囊废，要么两者兼有，完全靠着论资排辈或者人脉关系。这样的政策在1914年让法国人付出了沉重代价。从上至下，成千上万法国家庭在动员令下达两周之内一下陷入忧伤与悲痛之中。尼斯一位伯爵夫人有个嫂子，据说擅长通灵之术，能与鬼神沟通。大战爆发前几个月，这个女人预言伯爵夫人的儿子会在20岁这年死于枪伤。结果，这个灵媒巫婆的预言在阿尔萨斯得到了应验。

洛林方面，德国第六集团军由45岁的巴伐利亚亲王鲁普雷希特指挥。第七集团军同样位于亲王麾下，居于第六集团军左翼，扼守阿尔萨斯南部。回到那个年代，德国军队仍然保持着地域上的统一性，这样的特点将在日后不复存在。鲁普雷希特亲王的军队主要由巴伐利亚士兵组成。毛奇指示亲王保持战略防御，只需牵制住尽可能多的法军有生力量即可，大包围将在北面展开。因此，两支德国集团军此时此刻都在静待霞飞的动向。

法国人在8月19日重创敌军，再次攻占了牟罗兹。不过，法军同样损失惨重，牟罗兹当地居民在迎接法军到来时也变得小心谨慎起来。有些人在法国

人头一次到来的时候大肆庆祝，结果等到德国人一回来就遭到残忍报复。阿尔萨斯人害怕这一次又会再有反复。保罗-马里·包将军对于拿下牟罗兹心满意足，不愿继续向东推进。再往北面，爱德华·德·卡斯特诺将军已经率部进入洛林西部。那里是一片开阔的乡间地带，分布着采煤和采盐的矿区。法军依旧按照自己的传统方式进入洛林，军官骑在马上，连同旗手和军乐队走在队伍的最前头。法军一路走来，德国人并未制造什么真正麻烦，这是因为他们已经在以东20英里的地方做好了精心准备，好好"款待"远道而来的法国人。阿尔萨斯和洛林地区拥有多条极具战略价值的铁路，不少车站专门建有多条岔线，方便部队搭乘火车上下。位于洛林边境线上的村庄尚布雷就是如此，其车站主体建筑无论式样，还是规模，都如同一座小型城堡。德国人有意诱敌深入，让法国人放心前进，直到进入口袋，再从三面夹击。

伦敦的《泰晤士报》17日对霞飞军队的前景表示乐观，充分反映出该报对于战场上发生的一切一无所知，要么到手的就全是错误情报。文章写道："法国人已经准备就绪，迫不及待。法军如果此时继续向前挺进的话，请不必感到惊讶，因为这样的进取精神才最配得上法兰西的军事天才。"法国人的确在继续前进。整整四天，卡斯特诺的部队一直在缓慢向前推进。负责断后的德军部队有些反应过头，且战且退，走走停停，不仅把沿途放弃的村庄一把火烧了个干净，而且展开顽强抵抗，打得还相当来劲，反而影响了诱敌深入的计划。截至15日早上9点，法军伤亡已经超过千人。

卡斯特诺本人对于深入洛林发动进攻持反对意见，认为应当谨慎行事，自己的部队只要能够守住南希一带的山头据点，让敌人放马来攻即可。然而，霞飞坚持认为应当乘胜追击，继续向前进攻，头几天取得的战果让他更加相信胜利就在眼前。再往南面，第一集团军已经拿下萨尔堡。19日当晚，卡斯特诺再次敦促手下进攻洛林的军长斐迪南·福煦务必谨慎行事。不想福煦连同友邻部队竟于次日排成密集纵队，穿过这片林木相间的丘陵，一路向前打了过去。法军进攻投入兵力共计320个营，火炮超过1600门。德法两军在阿尔萨斯和洛林的中间地带展开激战，双方均损失不小。

左翼法军以东西方向为轴排兵布阵。德军坚守不出，静待福煦的士兵送上门来。只见法国士兵穿着蓝衣红裤，排着整齐的队形，齐步向前，场面甚是壮观。法国人勇敢地趟过一处宽阔水浅的溪谷，朝着坐落在山顶的小城莫朗日进发。据守山顶的德军在那里修建了一个巨大的军事基地，居高临下，一眼望去，由南自西数英里范围内一切动向尽收眼底、一览无余。德国人用了足足44年来好好研究地形，勘测距离，等的就是这一刻到来。德国人将优势发挥到了极致，全军部署停当，一切就绪，只等给法国人迎头痛击。这简直就像一场军事演习，要是说得更加具体一点，就像当年拿破仑打仗一样，打得又准又狠。在莫朗日西北方向的高地上，150毫米口径榴弹炮已经就位，一列列77毫米火炮和机关枪也在高地两侧的山坡台地上布置完毕。法国飞行员向指挥官发出警告，德军阵地火力强大，几乎坚不可摧，结果遭到无视。进攻的法军分成两列纵队，从克莱梅西森林和布里德森林的中间地带向前逼近。这场战役虽然今时今日只有专门研究战争的军事学生才知晓，可无论规模大小还是惨烈程度都足以让人闻之色变。

想象一下，当天展现在占据制高点德军士兵眼前的景象该有多么壮观——福煦一声令下，4.3万名法军士兵越过莫朗日山下的开阔平原，如潮水一般向前冲来。山上的敌军看得一清二楚。迎接法国人的是猛烈的火力，如冰雹一般倾泻而下，将他们打得七零八落、溃不成军。有两个师伤亡惨重，一名法军军官描述起当时的情形，说道："场面极其混乱，步兵、炮兵，连同笨重的大车，战斗补给品、团里的备用品，还有那些铮亮的汽车，里面坐着我们优秀的参谋官们，全都磕磕碰碰，挤在一起，横七竖八，既不知道下一步该干什么，也不知道该去往哪里。"这片杀戮之地的后面有一座小村庄，名叫方丹圣巴伯，成了法国人治疗伤员的据点。战地医疗站伤兵满营，根本忙不过来。等到下午时分，方丹村里打水和公共洗衣的地方已经躺满了成百上千号伤兵，呻吟声不绝于耳，地上血流成河，许多人奄奄一息。与此同时，更加糟糕的事情发生在了福煦的右翼，由于友邻部队溃败脱逃，整个侧翼被完全暴露在了敌人面前。

德国人对陷入合围的法军开始发起三面夹击。巴伐利亚步兵开始投入战斗，把光靠大炮还没做完的活儿收拾干净。福煦的部队在莫朗日山下当日

一天战斗伤亡就超过5000人。其中1500人被集中起来，草草安葬在了一个简陋的公墓里头。真正伤亡人数当在两倍左右。不少死者从名字来看都是阿尔萨斯人。还有158个是俄国后裔，要么就是俄国公民，阴差阳错死在了这里。这些人的墓碑上名字写得敷衍潦草，像什么"Picofay Borrisof""Nicolai Bororghin""Fryaje Dimitry"之类的拼写错误比比皆是。死者当中有一位副队长，是轻骑兵团的，名叫查尔斯·德·居里埃尔·德·卡斯特诺。查尔斯的父亲战前是霞飞的参谋长，共同参与制定了"第17号计划"，虽然对进攻洛林持反对意见，却最终只能听命于霞飞。法军在莫朗日山下惨遭屠戮，血染沙场，霞飞难辞其咎，应该承担绝大部分责任。莫朗日当地的居民同样付出了沉重代价。山谷里有一个小村庄叫作达和林。战役结束后，趾高气扬的巴伐利亚士兵洗劫了村子，杀死了村里的神父，扬言村民们同情法国人，把村民全都赶了出去。鲁普雷希特亲王打了胜仗，带着随从参谋到附近的迪约兹森林视察战场，见到武器、衣服和装备丢得满地都是，一片狼藉，也不禁吓了一跳。

20日当晚，卡斯特诺对属下的糟糕表现实在忍无可忍，下令全军撤退。法军后撤15英里，退回法国境内，在默尔特河重新安营扎寨，那里有座小山丘人称"南希的大皇冠"，利用高地足以守住全城。几天之后，也就是24号，法国《晨报》的一名记者向读者详细描述了灾难降临到法军头上的经过，给了法国民众为数不多一窥战场真容的机会。文章写道："连也好，营也好，一路上秩序混乱，毫无纪律。女人也混在行军队伍当中，和士兵们走在一起，手里还抱着孩子……小女孩穿上了星期天才穿的漂亮衣服，老人提的提，拖的拖，一大堆东西奇奇怪怪，什么都有。整团整团的士兵仓皇逃窜，慌不择路。给人的印象是纪律已经完全崩溃，不复存在了。"

负责指挥这一仗的那位法国将军卡斯特诺一直以来都有一个习惯，每天早上会在下属面前大声宣读头一天阵亡的军官名字。8月21日这一天，将军在读到"查尔斯·卡斯特诺"这个名字的时候突然停了一下——卡斯特诺共有三个儿子，查尔斯是头一个战死沙场的。将军接着往下念，直到把所有名字全部念完。不过，洛林前线的情况并不像看上去那么糟糕——卡斯特诺还有能力相当迅速有效地重新集结部队。德国人虽然同样伤亡惨重，在福煦部队撤退时无力立刻展开追击，但把卡斯特诺北南两面友邻部队打回去的本事还在。这样的经历对于每一位法国军人来说实在太过痛苦，难以面对。路易·德·毛迪伯爵在撤出萨尔堡之前带着参谋官一起立正敬礼，德军猛烈的炮火就在身旁炸响，军乐队还在吹奏着"前进吧，洛林！"

不过，回到1914年8月份那会儿，每一位指挥官都在人力投入上毫不吝啬，对于人员伤亡并不在意——待到后来，交战各国无奈之下才意识到原来血肉之躯也并非取之不竭、用之不尽的资源。德皇还是一如既往地信口开河，高调宣布8月20日的洛林战役创造了"战争史上最伟大的胜利"。德国人之所以在1914年8月对于未能达成目的感到失望，一个关键原因就在于德皇也好，他的那帮军事将领也好，统统犯下了一个错误。他们未能理解在这样一场20世纪工业大国的对抗当中，军事行动的意义在于实现事先制定的目标，而非仅仅赢得一场局部胜利。当战场投入兵力多达百万之际，只求给敌人造成十数万人的死伤是远远不够的。

不过，在那些日子里，法国人在莫朗日遭受的惨败也在其他地方上演。在阿尔萨斯和洛林惨遭屠杀仅仅只是霞飞糟糕表现的冰山一角。随着这出蹩脚大戏一幕接一幕展开，在战线的其他地方，法军在与德军的逐次交战中蒙受了更为惨重的伤亡。在最北面，夏尔·朗勒扎克将军指挥第五集团军的五十万大军已经深入比利时境内，沿默兹河而上，经色当和拉美济埃，在与德军交战之前进抵小镇迪南。8月14日夜，夏尔·戴高乐中尉所在的团经过长途跋涉，早已人困马乏，筋疲力尽，士兵们躲在迪南的民房屋檐之下休整。次日清晨，天色微明，德军的炮弹便倾泻到了小镇头上。守军在经过一阵慌乱之后重新振作起了士气。德军的轻武器发出急促的嗒嗒声，法军士兵奋不顾身，越过铁路线，朝着默兹河上的一座桥梁冲去，要抢在敌人之前把桥控制在自己手里。

戴高乐刚刚跑了20来码，就感觉"有什么东西击中了自己的膝盖，像被鞭子抽中一样，被绊了一下。我跌倒在地。德布中士当场中弹身亡，倒下来压在我的身上。周围一阵子弹呼啸而过。满地都是死伤的士兵，我能听见

子弹打在他们身上发出的闷响。我挣扎着从人堆里爬出来，那些人要么已经死了，要么奄奄一息"。年轻的戴高乐中尉不敢相信自己竟然慢慢爬到了默兹河的桥上，他帮着把团里剩下的人集合起来。待到夜幕降临，戴高乐好不容易找了一辆大车，爬了上去。车是往后方运送伤员的。他后来做了手术，取出子弹。这一枪打中了戴高乐的右腓骨，导致坐骨神经麻痹，说来倒也奇怪，竟然一点也感觉不到疼痛，而他所在的团，连同整个第五集团军已经开始撤退。

霞飞和大部分高级军官希望决定性的一击能够由朗勒扎克在南面的友邻部队完成，地点就在战线中路的阿登防线。法国统帅部早在制订作战计划时就留下隐患，并不清楚如果英国人参战的话，到底能有多大帮助。那支小小的英国远征军正在停停走走，走走停停，朝着法比边境前进。可是，即便到了这个关头，法军统帅部对英国人在边境是否有所行动，仍然没有丝毫兴趣。霞飞从法军飞行员和情报官员那里收到一连串报告，据说大批德军已经北上，越过边境，朝着自己的左翼袭来。比利时人同样报告了敌人的动向。按照比利时人的描述，身着灰绿色军装的德国士兵排成长龙，敌人的大军正在横穿自己的国家。这些报告起到的唯一作用便是让霞飞得出结论——霞飞事实上大大低估了对手的兵力——认为既然毛奇军队两翼兵力如此强大，那么中路势必薄弱。这位法军最高统帅并未将注意力集中在如何应对来自北面的威胁之上，反而坚持己见，认为法国的决定性一击应该在于穿过阿登山区，向卢森堡和比利时南部挺进。霞飞于是在8月21日下令——这是法国历史上最重大的军令之一——命令第三、第四集团军的九个军从沙勒罗瓦和凡尔登中间发起进攻，第五集团军同时在桑布尔展开攻势。

英国远征军的亨利·威尔逊爵士在当天给家人的信中写道："我此刻心中半是激动振奋，半是忧郁哀伤。人类历史上最波澜壮阔的一场战斗就要在今天打响。"法军统帅部在给第三、第四集团军指挥官的指令中要他们不用担心，绝对不会遇到什么顽强抵抗。事实却是，法国人即将遇上的德军拥有十个军的兵力，这支大军由德皇的皇子威廉皇储亲自率领。"小威廉"和他的参谋长期待着建功立业、荣耀加身。侦察报告让德军对法国人的动向意图了如指掌。德军完全没有把毛奇采取守势的话放在心上，根本无意摆出防守架势，他们才不会坐视其他部队按照"施里芬计划"赢得关键胜利，抢得头功。于是乎，德军倾巢而出，与打上门来的法国人相遇，就此展开了一系列极其惨烈的遭遇战。

22日清晨，大雾弥漫，法军排着成列纵队，大步向北，穿过维尔通，这里刚刚进入比利时境内。骑兵策马小跑，在前方开路，在快要接近贝尔维农场时遭遇到猛烈火力进攻。农场坐落在一座陡峭的山头之上。一道铁丝扎成的栅栏阻挡住了骑兵们前进的脚步，法国人无法实施侧翼迂回。在这一天余下的时间里，两军展开鏖战，杀得血肉横飞。维尔通的街道上挤满了法国步兵、骑兵和各种火炮——在弥漫的大雾中，大炮也失去了作用。德国人试图向前发起进攻。德军指挥官下令让士兵们高声歌唱，以便搞清楚对方是敌是友。法国士兵同样齐声高唱《马赛曲》，这是他们当中的不少人这辈子最后一次唱起这样的旋律。有一支法军步兵部队占领了阵地，士兵们看上去一个个无精打采、士气低落。有一位军官名叫凯昆斯，是名上尉，命令士兵们冒着炮火，把队列动作再过一遍。按照这个团的团史记载，此举"竟然让全营一下子恢复了活力斗志"。如此说法实在荒唐可笑，不足为信。

有位下级军官向师长进言，对于继续盲目冒进表示担忧。一个年轻军官听到了二人的谈话，日后回忆道："我现在还记得特朗蒂尼安①当时说话的那副样子。他高高在上，盛气凌人，骑在马上，居高临下地教训道：'将军，你的胆子实在太小了！'我们只好继续向前打。"不想大雾竟然突然散

---

① 特朗蒂尼安（Louis Edgard de Treninian，1851—1942），法国殖民地战争年代的将军、旧式军人，1851年8月25日出生于布雷斯特的一个军人世家，祖父曾经参加过美国独立战争，父亲亦是准将。特朗蒂尼安自小受家庭熏陶，勇武善战，年仅19岁就在普法战争中因作战英勇荣获"法国荣誉军团勋章"，后进入法国最负盛名的圣西尔军校深造，1872年毕业。特朗蒂尼安参加过多次殖民地战争，征战印度支那和非洲多地，1881年短期担任交趾支那副总督，1893年晋升上校，1895年被任命为法属苏丹（今马里）军政首脑，1898年晋升准将，调任马达加斯加，一年后离开非洲，"一战"期间一度帮助挫败了德军进攻巴黎的企图，后来因为在埃特战役中指挥失当，死伤士兵太多而被革职。1942年5月24日，特朗蒂尼安病逝于巴黎。巴黎今天的特朗蒂尼安将军广场就是为了纪念这个军人家族而更名的。——译者注

去，法国步兵、骑兵和炮兵们一下子发现自己竟然完全暴露在山顶德军炮手的眼皮底下。回想当年75毫米炮刚刚使用的时候，有些军官还反对安装护板保护炮手，说什么"法国军人要敢于面对面地正视敌人"。令法国炮手庆幸的是，这般徒逞匹夫之勇的蠢货终究会被淘汰。不过，维尔通战役爆发之际护板还鲜有使用，炮兵发现敌军的榴弹炮从高角度打下来，弹片四散飞溅，招架不住。第十二轻骑兵团的骑兵们也遭遇了同样惨剧，被成片成片的炸翻在地。

步兵们试图通过短距离冲击，重新对山顶发起进攻。按照法军野战勤务条例估计，一条攻击线在敌人每次重新上膛之前，能够在20秒钟之内向前推进55码。一位经历过维尔通战役的幸存者愤愤不平地说道："写出这种条例的家伙恐怕忘了这世上还有一种武器叫作机关枪。类似这样的'咖啡豆研磨机'有两台，工作起来的声音我们听得一清二楚。我们的人每次上前发起冲锋，阵线的人就会少一些。打到最后，上尉只好下令：'上刺刀，给我冲！'这时正好赶上晌午……热得像鬼一样。我们的人背着全副武装，沿着草坡往山上跑，累得气喘吁吁。只听见身后鼓声阵阵，冲锋号也吹了起来。我们根本无法接近德国人，还没跑到跟前就全被打倒在地。我中了枪，躺在地上，直到后来有人把我抬了下去。"埃德加·德·特朗蒂尼安将军一手主导了这场惨败，虽然事后受到质询，却没有治罪，反而因为这一上午的疯狂得到嘉奖。

"仗打输了，可我既不知道为什么会输，也不明白怎么输的。"保罗·林迪尔如是写道。这名炮兵所在的炮兵连午后不久把火炮往车上一挂，匆匆退出了战斗。"……我现在才发现通往西南方向的路上，长长一路的林子里到处散着弹片。这样看来，我们的侧翼肯定被炸得不成样子……赶车的人一个劲地催着马儿快跑，其他人从炮车上跳下来，好减轻重量，散开队形，跟在队伍两边跑。山坡很陡，半山腰上有一辆步兵的大车陷进了路旁的泥里，车子都快要散了架，横在路上。一匹可怜的白马被辕杆架着，已经筋疲力尽，赶车的人一面大声吆喝，一面在推一侧的轮子。我们里头有一个中士见状，照着那个步兵吼了起来：'那个谁，动作快点！'……步兵回过头来，一脸无奈地看着我们，看得出眼睛里泪水都在打转：'快点？你倒告诉我怎么快点？！'"林迪尔和战友帮着把大车重新推回到了路上。"这个时候已经是差不多下午两点。空气又热又闷。"

虽然德军在维尔通战役中也付出了283人阵亡，1187人受伤的代价，可是法军伤亡人数要比这多出好几倍。整个部队前后两次被打得丢盔弃甲，溃不成军。死去的士兵像折叠椅一样堆在一起，倒下去的时候一个压着一个。骑兵再次惨遭屠戮。两名旅长牺牲，有一个团所有军官全部战死，另外一个团有三分之一的军官阵亡。当晚，第三集团军的指挥官们一开始还在妄想次日一早再次发动进攻。士兵们接到命令，开挖堑壕，可手头能用的工具只剩下了一样东西——军用饭盒。军官们很快意识到每个团几乎所有指挥官都已伤亡殆尽，已经无力再战。有个士兵没被打死，侥幸活了下来，因为受到过度刺激，站在那里只知道一遍又一遍地反复念叨"死了！啊……全都死了！"法国人收拾残部，陆续撤离维尔通。德军声称当地居民给法国炮兵发了信号，随后展开残忍报复。德皇为自己的儿子和鲁普雷希特亲王分别颁发了一级和二级"铁十字勋章"。

22日无疑成了法国人的受难日。就在同一天，北面的法国第四集团军穿过一座名叫贝尔方丹的村庄，沿阿登山区的林中小路前进。其中一个团的团长名叫查尔斯·曼甘，他正率部向前挺进，快要到达特尔蒂尼的时候，德国人从周围的林子里开火，两军随即展开一场恶战。曼甘率兵发起刺刀冲锋，双方在贝尔方丹展开激烈巷战。村子遭到大规模炮击。当晚，法军残部退至林地边缘，全团共有八位连长战死，损失兵力超过三分之一。法国一直以来都在打算利用从殖民地招募而来的士兵填补白人士兵的缺口。曼甘曾在1910年出版过一本书，书名《黑色力量》（*La Force Noir*），读起来让人感到悲叹。他在书中写道："这些原始人的性命在我们看来如此微不足道、无足轻重，可他们的青春热血却在沸腾奔涌，仿佛早已等不及抛洒出来。他们必将在未来的战争中向世人展示什么才是'法兰西的愤怒'，而且只要有必要，就一定会重新点燃这股怒火。"此时此刻，大战已经爆发，那些来自摩洛哥、塞内加尔和阿尔及利亚的士兵的确身先士卒、燃起了这股熊熊烈火。截

至1918年，法军黑人士兵死亡率在白人士兵的三倍之上，原因在于被挑选出来，执行自杀任务的多半是黑人士兵。

在大战初期这些有去无回的任务当中，有一场就落到了殖民地第三步兵师的肩上。8月22日，殖民地第三步兵师的士兵经过一座名叫罗西尼奥勒的村庄，然后他们沿着一条狭窄的公路进入昂立耶森林。法国人丝毫没有打算事先勘测一下前方敌情。马匹、步兵和大炮就这样排成一列纵队，在丛林中踏步前行。走在队伍最前面的是"非洲轻骑兵团"。因为原先和海军有过瓜葛，该团又有一个绰号叫作"江豚"。德国人早在林中部署停当，耐心等待，直到步兵师全部进入包围圈。短短几分钟，猛烈的火力从四面八方倾泻而下，顷刻间便将法军打得七零八落。马匹、士兵、拖车，还有大炮全都陷在狭窄的道路上进退不得，一片混乱，唯有投降的才幸运地活了下来。步兵师一共损失军官228人，士兵10272人，其中3800人被俘，两位将军阵亡，还有一位受伤，成了阶下囚。事实上，该师炮兵部队指挥官几乎悉数战死，幸存下来的仅有一人。

由于大炮在密林丛中无法发挥威力，此役法军伤亡如此惨重，完全拜步枪和机枪所赐。保罗·福奈特中尉是阵亡将士之一，他的父亲战后专门为他立了一块纪念碑。这位父亲悲痛不已，终其一生无法宽恕自己：儿子战前曾经过着放荡不羁的生活，正是由于自己一再坚持，儿子为了"出人头地"，才加入"非洲轻骑兵团"。法军败退之后，德军再次对平民施以惨无人道的暴行，8月26日当天在罗西尼奥勒杀害了122名平民。

法军在22日当天一日的战斗当中就有2.7万人阵亡，受伤失踪人数多达数万。如此数据可比英国人1916年7月1日在索姆河战役头一天的损失数字要高得多，而后者往往被人误以为是第一次世界大战中伤亡最为惨重的一日。在龙韦和讷沙托发起的其他进攻和南面的攻势也以同样方式惨败收场。法国人在1914年8月付出的代价过于巨大，这不仅仅体现在令人胆战心惊的统计数字之上，还让法军元气大伤，再也无法复原——法国人好歹最后还是挺了过来，这一点倒是值得称道。第四集团军司令朗格勒·德·卡里给霞飞的汇报只有简简单单几个字："整体来说，结果难以令人满意。"失去子嗣的不止一两位高级军官：福煦的独子和女婿就双双阵亡。虽然总司令仍然要求重新发起进攻，可朗格勒没有理会，选择了撤军。

南面法军的运气多少有了一些改善。爱德华·科德维在8月23日写道："这一个星期下来，让人筋疲力尽。我们跟在部队后面迅速推进，现在已经到了阿尔萨斯，获得了战场上的新鲜补给。堑壕随处可见；房子被付之一炬；车站里空空如也，被洗劫一空；教堂早已被炮火摧毁；墙上留下的弹孔清晰可见；十字架被丢在了树林深处；俘虏排着长队，打眼前走过。这么多事情，哪一样让人看了不难过？尤其是那些俘虏。一个个形容憔悴、浑身污垢、无精打采、耷拉着脑袋，既没有带武器，也没有任何装备，身上也不知道穿的是什么。"然而，法国人此刻的乐观不过是过眼云烟，转瞬即逝，痛苦很快卷土重来。卡斯特诺既然选择了从洛林撤退，那么在阿尔萨斯的友邻部队别无选择，只能跟着后撤，否则就要面临被敌人合围的危险。"5点钟下的行动命令——撤到后方去。"这是科德维8月24日的记录。"没有任何解释。看上去我们在明处。阿尔萨斯人在我们来的时候并没有什么热情欢迎，看到我们走也不怎么难过。阿尔萨斯在过去45年里已经失去了法国味。法国看来已经把阿尔萨斯遗忘，接受了领土割让的命运。是德国人干的坏事，让阿尔萨斯失去了祖国。可怜啊！必须用比利时顽强反抗的例子让德国人明白，没有第三条路可走，选择只有两个：要么法国，要么德国。"

保罗·德沙内尔是法国下议院议长，后来对弗朗西斯·伯迪子爵说起进攻阿尔萨斯和洛林的事情，认为完全就是"一场闹剧，一个天大的错误"。安德烈·纪德在日记里写道："在牟罗兹的进攻行动，换作其他任何一个国家都不会干这样的蠢事……法国之所以犯下这样的错误，根源在于喜欢说大话，做假样子。"从来没有人真正指望在南面发起的这些攻势能够达成目的，取得成功。之所以像德国人预测的那样发动进攻，不过是为了重塑法国的辉煌形象。除非，或者说只有等到法军在其他地方赢得胜利，否则这样的目标最好还是不要先提出来。

毛奇的军队同样在阿尔萨斯的林地和葡萄园里经历苦战，损失不小。在孚日山区，法军特种山地部队"山地轻步兵团"给予了德国人沉重打击。德

军重新夺回牟罗兹其实就是一场屠杀，事先没有经过任何侦察。有个军官名叫莱斯特，是一名少校，提起得不到上级有效指挥时的恐慌艰辛，简直一把鼻涕一把泪："根本就没法和团里取得任何联系。整个战役期间从团里得不到任何命令。"奥托·布赖因林格中士回忆道，打完牟罗兹这一仗，连里面的250个人只剩下了16个。

德国人损兵折将的确不少，可在八月份一系列战役中损失最为惨重的仍然非霞飞的军队莫属。雅克·里维尔所在的团和南希北面的第三集团军一起打的这头一仗，一起加入了伤亡名单。里维尔和一支预备役部队的战友们正在一起等待命令，准备行动。就在这个时候，上尉突然喊了起来："趴下！趴下！"上尉的声音听起来急迫得很，演习的时候可从来没有这样。里维尔听见"一阵声响，轻轻地，好像在撕什么东西一样"，只见头一批炮弹从头顶的天空划过。队伍有那么一阵子陷入混乱。周围林子里的响声变得嘈杂起来，这意味着敌军正在逼近。大伙儿接着看见原来是指挥官的战马，挣脱了缰绳，跳来跳去。炮弹开始从四面八方落下，落在法军阵地上，腾起来股股黑烟，像个菱形。

8月24日天明时分，德军的进攻部队抓住了里维尔。让里维尔感到意外的是，自己和战友们在堑壕里打了好几个小时。敌军攻下堑壕时，这些征服者竟然没有表现出一丝恶意，只是说了一句："仗打完了，该收场了。"里维尔心想德国人做事真是简单实用，就这样一直开火打下去，直到把敌人打趴下，然后等到有了自己想要的结果，再来结案，什么表情都没有，只有桌上摆着的纸笔和一份白纸黑字的报告。"就是因为这个，德国人才总能打胜仗，"里维尔回忆道，"今天这样的军事行动感觉原本就是为德国人设计好的……德国人只做该做的，把手头的活儿好好做完（他们的办事方式法国人根本就做不到）……就连抢东西，放火都是一样（井井有条）。"安德烈·纪德也写过类似的话："搁在我们这儿，军队这东西不过是一个工具；放到德国人那里，就像一个器官。所以，大可毫不夸张地这么说，既然有了这么个器官，那么打仗也就成了一种必要的功能。"

马里-让·佩尼隆是法国总统普因加莱的军事联络官，他一直表现得莫名其妙的乐观。事已至此，总统终于开口问话："难道输了？"佩尼隆的回答干净利落："输了，总统先生。"除开人员伤亡，领土丢失也让法国在煤、铁和钢材等物质生产方面丧失了相当能力。普因加莱在8月24日写了一番话，语气相当冷峻："两个星期以来我们一直信以为真的那些幻想到哪儿去了？从现在开始，我们能不能救得了自己，完全得看有没有能力抵抗。"不少法国士兵现在都认为德皇的军队要比自己想象得更加强大，德皇军队更像一台无坚不摧的战争机器。雅克·里维尔被关了起来，他在一个车站见到德军士兵从火车上下来，踏着大步，开赴战场，"队伍一眼望不到头，井然有序"，眼神里无不充满着羡慕尊敬的目光。在里维尔看来，这是一支"为战争而生的军队，而非因为战祸临头才被迫拿起武器作战的军队"，而法军正属于后一类。

虽然，里维尔和不少法国人都对敌人表示尊重，溢美之词不绝于耳，毛奇的将士们在精力、效率和士气上无疑值得称道，可是真正能够在战术上体现出过人天赋的却寥寥无几。德国步兵冲锋时和法国人一样人挨着人，肩并着肩，抱团作战，死伤同样惨重。75毫米炮，还有机枪和步枪炮火给敌军造成的打击是致命的。无论德国，还是法国，双方都有不少军官尽干这些徒逞匹夫之勇的无益之举，不仅让对手看得目瞪口呆，还引发自己士兵的强烈反感。有一个德国兵8月18日在目睹了德皇掷弹兵团投入战斗场景之后写下了这样一段文字："仗还没有开打，（普鲁士）乔基姆·阿尔布雷希特亲王殿下和机枪连的连长就踩镫上马，跑去前头侦察了。眼看敌人的炮火劈头盖脸地打过来，两个人也不知道下马隐蔽，实在让人捉摸不透。"在接下来的战斗中，全团所有参谋官从始至终站在先头部队里头。德军另外一个团的团史记叙道："22日当天，第131步兵团直接发起进攻，深深插入敌军阵中。"卡尔·格鲁伯来自弗莱堡，是一名建筑师，任职连长，他的手下的士兵一直缠着自己，问个没完没了："中尉，我们是不是很快就可以打到巴黎了？""中尉，仗是不是很快就要打完了？"8月，符腾堡公爵的第四集团军伤亡2万人，与亲王殿下的第五集团军伤亡人数大体相当。

不仅如此，德军指挥机制也开始暴露出严重缺陷，高级军官无论在判断

能力，还是人格特征上都显得难以胜任。霞飞虽然是这一系列"边境战役"惨败的主要责任人，可他至少对军队拥有绝对权威，对军事行动动向了如指掌，在这一点上无可挑剔。相比之下，毛奇却任由下属在战场上随意执行各自的作战意图，既不干预，也无协调。毛奇甘居幕后，扬言自己最重要的职责不在于如何指挥手下的将领，而在于鞍前马后辅佐德皇。

大战的到来让威廉二世摇身一变，一下子成了名义上的最高统帅，而那位帝国总参谋长则在暗自担心，深恐自己的主子会找个机会，把虚名变成现实，离前线越近，就越有可能插手掺和军事行动。毛奇因此一门心思，要把德皇隔离开来，不让德皇受战场局势变化的影响。8月16日，帝国统帅部在科布伦茨正式成立，威廉二世下榻在城堡寝宫，毛奇的一众幕僚则搬进了乌尼恩酒店。通信主任另有安排，住在巴特埃姆斯。此举不仅令人费解，而且给指挥通信造成了严重影响。格哈德·塔彭中校身为作战处处长，不失为关键人物。此人一向妄自尊大，专横跋扈，颐指气使，蛮横无理，下属多有怨恨。塔彭建议毛奇务必距离战场更近一点。那位总参谋长则声称虽然这里田野交错，但仍然不够安全。毛奇此言不足为信。事实上，他看起来更像自视为董事会主席，而非首席执行官。后果便是让德国在西线的七个野战集团军司令各自为政，每一个人都按照自己认为最恰当的方式行事，共同指导了这场人类历史上最大的军事行动。

拿破仑曾经写过，身为将军，意味着一切尽归其掌握。为将之人不单是一军之首脑，更加代表了这支军队的一切。正所谓"征服高卢者非罗马军团，恺撒是也；令共和国军队颤抖于罗马城门前者非迦太基军队，汉尼拔是也；剑指印度者非马其顿大军，亚历山大大帝是也。"诚然，到了1914年，个人品性比起一个世纪前来已经不再那么重要，人民大众更是如此看待，但这并不代表拿破仑·波拿巴的话已经过时。开战头三个星期在指挥上犯下大错的虽然是法国人，可德国人也将步其后尘，重蹈覆辙。

然而，纵使时光短暂，德皇将士们仍然自以为胜券在握，他们抓住一切机会攫取胜利果实。管他大小，总之到手的果子就要好好品尝。8月22日，西里西亚第105步兵团二等兵沃格尔伙同自己部队的另外两个士兵闯进了一家法国杂货店，把店内商品洗劫一空。沃格尔手里抱着满满一箱抢来的东西，不想迎头撞见营里的人事行政参谋。"你箱子里装的什么？"参谋问道。"是饼干，中尉先生。""我能拿一点吗？""当然可以，先生。"沃格尔描述了六个法国兵第二天是怎样打着白旗，走到德军防线前面举手投降的：这几个法国兵的战友大都已经撤退，躲进了附近的林子里，丢下好几百具尸体，"像瘟疫一样散发着恶臭"。可是谁能料到，这样的命运竟然很快落在了沃格尔自己的头上。后来，他的日记被英军士兵捡到的时候早已被鲜血浸透。

士兵们在各条战线上展开殊死战斗，与此同时，整个欧洲，千家万户的数百万平民百姓也在焦急等待消息从战场传来。海琳·施魏达住在不莱梅，她在8月18日给男友威廉·凯森的信中写道："我们这些老百姓什么也不懂。动员刚开始的头几天兴奋得像发了狂一样，待到这股劲过去，现在又变得死气沉沉。不莱梅城里很快就会只剩下女人了。"战争爆发的头几个星期，几乎每个城市都经历了情绪的大起大落，先是狂喜，待到后来消息从前线传来，又变得沮丧忧伤起来。这些消息本就不多，而且往往以讹传讹，错误百出。8月份的绝大多数疯狂庆祝活动都发生在德国。21日下午，洛林告捷的消息传来，在德国各大城市引发了一轮庆祝狂潮。例如，弗莱堡的不少家庭就在屋外挂起了德意志帝国国旗和巴登地区的区旗，教堂也敲响钟声，大教堂的尖顶上飘扬起了帝国的旗帜。人们纷纷走上街头，疯狂庆祝德皇与帝国军队取得的辉煌胜利。兴奋的人们聚集在市中央的广场上，把胜利纪念碑围得水泄不通。

在法国，无论普通民众，还是政府官员及其英国盟友，都在相当程度上对发生的一切，诸如惨遭屠杀，兵败撤退这些事情一无所知。不过，消息灵通人士还是有足够渠道得到消息。尼斯住着一位伯爵夫人，上了年纪，每次只要一听说普罗旺斯当地人组成的部队在洛林表现丢人就感到恶心，总会用轻蔑的语气指责当地的男人巴不得靠女人谋生。英国大使弗朗西斯·伯迪爵士在16日写道："我认为法国人只向民众公布打了胜仗的好消息，吹嘘抓了多少俘虏，缴获了多少大炮，这一套做法相当愚蠢，因为法国人自己肯定也损失了不少人员大炮，等到真相一出来，国内肯定会乱成一团。"伯迪爵

士两周之后又补充写道："《泰晤士报》上描写的事实和真相要比任何一家法国报纸都多。"当然，爵士这番话对《泰晤士报》来说也绝对算不上什么恭维。

战争开始在法国国内造成种种冲击，首先表现在外省城镇里受伤士兵的陆续到来。比如，格勒诺布尔就在8月22日迎来了第一车伤兵，截至9月份，全市已经接待伤员2000余人。大部分是从前线直接送回来的，看各地政府的态度，再分散到各个城镇乡村安置。统帅部发布命令，为了确保不对士气造成影响，一般平民尽可能不要接触伤员。话虽如此，可每当一列载着伤兵的火车到来，遇上的都是成群结队的平民。每一个人都在问着自己关心的问题，"无可奉告"成了最普遍的回答。有一个"山地轻步兵团"的士兵说道："我们这些当兵的对于军事形势其实和老百姓一样一无所知。我们自己的排、自己的连、自己的单位，我们所有知道的，或者说一般关心的也就只有这个。"

不过，待到开头几个星期过去，人们对伤病员的好奇心已经不再强烈，也不再那么关注士兵的困境。热情消退如此之快，令不少人大为寒心。在纳博讷，酿酒商路易·巴塔不无心酸地说道，城里的医院已经住满伤兵，市长于是呼吁市民们带伤兵回家，帮着照料，谁知大多数人充耳不闻。车站周围躺满了受伤的士兵，这些士兵已经在担架上挨了好几个小时，奄奄一息，没有人知道该把他们送到哪里去才好。好几个月以来，各交战国的医疗机构，尤其是法国的医院人满为患。伤兵成千上万，有的身上被烧伤，有的肢体残缺。不少人就这样不治而亡。其实只要救治及时，哪怕是最简单的治疗也能够挽救这些人的生命。可惜的是，就连这样的处理也往往无法得到。

法国人虽然在开战的头几个星期一败涂地，但是士气并未垮掉。霞飞军中的绝大多数士兵还是一如既往地坚定信心，着实让人吃惊。可是，这股一反常态的严肃劲儿终归让数百万人情绪缓和下来。有一名法军军官在给英国朋友的信中写得相当直截了当："不用说也能看得出来，现在发生的这些事情可不是在剧院里演戏，这些行为发生的场合和时间可不是吹一声口哨就控制得了的。看戏的人早就等不及开始，他们会发现这出戏要比预期的演得久一些……我们会和敌人斗争到底，直至最后一兵一卒，直到'斗志'全部耗尽。不过，请你放心，在这一天到来之前，德国人早就被我们揍趴下了。"话虽如此，随着法国人的攻势渐渐退去，毛奇又开始积蓄力量，大举进攻。八月中旬的这些冲突不过是序曲、铺垫而已，接下来几个星期发生的一切才是决定这场战争胜负的关键。

第二节　"德国人的兽行"

德国人在西线战事开始的头几个星期里有一件事情干得尤其丑陋，这件事对日后产生了重大影响——德军残忍虐待平民百姓，犯下累累暴行，而且这些兽行都得到了最高层的许可。入侵的德军自列日开始推行有组织的暴力政策，并在日后将这一恐怖政策推广至侵占的全部领土之上。德国人早在1870—1871年普法战争期间就领教过法国游击队的厉害，这些游击队都是由普通平民组成的。到了1914年，德国人对这些非正规义勇军表现得耿耿于怀，将其视为破坏战争法则的威胁。有一名士兵在阿登附近作战，他在8月19日的日记里头写了这么一段话："听说我们每次派骑兵出去巡逻，都会在村里遭到暗算。说起来真是可怜，好几个家伙就这样丢了性命。太可耻了！为什么不上战场真刀真枪干上一场？是的，那样的话才叫为国捐躯。可是，躲在路边搞埋伏，从屋里朝窗外打冷枪，把枪杆藏在花盆后面，这算什么？这可不是一个军人堂堂正正的做法。"

有位军官在8月19日的《德意志日报》上发表来信，写道："我们之所以要把每一座城市，每一座村庄都夷为平地，纯属迫不得已……因为那些平民，尤其是女人，只要等到我们部队经过就会朝我们开枪。有个村子昨天就有人从教堂顶上向我们的士兵开枪，有个连有一半士兵英勇牺牲。我们把那帮家伙从教堂顶上抓了下来，就地正法，村子也一把火烧了。有个女人见到一个骑兵受伤，居然把那个骑兵的脑袋给砍了下来。这个女人后来被抓了起来，我们要她自己提着骑兵的脑袋去一个地方，然后一枪结果了她的性命。

我们的小伙子都是好样的、勇敢的。他们想要报仇雪恨，想要保护自己的军官，只要抓到义勇军，就会把他们捆在路边的树上。"这些话读起来感觉过于夸张、不着边际。不过，一听到义勇军三个字就疑神疑鬼，这种事情无处不在。有个德国兵向一群抓起来的法国兵保证，要对方放心，说什么"当兵之人，皆是战友"，说完却挥舞着刺刀，恨恨说道："可是那些义勇军除外……"

德军在比利时的所作所为，那些所谓的"德国人的兽行"很快成了协约国各大报刊的头版头条。有一个爱尔兰士兵负了伤，住在多佛的一家医院里头，对英国首相阿斯奎斯说自己亲眼看到德国人押着一群妇女儿童走在部队的最前头。虽然目击者有时见到的只是逃难的难民正好跑在进攻部队的前面，可这种事情的确时有发生。不过，某些故事显然夸大其词，好比说什么匈牙利人用刺刀把婴儿活活挑死，普鲁士掷弹兵把一个母亲的手生生砍断，诸如此类。杰弗里·哈珀是英国海军的一名士官生，听说了德国人在比利时犯下的暴行之后在8月24日的日记里写道："要说德国人是一个'有文化的种族'，或者是一个开化的民族，我真的说不出口。如果说德国军队里头大部分人能够干出现在干的这些坏事，这个民族剩下的人也不会好到哪里去。所以，从现在开始，我会理所当然把每一个德国人，管他男女老少，总之德国皇帝以下的所有人，都不再认为他们之所以野蛮是因为穷，或者是没有教养，他们是故意的。"

英国的各家报纸开始展开激烈辩论，争辩的议题是当英国受到侵略的时候，平民百姓是否应该拿起武器反抗。赫伯特·乔治·威尔斯和阿瑟·柯南·道尔爵士认为奋起反抗理所当然，该观点却引来一位《泰晤士报》记者的坚决反对。这位记者举出比利时人的例子，认为依靠老百姓去打敌人毫无意义，不仅伤不到德国人一根毫毛，反而会引起凶残报复。文章写道："要让每一个人明白会有什么下场。等待我们的将是一副可怕疯狂的场景——村子燃起熊熊大火、人们被残忍处决杀害，还有一切莫以名状的可怕暴行，这些报复行径杀红了眼的士兵通常都能干得出来。"

人们不久之后便得知真相，某些德国人在比利时犯下暴行的报告纯属夸大其词，甚至完全是凭空捏造，只不过为了达到耸人听闻的宣传目的罢了。人们得知真相之后的反应很激烈。在巴黎，有一天有个美国人走进法国比利时协会的办公室，安德烈·纪德也在替这个协会帮忙。美国人提出只要协会工作人员能给他介绍哪怕一个孩子是被德国人折磨致残的，就愿意慷慨解囊，捐出一大笔钱来，言语之间不乏讽刺奚落。发生这种事情，原因在于让·黎施潘①之前在报纸上发表文章，声称在德占区有4000多个孩子被敌人砍去了手脚。

不少英国士兵对德国人怀有敬意，将之视为"值得尊重的对手"。这种情况至少在战争早期，在毒气战和旷日持久的屠杀让英国士兵心态变硬之前符合事实。英军士兵看着报纸上大篇幅地报道说德国人犯下如何残忍的暴行，简直不屑一顾，因为这些报道和他们的亲身经历根本就不是同一回事。伯迪·特里沃是一名少校，9月份在写给家人的信中称赞了敌人的公平战斗精神："我们打的是近卫军团……运气不错……（所谓）那些德国人对伤兵无恶不作的故事全是夸大其词，一派胡言。"《新政治家》杂志也表示疑惑，认为敌军对平民犯下累累罪行的报道实不足信。文章写道："这种事情看起来放在哪个国家都是这样，如果你的敌人没有干过这些坏事，你就会编出一个来，安在敌人头上，这样才好让人去恨对方，因为你需要有人去恨你的敌人。"萧伯纳谈起报纸上有关德军暴行的报道，打了个比方，把这些文章轻蔑地比作"一个士兵打仗受了伤，在哎哟喧天地叫着喊着要吗啡"。

后来直到1928年，工党议员亚瑟·彭松比出版了一本书，书名叫作《战争中的谎言》（*Falsehood in Wartime*）。作者在书中声称1914年的所谓"暴行"完全是协约国政府有意杜撰捏造出来的，旨在激发民众对敌人的仇恨之情。彭松比的这本书受到了自由派的欢迎，在德国引起轰动，广受好评，着实出人意料，后来甚至在纳粹德国再版发行。时至今日，仍然有不少欧洲人相信，对于德国所犯战争罪行的指控其实并无多少依据可言。这件事情到了

---

① 让·黎施潘（Jean Richepin，1849—1926），法国诗人、小说家、戏剧家，生于法属阿尔及利亚，曾作为志愿兵参加过普法战争。——译者注

战后又掺和进了英国自由派的观点，认为但凡参战的国家都在道德和政治上对于这场浩劫负有责任，都犯下了反人类罪行，一样有罪。

然而，此种观点与当时的证据并不相符。现代研究表明，虽然某些媒体有关暴行的报道的确属于捏造，但是德军在比利时和法国的确有组织地开展了反人类行径。诚然，英军和法军士兵偶尔也会把无辜的法国或者比利时平民当作间谍奸细处决，可是像德军这样的大规模屠杀，别说记录、就连针对西方盟国的指控都找不到。德皇的军队害怕所谓"义勇军"的威胁，早就走火入魔，所以大肆屠杀平民百姓和战俘人质。约翰·霍恩和艾伦·克莱默是目前德国战争罪行研究方面最具权威的历史学家，二人在书中写道："我们可以明确表示，既没有任何平民集体反抗，也没有（类似1870—1871年普法战争那样）义勇军部队的军事行动。只有少数平民向德军开枪的单独个例。可是，没有任何一次类似事件值得引发像迪南、卢万，或者比利时的列日和法国其他地方那样的大屠杀。"

传言自8月初就已沸沸扬扬，说义勇军在私下活动，无恶不作，就连细节都说得有模有样，在德军各部队中间不胫而走，广为流传。这些流言蜚语让德国士兵一方面只要听见阵线后方传来枪声，就会往最坏的方面去想，另一方面又做好准备，一有风吹草动，就要大肆报复。德军最高指挥层也通过了极其严苛的政策。德皇威廉在8月9日写道："比利时人……他们的所作所为简直就像魔鬼野兽，比起哥萨克人来说没有丝毫区别。他们百般摧残伤员，把伤兵活活打死，杀害医院里的医生护士，还在背后开冷枪……被比利时人打死的都是街上站着的哨兵，根本就没有伤害过他们……比利时国王现在就得立刻知道，既然他的人的所作所为证明了自己不遵守欧洲的一切传统……那么，比利时人也必将得到同等对待。"

引发德军过度报复的事情不少。有一桩发生在8月12日晚上，地点在比利时的卢森堡省。事情经过是这样的：阿尔隆有一名妇女，在打开窗户的时候，不小心把窗户上头的野战电话线给切断了，结果被说成是蓄意破坏。当地德军指挥官下令将村子夷为平地，并且要求赔偿损失。一名警官被抓做人质，次日晚上遭到枪杀，原因据说是朝德国骑兵开枪。8月10日，在卢森堡的雅尼，德军下达禁令，要求各家各户看管好自己的宠物。有个意大利人照着做了，一枪打死了自家的狗，没料到枪声让德军误以为是义勇军在开展活动，结果一共射杀了15个意大利人。战场上战术受挫往往会让敌人找地方撒气，把屠刀对准平民百姓。8月11日，德军一支龙骑兵部队因为受到火力压制，被迫撤退，竟然声称在巴扎伊遭到村民袭击。25名村民惨遭枪杀，45间房屋被焚毁。16日在维斯格拉德，一群哥尼斯堡轻工兵团的士兵喝得酩酊大醉，声称遭到攻击。结果当地有25人被枪决，631人被流放德国，维斯全城遭到洗劫，600间房屋被付之一炬。

有些德军部队会对负隅顽抗的敌军部队进行惩罚。8月19日，德军在向阿尔斯霍特的推进途中遭到比利时军两个团的顽强阻击。侵略者恼羞成怒，一气之下杀死了20名战俘，并把尸体扔进代默尔河中。德军有个旅长，名叫斯滕格，是个上校，当天晚些时候中枪身亡，据悉很可能是"友军炮火"所为。一个叫作什么卡尔格的上尉于是下令将扣作人质的76名男子押解过来，三人一组，立即枪决，以示报复。德军在阿尔斯霍特大肆纵火抢劫，一直持续至当天深夜。8月28日，城里又有一千多居民被集体押往卢万，有些人一到卢万就被枪决。还有四百人后来被流放德国，其中包括当地修道院里的圣心会修道士。阿尔斯霍特全城共有156人惨遭屠杀。

由于暴行过于残忍，甚至就连某些德军军官也开始感到内心不安。在昂登塞耶，惨遭杀害的平民百姓共计262人。塞耶当地新上任的指挥官贝克上尉于是下令8月28日举行"和解庆祝活动"。当地民众将此视为德国人心虚的表现。不过，利用平民当作人肉盾牌的类似事件仍然时有发生。有一起事件发生在德军攻占那慕尔的时候，有两位神父在被当作肉盾时不幸身亡。同样是在那慕尔，德军于8月23日当晚攻占该城，将400多人挟持，集中带往一所骑术学校，让他们听一名德国军官训话。这名军官用结结巴巴的法语说道："刚才有人朝我们的士兵开枪。我们在昂登怎么干的，在这里就打算怎么干。……昂登的人想把我们的士兵毒死，朝我们的士兵开冷枪……你们这些家伙同样会被处决，谁叫你们朝我们开枪，就离这儿不远，就在大广场上。你们这帮比利时人竟然割掉我们士兵的鼻子、耳朵、眼睛，还有手指。"不

过，当晚抓来的这批平民很快得到了释放，这样幸运的事情难得碰上一回。

古城卢万之所以惨遭劫难，被德军付之一炬，原因在于8月25日晚上8点钟的样子，不知从哪里突然响起一阵枪声。德军士兵冲进民房，将屋内的人拖出来一顿毒打，有的甚至遭到开枪射杀。当晚11点30分左右，德军闯入当地大学图书馆纵火焚烧，并且阻止随后赶到的比利时消防员救火，结果导致30万册藏书葬身火海。德军大开杀戒，肆意纵火，暴行一直持续至26日，被毁房屋2000余栋。卢万全城共有近万居民被赶出城外，流离失所，其中1500人被流放到德国。

德国占领军一口咬定比利时教会的神父教士是煽动人们反抗的元凶。德军将卢万城内的神父和大学老师共计400来人赶到布鲁塞尔郊外的一处农田当中，搜查是否藏有武器。其中有一位年轻的耶稣会士名叫杜皮埃赫神父。德军从杜皮埃赫神父身上搜出一本日记。日记上写着一段话，把杜皮埃赫抓起来的那个德国兵大声读了起来："毫无疑问，我对德国人没有任何好感。我知道几个世纪前的野蛮人会把没有设防的城市付之一炬，房屋洗劫一空，还会把无辜百姓残忍杀害。德国人干的事情和那帮野蛮人一模一样……德国人有理由为他们的'德国文明'感到骄傲。"杜皮埃赫神父结果被当场处决。

"我们的轻工兵正在默兹河上修桥，遭到塞耶市民袭击，死了20来个人，"哈里·凯斯勒伯爵在8月22日的日记中写道，"作为惩罚，有差不多200人被军事法庭判处死刑。没有一栋房子的屋顶和窗户是完好的，全被烧成了断垣残壁，光秃秃地立在街上，每条街上都是这样。当然，更加惨不忍睹的是家里的财物，照片还有镜子全被砸了个稀巴烂，桌椅被掀翻在地，东倒西歪……有一家人坐在门口的人行道上，自家房子在身后燃着熊熊大火。有一家人在哭天抢地，直到最后一根椽子烧断掉下来……从塞耶到比耶瓦尔，路上遇见的每一队德国士兵手里都拿着抢来的东西……我们的士兵对于喝得酩酊大醉，打家劫舍这些事早已习以为常。在列日，一个又一个排的士兵每天都从烧成废墟的屋子里头找出葡萄酒或者烈酒来，喝个没完。要想劝他们罢手，莫干坏事，可不容易。"

8月23日，在迪南郊外的莱弗，德军认为平民抵抗活动愈演愈烈，自己正在面临威胁。下士弗朗茨·斯蒂宾描述了随后发生的一切："我们挨家挨户往前推进，几乎每一栋楼里都有人在朝我们开枪。我们把楼里的男人全部抓了起来，这些人差不多人人都带着武器。于是我们把他们拖到街上，当场打死。只有不到15岁的小孩，老人和妇女得以幸免……我们营是不是有人在这场巷战中被打死或者受伤，我不清楚。只是看见至少180具义勇军的尸体。"莱弗全城共有312人被杀，其中43人是从教堂带走打死的。

这些事情非要说得那么具体，其实毫无必要。按照克莱默和霍恩的记载，战争开始的头几周，记录在案的"大规模"暴行共有129起。其中，101起发生在比利时，另外28起发生在法国，共有5146名平民遭到残忍杀害。如果把死亡人数在十人以下的也算在内，则另有"小规模"暴行383起，1100人丧生。德军在1914年发动的军事行动中，据悉共有6427名平民遭到故意杀害。据说65%的"小规模"屠杀是因平民义勇军对敌人开火而起。每一支德军部队都有士兵参与屠杀。直到10月边境局势稳定之后，暴行数量才急剧减少。

若是把这些数字拿来和东线加以比较，就会发现一个有趣的现象。根据德国某官方报告声称，共有101名平民在俄军进攻东普鲁士期间丧生。这份报告只记录了两次"大规模事件"，一次发生在8月28日，地点在尚图彭，19名平民遭到杀害；还有一次发生在克里斯蒂安克曼，时间是9月11日，14名平民被杀。德国人在报告中最后总结道："事实证明，所谓俄国人犯下的严重暴行……完全夸大其词……据悉，俄军每到一地，都对当地居民秋毫不犯。如果有哪一个城镇或者村庄被烧毁，那么几乎无一例外都是在两军对垒中炮火摧毁的。"埃里希·鲁登道夫这么说其实是想把"不少俄军部队在东普鲁士的模范表现"拿来比较，借此说明比利时人对德军的反抗行为有多么"令人发指"。

我之所以花如此长的篇幅来描述这些与暴行有关的事件，原因在于这些记录产生了重要影响，改变了协约国民众对于战争的看法，打破了关于战争的神话和传说。从头几个星期开始，协约国阵营里就有一些人产生怀疑，认为有关德军"骇人听闻暴行"的记叙纯属宣传造谣。有六个身在德国的美国

记者，为首的是《星期六晚邮报》的欧文·S.科布。六人于9月7日联合致电美联社，要求撤销有关德军恐怖暴行的报道。电文写道："我们就自己所知道的而言，一致认为有关德军暴行的报道纯属子虚乌有、毫无根据……我们随军生活了两个星期，行军走了100英里，认为任何一桩暴力事件都不是无缘无故、凭空发生的。"

这样的声明不免幼稚，和某些德国报纸的叙述自相矛盾。好比就在四天之前，《科隆报》不但没有否认野蛮报复的事实，反而试图为暴行找到理由："我们勇敢的战士们并未做好准备，没有料到城里和村里的居民会进行反抗，占领这些地方也是迫不得已。我们的士兵怎会想到有人从窗户或者屋顶上朝自己开枪？所以士兵面对这样的情况一开始感到恐惧，不知所措，直到军官下达命令，才采取报复措施，焚烧房屋，处决平民。"现代研究收集到的证据确凿，不容置疑。1914年8月在比利时和法国作战的德军完全处于一种亢奋疯狂的状态，一门心思想要干净利落、毫不留情地确立自身的优势地位。某些士兵还存在另外一种心态，只要在战场上受挫失利，遭到伤亡，就要找人报复泄恨，根本不管对象是谁。诚然，任何一场战争，任何一支军队都会在未经命令的情况下干出不该干的恶行来，可是在德军施暴事件中，德军作为一个等级森严、上行下效的体系，正是因为得到了由上至下的正式批准，德国士兵才敢犯下种种惨无人道的暴行。

不管士兵还是平民，协约国还是有不少人心存善意，那些针对德军的控诉虽然读起来实在让人怒不可遏，可是一旦发现指控不实，便会以为与"暴行"有关的一切故事都不值得相信。这样的观点之所以在英国人当中尤为流行，这是因为英国人战前对于德国文化心存敬意。可惜，如此想法未免太过天真。他们的敌人1914年在比利时和法国的所作所为配不上文明国家的称号。有人为了替德国人的恶行辩护，甚至举出欧洲其他国家和军队的例子，认为这些国家的军队同样有时表现得野蛮残忍。比如，俄国人应该为1914—1915年肆意虐待波兰犹太人承担责任。又如，比利时人在刚果殖民地的丑恶行径一直让人难以接受。大英帝国的安全部队在印度和非洲同样留下了欺虐当地百姓的不光彩记录，一如法国殖民地军队在海外领地那些见不得人的勾当一样遭人谴责。再说，英国人在1920—1921年爱尔兰独立斗争中的所作所为不也一样为人不齿。

可是，将大量平民掳为人质，大肆屠杀是德国人的一项政策——记住是政策——目的只为打压反抗，而这些反抗在很大程度上，甚至完全出于臆想，不符实际。德国人的屠杀行径，论规模而言绝非同期任何一个欧洲国家所能比。诚然，我们不能把德意志帝国的过分举动拿来和一代人之后纳粹德国犯下的累累暴行相提并论，这样说不过去。可是，正是因为这些残忍的行径，才让我们更加难以接受某些历史学家不负责任的观点，说什么倘若德国赢得了1914—1918年的这场大战，那么将代表一个民族的胜利，在道义上和协约国取胜别无两样。

第三节　朗勒扎克遭遇施里芬

法军在几乎整条东部边境线上向德国人发起进攻，而毛奇的右翼则在一步步向舞台的中央迈进，德国人将在接下来的几天之内站在这个舞台的中央，成为主角。欧洲大陆未来究竟谁主沉浮，这个历史命题的答案将在比利时和法国北部，而非卢森堡、阿尔萨斯或者洛林这样的弹丸之地揭晓。德国两个集团军近60万大军先是穿过布鲁塞尔，随后挥师南下，直扑比法边境。阻挡德国人去路的是法国第五集团军，英国远征军虽然也会很快加入进来，可是即便两军合兵一处，兵力也才刚及德军一半。

霞飞还在抱着希望，指望毛奇的大军一旦掉头，向默兹河南面进发，比利时人就能够对德军右翼给予打击。可惜，霞飞预判错误。比利时人在列日失守之后最明智的做法本应是退至边防要塞那慕尔，进入法军主力的防御范围。但是，比利时国王阿尔贝一世更加关心如何守住国土，而非谨慎行事。阿尔贝决定将军队撤至北方要塞安特卫普，坚守不出，坐等联军前来援救，他本人也于8月20日抵达安特卫普。比利时人提供的一连串情报并非有误，他们警告法国德军主力正如潮水一般穿过比利时，向法国直扑而来，却没能引

起霞飞统帅部的重视。

不过，到了8月21日下午，法国第五集团军司令夏尔·朗勒扎克将军突然醒悟，意识到敌军来势汹汹，兵力不容小觑。朗勒扎克的部队已经处于德军右翼部队的铁锤之下，这是毛奇实现"施里芬计划"的关键一击。朗勒扎克的部队由四个军组成，虽然已是英国远征军的三倍——那支小小的英国部队将出现在法国人的左翼——可在兵力上依旧敌众我寡，无法与德军分庭抗礼。事已至此，法军统帅部还在指望第五集团军能够与南面的友邻部队会合，重新发动霞飞的大进攻计划。这位第五集团军司令可没有遵守这样的命令。他放弃进攻，开始往桑布尔南面撤退，身后德国人在紧追不舍。

朗勒扎克时年62岁，历史学家对其向来评价不高，原因倒也不难理解。朗勒扎克虽然是个聪明人，虽然在法国最杰出的军事将领当中占有一席之地，可是为人粗俗，并无所长，对世事常常感到极度悲观。朗勒扎克对英国人尤为不屑，英国人也习惯对其反讽相讥。朗勒扎克常常把英国远征军戏称为"威尔逊的军队"，这是因为威尔逊身为英国远征军副参谋长，是英军当中唯一一位会说法语的高级军官，引起法国人关注，如此称呼倒也在情理当中。不过，话说回来，朗勒扎克在1914年8月中旬对局势发展动向的把握要远在霞飞之上。朗勒扎克算得上是最早的一批法军将领，他能够意识到德军正在通过比利时大举进攻。他曾经劝说那位最高统帅放弃进攻阿登，认为那是一个"死亡陷阱"，可惜没能让对方回心转意。朗勒扎克自作主张，多次下令，一退再退，在霞飞和英国人看来不过是软弱无能罢了。可是，正是如此退避三舍，才让第五集团军保存了实力，以便有朝一日能够迎来一位更加出色的指挥官，承担起应当承担的重任。不仅如此，考虑到当时局势，更为重要的一点在于朗勒扎克命令部队退守，没有给德国人机会在北部与之决一死战，而这正是德国人迫不及待想要得到的结果。

法军最高统帅一开始并未逼着下属出击进攻。正因为如此，第五集团军整体上并无大的动静，直至8月21日卡尔·冯·比洛的军队在沙勒罗瓦一带率先发难。沙勒罗瓦本为工业区，厂房众多，烟尘弥漫，炮兵和步兵难以获得清晰的视野，看清敌人，实在不是打什么防御战的理想之地。21日当天，德军首先抢占了桑布尔河上的桥梁，并且击退法军多次反攻。第二天堪称沾满法国人鲜血的一天。当天清晨，比洛率众参谋官驱车登上一处高地，在制高点上俯瞰战场全局。朗勒扎克虽然在山谷对岸驻有两个军，却并未向两个军的军长下达任何命令。如此一来，这两个军只好按照自己意图行事，而这两位军长做的也正是8月那会儿每一位法军将领一心想做的——进攻。法国人前仆后继地发起一波又一波冲锋，试图重新夺回河上的桥梁，最终还是被打了回来，损兵折将6000余人。

第一狙击兵团和第二佐阿夫兵团这两个殖民地步兵团伤亡惨重，为那个时代血染的传奇又添上了浓墨重彩的一笔。第一狙击兵团团旗几次易手，围绕团旗还上演了一场近身之争，听起来颇有些超乎自然的奇幻色彩。该团团史后来记载道："旗手一共死了五回。"听上去虽然不合情理，却生动翔实。爱德华·路易斯·斯皮尔斯中尉是英军与朗勒扎克的联络官，在描述狙击兵团进攻场景时如是写道："感觉就像演习一样，排着密集的阵型，吹着嘹亮的军号，敲着战鼓，旌旗招展，士兵们个个奋勇向前，势不可挡。这群勇敢的战士面对着敌人的机枪大炮，敌人的炮兵做梦也不会想到会有这样的活靶子摆在眼前……士兵们被打了回来，显得有些混乱。"我们不应忘记，第五集团军的大多数士兵对于这样的场面还显得陌生，不像南面的法军，如此场景早已经历了两个星期。斯皮尔斯见到了朗勒扎克的一些手下，都在准备重新发起进攻。斯皮尔斯写道："这些人一副跃跃欲试的样子，看上去像个孩子，眉飞色舞、神采奕奕，还以为假期快要来临，正准备出门上路，去当地市场赶集。"短短几个小时之后，法国人的万丈豪情便被浇灭在了机枪和高爆炸弹的狂风暴雨之中。

斯皮尔斯中尉——斯皮尔斯当时总把自己的名字拼成"斯派尔斯"——是1914年这出大戏中最值得一提的参与者。斯皮尔斯那一年刚刚28岁，由于自小在法国长大，因此和同时代的英国军人比起来有着难得的天赋，能够说一口流利的法语，不带一点口音。斯皮尔斯虽然年纪轻轻，资历尚浅，可是自打战役开始的第一天起就成了英法两军高级军官不可或缺的得力助手，在那帮战功赫赫的高级将领面前显得游刃有余，毫不胆怯。四年之后，法国驻

伦敦大使谈起斯皮尔斯时曾有过如此一番评价:"此人危险至极……是一个极其干练,心机颇深的犹太人,不管走到哪里都能左右逢源。"不少英国人也持相同看法,对斯皮尔斯的为人表示不屑。大战后期,温斯顿·丘吉尔与斯皮尔斯交好,不少同僚对二人的友情将信将疑,嘲笑二人是一对江湖骗子。不管怎样,这位英国联络官总归是协约国盟友之间重要交流的见证人,日后还将亲身经历写成《联络1914》(*Liaison 1914*)一书,成为不朽之名著。

8月22日,德军在粉碎法军攻势之后开始对第五集团军防线发起进攻。至下午四、五点,朗勒扎克的中路防线宣告失守,法军阵脚大乱,仓皇后撤6英里。德国人只用了三个师的兵力就重创了法军的九个师。朗勒扎克一开始还在盘算着明天如何发起反攻,但随着坏消息从各个防区相继传来,这位将军最终在8月23日上午9点30分下达了全面撤退的命令,希望暂避锋芒,待到情况有所好转,再在南面重新布阵与德军一决高下。朗勒扎克的撤军为时已晚,比洛的军队虽然也在桑布尔战役中损失惨重,却在桑布尔河南面已经部署停当了好几个师的兵力。朗勒扎克抗命不遵虽是理智之举,但他毕竟犯下大错,让霞飞和近在左右的盟友英军误以为自己会很快重新发动攻势,事实上他并没有这样做。

从8月20日开始,直到23日,法军共有4万人阵亡。截至8月29日,法军开战以来的伤亡总人数已经达到26万,其中7.5万人阵亡。阿登地区的第三、第四集团军损失最为惨重。第三集团军的8万步兵当中战死的就有1.3万人。截至8月23日夜,"边境战役"宣告结束,这一系列战役一直以来都是"一战"期间单日伤亡最为惨重的战役。就在朗勒扎克的部队撤退之际,英国远征军也在以西几英里远处开始了与德军的首次交锋,地点位于比利时的蒙斯,那座工业小城同样是一个令人生畏的地方。

第六章
英国人参战

第一节　蒙斯

8月3日，《泰晤士报》随军记者、专门负责情报收集的查尔斯·阿·库尔特·雷平顿上校宣布，德法边境将成为大战中首场大规模军事行动的重心所在。雷平顿没有忘记加上几句狠话："如果我们的军队在这次交战中输了，那么那帮胆小的懦夫就将成为历史的罪人。"言下之意，阿斯奎斯政府在向欧洲大陆派遣英军的问题上犹犹豫豫、一拖再拖。10日，雷平顿警告道："我们必须做好准备，警惕德国海军倾巢出动，和我们拼个鱼死网破。德国陆军也会同时配合，对英国发起进攻。"两天之后，雷平顿又写了一番话，语气沉重："我们不应抱有任何幻想，这场即将到来的大决战是现代历史上最可怕、最惨烈的较量。"到了8月15日，雷平顿继续写道："至少这场战争很可能要拖上很长一段时间。"

英国远征军总司令约翰·弗伦奇爵士抵达巴黎北站。当天虽然天公不作美，下着毛毛细雨，但是仍有大批人士到场迎接。这位英国陆军元帅随后同法国领导人在爱丽舍宫进行了会晤。弗朗西斯·伯迪爵士在会后形容勒内·维维亚尼时用了"尴尬、紧张和焦虑"三个词。与此同时，"陆军部长更急于展示自己对英国人有多么了解，而不是告诉我们一些有价值的情报。"前景不明，令人担忧。处在这样一种氛围当中，这出大戏中的每一位重要角

色即便没有一位算得上少不更事的年轻人，可每一个神经都绷得紧紧的，丝毫不会让人感到奇怪。伯迪此时此刻可能还不知道，霞飞面对自己的政府——法国人民是不在考虑范围之内的——有关战局变化几乎只字不提。

英国人坚持认为第一次世界大战真正开打是在8月23日。英国远征军那帮"可笑的老家伙们"这一天在蒙斯给了德皇的军队一顿痛打，不仅用艰苦付出挽救了英格兰，还用自己树立的榜样拯救了整个欧洲。当然，事实是法军早在英王士兵射出第一颗愤怒的子弹之前就已经浴血奋战了差不多三个星期，至于塞尔维亚、波兰和东普鲁士，早就浸泡在了一片血泊当中。

在法国北部，英军在战争伊始头几次交锋中做出的贡献固然重要，却完全不足以与协约国其他盟友的投入相提并论，其他几个国家在兵力上要远远胜过英国。为了对付德军的1077个步兵营，法国人在战争伊始投入了1108个营的兵力，比利时人有120个营，而英国远征军只有……52个。虽然，事实并非一定如传闻所言，德皇对于英国"这支可笑的小小军队"根本提都懒得一提，但英军规模如此之小，完全不足以胜任这场大战，确实荒唐可笑，看来让人起这样的外号也是情有可原。法国一开始投入的兵力包括16个骑兵团，前面提到过的52个步兵营，16个野战炮旅，5个骡马炮兵连，4个重炮连，8个皇家野战工兵连，再加上勤务连和类似支援分遣队。到了战争后期，也就是从1916年开始，由于法国日渐无力支撑，难以为继，英国才开始在西线扮演起主要角色。不过，回到1914年8月那会儿，英国远征军在相当长一段时间里基本无事可干，期间只参与过两次军事行动。德皇之所以无缘在香榭丽舍大街举办胜利大游行，原因不在于英国人有多么胆识过人，而是因为德国人自己频频判断失误、战术失当，再加上法国兵力众多、兵多将广，众志成城，同仇敌忾。不过，即便事实如此，也无法阻止后人用幻想的眼光来看待这支初次走上战场的英国远征军。

盎格鲁-撒克逊盟军初到欧洲大陆之际，受到的是人们的热烈欢迎。陆军中尉盖伊·哈考特-弗农在8月13日参加完阅兵之后感叹道："走到还剩最后一英里的时候，营里已经有一半的人脱离了队伍。当地居民拽住士兵们不让走，拿出美酒佳肴来非要让大伙儿吃饱喝好。纪律乱成这个样子，真是吓人。"部队人事行政参谋去找旅里面的出纳军官，要把军官们身上带着的英国沙弗林金币兑换成当地的法郎。亚眠的甘必大广场有一家咖啡馆定了个规矩——这个规矩后来全欧所有交战国一律采用——每天晚上一到9点打烊，所有顾客，无论军人还是平民，全得起立，立正站好，听乐队把每一个盟国的国歌挨个演奏一遍。不过，管理当地公共澡堂的那些老女人却把这帮初来乍到的外国小伙统统看作待宰的羔羊——话说回来，这些老女人的想法根本没错——一边抹着眼泪，一边端上免费的茶水，嘴里念叨着："可怜的英国小伙子，你们很快就要被宰了。"

毛奇大军的右翼部队行军距离最长，目的旨在实现对霞飞军队的合围。德军右翼在打通列日之后兵分三路，两个军追击余下的比利时军队，两个军占领布鲁塞尔，还有两个军负责保卫交通线路安全。比利时人此时已向西北方向退守安特卫普要塞，寄望法国人前来援救。德军如此分散兵力，严重削弱了"施里芬计划"中的南下主攻力量。德国人知道比利时人已经无力展开大规模进攻，即便有所企图，顶多也只能隐蔽起来，待到可以击败法国人时，再来轻轻松松收拾干净。

8月进入第三个星期，亚历山大·冯·克拉克和卡尔·冯·比洛两军合兵一处，兵力超过50万，正穿过比利时，缓慢向南稳步推进，直逼法国边境。有人目睹了德军推进，大感震惊，连声惊呼德军前进之势，锐不可当。理查德·哈丁·戴维斯是一位美国作家和记者。8月20日下午3点20分，德军以战胜者的姿态列队进入布鲁塞尔。戴维斯在目睹了这一幕后不禁感叹道："齐步前行的可不是什么兵团士兵，更像某种怪异非人的自然之力，如山泥倾泻、潮水奔涌，熔岩自山顶横流而下。如此力量绝非这个世界所有，如神魔鬼怪一般不可思议。"哈丁·戴维斯看着眼前成千上万士兵齐声高唱"祖国，我的祖国！"，不禁为这股伟力所震撼，"感觉如同一台巨型打桩机在一次又一次重击一般"。

这支德军部队的两位指挥官中克拉克时年68岁，并无贵族背景，性格刚猛粗犷，是一名职业军人，靠军功起家；比洛同为68岁，是普鲁士贵族。克拉克虽然位居其下，可战场之上并不见得非得有如此尊卑之分。毛奇一直

将比洛视为麾下将领中办事最得力的一个，因此将这份最关键的重任委任于他。不过，比洛与克拉克二人均年事已高，早已过了当打之年，并不适合在这场史上最为波澜壮阔的军事行动中肩负如此要职，这一点也将很快得以体现。比洛麾下的两个集团军经过长途跋涉，早已人困马乏，步履蹒跚。有一个骑兵师开战头两个星期之内竟然活活累死了70匹战马，余下的也都累得迈不开步子。德军没有采取任何措施让连续行军的士兵得到规律的休息，而这样才能更加有效保存体力，让起了水泡的双脚得到更好保护。

英国远征军的战士们列队齐步，朝着德军所在的方向走去。士兵们一路上穿过微微起伏的丘陵田野，自从渡过海峡，在港口下船，所到之处，无不受到热烈欢迎。"这些法国人对我们如此热情欢迎，肯定让英国人难以理解"，掷弹兵团的伯纳德·戈登-伦诺克斯爵士写道，"这对老英格兰来说大有好处，能够让英国人看到各方各面，到处充满着热情洋溢的爱国主义和团结友爱的手足深情"。有些人见到那么多士兵在乡间路边的树丛里和姑娘们卿卿我我，不由得感慨万千。不过，这些士兵里头没有几个能够活着等到在圣诞树下亲吻姑娘那一天的到来。英国远征军的每一支部队里，将近半数都是重新服役的预备役军人，刚刚结束安稳的平民生活，还显得不大适应，就连脚上穿着的靴子都是崭新的。对于这帮人来说，要想跟上节奏，着实需要花上一番功夫。

盖伊·哈考特-弗农在22日的日记里写道："士兵们一整天都在大快朵颐，嚼着梨子苹果。农民都说我们要比德国人好。这话说得好！说得妙！"英国远征军司令已经决定让部队在蒙斯康德运河安营扎寨，暂停前进，这里刚刚进入比利时境内，可以保护朗勒扎克的左翼，两军中间的空档则交由法国骑兵去填补。不过，法国第五集团军刚刚在沙勒罗瓦被打得鼻青脸肿，灰头土脸地丢下阵地跑了。如此一来，英国人没能和法国人形成同步，将自己置于危险境地。远征军还在自顾自地穷快活，一个劲往前赶，全然不知朗勒扎克的部队早已退了下来。

身穿卡其布的英国远征军终于抵达了蒙斯，此地距离布鲁塞尔以南约有35英里。英国士兵们的脸早就被夏日的太阳晒得通红，小伙子们脱下军装，开始准备开挖堑壕。不过，这样的举动在这样一个城乡结合的工业区并无什么特别明显的效果。这里建筑物过多，射击范围受到限制。待到夜幕降临，河道里的蚊虫开始成群结队地倾巢而出，士兵们忙着打蚊子，乱成一团，咒骂声此起彼伏。东南方向已经能够远远听到炮声从第五集团军的阵线传来。约翰·弗伦奇爵士虽然已经得知消息，知道友军遭受重创，业已撤退，却并未意识到事态到底有多严重——法军失去了动员兵力的四分之一，朗勒扎克的左翼已经落在了英军后方9英里处。

这位小个子陆军元帅依旧信心十足，坚信联军前景一片光明。弗伦奇其实知道德国人就在不远处，却表现得漫不经心，让自己的部队挡住德军去路，如此做法，实在奇怪。英国远征军情报处处长是乔治·麦克多诺上校。此人聪明过人，早就根据空中侦察和朗勒扎克手下传来的消息发出警报，警告德军有三个军正在向弗伦奇步步逼近。可是，约翰爵士并未把威胁当作一回事，打算继续向前推进至苏瓦尼。弗伦奇直到后来才向一名英国皇家空军飞行员打听起情况。这名飞行员刚刚在空中见识到了克拉克的大军到底有多么庞大。英国远征军总司令先是流露出惊讶的神色，认为难以置信，接着就换了话题，摆出一副一本正经的样子问飞行员驾驶的飞机如何，弄得小伙子一头雾水，不知如何作答是好。

英国人的大战第一枪在22日清晨打响。皇家陆军爱尔兰龙骑兵第四近卫团三连的骑兵被部署在了一处平缓坡地的山顶，距离南面的蒙斯康德运河大约3英里。小伙子们看见一队巡逻的德国长矛骑兵出现在眼前的凹地上，朝着自己的方向跑来，一名军官还在抽着香烟。查尔斯·霍恩比上尉于是率领两支部队，沿着公路慢慢跑了下去。马蹄踏过，路上碎石四散飞溅。敌人见状，掉头就跑，英军在后穷追不舍。双方一路追击混战将近一英里。德国人由于没有料到敌人突然出现，被打了个措手不及，手中长矛无从施展，结果被英军抓去了5个。泰德·托马斯上尉抬枪就射——托马斯之前在靶场练习多年，每次等上几秒，就会有纸做的靶子瞄准——没想到那个德国骑兵应声落马，暗自吃惊不小。要知道，这可是英军打倒的第一个德国兵。霍恩比回营的时候同样欢天喜地，说敌人倒在自己的剑下，死得如何光荣，像绅士一

般。霍恩比把自己的佩剑拿到团里的军械士那里磨光，还说什么要把剑上的血迹擦去多么令人遗憾，讲了一大堆诸如此类的蠢话。霍恩比的旅长之前答应过谁要是第一个用刻着新图案的骑兵佩剑杀了德国人，就能得到一枚优质服役勋章。霍恩比当之无愧地得到了这份奖励。

8月22日当晚，朗勒扎克部来报，建议约翰·弗伦奇爵士指挥全体英国远征军转移至右方，从侧翼对比洛的德军发起进攻。凡两军对垒，只要敌军有意从侧翼发起打击，薄弱的两翼多会吃下败仗，乃至输掉战争的原因所在。可是，在当时的情况之下，英军如果侧翼包抄，简直是无异于自杀的疯狂举动。克拉克的六个军就在比洛部队的前方，相距近在咫尺。英国人只要一步走错，就完全有可能被敌军合围，一口吞掉。这位英军总司令于是选择了拒绝，这应该算是他在这场战役中做出的最后一个明智决定。弗伦奇随后干脆上床睡觉，全然不知一场灭顶之灾正在步步逼近，将让他陷入大乱，脱身不得。

霍勒斯·史密斯–杜利恩将军是第二军军长。22日当晚，这位爵士让手下的两个师沿蒙斯康德运河安营扎寨，左翼交由骑兵保护，负责指挥的是艾伦比。黑格的第一军被部署在了右侧一个四分之一环形阵地上，后头便是朗勒扎克第五集团军所在方向。英国远征军的阵地什么都好，就是不适合防守应战。蒙斯康德运河长约16英里，平均宽度仅为20码，无论宽度，还是深度都不足以对敌军构成主要障碍。英军战线拖了26英里长，不少地段运河北岸与河水相接的一侧要么长满植被，灌木密布，要么房屋密集，不管哪种情况，对于步步进逼的敌军而言都不失为理想的藏身之处。

史密斯–杜利恩两个军的战线拉得要比黑格的长得多。他的部队人手不足，无法守住这条漫长的战线，有些营的防守距离甚至长达2000码。正因为如此，英国人才选择以桥梁为据点，集中防守，中间留下的开阔空隙给了进攻德军可乘之机，尤其是在拖船牵道沿线三三两两停着一些驳船，有了这些驳船的帮助，更加有机可乘。运河在蒙斯东北面拐了个弯，形成一个半环。对于据守这一地段的皇家火枪兵团和米德尔赛克斯步兵团来说，这个突出部危机四伏。22日当晚，天色渐暗，米德尔赛克斯步兵团的查尔斯·赫尔中尉在人事参谋汤姆·伍拉科姆的陪同下正骑马在营地周围巡查。赫尔为人军纪严明，令出必行，士兵对其敬畏有加。他听见一个连长正在催着手下朝一架德军飞机不停开火，不由得勃然大怒，上前训斥道，说士兵们很快就会需要随身携带的每一发弹药。随着夜幕降临，英军听见远处不知哪里传来阵阵枪声，警哨也变得时刻警觉起来。

布防英军或许是因为太过急切、盼着再次开拔，向前推进，但更主要还是因为没有鼓足勇气，做好准备，面对残酷的战争，总之并未充分利用这几个小时的天赐良机，赶在德军到来之前给运河上的18座桥梁装好炸药，只是随便设置了几处路障，架起机枪封锁来路。工兵在几座桥上装了炸药，以防万一。有座桥上的一个坑道兵甚至连雷管都没有带，只好骑着单车，四处去找。8月23日拂晓，天光尚未泛白，约翰·弗伦奇爵士便与两位军长碰头，在萨斯城堡史密斯-杜利恩的指挥部里开了个短会。弗伦奇爵士一脸精力十足的样子，虽然证据就摆在眼前，却坚持认为附近的德军只有一个，顶多两个军的兵力。弗伦奇叮嘱两位将军做好多手准备，要么向前推进，要么守住防线，实在不行就只能后退，说完便坐上汽车，一溜烟地开去了瓦朗谢讷，去视察那里的步兵旅，即便战事已经拉开帷幕，也未再做任何进一步指示。这位总司令负责的可是英国唯一的一支野战集团军，这支军队距离当年首次征战欧洲大陆已经过去一个世纪之久。他明明知道敌人近在咫尺，行为举止却如此与众不同。弗伦奇似乎对于此时此刻局势之严峻完全没有任何概念。下至排长的各级军官竟然没有一个得到过任何明确任务讲解与简要指令，收到的只有一句话"诸位务必尽力守住阵地，坚持一到两天"。

凌晨时分，一道命令被送到战线上的守军各单位，上面写着："尔等务必坚守至今晨4点30分。装好车船，马匹备鞍。确认收悉。"早6点，又有一条指令送到，要求各营将辎重车辆火速送往后方。英军士兵事后庆幸做了这件大事，因为只有这样，一旦战事打响，装备才永远不会遭到炮火袭击。米德尔赛克斯步兵团的士兵们枪不离手，坐等敌人上门，就这样紧张过去了一、两个钟头，没想到师部突然来电，说有人投诉该团一名军官在泰斯尼埃尔斯一个比利时铁匠铺钉了马掌，没有付钱就溜之大吉。大敌当前，竟然发来如

此毫无关系的电报。大部分士兵都在抓紧时间，利用空隙好好加固阵地。当地人围在一旁，身上穿着星期天的正装，用友好的目光看着眼前的一切。无论士兵平民，都没有显出有多么担心生死安危，这种感觉只有在毁灭与死亡来临的一刻才会体现出来。军官们在研究地图，虽然看得仔细，却并没有什么用处，因为地图上实在找不出来多少详细信息。与德军巡逻队首次相遇，爆发冲突的时候，天上还在下着蒙蒙细雨。不过没过多久，太阳又从云层里露了出来。巡逻的骑兵慢慢跑回到防线后面。敌军炮弹开始落在史密斯–杜利恩部队的头上，有些人早餐还没吃完，就被扰了兴致。

这是一支过去半个世纪以来只打过殖民地战役的军队，虽然布尔人让英国人见识到过现代小型武器的威力，可绝大多数情况下对付的不过是一帮用长矛标枪武装起来的土著罢了。英国远征军平均年龄不过25岁，不少年纪更轻一点的士兵甚至不曾开枪杀过人。不过，军中也有一些老兵和德尔维希人还有帕坦人交过手。近卫兵团有一个军士长，在指挥手下把营里的辎重车连起来，在村子外面围成防御圈的时候顺口说了一个词"Zareba"①，让人不禁想起了基奇纳在苏丹的时候。

英国远征军虽然兵力不多，但士兵装备不差，算得上英国有史以来海外作战配备最为精良的一次。这在很大程度上要归功于理查德·哈尔登。英军配备了性能优越的点303口径短匣李·恩菲尔德步枪和维克斯机关枪。有些士兵身上戴着皮制个人装备，其他人配发了雨布等布制品以及弹药袋，这些正在成为标配，而且和英式军用背包一样设计不错。虽然，要把长长的棉裹布一圈圈绕在腿上绑起来是一项非常讲究的麻烦事，士兵们还是把绑腿看得很重。不管是在崎岖不平的路面行走，还是长途行军，还是在泥泞的堑壕里，绑腿既能保暖，又能保护脚踝。英国远征军的最大不足在于人数有限，重型火炮和运输车辆数量不足。1914年的这个秋天，法国的农民们早就习惯了看着一辆又一辆卡车从眼前驶过。这些征用来的汽车上面写着伦敦商家店铺的

---

① "Zareba"，意为"带刺的围栏"，非洲苏丹等地保护村舍用的防御栅栏，上面多带有尖刺。——译者注

名字，什么"哈罗德百货公司""枫林百货""怀特莱斯百货公司"，诸如此类；摩托车也有，上面坐着的热血青年全是自愿报名入伍，来当摩托通信员的。载客的面包车属于靠餐饮起家的里昂斯公司，这些小车很快就会拉着伤员，往返穿梭于伦敦各大车站和医院之间。

在这样一支军队里面，不少军官单看外表，根本就分辨不出来谁是谁。每一个人脸上都留着一撮小胡子，修剪得整整齐齐，简直就像一个模子套出来的一样。除了陆军勤务部队、轻工兵和类似单位，其他部队的军官都理所当然地以绅士自居，认为交通工具自然应该是战马，而非汽车。这些军官大多来自同一家俱乐部，不少人彼此早就熟识。汤姆·布里奇斯①跌落马背，眼看敌人扑来的时候被人所救，救命恩人是一位开着劳斯莱斯，路经此地的参谋官，二人后来才知道原来还在同一所学校读过书。在和平年代，军官晋升速度极其缓慢，在蒙斯战役中服役的上尉级别军官年龄在三十六七岁的不止一两个，还有不少少校甚至已经年过四十。这些人绝大多数出自下层工人阶级或者农民阶层。查尔斯·爱德华·拉塞尔是一位卓越的美国社会活动人士，1914年夏天造访英国时曾对英军泾渭分明的阶级之分大发感慨。拉塞尔目睹了新兵训练的场景，清楚看到了军官与士卒在身高上的明显差异。军官平均身高5英尺，士兵则一脸苦相，"双眼黯淡无神，嘴巴张得大大的，好像口水都要流下来的样子，脸上面无表情，深深烙着贫民窟的印记，完全是一副寒碜窝囊的样子"。

话说回来。虽然，这些贫困的受害者绝不可能人人都成为意志坚定的

---

① 汤姆·布里奇斯（George Tom Bridges，1871—1939），英国军人、爵士，1871年8月20日出生于肯特郡，父亲托马斯·沃克·布里奇斯是一名陆军少校。布里奇斯年轻时就读于皇家军事学院，毕业后很快去了印度和马拉维服役，后来参加布尔战争，"一战"期间参加蒙斯战役，因落马导致颧骨粉碎性骨折和脑震荡，虽然伤得不轻，却仍然凭借过人的机智与胆识，重新集结指挥一支败退的英军部队与弗伦奇将军的大部队会合，受到弗伦奇高度赞赏，荣膺"圣米迦勒及圣乔治勋章"，1915年任新军第19师师长，一年以后升为少将，1917年美国参战之后改任联络官，为协调美军赴欧作战做出巨大贡献，其后继续负责与希腊、巴尔干半岛和俄国的联络事务，战后被授予骑士爵位，1922年出任南澳大利亚总督，因对工党政府政策不满于1927年拒绝连任，回到伦敦，1939年11月26日病逝于布莱顿。——译者注

战士，可总归有那么一些人能够做到。要指望士兵有太多思想，确实勉为其难，但同样的局限性也见于大部分军官身上。那个年代，倘若稍微有点本事，能够干一份其他的活计，混口饭吃，又有几个人会选择穿这一身卡其布军装呢？"根本就没有人恨什么德国"，汤姆·布里奇斯身为参加过布尔战争的老兵，写道，"完全是一种佣兵心态，就算换作面对法国人，我们也会一样狠狠地打"。英国士兵为了选一个好位置瞄准射击，把运河边上民房仓库的窗户玻璃全给砸了，有些士兵还因为破坏了人家的财产感到过一丝内疚。

克拉克手下打头阵的步兵开始下山，朝河边进发。长长的路上全是黄褐色的房子，矿井坑口和七七八八的工业设施，显得死气沉沉。士兵们在建筑的遮掩下向前推进。德军虽然是一台强大的战争机器，可是到了这个紧要关头，也会显出弱点来，最大的软肋便是情报不足。8月份，交战各方指挥官在与敌军对垒的时候，统统对对手兵力意图判断有误。克拉克的部队是德皇西线七个集团军当中兵力最为庞大的一支。其先头部队快要抵达蒙斯的时候，虽然知道英军近在咫尺，却对对手兵力几何，怎样部署，一无所知。德国人的飞机在23日也飞来一趟，却没有起到任何打探敌情的作用。克拉克本人虽然在德军将领中威望颇高，受人尊重，却在自己1914年的这首场战役中没有表现出任何过人之处。

列兵西德·戈德利①正在喝着咖啡，吃着鸡蛋，这些都是两个比利时孩子送给他的。戈德利一边吃着，一边用法语和孩子们结结巴巴地聊着天，聊着聊着，一发德军炮弹突然飞了过来，打断了他们的谈话。戈德利后来回忆

---

① 西德·戈德利（Sid Frank Godley，1889—1957），英国"一战"期间首位获得"维多利亚十字勋章"的士兵，1889年8月14日出生于西萨塞克斯郡，童年时因母亲早逝，被送往舅舅舅妈家寄居生活，年轻时在铁器店干过活，1909年12月参军，成为英国皇家陆军火枪兵团的一名士兵，番号13814。1914年8月23日，戈德利在蒙斯战役中凭借一挺机枪，与毛里斯·迪斯（Maurice Dease）二人坚守尼米铁路桥，虽然头部中弹，背部也被弹片击中，仍然掩护战友成功撤退，在迪斯牺牲后依旧坚持抵抗两个多小时，后来因为弹药耗尽，被德军俘获，关进战俘营，直至大战结束。戈德利因其英勇无畏的战斗精神，被授予英国陆军最高奖章"维多利亚十字勋章"。——译者注

道："我对这两个小男孩和小女孩说道：'你最好把东西丢掉，要不然会受伤的'。两个孩子接着收拾好篮子，走开了。"戈德利找好位置，举枪瞄准。头一波德军刚刚出现，成千上万英军士兵就齐齐开火，枪声噼里啪啦响成一片，很快就被大炮的轰响盖了过去。德军开始向蒙斯东北方向的突出部集结，把这个薄弱地带团团包围起来。尼米的铁路桥由皇家火枪兵团负责把守，米德尔赛克斯步兵团的四营位于火枪兵团右侧，在奥堡后方。火枪兵团据说是从站长女儿那里得到的警告，说敌人正在靠近。赫尔上校是米德尔赛克斯步兵团的团长，对轻型枪械情有独钟，甚至不辞辛劳教手下怎样才能弹无虚发，战士们这一回没有叫团长丢脸。德军发起一波接一波冲锋进攻，全部被步枪火力给压了下去。运河北岸很快堆满了灰绿色的尸体，像山包一样，一座接一座，一顶顶尖顶军盔成了小山的山顶。不过，克拉克的士兵也抓住机会进入射击阵地，很快打死打伤不少没有隐蔽起来的英国士兵。

赫尔手下有一个列兵，名叫杰克，后来回忆道："刚刚开火那会儿，我被枪声给吓坏了，我还从来没有听过这样的声音，大部分炮弹都在我们的后头开了花，不过子弹从头顶飞过的时候，还是带着一种奇怪的嘶嘶声。我们四个人躲在一个散兵壕里，有个军官朝我们走过来。我记得当时还想了一下：'卧倒，你这个蠢货'。不一会儿就听见这个可怜的家伙倒在地上。我旁边的士兵接着也被击中。我正在开火，身旁那家伙突然发出一阵哼哼，就倒在地上，一动不动了。我还从没见过死人是什么模样。"盖伊·哈考特-弗农写道："你要仔细观察的话，就会发现每个人一听见枪响就躲起来的样子非常滑稽。你明知道子弹打不中你，可偏偏每次还是会把头缩下去。"没过多久，子弹炮弹就变得越发密集起来，不给任何人机会把头缩进去。步兵名义上要做到每分钟打15发子弹，实际上打的远不止这么一点。绝大多数人只记得一件事情——拿着五发弹夹往打得滚烫发热的武器里死命地塞。任何一支部队如果保持这样的射击频率，很快就会耗光所有弹药。

德军蜂拥向前，他们中的绝大多数人也和英国人一样不知道战争为何物。有些人还像沃尔特·布隆日后描述的那样一度感到过高兴。布隆是勃兰登堡掷弹兵团的一名上尉，写到自己在前进的时候"感到内心奔涌着一股胜

利的冲动，那是一曲狂放不羁、超凡脱俗的歌，让我神情振奋，倍受鼓舞，每一个毛孔都得到满足。我已经克服恐惧，征服了自己的肉身"。克拉克的士兵一开始直接沿着行军线路发起集体冲锋，损失之大，可想而知。一位英军军士写道："德国人排着方阵，整整齐齐、密密麻麻，衬着天际线，相当显眼，你一看到就会忍不住开枪……等到他们爬得越来越近，我们的指挥官这才下令……德国人看上去就像喝醉了酒的醉汉，突然被人戳了一下脑门，走路摇摇晃晃，接着就朝我们发起冲锋，嘴里不知道喊着些什么鬼话，反正也听不懂。"

戈登高地步兵团的一名士兵回忆起当时的场景也是同样说法："这帮步兵真是可怜！见了鬼了，以连为单位前进，150来人排成五列。我们的枪平射距离可以达到600码，你猜结果怎样。完全可以把步枪稳稳当当地搁在堑壕上，想打哪里，就打哪里。先是一阵700码齐射，头一群敌人很快被送上了天。德国人竟然排出这样的阵型，简直是脑子出了问题，每一颗子弹差不多肯定可以干掉两个。后面几个连推进速度极其缓慢，就算拿着自己人尸体当掩护，也绝对找不到任何机会。"这场战争迟早会演变为机枪大炮唱主角的一场对决，可是回到1914年季夏时节的短暂一瞬，步枪面对完全暴露在视野里的敌人展示出了强大的威力。

然而，英国人错误高估了步兵能够对敌人造成的伤害。许多德国士兵倒在地上，其实只是为了寻找掩护。克拉克的部队分散成小战斗群，行动更加诡秘，还得到了榴弹炮支援。这种炮造成的伤亡相当大。德军士兵可不像英国讽刺漫画里那些没脑子的德国人，不少人对于如何利用火力和移动相当在行。史密斯-杜利恩在运河前方的前沿阵地布置了好几个连的兵力，全被打得退回了南岸。"见他娘的鬼！德国佬的炮兵还真敢打啊！"戈登高地步兵团的一名士兵大声喊着。炮击对于英国远征军的每一名士兵来说，此前从未感受过，难以忍受。"士兵们都在地上挖坑，挖出一个小洞，再躲进去，"汤姆·伍拉科姆写道，"大部分人都有一点神经兮兮，还不适应过这种日子。"倘若把几天前法国人打的那几仗作为标准，与两个月后的伊普尔战役相比较，英军损失其实算不了一回事。可是，对于一帮对于现代欧洲军队火力毫无经验的新兵而言，8月在运河岸上的这一天已经足够糟糕难熬。德军的右翼几乎没有什么动静，这一侧由黑格的部队把守。不过，在史密斯-杜利恩这一侧防线，从抓获俘虏的口供，还有击毙敌军士兵身上佩戴的徽章来看，德军投入了两个军的兵力，对东北向突出部施加的压力尤其巨大。

不过，有一点必须着重指出，克拉克的部队虽然在兵力上要强过弗伦奇，但8月23日当天在蒙斯运河两岸双方投入作战兵力大体相当。人们对于英军的英勇无畏送上了太多溢美之词，德国人虽然同样骁勇善战，却没有得到那么多称颂赞扬。克拉克的士兵虽然在向河边逼近的过程中损失不小，仍然有部分兵力试图尽力在南岸抢得立足点，有一些甚至在开始交火一个半小时之内便站稳了脚跟。德军士兵中有一位值得一提，这名士兵名叫奥斯卡·尼迈耶，是汉堡人。尼米的火车道口由皇家火枪兵团把守，道口东面有一座人行天桥，用脚踩着踏板就能把桥摇到运河对岸去。英军把桥收了起来，放在自己把守的河岸一侧。尼迈耶一个猛子扎进水里，游到对岸，冒着炮火，用脚奋力踩着踏板，就在眼看要把步桥摇到北岸的时候却中弹倒了下去。尼迈耶倘若当天穿的是一身卡其布军服的话，如此英雄壮举足以为他赢得一枚"维多利亚十字勋章"。尼迈耶虽然倒了下去，可是战友们已经能够够到天桥。德军士兵们把绳子抛到桥上，拴牢靠了，然后拖到自己一侧，接着便朝对岸冲了过去。

整整一个上午，德军在十几处地点渡河成功，好些英军部队暴露在了纵向火力威胁之下，面临着被孤立包围的危险。将近下午1点的时候，米德尔赛克斯步兵团收到师部发来的电报，上面写着："尔部防区内的桥梁船只是否需要摧毁，由尔部自行决定。"电报来得这么晚，简直荒唐。汤姆·伍拉科姆写道："电报来得实在太晚，敌人要么已经过了河，要么正在渡河。"由于蒙斯运河防守兵力过少，因此根本无法确保每个地段都有足够火力阻止克拉克的军队前进。英军炮兵就在步兵后面，在德军炮火之下受到的伤亡一点不比步兵少。"我们忠诚的炮兵坚守阵地，勇气可嘉。"伍拉科姆写道。炮兵里面有一名中士，名叫威廉·爱丁顿，在日记里倒是写得相当低调："这一天打得相当艰苦，感觉周围到处都是德国人。"有一些部队压根就没有得

到直接炮火支援，米德尔赛克斯步兵团便是其中之一，这是因为最近的炮兵根本看不到目标到底在哪里，无奈之下，只好估摸敌军的大致方向，乱打一通。

英军虽然让克拉克的先头部队损失不小，可是随着时间推移，自己的伤亡人数也在不断攀升。与此同时，之前还只有零星小股德军能够渡过运河，现在已经成了滚滚洪流，难以阻挡。午后不久，道格拉斯·黑格在一名参谋官的陪同下，爬上乐波内以北3英里的一座小山包，站在山头俯瞰战场全局。黑格面色凝重，一言不发，静静地看着"成群结队的灰色士兵"如潮水一般涌向自己的友邻部队第二军。德军炮火在某些防区打得极其精准，史密斯-杜利恩的士兵和那年8月其他每一个参战国的士兵一样，都以为是有奸细在暗中作祟，帮助敌人炮兵瞄准。第二军终于支撑不住，开始成批后撤，士兵们三五成群地往后方逃去，有些士兵搀扶着受伤的战友，各排轮流开火，互相掩护，且战且退。要让撤退成为一场组织有序的行动，而非一股脑儿的抱头鼠窜，着实不易。赫尔上校见到手下有一个排正在听从一名中士的吩咐撤退——这个连的两位连长都已经中弹身亡——于是要手下的人事参谋前去查明那个中士究竟是何人。汤姆·伍拉科姆用望远镜看了一眼，报出了中士的名字。赫尔听了怒道："汤姆中士，你要知道……要不是已经下令撤退，否则我会把那家伙给一枪崩了。"那位涉嫌指挥士兵临阵脱逃的中士后来被人发现名字出现在了当晚该营"失踪人员"的名单上，这才逃过一劫，免遭行刑队处决。

列兵西德·戈德利眼看坚守尼米的一队皇家火枪兵团机枪手全部阵亡，于是勇敢地接过机枪，凭借坚守大桥的英雄举动，和毛里斯·迪斯中尉双双赢得了"维多利亚十字勋章"——迪斯的勋章是死后追授的。戈德利据说身上多处负伤，仍然坚持开火，掩护营里的士兵撤退，直到当晚阵地失守，被德军俘虏。不过，也有人对战斗真实性表示怀疑，指出德军记载中完全没有提到这次抵抗。怀疑人士的意思是说，迪斯和戈德利的英雄举动主要来自于戈德利的口述，而英军最高指挥部当时正急需合适的对象，树立英雄形象。不过，关于西奥多·赖特的英雄事迹毫无争议。赖特是皇家工兵部队的一名上尉，23日当天下午3点沿着运河开始行动，试图把3英里长阵线上的五座桥梁统统炸掉。这样的行动固然勇气可嘉，却为时已晚，于事无补。赖特带着一队人马，一路上不断遭到敌人火力进攻。驾驶员开着一辆小车在战场里穿来穿去，车上还载着八箱火棉炸药，他知道这可是提着脑袋的大事，非同小可，容不得半点马虎。

敌人火力从三面打来，赖特几经险阻，成功炸掉了热马普的渡桥，接着准备着手炸毁马里埃特的渡桥。赖特要开车的士兵先开车将一名受伤的战士送去后方，谁知随后头部被弹片擦伤，由于发现没有电流引爆炸药，于是赶紧跑到附近的一座民房里将电线与屋内干线接上，不想仍然无法获得电流。赖特在诺森伯兰郡火枪兵团士兵的火力掩护下一次又一次尝试接通电流，直到筋疲力尽，滑落跌入运河当中。好在军士史密斯中士将自己的军官从河里救了上来。此时已是下午5点，德军已经冲到只有30码远的地方开枪。工兵们只好放弃计划，全部撤退。赖特凭借当天的英勇举动——他在日后同样展示出了过人勇气，直至牺牲——赢得了一枚"维多利亚十字勋章"[①]。遗憾的是，赖特的努力最终宣告徒劳，英军防线上只有一座桥梁被炸毁，早就该下的命令来得实在太晚。

待到夜幕降临，德军已经拿下蒙斯。虽然，德军伤亡如何，尚无可靠数据可查，但沃尔特·布隆所在勃兰登堡掷弹兵团的一位营长发出的哀叹足以让人窥出端倪："你现在是唯一一个剩下的连长了……我的营啊，我是那样为你感到骄傲，感到威风，可你现在却成了这个鬼样子。"勃兰登堡掷弹兵团的损失如下：1名营长及营人事参谋、3名连长还有6位排长阵亡，另有16名军官负伤。至于其他士兵，伤亡人数各单位不等。布隆悲伤地回忆道："我们打的头一仗就输得如此惨烈，简直前所未有。打的还是英国人，是我们一直嘲笑的英国人，结果打成这个样子。"

布隆的这番话虽然常常被英国人拿来炫耀远征军取得的辉煌战果，但

---

① 西奥多·赖特（Theodore Wright，1883—1914）于 1914 年 9 月 14 日牺牲在法国东部奥布省的韦利，他当时正在协助第 5 骑兵旅通过一座浮桥，在将伤员转移至掩体内的时候不幸中弹身亡。——译者注

这样的文字显然过于夸张，只能反映出写这些话的人对于生死伤亡是多么敏感，而这些对于初上战场的新兵来说不过是常事罢了。布隆所在的营比当天参加战斗的任何一支德军部队都要伤亡惨重，但英国人没能阻止克拉克前进，充其量只是延缓了对手一天的步伐，最终还是将阵地拱手相让。德军另外一个团在团史中以胜利者的口吻写道："当晚，士兵们满怀着胜利的喜悦，大肆庆祝。"不过，第一军和艾伦比的骑兵还几乎没有与敌接战，毫发无伤。蒙斯战役让英国人值得庆幸的是，正是由于敌军的笨拙，英国远征军才有机会全身而退。英军损失在1600人左右，其中不少当了俘虏。有一个德国兵以前在汉堡当过巡回推销员，英语说得相当流利。他在命令英军战俘排队站好的时候，不无幽默地说道："先生们，请注意！排成四排，每排四个！"英军近半数伤亡来自两个营，一个是米德尔赛克斯步兵团第四营，伤亡超过400人；另外一个是皇家爱尔兰步兵团第二营，死伤人数在300人以上。好几支部队迫于无奈，只好把机关枪这么宝贵的武器丢弃在了阵地上。德军损失人数与英军总体相当，不过阵亡和受伤比例高出很多，被俘的反倒不多。

英国人向来看不起盟友。不过，要想让第二军在蒙斯临时站稳脚跟，以便接着赶紧撤退，就必须仰仗艾伯特·达马特将军手下那一小撮法国地方军来为史密斯-杜利恩的左翼提供掩护，这一点至关重要。就在英军小试牛刀的时候，朗勒扎克的第五集团军在沙勒罗瓦的损失却要惨重得多。还是在更南面的阿登地区，法国第四集团军和德国第四集团军在23、24日短短两天之内总共损失了1.8万人。在靠近贝尔特里的森林里，法国一整个军的士兵被打得落花流水，溃不成军，大炮全部丢在后头，只顾抱头逃窜。在其他地方，德军开始炮轰驻守那慕尔要塞的3.5万法比联军，两天之后便以仅仅伤亡900人的代价拿下了要塞。德国第三集团军在马克斯·冯·豪森将军的指挥下，准备在迪南利用浮桥和驳船强渡默兹河。豪森1866年曾与奥地利军队联手和普鲁士人交过手，此时已是67岁高龄，官居萨克森州陆军大臣。豪森以为找到了机会，能够将朗勒扎克的部队包围起来，一口吃掉。弗朗谢·德斯佩雷算得上法国第五集团军中最干练的军长。他自作主张发起反攻，把德国人逼了回去。不过，豪森的军队仍然在当晚晚些时候拿下迪南，对当地居民进行了惨无人道的屠杀。弗朗谢·德斯佩雷虽然功败垂成，却为第五集团军赢得了时间抽身撤退，豪森方面损失超过4000人。

与所有这一系列交战比起来，英国人在蒙斯的战斗就显得没有那么重要了——当然，约翰·弗伦奇爵士和他的高级军官们可不会这么认为。23日下午3点，这位英军总司令结束瓦朗谢讷之行，返回了司令部。他仍然在幻想联军应该很快就会重拾攻势。然而，等到当天晚上，弗伦奇也被迫承认事实，认可了麦克多诺上校的判断，承认面对的敌军实力远在英军之上。克拉克的军队已经朝着第二军右翼蜂拥而来。第二军的右翼就在蒙斯西南两面，正面临与第一军被分割孤立的危险。约翰爵士终于恍然大悟——到了这个时候才回过神来，爵士显得更加坐立不安——朗勒扎克完全不顾霞飞的想法，早就把第五集团军从桑布尔山谷撤了出来。23日刚刚开始的时候，英国远征军还在法军前头9英里处。此时此刻，两支部队之间的距离已经拉得越来越开，也变得越来越危险，德军随时可以利用留下的空档切断两军之间的联系。约翰爵士眼看兵败在所难免，只好承认必须尽快向后方转移司令部，只有这样才能避免灭顶之灾。

英国远征军当晚在蒙斯以南三英里处集合过夜。士兵们盼着第二天一早能够重新布置防线，继续抵抗。当天晚上，汤姆·伍拉科姆"甚至有闲工夫坐下来好好想一想，原来打仗这件事打起来是多么让人激动……我们的士兵压根就没有感到沮丧失望，反而觉得自己在面对敌人凶猛的火力和'齐步走'的时候充分发挥了手里步枪的强大威力，还有分散队形，灵活行动，感到十分自信"。不过，到了24日凌晨1点，总司令部发布新的命令，虽然要求全军撤退，却只字未提该如何撤退，具体事务留给各军军长自行处理。这再一次证明了英军指挥部何等无能。尤其是穆雷和威尔逊二人，根本就不知道身为参谋官，职责究竟何在。唯一尽职尽责的只有军需主任威廉·罗伯森爵士。这位外号"威利"的军需主任在接下来的几周之内，凭借着满腔热情和过人能力，为英国远征军制定出了一整套补给制度。

短短数小时之内，约翰·弗伦奇爵士已经从原来的志得意满、洋洋自得变得一下子愁眉不展，坐立不安起来，嘴里一会儿嘟囔着要带部队去莫伯日

的旧要塞临时避难，一会儿又在念叨着应该向西北撤军，退到亚眠去，还嚷嚷着要同法国人断绝联系。连日恶战让这位英军总司令变得极度夸张，扬言法国人这种人他可打不了交道，算不上"真正的男人"，不愿和这一类人继续把仗打下去。弗伦奇的这种态度即便未对英法联军的战争事业造成恶劣影响，也会给自己招来嘲笑与奚落。

与此同时，霞飞于24日晨在巴黎对陆军部长梅希米透露，就目前情况来看，既然进攻已经失败，那么法军除了放弃进攻，别无他法。人们已经对法国的战略失去信心。法军已经在徒劳无用的进攻中差不多耗光了本钱，现在唯一能够指望的就是转攻为守，尽量拖下去。"我们的目标，"这位法军最高统帅对这位政治人物说道，"只能是尽可能拖延，拖得越久越好，争取把敌人拖垮，等到时机成熟，再重新进攻。"随着战报从北方一条接一条传来，霞飞对于德军部署与意图的臆想终于破灭。他此时终于明白了毛奇的用意所在。

这位法军最高统帅直到这一刻来临之前还只对左翼偶尔给予关注，可是自此之后，左翼就成了他全部担心的焦点，也是全部希望所在。第二天，也就是25日，霞飞向各指挥官发布训令，并以抄送的形式传达给约翰·弗伦奇爵士。这份训令就是日后有名的"第2号训令"。训令宣布向北转移大批兵力，由英国远征军左翼组建一支新军。对于霞飞而言，为了对付侧翼危险，他急需一支能够信赖依靠，听命于己的部队，而英国人显然不会这样做。不过，霞飞重新部署的计划过于复杂，规模太大，9月2日之前绝无可能完成，在当时的战况之下等待时间过于漫长，而在2日到来之前，无论吉凶好坏，必定会有不少事情发生，有些还会落在英国远征军的头上。

一支军队若是与进犯之敌陷入厮杀缠斗，要想切断联系，有序撤退，绝非易事。24日晨曦初露，德军开始再次对第二军进逼施压。虽然损失不大，但第二军的不少部队当天都经历了小规模交火，随后又向南继续退却了好几英里才集结会合。期间还闹出了一桩丢人的大事。长矛骑兵和龙骑兵近卫团第九营竟然在欧德勒尼越过一英里的开阔平原，朝着德国人的枪口发起冲锋。这件事情即使用英国骑兵的标准来衡量也简直蠢得离谱。指挥这个骑兵营的是戴维·坎贝尔中校。坎贝尔中校原是一名优秀的骑师，曾经骑着爱驹

"展翅高飞"，拿到过全国障碍赛马大赛的冠军。在欧德勒尼的战场上，不少英军士兵骑的都是体型庞大的狩猎用马——这些马匹在被军方买来几个月前还在英国诸郡的猎狐地区跳跃障碍——汤姆·布里奇斯的坐骑也是其中一匹。由于没有料到道路坑坑洼洼，不少骑兵跌落马下。待到德军枪声大作，更多人从马上掉了下来，赶紧躲到玉米堆后寻找掩护，开枪还击。布里奇斯的坐骑"昂姆斯洛普加斯"也不幸中弹身亡。

英军最终只能败下阵来，共有80人伤亡。英国人咎由自取，这点伤亡人数已算不多，马匹死伤更加惨重。海因里希·希姆莱当时才14岁，还是个中学生，在日记里兴高采烈地写道："我们的军队已经打到了默兹河的西边，正朝着莫伯日前进。那里有一个英国骑兵旅，也被我们打败了，真的打败了！万岁！"就在同一天，掷弹兵团的杰弗瑞斯少校——这支部队隶属于黑格的军——描述了"一场漫长难挨的行军……天气奇热无比，道路一塌糊涂，尘土飞扬。士兵们筋疲力尽，根本就不知道到了什么地方"。杰弗瑞斯一路上遇见了许多科尔德斯特里姆步兵团的士兵，全是掉队的。他对这样的场景相当反感，总觉得倘若换成是自己的士兵，就不该给机会，由着这帮人落在后面，实在累得走不动了，唯一能够容忍的办法就是把背包和枪支放到营里的辎重车上。

伯纳德·戈登-伦诺克斯认为总司令部一直在遮遮掩掩，不让军官知道作战计划和意图，对此大为不满，写道："这是最令人寒心的事情。没有任何人知道自己到底要做什么，其他人在哪个位置，我们要打的又是什么人，或者是什么东西。就算透露给了我们一丁点儿消息，到了最后结果发现全是错的。"当然，这种神秘兮兮的做法实际上并非由于总司令部考虑多么周全慎重，而是因为总司令部碌碌无为、犹豫不决。未能向下级军官明确传达作战目的和内容，这一点成为英军整个一战期间始终无法克服的顽疾。

同样的事情在8月25日再次上演。巴韦有一处古罗马时代的广场遗址，往南的路走到遗址旁边就开始分岔。整支英国远征军，连同一大群逃难的平民百姓，单走一条道，根本走不动。英军于是决定第1军走莫尔马尔大森林东面的道路，第二军走森林西侧，两条道路基本处于平行位置。弗伦奇的部队就

这样乱哄哄地挤来挤去，把巴韦堵了整整一天。"我还从来没有这么累过，"盖伊·布莱维特是牛津和白金汉郡轻步兵团的一名上尉，感叹道，"过去46个小时，我一觉也没睡，走了40英里，还得时时担心后防。快到巴韦的时候，情况看得出来相当糟糕，路上堵得死死的——有的骑兵还带着马；有的马已经丢了；还有运送伤员的大车、逃难的难民、自行车、四处闲逛的人、大炮；步兵一般四个排成一行，有的找不到自己的单位，有的跟着的队伍却不知道他是哪个单位的，还有的干脆躺在路边睡大觉。巴韦的石子路走起来，脚感觉更疼了。能够拐进一片刚刚收割完的麦茬地集合休息，大伙儿都感到非常高兴。火很快生了起来，我们弄了些吃的，还找来一些稻草，垫着睡觉。"

撤军路上的交通管理简直一塌糊涂。英国人在刚开始的那段日子里对于战争究竟为何物，可以说一无所知，不懂得该狠心的时候就绝不能心慈手软，必须把逃难的平民和车辆清理干净，保持道路畅通。盖伊·布莱维特看见一个比利时人，已经很大年纪，看上去差不多快不行了，躺在一辆大车上，打身旁经过。老人突然集中全身气力，用高亢激昂的声音喊道："英国万岁！"这一刻，这位英国小伙感到一丝讽刺，不好意思地走了开来。在此之前，有些部队无论走到哪里，都会受到人们的夹道欢迎，现在却在撤退的路上听到了嘘声，反差之大，令人感慨——当地老百姓已经料到一旦联军败退，德国人来了，自己将会付出怎样的代价。威尔特郡步兵团的罗斯中尉对8月25日晚上的情景如此描述道："回去的路上，汽车、大炮，还有运送伤员的车辆，全都排成两列，朝着一个方向走。路不是特别宽，步兵已经谈不上什么队形……路上一片漆黑，除了手电筒照过来的阵阵光亮，就只剩下了村里还在熊熊燃烧的房子，这些房子都是被炮火击中起的火……天上下起了滂沱大雨。士兵们早就疲惫不堪，已经两天没有吃过口粮，不过士气好歹还没有垮掉。"

25日当天，掷弹兵团第二营走了将近15英里，不仅要顶着难耐的酷暑，还得忍受脚上的水泡，不时还会碰上逃难的平民推着独轮车和手推车，路途变得更加难行。有位英国军官用怜悯的眼神看着一个老妇人。老妇人虽然心里想着逃去找个安全的地方躲起来，可骨子里的农民本性又让她舍不得放弃自己的农场和家园，正在难舍难分、犹犹豫豫。"我要是走了，谁来替我喂猪啊？"老妇人大声哭喊起来。往北60英里便是根特，比利时家庭主妇让娜·范·布莱恩博格在给朋友的信中写道："看到这些人这么可怜，带着这么多孩子，把家里的奶牛、猪，还有辛苦劳动才挣回来的东西都要丢掉，真叫人想大哭一场……仗才打了三个星期，感觉却好像已经过了好多年。"

掷弹兵团的士兵们走到桑布尔南面小城朗德勒西终于停下来歇脚。黑格在朗德勒西重新设立了军队指挥部。士兵们一个个欢天喜地地脱下装备，在兵舍里好好放松。下午5点左右，警报突然响了起来。城里的居民赶紧钻进地窖，躲藏起来。只见爱尔兰骑兵团的士兵慌慌张张地从街上跑过，一边跑还一边大喊："德国人追过来了！"后来一打听，才得知原来是一个巡逻的敌人骑兵出现在了朗德勒西郊外，随后很快又走了。科尔德斯特里姆步兵团的士兵们被安排在桑布尔大桥一带，负责防守引桥。士兵们在河的北面大约500码的地方选了一块高地，围着一个农场布置阵地。不久便传来了第一声战斗信号，士兵们听到一阵声响。据后来回忆，说是有人在精神抖擞地唱着"马赛曲"。

可是，来的却不是法国人。只见一名德军军官径直走到一堆路障跟前——路障其实只是一堆家具，是近卫兵团堆在这里的。德国人接下来的举动简直可以说让人叹为观止，而英国人的无动于衷同样叫人过目难忘。黑格按捺不住内心的愤怒，在日记里写道："科尔德斯特里姆步兵团的卫兵看上去好像根本就没有察觉。"——维克斯机枪摆在那里竟然无人看管，那个德国军官甚至一伸手便能够抢得一挺，抱在怀里拿回去。不久夜幕降临，双方展开一通混战。近卫兵团有个士兵名叫乔治·怀亚特，混战当中眼看一堆玉米袋上冒起熊熊大火，英军阵地受到威胁，于是奋不顾身，冒着猛烈的炮火冲了出去，扑灭火焰，为自己赢得了一枚"维多利亚十字勋章"。怀亚特虽然英勇，可他的团却在朗德勒西表现乏善可陈，鲜有称道之处。

英国人觉得敌人借着唱法国人的曲子来打掩护，偷偷接近，感觉受到出卖，简直是奇耻大辱。不过，德国人来到朗德勒西并非想要找人打仗，而是

能够有个地方歇脚。走在德军队伍最前头的是一辆野外炊事房的大车，如果德国人唱的真是法国国歌，那么选这个调子，很可能只是因为觉得这个曲子听起来不错，而非什么"战争诡计"。双方其实都体现不出来什么高明的战术技巧。有位高级军官认为近卫兵团"反应相当迟钝，做事极其敷衍"。不过，还是有几发敌军炮弹落到了城里，掷弹兵团的士兵们赶紧冲了过去，为科尔德斯特里姆步兵团提供支援。一名军官一开始写道："他们就像魔鬼，紧紧跟在你的背后，这帮德国佬，"不过随后又加了几句，"只要德国佬打算上前，就会有一顿猛烈的火力劈头盖脑地打在他们头上。德国佬铆足了劲，冲了三四回，每一回都被压了下去。"

在朗德勒西的这些小打小闹——因为没有大打出手，所以只能算是小打小闹——让双方都付出了伤亡120人左右的代价。英军一直坚守到了凌晨，士兵们在黑夜里打着瞌睡，瑟瑟发抖。战役中有太多倒霉的事情出人意料，晚上寒气逼人，也算其中一件。英国人随后开始从城里撤军，想着德国人能够让自己毫发无伤地收拾行装走人，心里悬着的石头也算落了地。大部分掷弹兵丢掉了随身装备，这是因为营里的辎重车被当作路障，抛弃在了街头。杰弗瑞斯写道："我喜欢在大多数人睡觉的时候一个人往前走……直到现在我们还是不知道这场仗到底打的什么。"

朗德勒西这场小规模战斗产生的最重要后果便是让军长黑格一下子变得惶惶不安起来。这个英国人一开始还声称敌人被打死800多人，现在却把德军进攻看得比实际要严重得多。黑格的状况极其糟糕，先是"拉肚子"拉了好一会儿，接着又强逼英雄，灌了满肚子的苏打水，身体变得相当虚弱。当晚交火发生的时候，街上一片混乱，黑格固执地认为——他还让约翰·弗伦奇爵士也信以为真——自己的部队马上就要全军覆没。这位军长于是带着指挥部向南逃窜。接下来至少五天，黑格天天念叨着要打败仗，那副悲观的神情，手下没有哪个能够忘记得了。黑格把全部精力都集中在了如何挽救自己的部队上面，对于史密斯-杜利恩的死活几乎不闻不问。詹姆斯·埃德蒙兹上校是一名师参谋长，后来成了一名英国战争史学家。他在1930年给一位昔日战友的私信里对这段插曲进行了严厉抨击："道格拉斯·黑格已经……完全被朗德勒西的事情给吓破了胆，甚至拿出了自己的左轮手枪，嘴里嚷嚷着'死也要死得够本'。不消多说，黑格其实同样认为史密斯–杜利恩状况糟糕。不管怎么样，黑格这么做太过自私，哪怕得知勒卡托那边已经开战，德国人越过了史密斯–杜利恩的后防线，他还是丢下史密斯–杜利恩，只顾自己逃命去了。"

约翰·弗伦奇爵士真正应该担心的其实是史密斯–杜利恩的部队。德国人正在马不停蹄步步进逼，史密斯–杜利恩的部队面临严重威胁。可是，约翰爵士却在为黑格的部队伤脑筋，而这个威胁根本就不存在。这样的剧情将在接下来的日子里继续上演——黑格的部队拖着疲惫的步伐向南逃窜，一路几乎没有受到任何敌人袭扰，而他们的战友却要打一场撤退路上最血腥的战斗。

第二节　勒卡托："到底哪里好玩，我搞不懂。"

8月下旬，炙热的阳光照耀烘烤着法国的乡间田野，一如交战各方此刻的处境，既猜不透对方意图，也不知道路在何方，仿佛坠入层层迷雾，找不到出去的方向。英军第2军25日遇上的倒霉事一桩接一桩：先是逃难的难民人数太多，拥挤不堪，撤退英军没有办法，只能走走停停；接着，掉队的部队又遇上了麻烦——一长列大炮要借道皇家爱尔兰步兵团第二营的行军路线，横穿过去，全营只好停下等待，耽搁掉不少时间。当晚，营长威尔金森·伯德向旅长报告，声称如果还打算让自己的营殿后的话，士兵们确实已经没有力气，既没法继续前进，也不可能通宵作战。晚上10点，第二营开进勒卡托，此地距离蒙斯以南25英里。伯德去邮局给军司令部打了个电话。司令部答复要伯德率部继续前进，去往西面3英里一个叫作贝尔特里的村子。

伯德出现在了城里的广场上。广场上灯火通明，挤满了运货的大车和掉队的士兵，有的士兵正在附近餐馆里吃饭喝酒。伯德手下一名军官问道："长官，您打算在这里停下来么？"伯德的回答倒是简单："不，这鬼地方看上去太危险。"伯德心里清楚，部队一旦原地解散，要想再集合起来，重新出

发，就得花上好几个小时。第二营于是拖着疲惫的脚步，出城上了城外的一座小山，在乡间的夜色中就这样……迷了路。凌晨2点，第二营跌跌撞撞到了勒蒙，这里距离贝尔特里还有不到1英里。士兵们找到第三师指挥部。伯德要求给手下弄点吃的。一名参谋官答道："吃的我们给不了，因为4点一到又要继续撤退。昨天动身上路就花了五个小时。"第二营的士兵们只好在附近找了几处农舍，一个个躺倒在地，倒头就睡。有几个军官跑到附近的莫鲁瓦，找了家小咖啡馆，弄了点吃的。

就在头一天晚上，第二军已经发布了"第6号作战令"。作战令开头写得清清楚楚："明天继续撤退。"不过，到了26日凌晨，史密斯-杜利恩感觉有必要再考虑清楚，手下不少部队和爱尔兰步兵团一样早就人困马乏、又饥又累，有些还在摸黑赶往勒卡托。史密斯-杜利恩认为如果全军当天还要继续向南行进，部队肯定会溃不成军，德国人就在后面紧追不舍，掉队的部队肯定会被消灭。

为将之人，人格特点有时也许会缺少鲜明色彩。不过，霍勒斯·史密斯-杜利恩爵士可不是这样的人。史密斯-杜利恩家中一共16个孩子，他在里头排行十二，年轻时在祖鲁兰①当过运输军官。1879年，英军惨败伊萨德尔瓦纳，活着回来的没有几个，史密斯-杜利恩便是其中之一。他后来又参加了其他殖民地战争，还参加过乌姆杜尔曼战役，和基奇纳成为生死之交，布尔战争期间开始声名鹊起，后来担任过一系列指挥职务。史密斯-杜利恩大力提倡陆军军事改革，对枪械推崇备至，提倡推广使用机关枪。1914年7月，史密斯-杜利恩受命参加一个夏令营，为数千公学士官生做报告演讲。他看着这群学员几乎个个好战，于是当着众人的面说了一番惊世骇俗的话："我们必须尽一切

---

① 祖鲁兰（Zululand）即祖鲁王国（Zulu Kingdom），19世纪存在于南非的一个黑人君主制王国，1870年代与英国爆发"祖鲁战争"（Anglo-Zulu War）。下文提到的伊萨德尔瓦纳战役（Battle of Isandlwana）是祖鲁王国在祖鲁战争早期获得的一场胜利。战役爆发于1879年1月22日，两万祖鲁士兵向1800名英军和400余殖民地士兵组成的混成部队发起进攻。此役，英军共有1300多人阵亡，祖鲁军队损失也在千人以上。祖鲁王国虽然取得了战役的决定性胜利，却激起了英国更加疯狂的侵略，最终在1887年被英国吞并。——译者注

代价避免战争，因为战争解决不了问题。整个欧洲，还有其他更多地方会因为战争变成废墟；无数人会因此丧生，人类将由此走向灭亡。"当时大多数听讲的学员根本就无法接受这样的异端邪说。可是，对于那些1918年还能够侥幸活下来的人来说，回首这样一段演讲，他们对于史密斯–杜利恩开诚布公的独立思想无不充满敬意。

史密斯–杜利恩能够当上第二军军长，其实是件出人意料的事情，这还得归于准将詹姆斯·格里尔森心脏病突发离世。格里尔森为人生活放纵，喜欢暴饮暴食，体重超标，无法承受一名现役军人应该承受的压力。不过，格里尔森的死总归是个损失，他作为前驻柏林武官，对于德国军队有着直接了解。基奇纳让史密斯–杜利恩接替格里尔森，也是颇费了一番周折，完全不顾弗伦奇的坚决反对，要知道后者对史密斯–杜利恩可是一直心存芥蒂。这位新任军长虽然一般情况下态度平和，精力充沛，可一旦动了肝火就会暴跳如雷，不可收拾，常常让下属敬而远之，甚至逼得自己的总参谋长在兵败蒙斯之后打算辞职走人。

8月26日在勒卡托负责指挥的就是这样一个人。当天凌晨，史密斯–杜利恩把能够召集到的高级军官全部召集起来，开了个会，征求意见。骑兵指挥艾伦比报告，自己手下无论人马"都已筋疲力尽，无力再战"。艾伦比说除非第二军天亮之前开始撤退，否则敌人跟得这么紧，等到天光一亮，一场大战在所难免。休伯特·汉密尔顿是第三师师长，说自己的部队早上9点之前不大可能动身出发。第五师情况更乱。至于第四师，24日晚上才渡过海峡，从港口坐火车刚刚下来，大部分支援部队还没有到位，此时正在忙着断后。史密斯–杜利恩问艾伦比是否愿意接受自己的指挥。"是的。"这位骑兵厉声答道。"很好，诸位将军，我们将继续战斗，"史密斯–杜利恩军长说这番话的口气将被载入史册，"我还会要求（指挥第四师的）斯诺将军也听从我的命令行事。"

与会军官们都长出了一口气。过去三天以来，人人乱作一团，根本不知道目标到底是什么，现在终于盼来了一个明确决定，这是大家都乐于见到的。约翰·弗伦奇爵士从电文中得知了此事，电报是有人开车送到总司令部来的。弗伦奇知道自己有半数部队准备在一没有总司令指导，二没有支援的

情况下再打一仗，一开始也觉得是件好事，不过到了后来又公开反悔，还在回忆录中对史密斯–杜利恩大加斥责。话说回来，考虑到第2军当时的困境，也确实难说指挥官能有什么其他办法。史密斯–杜利恩打算搏一把，把德国人"一举打蒙"，好赢得喘息之机，继续撤退。史密斯–杜利恩还指望第1军会给予支援。他从弗伦奇那里没有得到半点消息，根本就不知道黑格在继续撤退，使得第2军右翼没有任何掩护。

早上7点许，史密斯–杜利恩被叫了起来，说铁路电话网有电话找他，接通才知道原来是亨利·威尔逊打来的。这位副总参谋长说总司令已经做出决定，让第二军继续撤退。史密斯–杜利恩回答说为时已晚，自己的部队已经做好战斗准备，天黑之前没法退出战斗。威尔逊后来声称自己当时的原话是："祝你好运，你的话是我这三天以来听到过最开心的声音。"不过，亨利爵士看来同样对第二军前景表示极其悲观。当天晚些时候，詹姆斯·埃德蒙兹和史密斯–杜利恩碰了头。史密斯–杜利恩抱怨说自己根本不知道接下来会发生什么，还说自己是被逼无奈，才做出如此重大决定。埃德蒙兹要他放心，说道："长官，您不需要为这些事情分神，您的做法是正确的。"史密斯–杜利恩说听总司令部的口气，好像不是这么回事："威尔逊那家伙今天早上给我打来电话，说如果我要在这里坚持打一仗，就等于再来一次色当"——这话一听就知道指的是1870年法国人的那场大败。

当约翰·弗伦奇爵士的总参谋长从史密斯–杜利恩那里得到消息，知道史密斯–杜利恩打算暂停撤退，在勒卡托和敌人干上一仗的时候，阿奇博尔德·穆雷爵士知道英国远征军这次彻底完了。穆雷爵士接下来的表现倘若有假，那么能够把戏演得这么逼真，实在太难为他了——穆雷居然一下子昏死过去，倒在了地上。有个同事名叫蔡尔兹，外号"忠犬"——看此人的所作所为，能得如此外号，感觉不大说得过去——见状赶忙喊了一句："不用叫医生，我这里还有一品脱[①]香槟。"詹姆斯·埃德蒙兹后来回忆起来，满带讥讽

---

① 品脱（Pint），容量单位，用作液体容量单位时等于1/8加仑（Gallon），英制等于0.568升。
　　——译者注

地说道:"他们就这样把穆雷一直灌到了早上5点!……'卷毛'博奇当时正骑着马满战场四处转悠,心急火燎地找艾伦比丢了的那几个骑兵旅。他告诉我总司令部有令,'务必要把骑兵和马拉大炮给找回来'。"到了这个节骨眼上,弗伦奇的总司令部里已经乱成一团,近乎疯狂,直至天明也没恢复正常。

接下来一连数日,这位总司令和手下的参谋官们成天唉声叹气,坐立不安,担心失败的到来。霞飞当天快近中午的时候到了圣康坦,目睹了这一幕。霞飞此行是为了谈一谈自己新的作战计划。虽然,史密斯-杜利恩的部队就在北面几英里处,正在为求一条生路而决一死战,可霞飞还是打算把英军和朗勒扎克的第五集团军都用上。英法两军的将领们在一处颇有小资情调的公馆里面碰了头,约翰·弗伦奇爵士的总司令部就设在那里,位置靠近主街,屋内装修得有些过头,反而显得采光不好。朗勒扎克可没有什么好脾气,当天上午早些时候还当着参谋的面把霞飞和弗伦奇好好奚落了一番,说话的那副神态动作倘若让霞飞和弗伦奇见到,不仅会觉得失望,甚至会生出怨恨来。不过,朗勒扎克听到霞飞提议第五集团军应该保持反攻,继续对德军施压,并且承诺只要自己的部队在撤退时能够肃清阿威斯纳森林一带的敌人——这个地方大炮不好发挥效力——就会在开阔地带重新发起攻势。

霞飞其实并不知道,朗勒扎克根本无意采取任何这样的行动。26日当天,英军在勒卡托鏖战正酣,第五集团军却依旧仓皇后撤。当天唯一真正参战的法军部队只有索尔代的骑兵团,还有零星几支地方部队在史密斯-杜利恩的左翼打了一小会儿。英军军官当中只有为数不多的几个人承认法国人出了力、帮了忙。米德尔赛克斯步兵团的汤姆·伍拉科姆算是其中一个。他写道:"法国的部队……在达马特将军的指挥下替我们分担了不少压力。"与此同时,在圣康坦,霞飞对于英军总司令如此口无遮拦感到震惊。这位总司令听闻英国远征军自从抵达前线之后,由于得不到法军支援,只能失利蒙羞,不禁火冒三丈、破口大骂。根据斯皮尔斯的回忆,二人的会谈是在一间房间里进行的,因为拉上了百叶窗,所以室内光线显得很暗,"每一个人都在压低声音讲话,感觉还以为隔壁屋里藏了具死尸"。由于到场英国军官里面没人会说法语,霞飞和下属说起英语来也不流利,因此必须有人翻译,会谈的时间

拖得很长。

这位法军最高统帅开始向众人解释自己的反攻方案——"第2号训令"。当霞飞得知英国远征军总司令对于自己的计划一无所知的时候，显然感到了失望——阿奇博尔德·穆雷爵士由于依旧人事不省，动弹不得，没法给顶头上司看这份重要文件。霞飞把自己的意图简单说了一遍，表示有意利用位于英国远征军右翼的法国第四、第五集团军，新建一支"机动集团部队"，然后把这支新鲜力量调到左路。霞飞敦促英国盟友务必坚守阵地，伺机反攻，并且承诺法军定会予以支援。

约翰爵士对于霞飞的话无动于衷，只是一再强调打算让自己的部队继续后撤。斯皮尔斯写道："房间里的每一个人都有一种在劫难逃的感觉，那种感觉就好像陪审团在对一个死刑犯做出有罪裁决一样。"会议结束之后，约翰·弗伦奇爵士乘车去了南面，一并带走的还有他的总司令部，完全不顾北边的史密斯-杜利恩还有仗要打。斯皮尔斯再次无可奈何地叹道："这恐怕是总司令部里头最糟糕的一天。每个人都情绪不佳，士气低落，还有许多事情理不出头绪来。参谋们希望有人出来打打气、鼓鼓劲，可约翰爵士一拍屁股，说走就走，完全是反其道而行之。"

霞飞在回忆录中写道："我一直在想我们最靠左侧的阵地防守薄弱，放不下心来，不停地问自己，这里的阵地能否坚持下去，好让我有时间完成重组部队。"让这位法军最高统帅心神不宁的问题不止一个，他既要担心德国人大兵压境，危险迫在眉睫；又要担心朗勒扎克是否有足够的毅力与能力，守住这个威胁最严重的防区；还要为一位英军总司令分神——这位英军总司令抛下盟友，不闻不问，看起来已经被危机吓破了胆。英国人的两个军里头有一个军正在撤退，走的线路却和总司令部制定的不是同一条线路；另一个则自作主张，准备打一场事关全局的大仗。圣康坦会晤就这样无疾而终，没有得出任何结果。英国人对朗勒扎克打算继续撤退的意图表示默认，或许算得上是唯一收获。霞飞甚至连做做样子，发发脾气，逼迫约翰·弗伦奇就范都没有去试，就拂袖而去。英法两军的总司令官看来已经失去了一样最为重要、一样要想打赢一切战争就必不可少的东西——团结。

....

霞飞好歹也该替英国远征军的总司令说句公道话。霞飞当时信誓旦旦地保证朗勒扎克会和英军配合，其实也全是一派空话。不过，即便如此，也不能成为理由，替约翰爵士一意孤行，甩手不干，退出战斗找借口开脱。要说弗伦奇的总司令部不是一个让人开心的地方，手下班子不够团结，这样的批评说得太轻。事实是这位总司令官根本就得不到下属信任。除此之外，他的总参谋长也不受亨利·威尔逊欢迎。威尔逊对于自己没能坐上穆雷的位置一直耿耿于怀，尤其是眼看穆雷精神崩溃，一病不起，竟然还能保住职位，更是怀恨在心。

多年以后，穆雷在给一位老战友的信中写道："对我而言，那段日子是多么的难过与屈辱……你知道，总司令部的那帮高级军官完全不把我当一回事，从始至终都在阻挠我办事，甚至擅自篡改我的指令……之前也好，之后也好，我都从来没有和这样一帮背信弃义的家伙共过事……既然明明知道没人听我的命令，我为什么还要和陆军部这些拉帮结派的家伙待在一起？是我犯了错……我想看清楚约翰爵士到底是怎样的为人。我跟了他那么多年，比任何人都了解他的身体状况和性格脾气，在我看来，他根本不适合处理现在面临的这场危机。"穆雷最后写道，"要不是威尔逊更加没有忠心，我也不会孤掌难鸣，独自一人和约翰爵士斗。"弗伦奇、穆雷和威尔逊三人的唯一共同之处就在于他们三个谁也不相信谁，这对于一支在战场上正处于生死关头的军队来说，不能不说极其危险。事实上，在法国作战的几乎所有英军高级军官，彼此之间要么不闻不问、冷若冰霜，要么互相倾轧、相互陷害。这种关系在接下来的好几年里没有丝毫改善，玩弄阴谋诡计成为司空见惯的事。举个例子，亨利·威尔逊就跟弗伦奇讲过，说基奇纳跟毛奇或者法金汉一样，对英国远征军来说是个威胁。英国军官之间的所谓战友情谊，倘若非要打个比方的话，只能比作"该隐和亚伯"[①]。

26日一早，晨雾刚刚散去，英国皇家飞行队的飞行员们便陆续驾机降落在了机场。飞行员们刚刚完成侦察任务，回来报告说第二军前方几英里

---

① "该隐和亚伯"（Cain and Abel）为《圣经·创世记》里的人物。该隐是亚当与夏娃的长子，后来杀害弟弟亚伯，成为谋害手足的代名词。作者借用这一典故来形容英军军官互不信任、互相陷害。——译者注

处几乎每一条路上都密密麻麻地挤满了敌军士兵。借用一位参谋官的话来说，"（飞行员在）地图上划出的黑线密密麻麻，代表着一队又一队德军部队。"一个步兵团就有3个营，233匹马和70辆运货的大车，把两英里长的路段挤得水泄不通。像这样的步兵团一共有六个，正在迅速逼近勒卡托。勒卡托以亨利·马蒂斯[①]闻名。"这个地方看起来不大，并不怎么起眼，头顶的太阳烤得人昏昏欲睡，"一名英军军官写道，"待到炮声响起，很快就将载入史册……这座小城似乎还不知道在劫难逃，感觉就算发生天大的事情，也无法把它唤醒。"史密斯–杜利恩部投入战斗是在8月26日——当天正值克雷西会战[②]568周年——这一仗可要比蒙斯之战打得惨烈得多。的确，英军此役阵亡人数堪比1944年6月诺曼底登陆，而诺曼底毕竟是属于下一场世界大战的故事。对于侥幸活下来的人而言，此役无论从哪个方面来看都与接下来四年的其他战事截然不同——一个人站在距离勒卡托以北约一英里远的台地上，就能把当下所有的要地尽收眼底。具有如此重大历史意义的战役英国陆军自此之后再也没有打过。

　　小城勒卡托位于山谷环抱之中，乡间地势开阔起伏，稻田黄绿相间，参战的六万大军在纵横十英里的田野上安营扎寨，一眼便能将小城看得一清二楚。极目远眺，目光所及之处，只见田里的玉米业已收割完毕，地面上只剩下一茬茬玉米秆，整整齐齐立在那里。田里间隔种了些甜菜和苜蓿，间或还能看见一堆堆干草。有个士兵觉得这个地方感觉好像演习的操场，很是熟悉，就像"没有长树的索尔兹伯里平原"。史密斯–杜利恩把筋疲力尽的部下部署在了一个对自己并不利的地形之上，也未做过多侦察。有些部队，尤其

---

① 亨利·马蒂斯（Henry Matisse，1869—1954），法国著名画家、雕塑家、版画家，以使用鲜明、大胆的色彩而著称，野兽派创始人及主要代表人物，1869 年 12 月 31 日出生于勒卡托。——译者注

② 克雷西会战（Battle of Crecy）发生于 1346 年 8 月 26 日，是英法百年战争中的一场经典战役。英王爱德华三世率九千之众，渡海作战，凭借长弓兵大胜法王腓力六世麾下的重甲骑兵和十字弓兵，乘胜进入诺曼底。此役堪称世界战争史上一场以弱胜强的经典战役，同时也宣告了长弓这种新式武器在西欧战场统治地位的开始，是"骑兵时代结束的开始"。——译者注

是右路距离勒卡托最近的几支部队，会很快发现待到德军逼近，阵地便会一眼暴露在敌人眼皮底下，德国人可以从射击盲区打进来。按照批评人士后来的意见，英军如果能够再往南推进一英里，占据一个地势更高的山脊，处境会有利得多。不过，换作史密斯-杜利恩，可能会耸一耸肩，说上一句："形势所迫，情非得已。"

有一些勒卡托的人从城里跑了出来，帮助英军开挖堑壕。约克郡步兵团的位置距离勒卡托最近，士兵们躲在皇家工兵部队挖好的散兵坑里，各就各位，右翼由萨福克郡步兵团把守。诺福克郡步兵团的士兵们花了好大一阵功夫，才把阵地上的一棵大树砍倒，这棵树要是给敌军炮兵看见，可是再显眼不过的瞄准点。通信分队一路小跑着穿过指定的战场，把电话缆线从车上驾着的滚筒上抽出来铺好。不过，由于缆线在蒙斯用掉了许多，加上丢了不少，现在已经所剩无几。1914年8月当时最重要的通信手段就是法国的民用和铁路电话网，效率相当之高。某位史官日后写道："自开战伊始，就有了一整套内部通话系统，在条件有利的情况下，正向电路比大战后期重新设立的还要多。"不过，8月份那会儿各单位很多时候只能依靠信号灯或者打旗语传递信息。最靠得住的通信方式仍然和千百年前一模一样——依靠信使徒步或者骑马送信。送信兵在勒卡托的战场上快马加鞭，冒着生命危险，奔走于各部队之间，这番场景绝不陌生。

勒卡托战役一开始只是小规模突击，大体沿英军阵线由右至左逐次展开。德军炮击自早上6点开始。由于城内并无英军布防，克拉克的军队随后很快进入城内。英军巡逻队很快被德军打得退到了城东角的小山包上。库洛恩中尉是进攻德军的一员，日后回忆道："我给排里士兵下的命令是：'全体准备，向前，冲锋！'我们往前冲一阵子就停一会儿。我中间停下来那会儿，看了看身旁，发现只有8个士兵和几个军士跟着我。其余人还待在原地，一动不动。"不过，靠着这样每次几码几码地向前跃进，库洛恩和他的团还是向前推进了不少。早上9点，克拉克的大炮开始发威，将密集的炮火倾泻在萨福克郡和约克郡两个步兵团，还有支援炮兵的头上。英国人完全暴露在德军视野之中，在接下来的好几个小时里被打得焦头烂额。萨福克郡步兵团的上

校刚一开始就中弹身亡。英军一个炮兵连才开了一发炮,指挥官就被全部炸死。上午10点左右,史密斯-杜利恩的右翼陷入包围。如此一来,德军在当天接下来的时间里就能够对萨福克郡和约克郡步兵团展开三面进攻,并且架起机枪,对英军阵地进行纵向射击了。

第二军在北面的部分部队直到战役打响之后还在排着队伍,朝着各自的指定位置行军。早上7点,一个传令兵骑着单车,气喘吁吁地冲进了一间农舍。爱尔兰步兵团的伯德上校正抓紧时间在屋内休息,争取睡上一两个小时。传令兵带来命令,要求伯德率部立刻动身,赶往贝尔特里。伯德一开始还在犯迷糊,不知道上哪儿去找自己的人。他见人事参谋迪戎上尉躺在靠椅上睡得正酣,于是赶紧把他叫醒。"长官,真是抱歉,"迪戎连忙说道,"我记得我一开始坐着,后来被你喊醒,其他事情都记不得了。"一个小时之后,伯德已经策马扬鞭,开进了贝尔特里,身后跟着的士兵一个个睡眼惺忪,步履沉重。伯德在军指挥部门外迎头遇见史密斯-杜利恩。"你的人能打不能打?"这位将军问道。"能打。"伯德答道。这位瘦小精干的军长扫了一眼伯德的队伍,说道:"你的人看来不错……只要好好打他妈一仗,别再像这样逃命就行了。"爱尔兰步兵团于是被紧急调往西北两英里之外的科德里车站,镇守英军阵线中路。

有位参谋官后来在报告中写道:"史密斯-杜利恩一旦做出决定,就不希望自己的总司令官再来插手,(史密斯-杜利恩)最担心的就是约翰爵士插一杠子——这一点他讲了很久,后来又随口说了一些话,是关于左右翼部队的,都是些没准头的话,不过他很有自信,认为自己就算有被包围的危险,也可以好好教训德国人一顿。"到了上午10点左右,大批德国步兵开始穿过勒卡托西面的玉米茬地,向前推进。克拉克以为自己的第四军要对付的是英国远征军的六个师,结果都是从西南方向撤过来的英军部队。克拉克判断错误,使得他的军队在与英军遭遇时缺乏协同作战,从而断送了机会,没能拼尽全力给英国人致命一击。

克拉克的士兵头一天已经走了30英里,其实也和对手一样早就筋疲力尽。英国人声称德军进攻兵力众多,第二军寡不敌众,事实恰恰相反。德国人只动用了六个团的兵力，还有三到四个猎兵营，都是一些散兵，再加上几千骑兵徒步作战。虽说，这样一支部队靠着精准的炮火支援，战斗力令人生畏，可是也不至于像英国人那样把勒卡托战役吹得天花乱坠，简直就像大卫和歌利亚之战一样可歌可泣，毕竟双方兵力大体相当。

战况如同"蒙斯"一模一样，成片敌人一旦进入步枪射程，就会被一排接一排地撂倒。"德国步兵排得那么密，要想打偏都困难，"43岁的伯蒂·特里沃少校是约克郡步兵团的一名连长，如是写道，"冲过来的时候简直成群结队。"不过，防守英军也在敌军炮火下伤亡惨重，炮兵连损失尤为惨重。炮兵阵地太过显眼，就像1815年滑铁卢战役的先辈们在圣约翰山的位置一样。事实上，威灵顿公爵倘若此时身在勒卡托，想必不会对眼前一幕感到陌生——敌军士兵排着密集的纵队向前推进；赶马的人舞着鞭子，马儿吐着白沫，先把大炮运到前方，再从车上卸下来；传令官带着指令，急急忙忙地跑来跑去……

有位德国军官怀着匪夷所思的心情写了这么一番话："我想就凭这副血肉之躯，是不大可能在如此惨烈的屠杀中活下来的……我们的士兵虽然进攻的时候众志成城，视死如归，还是一次又一次被打了回来。击退我们的敌军士兵相当勇敢。英国人的炮兵为了保护自己的步兵，全然不顾伤亡，部署在靠前的位置，即便完全暴露在我军视线当中，仍然在向我们不停开火，试图击垮我们。"沙赫特中尉是机枪连连长，也参加了这次战斗。他对这样的景象表现得更加疑惑不解，写道："我们可以清楚看见一个（英国）炮兵连，按照我们的作战理论来看，位置太过靠前，几乎和步兵布置在同一条线上，而我们已经差不多接近步兵防线。往右！目标距离1400米！快速开炮！近了一点，再高一点！接下来效果怎样，很快就能看到。就像被翻开的蚂蚁窝一样，还有什么比这更热闹。到处都是人和马，像无头苍蝇一样转来转去，被打倒在地。混乱之中，只听见枪声哒哒哒地响个不停。"

史密斯-杜利恩下令把后备队调上增援，缓解右翼危机。不过，后备队兵力太少，没有足够人手把守如此长的距离，还在穿过阵地的时候就遭到德军火力压制。约克郡步兵团的伯蒂·特里沃后来回忆起这场战役时形容战斗：

"太过惨烈,非言语所能描述……我们连每个人平均打了350来发子弹,打死不少敌人。可是,即便如此,还是被围得死死的,完全无法脱身——那里要是还有人能够毫发无伤地活着,绝对是个奇迹。你除非一连好几个小时一会儿拿着炸药霰弹乱投一顿,一会儿拿着机枪步枪猛打一通,否则根本不会明白打仗到底是怎么一回事,到底哪里好玩,我搞不懂。"一架德军飞机在头顶盘旋,丢下好些烟雾弹,一落到地上就放出彩烟,给炮兵做记号,为这场战役增添了几分19世纪的时代感。上午10点左右,史密斯-杜利恩右翼阵地上有个炮兵连的军官已经全部阵亡,只剩下一门大炮还在开火。在这一天,约克郡、萨福克郡、康沃尔郡、阿盖尔和萨瑟兰高地,还有东萨里这些由各郡士兵组成的部队展现了各自的顽强与坚持,以及身为职业军人的素养品质,这些都是除了那位军长以外,其他高级军官所不具备的。

英军左翼当天一开始就出了小乱子,险些酿成大祸。英王步兵团第一营长途跋涉整整一晚,拂晓时分方才抵达利尼公路。全营以连为单位,成纵队原地候命,准备吃早餐。R. G. 博蒙特上尉突然发现地平线上远远出现了几个人影,骑着马儿,看上去既不像英军,也不像法军。博蒙特上尉认为来者应当是德军,可是话还没说完,就被当营长的上校顶了回去,说是一派胡言。营长没好气地说道,敌人距离这里还有三个小时的路呢。就在此时,响起了炊事班大车的铃声。多么让人欢欣的声音啊,士兵们不禁高喊起来:"吃的来了!"小伙子们把武器堆在一起,各自拿出饭盒,眼瞅着远处骑马的人身后拖着一些带轮子的东西,还从上面卸了些家伙下来,居然没有一个人上前搭理。来的正是德国骑兵,英国人给了他们足够时间把机关枪从车上卸下,组装起来。就在这1000多英军士兵围在一起,准备享用各自早餐的时候,马克沁机枪开火了。

头一波机枪子弹甫一打过来,英王步兵营的上校营长立时死于非命,三个连的士兵一下子慌了手脚,也顾不上堆在一起的步枪,只知四散逃命。但凡拔腿就跑的,几乎一个不留地被撂倒在地,只有紧紧趴在地上的才逃过一劫,保住了性命。一营副营长好不容易把剩下的士兵召集起来,一面拿回武器,一面把大部分伤员给拖了回来。然而,短短几分钟之内英王步兵营已经死伤400余人，这就是暴露目标付出的血的代价。如此丢人的一幕也被近旁沃里克郡步兵团的一名排长看在眼里。这名排长对于英军当天的指挥与控制能力实在感到遗憾。诚然，英王步兵营最终还是守住了阵地，可这得归功于面对的只是一小撮德国骑兵和散兵而已。随着格奥尔·冯·马尔维茨将军麾下的骑兵从英王步兵营左翼后方包抄上来，英国步兵只好丢下阵地，仓皇后撤。

轮到德国人暴露自己的时候，他们同样会落得和史密斯-杜利恩部下一样的下场：德军一个炮兵连刚刚在汉普郡步兵团的正前方卸下武器，准备开火，就被对手枪炮齐发，打得抱头鼠窜。无论哪一方，野战炮兵连都打得十分辛苦，这是由于炮手视线受阻，难以看清目标，也就是说，做不到所谓"直接瞄准开火"。当时还没有前方观察员，无法依靠电话和炮兵阵地联络沟通。只要想一想英国人布尔战争期间在科伦索的惨败①，你就会明白把炮兵和骑兵部署在德国人的视线和步枪，还有大炮火力范围之内会有多么悲惨。然而，这样的一幕不仅在勒卡托演出了整整一天，还在这场战役中一再上演。英军大炮利用缺口表尺瞄准发射，距离在1200码左右——比起威灵顿公爵那个年代的炮兵来差不了多少。德军虽然装备更加精良，配备了吨位更大的榴弹炮，能够从隐蔽的位置间接瞄准射击，但双方都受制于随身携带的弹药不足。炮火实在太过猛烈，对于必须忍受炮击的人，尤其是那些没有堑壕蔽体的人来说似乎过于残忍。不过，这样的场景只是小小序曲，在日后一场接一场的战役中将会愈演愈烈。

哪怕最激烈的战斗也会有一个特点——并非所有参战人员都在一直打个不停。在勒卡托，虽然有些部队遭受重创，可也有一些整个上午都安安静静地待在防区里无事可干，刚刚开打的时候根本就没有受到德军骚扰。米德尔赛克斯步兵团的汤姆·伍拉科姆写道，自己11点30分去后方营里吃饭的地方

① 科伦索是南非的一个地名，这里说的是 1899 年 12 月 15 日发生在第二次布尔战争期间的一场战役。英军由于准备不足，没有事先侦查，加之临阵指挥无方，最终惨败蒙羞，被打死 140 多人，受伤被俘千余人，布尔军方面仅有 8 人阵亡，30 人受伤。——译者注

"美美地吃了一顿中饭"。只要回到前方阵地,有时候"我们就坐在那里,有说有笑,开始觉得无聊起来"。就算德国人的炮弹打了过来,落在身旁,伍拉科姆还在看着四头黑色奶牛发呆。只见奶牛安静地吃着草,一副天塌下来,不关我事的模样。虽然,其中一头最终被炮弹直接命中,当场毙命,但另外三头还在一直嚼个不停,直到这一仗打完。有个参战的德国兵也是一样,出神地看着一群绵羊咩咩叫个不停,在隆隆炮声中穿过前线。

罗布林是一名步兵中尉,发现自己不管用望远镜再怎么仔细观察英军阵地,都找不到敌人位置,不知该朝哪里开火。罗布林回忆道:"就在这个时候,好些东西从耳边呼啸而过,有的还陷进了地里。突然,我右边有两个士兵一下子叫了起来:'上帝啊,苏本巴赫,我中枪了!'苏本巴赫中士答道:'别说这样的话,布斯!给我把嘴闭上!'过了一小会儿,传来一阵哼哼声:'哦,我只是被打中了肩膀和耳朵!'"罗布林问受伤的士兵要枪和子弹,却找不到目标,不知该往哪里开枪。霰弹开始在身边爆炸,一发子弹击中了罗布林枪上的背带,把这位中尉的手掌撕开了一个口子。一个士兵见状赶紧上前递过包扎带。

这位年轻的指挥官依稀觉得随着德军的炮击不断造成伤亡,英军火力正在慢慢减弱。可是,弗里克中尉刚一跳起来,挥舞着手中的佩剑,想要命令士兵向前冲锋,立马就被击倒在地。罗布林接着看见连长也遭遇到了同样的厄运——连长的父亲也是一名军官,还参加过普法战争——他写道:"这把佩剑还是连长父亲留下的。1870年,连长父亲就是在这同一个七连,在博蒙特的前方松开了手中的剑,倒了下去。今天这把剑永远掉在了地上。"在科德里,冯·达维耶中尉想让大家乐一乐,把情绪稳一稳,于是故作痛苦地嚷嚷着:"我的单片眼镜丢了,谁要是找到了,待会儿就还给我!"达维耶的笑话要是敌人听到了,想必也会为他鼓掌的。

德军直到中午时分才开始对英军中路发起强攻,结果损失惨重。米德尔赛克斯步兵团的赫尔上校要手下耐心等待,等敌人快到500码的地方再开枪。英国人的枪膛里啪啦地响了起来,虽然起到了效果,可是德国骑兵下马之后偷偷溜进了科德里市内。这座小城的部分地区由皇家爱尔兰步兵团负责把守。步兵团接到命令，只好赶紧发起反击。让伯德上校感到宽慰的是，命令遭到了一位高级军官的公然违抗。军官说道："我们只打算阻止德军前进，消耗敌人。"下午1点刚过不久，炮弹从天而降，落在小城周围。伯德看见士兵们纷纷朝着后方跑去。米德尔赛克斯步兵团负责运输的马匹全被炸死，房子也很快燃起熊熊大火。"不少人在往后方逃命，样子十分狼狈，里面甚至还有军士，"通信主任亚历山大·约翰斯顿当时正在城里，写道，"看到英国士兵这副窝囊样子，真叫人心里难过，开始担心起以后的日子来，因为炮火其实不算太猛，损失也不算很大。当然，这些都是些没出息的家伙，要么就是长官不在，没人指挥。还是能够找到不少好样的士兵在坚持顽强抵抗。"

伯德上校正准备把在科尔德当逃兵的家伙统统抓起来，突然遇见旅长垂头丧气地坐在马鞍上，两名参谋官牵着马，正往后方走去。"长官，您好！"上校打了个招呼，"您没有受伤吧？"旅长嘟囔了一句："没有，只是回去歇一歇。"说完就离开了战场。这名高级军官就此退役，理由是受到爆炸冲击，得了脑震荡。不过，到了战争后期，地位低下的士兵倘若找这样的借口，依照军法，是要枪毙的。幸亏有一小股英军在一名师长副官带领之下，发起反攻，德军暂时从科德里城的南部撤了出去。

与此同时，第二军右翼处境每况愈下。史密斯-杜利恩原本指望黑格施以援手，没想到第一军的部队还在撤退，基本上没有追击，总司令部也无意让第一军掉头回来。就这样，德军在勒卡托可以不受干扰地对暴露在外的英军侧翼发起进攻。英军步兵和炮兵被敌人狂风暴雨般的大炮和机枪火力压得抬不起头来，阵地上的每一码动向差不多都被看得一清二楚。萨福克郡步兵团列兵弗莱德·佩奇看见有几个德国兵试图从右边的一条小溪谷爬上来，于是照着敌人开枪射击，不料一发机关枪子弹打中了自己的步枪枪托，另一发从左侧臀部打进去，从右边大腿穿了出来："就这么一枪，我基本上就动不了了。"德军机动和火力暂停了一小会儿，约克郡步兵团的乔治·雷诺兹说道："感觉就像裁判吹响中场哨一样。我们躺在地上，脑袋里寻思着不知道下半场会是什么样子。"

答案和上半场大同小异。午后刚过不久，战局已经明了——英军必须撤退，部分士兵已经开始向后方慢慢撤退。有一些部队还能全身而退，可其他的只能留在原地。德国步兵已经抄了他们的后路，从勒卡托上了小山头。"下午两点半左右，局势已经严重恶化，"约克郡步兵团的伯蒂·特里沃写道，"我们右手边有一座桥……被打得千疮百孔。我们往桥那边跑去，敌人的马克沁机枪就在偏右900码的地方朝我们开火，炮弹劈头盖脑打来，都是高爆炸弹和霰弹。有一半人中了弹，弹药也打得差不多了……有一个营举手投了降。我记得是德国近卫兵团的士兵上去把他们俘虏起来的，还绕着俘虏正步走了一圈。"

英军的当务之急在于如何解救自己的炮兵。有些炮兵连的开火阵地与步兵处于平行位置，需要把骡马队调到前面，把火炮挂上前车，再退回去，一切都在距离德军不到一英里的范围之内完成，一举一动被德军士兵看得一清二楚。史密斯-杜利恩的右翼守军就见识过这样的表演，炮兵们冒着枪林弹雨，一次次冲上前去，把火炮拖走。用这样老掉牙的方式展示勇气，的确匪夷所思，荒唐透顶。一些步兵看到有个炮兵连的马从一个前斜面阵地上冲了下来，一切动向敌人一览无余，纷纷站起来欢呼。而在另一边，沙赫特中尉和他的机枪手们则对眼前一幕感到难以置信："右边火光里突然冲出黑压压一大群人，是好几支（英军）小分队，正疯了似的朝着我们冲过来。我们不禁想问：'这帮人是不是有病？'当然没有！他们正英勇无比地抓紧最后机会把炮兵给撤出来……十二挺机关枪一下子齐齐响了起来，照着这帮主动送上门来的牺牲品倾泻子弹。打得乱成一团、惨不忍睹……有匹马任凭子弹在身边怒号飞过，仍然一动不动地站在那里，低头吃草，一边发出咴咴的叫声，想要找水喝，一边疲惫地摇着脑袋。"

子弹一波接一波打来，炮弹一发接一发落在马匹和骑兵阵中，倒下的马和人像脱过粒的谷子一样堆了起来，血流成河。有两门大炮被抢了回来，带往后方阵地。不过，相邻阵地上的几门大炮没了炮闩，只好丢在原地。有一名军官带着两个开车的士兵，猛冲到距离敌人不足200码的地方，生生抢回了两门榴弹炮中的一门，为自己赢得了"维多利亚十字勋章"——另外一支小分队则不幸被炸得粉身碎骨，尸骨无存。萨福克郡、阿盖尔和萨瑟兰郡，还有约克郡这三个步兵团负责掩护第五师在下午3点左右撤退，这三支部队后来都在坚守阵地的战斗中被逐次歼灭。下午3点，约克郡步兵团的特里沃少校带着连里剩下的几个士兵回来了，有两个与特里沃同行的士兵在穿过玉米地的时候被击倒在地，"不过，我们撤退的时候，真的就和在奥尔德肖特一样。我们回过头来三次，试图还击。接下来变成了人人四散逃窜，赶紧找堑壕藏身。火力猛得吓人……撤的时候经过不少丢弃的大炮，横七竖八的炮兵尸体到处都是。"

史密斯–杜利恩站在路边，看着队伍打眼前走过，虽然很乱，倒也不觉得奇怪，只是大多数士兵看上去心情还算不错。"看到这样的景象真是有趣，"史密斯–杜利恩后来写道，"有的士兵一边抽着烟斗，一边沿着公路慢慢往前走，一副满不在乎的样子——根本就没有什么队形可言，不同部队的士兵都混在一块。我当时打了个比方，说就像一大群人刚刚参加完跑步比赛回来的样子。"这样的话完全夸张过了头——史密斯–杜利恩的部队是在20世纪的先进武器面前，用19世纪的方式硬着头皮打了一仗。但凡参加过战斗的人，只要心智正常，神志清醒，都不会对这样的经历感到开心。不仅如此，把所有士兵粉饰成英雄，如此说辞同样荒唐可笑。军官们若不是拔出手枪来，根本就无法镇住那些抱头鼠窜、一心只想寻条活路的逃兵。在科德里，下午三四点钟左右，爱尔兰步兵团的威尔金森·伯德上校接到命令——伯德此时已经接管全旅——要求再次发起反攻。伯德向一位少校传达了命令。少校正在指挥友邻位置的一个营。只见他直直地盯着伯德，冷冷地说道："长官，丑话我可说在前头。我的人不会再进攻，他们已经吓坏了。""那还能不能防守？""能吧，我想还能。"

伯德一心盼着得到情报，见到一名参谋官骑着马从眼前心急火燎地跑过，赶紧拦了下来，大声喊着："嘿，嘿！告诉我情况怎么样！"那个参谋官扯着嗓子喊道："右边的第五师已经被打散了，左边的第四师也被打回来了。我走了！"英军正在承受巨大的压力，这是事实不假。参谋官的这番话虽然有些夸张，倒也反映出某些人的恐惧不安，这些人本该知道更多真实情况。

亚历山大·约翰斯顿得知自己的旅长下令从科德里撤军时大失所望："我觉得不管怎么说，都应该留在城里坚守下去。德国步兵根本就没有意思打算发起进攻。"可是，敌军炮火已经摧垮了守军的斗志。威尔金森·伯德对友邻部队的那位营长说了，要求对方务必负责断后。对方回答道："我当然会尽力而为。可是，长官，丑话说在前头。我的人已经打成这个样子，敌人要是强攻上来，不一定顶得住。"部分英军炮兵当天下午的确让人见识了自己的大无畏勇气。可是，仍然有一位炮兵连连长面对伯德提出的支援要求表示拒绝，扬言不会让手下挨德国人的枪子。伯德给这位连长下了直接命令，不久听传令兵回来报告，说这个炮兵连一看到德国人从列尼朝自己开火就马上撤了。这样做虽然谨慎，但确实丢脸。

一个传令兵骑着马匆匆赶来，终于给伯德的旅带来了撤退指令。成百上千士兵从躺着的玉米茬地里一下子站起身来，往南面的一座桥跑去。桥就在一条铁路线的下方，位于英军防线后方。有人见到这一幕，把这比作"徒步越野大赛发令枪响的一刻"。伯德和各部队的人事参谋都上了马，确保自己的士兵能够看见。"我们坐在鞍上，静静地看着眼前混乱的景象。首先过来的是赶车的人，在死命抽着鞭子，赶着骡马。马队从身旁匆匆跑过，后面拖着大炮和炮架，步兵坐在上面，挤得满满的。接着过了一小会儿，走过来一大群人，早就跑得上气不接下气，此刻只好放慢了脚步走……走在人群最后面的是军官，有的是一个人，有的两个一对走在一块。"

赫尔是米德尔赛克斯步兵团的指挥官，有着钢铁般的意志。有人看见赫尔在他们师撤退的时候走在最后一个。有些炮兵往后方撤退的时候倒挺聪明，把大炮丢下就跑，省得麻烦。爱尔兰步兵团的年轻指挥官们见此情形，自告奋勇收拾起丢弃的大炮。可是，没了马匹和挽绳，根本就别想拖动大炮。爱尔兰步兵团当天一共损失了5名军官，60名士兵要么阵亡，要么失踪——其中大多数人当了俘虏，另有29人负伤。威尔金森·伯德虽然毫发无伤地活了下来，却在三个星期之后的另外一场战斗中失去了一条腿。西格纳是一名德国步兵中尉，描述了手下见到英军撤退，开始前进的情形，写道："我们已经损失了不少人，接下去还将继续减员，可是仍然希望坚持打下去。防线前面200米开外有一条堑壕，里面虽然还有人，可是白旗已经打了起来，竖在那里。壕沟里的人举起双手，表示投降。有个军官走了过来，把佩剑交给了我。不过，军官后方远处仍然有人在朝我们开枪。我跟军官指出还有人在负隅顽抗，威胁立刻停止，不然马上把他一枪打死。这个英国佬朝后头摆了摆手，枪声立刻停了下来。"

右侧的约克郡步兵营表现出了视死如归、同归于尽的姿态。到了下午4点30分，约克郡步兵营的后路已经被切断。一名德国号兵吹起英军的停战号，希望避免更多死伤。可是，营里剩下的士兵还在继续战斗。其中一位指挥官名叫卡尔·亚特，是一名少校，42岁，带着剩下的19名士兵最后发起刺刀冲锋，结果身受重伤，倒地不起。亚特等人的行动到底属于英雄举动，还是蠢笨无用的徒劳反抗，这个问题虽然一直存在争议，但亚特仍然为此获得了一枚"维多利亚十字勋章"。勋章是在亚特死后追授的，亚特被关在德国时企图越狱逃跑，最后死在了狱中。有些约克郡步兵营的士兵在阵地陷落时死在了敌人的刺刀下。不过，德军放过了其中大多数人，对待伤兵也很人道。能够逃回来和第二军大部队会合的人不多。重新集结的时候发现包括约克郡步兵营的上校在内，一共损失了17名军官，还有大部分军士和士兵。剩下的士兵交由伯蒂·特里沃接管指挥。

中路的戈登高地营没能接到撤退的命令。命令是在下午5点左右发出的，负责送信的传令官以为250码距离不远，骑马一会儿工夫就能跑过去。高地营当时正在严阵以待。看到传令官挥手的只有一个中尉。中尉当时正和敌人打得难分难解，根本就没有时间传话。三个排偷偷溜出阵地，主动发起进攻，终于重新夺回了防线。余下的士兵继续从奥登库特山脊向下开火，一直打到夜幕降临。一同作战的还有皇家苏格兰步兵营和皇家爱尔兰步兵营一些走散的士兵。接下来发生的事情有些蹊跷，戈登高地营的指挥官和另外一名军官发生了争执，后者是一名名誉上校，名字有些怪异，叫作W. E. 戈登，在南非战争中获得过"维多利亚十字勋章"。戈登声称自己的权力在营长之上，于是接管队伍，带着全队人马，趁着夜色向南进发。到了贝尔特里村，几个军官走进一家酒吧，发现里面居然全是德国人。据这些军官后来声称，他们立

刻拔出手枪，与敌人交火，把敌人收拾了个干净。戈登带走的这批人大概有750人，最后差不多全部走投无路，选择了投降敌军。这段苦难旅程具体细节究竟如何，其中肯定不乏高级军官的相互推诿，一切都已经随着时间流逝，被人遗忘。一名受伤的苏格兰军官回忆起一个年轻的德国中尉给了自己巧克力，还问自己："你们英国人干吗要跟我们作对？没有用的。我们还有三天就要打到巴黎了。"

索尔代将军指挥的法国骑兵早就在西面和敌人展开了战斗。英军连夜撤退，一共持续了好几个小时。索尔代的法国骑兵，还有75毫米炮，在掩护英军撤退的过程中起到了重要作用。亨利·德·费隆将军的地方部队同样对进攻勒卡托的德军发起了进攻。要是没有法军支援，克拉克的大军本可以早在下午就把史密斯-杜利恩的左翼全部端掉，那样后果将不堪设想。第二军撤退之后过了好几个小时，德军炮弹仍然倾泻在第二军留下的阵地上。"英国人撤退倒是蛮有水平，我们连一点动静都没有察觉。"骑兵上尉弗莱赫尔·冯·德·霍斯特如是写道。史密斯-杜利恩从与敌人的近身交战中抽身而退，这可以说是一切战场机动中最复杂困难的一招，从而为这场顽强抵抗画上了句号。

德国炮兵上尉弗里茨·施奈德写道，"8月26日是我们团历史上一个光荣的日子，不过，英国人同样打得十分勇敢，这一点必须承认。虽然损失惨重，伤亡巨大，可英国人还是守住了阵地……那天晚上到了10点来钟，我们在去往博瓦的路上看见一群俘房从身旁经过，有40到50人，全都个子高高的，身板结实，身上的装备和衣着给人印象深刻。相比之下，两天前在图尔奈抓到的那帮法国兵全是五短身材、皮肤惨白，一副惶惶不可终日的样子，身上的军服破破烂烂、拉里邋遢，简直就是两个样子。"战场上最受人欢迎的战利品当属英军丢下的厚重长大衣，有好几十件，质量上乘，最受德军青睐。

德国人没能包围并且击垮史密斯-杜利恩的部队，一方面反映了克拉克的无能，另一方面也让人看到克拉克兵团遭遇的抵抗有多么顽强。第二军8月26日防守的阵地在很多人看来，最终下场只能是全军覆没。史密斯-杜利恩自始至终没有放弃，不仅没有全军覆没，反而把部队带了出来，即使秩序有些混乱，但这样的结果已经足以让人接受。不过，这个结果一如蒙斯之役，绝对谈不上英军的胜利。史密斯–杜利恩的战士们仅仅只是让追赶者的脚步延缓了几个小时，逃脱全歼覆灭的命运罢了。究其原因，主要在于敌军行动迟缓，未能及时集结优势兵力对付英军。第二军在勒卡托总共丢弃了38门大炮，官方公布的人员损失数字为7812人。虽然不少掉队士兵此后几天陆续归队，可这个数字对于一支兵力不多的军队来说已经相当巨大。英军此役伤亡总人数比较切合实际的考量当在5000人左右，其中可能有700人阵亡，2500人被俘，余下均有不同程度负伤。

第二军依旧走在撤退的路上。参谋官们站在路旁，指挥士兵返回各自的部队。由于不少人把帽徽给了当地的法国或者比利时百姓，要想辨认清楚没那么容易。米德尔赛克斯步兵营的汤姆·伍拉科姆说起撤退路上的场景，百感交集："一路上……真的是惨不忍睹，马也好，人也好，死的死，伤的伤，路上到处都是。拖车、大炮、救护的汽车，运货的大车、推车，各种各样的东西挤得一团糟。你碰我，我碰你，没有任何人引导。虽然打仗那会儿感觉自己快不行了，可这一天晚上感觉又活了过来，精力充沛。上阵杀敌的感觉真叫人兴奋带劲。"

史密斯–杜利恩的部队已经赶在敌人前头，领先了12个小时，德军也无意紧追不舍。通过各团伤亡人数统计分析，不难看出克拉克在勒卡托的损失大概只相当于史密斯–杜利恩部的一半——和被抛弃在后面战场的英军不同，德军鲜有士兵被俘。克拉克的战果表明在蒙斯和勒卡托的十天战斗中，德军战场伤亡刚刚超过7000人。德国第一集团军在整个八月份的战斗中只有2863名士兵阵亡失踪，7869人负伤。考虑到克拉克指挥着一支217384人的大军，这一点损失简直微不足道。当然，克拉克可能还要为8000病号伤一番脑筋，其中大多数人都是因为脚上起了水泡，无法继续行军。到了20世纪20年代，英国的历史学家们抛出一个观点，认为德国人有意虚报损失人数，不过这种观点似乎并不可信。诚然，英国远征军在8月份这两场战役中都打得很坚决，这两仗对于英国人来说也确实意义重大，只是对敌军造成的伤害到底有多严

重，的确既不像当时人们预测的那样乐观，也不像后来人们想象的那么夸张。

德军士兵经过这两次交手，对英军坚定的意志和高超的射术心存敬畏，不过，在德军指挥官们看来，没有任何东西能够让德军裹足不前。毛奇也对勒卡托战役的结果表示满意。克拉克的军团还在继续前进，英国远征军仍在不断后撤。英国人将焦点集中在个人的英勇行为之上，把严峻的"全景"掩饰过去，构建起了属于自己的英雄传说。事实真相却很可能只是因为史密斯-杜利恩除了背水一战，别无选择，然而待到开打的那一天，却发现自己身陷荒郊野地之中，周围除了甜菜，只有玉米茬子，一片混乱，一团糟糕，能够有幸脱身，全靠老天有眼。当然，哪怕英国人嘴上不承认，法国人的一臂之力也是少不了的。

就在26日当晚，黑格给总司令部发去电报。按照史官埃德蒙兹日后的说法，黑格之所以这么快发这封电报，纯粹居心不良："除了从勒卡托和博蒙特方向传来的枪声，我们没有得到任何关于第二军的消息。第一军能够帮一帮忙吗？"不能，第一军当然不能。这一天已经过去，一同过去的还有黑格军事生涯中这段不大光彩的经历。按照埃德蒙兹的说法——应该承认，埃德蒙兹的这些话带着怨气，甚至恶意——这位第一军军长对勒卡托战役从来闭口不谈，如果非要说上几句，也只是说史密斯-杜利恩选择在勒卡托这么个地方开战是个错误。历史学家对此的评论读起来值得玩味——"我想黑格对于1914年8月应该没有什么值得骄傲的吧。"英军士兵凭借着自己的坚毅果敢与战斗技能，勉强弥补了那帮高级军官的蠢笨无能。蒙斯和勒卡托这两场战役最重要的意义在于阻止了克拉克军队的前进势头。德国人每一天在法国的领土上少走一英里，霞飞重新部署的计划就多一分实现的希望。时间就是关键，留给毛奇的已经不多了。

第七章

大撤退

　　英国人但凡撤退，总有特别之处，向来都要寻求"光荣体面"的撤退，1809年在科伦纳如此、1842年在喀布尔如此、1940年在敦刻尔克亦是如此，1914年这一回在蒙斯同样如此。当年8月，英国远征军之所以在比利时和法国的战场上如此狼狈，正是阿斯奎斯政府政策种下的恶果。这种故作姿态的空头政策在英国历史上为多届政府沿袭，一再重演。一干内阁大臣调遣这样一支军队开赴欧洲大陆，兵力少到近乎荒唐，最终身陷大陆列强冲突当中无力自拔。英国远征军不仅兵力不足，而且总司令指挥无能，若非上天眷顾，再加上法军人数众多，德军战术拙劣，定难避免全军覆没的灭顶之灾。切莫忘记，法军在法国东部的撤军行动规模更大，战略层面上也比英军在蒙斯撤退更为重要。较之英国远征军的撤退，霞飞军队在东部的经历可以说形成了鲜明的反衬。

　　自打勒卡托战役结束以来，之后一连11天，天气又闷又热，时而伴有雷雨，英国远征军的士兵、马匹，还有马车排着长队，拖着疲累的脚步，向南艰难跋涉。走路的也好，骑马的也罢，有时走着走着就打起了盹。炮兵中士威廉·爱丁顿在26日写道："（我们）在瓢泼大雨中向圣康坦进发，人人困得要死，只想睡觉。补给什么的全都没了……上上下下沮丧到了极点，不单是因为在一直不断后撤，还在于大伙儿完全得不到任何消息，简直就像是被蒙着眼睛，往回瞎赶。"有些士兵掉了队，走路走得实在痛苦，经不住腿疼，干脆从大路上悄悄溜到一旁的林子野地里，美美睡上一觉。待到一觉醒来，要么当了俘虏，要么就死在了德国人的手上。掉队的士兵里头，有一些同大

部队走散之后被比利时和法国的老百姓藏了起来；有一些过了几个月还是暴露了藏身之处，还有几个最终被一枪打死。负责断后的几支部队掉在后面，断了退路，零星的小规模战斗时有发生。

兵败勒卡托让部分英军军官和士兵变得比以往更加坚强。8月26日深夜，石板路上响起一阵清脆的马蹄声，啪嗒作响。汤姆·布里奇斯率领骑兵中队一路跑进了圣康坦的中心广场。布里奇斯到了广场，才惊讶地发现广场上竟然躺着两三百号士兵，一个个早已精疲力竭，任你如何咒骂踢打，全都躺在地上一动不动。让布里奇斯更为震惊的是后来发现，沃里克郡和都柏林火枪兵团有两个营的营长为了避免圣康坦遭受炮轰，竟然给了市长一张手写的降书。两个营的士兵随后把武器都堆在了火车站里。布里奇斯从那位法国市长手里要回了这份混账降书，接着派了一个传令兵去告诉那两位营长上校，说自己的部队将留下掩护，要这两个营先行撤退。不想两个营的部队竟然拒绝腾地方挪窝，扬言倘若没有火车来接，就赖着不走。布里奇斯随即宣布，如果这两个营不在30分钟之内动身出发，他将把城里的所有英国士兵一个不留地正法处决。士兵们面对如此威胁，只好心不甘、情不愿地慢慢起身，开始行动。这位少校接着开始考虑该如何处理市中心广场上那些掉队的士兵。布里奇斯看着士兵们一个个昏昏欲睡、无精打采，心想"要是有支乐队就好了"。他正巧一眼瞅见附近有家玩具店，于是灵机一动，想到了一个法子，自己组建一支乐队。布里奇斯和号兵找来一面鼓和一支六孔小笛，两个人绕着广场一圈接一圈地走着，大声演奏起"英国掷弹兵团"和"蒂珀雷里"①两首曲子来。

士兵们纷纷大笑起来，接着开始起哄。布里奇斯进行了一番训话，说要把大家带回部队里去。士兵们听到这里，一个接一个站了起来，走回队伍。此时，夜幕已经降临，布里奇斯带着号兵，在几个吹口琴的士兵帮助之下，领着这一队杂牌军出了圣康坦城。虽然其中有些人的确重回第二军，加入行

---

① 这里指的是《通往蒂珀雷里的道路长又长》（"It's a long, long way to Tipperary"）这首歌，歌曲由英国作曲家约翰·贾奇（John "Jack" Judge，1872—1938）于1912年创作完成，"一战"期间在英军士兵中间广为流传，成为英国远征军的"一战"军歌。——译者注

军队伍，但是4天之后，沃里克郡步兵营仍有291名士兵不知所踪，只能列入"掉队士兵"名单当中。沃里克郡营的约翰·爱丁顿和都柏林火枪兵营的亚瑟·梅因沃林这两个不称职的上校由于试图投降遭到撤职查办：9月14日，军队做出定罪决议，指出"二人行为令人蒙羞，与自身军官及绅士身份极不相符"。爱丁顿虽然已经49岁，可随后的举动足以让人大书特书一笔——他加入法国外籍军团，在后来的战斗中失去了一条腿，为自己赢得了荣誉军团勋章。虽然英王乔治五世后来恢复了爱丁顿的军中职位，并且为其颁发了"优异服务勋章"，但爱丁顿选择了在隐居当中度过余生，也从未佩戴过"优异服务勋章"。伯纳德·蒙哥马利是当年沃里克郡步兵营中的一名年轻军官，后来在回忆录中坦承自己不大欣赏爱丁顿，指出爱丁顿在勒卡托把事情弄得一团糟。

相比之下，另一位营长却在战后对本郡兵团的荣誉进行了辩护："我当时遇见一大群士兵，完全没有组织，来自不同部队，混在一起。这些士兵正在撤退途中，感觉十分放松，只是没有队形而已。队伍并未慌乱，只是缺乏秩序。然后，我看到威尔特郡步兵团的士兵正沿着大路往前走，秩序井然，给人感觉一旦需要，随时都能投入战斗。"27日一大早，这拨士兵抵达圣康坦，战场就在东南20英里之外。第二军于次日拂晓推进至索姆河，距离勒卡托35英里，让人见识到第二军的绝大多数士兵既打得了硬仗，也能够艰苦行军。

如果说约翰·弗伦奇爵士在蒙斯战役之后的英军指挥行动中表现反复无常，叫人颜面扫地，那么他的运气还算不错，因为对手的表现要更加糟糕。克拉克指挥的兵力规模更加庞大，他在调度机动时显得极其无能，本可趁着英军不堪一击，乘势包围歼灭，却一再错失良机。27日，克拉克再次犯下犯过的错误，仍然指挥军队按照南行路线进军，而英军此时已经转投东南方向，直奔巴黎，途中没有受到任何敌军阻碍。就在同一天，克拉克将大部分注意力集中到了左侧的法军身上。

总司令一旦"意志崩溃"——除了这个词，很难找到其他字眼来界定这位英军总司令的行为举止——后果之一便是直接影响到与法军统帅部联系的

联络官。查尔斯·于盖上校在给霞飞做报告时措辞语气极其沮丧，一听便知失败在所难免。于盖在26日的报告中写道："英军此战失利之后似乎完全丧失了凝聚力。"接下来的数日之内，阴郁的愁云笼罩在英国远征军的后方阵地上。于盖27日又发了一条电文，断言："就当前局势来看，英军已经暂时不复存在，除非彻底修整重组，否则很难再次投入战斗。"于盖上校写得如此悲观，让他日后受到不少英国人的口诛笔伐。不过，这些指责并不公平。于盖所言只不过反映了那些歇斯底里的情绪发泄。这样的观点在英军总司令部内部，尤其是那位总司令的脑子里很有市场。

士兵掉队，队伍散乱，加之某些高级军官显得明显焦躁不安，恐慌如病毒一般扩散开来，最终蔓延到了伦敦。于盖建议约翰·弗伦奇爵士应该坚持撤退，把远征军一直撤到勒阿弗尔去。这位总司令其实在幻想英军能够休战数周，然后重组整编、整修装备，可手下的高级参谋官们却没有做任何事情重拾信心。亨利·威尔逊给第四师师长发去电报，要求"丢掉一切不必要的弹药和其他妨碍行动的东西，管他什么交通工具，马也好，车也好，装上你的那群跛脚鸭，只管向前。"同样的命令也下达到了第二军。史密斯·杜利恩当时立即要求撤销命令，却为此遭到了约翰·弗伦奇的训斥。

高层如此意志消沉，斗志全无，可以说完全说不过去。黑格的第一军几乎压根就没有同敌人交过手。第二军绝大部分部队充其量也只是筋疲力尽，战斗精神却并未消减。令英军士兵困惑的是自己凭什么要在敌人面前一退再退。英国人尚未见识到克拉克和比洛的大军黑压压一片，规模何等庞大，还一个个趾高气扬，满以为只要德军胆敢出现在眼前，就可以痛打一番。可是，那位英军最高司令官心里只有一个选择：英国远征军面对的敌人在兵力上远胜于己，并肩作战的盟友早已信心全无，因此只能继续战斗，可能的话，仗甚至会一直打到海上去。幸亏军需主任威廉·罗伯森爵士有先见之明，撤退路上边走边收集了大量弹药补给，这才让士兵们能够吃口饱饭，有本钱继续作战。

英国远征军在蒙斯与马恩河之间的地带长途跋涉200英里，平均下来一个晚上只能睡上4个小时。爱尔兰步兵团有3个士兵实在筋疲力尽，走起路来形同梦游，只能拽着行政参谋官戴斯蒙德·菲茨杰拉德的皮带，拖着步子往南走。盖伊·哈考特–弗农在8月28日的日记中写道："现在行军速度放慢了许多，不管怎么样，我们还是走完了这段路。"士兵们每每停下休息，便会从农场栅栏上割下铁丝，做成防御铁丝网，还会从田里挖些土豆来，一想到要被人贴上小偷的标签，感觉又内疚，又兴奋。说来奇怪，掷弹兵团的士兵们居然还在8月29日花了两个小时，搞了一场例行阅兵。

与德国人的交火仍在断断续续地零星进行。康诺特别动队为这场战争在文化上做出了不小贡献，别动队自打在法国登陆，就一路高唱着《通往蒂珀雷里的道路长又长》这首歌。乔治·克诺克是《每日邮报》的名记者，听到之后就把这首曲子写进了稿件当中。报社新闻编辑在日记中写道："老板（诺斯克里夫勋爵）下了指示，要我们造势，把曲子印到报上去，让所有人都知道这首歌。老板还说了，多亏克诺克慧眼识珠，过不了多久就人人都会唱这首歌了。"报社编辑们的确按照要求做了。没有料到的是才刚刚8月26日，康诺特别动队就经历了一场并不开心的遭遇。别动队并未得到命令撤退，却扮演了一回后卫军的角色，结果包括上校在内一共损失了6名军官和280名士兵，全队差不多都做了俘虏。

8月27日，英国皇家芒斯特火枪兵团二营蒙受的损失更为惨重。这支部队的指挥官名叫保罗·沙里耶，是个法国后裔，三个星期之前还在信心十足地盼着和德国人一较高下，替法国老乡好好教训教训世仇宿敌。没想到芒斯特火枪兵团在埃特勒以北沦为战场通信中断的又一个牺牲品：他们没能接到撤退指令，与大部队的联系被切断开来。爱尔兰士兵们试图沿着路边水渠逃跑，却被一挺马克沁机枪逼得走投无路，最终被包围在了一片果林中，坚持战斗，直至入夜时分。德国人找来一群牛作掩护，发起总攻。芒斯特火枪兵团有4名军官负伤，连同另外240名士兵一起当了俘虏，还有10名军官和118名士兵阵亡，其中就包括沙里耶。沙里耶这个人喜欢标新立异，打仗的时候总爱戴一顶遮阳帽。他在反攻中两度负伤，直至最终倒下。一同阵亡的还有中尉奥德里，死的时候据说手里还紧紧握着自己的佩剑。奥德里的弟弟后来写了童话故事《火车头托马斯》，成了大名鼎鼎的儿童作家。

　　将目光投向其他战场，霍勒斯·哥谭是炮兵连的一名车夫，连里配置的全是18磅炮。哥谭有个最好的搭档，正准备伸手拉住马背上马，不料一颗子弹打来，一下射穿了手掌。哥谭赶紧把同伴推上另外一匹马，挥着鞭子，让炮队赶快赶路。没过多久，伙伴终因失血过多，从鞍上滑落下来，跌到地上。好在一辆战地救护车及时赶到，将伤员接走，送到了安全地带，避免了其他伤兵的厄运。哥谭后来经历了最惨痛的一场遭遇。事发时哥谭所在的炮兵连正好到了河边，河上的桥已被炸毁，只剩下皇家工兵连搭起的一座浮桥，它成了继续南进的唯一道路。浮桥在水面上摇摇晃晃，德军炮弹在周围四处炸开。"我们只有先等炮弹爆炸，然后再拼命拔腿，飞奔过去，每次只能通过一门大炮。有一个小队被炮弹击中，炸得血肉横飞。还有一匹马没有拖着大炮，也被炮弹击中，不过我们还是安全地冲了过去。如果非要授勋的话，那么皇家工兵连的每一个人都应该得到勋章。只要有一个人倒下，掉进水里，就会有另外一个人迅速沿着浮桥，跑到浮舟里，把位子顶上。"

　　那些日子里，牛津和白金汉郡步兵团里头有一名中士在不断高喊："小伙子们，挺住！我们正在创造历史！"这样的桥段也许在后人读来感觉不错，可换作当时，士兵们早已累得不行，听到这样的话，只会感到气不打一处来。伯纳德·德诺尔是伯克郡团的一名下士，他看到同伴金杰·吉尔默找到一只口琴，一瘸一拐地走在队伍最前面吹曲子，心里感觉开心了许多。德诺尔写道："金杰的腿上还绑着绷带，上面早就被鲜血渗透……他吹的最多的是《爱尔兰移民》，这首曲子在行军的时候再合适不过……有位军官问我想不想上他的马歇一会儿，我看了看马上坐着那伙计的模样，说了句'不用了，谢谢'。"其他一些人就没有这么无私。皇家威尔士火枪兵团有个军医，下马准备查看伤员伤情，要一个路过的苏格兰步兵团士兵帮他牵着缰绳。没想到那个士兵居然一下跳上马鞍，骑着马跑掉了，倒霉的军医没法子，接下来只好步行前进。

　　很快，大量马匹就只能跛脚前行，其中不少需要重钉蹄铁，偏偏附近又找不到钉马掌的铺子。行军路上到处都能看见瘸腿跛行的马匹，有的干脆死在了路旁，还有大量被丢弃的推车和装备。查尔斯·哈里森是个驾车的，他和同伴只能依靠从路边野地里捡拾些生蔬菜叶子来填饱肚子。好些人骑马走着走着就低头睡着了，直到后来才发现头上的帽子不翼而飞，这可是个不小的麻烦。不仅如此，士兵们在撤退的路上还要和逃难的人们争道，难民密密麻麻，身上穿着节日盛装，怎么看都不像是在逃难——这些人只要离开自家村子，从来都是穿成这副模样——有点像现在的大学毕业典礼，感觉四年过完，终于要开始浪迹天涯。

战争犹如洪水一般滚滚而来，席卷法国，淹没了这个伟大国度的大片地方，而这个国家仍然未为应对战争做好准备，不少离奇的事情也随之浮出水面。皇家飞行队指挥部的工作人员发现需要配置汽车轮胎和头灯。一名军官于是在8月29日直接驱车前往戴姆勒公司在巴黎的陈列室，打开一个鼓鼓囊囊的皮箱——皮箱是军官专门带过来的——里面全是金光灿灿的沙弗林。军官能买多少就买多少，直到轮胎和头灯把车上塞得装不下为止。"英国人真是有钱！"法国售货员看得连连摇头、啧啧称奇，对这些"了不起的英国人"顶礼膜拜。在这个新旧混杂的时代，这样的时代特征还可以从另外一桩事情上看出来。那是撤退期间的某个晚上，几个皇家飞行队的飞行员实在累得不行，索性找了一座谷仓，躺在干草堆上和衣而睡。飞机停在不远的田野里，负责看守的则是北爱尔兰皇家骑兵团[①]的一支中队。

8月29日，第一军派来专门负责联络任务的参谋官与史密斯-杜利恩及其参谋进行了会晤。参谋官在日记中写道：自己发现第二军的氛围和总司令部完全不同，丝毫感受不到情绪低落，"显得相当平静、亲和、愉悦，不用一见面就忙着说什么鼓舞人心的话，因为根本就感觉不到紧张"。不过，有些军官觉得英国远征军的整体士气在不断跌落。爱尔兰步兵团的乔治·莫里斯上校感到"非常沮丧"——莫里斯在说这番话的两天之后不幸阵亡——向另外一名军官坦言："搞军事同盟这种事情向来如此，力使不到一处去，任何事情

---

① 北爱尔兰皇家骑兵团（the Northern Irish Horse）是隶属于英国本土防卫义勇军的一支义勇骑兵部队，于第二次布尔战争之后成立，"一战"期间被编入英国远征军赴欧作战。整个骑兵团共分七个中队，并非整团参战，而是按照实际需要，被分配到不同的部队作战。——译者注

都办不成……再过两个星期，我们应该又要准备回英国去了。"8月29日，盖伊·哈考特-弗农在给家人的信中写道："行军实在痛苦，除非休息一整天，否则队伍很快就没人了。"不过，盖伊在获得几个小时宝贵休息时间之后又加上了几句："我们应该可以继续走很长一段路了。只有在饱餐一顿之后再美美睡上一觉，才会觉得换个活法有多么美好。"话虽如此，盖伊他们在接下来的好几天里都得日复一日地连续向南撤退，右侧的法军也是这样，一天也不得休息。

8月25日，德国陆军总参谋部作战处处长格哈德·塔彭中校不无得意地宣称："我们只要六个星期就能够完成任务。"不管联军如何看待蒙斯和勒卡托战役，还有法军同期作战的重要意义，对于大多数德军来说，现实问题只有一个：那便是马不停蹄、继续前进，击退法国人的每一次反攻。截至27日，德军最高指挥部虽然没有明确表示，但至少已经默许放弃从西面包围巴黎的计划，认为当务之急在于追击并且全歼败退敌军。德军虽然取得了胜利，却招致了一个巨大的误判。毛奇及其属下虽然给了法国人重创，却并未意识到这是一场历史上规模最为宏大的战争，即使给对手造成如此重大的伤亡，也无法摧毁敌人的反抗力量。自8月末开始，直到9月初，德皇的一众军事将领们在这段日子里无不洋洋自得。这种志满意得的满足感是致命的，因为德国人相信结束战争，赢得胜利并不需要保持战略的连贯一致。

话说回来，放眼其他战场，尤其是洛林前线，德军在推进过程中同样损失惨重，一点不比撤退中的法军轻松。8月25日，霞飞的军队在夏尔姆图雷发起反击。夏尔姆图雷位于图尔和埃皮纳勒之间，是一处山地，山势陡峭，河流湍急。此役后来也被称为"莫尔塔涅河之战"。22.5万名法军士兵同鲁普雷希特亲王率领的30万德军狭路相逢。战斗持续至8月28日才渐入尾声。巴伐利亚人虽然损失不小，换来的优势却不大——据某位历史学家估计，德军在阿尔萨斯-洛林一线伤亡人数在6.6万人左右。德国人放缓了前进的步伐，豪森的第三集团军更是推进缓慢：起码迟至9月初，毛奇麾下的指挥官们才意识到务必与友邻部队保持同步，要想做到这一点，有时候就必须让自己的部队不要走得太快。决定性的一刻在8月29日晚到来：比洛要求手下的克拉克改变部队前进方向，向里回转、往东进发，给朗勒扎克的第五集团军致命一击。比洛的动议在没有得到总参谋部授权的情况下被及时采纳。此举意味着即便是业已经过德军最高指挥部修改的"施里芬计划"，也再次出现重大偏离。毛奇翌日对此表示了默认。看来他同样认为当下只需围堵追击朝东南方向瑞士边境溃败的法军即可。

埃菲尔铁塔上的无线电台果然功率强大，拦截到了德军此次行动的指令。短短数小时之内，这条重要指令的复印件就被摆在了霞飞的办公桌上。这位法军最高统帅无论之前犯过多少错误，还是立刻意识到德军决定越过法军布置在巴黎前沿的防线。此举意义重大，对于联军来说不失为一次难得的良机。比洛自知胜券在握，狂妄至极，竟然传令克拉克，要克拉克在尚未击败敌人的情况下先来一场阅兵游行。8月30日，法金汉警告毛奇注意法军并未完蛋——相反，正在按部就班地撤退。这位普鲁士陆军大臣质疑道：倘若霞飞真的被打败了，那么打了胜仗的一方手中不是应该缴获大量武器装备，俘虏大批士兵吗？这些东西现在都在哪里？

毛奇虽然嘴上逞强，认为法金汉的质疑过于苛刻，不予理会，可这些疑问事实上的确进一步加剧了毛奇的焦虑不安。这位指挥官其实内心深处早有隐忧担心。毛奇此前由于深信西线战场能够速战速决，于是提议调派六个军到东普鲁士，不过最终只调去了两个。可是，同样是在8月30日，毛奇在同海军上将穆勒会晤时的说法和法金汉的质疑几乎如出一辙，同样认为既然敌人已经溃败，为何找不到丢弃的物品，毛奇对此深感不安。毛奇说道："和德皇陛下的一厢情愿恰恰相反，我们虽然击退了法军，却并没有打败他们。这样的局面还会持续下去。抓到的俘虏都在哪儿呢？"9月1日，虽然只有短短一会儿，可这位总参谋长又重新抖擞起了精神——毛奇一想到德军打算在凡尔登到兰斯之间形成新的包围圈，前景可观，就激动起来。不过，一如那段日子时常出现的情况一样，德国人推进速度过于缓慢，霞飞的部队撤退又非常迅速，最终没有实现合围。毛奇的苦闷再次加深。难道令皇帝陛下激动不已的胜利仅仅只是占领比利时和法国的地盘吗？诚然，毛奇在下属面前也承认自己忧虑不安，不过由于已经放弃对军队的作战行动指挥权，因此他的担心

在接下来的关键几天里对于克拉克和比洛起不到任何作用。

不过，倘若仅仅以此为理由，就将责任归咎于这两支部队的指挥官，要二者对1914年德国胜利幻想逐渐破灭承担责任，那可真是大错特错。恰恰相反，这两位指挥官正是德国作战计划考虑不周的受害者。除非英法联军士气彻底瓦解——这种事情事实上并未发生——否则任你如何宏伟的计划也不可能速战速决、一锤定音。然而，毛奇一步步放弃了自己一手修改的"施里芬计划"，不仅削弱了右翼，还在8月24日同意鲁普雷希特亲王的巴伐利亚大军追击向南锡方向撤退的卡斯特诺部队。"施里芬计划"纵使谈不上存在缺陷，但至少错综复杂，随着德军变得日益骄盛狂妄，这个计划已经被单纯追求运气的目标所取代。德军的各路指挥官们继续不顾一切地草率挺进，法军和英军在他们面前四散败退。较之战场上的人员伤亡，比洛、克拉克，还有在更南面战场上的德军将领对于长途挺进造成的人困马乏感到更加头疼。德国人一厢情愿地以为艰苦的战斗已经被抛在身后，不会再有了。

回到柏林，贝特曼·霍尔维格的心腹密友库尔特·里兹勒写道："有人已经开始制定计划，商量如何处置战利品……我们今天看了一下地图。我一向主张成立附属国。今天首相召我过去，问我和平条件该怎么定，还有我的看法。"里兹勒几天之后的话写得更加抒情："我们德国人已经……唤醒了体内蕴藏的伟力，这股力量如此强大，令人难以想象。尤为重要的是，我们已经找到了属于自己的精神本质，有了精神本质才可以积聚力量。"

反观交战的另一方，霞飞虽然趁着8月还剩最后几天，试图抓住一线机会，弥补此前自己领导无方，令法军蒙受的惨痛损失，可大部分属下对此不抱希望，英国远征军的高级军官们自然也不做指望。这些人只知道现实就是要和敌军继续不停地一路打下去，边打边往南撤。27日，霞飞给朗勒扎克在马尔勒的指挥部发出指令。第五集团军当时正在渡过瓦兹河继续撤退：最高统帅部命令第五集团军的指挥官立即将左翼部队掉转方向，改为西向，对克拉克的左翼发起进攻，减轻英国远征军的压力。朗勒扎克气急败坏，待到最高统帅一走，就把霞飞和英军统统臭骂了一顿，令在场的幕僚好生吃惊。朗勒扎克认为发起这样的进攻，无异于把部队往德国人的老虎钳嘴里送，毫无半点成功的希望。与此同时，约翰·弗伦奇爵士对于朗勒扎克是否真要发起进攻也显得毫不在意，只顾自己继续撤退。

28日，霞飞做出了一个重要举动。他独自一人穿着长长的黑色大衣，来到第五集团军指挥部。霞飞一开始还在热情地打招呼说好话，点名表扬了几位军官，接着就开始大发雷霆，明言如果第五集团军第二天还不发起进攻，就要将朗勒扎克就地撤职。霞飞同时派了一名联络官去通知黑格和史密斯-杜利恩将要发生的事情，希望二人予以配合。联络官在露西附近见到那位英国第一军军长时，这位军长刚刚从一名皇家飞行员那里得到一份激动人心的报告。飞行员刚刚着陆不久，报告确认克拉克的部队正在向东转向，侧翼已经暴露。黑格于是立即给朗勒扎克传话，告诉朗勒扎克重大转机已经出现，如果乘势发动一场大反击，自己乐于助上一臂之力，部队翌日一早5点就能够行动。

不过，在接下来的几个小时里，由于一部分英军部队仍在同德军缠斗，结果耽搁了时间。黑格一开始传令说自己的部队必须推迟到早上5点半才能行动，过了一会儿又表示需要再次推后到正午时分才能动身，不想到了最后竟然又说除非得到约翰·弗伦奇爵士的首肯，否则不能采取任何行动。这一切都遭到了弗伦奇的生生拒绝——这位英军总司令表示第一军需要一天时间休整。朗勒扎克倒是兴奋异常，霞飞却极度沮丧。斯皮尔斯只能忍受第五集团军军官们的种种责难，有的直接开口就骂，有的嘴上不说，脸色却相当难看。斯皮尔斯写道："法国人觉得英军关键时刻掉链子，英国人则认为自己之前一直遭人亏待，现在不可能再信赖盟友。"骂归骂，第五集团军还是发起了进攻。

小镇吉斯坐落在瓦兹河谷深处。这里原野开阔，间有茂密的林地，分布在瓦兹河南北两侧的山地上。放眼望去，方圆数英里一览无余。当地不少农场都起着些带有讥讽意味的名字，比如说什么"寂寞农场""悲伤农场"之类的。朗勒扎克正是在此地第二天一早下令部队前进：左翼向克拉克部发起进攻，右翼负责攻打比洛的部队。战斗刚刚打响的时候，右翼攻势取得了一些战果，把德国人打退了3英里。"朗勒扎克虽然在调派部队方面可以说拥有

大师一般的技巧，深谙作战之道，"斯皮尔斯写道，"可是待到真正用兵之际却鲜有热情可言，也没有什么信心。"斯皮尔斯这句话的后半截虽然人人都知道说得没错，却似乎站不住脚，因为就在8月29日这一天，朗勒扎克平生唯一一次斗志昂扬地指挥起了战斗。

在左翼，第五集团军发起的主攻被打了回来，伤亡惨重。德军在法军发动攻势之前俘获了一名法军参谋，从随身携带的文件上得知法军将主攻目标放在了克拉克的防线上。如此一来，另外一侧的比洛便可放下心来，没有什么大事值得担心。法国人还在前往圣康坦的进军路上，德国人就已经做好准备：进攻法军花费巨大代价，好不容易才占领的地盘很快宣告易手。第五集团军只是在吉斯周边更北的地方，利用克拉克和比洛军队之间的缺口，沿小镇两侧推进，才取得些许进展。由于德军当地指挥系统失灵，炮兵开火误炸了自己的近卫兵团部队，死伤不少。

法军先头部队朝着勒埃里直扑而去，指挥这个旅的是路易·弗朗谢·德斯佩雷，此人后来成为法国一战当中的一位杰出将领。德斯佩雷是幸运的，他之所以日后功成名就，首先在于活了下来。8月29日，德斯佩雷骑着战马，率部队向吉斯以南的德军阵地进发，全军上下彩旗飞舞，鼓乐齐鸣。比洛眼看敌军斗志旺盛，不禁担心起来，于是向近旁的豪森部求援，不料豪森回复说自己的防线难以抽调人手，无力支援。比洛又敦促克拉克尽快掉转方向，向更靠正南的方向行动，如此一来，又让德军横向推进的阵线缩短了许多。

朗勒扎克再次向英军发出求援信息，不想再次遭到了英军总司令的拒绝。传话的是亨利·威尔逊。威尔逊认为第五集团军贸然进攻，缺乏理智，敌军优势过于巨大，进攻不可能起到任何效果。当晚，威尔逊亲自驱车奔赴兰斯，与霞飞会面，请求霞飞趁着克拉克和比洛尚未形成合围之前，赶快下令朗勒扎克撤退，否则恐将酿成大祸。霞飞的确下了命令，要求第五集团军重新撤退。不过，霞飞做出这个决定，应该并非受到威尔逊的影响。比洛在向毛奇的报告中声称自己打了一场胜仗，同时也提到士兵过于疲劳，次日恐难继续前进。朗勒扎克和他的数千人马因此再度获得喘息之机。弗朗谢·德斯佩雷也成了吉斯战役中唯一打出一点儿名气的将领。

　　由于法德两军都对各自所处位置不太清楚，这也使得那几天里闹出不少滑稽古怪的笑话，一些士兵因为消息不灵，深受其害。有个德国骑兵军官，年纪轻轻，聪明帅气，坐着一辆满是灰尘的汽车前往一个名叫拉斐尔的小村子，把车停在了邮局外面。邮局周围站着的都是法国士兵，这位军官却想当然地以为这些只是俘虏，于是大摇大摆地走进邮局，买了几张明信片，一一填好。军官从邮局刚一出来，就被旁边的士兵一把抓住。司机战前是在柏林开出租车的，也被一起抓了起来。这位德军军官觉得就这样当了俘虏，无脸见人，懊恼不已，拒绝开口，没想到司机却开始控诉起战争来，说得义愤填膺、言辞激烈。有一个法军军官后来把德国军官的明信片从邮局里拿了回来，笑嘻嘻地递给路易斯·斯皮尔斯看，只见上面写着英国人逃跑起来，就像"绵羊"一样。

　　到了第二天，也就是8月30日，德皇和毛奇才慢腾腾地将指挥部从科布伦茨迁到卢森堡，在一所中学校舍里安顿下来。由于无线电通信需要经过好几个中转站才能往返前线，消息传来有时甚至迟了二十几个小时，简直令人不敢想象。不过，德军指挥官们对此并不过于担心，因为这样反而让他们免受上头干涉，谁叫那位总参谋长如此不受欢迎呢。可是，如此一来造成的后果便是毛奇无法掌握战况发展动向，从而在体制上形成一种常态，手下各级军官各自为战，只按对自己有利的套路行事。

　　就在同一天，约翰·弗伦奇爵士从新司令部所在的贡比涅宫殿中给霞飞发去一封电报，这封电报也成为弗伦奇日后最为人诟病的通信记录之一。他在电文中写道："我认为很有必要通知贵军，无论发生什么情况，英军都无法坚守前线阵地十日以上。我军急需人员武器弥补之前的重大伤亡……我军无法如您所愿填补第五和第六集团军之间的缺口，望贵军谅解。"弗伦奇爵士声称自己有意将部队撤过塞纳河。这样一封电报简直令人震惊。一个发这种电报的军官居然可以被赋予军事指挥权，统领部队上阵作战，不能不说匪夷所思。更加令人不可思议的是，这样一位军官居然在这个位置上一坐就是一年多。从蒙斯战役开始，直到马恩河之战，弗伦奇爵士此间的所作所为让他看上去如同一个胆小怕事的懦夫——当然，如此作为却能够赢得军功的人弗

伦奇既非头一个，也不是最后一个，只是这样的人严重地拖了联军后腿。詹姆斯·埃德蒙兹爵士把弗伦奇形容为"一个虚荣自负、骄傲自满、睚眦必报的老头，有股讨厌的势力在背后替他撑腰"。此番评论或许言辞苛刻，但很难说有失公允。弗伦奇的几个下属骨干同样被认为并不称职，尤其是穆雷和威尔逊。黑格虽然两个月后在伊普尔战役中重新振作了一回，在某种程度上也算一个。

这一帮英军将领如此狭隘自私，倘若非得找出几句好话来评价，也只能说大多数敌军将领在1914年8月同样表现出了巨大缺陷。这些人就像平民社会中的贵族群体一样，面对完全陌生的挑战和前所未有的状况，表现一塌糊涂。可是，置身战场之上，手足无措、慌张困惑付出的代价就是一条条鲜活的生命。毛奇自大战伊始就身体不好，此时已是病态尽显。他对这场大战期盼已久，却在战役的决定性阶段不愿亲自指挥，很可能是因为自己不知该如何把握战局。毛奇及其下属没有一个懂得利用德军的体制优势赢得决定性胜利。究其原因，在某种程度上可以归结于在这场战争到来之前的时代，这些将领的野心抱负超出了自身调兵遣将的能力。机动能力和通信技术严重滞后于武器进步，这才是关键所在。不过，毛奇给予克拉克和比洛如此大的行动自由，仍然值得一提。二人犯下大错，自然不足为奇。

法军这边，霞飞启动了"第17号计划"，也给自己的国家和军队带来了可怕的后果。霞飞的不少属下在这一系列"边境战役"中表现根本就不合格。朗勒扎克身为军人，或许有些天赋，却缺乏统率全军的精神力量。霞飞8月29日坚持在吉斯开战，这一决定是否明智，一如史密斯-杜利恩坚守勒卡托一样备受争议。事实摆在眼前，朗勒扎克付出如此巨大的伤亡代价，不过让德军"稍停片刻"而已。若是对事实加以权衡，不难看出这一仗只是一场赌博。结果还算说得过去，不仅进一步阻击了德国人，还给对手造成了相当惨重的损失。

可是，英法联军在接下来的几天里依旧在不停后撤，士气愈发低落。霞飞仍不死心，寄望从左翼发起一场大反攻。8月的最后几天里，满载法军士兵、武器和马匹的火车源源不断地从南面北上开来。可是，对于那些一直在行军路上走个不停的士兵来说，唯一具有现实意义的只有天气到底有多热，路况到底好不好走，还有那一双双撕裂瘀青、肿胀起泡的脚到底该怎么办。疲惫不堪的身体遭受的折磨不仅如此，一如400年前法国作家蒙田写道的那样："我看见许多士兵因为肠胃不适不胜其扰。"截至8月底，每一支军队都有士兵遭到便秘或者腹泻的困扰，让这趟稀里糊涂、跌跌撞撞的法国之行变得更加痛苦。马克·布洛克[①]当年是一名应征入伍的法国士兵，日后成了一位历史学家，后来惨遭纳粹杀害。他在笔下反映了当时整个法国的心情："我宁愿听到的是坏消息，也好过这样不明不白地混日子……唉，撤退的日子实在苦不堪言，太累、太无聊、太让人心烦！"

9月1日早晨，德军自勒卡托战役以来，除开一些零星战斗，头一回追上了部分英军部队。克拉克其实并非在找寻英军，他对此早已失去兴趣，之所以朝东南方向全力挺进，其实是专程为朗勒扎克的部队而来。没想到先头部队在向蒂耶里堡进军途中横渡马恩河的时候穿过的却是英军地盘。与弗伦奇部队的首场遭遇战在巴黎以北35英里打响，地点就在小村奈瑞。有支英军骑兵旅夜里进了村子，把最适合宿营的好地方都给占了，还把坐骑安置在了教堂旁边的一个大农场里。皇家骑乘炮兵团第十二炮兵连到得最晚，只好连夜转移到村子南面的果林里，林子附近有一座大型制糖厂。奈瑞东面是一条狭长的山谷，谷内灌木丛生。再往前走，600码开外有更加大片的高地。9月1日，晨雾弥漫，天色渐明，第十二炮兵连刚刚集合完毕，正准备出发，却收到命令暂缓行动。士兵们于是放下牵引杆，有几个班还被带到糖厂去打水。

打击接二连三袭来。一名轻骑哨兵快马加鞭，冲进村子，报告德军骑兵已经近在咫尺。此时，浓雾突然散去。5点40分许，马尔维茨骑兵师的十数

---

① 马克·布洛克（Marc Bloch，1886—1944），法国历史学家、年鉴学派创始人之一，1886年6月6日出生于里昂一个犹太人家庭，父亲古斯塔夫·布洛克（Gustav Bloch，1848—1923）是一名历史学教授。布洛克年轻时先后在巴黎、柏林和莱比锡求学，一战期间应征入伍，成为一名步兵上尉，并且赢得了"荣誉军团勋章"，战后赴斯特拉斯堡大学执教，1936年被调回巴黎大学，教授经济史，1942年加入法国抵抗运动，1944年3月在里昂被维希政府警察抓捕入狱，在狱中遭到盖世太保的酷刑折磨，1944年6月16日，即诺曼底登陆10天之后，被德国纳粹枪杀。——译者注

门野战炮开始从峡谷对岸的山头朝英军平射，距离不足1000码。"红马骑兵团"①的战马受到惊吓，在村中街道上撒腿乱跑。由于房屋遮掩，大部分英国骑兵不在德军视野之内，可第十二炮兵连所在的果树林子一览无余，绝对是个不可错失的绝佳目标。德军火炮齐鸣，炮弹倾泻下来，炸得遍地开花。马匹上蹿下跳，挣断缰绳，四处狂奔；士兵四散开来，寻找掩护，试图拿起武器，重新组织队伍。

第十二炮兵连的大部分火炮被挂在了炮车上，士兵们有的已经上马，有的也已整装待发。德军炮火来得如此突然，打得整个炮兵连一下子陷入混乱当中，人马挤作一团。副连长爱德华·布莱伯利上尉高声喊道："快点过来，谁来开炮？"布莱伯利带着几个士兵，冲过敌军炮火，准备回击。几个人想办法让三门大炮投入战斗。其中两门很快就哑了火，剩下最后一门一直顶着德军的密集炮火不断开炮，直到最后只剩下布莱伯利、纳尔逊中士和炮兵连军士长多雷尔三个人，周围躺着的除了尸体，就只剩下了奄奄一息的战马和炮兵。

布莱伯利刚刚年满33岁，战前是一名越野障碍赛马手，骑术相当了得。他在换弹药的时候被炸断了一条腿，仍然坚持下令开炮，直至失血过多最后倒下。奄奄一息的布莱伯利被抬往后方，路上遇上了一名"红马骑兵团"的指挥官。布莱伯利高声喊道："上校，你好，德国佬在给我们热身呢，对吧？"布莱伯利走后，剩下另外两名炮兵还在坚持射击，直至炮弹用罄。第12炮兵连一共消灭了敌人5名军官和49名士兵，算是取得了一场小小胜利。当然，人们有理由怀疑在当天早上的恶劣条件下，单靠一门火炮能否取得这样的战果。不过，布莱伯利和两名战友凭借自己的大无畏举动赢得了"维多利

---

① "红马骑兵团"（"the Bays"），即英国皇家陆军第二龙骑兵近卫兵团，该骑兵团成立于1685年，其后几度更名，1746年更名为"女皇龙骑兵近卫兵团"，1767年又更名为"第二龙骑兵近卫兵团"，因传统上士兵坐骑一律为枣红色的黑鬃马，故得名"红马骑兵团"，一战期间编入英国远征军第一骑兵师第一骑兵旅赴欧西线作战，在1914年先后参加了大撤退、勒卡托战役、第一次马恩河战役、第一次伊普尔战役等多场战事，战后于1921年正式更名为"女皇红马骑兵团"（"the Queen's Bays"），1937年经机械化整编，1939年正式编入皇家装甲兵。——译者注

亚十字勋章"，为后人传唱，也为军事插画增添了极具英雄主义色彩的壮丽一幕。至于英军随后对德军展开的报复，却几乎被人遗忘。

部署在奈瑞的英军轻骑兵用机枪朝着山谷另一头猛烈开火，给敌军炮兵和马匹造成了大量伤亡。阿尔吉·卢恩中尉随后又从"红马骑兵团"那里弄来几挺维克斯机枪。枪膛不一会儿就打得滚热发烫，冷凝器嘶嘶冒着蒸汽。卢恩和士兵们拼命地不停装着子弹带，保持火力不减。驻守邻村的米德尔赛克斯步兵团和皇家火枪兵团双双赶到，加入战斗，从奈瑞北面发起零星进攻。与此同时，第五龙骑兵团的两个中队也从南面包抄上来。士兵们下了马，从另外一侧向德军开火射击。早上8点，正当第12炮兵连最后一门火炮渐渐哑火之际，皇家骑乘炮兵团的第9炮兵连及时赶到，也加入了战斗。

马尔维茨的骑兵开始慌乱撤退，12门大炮丢下8门，另有78人被俘。俘虏当中有名德国军医，他在激动地抗议英军没收了自己的双筒望远镜和灰色战马，并坚持认为这些属于私人财产——军医甚至拿出了一本法文版的《日内瓦公约》来证明自己言之有理。不过，胜利者最终还是把两样东西统统没收。虽然胜利来得迟了一些，可德军总归得到了惩罚。英军内部对于究竟谁该为此获得表彰，产生了激烈争论。不过，可以确定的是双方都在当天的战斗中付出了巨大代价，马匹损失尤为惨重——有300到400匹军马死在了奈瑞。"这是战争中最糟糕的一件事情，"牛津和白金汉郡轻步兵团的哈里·迪戎写道，"到处都是死马，气味刺鼻难闻。如果是士兵的尸体，人们都会过来搬走处理掉，换作死马，就没人有空搭理了。"

人们开始争论到底谁才有资格获得"维多利亚十字勋章"。军士长多雷尔得到了大家的广泛认同，原因一部分在于多雷尔是个"好兵"：16岁还不到年龄就登记入伍，参加过布尔战争，后来吃了不少苦才升到准尉。随着几个月之后，战争杀戮变得更加残酷无情，获奖授勋的门槛也越来越高。这样说并非为了贬低战争伊始获得英国最高军功奖励的那些人不够勇敢，而是因为在日后的战争里面需要付出更大牺牲、经受更多磨难才能赢得这些。英国人后来在第十二炮兵连遭受攻击的地方树起了一座纪念碑，碑上刻着一行话："马恩河大捷始于奈瑞。"这样的话都能够写得出来，脸皮确实够厚，典型

一副英国人的大言不惭模样。诚然，这句话也道出了实情，德国骑兵9月1日确实被打得够惨。可是话说白了，这一仗放在两百万人大撤退的史诗当中不过是一出小小插曲罢了。

就在同一天，东面战场从上午10点45分开始，直到下午2点，同样上演了一出相同的遭遇战。黑格手下的一支后卫部队正在维莱科特雷茂密的林地中，沿着一条小径撤退，突然遭遇敌军，陷入混战。这支近卫兵旅就此蒙受了这个月以来最为惨重的一场伤亡。密林沿山脊延伸开来，夏季茂密的植被对于成队的士兵来说，除非骑马，不然举步维艰，行动困难。更何况身处密林之中，难以瞄准目标射击。英军非常担心德军利用林木掩护侧翼包围，切断退路。掷弹兵团下属四连一度试图发起白刃战反攻，结果伤亡惨重。杰弗瑞斯少校碰上一名旅长副官，正牵着马往前走。旅长坐在马上，歪着身子，伤得很重，看上去相当痛苦。这名参谋官朝着杰弗瑞斯大喊起来，告诉他敌人的进攻虽然遭到遏制，但是全营还是得马上撤退。科尔德斯特里姆步兵团里有个士兵名叫斯蒂芬·伯顿，伤得不轻，颤颤巍巍地走到杰弗瑞斯跟前，说道："看在上帝的份上，带我走吧，不然会被敌人抓住的……我已经走不动了。"杰弗瑞斯费了好大工夫才把伯顿抱上一匹驮马，找到一个运输兵，把情况具体说了一下，要他带着伯顿撤到后方去。

一个近卫兵团士兵刚刚弯腰下去，递给同伴一片香肠，突然一颗子弹打来，弹片击中士兵的靴子，弹进嘴里，打穿头顶，射了出来。掷弹兵团有两个排被德军切断去路，全军覆没。整个兵团一共损失4名军官和160名士兵。乔治·塞西尔才19岁，小伙子年纪轻轻、身材高大，直至生命最后一刻还带领战友们端着刺刀，发起冲锋，手里紧紧握着自己的佩剑。杰弗瑞斯发现自己成了临时营长，接替指挥，于是东奔西跑地忙活起来，监督全营撤退。"德国人根本没有给我们施加压力，"杰弗瑞斯写道，"明显看得出来，他们同样损失不小，也被困在了密林里头。我们能够清楚听到德国人在喊号令，还吹起了小号，一听就知道是在集合自己人。"

爱尔兰近卫兵团的卡斯勒罗斯勋爵是留下来的伤员中的一个。他冒着敌人的炮火，想把掉队的士兵召集起来，刚一抬手想赶走一只黄蜂，没想到一颗子弹打来，击中胳膊，顿时失去意识，休克倒地，醒来发现眼前正好走过一队德国士兵。一个德军指挥官注意到了卡斯勒罗斯，于是停下脚步，和他攀谈起来："你知道康诺特公爵是我们团的上校吗？你们干吗要跟自家兄弟作对？"卡斯勒罗斯疼痛难忍，无人照料，就这样过了好几个小时，发现自己竟然成了一名德军士兵的靶子，被人拿着刺刀极不友好地拨来拨去。有个身穿骷髅头轻骑兵军服的军官正好打此路过，见状停下脚步，训斥那个德国兵不得虐待俘虏，还叫来医护兵给卡斯勒罗斯处理伤口。这名军官在卡斯勒罗斯的战地笔记本上写下了自己的名字"冯·克拉姆"[①]——这位冯·克拉姆有一个儿子，日后三次闯入温布尔顿网球决赛——说道："万一哪一天有德国人落到你的手上，请好好对他，就像我对你一样。"

　　近卫兵团在维莱科特雷伤亡300余人，另外一个旅负责为近卫兵团撤退断后，也损失了160人。从好的方面来看，这两支部队自从8月25日在巴韦分道扬镳以来，中间留下的缺口造成了极大恐慌和担忧，现在这个缺口终于在9月1日晚上被堵住了。不过，仍有小股德军骑兵在不断渗透，不时造成混乱。第二师师长查尔斯·门罗少将远远看见有骑兵出现，于是朝着杰弗瑞斯大喊起来："德国骑兵上来了！快点！让士兵们赶紧转移阵地开火！"好在士兵们要比这位上级军官冷静得多，看到战马是白色的，赶紧说道："长官，那是咱们苏格兰灰马团的[②]。"门罗又困又累，紧张过度，连忙答道："谢天谢地！谢

[①] 此人是伯查德男爵冯·克拉姆（Burchard Baron von Cramm），下文提到的"儿子"指的是男爵的第三个儿子、德国业余网球选手哥特弗里德·亚历山大·马克西米利安·库尔特·冯·克拉姆（Gottfried Alexander Maximilian Kurt von Cramm，1909—1976）。哥特弗里德·冯·克拉姆曾经两次打进法国网球公开赛决赛，1934—1936年世界排名第二，1937年世界排名第一，1977年入选网球名人堂。三次打进温网决赛分别是在1936和1937年的男单决赛，以及1933年的混双决赛。冯·克拉姆在两次男单决赛中都输给了对手，只拿到过混双冠军。——译者注

[②] 苏格兰灰马团（the Scots Greys），即英国皇家陆军第二龙骑兵近卫团（the 2nd Dragoons），最早成立于1678年，是英王在苏格兰最早组建的骑兵部队之一，18世纪初更名为第二龙骑兵团，并入英军，一战期间经过整编，下设三个骑兵中队，隶属于第五骑兵旅，1914年参加的战事包括蒙斯战役、大撤退、马恩河战役以及第一次伊普尔战役。——译者注

天谢地！"威尔士火枪兵团也经历了同样遭遇。由于一名军官紧张过头，下错命令，居然照着第19轻骑兵营一通猛打。

约翰·弗伦奇爵士那边的状况更加混乱。弗伦奇的总司令部在当天撤出了位于达马尔坦的城堡，走得匆忙慌乱，实在不成体统。克里斯托弗·贝克·卡尔少校写道："撤离行动简直就像逃难，犹如惊弓之鸟一般。有人谣传敌人在森林里布置了好几千长枪骑兵，马上就要打将过来。城堡门前运货的卡车停得密密麻麻，人们把打字机和办公设备直接扔到车上。数百盏耀眼的车灯把漆黑的夜晚照得通明透亮。我费了好半天工夫才把我这一车人数点齐，从汽车堆里开了出来。"威利·罗伯森在不远处刚刚坐下准备吃烤羊肉，警报就响了起来。罗伯森只好顺手找了张报纸，把晚餐一裹，往货车车厢里一扔，管他冷热，反正留着第二天再吃。人事行政参谋主任内维尔·麦克里迪爵士正在营房里同其他参谋一起用餐，没有任何人告诉他总司令已经撤离的消息。麦克里迪得知消息后一屁股爬起来，骂骂咧咧地跟着其他人一起逃了。不过，贝克·卡尔当天深夜又回了达马尔坦一趟，收拾一些舍不得丢掉的换洗衣服，没想到小镇一片安宁，索性在镇上美美睡了一觉。

鲍勃·巴纳德和不少英军士兵一样，累到这会儿早已筋疲力尽，加上一路撤个不停，又没有见到几个德国兵，因此一头茫然。巴纳德写道："我们就跟无头苍蝇似的，根本不知道要到哪里去。只记得9月1日那天头一回见到路标，上面写着两个字'巴黎'。当时可真高兴，我还从没去过巴黎。"不过，巴纳德并没有去成巴黎，这是因为英军撤退路线是往南走。许多沿着这条线路撤退的士兵后来全都战死沙场，至死也没看上一眼法国首都的璀璨灯火。

毛奇一直担心德军在战略上陷入困境，这种焦虑演变成为他军人生涯中最严重的精神危机。就在此时，德皇的臣民们却在为即将到来的胜利欢欣鼓舞。9月1日，《福斯报》发表社论，声称"德军在东西两线取得胜利，德国人民听到胜利的喜讯，却在内心深处难以理解。捷报本身就代表了神圣的审判，让人们看到反战人士才是这场可怕战争的罪恶之源。"将时间前推半个世纪，1866年普鲁士战胜奥地利之际，举国上下一片欢腾。实业家兼银行家古斯塔夫·马维森用惊讶的语气写道："我绝非尚武好战的战神信徒……可是，对于和平的孩子来说，战利品的魅力如同魔法一般诱人。你的双眼会不由自主地盯着不放，心绪也会跟着一起跳动，无数人会在这一刻为之欢呼——这便是胜利。"回到1914年9月初的那一段日子，这一幕在德国又重新上演了。

德国人的对手们对于德国人这般炫耀胜利并非不认同：英军即使说不上已经绝望死心，可军中上下到处弥漫着悲观情绪。远征军的许多军官早已准备抛下盟友，收手不管——换个带点文采，或者文雅一点的说法，应该叫作"弃船而逃"。詹姆斯·哈珀是一名安全官，他用尖刻的笔触写道："法国陆军真他娘的见鬼，从头到尾没有露过脸。肯定是哪个方面出了战略错误……我看士兵们早就没了信心。"一条消息开始在英国远征军中疯传开来，说法国政府正在疏散巴黎市民。炮兵中士威廉·爱丁顿闻讯写道："出现这样的消息，只能说明一点，大祸将至。我们从盟友那里得到的只有一句骗人的空话，一支根本就不存在的法国骑兵部队。"

盖伊·哈考特–弗农写道："我个人并不认为法国人进行了有效动员。法国人一直在利用我们，好把德军统统拖住，给他们自己赢得时间。不管发生什么，英军都尽了该尽的职责……上个星期，我们一直在单独作战。"过了一个星期，哈考特–弗农又写了这么几句："打一场这样的仗，我真的一点都高兴不起来。法国人完全让人无法信任。有人告诉我们，说法军会出现在我们的左侧，要么右侧，要我们守住阵地，次次如此。可是，天天都是老样子，总是在走回头路……你能想象得出我们有多么厌烦、疲惫和沮丧吗？"哪怕动动嘴皮子也好，可是没有一名英国高级军官会去劝劝下属，要属下相信法国人也在像个男人一样干自己该干的事情——换句话说，英国人就算没有准确可靠的情报来证明，起码做做样子装一下也好。相互尊重对于一个成功的同盟来说本就必不可少。可是，到了如此紧要关头，英军骨子里根深蒂固的大国自负却让局面变得一塌糊涂，完全产生不出互信与尊重。

英国远征军在蒙斯大撤退中付出了沉重的代价，共有1.5万人阵亡、受伤和被俘，此外还损失了42门火炮，其中大部分损失来自第二军。虽然和法军

方面的伤亡比起来，这点损失微不足道，却足以让英军指挥官感到害怕。不管是对于英军指挥官而言，还是在德军将领看来，德国取胜，指日可待，这一点似乎顺理成章，毋庸置疑。不过，让联军值得庆幸的是，法国人的斗志还远未熄灭，他们很快就将完成一次自我救赎，改变历史。

第八章
坦嫩贝格：“唉！有成千上万人倒在那里，血流遍地！”

　　欧洲各国的平民百姓眼看大战席卷欧洲，各国投入军队规模如此之大，无不感到震惊与恐惧。“俄国人自从1812年战争以来就再也没有经历过如此感受，”塞尔盖·孔杜拉什金写道，“一场大战就这样在家门口爆发。凡是后备役军人，只要年满17岁，一律征召入伍——整整600万人啊！……两军对垒，双方都是人山人海……根本就没法想象接下来会发生什么。”俄国人的大军通过广场、列队阅兵时的场面固然浩浩荡荡、气势磅礴，可是一旦分散在绵延数百英里的战线上，转瞬之间就变得不再那么震撼，这条战线毕竟要比西线涨了三倍。1914年战役的一大主要特征就在于欧洲列强虽然一个个雄心勃勃，却各有各的打算，而且缺乏足够的手段将野心付诸实践。

　　放眼东线，俄军最高统帅部作为沙皇的最高司令部，倘若理智尚存的话，就应该明白德国才是最危险的敌人：俄军如果能够在东普鲁士利用德军人数较少的特点，迅速击败对手，将对整个战局产生极其重大乃至决定性的影响。这也是法国政府希望看到的。法国人为此请求俄国人伸手一试。然而，事与愿违。阿列克谢·施派尔将军堪称俄国最具声望的战略策划家，力主俄军在展开对德进攻之前应该首先粉碎奥地利人。俄军最高统帅部设在白俄罗斯境内巴拉诺维奇的一片松林里，不远处有一座铁路转轨站。统帅部虽然几经思量、踌躇不决，可最终还是犯下了与康拉德·赫岑多夫如出一辙的错误——俄国人决定分散兵力，同时对两个敌人发起攻击。俄军将可以立即投入战斗兵力的三分之二、大约120万人派往波兰南部对付奥匈帝国，余下60万人用于攻打东普鲁士的德军。

毛奇此前仅仅部署了一支阻援部队封堵俄军，此举风险极大。现在，这场赌博即将接受考验。住在德国东部的人们深知一个邪恶可怕的敌人已经打上门来，无不忧心忡忡。柏林的《新普鲁士报》因报头印有一具铁十字架，又被称作"十字架报"。该报1914年8月6日撰文声称"普鲁士条顿骑士的十字架"已经再次升起，要同来自东方的野蛮人战斗到底。大战爆发头几个星期，有关骑士的回忆不时被人提起。人们深恐这帮"俄国游牧民族"会把矛头对准柏林，一路打将过来，大肆破坏劫掠。

1914年夏末，来自尼古拉二世帝国各个角落的武装力量为了"俄罗斯母亲"集合起来，兵临波兰。这块沙俄治下的土地将成为对德奥两国用兵的主战场。沙皇本想亲自上阵，统帅大军，不过最终还是听取劝告，改为对尼古拉大公委以重任，让叔叔做了个有名无实的总司令——尼古拉大公常常被人称作"高个子尼古拉"，以示与"矮个子尼古拉"沙皇有所区别。大公乘坐私人专列，沿着维帖布斯克铁路向战区缓缓驶去。车上备有丰盛的午餐和晚餐，每顿都有三道菜，还有波尔多红葡萄酒和马德列白葡萄酒。拉吉什侯爵身为法国武官，失望叹道："想我在军中服役38年，多少次梦想能有这样一刻，可当这一刻真正到来，却只能困在这样的地方。"

车上的人东一句、西一句，就这样将时间打发了过去。大公告诉英国武官阿尔弗雷德·诺克斯少将，说自己已经等不及处理完战事，急着想去英国打猎——大公是一位狂热的狩猎爱好者。大公还说自己非常讨厌德国人，一旦打败德国人，就要把德意志帝国给肢解掉。尼古拉大公身为皇室军人，虽然也有几分威严，可一直从事的是带队训练，而非临阵指挥，不仅缺少授权，也没有足够人格力量有效协调波兰境内俄军各将领的行动。16日恰逢礼拜日，一行人一早抵达巴拉诺维奇，不敬怠慢之词依旧随处可以听见。一名俄国外交官对诺克斯说道："我们给你们英国安排了这么一场好仗，你们英国的士兵应该感到格外高兴才对。"外交官得到了一个谨慎的答复："这场仗到底好不好打，只有等到打了才知道。"

一列接一列火车载着马匹、士兵和大炮朝着华沙和更远的地方驶去，车上装着这个世上令人叹为观止、啧啧称奇的一支军队。俄国步兵军官许多都是农民, 大部分将军和骑兵军官则是贵族出身。虽然, 战争早期的俄军指挥官并未在军事才华上表现出比大多数法国和奥地利指挥官有多少过人之处, 可是也并非所有人都是碌碌无能的草包。特别是在大战刚刚开始的头几个月里, 骑兵在东线战场起的作用要比西线更大。外国观察家们永远都不会忘记关注这支具有异国情调的沙皇军团——士兵有的来自顿河, 有的来自突厥斯坦, 还有的来自乌拉尔, "体形魁梧、留着红胡子, 一脸横肉, 长相野蛮"。军官们习惯将地图塞进头上的高帽子里头; 不少人上阵杀敌的时候手里拿着长矛。俄军的马匹数量更是惊人: 只是为了进行一场突袭, 诺维科夫将军的部队就出动了140个骑兵中队。至于步兵, 随军记者阿列克谢·克休宁是这样描述的: "土库曼士兵穿着黄紫相间的长袍, 衬着身后的村庄农舍, 显得分外醒目, 一眼就能看出来。这些土库曼人头上戴着硕大的羊皮帽, 帽檐下露出黑色的面庞和凌乱的头发, 看上去如同画中人物一般带着威严。这些人策马扬鞭, 驰骋战场, 对敌人的威慑丝毫不比装甲战车要小。我递给他们香烟, 想要聊上几句。不过没有用, 因为这些人一句俄语也不会, 除了几句'谢谢, 长官'之类的, 再也不会其他的词了。"

一位美国记者对一队库班哥萨克骑兵进行了一番描述, 写道: "一百多名巨汉, 犹如野人一般, 身上披挂着斯拉夫人古怪的古老甲胄。这些人的主要谋生手段就是打仗, 从15岁开始就为沙皇征战, 一直打到60岁。他们头上戴着裘皮高帽; 腰间系着一条长长的带子, 叫作'卡夫坦', 颜色有的是暗粉色, 有的是蓝色或者绿色; 每个人胸前都斜挎着子弹袋, 弯弯的短刀上镶有金银点缀, 匕首手柄上还嵌着未经雕琢的宝石, 脚上蹬着的靴子前面的头是尖的, 朝上翘着……这些人看起来就像一群早熟的孩子。"俄国第一集团军的骑兵部队全部交由纳希切万[①]的老可汗指挥。一天早上, 人们发现老可汗独自一人躲在帐篷里哭泣, 原来是痔疮发作, 痛得上不了马。

虽然, 沙皇帐下也有一些军官配得上职业军人的身份, 尽忠尽职, 但

---

① 纳希切万 (Nakhichevan), 原沙皇俄国行政区划名, 位于阿塞拜疆境内, 原为纳希切万汗国, 后被沙俄吞并, 1920 年后更名为"纳希切万苏维埃社会主义自治共和国", 1990 年苏联垮台后归阿塞拜疆所有, 更名为"巴贝克区"。——译者注

是其他人对待下属就像乡下地主对待农奴一样。有些部队一到安营扎寨、过夜休息，军官就会跑到外面去找女人，把马匹士卒统统丢下不管，要士兵们自己排班，轮流放哨。这种事情在外人看来，着实吃惊不小。哥萨克人有时候为了防止步兵临阵脱逃，会挥起鞭子狠命抽打。补给品偶尔才有提供：尽管，每支部队也会携带烤脆，就是一种干的黑面包，松散地装在行囊里，用以替代饼干，可是人们还是认为军队应该打到哪里，吃到哪里。

波兰是沙皇俄国至关重要的犄角地带：沙俄的军队可以在这里与敌交战，也有可能面临对手反击的威胁。俄军士兵初抵波兰，对于当地农村生活条件印象深刻。波兰人的房屋装饰得让俄国人感觉新奇，软家具还有花边窗帘这些考究的东西之前从未见过。来自德国的移民与当地农民混居在一起，语言繁杂，很难猜得准用哪种语言才能同当地人交流。有个俄国军官向一家农户打听是否有什么农产品要卖，先用波兰语，接着又说起了俄语，可是对方始终一脸茫然，直到换成德语才能继续下去。谁料这个农民之前吃过苦头，有过教训，问道："要买什么农产品？"边说边在椅子上挪来挪去，神色慌张。军官接着问："你夏天怎么可能没有贮藏粮食呢？"农民答道："我们把所有东西都卖光了。"

只有把东线战场视为一个殖民之地，才能把握这个战区的特点。在这里，俄国人、奥地利人还有德国人都在统治着当地的少数族裔，有波兰人、波斯尼亚人、捷克人、塞尔维亚人，还有犹太人。这些少数民族对于这几大帝国自然鲜有忠诚可言。也正因为如此，当三大帝国越过各自防线，刀兵相见之时，对于当奸细、搞破坏的偏执妄想才变得愈发强烈，甚至比西线战场还要偏激。凡俄军过境之处，犹太人自然而然被当成了清除目标。贝罗比维斯基步兵团搭乘的火车在波兰图鲁斯兹火车站停靠了两个小时。其间不少士兵溜到镇上，窜进犹太人的店铺里，拿起商品就走，拒绝付钱。做生意的犹太人没有法子，只好拉上百叶窗。没想到适得其反，受到刺激的沙俄士兵破门而入，直接动手就抢，毫无顾忌。军官们站在一旁袖手旁观，不闻不问。若不是一名将军打此路过，予以严词斥责，这一出丑剧也许就会被这样掩盖起来，不了了之。第二天在卢布林，二十来家犹太人商店遭到沙俄军队有组织的洗劫。约什·桑博恩写道："士兵们知道对犹太人说那些话，会受到奖励，就算把犹太人抢了杀了，也基本不会受到惩罚。"

有个俄国宪兵给上级发电报，报告说在维伊索夫"有两个德国人刚来不久，假装买马，先是在犹太人古尔曼家的粮仓里头睡了一晚，接着去了奥斯特洛文卡"。8月18日，俄军途经小镇塔钦。镇上突然燃起大火。俄国人很快把罪责推到犹太人身上，说犹太人放火，"目的是想让敌人知道我军动向"。有14个犹太人运气不好，被抓了起来，虽然后经当地警察局长查明，火灾属于意外，侥幸得到释放，被抢走的东西却再也拿不回来，也没有得到任何赔偿。接下来的几个月里，一系列针对犹太人的屠杀暴行相继上演，哥萨克骑兵扮演了刽子手的角色。大批犹太人纷纷逃往华沙，在那里又遭到强行流放，被赶往东面。

安德烈·洛巴诺夫-罗斯托夫斯基是一名工兵中尉，22岁，出身贵族家庭，带着点书生气，游历甚广，父亲是一名贵族出身的外交官。洛巴诺夫-罗斯托夫斯基讲述了针对间谍的过度恐慌发生之后，自己所在的新兵部队是如何在一座波兰小镇上残忍杀害8名犹太人的。当天下午，士兵们正准备集合，天空突然出现了日偏食。此情此景不禁让迷信的士兵担心起来，深恐上午犯下的恶行会遭到报应。不过，这帮人良心上的不安很快没了影子：俄军士兵只要进了波兰，绝不会放过行军途中任何可以抢夺的东西，也根本不管受害人是不是自己的俄罗斯同胞。对于大多数沙皇的臣民来说，只要隔了一个村子就算外人。保罗·伦宁坎普将军发布了严格的命令，禁止在俄国境内抢掠，还在8月10日宣布将四名抢劫平民的士兵枪决正法，可下属压根没有想过执行命令。劫掠对当地贸易产生了严重影响，受害的不仅是平民，也包括士兵。军粮官们为了让士兵们吃饱喝足，办法想尽，却很难从当地买到农产品，哪怕军队愿意出钱也买不到。

德军开战伊始的残暴行径一如在比利时一般野蛮。他们在波兰边境小城卡里兹和琴斯托霍瓦大肆破坏，逮捕杀害了不少平民。入侵德军在8月2日占领卡里兹，由于被平民狙击手的消息弄得惶恐不安，有如惊弓之鸟，竟然对小镇居民肆意开火。凡是被怀疑成"义勇军头领"·的，连同民间和宗教界要

人都被德军当成人质。很快便有750人遭到拘押。强暴、抢劫、纵火等暴行不断发生。按照德国人自己承认的说法，有11名平民遭到处决。不过，据当地人说，实际人数要远在此之上。德军后来撤退时仅仅为了泄愤，炮轰小镇，导致成千上万波兰人出外逃难。

8月3日，俄军萨姆斯科伊轻骑兵团在苏瓦尔基①下了火车，向东普鲁士边境骑马进发。一路迎面遇上的全是难民，个个身上沾满尘土，脸上露出绝望的神情，有的是从前线一路走过来的，有的推着推车，车上装着少得可怜的一点儿财物。恐惧在波兰、东普鲁士和加利西亚引发民众大规模迁移逃亡。有一位逃难的妇女在施奈德米尔的红十字会哭个不停："我们能到什么地方去？还有什么地方可去？"这名妇女低头看了看12岁的艾芙丽德·库尔，说道："你还这么小，又怎么会懂得发生了什么事呢？你会懂吗？"艾芙丽德写道："泪水从那个女人胖乎乎、红通通的脸上流了下来。"小女孩几天之后又写了几句话，话语里充满了天真与同情："格蕾泰尔这一回和我在园子里玩游戏，格蕾泰尔把她的旧娃娃当作逃难的孩子，找不到尿布穿，还把娃娃的背上涂成红色，意思是说娃娃受了伤。"

东普鲁士地区虽然历史上一直战祸不断、征战不休，可是到了1914年已经长达一个世纪没有经历过战争。东普鲁士地区的平原广袤无垠、人口稀少，交战双方的长矛骑兵大战伊始在草原上肆意驰骋，就像当年横行海上的私掠船一样，要么找寻求战心切的对手一较高下，要么在指挥官的指挥下对村寨发起进攻。巡逻兵通常只需一个办法就能找到敌人位置所在，只要看看地平线上哪里有烟柱升起，哪里就有村庄遭到洗劫。尼古拉·古米廖夫是一名骑兵军官，已经开始习惯见到村舍遭人遗弃、空无一人的场景。有时屋主人刚刚逃走不久，炉子上还在煮着咖啡，桌上摆着没有织完的衣服，书本摊开，就放在一旁。古米廖夫不忘趁机好好享受一番："还记得小时候听过的故事，有个小女孩闯进了小熊一家的屋子里。我还盼着听到有人愤怒地质问：

①苏瓦尔基（Suvalki），位于波兰东北部，原苏瓦尔基省首府，今波德拉谢省最重要的商贸重镇，是"一战"期间德俄双方争夺的要地。——译者注

'到底是谁喝了我的麦片粥？是谁睡了我的床？'"

帕帕温是东普鲁士边境上的一座小村庄，位于吕克以南。8月初的那几天，邻村遭到火烧，村民们惊恐地看着大火飞快蔓延开来，越烧越近。有一天，村民们见到一个俄国骑兵孤身一人在附近的小山包上往下观望，身上背着步枪。很快又来了一队俄国兵，这帮人刚刚切断了电话线。村民们不知如何是好。约翰·施祖卡是当地一所中学的老师，带着家人和满满一车财物赶紧逃离了村子，几天之后回来一看，发现一切看上去还是老样子，只有几头奶牛在荒芜的田地里哞哞叫着，这些日子既没有人给它们喂水，也没有人给它们挤奶。

施祖卡回家之后打发两个小女儿四处寻找走丢的小鸡，看能不能找点儿其他东西填饱肚子。两个孩子走在路上，正好碰见一个人，是从其他村子骑车过来的。这个人正和两个小女孩聊着，孩子们突然发现远处出现几个身影，从山上冲下来。骑车人赶紧让两个女孩躲藏起来，自己在原地急得团团转，不一会儿就被子弹打倒在地，把两个孩子吓个半死。跑过来的原来是俄国兵。两个女孩拔腿就往家跑，路边的荨麻扎到腿上也顾不得疼。伊丽莎白才十岁大，在坑坑洼洼的路上跑丢了鞋子。两个孩子筋疲力尽地跑回家，赶快躲了起来，不知道接下来会发生什么。

接下来的几天里，德俄两军的巡逻队从8月10日开始，直到15日一直在当地来回游弋。当地民众警告德军附近林子里头藏着俄国人。德国人不听警告，冲了过去，结果遭到一顿痛打。莽打莽撞的骑兵学到的教训是惨痛的。拉扎列夫上尉是萨姆斯科伊轻骑兵一个中队的中队长，眼看士兵面对德军火力，犹犹豫豫，不敢上前，于是以身作则，亲自示范，骑马迎着敌人冲了上去，结果很快就被击落马下。还有一名俄国军官惊讶地发现，人们面对战争的恐惧，尤其是见到尸体，竟然能够这么快就变得无所谓。尸体在夏季的酷暑高温中腐烂得很快，皮肤开始发黑，嘴巴大张开来，剩下牙齿在里面闪闪发亮，老远一眼就能辨认出来。"不过，这样的场景也就头一回见着觉得恐怖罢了，"这位军官说道，"看过一眼之后，就不觉得有什么了。"

有一队萨姆斯科伊轻骑兵下了马，朝一处德军阵地进发，最后却失望地

发现所有马匹几乎全都不见了踪影——原来马儿受到炮火惊吓，挣脱缰绳跑了。还有一个士兵，马虽然还在，但是上面驮了个受伤的号兵，横着趴在马鞍上。士兵们只好拖着沉重的脚步，垂头丧气地走回后方。士兵们走了约莫一英里，碰上了指挥官，惊喜地发现他把大部分战马给找了回来。过了大概一两天，弗拉基米尔·利陶尔上尉[1]的骑兵中队突然遭人开枪偷袭。一名士兵手指一座农场，喊道："敌人就在那里——快看！"骑兵们看到两个人影消失在了几栋房子后面。利陶尔于是带着二十几个士兵下马，沿着一条沟渠追了过去——利陶尔后来才记起原来这条沟渠就是俄国和东普鲁士的分界线。一行人追到农场，却没见到人影。"我们也不知如何是好，干脆放了把火，"利陶尔写道，"我们部队碰到类似情况，事后通常都会这么干。"

　　这帮年轻气盛的轻骑兵烧掉的农场虽然位于俄国境内，可他们注意到"德国那边发生了一些疯狂的事情：房子、干草堆还有棚屋，到处都在燃着大火"——这是一个更加可怕的后果，根源在于对义勇军的恐慌。俄军军中谣言四起，说有一个哥萨克人问一个东普鲁士妇女要些牛奶，没想到被一枪打死。还说一个骑兵师长坐在鞍上，俯下身子，向一名妇女打听是否见到德国士兵，结果遭到手枪袭击。这些不实之词遭殃的只能是边境两边的平民百姓。

　　德军部署防御东普鲁士的兵力仅仅只有11个步兵师和一个骑兵师，换句话说，德皇只不过投入了15%的兵力。这块乡村地区是威廉家族治下帝国的前哨，平整的田野上矗立着一栋栋古堡，湖泊波光粼粼、森林延绵不绝，牧场一望无垠，触景生情，不免让人泛起忧思。生活在这里的人们完全有理

---

① 弗拉基米尔·利陶尔（Vladimir Littauer，1892—1989），俄国著名骑师、马术师、"美式轻骑法"的最早倡导者之一，1892年1月10日出生在乌拉尔山区，在圣彼得堡长大，19岁时进入圣彼得堡的尼古拉骑兵学校，当了一名士官生，1913年毕业，授少尉衔，任掌旗官，编入萨姆斯基第一轻骑兵团，驻守莫斯科，大战爆发后赴东线对德作战，1917年"十月革命"后加入白军，1921年流亡美国，后与两位旧友在纽约创办骑术学校。利陶尔自1930年开始，在近半个世纪的人生中从教著书，笔耕不辍，留下了大量书籍与影像记录，教授人们马术以及训练马匹的方法，精于分析研究驯马的步法和跳跃，1989年8月31日病逝于长岛，享年97岁。——译者注

由痛恨统治者，因为是他们为了实现在法国的战略目标，故意把当地百姓推到敌人的枪口之下。东线的第八集团军兵力相对较少，由马克西米利安·普里特维茨将军指挥，作用并非消灭沙皇的军队——第八集团军也无力完成这个任务——只在于尽可能地守住战线，争取时间，待到西线德军彻底歼灭法军，再转向东线，一举击败俄国。普里特维茨麾下的军官们对于自身孤军无援的状态心知肚明，分到手的部队多是德国西线大军部署完毕后留下的残兵剩卒，就连参谋也是临时编凑起来的，加上柏林发来的电报总是前后矛盾，的确让人不知该如何是好。普里特维茨战前得到命令，只需与敌周旋即可，不料，8月14日毛奇一纸急令传来，催着自己一旦面临全面进攻，必须主动出击："俄国人如果打过来——就干脆不要防守，要进攻，进攻，再进攻！"马克斯·霍夫曼中校是普里特维茨的作战主任，在日记中坦承自己的责任"实在太大，压力比预想的要大得多"。霍夫曼挖苦道：倘若战事顺利，带兵打仗的自然会被视为名将，可是"一旦战事不顺，挨批的就是我们这帮陆军参谋官"。

毛奇的西线军队尚未抵达布鲁塞尔，普里特维茨的部队就已经遭遇了俄军骑兵巡逻队。这些巡逻队只是先遣队而已，身后的两支俄国大军兵力几乎达到德军的四倍。俄军投入北部攻势的进攻兵力多达480个营，而德军只有130个营；俄军拥有各类火炮5800门，德军只有774门。8月9日，俄国陆军大臣苏孔里诺夫在日记中得意扬扬地写道："看来德国这匹恶狼很快就要陷入困境，无路可逃了。"不过，法国人对俄国人兵分两路的做法深感失望。俄军最高统帅部早在战前就放话声称在采取任何行动进攻德国之前，有一件大事至关重要，就是确保集中兵力，配备到位。谁知到了8月中旬正急着盼着把敌人兵力和精力从西线分散过来，俄国人煞有其事的决心却没有兑现——待到开始作战行动，还有20%的步兵没有到位。

东普鲁士中部横亘着一大块水域，周围泽地环绕，这便是马祖尔湖。俄国第一集团军由保罗·伦宁坎普将军指挥，从马祖尔湖北面一线出发，向西挺进。亚历山大·萨姆索诺夫将军指挥的第二集团军则沿南向轴线进发，时间上要比伦宁坎普迟了几天。两位指挥官就这样在时间和空间上被分隔开

来，二人之间据说还有一些敌意，当然这种说法可能有点儿夸大其词。俄军大言不惭地放出豪言："你们这些普鲁士人听好了，我们是俄罗斯的代表，是团结的斯拉夫民族的先锋，我们现在来了！"萨姆索诺夫为人做事鲁莽轻率，喜欢夸夸其谈。他派人把无线电发报机送回波兰，不带任何快捷通信工具就骑马前去侦察。殊不知到了这个时候，所有电话线差不多都已被切断。

掩护伦宁坎普大军左翼的俄国骑兵在短短数小时之内洗劫了小镇密伦斯肯的一家奶酪工厂，几乎每一名骑兵的马鞍上都挂着奶酪。有人写道："当骑兵就得习惯各种味道。不过，不管是在这之前，还是之后，我们都没有像那个时候闻起来那么难闻。"俄国骑兵一连几天都在享用抢来的腊肠、火腿、猪肉、鹅肉和鸡肉，这些东西没有几个俄军士兵吃过。俄国人要是骑的马死了，或者跛了脚，就会换一匹德国人的马：农田里到处是马，都在草地上吃着草，还有很多四处跑来跑去。萨姆斯科伊轻骑兵经过一个种马场，顺手牵走了所有能抓到的马，还不忘调侃说"这是当地人感激涕零，送的礼物"，这句话后来成了整个军队的口头禅。弗拉基米尔·利陶尔弄到了一匹纯种栗色马，马很漂亮，才四岁大，不过后来发现脾气很坏。

俄国骑兵只要真刀真枪干起来，就会明白自己有多么不堪一击。两支轻骑兵中队向一座村庄发起进攻，结果被一小撮德军用几杆步枪就给打了回来，伤亡惨重，只能撤退。利陶尔费了好大工夫，想把一名血流不止的军士抬到鞍子上去。子弹落在周围，击起满地尘土。利陶尔突然想起一个问题来——俄国贵族对待农民都是这副德行——"我为什么要帮这个人？我根本就不认识这个人，凭什么要帮他？"就在此时，另一名军官大声喊道："当心平民！"话音刚落，附近林子里传出一声枪响，一名号兵受伤倒地。这件事情照例又被记在了义勇军的头上。

对于住在东普鲁士的德国人来说，前来抢掠的若是俄国人，尚且能够漠然忍受，可就连当地的少数族裔波兰人也跑进废弃的房屋，加入抢劫的队伍，德国人终于按捺不住，做出回应。中学教师约翰·施祖卡认真记下了认识的所有人的名字，尤其是自己的那帮学生，留着秋后算账。施祖卡在村头碰到一个女人，身上背着抢来的赃物，于是上前责问。谁知那个女人竟然甩开施祖卡，紧紧抱着"战利品"，一脸不屑、大步流星地走了。有些俄国军官倒是展现出了令人惊讶的仁慈和敏感。萨姆索诺夫的部队里头有一名指挥官，名叫马尔托斯，在一所民宅里借住了一宿，感到过意不去。房子里财物依然完好，屋主人的照片还挂在墙上，只是早已人去楼空。有一天，马尔托斯在战场上遇见一群孩子，无人照料，正在到处闲逛，于是开着汽车把这些孩子转移到了后方。

俄军排着长长的纵队，朝着德国境内缓缓前进。人们只要看到这支军队，都会为这支军队奇特的异国风味，还有现代和原始装备混在一起的景象感到惊讶。许多步兵连高筒军靴都没有。由于后方路况不佳，又缺少铁路运输，补给安排一塌糊涂，严重不足。俄军拒绝使用榴弹炮，认为榴弹炮能够从敌军视野之外开炮，只有"懦夫"才用这种武器，因此只依赖野战炮实施炮火支援。无线电发报机短缺对通信影响很大。由于各支部队使用的密码都不一样，指挥官们实在没法，只好在战场上用明语发布命令。俄军进攻部队总共只带了25部电话机和80英里长的电话线。骑兵接受的训练主要是如何像步兵一样下马作战，这样好填补部队之间的人数空缺，基本上没有想过如何发挥关键的侦察作用。俄军能够派上用场的飞机本来就少，加上大部分已被调往加利西亚。倘若有飞机出现在东普鲁士，也只是因为燃料用完，临时迫降而已。

1910年，德国记者海诺·冯·巴塞多夫描述了自己对沙俄军队的印象，巴塞多夫的话也反映出当时外界对俄军的普遍看法："俄国士兵就像小孩一样容易冲动，别人随便说几句（暴力的）话，就会被激将起来，同时又容易屈从于人。"巴塞多夫见到俄国士兵凡事粗心大意，马马虎虎，人人歪戴着帽子，感到非常惊讶。有名军士走在行军队伍的前面，口里喊着"一、二、一"，希望保持步伐一致，却管不了走在后列的一个士兵边走边啃苹果。士兵行军本应集中精神，心无旁骛，可每每经过教堂或者路边的圣像，总会无一例外地伸出手来画十字。有个掷弹兵还会坐在路边的标识上，向每一个路过的人兜售自己排里的面包。俄军士兵军纪如此涣散，根本无法赢得德军尊

重。阿尔弗雷德·诺克斯注意到俄军即便上了战场，同样粗心大意。他亲眼见到好几个炮兵挤在一团，靠着大炮护板睡觉，这个时候距离开火只剩下几分钟时间。此情此景，简直让人匪夷所思。

伦宁坎普和萨姆索诺夫的两路大军在慢慢摸索前进，和德国人一样互不知道彼此的位置。俄军刚刚攻占小镇吕克就被迫撤了出来。有个俄国军官没有接到撤退的命令，开着汽车，满面春风地来到皇家庭院宾馆，刚从车里一出来就做了俘虏。好在几个小时之后，俄军又重新夺回了吕克，这个军官也没受到什么损失。德俄两军的巡逻兵骑着马，在村庄和城镇之间来回游荡。冲突每天都在发生，局面混乱的时候还朝自己人开过火。

德俄两军的不少士兵由于长途行军，早在投入战斗之前就已筋疲力尽。萨姆索诺夫军中的一些士兵从比亚韦斯托克出发，15天之内长途跋涉204英里。普里特维茨麾下有一个军从奥焦尔斯克开始出发，12天走了186英里，8月20日一早就立刻展开对敌作战。指挥该军的奥古斯特·冯·马肯森将军下令对伦宁坎普的军队发起进攻。对手已经进入东普鲁士境内20英里，就在贡比涅村和铁路转轨站附近。德军虽然在俄军两翼突破相当轻松，却在中路遭到血腥反击，伤亡惨重，这也使得其他地方取得的战果失去了价值。德军穿过广袤的原野，沿着长长的保护线前进。俄军两个师利用堑壕掩护，发起阻击。马肯森的部队已经连续行军20个小时没有休息，士兵身上的水壶早就见了底。德国人的战术虽然并不见得比法国人在阿尔萨斯–洛林的做法高明多少，可还是同样受到了嘉奖。

俄军有一个团全团上下3000杆枪，外加8挺机枪，一天之内竟然打了80万发子弹。俄军支援炮火同样威力惊人，杀伤巨大。俄国士兵展现出精湛的射术，并在日后的战场不断上演。被枪弹扫倒在地的德军成百上千，差不多每四个人中间就有一个，侥幸活下来的只能慌乱逃生，溃逃一连持续了好几个小时。掷弹兵团有一名中尉为了鼓舞士兵重振士气，挑衅叫嚣说俄国人只是三流射手，不足为惧，不料一颗子弹打来，正中胸膛，立时扑地毙命。成千上万伤兵躺在地上无人救护。马肯森的骑兵和步兵被分隔开来，待到数日之后重新会合已是疲惫不堪。夜幕降临，贡比涅战场上满是德俄两军的伤兵死卒。有些人最后被送进了战地医院。一个俄国军官注意到有个德国士兵虽然躺在担架上动弹不得，却还在抽着雪茄。虽然，这种雪茄并非古巴雪茄那般名贵，还是让这个俄国轻骑兵吃惊不小，没想到敌人居然这么阔绰，小小一个步兵也能有如此享受，这要换作俄国士兵，根本连想都不敢想。

普鲁士人的部队此战着实伤得不轻。军官们费了九牛二虎之力，一直忙到晚上才把部队重新集合起来。就在第二天，德军指挥部突然在思想上起了一连串变化。一些高级军官认为不妨利用头一天在侧翼取得的胜利，重新发起进攻，这样就有机会端掉伦宁坎普的军队。不过，普里特维茨眼见伤亡惨重，早已失去信心，变得犹犹豫豫，不愿再冒风险。加之毛奇此前也已说过，自己的主要职责是确保部队完整。这位总司令因此做出了一个颇具戏剧性的决定：停止交战，转为战略撤退，全军朝维斯瓦河方向西撤一百英里。

命令一出，马克斯·霍夫曼和不少同僚不禁勃然大怒，认为撤退完全没有必要。这一纸将令也在军队后方引发混乱。8月22日，军队下令，所有牛羊谷物必须统统装船，运到维斯瓦河西岸、俄国人打不到的地方去。人们开始赶紧收拾，匆忙西逃。西行路上全是牲畜、农产品和难民，与东向开拔的增援部队和补给物资迎头相遇，把道路堵得水泄不通。一连数日，恐慌情绪在德军阵线后方的民众之间蔓延。眼看俄军威胁近在眼前，将近一百万东普鲁士人背井离乡，逃离家园——几乎占到整个东普鲁士人口的四分之一——大部分人身上只带着能够拿走的一点儿财物。

难民如潮水一般涌进边境小镇施奈德米尔，逼得镇上居民也向西逃离。大车上堆满了家当，车轱辘吱吱呀呀地响着，往车站方向驶去，这样的场景大街小巷随处可见。新来的人们还带来了不少骇人听闻的消息，说什么军队已经全军覆没，敌人到处强奸，逢人就杀，把库尔家的女管家玛丽吓得要命，说自己也想撒手不干，逃命要紧。难民中有一个小男孩不见了父母，镇上居民议论纷纷，不知如何是好。有位母亲在西逃的路上丢了孩子，哭个不停。一个农夫的妻子神情沮丧、煞有其事地告诉人们，自己逃出来的那个地方"连石头都被翻了个底朝天""到处燃着熊熊大火……能够带走的只有一

些衣服和一丁点儿钱"。在东普鲁士前线其他地方,地方当局在艾尔布隆格①车站贴了一张告示,告示上写的话叫人绝望:"本城已经人满为患,请难民继续转移。"德军战前针对俄国入侵制定了不少计划,其中一条是在诺加特河上筑坝封堵。只要洪水漫出河道,就能阻挡俄军向普鲁士中部进发的道路,代价则是大片农田和不少村庄将就此被洪水淹没。普里特维茨的参谋官们左右为难,不知是否应该筑坝堵河。最后洪水并未发生,因为这样做势必会引发新的一轮难民潮。

俄军方面,贡比涅告捷令全军上下欢欣鼓舞。胜利的气氛传到圣彼得堡,传遍了整个沙皇俄国。俄国人自欺欺人,误以为德军正在全面溃败,往沿海要塞哥尼斯堡败退。伦宁坎普就此犯下此役最为致命的大错。他对取得的小小胜利心满意足,加上补给短缺,尤其是弹药不足,于是下令让士兵们先行休整,补充弹药,再继续前进。伦宁坎普没有试图追击撤退的敌军。他如果乘胜立即向南追击,德军恐怕在劫难逃。然而,事实却是伦宁坎普选择在战场上坐了下来,原地休息。

与此同时,萨姆索诺夫也得知了贡比涅告捷的消息,看到有机会切断普里特维茨的败军,一举赢得重大胜利。萨姆索诺夫于是迅速进军,试图抢夺伦宁坎普的胜利果实。萨姆索诺夫如此贸然行动,反映出他对德军状况与意图的误判,结果招致大祸。贡比涅战斗结束几天之后,普里特维茨手下那位优秀的作战主任就劝说自己的将军收回成命,不要西撤维斯瓦河。马克斯·霍夫曼认为良机尚存。侦察显示伦宁坎普并未快速行动。这位上校认为,如果留下少量警戒部队监视俄国第一集团军,普里特维茨就可以利用德国出色的铁路网络,将两个军转移到南面对付萨姆索诺夫,运气不错的话,定然可以给予对手沉重一击,要知道俄国第二集团军推进起来显得相当不堪一击,两翼尤为空虚。

德国人此前就如何击败来犯俄军,早就多次演练过这样的计划。不过,普里特维茨在信心动摇的情况下还能同意如此出其不意的大胆计划,的确胆

---

① 艾尔布隆格(Elblag),德语为"Elbing",波兰北部工业城市。——译者注

识非凡。这场战争中最关键的一场机动行动就此展开。正当德军登上火车，准备向南进发之时，最高指挥部介入进来。毛奇身在科布伦茨对此将信将疑，在得知贡比涅的情况，还有普里特维茨准备向维瓦斯河撤退的计划之后不禁勃然大怒，愤恨之极，一度痛哭流涕。他给东普鲁士每一个军的军长挨个致电询问看法。诸位军长一致认定普里特维茨的命令大错特错，毫无必要。8月22日下午，德国第八集团军在东普鲁士西部边界马林堡的指挥部收到了一条电文。上面写着短短几行字："即刻解除普里特维茨职务。"保罗·冯·兴登堡将军虽然年事已高，早已退休，但又被重新召了回来，接替普里特维茨。与兴登堡一同奔赴战场的还有一位新的陆军参谋长，此人便是埃里希·鲁登道夫，这位郁郁寡欢的将军刚刚在列日完成英雄壮举归来。

兴登堡时年66岁，平素从不喜形于色，1866年在普鲁士军中担任步兵军官，对奥作战，四年后又参加普法战争，打起了法国人。兴登堡1911年从陆军退休，此后每天的生活就是抽抽烟、看看报，间或去往意大利游历一番。德国开始动员时，兴登堡对没有在第一时间被征召入队倍感失望。这个身材臃肿的老头愤愤不平地抱怨道："我就像个老太太，坐在壁炉前无事可干。"不过，8月22日下午，一封电报被送到兴登堡在汉诺威的公寓，上面写着"不知阁下能否立即服役？"兴登堡的答复迅速明了："随叫随到。"翌日凌晨4点，一辆专列在汉诺威车站漆黑的站台上停留片刻，把兴登堡接上了车，他的那位参谋长早已坐在车上。兴登堡刚一上车，火车就朝着东普鲁士疾驰而去。

兴登堡的走马上任其实只是装点门面，他甚至连这个职位的第一人选都算不上，仅仅是因为作为军官资历够老，足够执掌第八集团军而已。况且，兴登堡的家恰好就在那位参谋长去往东普鲁士的必经之路上。那位参谋长才是柏林寄望扭转战局的人选，早在毛奇考虑指派名义总司令之前就被相中。49岁的鲁登道夫出身平民家庭，之所以能够在贵族主导的军队当中一步一步走到今天，靠的完全是出色的个人能力。鲁登道夫为人性格忧郁，堪称职业军人之楷模，将战争视为人之天性。鲁登道夫曾在总参谋部任职，在施里芬

手下工作过，一直将施里芬视为景仰的对象，十年来始终狂热支持德国作战计划的核心原则：首先干掉法国，在东普鲁士只需同时布以少数兵力予以牵制。

鲁登道夫尽管为人喜怒无常，却是一个冷峻理性的人。1904年是这个男人一生中唯一放纵浪漫的时刻：他爱上了一个有四个孩子的有夫之妇——玛格丽特·佩内特夫人。鲁登道夫与佩内特相遇于街头，当时正下着瓢泼大雨，鲁登道夫殷勤地将雨伞借给了佩内特。佩内特后来同丈夫离婚，嫁给了鲁登道夫。二人恩爱有加，生活幸福。此时此刻，毛奇在给鲁登道夫的信中写道："摆在你面前的是一项崭新而艰巨的任务……我深知除你之外，再无他人能让我如此这般绝对信任。你应该还有能力挽救东线危局。我知道你此刻面对的将是一场生死之战——上帝啊，我多么希望这将是最后的收官之战——所以，切莫因为我把你从现在的位置征调过来就动怒生气……德皇陛下同样对你充满信心。"毛奇最后那句话并非实言。就在火车出发前往东线一个小时之前，鲁登道夫从德皇威廉二世那里拿到了"蓝马克斯勋章"，表彰自己在列日有功。不过，德皇对毛奇相当窝火，因为毛奇并未向自己征求过有关第八集团军任命的任何意见。不仅如此，德皇认为这位新上任的参谋长不过是一个为人粗俗、野心勃勃的冒险分子罢了。

这两位将领即将完成的将是历史上最为著名的双向作战行动。二人于8月23日抵达马林堡。迎接他们的是普里特维茨手下那帮泄了气的参谋们。欢迎会开得虽然还算体面，却让人感觉压抑冷漠。马克斯·霍夫曼自然对这两位初来乍到的新人产生怀疑。他对二人底细一无所知，尤其是鲁登道夫看上去更需要多少做出点成绩来替自己正名。霍夫曼计划集中兵力对付萨姆索诺夫。行动已经展开，事态此后以不可思议的速度迅速发展。毛奇同时做出了一个重大决定，要调派六个军前来支援第八集团军。鲁登道夫说自己既不希望、也不需要这批援军，因为在如此紧要关头这么做只会削弱西线兵力。不过，鲁登道夫得到的答复是援军无论如何都会派来，他应该好好计划如何使用这些兵力。毛奇最终只派来两个军，还是在与萨姆索诺夫决定性一役之后才姗姗迟来的。不过，德国批评人士日后会将这次部署当作证据，好证明那位总参谋长有多么犹豫不决、神经过敏。

回到马林堡，兴登堡接管指挥权还不到24小时，德军就拦截到了俄军的两条明码电报。电报显示伦宁坎普和萨姆索诺夫的军队已经越拉越开，无法相顾。俄国第一集团军司令官实在是个"乐善好施"的好人，不仅发这样一封电报，还清楚告诉了德国人萨姆索诺夫每一支部队的行军路线。在这个全新的无线电时代，交战各方都需下大力气，才能明了空中信号传输到底安不安全——法国人就在西线战场上拦截到了敌军重要的明码电报，并且破译了德国人多个通信密码——然而，俄国人的这次失误后果尤为严重。马克斯·霍夫曼在指挥部收到电报的时候，兴登堡和鲁登道夫正乘车去往蒙特沃南面的一座小山丘勘察作战区域。霍夫曼一把抓起电报，赶紧上了一辆车，直追出去。霍夫曼的司机开着车，与两位将军的敞篷车并驾齐驱，霍夫曼将身子探出车外，把电报扔到鲁登道夫手中。鲁登道夫读完电文，两辆车双双停了下来。几个人开始讨论起这条电报到底有多么重要起来。

霍夫曼此时是鲁登道夫的副手。此人长得和漫画中那些普鲁士参谋官一模一样，脑瓜机灵，却教条顽固。霍夫曼长年研究沙俄军队，尤其是以德国观察员的身份经历过日俄战争，可以说是一名俄国专家，深知伦宁坎普和萨姆索诺夫之间不可能有效协同作战。俄国人的粗枝大叶给了对手机会，将他们一一消灭。诚然，霍夫曼大可声称是自己让德军在南面集中的，不过负责展开行动的却是鲁登道夫。德军在1891年、1898年和1899年先后三次演习，都是针对东普鲁士出现的这种局面，提出的应对方案也正是现在第八集团军采取的措施。鲁登道夫部队集中的地方要比霍夫曼计划中的稍稍偏东南一些。至于迟钝缓慢的兴登堡起了什么作用，霍夫曼多年以后带着一群陆军士官生故地重游，重回坦嫩贝格战场。"来看这里，"他用轻蔑的语气对学员说道，"这里就是兴登堡打仗之前睡觉的地方；这里是他打完仗之后睡觉的地方；还有这里，是他打仗的时候睡觉的地方。"

即将发生的这场遭遇战代表着欧洲最具职业素养的军队与最粗枝大叶的军队之间的一场碰撞。俄军虽然兵力庞大、射术精湛，士兵多为农民出身，有匹夫之勇，却无法挽回自身在侦察、后勤、医疗设施、兵力集中以及审

慎行动等方面的诸多疏漏。亚历山大·萨姆索诺夫这一年44岁，平日爱妻如命，接到征召参战时正在高加索地区带着妻子一同度假，到了东普鲁士还常常抱怨收不到家中来信，和士兵们没什么两样。萨姆索诺夫经常跟士兵开玩笑，问小伙子们："你哪里人啊？""结婚了吗？""看你胡子长成什么样子了，回去老婆肯定认不出来。""你有孩子吗？我参战那会儿还是1904年，走的时候女儿才一岁半，等我回来见了我扭头就躲。"

萨姆索诺夫的参谋长波斯托夫斯基在同僚当中有个不大中听的外号，叫作"疯狂的毛拉"。他把第二集团军向前挺进形容为一场"冒险"。对于这场进攻来说，这可不是什么好词，要知道祖国的命运在很大程度上取决于这场攻势能否成功。萨姆索诺夫如果想同伦宁坎普或者后方指挥部取得联系，只能依靠通信员开车去往无线电收发站。收发站距离遥远，有时甚至远到差不多要开到华沙。8月的最后一个星期，这位将军再次犯错，误以为德国人正在败退，自己只需采摘伦宁坎普的胜利果实便可坐享其成。俄军情报人员能力极其低下，由于没人会说德语，做不了翻译，即便截获了文件也读不懂。萨姆索诺夫就这样匆忙越过了自己以为的敌军撤退线路，把一个军留在右翼的马祖尔湖区，另一个军丢在了左翼。三个军分散在将近60英里长的战线上向北进军，没有设置任何骑兵警戒对敌军动向进行有效预警。

与此同时，兴登堡的部队正一路南下，走走停停。炎热的天气叫人浑身乏力。路上挤满了大批难民，都是赶在俄军打来之前逃难出来的。德军士兵依旧毫无悔意，残忍粗暴地将平民驱赶到路旁，为了给大炮让路，还把难民们的大车掀翻。成队的骑兵和辎重车辆直接碾轧过去，将百姓宝贵的财物轧得粉碎。其实，许多德军士兵原本都是当地人，在这场战役中还引出了不少让人伤心的故事。准下士施瓦尔德发现自己的炮兵连接到命令要对艾迪特库恩开炮，这里正是自己的家乡，当时已被俄军占领。艾米尔·黑尔身为上校，也不得不眼看着炮弹落在自己在格罗斯–格里本的家中。

兴登堡的第八集团军已经摆开架势，准备展开这场史上最伟大的军事打击。俄军的西线盟友此时此刻却对战局发展一无所知，还在沾沾自喜。8月24日，《泰晤士报》随军记者告诉英国民众："东线进展一切顺利。"有一篇社论甚至断言："不用等待太久，德国的领土上就会出现俄国的军队。德国人很快就会知道他们将要付出怎样的代价。"然而，德俄两军的首场遭遇战就在24日当天打响。虽然，关键战事发生在距离坦嫩贝格村数英里开外的地方，但后人仍然将此役称作"坦嫩贝格战役"。战役起初只是一支俄国部队和一支德国部队的单独正面交锋。鲁登道夫当时正在视察当地的指挥部。他故作姿态，告诫手下的指挥官务必指挥部队"战斗至最后一人"，为兴登堡的左翼部队赶来支援争取时间。俄德两军于是在一天当中展开反复厮杀，萨姆索诺夫的军队越过开阔的原野，一次又一次发起冲锋，试图突破德军防线。

黄昏时分，对于那些还没见惯惨重伤亡的士兵来说，战场上血流成河、尸横遍野的惨状足以让人不寒而栗：俄军一个团16个连长死了9个；一个连190人有70多人被打死，军官全部阵亡。夜幕降临，德军开始后撤。萨姆索诺夫喜出望外。在他看来，这意味着敌军在俄军强大的火力之下再次败下阵来。第二天一大早，萨姆索诺夫满怀希望地命令部队再次发起进攻，全然没有想到德军之所以在头一天晚上转移阵地是为了同友邻部队合成一线。于是乎，当萨姆索诺夫的军队在25日展开进攻之时，遭遇到的是来自三面的压倒性火力，队伍被打得七零八落。日落时分，德国人知道自己已经赢得重大胜利，不过他们同样意识到这一点战果远非最后的决定性一击。兴登堡此时正在酣睡之中，鲁登道夫却心弦紧绷，根本无法入眠。

8月26日，萨姆索诺夫的右翼部队重拾攻势，结果遭到德军两个军的迎头痛击。德军枪炮齐射，弹如雨下。谁知当晚警报传来——伦宁坎普的军队据悉正在急速行军，紧急驰援萨姆索诺夫。兴登堡的参谋幕僚们正在用餐，霎时陷入死寂。所有人心里都清楚，倘若伦宁坎普对德军侧翼或者后方发起攻击，战局势必急转直下。鲁登道夫有一阵子变得焦躁不安起来，将手里的面包在桌上揉来揉去。他突然提出要求和兴登堡私下面谈几句。老将军在当晚的会谈中很好地扮演了自己的角色，成功安抚了下属的暴躁情绪。临到最后，消息传来，有关伦宁坎普动向的报告原来只是虚惊一场，第一集团军仍然按兵不动，萨姆索诺夫的残兵只能自己救自己了。

27日，又有消息传来，把德国第八集团军指挥部再次弄得神情紧张起来。阿伦施泰因[1]远在德国后方，当地邮局官员打电话过来报告说俄军已经攻入城内。沙俄军中一些士兵对于自己村子外头的世界简直一无所知，看到阿伦施泰因城市如此宏伟不禁啧啧称奇，左顾右盼，还以为已经到了柏林。不过，留给俄国人观光的时间少之又少，因为兴登堡的参谋之前已经迅速调拨增援部队，援军乘坐的火车要首先经过阿伦施泰因，之后再对萨姆索诺夫的军队重新展开炮击。27日当天，这一回轮到了俄军左翼遭受惩罚。

坦嫩贝格战役有时被人们称为一场"意外的奇迹"。赫尔曼·冯·弗朗索瓦将军早先从鲁登道夫处得到命令进攻俄军左翼。然而，由于士兵长途跋涉，过于疲劳，结果到达指定阵地的时候迟了不少。这下可好，当弗朗索瓦的部队最终发起进攻时，发现竟然跑到了萨姆索诺夫部队的后方，正好完成了对敌包围。在德国人看来，这场战役的头号英雄非弗朗索瓦莫属。弗朗索瓦手下有一个团把所有自动武器全部集中起来，用六挺马克沁机枪对着俄军一起开火，打得俄军丢盔弃甲、溃不成军。德国人很快看见旗杆和枪杆上挂起了白旗。当然，这只是开始，同样的一幕接下来还将在这辽阔战场上数千遍地重复上演。

在乌斯道，普鲁士第四十一步兵团越过广阔的原野，对敌军阵地展开猛攻，经过一番艰苦的白刃战将敌军一一击退。德国人全歼了萨姆索诺夫旗下俄军的第八十五步兵团，而这个团的名誉团长竟是德皇本人。俄国人当天还蒙受了另外一场羞辱。俄军在波兰奥斯特洛文卡的后方基地遭到一艘齐柏林飞艇轰炸。萨姆索诺夫这才慢慢惊觉，意识到大祸临头。然而，德国第八集团军指挥部依旧不敢相信竟能交上如此好运：8月28日，星期五，德军得到战报，由于俄军抵抗顽强，部分进攻部队遭到击退，有几支甚至投降了敌人，鲁登道夫和参谋们不由得再次沮丧起来。直至下午4点捷报传来，弗朗索瓦已经冲破俄军后方，敌军阵脚大乱，大批部队缴械投降。德军将领们直至此时

---

① 阿伦施泰因（Allenstein），波兰语为"奥尔什丁"（"Olsztyn"），波兰东北部奥尔什丁省首府，位于马祖尔湖区维纳河畔。——译者注

才敢相信赢得了一场伟大的胜利，可以好好欢呼庆祝了。

萨姆索诺夫的参谋长波斯托夫斯基把英国武官紧急调往后方。波斯托夫斯基对阿尔弗雷德·诺克斯说道："目前局势相当严峻，最好不要让外人看到我们处境危险。"萨姆索诺夫向诺克斯亲口承认俄军正在溃败，还神秘兮兮地说自己虽然并不知道局势接下来会如何发展，"但是即使发生最糟糕的情况，也不会对战争的最终输赢产生影响"。没过多久，德军开始对俄军中路发起最后猛攻。第二集团军的残兵剩卒乱作一团，开始往波兰边境败退。萨姆索诺夫的23万大军阵亡、受伤和被俘者超过半数，三支进攻部队溃不成军。在这片长满羽扇豆的土地上，延绵多少英里躺的尽是阵亡士兵的尸体。

俄国人被打得晕头转向，数万人马退至奥尔滕堡和耐登堡附近。有的部队被困在湖边，有的在森林中迷了路，还有的在找地方涉水渡河。这支败军之师早已土崩瓦解，各路残军都在竭尽全力求得一条生路，从无情的德国人手中逃出来。兴登堡致电德皇，并且得到同意，将这场胜仗命名为"坦嫩贝格战役"。坦嫩贝格村虽然离战场还有一段距离，可是这个名字却能引发强烈共鸣。1410年，条顿骑士团曾在此地蒙羞，败在波兰人和立陶宛人手中，吃到历史性惨败。而在这一刻，胜负起了反转。

马克斯·霍夫曼承认因为这一点小小作为能够获得一枚"铁十字勋章"，自己也觉得奇怪，说道："我从未想过守在电话机旁，也能获得这枚最漂亮的军事勋章。"不过，他过了一会儿又开始洋洋得意地自夸起来："在我看来，总得有人具有坚定的信心和对胜利的执着，这样才能保持头脑冷静，克服困难和危机。"8月31日，霍夫曼陪伴多纳伯爵将军一同视察了战场。二人走到一处铁路终点站时看见几千名俄军战俘正在等着被运走关押起来。多纳向霍夫曼问道："战俘估计会有多少？"霍夫曼猜测在三万到四万人不等，而多纳认为顶多只有两万。霍夫曼于是提出和多纳打赌，以两万为界，不管多少，每一个战俘算一马克。多纳拒绝了霍夫曼的建议。不过，倘若真要打赌，霍夫曼将会大赚一笔——最终被俘的俄军人数为9.2万人，外加缴获大炮350门。

德国人为了赢得这场关键胜利，兴登堡投入作战兵力达到15万，伤亡仅

有1.2万人。德皇威廉二世看问题向来乐观，这一回也不例外。他建议把坦嫩贝格战役中俘虏的俄军赶到波罗的海之滨的库尔兰半岛，好让这些俄国佬"统统饿死在那里"。垂垂老矣的兴登堡凭借此役在德国留下不朽英名，被任命为陆军元帅。许多城镇都为他树立起巨大的木质雕像，雕像上钉着的铁钉是民众们用给红十字会筹集的资金买来的。"我们的兴登堡"地位名望空前高涨，不仅很快引起德皇警觉，也让鲁登道夫愤恨不已，因为只有他才知道自己的这个总司令只是一头笨重的老牛罢了。

"我们的心中充满感激，"住在费尔登的中学教师格特鲁德·斯卡德拉在听到坦嫩贝格大捷的消息后写道，"最重要的是希望战争不要拖得太久，不要拖到冬天。不过，唉！有成千上万人倒在那里，血流遍地！"萨姆索诺夫倒是逃了出来，免于一死，不过身上所有东西，包括地图全都丢了个一干二净，待到夜幕降临，只能和副官通过划火柴、看罗盘来辨明方向。等到火柴用完，两个人已经走得累得不行，只好靠着猜测来寻找前路。萨姆索诺夫患有哮喘，没走多久就只能靠在副官的肩膀上继续前进了。8月31日，阿尔弗雷德·诺克斯问起这位败军之将的下落。有个俄军将领默不作声，用手比划着，做了个割喉自刎的动作。原来，萨姆索诺夫后来停了下来，对随行的几个参谋说："沙皇陛下对我信任有加。我却遭受如此惨败，还有何面目去见陛下？"说完举枪饮弹自尽。剩下的几个参谋一溜烟地逃往波兰去了。

一同阵亡的还有其他不少俄军高级将领。有一个军长，就是那个对当地孩子非常关心的马尔托斯，因为坐车被炮弹击中负伤。负责照料马尔托斯的亚历山德拉·亚历山德罗夫娜是穆罗姆斯基步兵团一名军官的妻子，会说德语，在部队里当翻译。人们最后一次见到时她正逃进一座森林，后来不知去向。在坦嫩贝格战役中侥幸活下来的俄军士兵一提起自己的指挥官就痛恨不已。这些军官指挥起来，简直把士兵当作玩物，"无论死多少人，都没关系"。阿尔弗雷德·诺克斯写道："俄国人看上去过于头脑简单，心地善良，打不了这种现代化战争。"这当然只是一种善意的说辞罢了，暗示萨姆索诺夫和他的俄军同僚没这个能力和本事同鲁登道夫的德军一较高下。俄国人把自己的部队送到敌人嘴边，如同宴席上的菜肴，一道接一道，等着让人一口一口慢慢吃掉。沙皇的军队但凡侧翼遭到进攻，几乎无一例外败下阵来，被打得落花流水。而在中路，德国人却有能力把握对自己最为有利的局面，展开一连串防御作战，然后再乘胜追击溃败之敌。

一如每一场战役，德国人的胜利源于多方面因素，比如说，霍夫曼的先见之明、鲁登道夫的老道干练、再加上俄国人的蠢笨无能和其他一些运气成分。兴登堡一夜之间成为德国的全民偶像，而在德军内部，几乎所有军官都为鲁登道夫的才华所折服。最重要的是，德国人知道自己已经证明了德国的士兵比起俄国的来具有根本优势。德国人在俄军面前即使不能称之为蔑视，也至少带着傲慢，这种高高在上的心态一直延续至"二战"，也为后来的失败埋下了伏笔。

战局发展至此，该轮到伦宁坎普面临和萨姆索诺夫同样的命运了。9月初的头一个星期，在靠近德国东部边境的施奈德米尔，学校里的孩子们好奇地看着每隔半小时就开来一列火车，满载着士兵，从镇上驶过，向东开去——这是毛奇为了支援兴登堡从西线调来的两个军。9日清晨，德军向马祖尔湖区的俄国第一集团军发起进攻，此役就此得名"马祖尔湖战役"。俄军左翼首先被击垮，右翼和中路也随之崩溃。兴登堡至此取得完胜。俄国人在接下来的好几天里开始从东普鲁士撤退，由于吃了败仗，为了泄愤开始残忍地洗劫边境村庄。一些辎重士兵途经约翰尼斯贝格时想把一尊俾斯麦的雕像搬走，遭到带队将军的反对。将军吼道：这样做会"引发国际纠纷的"。不过，这帮辎重士兵还是搬走了雕像。不用说，这一仗已经够得上国际纠纷了。

施祖卡一家见证了俄军的溃退。俄国人曾经像潮水一般涌进自己生活的家园，如今又退了回去。伦宁坎普的部下减员严重。一连数日，士兵们拖着沉重的步伐，走过帕帕温低矮的农舍。村民们见到不少伤兵，其他人身上的武器装备早就不见了踪影。马匹和大车都是一副残破的景象。大车要是少了一个轮子，或者那些可怜的牲口倒地不起，就会被推进路旁的沟里。有头毛驴累得实在无法走动，赶驴的俄国兵还在一路狠命地挥着鞭子，让年幼的伊丽莎白·施祖卡看着心疼不已。施祖卡的不少邻居遭到了这群残兵败卒的报复，损失惨重。有一对老夫妇名叫奥尔施维斯基，被一个俄国军官拿着皮鞭

从屋里赶了出来。军官随后点燃火柴，烧着了床上铺着的干草，火苗迅速吞没了整间屋子。即便如此，施祖卡一家还是为胜利感到由衷喜悦。他们都是忠诚的德国人，围坐在家中的烛光旁一起唱着普鲁士歌曲《万岁，胜利者的桂冠》。屋外，伦宁坎普部队掉队的士兵一批接一批地走过，彻夜不休。

俄国第一集团军之所以没有全军覆没，侥幸逃生，完全是因为逃得够快——俄国人一天能够逃上25英里，把追兵远远甩在身后。德国骑兵未能充分发挥追击败军的传统优势，虽然也想接近敌人，却被俄军殿后部队的步枪火力给阻挡住了。伦宁坎普的部队尽管溃不成军，可大部分人还是活了下来，有朝一日还能再战。德军已经实现了最为紧要的目标，粉碎了敌军对东普鲁士的进攻。虽然，敌军接下来的几个月依旧在边境之外构成威胁，确有可能越境入侵，可这台"俄国压路机"要想再沿着这条路线，闯入德国境内已经不大可能了。

俄国人的西方盟友们一开始并未意识到沙俄军队在坦嫩贝格和马祖尔湖接连失利的后果有多严重。彼时，各交战国在宣传上可谓大肆造势，你争我斗，发布的消息往往自相矛盾，说法不一。英法两国并不相信从德国传来的兴登堡捷报。俄国人则竭尽全力向盟友隐瞒自己遭受的羞辱，他们在相当程度上还真的做到了这一点。从更南面的加利西亚传来的捷报也被拿来掩盖在东普鲁士的丢人消息。俄国毕竟人口资源丰富，从沙皇军事力量的角度上来说，萨姆索诺夫全军覆没，以及伦宁坎普惨遭屠戮，似乎还无法代表败局已定，不可挽回，只是意味着沙皇当下最为迫切也是最引人注目的希望化作泡影而已。

有人认为，俄国发动的这场八月攻势对于大战胜负走向起到了决定性作用，因为这次进攻使得毛奇在关键时刻从西线抽调走了两个军的兵力，让德军在东西线的兵力对比由1∶10变为了1∶8。这种看法完全站不住脚。更为合理的解释是，德国人既想在法国实现日渐增长的野心，又希望在东线同时发动类似军事行动，可拥有的资源根本不够。对于德国领导人以及那些渴望和平，希望通过谈判早日结束战争的德国人来说，坦嫩贝格战役的胜利无疑成为一场灾难。德国全国上下因为坦嫩贝格大捷欢欣鼓舞，更加让人相信一场完全彻底的胜利已经近在眼前，触手可及，埃里希·鲁登道夫的脑子里更是觉得如此。

在这几场最早的东线战役中，伤害最大的显然是俄国人在军事上的信心。事实上，俄国人再也没有从1914年在东普鲁士经历的耻辱惨败中恢复过来。许多军官意识到沙皇军队在机制上不健全，而且缺乏有能力的指挥官担当大任。种种顽疾始终困扰着俄军在战场上的表现，直至1917年大战结束。诚然，俄军士兵展现出的牺牲精神令人敬畏，英勇斗志有时甚至让人惊讶。然而，这些东西只有在对付奥地利人时才有可能让他们取得一些胜利，在德国人面前起不到任何作用。

俄国人此前一度满心欢喜，如今却换成了极度紧张和恐惧，一连好几个星期都在提心吊胆。出于对德军进攻波兰的担心，俄国已经做好准备，打算把通往华沙的桥梁统统炸掉。政府官员和普通民众纷纷收拾行囊，随时准备逃之夭夭。然而，德国人已经得到了暂时满足。他们粉碎了俄国的狼子野心。德皇和麾下将领们将几乎全部注意力集中到了西线战场。在那里，德国人的这场战略大赌博究竟能否成功，答案即将揭晓。

第九章
霞飞时刻

第一节　巴黎告急

八月的巴黎经历着巨变。这座法兰西之都已经全面转变成为一座战争之城——虽说暂时尚未被敌军包围，可这样的危险至少已经迫在眉睫。包括博物馆在内，一切公共设施全部关闭。公共汽车被政府征用，出租车有那么一段时间从街头销声匿迹。地铁照常运行，不过售票员换成了女性。由于车厢实在太过拥挤，叫人透不过气来，很多人宁愿选择步行。街上响声最大的动静就是救护车的高音喇叭，呜哇呜哇地叫着，从车站到医院来来回回运送伤员。店面大多已经关门，店员也已参军入伍，上了战场。电影院除开保留了为数不多的几间"放映室"，一律关门大吉。在巴黎圣母院举行的一次祷告仪式吸引了超过五万人参加，到场的几乎清一色全是女人，人人都在为法国的前途祈祷。

部分物资变得紧缺起来。牛奶其实并不稀缺，毕竟布洛涅森林就养了不少奶牛，可是由于缺少人手搅拌，黄油供应开始紧张，面包房停止制作牛角面包和各种形状的"花式面包"。马肉已经很难吃到，由于军方征用大量马匹，农民认为把剩下的马匹先养起来，留着不杀，待到以后卖给军队做战马，要比送进屠宰场更加划算。贝尔维尔公园已经对外关闭，这样就可以在公园里面养羊养牛。公园里的湖水已被抽干，变成了养兔子的地方。这样做是为了以防有朝一日首都陷入重围，沦为孤城，也好有备无患。

怪象不止一处。有一天，街头的路人一大早就惊奇地发现里沃利大街上竟然来了一群羊，正被赶往东面的铁路。军队接管了乔治五世酒店。巴黎的大皇宫把平日摆放艺术品的展区腾了出来，作为2000名海军陆战队士兵的栖身之地。凡尔赛宫成了一座大兵营。几十盏探照灯齐齐射出灯柱，把首都的夜空照得通明透亮，密切注视着是否有敌军飞机出现。每天都会有一大群人守在讷伊美国人开的医院外面，争相围观伤兵进进出出。志愿参军的人来自五湖四海，每个国家的都有，全部安排在荣军院接受体检。鉴于不同国家的人身体状况不尽相同，医生拒绝了一半来自俄国的志愿者，还对三分之一的波兰人，11%的意大利人和4%的英国人说不。美国人更是一个没要。基奇纳伯爵竟然允许英王的子民选择为法国作战，令英国驻法大使好生恼火，表现得异常愤慨。弗朗索瓦·伯迪爵士愤愤不平地写道：那500个英国人既然如此自告奋勇，为何不加入自己国家的军队作战？

最为紧缺的当数消息。有关战局发展的唯一消息只有陆军部每天时不时在告示栏里贴出的一纸公告，短短三行，内容乏善可陈。巴黎人是从一份意大利报纸上第一次得知在阿尔萨斯爆发激战，伤亡惨重的消息。那是一份五天前的旧报纸，写文章的记者还是从巴塞尔发来的报道。由于纸张价格飙升厉害，多家国内报刊倒闭歇业，勉强维持下来的几家几乎根本提供不了什么新鲜消息。数以千计的印刷工，连同新闻记者都被动员入伍。安德烈·纪德苦于消息难寻，每天竟然要买九份不同的报纸。马塞尔·普鲁斯特一天要买上七份，虽然找不到什么新的消息，但对亨利·比杜在《辩论报》上写的军事评论文章倒欣赏有加，认为比杜的文章"思路清晰、文笔流畅，算得上是和这场战争有关的唯一让我读得下去的东西"。不过，普鲁斯特后来得知比杜同时还在替这家报纸写剧评，心甘情愿地干这样一个二流活计，也多少失去了信心，叹道："我只希望他不会搞混自己的角色！"

霞飞和法国政府就这样把有关军事行动的一切消息遮掩起来，秘而不宣。8月28日，政府突然发布公告，宣布"我军防线沿索姆河展开，延伸至孚日"，消息一出，举国震惊。政府轻描淡写一句话，却意味着敌军已经深入

法国的心脏地带，打击之大，可想而知。"我们以前那么乐观，像个疯子，现在全都一下子清醒了过来，"纪德哀叹道，"报纸实在是太能吹嘘了，弄得每一个人都在想入非非，还以为我们的军队只要摆个架势，就能把德国的军队统统打得落花流水。"此时此刻，人们已经开始认命，接受敌人即将兵临城下的现实。29日，一架德国鸠形单翼机在巴黎投下五枚小小的炸弹，似乎让人觉得距离大军围城的境遇又更进了一步。

8月30日，全法国的人都知道政府正在撤离，搬往波尔多，一并搬走的还有法兰西银行里储备的黄金，而且德国人也已经占领了贡比涅。在英国大使馆，弗朗索瓦·伯迪爵士烧掉了机密文件。伯迪不无忧伤地写道："德国人看来已经胜券在握，攻占巴黎指日可待。"伯迪本人随后也匆忙逃往波尔多，一同撤离的还有外交团的大部分成员。平时7个小时的车程，这一回火车却开了足足14个钟头。伯迪抱怨说只有三节车厢留给自己的随行人员，挤得一塌糊涂，俄国大使馆的人却占了8节车厢，不单外交人员带着家属，就连仆人也带上了孩子。

米歇尔·科迪是一名公务员，是同自己部门的人一道离开的巴黎。科迪用不屑的语气谈起了自己的部长："看着这帮人现在这副德行，真叫人难过……有的开着车，四处乱转……有的躲进自己的专列，看看这帮家伙吧，享受起权力来是多么猖狂嚣张、多么无所顾忌。"眼看这帮高官部长一个个逃之夭夭，讥讽之声不绝于耳。奥夏蓬分酒店是权贵常去的地方，有人灵机一动，给酒店重新起了个名字，把"夏蓬"两个字换成"卡蓬"，叫作奥卡蓬分酒店，意思是"胆小鬼"。有天晚上，科迪和几个政界同僚几杯开胃酒下肚，穷极无聊，突然想起语言学上的一个怪现象，于是探讨起来：为什么一个女人没了丈夫，会有一个专门的词叫作"寡妇"，而一个女人失去孩子，却没有专门的词汇或者短语来形容呢？驻守巴黎和波尔多的军事检查员展开了一场竞赛，相当荒唐。一方审查删除的新闻刊物，另一方总会开绿灯放行，两方互不买账，彼此作对，搞得新闻记者好不恼火。虽然，一般认为波尔多的新闻审查制度没有那么严格，可法国和其他所有参战国一样，严令禁止对外披露伤亡总数。

眼看政府官员弃城而去，上百万难民也纷纷效仿，逃离首都。这些人身份更加卑微，普鲁斯特就是其中一员。他朝着诺曼底海边的小镇卡布尔一路前行，那里可是他深爱的地方。原本五个小时的行程，结果花了22个小时才抵达。镇上小小的医院里头挤满了伤兵，普鲁斯特到了镇上，每天都会带上一些扑克牌、游戏道具和巧克力之类的小礼物前去看望。虽然，有一帮逃难的公爵夫人会帮着搭建场所，给比利时难民施舍食物，可这位小说家还是觉得这样的活儿交给镇上的妓女来干应该会干得更好。

陆军部长梅希米在逃往波尔多之前干了好几件事情，其中一桩便是任命约瑟夫·加利埃尼将军为巴黎军管总督。加利埃尼时年65岁，戴着眼镜，外表看上去干瘦佝偻，有过长期殖民战争的经历，1911年在竞争法军最高统帅的角逐中败给了霞飞。劳合·乔治那段日子与加利埃尼有过多次会面。借用劳合·乔治的话来说，加利埃尼"一眼就能看出病得不轻，面色蜡黄，身形枯槁，心绪不宁。感觉身体里的活力已经被一点点榨得差不多了，像个死人"。加利埃尼其实当年四月刚从军队退役，最高紧急状态出现时接受征召，赶紧把剩下的一点儿精力、勇气和洞察力——当然还有聪明才智——积聚起来，为法兰西尽忠效力。加利埃尼和朗勒扎克一样，早先也去过位于维特里弗朗索瓦的最高统帅部，还在8月14日建议霞飞在阿登阻击德军进攻，可惜意见未被采纳。

在此紧要关头，加利埃尼看起来正是当此大任之人。法国人虽然在英国人眼中向来习惯情绪外露，可当加利埃尼在8月26日接受军事总督，得到梅希米的热情拥吻之时，就连这位老将军自己也着实吓了一跳。加利埃尼随后迅速围绕巴黎组织防线。他心里其实清楚得很，深知一旦德军突破法国野战军阵地，巴黎已不可能再像1870年那样禁受得住围城考验。那帮官僚权贵们看来还是无法适应从和平时期到国家生死存亡关头的节奏转变，竟然因为担心给巴黎市民造成困扰，而不愿拆掉房屋，拓宽射击地带。如此搪塞推托，让加利埃尼不由得大为恼火。

8月27日，现任政府下台，重新洗牌随即开始。已经声名扫地的勒内·维维亚尼虽然保留了总理职务，可内阁中首次出现了两名社会党人。议员们对

于梅希米明显无力掌控霞飞显得极其反感——这位法军最高统帅甚至公然拒绝普因加莱视察前线,令总统好生愤怒。梅希米就此丢掉了陆军部长职位。接替其位的亚历山大·米勒兰也无法帮助加利埃尼缓解困难。这位军管总督虽然接手的巴黎卫戍部队超过十万人,但这些部队只是杂牌军,根本无法形成有效战斗力。加利埃尼深知,巴黎要想抵挡住德军正面进攻,预备役部队根本起不了作用,起码还需要三个军的常规兵力,可霞飞根本就不会给他。

有个英国人在9月初曾经哀叹感慨,这座欧洲最辉煌灿烂的城市竟然沦落至此,形同空城。咖啡馆时髦的大阳台已经人去楼空。有位名人常爱驻足林荫大道,如今只能独自一人,孤独感伤地坐在那里,已然"被追求者抛弃"。一位巴黎的编辑挖苦道,从巴黎到枫丹白露一路上到处都是被人遗弃的汽车。车主人平素习惯了司机接送,如今赶着逃命却发现自己不会开车,于是只能弃车而去。荣军院被围了个水泄不通,人人有如惊弓之鸟,渴望拿到军方通行证,好逃离巴黎。车站售票口前挤满了排队的长龙。树木被纷纷伐倒,用来设置路障,要么做成带射击孔的木头栅栏,此情此景令巴黎市民无比哀伤。一天下午,一群人聚集在布洛涅森林公园,看着一只鹰在头顶的天空高高盘旋,于是纷纷议论起这只鹰的代表意义来:莫非这就是象征着拿破仑的那只铜鹰,或者是霍亨索伦的家族象征?最后发现全都不是,这只是一只刚从动物园里逃出来的秃鹫而已。

第二节　约翰爵士的绝望

1914年已近晚秋,英国财政大臣劳合·乔治同法国第二集团军司令卡斯特诺举行了一场会晤。二人谈到英法联军当下面临的困难,劳合·乔治提起了法国最伟大的战士。"啊,拿破仑,是拿破仑!"卡斯特诺陷入了沉思,"要是拿破仑今天还活着,也许想的是'其他事情'。"卡斯特诺随后被问及法国是否有能力击退德军,他微微耸了耸肩,答道:"这是必须的!"卡斯特诺言之凿凿,将德国人逐出国门并非选择,可有可无,而是非要做到的事情。卡斯特诺的话真实道出了法国的战略处境，这样的状况自1914年8月底开始，一直持续直到4年之后。意味着德军实际上已经侵占了法国和比利时的大片领土。英法联军此后一直致力于保持进攻态势，力争从德军手中夺回失地。

可是，这样的目标如何才能实现？法军在1914年9月成功实现命运大逆转，加利埃尼的众多崇拜者随后声称加利埃尼理应获此殊荣，毕竟霞飞的支持率此时已经大大降低。在战争刚刚开始的头几个星期里，霞飞为完成"第17号计划"，一手主导了一系列惨烈的战役，牺牲了超过十万年轻士兵的生命。这位法军最高统帅完全误判了德军的部署和战略意图，结果为法军招来灭顶之灾。假使霞飞9月1日倒下阵亡，他在历史上只会留下"糊涂蛋"和"刽子手"的骂名。霞飞日后还将不断做出错误的判断，让法军蒙受更大的损失，直至1916年12月黯然下台。

诚然，霞飞并不被人视为史上最功勋卓著的战士，可他在1914年8月下旬至9月的短短几个星期里至少一度开创了属于自己的伟大时刻。霞飞头一条为人称道的功绩在于他在边境战役惨败之后并未在精神上垮掉。同时代的欧洲军事将领对于大战中损失惨重的后果早已习以为常，区区一份伤亡名单根本吓不倒他们。许多高级军官将处变不惊视为衡量自身男子气概的重要标准。可是，即便如此，仍然无法阻止交战双方的不少指挥官在1914年的那个秋天在绝望中一蹶不振。

霞飞并未倒下。这个慢条斯理，身形笨重，体格健壮的男人开始慢慢掌握敌军意图。在那些法国、英国还有德国的其他将领乱了方寸之际，霞飞却依旧保持着严谨自律，展现出一名奥林匹克选手所具有的冷静和钢铁意志，这对他阻止德皇大军取得节节胜利至关重要。霞飞在边境战役时扮演的还只是一个屠宰场监工的角色，可自从8月25日之后就成了联军的救星。他在这一天将阿尔萨斯-洛林地区的部队向北大规模调动转移。霞飞凭借着战前构筑的坚固防御工事牵制住大批德军，并将20个步兵师和三个骑兵师调派到联军中路和左翼。如此大规模调动需要相当复杂的火车协同运输，直到9月1日才最终完成。与此同时，联军左翼的撤退仍在继续。不过，在前线的中心地带，

法军发起了一系列重大有效的反击行动。举个例子，法军8月25日对进犯南希的德军发起反击。卡斯特诺身为南希地区指挥官，面对鲁普雷希特亲王从莫朗日前来的军队，在指挥防御上展现出了卓越的能力。

霞飞虽然体形笨重，却在那些日子里展现出惊人的能量。霞飞从不喜欢依靠电话来传令指挥联系，他为了同下属将军们会面，不惜驱车往返数百英里，沿途一路尘土飞扬，挤满了士兵和难民。相形之下，毛奇直到9月11日才离开指挥部。霞飞的车开得飞快，替他驾车的是乔治·布约。此人本是一名赛车手，1912年和1913年在法国格兰披治大赛上两度折桂，后被任命为霞飞的司机。霞飞的车队风驰电掣般疾驰而过的画面也成了当年法军后方让人熟悉的一幕。

英军仍在后撤，与右翼的三支法军步调大体一致。这三支法国部队负责断后，仗打得比蒙斯和勒卡托要狠，损失也更加惨重。朗勒扎克还在以为英军第二军在26日的战役中已被歼灭，他的想法也进一步加深了下属军官对英军的蔑视。霞飞在左翼最左侧新设的第六集团军仍然没有准备停当，一周之内无法投入战斗，无奈之下，只能对持续撤退睁一只眼，闭一只眼。由于指定的反击地点已经落入敌手，25日发布的第二号将军令中的初始计划显然已经不再可行。可是，突入北部的构想是否仍然具有意义呢？英军总司令及其幕僚对此根本不感兴趣，他们一心只想挽救自己为数不多的军队。在英国人看来，是法国人让自己遭的罪。截至8月28日，英法联军已经撤至索姆河南岸，三天后开始横渡埃纳河，随后穿过香巴尼的乡间，兰斯已被放弃。

接踵而至的灾难让联军内部关系进一步恶化。30日下午，朗勒扎克的参谋给英军指挥部发去电文，要求英国人帮忙摧毁瓦兹河上的一座桥梁，地点位于巴依。在拖拖拉拉好几个小时之后，一队英国工兵部队带着炸药，动身出发。英国人的卡车在漆黑的夜色中误打误撞地上了桥，全然没有发觉德军早已摆好架势。派去的工兵被统统打死，大桥完好无损。第二天，也就是31日，法国第五集团军继续顶着灼人的烈日撤退，他们迫切需要艾伦比的骑兵来保护左翼。路易斯·斯皮尔斯想出了一个极富创意的点子。他估摸英军可能出现在哪些地区，给那些地区的邮局局长们挨个打去电话。最终有一位局长传来了积极的回应：这位女局长找来一个宪兵。小伙子可算帮了大忙，找到一名英国轻骑兵来接电话。这个骑兵军官曾和斯皮尔斯一起共事过，许诺一定转达消息，还自己试图找一些人手过来，帮帮位于两支联军部队中间空当地带的这几支部队，可惜最后未能成功。

与此同时，英军指挥部一直在不停向南转移，基本上无法取得联系，感觉好像在"生闷气"一样。借用斯皮尔斯的话来说，约翰爵士及其下属这个时候"对于不能对英军产生直接影响的事情毫无兴趣"。31日是个重要的大日子，这位英军总司令在这一天终于忍无可忍，给伦敦发去一封电报，把自己对法军以及必须得和法国人共同作战的厌恶之情尽情发泄了一通。"我实在搞不明白，为什么还要冒这样大的危险，去再救法国人一次，"约翰爵士在电报中写道，"我认为你们根本就没搞明白第二军现在支离破碎，成了什么样子，我们的进攻力量已经完全瘫痪了。"

堂堂一位老兵，指挥着战场上唯——支英国军队，居然表现得如此出离愤怒，不禁让英国战时内阁惊愕万分。约翰爵士的电报送抵伦敦之际正值关键时刻。由于开战头一个月，英军只是派出小小陆军的部分部队参战，加之欧洲大陆战事规模如此之大，可以说是战局扑朔迷离，情报错漏百出。各大报纸早期鲜有战事报道可寻，仅有的几条消息无一例外持欢欣鼓舞态度。8月17日的《泰晤士报》头版头条甚至写着"德军被赶出迪南"，可谓乐观之极。英国远征军的许多军官在给家人写信时，语气一如既往地轻描淡写，全然没有把即将降临的悲惨遭遇当作一回事。30岁的哈里·迪戎是牛津和白金汉郡轻步兵团的一名上尉，他在8月29日的日记里兴奋地写道："我身体好得很，一切都很棒。我们刚刚完成了一场伟大的行军——这是一项艰巨的任务，一连行军25个小时，中间几乎一刻不停，这样的情况到目前为止已经持续了好几天。有的人走到腿脚抽筋，连站都站不稳。我们碰上的绝对是德国陆军的精锐，最后把成千上万德国佬打得落花流水……那帮德国猪尽干一些下三滥的丑事。有一次把手无寸铁的妇女和儿童赶在队伍前面……还有一回穿上法国人的军服，出来大喊大叫……不管哪一点，我们都比德国人强。"

如此一派胡言，目的只是安抚远在家中的亲人罢了。就连首相大人对于

法国人打的仗到底有多大也一无所知，这些战事规模之大，足以令英军的那点小打小闹相形见绌。阿斯奎斯收到关于蒙斯战役的电报后，反反复复读了两遍，无可奈何地对基奇纳说道："我觉得你已经尽力，做了能做的一切。"阿斯奎斯反复提到法国人不愿战斗的事情，搬出英军的那套调调，认为这个法国盟友简直就是个"懦夫"。8月24日的内阁会议一开始简单讨论了一下远征军是否有必要从敦刻尔克撤出的问题，不过大家紧张的情绪随后很快缓和下来。莫里斯·博纳姆·卡特是首相幕僚之一，他在8月28日给瓦奥莱特·阿斯奎斯写了封信，以英国人特有的大国口吻自鸣得意地说道："我们英国人民创造了奇迹，我是真的这么想，是我们英国拯救了法国人。"阿斯奎斯本人也在8月29日表达了类似看法："比利时人……算是真正勇敢——到目前为止要比法国人好多了——现在还在组织军队。"这位英国领导人似乎对于战局发展、战场变化和其他相关事情毫无意识，当天还在给维尼西娅·斯坦利的信中用漫不经心的语气提起俄国人可能派遣三到四支部队通过阿尔汉格尔进入法国的事情："你不觉得这个主意还蛮不错吗？"两天之后，阿斯奎斯又在抬头机密的信中草草写下这么一句："俄国人来不了了——他们要差不多六个星期才到得了阿尔汉格尔！"

阿斯奎斯为人聪明敏锐，可每每笔下言及极具战略意义的大事，就好像是在讨论一些客人无法参加花园聚会之类的无聊琐事。整个8月，英国已经陷入战争当中，阿斯奎斯居然重拾旧习，周末跑去乡间度假，有一回在肯特享受完田园风光，回城路上遇见一个司机车辆抛锚，还友善地伸出援手，用自己的车把坏车拖到了最近的镇上。就在这趟路上，阿斯奎斯还顺道搭了两个从马盖特度假回来的小孩，把他们送回了刘易舍姆的住所，一个小孩一路上还一直坐在首相的腿上。

诚然，对于这些微不足道的善举，我们没有任何理由以讽刺的口吻去评价。这些事情中的任何一件既吸引不了众人围观，也招惹不来记者拍照，只是单纯反映出阿斯奎斯善良的家长本性。然而，倘若换成下一次大战时的英国领导人温斯顿·丘吉尔，类似燃眉之急的危机状态中也能有如此行事作风，着实难以想象。阿斯奎斯1914年无论嘴里说的，还是手上做的，几乎所有事情都反映出他面对如此一场难以估量的欧洲浩劫，表现得何等循规蹈矩。他既没有手段，也缺乏兴趣指挥军事行动，将权力交给了基奇纳和陆军部。说阿斯奎斯毫无将才，并非中伤诋毁。他在如此大规模紧急状态之下的所作所为，与1940年内维尔·张伯伦的表现如出一辙，都不适合领导一个国家度过危难。

与此同时，英国民众对欧洲大陆局势发展知之更少。《泰晤士报》到了8月18日还在自信满满地宣称："目前但有一事明了，德军并未贸然发动全面进攻，这与之前军事专家们的预计有所不同。"谁知短短三天之后，人们便得知真实情况与《泰晤士报》所言完全背道而驰。《纪事报》告诉读者："这场大战完全有可能决定欧洲命运，重塑欧洲版图，现在已经开始。"民众此后十天再未得到有关战事的任何重要消息，也变得愈加漠不关心，那些对社会和政治心存不满的"低层人士"尤为如此。

伊顿公学校长爱德华·利特尔顿给《泰晤士报》写了一封信，发表在24日的报纸上。这位校长在信中表达了对于这一类人道德沦丧倍感失望："我们有不少工人，认为就算是德国人打赢了战争，处境也不会比现在差多少。这种观点如果不加以反对，我们是要完蛋的。"同样是在8月24日，议会律师休·戈德利在乡间度完周末聚会之后致信瓦奥莱特·阿斯奎斯，写道："万万没有想到乡下的人对现在发生的事情知道得这么少，根本就不关心……他们真的只对自己的事情感兴趣。"就在同一天，由于误以为俄国在东普鲁士打了胜仗，塞尔维亚打赢了奥地利，报纸上呈现出一派狂热乐观的景象。有人预测沙俄军队很快就能打下哥尼斯堡，继续向旦泽挺进。霍雷肖·博顿利[1]这个骗子大发感慨，在《约翰牛》杂志上宣称："当战争的喧嚣归于沉寂，让每一个英国人的眼中都闪耀着平静自信和坚定毅然的目光。带着我们的女人和孩子，让我们聚在一起，畅谈我们牺牲的可爱同志，是他们赢得了胜利，还

---

[1] 霍雷肖·威廉·博顿利（Horatio William Bottomley，1860—1933），英国议员、金融家、记者、编辑，报业家，1906年创刊《约翰牛》杂志，任主编，"一战"期间以大肆发表宣扬胜利的溢美之词而闻名，1922年因诈骗罪被判入狱七年，被开除出下议院，1927年出狱后试图重操旧业，结果惨淡收场，1933年在贫病交加中去世。——译者注

有这个新生的世界。在这个世界里，和平将成为国王。"

然而，法军惨败的消息很快传遍了英国政府上下。海军部秘书诺曼·麦克劳德在8月24日的日记中愤怒地写道："如果法国人没有本事保卫自己的国家，那么去帮这样的人也毫无希望。"第二天，《泰晤士报》的军事记者预测——虽然已是事发两天之后，但《泰晤士报》的预测这一回倒是很准——在蒙斯的英军将被迫和法军一同南撤。同样是在8月25日，诺曼·麦克劳德同第四海军军务大臣塞西尔·兰伯特进行会晤，谈话氛围极其忧伤。兰伯特"对当前局势看法相当悲观。在他看来，法军已经无力支撑"。兰伯特说："恐怕法国人只能让德国人一路打进来了。好吧，我们必须下定决心，接受事实，120年前的处境和今天一模一样。"不过，麦克劳德当天下午又在日记中提到兰伯特后来变得振作起来，说道："我们的小伙子们表现很好，基本上没什么损失就回来了——局势还是大有希望的。"

8月26日，《每日邮报》新闻编辑在日记中写道："英军伤亡情况首次公布，人数超过两千。战争才刚刚开始，就出现这么大的死伤。大家私底下都感到惊慌失措，议论纷纷。"《泰晤士报》在开战头几周刊载了阵亡军官的生平简介。比如说，"克劳德·亨利，中尉，1881年出生，1903年加入皇家伍斯特郡步兵团……1909年至去年7月在西非边防军服役……杜格尔德·斯图尔特·吉尔金森，上尉，1880年出生，1899年加入苏格兰步兵团，曾在雷德佛斯·布勒爵士手下服役，参加了雷地史密斯救援军。"简介同时附有照片，其中有些显得极不搭调，让人一看就不舒服。比如埃塞克斯步兵团的A.F.H.朗德中尉照片上穿着一身球衣。"安菲翁"号巡洋舰在北海被水雷击沉，《泰晤士报》之后如法炮制，刊登了一份获救水兵的完整名单。不过，这些举动并无什么意义，后来很快不了了之。

《泰晤士报》登过一则广告，反映出英国国内对于欧洲大陆战争普遍持有的看法天真到何等地步，读起来更加令人震惊："印度在大英帝国面临危难之际表现出来的赤诚之心令全世界为之钦佩。印度的王公、农民、军队和全国财富都在听从英国调遣，其奉献精神令人感动。作为回报，您不妨帮印度一个小忙——您还可以从中获益。请在家喝'纯印度茶'，在公共茶室和餐馆也请一定喝'纯印度茶'！"

　　法国和英国对媒体封锁军队消息，如此政策导致了不少恶果。普通民众苦于根本无从得知士兵境遇。记者们除了仅有的少数官方通告之外，没有任何消息来源，于是纷纷单枪匹马奔赴前线，探寻消息，结果大多被赶了回来。其中有一个小故事，很可能是真的，讲的是一群记者在去往战场的路上遭到扣留，被带到霍勒斯·史密斯-杜利恩将军面前。有一个记者声称自己是《泰晤士报》派来的，将军听后冷冷说道，希望记者的老板，也就是诺斯克里夫勋爵会慷慨奖赏这名记者的敬业和热情，可是至于他本人，将会派兵护卫这群记者到图尔市去凉快凉快，直到战争结束。

　　由于缺少前线记者发来的报道，专家们只能依靠推测或者从前线传回的只言片语做出判断。报社编辑开始刊登前线士兵寄给后方亲人的信件，信件有的是士兵的妻子，有的是母亲转交给报社的，信中描述的英勇事迹让她们非常着迷。不过，人们很快发现这些回忆信件有不少是在粉饰英雄，要么就是彻头彻尾的谎话。第一步兵旅就非常生气地发现自己部队里有一个士兵名叫柯蒂斯，写了一封信，被多家报刊转载。柯蒂斯在信中描述了自己撤退过程中的英雄事迹，事实上这家伙还没开始打仗就当了逃兵，躲到后方去了。

　　与此同时，8月29日出版的《伦敦新闻画报》将蒙斯战役中的英军部队描述成"胜利之师"。查尔斯·洛用宽慰的笔调将英军撤退比作威灵顿将军的部队1815年在夸特布拉斯的情况："那样做只不过是在以退为进，最后的结果是我们在滑铁卢赢得大胜······他们当年好好教训了法国人一顿——如今几乎是在同样的地点——又给法国人树立了榜样。"霞飞及其属下看到英国人如此趾高气扬的傲慢态度，该有多么恼羞成怒也就不足为奇了。

　　接着8月29日报上消息传来，欧洲大陆战局不妙，如此出人意料的新闻让读者们大吃一惊。《泰晤士报》发表了一封报道，报道是记者8月28日从法国亚眠发回来的，上面写道："北部战况看来相当严峻。"到了大撤退的混乱时刻，记者们终于能够采访到了一些士兵。士兵们口中描述的画面极其惨淡。更加糟糕的事情接踵而至：《泰晤士报》记者亚瑟·摩尔正骑着自行车沿公路前进，途中遇到几个掉队的英国远征军士兵。摩尔听完士兵讲述，回来写

了一篇关于英军困境详情的深度报道，登载在了8月31日的专刊上，随即引发
轩然大波。文章将英国远征军描述得一败涂地。"当务之急在于必须让这个国
家了解到某些真相，"摩尔写道，"真相的滋味虽然苦涩，但是我们有能力面
对。我们必须降低损失，评估现状，咬紧牙关……我没有见到任何一个士兵
脸上流露出惧色。他们的确是在撤退，虽然已经无法重新组织起队伍，但是
这支军队不会任人宰割……我们的损失非常之大，我亲眼见到不少部队溃不
成军……总而言之，德国人的首次大规模行动取得了胜利。我们不得不面对
事实，英国远征军遭受重创，伤亡惨重，亟须大规模增援。"摩尔在文章最
后指出德军同样蒙受了巨大伤亡，"很可能也已经到了极限。"

　　《泰晤士报》在社论中吹嘘道："英军创造了漫长历史上前所未见的荣
耀，赢得了新的不朽声誉……面对占据压倒性优势敌军的持续进攻，英军虽
然被迫转入撤退，防线遭到突破，但是并未被击溃。"《泰晤士报》发表如
此消息，可以毫不夸张地说，对于公众舆论产生了巨大影响。这样的文章也
惹恼了其他英国媒体，这些媒体一向遵循政府指令，只知靠着满篇陈词滥调
维持士气。阿斯奎斯对摩尔的报道公开发难，否认摩尔所言英军已经溃败的
结论。然而，《泰晤士报》报道引起的风暴仍在继续发酵。英国远征军总司
令弗伦奇发来有关远征军情况的秘密电报，文中观点和上述这位"凭感觉臆
测"的记者几乎一模一样。二人都犯了严重错误，都在夸大其词。不过，弗
伦奇的"失败主义"有恐导致可怕的后果：他告诉阿斯奎斯自己计划撤过塞
纳河，在拉罗谢尔港口建立一个新的后勤基地。毫无疑问，这位英军总司令
把自己想象成了一个世纪前的约翰·摩尔，约翰·摩尔当年在西班牙正是撤
到科伦纳，才挽救了他那支小小的勇敢的军队。

　　伦敦谣言漫天，流言四起，充分反映出英国人对于法军有多么计较与偏
颇。诺曼·麦克劳德在日记中记载了一系列溃败；英军总司令扬言要将英国
远征军撤回本土，借此要挟法国；一支法国骑兵师据说拒绝对陷入困境的英
军施以援手，理由是"自己太累了"；英军坚持战斗11天，直至"血肉之躯
全部倒下"。第四海军军务大臣不胜其扰，对麦克劳德说道，看上去英国这
一次又得不顾自身安危，挽救法国了，一如当年威灵顿拯救西班牙一样。这

位要人隔天又透露道："我已经同法国人说清楚了，他们要么坚持战斗，要么死路一条。"

威斯敏斯特宫与白厅收到约翰·弗伦奇爵士发来的电报时该有多么震动，可想而知。堂堂英军总司令居然在战场上打算甩手不干，抽身回家，事态之严重超乎寻常。英军想要抛开法军单干，这样的想法将对联军作战产生灾难性的后果。内阁当机立断，做出决定——这个决定至关重要，不做不行——英法团结压倒一切。弗伦奇的请求遭到驳回。内阁明令弗伦奇，英国远征军务必与霞飞的军队保持一致、并肩作战。陆军大臣基奇纳被火速派往巴黎督军。英军总司令弗伦奇必须打消抛弃法国的丢人念头。

第三节　希望的种子

9月1日，就在皇家骑乘炮兵团第12炮兵连和近卫兵旅在奈瑞和维莱科特雷小打小闹之际，法国首都巴黎的英国驻法大使馆——那里以前是宝琳·博尔盖塞[①]在圣奥诺雷路的宅邸——正在举行一场重要的会议。基奇纳刚从伦敦匆匆赶来，特意选择在此同约翰·弗伦奇爵士会面，后者也已从贡比涅召回。这位英军总司令后来坦言自己对于此次会晤十分反感。首先，他要见基奇纳就不得不离开指挥部，其次，他的这名陆军元帅同僚现在明明只是一个文职陆军部长，却穿着一身军装前来参会。弗伦奇抨击这次会面是对其本人"行政指挥与权力"的一场政治干预，当即拒绝了基奇纳亲赴战场督查英军的提议。可是，事实真相却是倘若要这位总司令作陪的话，定会感到自愧不

---

① 宝琳·博尔盖塞（Pauline Borghese, 1780—1825），又名宝琳·波拿巴（Pauline Bonaparte），法国公主、意大利贵妇，拿破仑·波拿巴的妹妹，早年嫁给法军陆军将领夏尔·李克勒克（Charles Leclerc, 1772—1802），丧夫之后改嫁意大利苏尔莫纳亲王卡米约·博尔盖塞（Camillo Borghese, 1775—1832），拿破仑兵败滑铁卢之后一度得到教皇庇护，并且是波拿巴家族中唯一一个去流放地探望过拿破仑的家庭成员，后期婚姻不幸，郁郁寡欢，1825年因肺结核病逝于罗马。——译者注

如，谁叫基奇纳身为军人，要比他弗伦奇更有头脑，开会当天身上还戴着1870年—1871年普法战争的军功勋章，这可是一年前刚刚特别纪念颁发的。二人在经过一番紧张、甚至激烈的言语交锋之后终于就作战计划艰难妥协，达成一致：约翰·弗伦奇爵士将继续指挥英国远征军后撤，但他必须同霞飞的计划密切保持一致，并且随时注意保护法军两翼。

弗伦奇接下来一连四天，打定主意充分利用免责条款来推脱保护法军侧翼的责任，霞飞和法军同僚对此大失所望。这位英军总司令先后发布一系列命令，将此解释为自己有权拒绝接受参加联合反击行动的反复请求。弗伦奇最主要的目的是想把自己的部队一直撤到塞纳河的对岸去，这样就可以和德军分隔开来。约翰·特林对此评价道："法国人无法确定英军的真实意图，法国北方大部已被德军占领，而英国人除了撤退，显然再无其他想法，因此大大增加了霞飞的困难。"特林的这番评价相当中肯。加利埃尼后来对法军窘况的描述不管怎样，还是可信的——加利埃尼的话带有强烈的党争意识，试图制造一幅混乱前景，好让自己借机上台。加利埃尼讲述了自己在前线后方遇见一些法军将领，这些军官和手下的士兵失去了联系，士兵们也不知道自己军官的下落；指挥官们不知身处何地，又该去往何方。9月2日，这位巴黎军管总督与霞飞进行了电话通话。霞飞表达了对第五集团军左翼的担忧，说"英国人太懒，根本不打算前进"。

英国人但凡派兵参战——1939—1945年的那一场也算在里面——就差不多已经习惯了花上好几个月，乃至好几年的宝贵时间来做准备，直到迫不得已，才会拿起武器好好打上一仗。诚然，国家需要召集远征部队，派往海外，有时甚至得跨越千山万水，出现耽搁延误在所难免。可是，相形之下，1914年这场战争带来的震动非比寻常，来得太过突然：这是一场完全出乎意料的欧洲大战，士兵们在短短三周之内就从练兵场、小酒吧、军官餐厅还有马球场被送上了血雨腥风的战场。对于一些人来说——不少指挥官也在其中——如此转变有些太过剧烈，难以承受。这些人在这幕决定欧洲命运走向的大戏中无法实现必要的心理转变，适应自己应该扮演的角色。8月31日晚，斯皮尔斯就听到朗勒扎克在一个人低声自言自语，语气一反常态的柔和，颇有几分伤感。这位将军借用古罗马诗人霍勒斯的话，叹道："唉，留在家中的人可以爱抚情人的酥胸，而非上阵厮杀，该是多么幸福！"这帮军官无力在1914年8月尽到保家卫国、守土有责的责任，他们在情感上流露出来的投降心理固然惹人怜悯，却并不值得同情。一个人除非有决心肩负重担，否则就不该担此重任。

对于那些日子里急着逃命的人来说，迂回去往巴黎后方是一件慢到足以让人失去理智的事情。成群结队的部队、汽车和难民把前线后方的每一条道路都堵塞得水泄不通。一天晚上，有一名英国军官在路上被一队骑兵挡住了去路，队伍一动不动，军官只好扔下汽车，徒步前行："胸甲骑兵高高坐在马上，戴着笨重的头盔和胸甲，一动不动。没有任何人下马。夜静悄悄的，枪炮的轰隆声听起来感觉相当的近。突然一阵风吹过，骑兵身后的马尾四散摆动开来，这支铁蹄部队接着又陷入了沉寂。"拉莫特是第五集团军参谋部的一名军官，为了督促军事地图印刷工加紧干活，不得不一趟又一趟驱车前往巴黎。一方面，由于法军对于法国全境地图需求太大，供不应求，印刷工忙得不可开交。另一方面，法国人当年一心以为霞飞能够率领大军挺进德国，印刷了成千上万份德国西部地图，现在随着战事陷入僵持，只能整整齐齐地堆在那里，等着烂掉。

8月末9月初那会儿，英法联军既有英雄事迹上演，也出现了不少龌龊的场景。人们每每提及德军在法国境内大肆掠夺，无不感到厌恶，有关记叙多到数不胜数。不过，对于英法士兵撤退路上的非分之举，比如一些人穷凶极恶地掠夺财物——尤其是抢酒——却鲜有人提起。瓦兹的勒梅——阿姆洛地区发生破坏事件，罪魁祸首并非敌人德国，而是法国殖民地雇佣军。爱德华·科德维目睹了劫掠惨状，心有余悸，写道："这些大农场的主人原本住在超乎想象的奢华宅子里面：家中摆着水晶花瓶、钢琴、台球桌还有豪华的睡床。现在全都遭到了一群野蛮士兵的破坏。这帮家伙把锁着关着的地方统统撬开，把里面的东西扔得满地都是；碰上中意的东西抢了就走，没用的一律捣毁弄烂；屋主人的照片被撕了个稀巴烂；床单和女人的内衣被踩在地上；床上、台球桌上，还有钢琴上，吃的撒得到处都是；瓷器也被扔到地

上，砸个粉碎；有些当兵的还在床上拉屎撒尿。换作德国人，都不会如此过分。"

由于伤亡人数过多，军队的医疗机构已经不堪重负。英军差不多有三分之一的伤员在抵达医疗站后因为缺乏救治，结果不幸死于坏疽症。法军方面，根据医护助手吕西安·拉比的记载，自己在开仗的头一个月里头开着救护车收治了406名伤员，第二个月是650人。白天通常无法转移伤员，晚上即使有了法军救护犬的帮忙——法国人专门训练了150多只救护犬——也很难找到伤员位置。拉比已经习惯了随随便便做出无情的判断：对于那些一看就知道活不下来的伤员，果断放弃。据说还用手枪帮助一些伤员结束痛苦。拉比唯一的装备只有一些包扎用的敷药。有一回为了帮助一名伤兵止血，只好拿了两片硬邦邦的饼干压在伤口上，然后绑上绷带，死命系紧。

包扎敷药的救助站里没有灯，一脚下去，常常踩得满腿是泥。拉比写道："太可怕了！那么多伤员！所有人都在哀求我们先给自己看，先给自己治。地窖里全是伤号，房子里面也满屋子都是——每一间房，每一张床，全都是人。"有些伤员即便有幸能够在塞得满满的火车里找个位置，到了后方也不见得就能减轻痛苦。很多是在挨了四五天之后才第一次入院接受治疗。破伤风成为伤兵死亡的头号杀手。开在讷伊的美国医院有一名牧师，说起自己和同事询问每一名伤员伤情的情形时写道："有几个人一言不发，只知道用手指着喉咙，要么就是头和身体的一侧。有些人掀开伤口上盖着的布，露出黑色的一大块，泡在血污里。味道令人作呕……今天早上我给一个里昂来的士兵做了赎罪祷告。这个士兵的脑门被炸了个洞，半边身子没了知觉，神志倒还相当清醒，能听懂说话。我问他问题，是和不是都还答得上来。"

至于那些四肢尚在，身体健全的士兵，利用撤退的混乱从队伍里偷偷溜走的可不止一两个。有些后来重新归队，辩解声称之前与部队失去联系，其他一些就算掉在后面，做了俘虏也满不在乎。约翰·弗伦奇及其同僚并非向失败主义低头的唯一高级军官：约瑟夫·德·迈斯特将军是法国第一集团军参谋长，后来告诉斯皮尔斯，说自己在那个灾难性的8月一度认真考虑过开枪自杀。9月1日，第五集团军的士兵继续往巴黎东北方向撤退，斯皮尔斯描述了这样一幅场景："这些法国兵看上去像鬼一样，刚刚从地狱里冒出来，为了赎罪只好在罪恶的世界里不停赶路。一个个低着脑袋，红裤子和蓝色军装因为沾了太多灰尘，已经看不出颜色，走路跌跌撞撞，碰到弃在路上的马车，甚至撞到其他人身上。这些人就这样拖着沉重的脚步，一路走个不停，眼睛里全是灰，也顾不上周围阳光灿烂的亮丽风景，眼前只有丢弃在地的背包、奄奄一息躺着的人，还有偶尔见到的几杆废枪。"

因战争而来的灾难如潮水一般席卷了普通民众生活的地区，人们在极力逃避。有一个小村子，村长名叫德福里谢，看到一群士兵正在挥汗如雨地挖坑，埋一匹死马，于是上前要士兵们停下来，说坑离村民的房子太近。士兵们一边嘴里发着牢骚，一边挪地方，换到一块地里重新开挖。德法两边的军队几乎都找不到时间来掩埋阵亡将士的尸体，更不用说牲口的死尸了。"一个人能够适应如此颠沛流离的生活，真是难以置信，"爱德华·科德维写道，"吃饭睡觉，居无定所，什么重要的事情都不用挂念，因为我们什么也不知道。既收不到信，也看不到报纸，这出戏到底唱得怎样，压根就没法分享……我们就像傻瓜一样一声不吭地埋头往前走，简直就是战神的奴隶。"

交战双方卷入这场人员大转移的兵员数以百万计，俨然一场骇人的动物大迁徙。其中只有少部分人了解时运的激荡转变。霞飞大可拿着8月一系列战事的战略成果炫耀一番。法军虽然损失惨重，但在阿尔萨斯-洛林地区发起的猛攻逼得德国人无法抽掉转移部队，增援比利时境内的右翼。随着部队从海外殖民地陆续赶来，协约国军队兵力渐强。由于意大利宣布保持中立，法国得以将南部边境守军转移至西线战场，增强实力。多亏了第五集团军、达马德的地方部队还有英国远征军的不懈努力，德国人才在这场赛跑中败下阵来，他们没能赶在霞飞重新部署之前实现在法国北部取得决定性胜利的目标。重整旗鼓的霞飞既然已经铸好了盾牌，接下来就该利剑出鞘，展开进攻了。

整个8月下旬，直到9月初，从南部开来的火车源源不断地将兵士、汽车、枪支和马匹运往巴黎北部，加入约瑟夫·莫努里将军麾下新成立的第六集团军。阿洛伊斯·勒文施泰因只是一名德军中尉，他在给家人的信中提到

法军作战顽强，指挥有方。"最重要的是，"勒文斯泰因写道，"法国人有能力大规模快速运输部队，这样就可以凭借绝对优势兵力进攻我们的薄弱地带。"比起自己的上级总参谋部对法国铁路系统能力的看法来，勒文施泰因的话无疑体现出了更为清醒的判断。法国的铁路系统此时此刻发挥的作用至关重要。

霞飞虽然将第六集团军置于加利埃尼管辖之下，却拒绝了后者增加一支卫戍部队保卫首都的要求——巴黎能否守住，必须靠着在这座荣耀之城视野之外打一场大战才能决定。霞飞私下里大为不满，认为英国人撤得过于仓促，让他原本打算在亚眠开战的想法落空。即便如此，霞飞当着约翰·弗伦奇爵士及其属下的面，依旧表现得一如既往的彬彬有礼。英国远征军虽然兵力只占联军总兵力的3%，可要想展开反攻，英国人的支持必不可少。英军正在行军路上，虽然走的方向往后，但既然线路位于法国第五和第六集团军之间，就必须说服英国人停下脚步，待在原地不动。

越来越多证据显示，克拉克犯了一个大错：他既没有按照"施里芬计划"的部署包围巴黎，也没有直接进攻首都，却让自己的军队掉转东向，从而缩短了德军发起闪击的时间。克拉克对于莫努里的新建第六集团军完全不屑一顾，直接越过对方阵地进军。他的这一举动反映出毛奇手下将领中普遍存在的一种绝对信念，以为这场战争的关键行动已经结束。德军既然已经俘虏了十数万法军士兵，现在看来只需收割胜利果实即可。胜利的狂潮席卷霍亨索伦帝国：就连柏林工人阶级居住区——工人此前一直在强烈反对战争——的窗沿上也头一回插上了胜利的旗帜。赫伯特·苏尔茨巴赫是一名新入伍的德军炮兵，在这狂欢时刻直到9月2日才动身去往前线，对于错过德军胜利兵临巴黎城下的一幕感到相当沮丧："我被一种奇怪复杂的心情包围着，感到又高兴，又开心，又自豪，既有互道离别的那种心情，也会意识到这样的时刻是多么伟大。"

德国人在1914年取得决定性胜利的期望为何落空，原因众说纷纭，过往一个世纪以来争议不断。有人认为，毛奇的大包围战略之所以失败，原因只有一个——他缺乏远见与胆识去合理执行"施里芬计划"。也有不少人认为原因在于8月底那次往巴黎北部的军事转向。转向是由比洛发起的，最终成为对施里芬伟大构想的致命背叛。然而，上述两种说法均无法令人信服。应该说，在协约国广泛动员之后，随着其军事力量逐渐能与毛奇的军队相提并论，不管德国采取何种战略，除非协约国遭遇完败，否则都不可能在1914年取得决定性胜利。

无论是战争期间还是战后，这位德国总参谋长都遭到了同胞的大肆批评，因为是他为了加强南面的兵力削弱了德军右翼。确实，毛奇为了保卫德国本土每一寸土地不受侵犯而殚精竭虑。历史上伟大的领军人物也许可以接受放弃某些实地，来确保拥有足够力量在关键之处发起致命一击；毛奇支持鲁普雷希特亲王进攻南希，此举显然大错特错。可是，这是一场全新的战争，交战各方兵力空前强大。法国陆军比起1870年，甚至是1906年——那一年施里芬正好光荣卸甲——都要更加兵强马壮。任何一个负责任的指挥官，都不会任由自己暴露在敌人面前，要知道那可是霞飞军队最令人生畏的地方。

抛开其他一切不谈，对于一支只能依靠士兵双腿或者马匹行动的军队而言，施里芬的大包围计划根本就没有实现的可能。20世纪毁灭性武器发展飞速，交通与通信技术远远滞后。在这个摩托化尚未到来的时代，防御一方有足够能力利用铁路干线，抢在攻方发难之前，更加迅速实现军事调动或者增援。德国妄图凭借一个"施里芬计划"就想速战速决，一举击败欧洲最强大的三个国家，这是一种灾难性的集体错觉。即使拿破仑·波拿巴再世，也无法在1914年取得不同结果。阿尔弗雷德·施里芬伯爵一如历史上的不少名将和军事大师，他的致命局限在于缺乏对后勤的了解与掌握，而这恰恰是一切现代化军事行动取得成功的基础：一支军队上阵作战，单日所需给养自1870年以来已经翻了一番。施里芬与其说是一位天赋过人的战略家，倒不如说是一个空想家，注定带着那帮愚蠢的门徒走向失败。

9月1日，法军截获情报，证实克拉克的军队已经掉转方向。一个沾满血污的挎包被人从前线捎到了朗勒扎克的参谋手中。挎包是从一名阵亡德国骑兵军官身上缴得的。包内装有食品、衣服、文件以及一张地图。这张地图不

仅揭露了克拉克麾下各支部队的部署情况，还用铅笔标出了各部当晚计划的宿营地——全部位于巴黎东北——由此证明克拉克的首要目标已经不再是巴黎。德军右翼正在横穿联军战线，把自己暴露在了反攻面前。

从一连串截获的电报来看，德军已经精疲力竭，补给交通困难与日俱增。毛奇的军队在后勤方面高度依赖马匹，现在却因远离铁路终端陷入巨大困境。马匹得不到充足喂养，情况最糟糕的时候只能让马进食难以消化的青玉米。至于德国预备役部队，毛奇一度打算让其在关键时刻发挥作用，但是现在要想做到这一点，显然有些勉为其难。预备役士兵本是平民出身，直接征召入伍，难以像联军士兵那样胜任角色，而且缺乏足够火炮支援。至于士兵坐骑，早已疲病交加。根据一封破译的电报显示，努瓦永的近卫骑兵师急需三车蹄铁，还有钉子，越多越好。仅克拉克的第一集团军就有8.4万匹军马，一天下来所需饲料多达200万磅：成百上千马匹虚弱无力，有的甚至饿毙倒下。运送干草的大车同样奇缺。

同样稀缺的还有兽医。虽然每一个步兵旅拥有军马480匹，可是所有兽医都被分到了骑兵和炮兵部队。如此一来，许多马匹只能由毫无经验的人照料。这些人对于如何照看马匹几乎一无所知，处置不当，加速了马匹的死亡。与此同时，新技术作用有限，机动车辆技术落后，各方军队都清楚知道车辆不靠谱是个什么磨人的滋味。爱德华·哈克是一名中尉，在英国远征军陆军勤务部队里头指挥一个分队。他在日记中写道："我们有一辆卡车（是一辆桑尼）刹车的时候因为过热起火。还有一辆（沃斯利）油路给堵住了……还弄坏了一辆哈雷的汽油管，只好用铜焊接起来。"日记中记载的这些经历对于在法国作战的每一支摩托化部队来说司空见惯，德军亦无法置身其外。车辆可用性本身就很低，加上行军作战条件恶劣，损毁更加容易。按照德军非战时规定，机动车辆一天最多只能行使60英里，以便维护保养。可在德军进攻过程中，所有部队都严重违反限定。待到9月末，毛奇大军的4000辆军用卡车已有三分之二损坏，无法再用。

此时此刻，朗勒扎克的军队正部署在巴黎东北部60英里开外的埃纳河南岸，莫努里的军队则在巴黎北面40英里处集结，德军尚不知晓这支部队的存在。英国远征军的位置大概在上述两支军队的后方。霞飞若想对克拉克暴露的侧翼给予毁灭性打击，英军的合作必不可少。如果约翰·弗伦奇爵士的军队在霞飞部队发起进攻时按兵不动，那么两军之间就会出现空档，这样的间隔极其危险。9月1日，霞飞在给陆军部长的信中写道："可是，我们至今也没有从英军那里得到任何帮助，我也没法开口要求（英国人）合作。"霞飞心情沮丧，继续写道："不管怎样，我都不知道英国人愿不愿意答应。"霞飞在接下来的几天里潜心准备反击，面临最棘手的问题就是如何说服那位英军总司令参加进来，要知道那个家伙不仅蠢得没边，还喜欢像个孩子一样乱发脾气。

让霞飞和联军感到幸运的是，基奇纳当天对约翰爵士表明了态度，坦言英国政府在任何情况下都不会抛弃法国，单方面撤军。这位陆军大臣将周三晚上发给战时内阁的急电抄送给了英军总司令，电文写道："弗伦奇部正在前线作战，将继续配合法军行动，当然同时也会尽可能小心行事，以免陷入侧翼孤立无援的境地。"基奇纳的这一番话以及随后的一系列指示日后证明起到了决定性作用，促使约翰爵士打消了率领英国远征军尽快向海边撤退的念头。

九月战事开始之后，加利埃尼试图抢功，有意将策划实施这场袭击的功劳记在自己头上。如此非分之举显然过了头。霞飞早在加利埃尼上任之前就在谋划在北部发起一场反攻。虽然，二人是各自单独做出的相同判断，但负责的是霞飞。不过，在莫努里的第六集团军集结方面，这位军管总督的充沛精力和巧思构想还是发挥了关键作用。加利埃尼的贡献最主要体现在将全巴黎的整个交通运输资源动员起来运输军队，写下了一段"马恩河出租车"的传奇佳话。征用出租车运兵的故事虽然不假，但是运往前线、与第六集团军15万大军会合的士兵只有区区4000人，顶多也就一个旅的兵力。即便如此，还是得承认加利埃尼在国难当头之际能有如此作为，足以为自己赢得身为人民领袖的一席之地，要知道有多少意志薄弱之人这个时候早就一蹶不振，垮了下去。

头一个垮掉的就是查尔斯·朗勒扎克。9月3日，霞飞考虑再三，最终

还是没有念及共事多年的旧情，解除了朗勒扎克的职务。第五集团军司令就这样被"里摩日"了。这是那个年代法军流行的一句套话，用来含蓄地形容撤了职的军官——虽然不一定真的非去不可，但这些人会被调到后方的里摩日城看守军营。虽然，霞飞那段日子里也对一帮不称职的将军们进行了大清洗，一共撤掉了三个集团军司令，10个军长和38个师长，但仍然难消朗勒扎克的心头之恨。

法军大换血的消息迅速传到了英军耳中。约翰·弗伦奇爵士喜出望外——话说回来，没有人比弗伦奇更适合送去里摩日。级别低一些的英军军官同样备受鼓舞：9月4日，盖伊·哈考特-弗农听到传言，说友邻的法国部队换了一批新的指挥官，一个个"朝气蓬勃，斗志昂扬"。哈考特-弗农还听说之前的那一批已经因为胆小怯战被处决枪毙掉了："我很想知道这到底是不是真事。"传言有一部分还是可信的。霞飞虽然没有枪毙未能尽职尽责的军官，但是对于一般士兵，但凡临阵脱逃，或者不敢上阵的，一经发现，定会格杀勿论，以儆效尤。霞飞在9月2日的命令中明文写道："凡脱离部队者，若有发现，立即逮捕，就地枪决。"此举立竿见影，效果明显。士兵们纷纷意识到了临阵脱逃的可怕后果。法军尽管在1914年8月遭受了惨痛打击，可绝大多数官兵还是展现出了应有的勇气和决心。无论如何，法军的战斗意志在行刑队的严惩威逼之下的确有所加强。

接替朗勒扎克的是其麾下最得力的军长路易·弗朗谢·德斯佩雷。这员虎将在迪南和吉斯战役中一鸣惊人，最终成为"一战"期间最受人尊崇的法军将领之一。斯皮尔斯写道："只要一看见德斯佩雷的脑门，就会让人想起榴弹炮的弹壳来。"9月4日，这名新任集团军司令走马上任后对下属发表的头一番演说就令人振聋发聩。德斯佩雷警告道，凡失职失责者格杀勿论，第五集团军必须做好准备，迎接生死大战。按照当时人们的心态，遭到枪决多会博得战友的同情，但这种极端惩罚是否必要，却鲜有人提出疑问。朱勒·阿拉尔战前是一名宪兵，开战之后应征入伍，当了一名军警，有一回陪着一个牧师和一名律师，向一个定了罪的二等兵宣布死刑消息。三个人都参加了行刑过程。阿拉尔大致描述了一下，写道："那个二等兵拒绝戴上眼罩，是他自己下命令开的枪。经过医生检查，证实已经死了。死是死了，可原本应该好好活着。"

9月3日，加利埃尼从组织首都防御的繁忙工作中抽空拜会了几位外交使节。使节人数不多，都是没有跟随大部队一同撤往波尔多的。加利埃尼受到了美国和西班牙大使的热情接待。不过，西班牙大使把话说得很明白，他希望看到德国人赢得胜利。挪威大使不仅有着相同看法，还毛遂自荐，认为等到德军进入巴黎，自己没准还可以做个中间人，参与停战调停。

与此同时，那位法军最高统帅却静静端坐在统帅部里，思索当下局势。时间一个接一个小时的过去，斯皮尔斯在笔下描绘了统帅部里的场景——统帅部当时已经转移到了奥布河畔的巴尔——写道："下午酷热难耐，参谋官办公都在一所学校里。学校操场上种了一棵高大的椋木，树枝全都垂了下来。霞飞整个下午就坐在树荫下。偶尔能够听见教室窗户里头传来隐约的说话声，时而响起叮铃铃的电话铃声。一切安静得叫人昏昏欲睡，赶上哪位军官因为线路信号差，对着话筒，气急败坏地扯着嗓子嘶吼一通，寂静也会被打破个一两次。可是，除了暑气从宽阔的石板地上慢慢腾起，操场上再也见不到任何动静。只有一个大个子坐在那里沉思。"加利埃尼给莫努里发去急电一封，要求第六集团军做好准备，第二天，也就是5日对敌发起进攻。可是，第六集团军做得到吗？英国人又会不会伸出援手，协同作战呢？

等来的可不是什么好兆头。9月3日，黑格在给妻子的信中写道："法国人根本靠不住。嘴里没有一个字信得过。"黑格第二天告知约翰·弗伦奇爵士，说自己的部队已经筋疲力尽："守一个地方我们还行，可是士兵们攻不上了，也没法急着赶路行军。史密斯-杜利恩来了，他也认为我说的没错。弗伦奇爵士答应过（远征军）必须马上撤过塞纳河，去河对岸休整。"这就是那位英军总司令的表现。哪怕基奇纳四天前在会上已经明确表示英军必须与法军协同作战，弗伦奇仍然一心急着同法国人撇清关系。

9月4日，弗朗谢·德斯佩雷离开第五集团军司令部——天知道，他在司令部有多少事情要忙——驱车前往布雷，与弗伦奇头一次会面。德斯佩雷到了才发现英国人连个影子都找不着，大为光火。直到最后，亨利·威尔逊才

匆匆露面，给上司缺席找了一堆借口开脱。弗朗谢·德斯佩雷向威尔逊解释道自己的军队第二天就会发动进攻，不知道英军届时会否在左翼共同作战？威尔逊坦言上司不在，自己无权代替做主。德斯佩雷极尽辛辣地讽刺一番之后扬长而去——他大可这么做。英国远征军总参谋长穆雷之前已经与加利埃尼和莫努里就第六集团军具体在什么时间、什么地点发起进攻有过一番激烈争论。由于深受那位巴黎军管总督的厌恶，德斯佩雷没有参加会晤。几个人到了4日才得出最终方案，要求推迟一天，即6日发动进攻，好让英国人再多撤个几英里，腾出地方来，好让第六集团军再向东移一点点儿，以便进攻马恩河南部。霞飞和弗朗谢·德斯佩雷原本指望5日发起进攻，这样战线可以拉得更宽一些，位置大体在部队现在所处的地方，也就是马恩河北部。

出人意料的是，英、法、俄三国代表4日在伦敦签署协议，强调三国团结一致，共同进退。这便是人们熟知的《伦敦宣言》。签约各方一致承诺不会与德国单独媾和。之所以出台这样一份协议，主要是因为俄国担心法国政府在走投无路的情况下可能认输投降。不过，法国人也有自己的顾虑，担心英国人的表现靠不住。签约当晚，于盖上校从战场上向统帅部发去报告，说约翰·弗伦奇爵士宣称需要进一步考虑法军进攻计划，5日、6日继续撤退。霞飞、弗朗谢·德斯佩雷、莫努里还有加利埃尼对这位英军总司令可谓恨之入骨，恨不得让其葬身海底，死了才好——这样的话他们私下里肯定说过。

4日当晚8点，霞飞正在奥布河畔的统帅部里用餐，虽然吃的是自己最喜欢的烤羊腿，气氛却显得紧张局促，沮丧抑郁，让手下感到异常压抑。正在此时，一名参谋官突然闯了进来。参谋官黑色的军服上沾满了灰尘，脸上胡子上满是尘土。眼睛里进了沙子，疼得难受，在灯光下不停眨眼。参谋官走上前去，敬了个军礼，说道："报告将军，弗朗谢·德斯佩雷将军让我转告您，英国人已经做好进攻准备。"约翰·弗伦奇爵士虽然极不情愿，一拖再拖，最终还是同意遵从英国政府指示。霞飞高举双手，大声说道："这样的话，我们就可以向前进攻了！"斯皮尔斯的上述描述也许有些夸张，加上了一点儿戏剧成分，可是意思到位。穆雷和威尔逊不知用了什么法子，总算说服了那位个子矮小的英国陆军元帅，让他知道英国最起码得做做姿态，配合法军进攻。霞飞于是下令联军9月6日发起马恩河行动。晚上9点15分，约翰·弗伦奇爵士发来电报，正式同意英军参加。

就在当天，克拉克向德军最高指挥部发去电报，写道："经过连日持续艰苦作战，部队战力已达极限……急需支援。"克拉克此言等于坦白承认自己上周还挂在嘴边的必胜豪言成了空话，一个星期下来白费工夫。沃尔特·布隆描述了自己连当时的情况："士兵一连几天没有刮过胡子，也没洗过脸，脸上全是胡子茬，看上去像个原始野人。外套上积满了灰尘，斑斑血迹是给伤员绑扎绷带时沾上去的，经炮火一熏，成了黑色，线头也被灌木枝丫和铁丝网给挂了出来，破破烂烂。"

9月4日晚，毛奇终于明确放弃"施里芬计划"，承认法军已经威胁到了自己的右翼——即便当时情况还不算严重。毛奇下令，要求德军在战线中路和左翼发动最后的大决战，实现对凡尔登的合围。毛奇同时督促克拉克和比洛二人务必紧密配合，并且命令第一集团军掉转方向，对准巴黎，以防联军由巴黎发起反攻。克拉克认为毛奇的指令含混不清，没有加以理睬：他在继续错误地追击朗勒扎克。9月4日晚，第三集团军司令豪森报告要求给予部队一天时间休整，这也意味着他无法配合比洛策划的进攻行动。毛奇虽然对此并未提出反对，但德国人的一拖再拖让自己再次错失良机：豪森的部队假若还在继续向前推进，也许能够插到法国新建第九集团军（当时费迪南德·福煦担任司令）和朗格勒·德·卡里两支军队的空隙当中，可惜他并没有这么做。入侵法国的德军就此为自己招致了灭顶之灾。

就在英法联军筹划进攻准备之际，战斗也并未停歇。几乎每一条战线、每一个钟头都在经历生死考验：第六集团军正在北部集结之际，法军还不得不在"南希的大皇冠"打一场恶战，艰难阻击德军发起的一波主要攻势。9月4日，法国著名诗人、社会主义活动家兼出版发行人夏尔·佩吉在维勒鲁瓦遭到枪击，头部中弹，死于非命，年仅41岁。佩吉的死成为法国人民付出巨大牺牲的象征，一如"霞飞老爹"，很快上升为法兰西民族必胜决心的形象化身。

深入法国腹地的德军此时此刻已成强弩之末。当然，这一点交战双方都

不清楚。9月5日晚，勒梅尔夫人——这位女士与普鲁斯特关系亲密，在巴黎开了一家大型艺术沙龙——正在位于塞纳-马恩省雷韦永的城堡中与女儿舒泽特一同在花园散步。不料，德军先头部队已经杀到。只见一名德国骑兵军官策马跃过篱笆墙，一直冲到二人跟前，方才扯住缰绳。这名军官戴着一个单片眼镜，高声喊道："我一直想见玛德琳·勒梅尔，今天终于如愿以偿！"说完扬起缰绳，疾驰而去。如此一幕生动刻画出了欧洲有教养阶层之间惺惺相惜的画面。当天晚上，一支德军部队便占领了庄园。

军队正从巴黎源源不断开赴前线，莫努里的军队也已经布好新的阵地。即便如此。关于第五、第六集团军还有英国远征军的准确动向依旧扑朔迷离。第二天下午早些时候，霞飞驱车来到位于默伦的沃勒佩尼尔庄园，约翰·弗伦奇爵士就在这儿安营扎寨。接下来发生的这一段，倘若斯皮尔斯的描述不假，那可真是精彩之极，纵使不止一次被人提起，但是只要一谈到1914年的故事就绝对不会少了这一段。话说霞飞走进大厅，与在场的英法军官互致问候。"接着，"斯皮尔斯写道，"霞飞很快开了口，声音低沉、没有什么抑扬顿挫的调子，一如霞飞本人直截了当。霞飞说自己深感有必要亲自到场，对约翰·弗伦奇爵士表示谢意，因为爵士做出的重大决定很可能左右欧洲的命运。"那位英国陆军元帅闻听此言，鞠躬致意。

霞飞接着详细说明了自己的计划。

我们认真听着霞飞讲的每一个字。我们仿佛看见每一支部队都在按照他的意图，在广阔战场上行进移动，如同一台精密机器的零部件，直到进入指定的位置。我们看见火车排成长列，一趟接一趟地运送士兵，弹药堆积如山，枪炮静默待发……霞飞看来已经为我们指明了德国人的软肋——那支盲目冒进的军队正在加速奔向毁灭，如同一股庞大的灰色洪流来势汹汹，朝着悬崖奔涌而去，直到滚落崖底。霞飞犹如先知一般，话语中透露出必胜的信念。我们听他讲起马恩河大捷的故事，对他的话深信不疑……霞飞接着转过身来，将约翰·弗伦奇爵士的双手紧紧握在一起，握得那样用力，仿佛都要弄疼一般。那股感染力是如此强烈，简直让人无法拒绝。霞飞将军说道："元帅阁下，法国就拜托您了！"说完，双手无力地垂了下来。刚才的努力耗尽了他的体力。

在场的法国军官也接着霞飞的话，附和说道："元帅阁下，这可关系到英国的荣耀啊！"这句话听起来更像是在提醒英国有可能颜面扫地，并不太像是在恳求，因此显得更加可信。无论如何，有一点确凿无疑，霞飞的确是在激情澎湃地向约翰·弗伦奇爵士发出呼吁。这位英军总司令试图用法语回应，到了最后还是放弃努力，扭过头去，朝一名参谋说道："见鬼，我说不出来。你跟他讲，只要能做的，我们的人都会做。"说完这句，两位总司令就此话别。

关于两位总司令见面的这一段描述着实引人入胜，斯皮尔斯笔下记录的结果仿佛是一个成就，多少令人感动。然而，现实无情。英军在马恩河战役中投入极少，行动缓慢到了极点。即便根据一些亲身经历的英国士兵证言来看，表现也是三心二意，令人尴尬。说得好听一点儿，当友邻阵地的莫努里、弗朗谢·德斯佩雷还有福煦的新建第九集团军奋力作战之时，约翰·弗伦奇爵士的部队只是待在原地，按兵不动。在那些日子，尤其是9月1日到5日之间，多亏了霞飞的冷静果敢，才得以进一步阻止并且部分扭转8月惨败的颓势。英法联军接下来将发起众所周知的马恩河战役，无论还要遭遇多少失败和打击，霞飞都充分证明了自己不愧为一名伟大卓越的军事指挥官。9月5日晚些时候，加利埃尼给霞飞的军队发去电报，用慷慨激昂的语气写道："朝着明天，前进吧！"

第十章
毛奇的复仇

第一节　马恩河

　　德国人在展开大规模西进攻势之前，要不换个说法，开战之前就应该想到过一点：古往今来，势均力敌对手之间的较量鲜有能够速战速决，立见胜负的。即使是马尔伯勒在战场上大败法军，或是拿破仑·波拿巴力战群雄，也做不到毕其功于一役。威灵顿的滑铁卢大捷，或是老毛奇在色当扬威，这些比起通常的战争发展轨迹来当属例外。1914年参战的各路大军虽然拥有足够强大的武器装备，足以对敌人造成骇人的肉体和物质打击，却被机动调配的落后技术拖了后腿。更为糟糕的是动员兵力过多，大大超出了指挥官与士兵们迅速沟通的能力。

　　无线电通信设备彼时使用还不到一代人的时间，不仅极其少见，而且庞大笨重，只能用于高级指挥部之间，发射范围狭窄，可靠性也差强人意。1914年那会儿用的是火花式发报机，由于不能微调，信号只能通过长波频段传播，毫无隐蔽可言，截取窃听极其容易。美国人虽然在1913年发明了无线阀门技术，实现短波信号传输，但欧洲直到两年之后才开始广泛运用。不仅如此，交战各方使用的许多密码系统也被敌国破解。部队倘若按兵不动，处在静态位置，尚可通过电报或者电话联系，一旦开始移动，就只能通过信使传令。有的好歹开个机动车辆，不少仍然只能依靠骑马送信。

第十章

毛奇的复仇

....

德国的军事将领们在1914年可谓雄心勃勃。然而，为将之人越有野心，就越难掌控队伍动向。指令发出之后，需要跨越数千平方英里的作战区域，才能送达执行，其间延误往往达到数小时，甚至数日之久。部队一旦接到命令，行动起来，要想改变计划，好比站在舰桥上发号施令，要下面的人手动转舵，让无畏舰转向，难度之大，可想而知。德军连胜之势在9月上旬开始遭到逆转，原因首先在于"施里芬计划"本身存在巨大纰漏，加之毛奇指挥不够坚决——当然，在他国领土上指挥六个德国集团军移动作战，如此技术难度同样不容小觑。法军败退至少起到了一定的补偿作用，能够让霞飞充分发挥法国本土的交通通信优势，这一点对于霞飞来说极其有利。

不过，领兵打仗之人习惯只从自身角度看待困难，此为战争特点之一。英国人尤其如此，在当时的氛围之下完全没有看出对手已经深陷麻烦。德国出于战争需要，征召了大批士兵。其中不少人刚刚结束平静安详的平民生活，就要顶着炎炎烈日，肩负重物，长途跋涉，横跨西欧。入侵法国的德军到了9月初已经队伍松散，身体瘦弱的士兵越走越慢，不少落伍掉队的结伙当了逃兵。地图辨识不清、命令传达错误、目标更换频频，这些都耗费掉大量时间精力。不同番号的部队在行军路上走乱了队伍，找不到自己人。士兵们得不到充足睡眠，想要休息又得不到许可，以致伤亡加大。德军预备役有个团里面有一位历史学家，看到这些指挥混乱的场景，害得部队行军路上人越走越少，队伍越走越乱，让士兵更加容易精疲力竭，不由得连连扼腕叹息。

9月的头两天，毛奇所在的德国陆军最高指挥部竟然连第一第二集团军的一条消息也没有收到。1日当晚，毛奇给第一集团军司令克拉克发去电报："尔部情况如何，即刻回复"，却没有收到任何回信。9月4日，克拉克给毛奇的回电在经过16个小时的延误之后终于送达，克拉克在信中十分恼怒。值此关键时期，霞飞正在北部集结兵力。回到8月23日，也就是蒙斯战役当天，德军右翼三个集团军24个半师面对的还是联军的17个半师，可是待到霞飞9月6日重新部署完毕，法国人已经能够投入41个师在马恩河发起进攻。霞飞为了完成此次进攻，不惜大幅削减南部兵力，依靠战前修筑的强大防御工事弥补人数劣势。阿尔萨斯-洛林地区也在等着德军进攻发难。这场20世纪战争过去

一个月以来的表现已经充分证明防守一方享有的优势何其巨大，尤其是在守军做好充分准备之后。

毛奇还犯下了一个更加严重的错误，他不该向巴伐利亚亲王鲁普雷希特让步，答应亲王西进莫朗日的要求。毛奇常常诅咒这帮统治权贵。给他压力的不仅只有德皇一人，还有两位皇子和这位身为集团军司令的大公。"霞飞真是幸运，"毛奇咆哮起来，"在法国亲王算个屁！"毛奇坦言因为上头作梗，就连安排联络官向最高指挥部汇报这样简单的事情也办不到。

毛奇虽然搬出种种借口，可是指责他应该为混乱局面负责的声音依旧不绝于耳。毛奇做事经常左右摇摆，犹豫不决：一开始赞成鲁普雷希特亲王发动进攻，谁知两天之后就改变主意，宣称自己只是希望在洛林前线"修理"一下法国人。鲁普雷希特可不管这些，只顾继续向前推进，一门心思对"南希的大皇冠"发起进攻。这座山脊高约300英尺，山上修有堡垒，防御森严。整个9月上旬，鲁普雷希特都在持续进攻，给法军增添了不少麻烦。在南希市北面，德军攻势集中在一条狭长低矮的山脊之上，山脊背后就是凡尔登，此役便是后来著名的圣米耶勒突出部之战。而在绰号"大皇冠"的高地上，卡斯特诺——此君将为自己赢得"岩石"的雅号——组织起了异常顽强的抵抗。

主攻在9月3日夜间展开。身着灰色军装的德军士兵朝着高地蜂拥而去，战斗异常惨烈。多处要地数次易手，交战双方尸横遍野，丢弃的武器、散落的弹药、装备满地都是。德军军官伤亡尤为惨重。9月5日下午，守军已经命悬一线，卡斯特诺请求第二集团军迅速战略撤退。霞飞拒绝了请求，勒令第二集团军务必坚守阵地。霞飞一心要在北部发起大反攻，即便南希战斗胜负未明，仍然不断从卡斯特诺部抽调兵力。9月7日，德军攻占了圣女吉纳维芙山上的一座小村子。由于村子地理位置至关重要，法军随后发起反攻，夺回村庄，战斗一直持续至午夜。

7日当天，驻守特罗荣要塞的450名法军将士击退了德军的大规模猛烈进攻。巴登军在一系列交火中伤亡近万——德军前线伤亡情况与法军大体相当。9月10日，卡斯特诺发起反攻，把德军击退数英里，并在吕内维勒缴获大量补给，守住了默尔特河一线，南希就此转危为安。鲁普雷希特的士兵炸掉了河上的桥梁，德国人知道自己也许再也不用匆匆忙忙地赶着过桥了。待到9月11日撤退之际，这支巴伐利亚集团军有一个团已经减员千人。鲁普雷希特的参谋长将兵败南希的责任归咎为毛奇朝令夕改。的确，毛奇本就不该默许这次进攻。如果说法国人不得不在多条战线同时展开殊死战斗，那么德国人同样如此。兵力分散意味着德军的战略失败已经近在眼前，指日可待了。

霞飞军队在中部和南部的顽强防守为北部反攻创造了极其重要的条件。虽然，人们只把"绝不让德国人通过"这句豪言用在1916年的凡尔登战役上，但这句话其实早在1914年9月就可以派上用场，德军当时是头一回兵临城下，对这座著名要塞发起猛攻。倘若卡斯特诺和他北面的军队悉数战败，那么为马恩河战役所做的一切都将归于徒劳。对于德国来说，鲁普雷希特在"南希的大皇冠"受挫，后果一如法军兵败莫朗日一样极其严重。后人之所以对于这段史实没有给予足够重视，是因为在那些日子里，发生在更北面的一些大事更加值得让人铭记。

9月初，德军情报运转失灵再次对战局造成严重影响——这一回惨败的轮到了德国人。克拉克的集团军正在挥师南下，右翼刚好从巴黎以东30英里处扫过。德军侦察机发来报告，说大批法军正在向南撤退。德军压根就没有——或者至少没有足够重视——顾得上往西面多看一眼。虽然有飞行员报告法军正在巴黎前方和克拉克军队侧翼后方集结，但是并未引起德军指挥官重视。莫努里的第六集团军已经集结完毕，兵力达到15万。这位66岁的老将本已退休，1914年又被征召回来，此刻正指挥着七个预备师。德军将领一心认为法军——英国人更加不值一提——已是手下败将，无足轻重，依旧没有把莫努里的军队放在心上，只是在不断争论着该用什么方式赢得胜利。克拉克虽然一直在施压追击英国远征军和法国第五集团军，但是仍然没有追上目标。

就在霞飞好话说尽，争取弗伦奇参战之际，莫努里的军队已经开始向东推进，将克拉克的右翼围在了乌尔克河（马恩河的支流）一线。不少法军对于进攻的命令表示质疑。军官们眼看手下士兵一个个筋疲力尽、士气低落，更加不要说自己内心的失败念头与日俱增，纷纷难以相信这样一支军队还有

能力发起大规模进攻。少数几个军官甚至向上级提出正式抗议。不过,抗议未被考虑。9月6日,第五、第六集团军开始向前推进。

马恩河战役的第一位英雄人物——这场战役在绵延数百英里的战线上展开,产生的英雄人物有好几十位——是一个德国人。克拉克只留了一个军在后方掩护。这个军由22800名预备役士兵组成,战斗力并不强,军长是汉斯·冯·格罗瑙将军,全军以莫城西北方向的蒙蒂永高地为中心布阵,正对着巴黎。莫努里的先头部队与之遭遇,攻势受阻。格罗瑙部虽然兵力远处劣势,但指挥极其有力。德军炮兵成功压制住第六集团军的前进势头,令对手丧失了奇袭的机会。格罗瑙随后率部后撤六英里,赶在9月6日午夜12点之前及时通报指挥部莫努里部正在逼近。格罗瑙虽然损兵折将4200余人,却做出巨大贡献,使德军避免出现重大崩盘危险。克拉克当即做出重大决定:指挥全军转而应对新的威胁,随后发起反攻。

与此同时,弗朗谢·德斯佩雷的法国第五集团军正在朝着比洛进发,一些法国军官脑袋瓜里面装的仍然满是八月份的那股鲁莽劲。菲利普·贝当将军只身一人,骑马前往军中,向全体官兵发表演说,宣布撤退已经结束,法军即将转入反攻。贝当的演说激情四溢,斗志昂扬,有些官兵听了也似乎愿意深信不疑。可是到了9月6日早晨,当士兵们接到命令,朝着第一个进攻目标圣邦村进发时,却一个个打起了退堂鼓。贝当见状翻身下马,大步流星地走到步兵队伍中,亲自带领士兵迈开步子,齐步向前,以身作则,不惧死亡。法军很快攻下圣邦村,法国炮兵赶紧冲向前方,重新布阵,步兵紧随其后,迅速推进。贝当指挥的这个师有一架私人侦察机,占了个小便宜。这架侦察机是贝当的炮兵司令艾蒂安上校之前拿一车弹药换回来的,现在正好可以用来帮助炮兵定位攻击目标。

军长路易·德·毛迪伯爵是土生土长的梅斯人,1870年普鲁士占领之后离开梅斯。伯爵是一个虔诚的天主教徒,当年曾经发誓除非三色旗在阿尔萨斯–洛林的上空再次升起,否则自己终生不再踏入咖啡馆、音乐厅、剧院等娱乐场所——德·毛迪信守了承诺。道格拉斯·黑格用一如既往的高傲笔触描述了德·毛迪——黑格对几乎所有法国人都带着这样一股居高临下的傲慢劲——写道:"他个头不高,是个活跃分子,年龄在58岁左右,一头浅棕色的头发,很有可能染过。像极了以前的老派法国人,就像路易十四时期舞台剧里的那样。"德·毛迪两周前刚刚在莫朗日浴血奋战,死里逃生,现在又带领部下不惜一切代价赢取胜利。事实证明,这一次付出的代价的确高昂:马恩河战役首日,有一个旅就有600人战死沙场。

法国第五集团军的众将士在经历了上个月的酷暑考验之后,还能听从德斯佩雷的命令前进,简直就是个奇迹。相当多的官兵亲身展现了自己的热情与精力,被证明成为取胜的关键。就连克拉克日后也连连惊叹:"这些人过去半个月以来一直在撤退,只能睡在地上,早就累得半死不活,却能够一听到冲锋号就捡起枪支,开始反击。这种事情我们德国人从来就没有看得上眼过,这样也能打仗,我们德国军人从来就没有想过。"

不过,对于霞飞的进攻部队来说,9月6日再次成为大屠杀和死亡恐惧的重演。有一个团奉命攻打一个名叫瓦雷德斯的村庄。士兵们沿袭了八月份的战术,跟在鼓手和旗手身后前进。短短半个小时之内就有20名军官阵亡。团长肖莱上校不顾胳膊肩膀先后挂彩,撕下血衣,露出胸膛,率领士兵举起刺刀,冲过一片1500码的开阔地,同敌军展开肉搏。另外还有一个村子叫作尚布里,日落之前三次易手,直到佐阿夫步兵团上阵方才拿下。教堂的院子里堆满了身着华丽军服的佐阿夫士兵尸体。有一个旅由摩洛哥士兵组成,据说会将德军士兵尸首的首级砍下。人们若是对法国殖民地部队的历史有所了解,便会对此信以为真,知道这就像英国军队里头的廓尔喀部队一样。保罗·塔富纳少尉是一名预备役军官,27岁,老家在法国波尔多,世代靠酿酒为业。塔富纳目睹了法军穿过一片甜菜地前进的场景,写道:

士兵们齐步向前的场面十分壮观,只是走得太快,挨得太近……我们和他们一同前进,可是机枪手落在了后面。好不容易到了查幕丁市,却发现了一件让大家都很难过的事情:"可怜的市长……一颗子弹正中他的心脏……"有几个士兵试图爬到后面,躲进甜菜地里去。我走了过去,掏出手枪要他们出来。士兵们有的说有伤在身,有的说在忙着照顾其他伤员。子弹从四面八

方劈头盖脑地呼啸而来，要让这帮人站起来的确得费功夫。

塔富纳反复要求机枪手上前，但是开机枪的那帮人拒不从命。

冲锋已经没了势头，停了下来。扛旗的穆勒雷背靠着路的另一边，脑袋底下枕着一个麻袋。在一个干草堆后面，我看到了军旗，还有几个士兵和一个上校。上校的军装被解了开来，右胳膊用绷带吊着，衬衫早已被鲜血染红，整个人像一片叶子一样在瑟瑟发抖。

我帮穆勒雷包扎伤口。他左肩下方受了伤，闭着眼睛，脸上还有一些色泽。"是你吗？塔富纳，"穆勒雷一把抓住我的手，紧紧捏着，"你不会丢下我吧？……把皮带给我解开，在衬衫里面……皮带里面有些金子，金子给我留下吧，手枪你带走。"

这个团不久之后又冒着枪林弹雨发起了新一轮冲锋。塔富纳也再一次领教到了要想阻止士兵溃逃有多么困难。

"给我站住！掉头回来！往前冲！"我冲着士兵们叫个没停，勇敢的小伙子们也确实掉头转了回来。我注意到迪梅尼正拿着旗杆。有一个中士离我很近，突然高声唱起了《马赛曲》，接着每个人都唱了起来。只是，在这震耳欲聋的喧嚣声中，这首瓦尔米大捷之歌也很快被淹没了。

士兵们一个接一个地往后爬。待到夕阳落到法军阵线下头，塔富纳也躲在堑壕里头睡了过去。9月6日夜幕降临之时，法军左翼的第六集团军向前推进了两到三英里。不少村子在白天的战斗中着了火，腾起熊熊烈焰，照亮了远方前线的夜空。再往东，第五集团军面对德军的猛烈炮击，还是守住了一些战果——德军在马恩河战役一日消耗的弹药量就超过了普鲁士军队在1870年战役中使用弹药的总和。弗朗谢·德斯佩雷手下有个师长，名叫夏尔·曼金，跑到库尔吉沃村去阻止士兵在炮火中逃跑，劝说大家挺住。士兵们对师长抱怨说已经两天没有吃过饭了。

　　莫努里和德斯佩雷的部队虽然占领了一些地盘，可在其他地方法军仍然无所进展。福煦的新建第九集团军防守的是一条山脊，距离巴黎东南60英里开外。山脊前方有一条溪流，名叫小莫兰河，河畔长满了杨树，地点位于圣贡德沼泽地。这个地方一片荒凉，人迹罕至。进攻部队若要跨越此地，只有几条堤道可以通行。步兵们倒可以从齐腰深的水里徒步趟过去，但车辆无法通过泽地。福煦出生在塔布市一个公务员家庭，1914年已有63岁，为人聪明睿智、独断果敢、寡言少语，早就人所共知。当然，福煦也是为数不多能够流利使用英语的法军军官之一。对于需要明白福煦真实意图的人来说，好在他手下有个参谋长名叫马克西姆·魏刚，是一位上校，被福煦亲切地称为"我的百科全书"。福煦的话也好，命令也好，魏刚都有本事把那些只言片语恰到好处地解释清楚，二人就此成为史上有名的合作搭档。第九集团军的左翼部队在9月6日凌晨穿过沼泽地，对德军发动夜袭，打头阵的是一个摩洛哥步兵旅。天光即将破晓，法军正沿堤道朝孔日前进，不料夜色突然被德军探照灯和密集的炮火照亮，法军只好停下前进的步伐。

　　与此同时，德军也在别处率先发难，朝着圣贡德沼泽地南面的山坡发起进攻。黎明时分，法军在蒙德芒城堡里的一个师指挥部遭到德军猛烈炮火袭击。镇守此处的法军指挥官是亨伯特将军。此君喜欢戴一副单片眼镜，式样十足，此刻正拿着双筒望远镜，从城堡窗户向外观看战事进展。城堡主人雅各布先生同家人一道躲在地下室避难，时不时掀起地板上的暗门，询问战况。雅各布先生心脏本就不好，没过几天就因为过于紧张一命呜呼。

　　北面，福煦的步兵已经在沼泽地里苦苦挣扎了一整天，无论什么时候想往东边露个头，都会被德国人的机枪给狠狠打回来。待到下午4点，进攻的这个团接到撤退命令时已经损失了三分之一的士兵。另外一支部队还没到维勒讷沃，就被敌人的炮火打得抱头鼠窜。士兵们被重新集合起来，狠批一顿之后重新上了战场。对于霞飞的士兵来说，一个常见的困难就在于法国兵传统上仍然抵制使用随身携带的行军铲——法国人也为此付出了代价。魏刚后来说道："法国士兵对于堑壕一无所知，没有任何人教过他们如何挖壕据守，

或者说至少没有系统教过。每到不得不需要教的时候，就得做好准备，等着让士兵们嫌弃。"莫里斯·甘末林对此也表示认同，说道："只要一提到组织防御，都会遭到本能抵制；士兵们一心只想战斗，心中只想着敞开胸膛，迎接危险，对他们来说，掘地为壕这样的举动简直就是奇耻大辱。这是一种本能，好像从阿金库尔战役无畏的骑士精神和丰特努瓦会战像模像样的对决开始，就一直传承下来，直到现在这个机器和残酷的经济战时代。"相比之下，德国人从来不会因为使用挖壕工具感到面上无光。随着德军继续沿着公路，向圣贡德沼泽地西面的塞尚强势推进，没有任何人怀疑在福煦的战线上，究竟谁会成为这场战役取胜的一方。

不过，截至目前，克拉克9月6日的当务之急在于如何应对莫努里的进攻。由于英国人毫无作为，压根没有造成任何威胁，这位德国司令官索性把左翼正对着英国远征军的兵力抽调过来，增援受到威胁的区域。克拉克的大军9月5日还是呈东西向布阵，可是到了6日结束，就已经重新部署成了南北走向，并且开始对莫努里的军队展开猛烈反攻。克拉克有本事做到这一点，足以让人看出英军有多么丢人现眼，完全没有求战欲望，这对联军作战来说简直就是潜在的灾难。法国人民仍然不明就里，只知道一场大战正在进行当中，却完全不知进展如何。有个士兵在较早之前的冲突中负了伤，讲述了自己坐着运送伤病员的列车，回到家乡格勒诺布尔时受到人们热情迎接的情景，写道："简直美妙极了！鲜花、巧克力、美酒……我们像英雄一样受到盛情款待。可是，面对'德国人离巴黎还有多远''我们是在撤退吗'这样的问题，却答不上来。格勒诺布尔的人们和全法国人民一样，都想知道英国人到底在干吗。"

英国人到底在干吗？英国远征军9月6日迟迟按兵不动，令法军领导层大为震怒。克拉克的增援部队从英国远征军阵线前方经过时队伍松散凌乱，只要发力一击便足以将其打垮。谁知，英国人当天居然从联军后方10英里处才开始缓慢前移，速度之慢，令人忍无可忍。莱昂内尔·丁尼生中尉眼看法军在两翼拼死拼活，浴血奋战，自己的队伍却在依然悠闲缓慢地前进，只是淡淡说了一句："我们路过吉米·罗斯柴尔德家漂亮的大宅子，看到成群雉鸡到处乱窜，真想停下来抓几只尝尝鲜。"

当天下午，罗斯柴尔德家的猎场看守人（是个英国人）惊讶地发现皇家西肯特郡步兵团的二等兵托马斯·黑格特竟然藏在了自家的小棚子里。黑格特早就暗自下定决心，无论马恩河战役有多么辉煌荣耀，都和自己无关，于是穿着偷来的平民衣服躲进了棚屋，也给自己招来了杀身之祸。9月8日，按照霍勒斯·史密斯-杜利恩的命令，黑格特由行刑队执行枪决，与黑格特同一个部队的两名同伴见证了行刑的全过程。士兵们从一开始落单掉队，逐渐变成争当逃兵，鉴于这种现象日趋严重，史密斯-杜利恩军长希望这次执行死刑能够尽可能的产生威慑，以儆效尤。给宪兵主任的命令非常明确，枪决黑格特"越公开越好"。黑格特就这样成了示众的靶子。

9月6日，道格拉斯·黑格爵士陆续接到一些报告，报告含糊其辞，提到前方有敌军出没。黑格于是下令部队停止前进几个小时，结果等到6日结束时距离预定目标仍有七英里，仅仅阵亡7人，受伤的也只有44人。英国人打仗磨洋工的方法层出不穷。英国工兵几天前刚刚炸掉了弗里波特的一座石头大桥，待到撤退的时候又不得不重修一座，好让步兵沿原路打道回府。对于英国皇家飞行队的飞行员来说，9月6日最好玩的事情莫过于当晚借宿在一所女子中学里头。飞行员们在军服外面套上女生穿的睡衣，上演了一场"震撼人心"的枕头大战。第二天，也就是9月7日，星期一，英军左侧的莫努里部试图再次发动进攻，而英国人在滂沱大雨中仅仅前进了14英里，这一次基本上还是没有遇上敌人。

亚历山大·约翰逊是英军第二军某旅的通信主任。他困惑地写道："我们直到下午5点才开始动身。这么拖沓我实在难以理解。当然，根据野战勤务条例，我们的职责是'动用能够用上的每一个人、每一匹马和每一杆枪，对敌人穷追不舍'。如果是这样，我们的第一军要是能够加快进度，那么昨晚就应该已经把德国佬给团团包围了。"马尔维茨骑兵部队的后卫部队发起一连串骚扰行动，效果相当不错，迫使英军放缓了前进步伐，慢得简直像只蜗牛。客观地说，英军的所作所为迎合了他们最高司令官的想法，换句话说，在马恩河战役最为关键的时刻，人虽然到了场，可心不在场。英军所有部队

都在不断向后方发信抗议，说自己可歌可泣的士兵们是多么劳累。可是，如果将英国远征军闲庭信步般的推进拿来同克拉克的快速转向比一比，不难看出二者之间的惊人差距：德军在9月7日长途跋涉将近40英里，8日更加超过了40英里。

与此同时，马恩河战役最为人传唱的一段故事也发生在了这个时候。莫努里的部队面对德军疯狂反扑，形势岌岌可危。巴黎的出租车载着援兵，火速驰援。虽然说句老实话，援军人数的确不多，可这段轶事依旧魅力十足。当时正值8月底，法军第七师从第三集团军中被抽调出来，坐火车从圣梅内乌尔德北上，经历了一段噩梦般的旅程：一些火车在特鲁瓦一带24小时才前进了6英里，铁路被补给列车、救护列车和运送难民的列车堵得水泄不通。士兵们只好在巴黎北郊庞坦的军营里歇脚，这时正好接到加利埃尼的命令，要求继续前进，与第六集团军会合。这位巴黎军管总督在得知军用车辆奇缺之后，当即做出指示，征用民用运输车辆。一位参谋立刻给当地警察局打了电话，要求"所有出租车，一律立即返回车库；并且电话指示出租车公司将出租车加满汽油、机油，必要的话，备好备胎，迅速送到荣军院所在地"。

晚上10点刚过，当天最长的一条汽车长龙就已经集合完毕——车子一共四百来辆，包括少量私家车，还有24座的公共汽车——随后分头出发，寻找各自的"乘客"。当晚和次日其实并无多少进展。负责指挥车队的参谋官找不到本应运送的部队。司机当中有不少人已经上了年纪，大家就这么坐在太阳底下，一个钟头接一个钟头地干等，看着骑兵和骑自行车的部队打眼前经过，奔赴前线，偶尔大声吆喝几句，给士兵们加油鼓劲："龙骑士万岁！骑自行车的加油！"

就这样一直等到7日晚上，这些出租车才在拉巴利耶村同第104步兵旅碰头。士兵们看到自己要坐着出租车奔赴战场，简直感到难以置信——他们中的大多数人一辈子都没有享受过如此奢华的待遇。小伙子们挤进车里，把武器和装备统统塞了进去。车队穿过深黑的暮色，朝着第六集团军进发。步兵旅的小伙子们和其他士兵一样，只要逮着机会就会睡上一会，很快也陷入了梦乡，磕磕碰碰时有发生，在所难免，有时也会被金属的撞击或者低声的咒骂吵醒。

保罗·林提耶是莫努里军中的一员，和其他人一道目睹了援军的到来：只见援军穿过一个村子，村里早就被人马挤得水泄不通，"一辆汽车从人群马堆当中开出一条路来，一大拨人和牲口连连后退，往我身上挤，把我顶在墙上，差点儿都快要被挤扁了。又有一辆汽车循着前面那辆车的轮胎印开了过来，然后一辆接着一辆，多到数都数不清，悄无声息地跟着开着。月亮升了起来，月光照在出租车驾驶员的帽尖上闪闪发光。驾驶室里面可以看得出坐的是士兵，正在低头睡觉。有人问道，'是伤员吗？'汽车驶过，车上的人答道，'不是，是第七师，巴黎过来的，准备上前线去。'"这些"乘客"最后在纳特伊尔附近下了车。这支"马恩河出租车队"一共跑了30英里，把4000名法军士兵送去参加了这场百万大军的战役。出租车司机们路上一直在打表计程，到手的车费虽然只有打表金额的四分之一，一共130法郎，相当于差不多5英镑，但也抵得上至少两个星期的薪水了。

9月7日上午11点40分，弗朗谢·德斯佩雷发布将军令："敌军正在全线撤退。第五集团军今晚务必不惜一切代价赶到小莫兰河（位于蒙米拉伊）。"德斯佩雷的部队在当天的行军途中没有遭遇任何抵抗，一开始还颇感意外。前方的德军已经撤走，正赶往西北方向，抵御莫努里军队的进攻。克拉克的军队只留下了一些尸体。当晚，夏尔·曼金在茹瓦塞尔的城堡里头过的夜，城堡头一天晚上还在龚特尔公爵的手中，此人是石勒苏益格-荷尔施泰因的公爵，德皇的表兄。路易·德·毛迪看见博谢圣马丁的城堡里亮着灯，希望在那里也能够找到同样舒适的地方落脚。没想到进了里面才发现整座楼里全是德军伤号，一旁的几个医疗勤务兵见到德·毛迪来了，立马咔嚓一声，立正站好。"见他娘的鬼！"德·毛迪只好一边嘟囔着，一边走了出去，顺手把门带上："无所谓，那边好像还有个谷仓。"当晚，他就和几个参谋在干草堆上睡了一宿。

再往东去是福煦第九集团军的战线，在圣贡德沼泽的战斗一如既往的打得艰苦。法军的75毫米炮成功遏制住了比洛的进攻企图。9月7日上午，这位德军司令官命令全军退至小莫兰河后方。不过，比洛左翼的豪森认为自己这一侧的法军较弱——事实的确如此。豪森的军队此时已经只剩下8.2万人。豪

森本人身患重病，变得神志不清，后来一查才知道是感染了严重的伤寒。即便如此，豪森仍然要求不计损失，在9月8日凌晨发动新一轮强有力的进攻。德军两个近卫师开始悄无声息地向前推进，匆忙中与法军两个团遭遇。法军士兵正在酣睡当中，可怜不少人还没醒来就被德军刺死，剩下没被打死的逃了个一干二净。

德军继续往前推进，很快遇上法军预备役部队。这些预备役士兵也在熟睡当中，武器堆在一起，连哨兵都没有布置，结果同样被打得死的死，逃的逃。有一个步兵团在阵地后方两英里露营，一共损失了 15名军官和600名士兵。待到福煦和几位军长黎明时分一觉醒来，才发现整个右翼已经溃不成军，成千上万士兵正在慌不择路地抱头逃窜。福煦的参谋于是迅速向南面的第四集团军致电求援，得到的答复却是友邻部队同样无能为力。福煦于是另辟蹊径，与左翼的弗朗谢·德斯佩雷达成一致，二人对德军右翼发动联合进攻，看看能否借此迫使德军放弃推进。

然而，法军到了中午依旧看不到希望。德军自黎明时分开始，已经向前推进了80英里，看上去没有任何东西能够阻挡他们前进的步伐。一个佐阿夫中尉描述了自己的营反击时的情形：营长是个大个子，名叫杜尔巴尔，"进攻伊特皮里的时候，手里拿了一根拐杖就径直冲了上去，嘴里还叼着烟斗。营长坚决拒绝卧倒，说什么'法国军官可不怕德国佬'。没想到只过了一秒，一发子弹就打穿了他的脑袋。"反击失败，福煦的阵线眼看大势已去。第六集团军那边的情况也好不到哪里去。此时，好几支步兵部队在德军的"锤击"之下已经溃不成军。有一名上校名叫罗贝尔·尼维勒[1]，此人后来在"一

---

[1] 罗贝尔·尼维勒（Robert Nivelle, 1856—1924），法国炮兵军官，参加过镇压太平天国运动，"一战"期间在阿尔萨斯进攻战、第一次马恩河战役中因指挥炮兵准确打击德军有功，于1914年10月被晋升为将军，1916年5月接替上司菲利普·贝当，出任法国第二集团军司令，在凡尔登战役中指挥反攻，以"绝不让德国人通过"一纸将令名声大噪，同年12月任法国陆军总司令，1917年4月在贵妇小径发起了有名的"尼维勒攻势"，此役法军伤亡高达18.7万人，由于数字过于骇人，尼维勒背上了"不爱惜法军士兵性命"的骂名，5月即被贝当取代，12月调任法军驻北非总司令，不再直接参与一战战事指挥，1918年底回到巴黎，1921年退役，1924年3月22日病逝，葬于荣军院。——译者注

战"中当过司令，时间不长，祸害不小。尼维勒眼见士兵四散逃窜，于是快马加鞭，冲到自己的炮兵连前头，要炮兵赶紧把75毫米野战炮从炮车上解下来，对德军展开近距离平射。尼维勒的大炮此时此刻成了胜利的象征，一些步兵围在大炮旁边。不过，考虑到法军士兵日后的生死存亡，尼维勒没有战死，活了下来，却是一件令人遗憾的事情。

就在8日当天，加利埃尼亲自驱车，赶到了莫努里设在圣苏普莱的司令部。老将军本来就有病在身，加上一路颠簸，着实吃了一番苦头。"我这次来就是让你放宽心的，"加利埃尼满怀豪情地说道，"你现在面对德国三个集团军，至少有三个集团军这么多人吧，虽然攻不上去，倒也不用担心。"加利埃尼的意思是法国第六集团军已经尽了本分，拖住了克拉克的部队，关键的反攻就交给弗朗谢·德斯佩雷和福煦去处理，当然还有英国人的象征性支持。当晚，莫努里保证将多多少少尽力坚守下去，直到其他战线的压力迫使克拉克放弃阵地。

可是，这场战事——没准也是整场战争——在9月8日仍然胜负难见分晓。交战双方都发现自己面对的好像是一张没完没了的旋转门，刚刚从一边转进去，又从另一边转了出来。法国第六和第九集团军危在旦夕。克拉克信心满满，认为再过一天就可以将莫努里击败。福煦的炮兵忙个不停，有些大炮一天要打上千发炮弹。军心已经动摇，一些士兵接到前进命令时表现得相当抵触。在马恩河战役当中，法军整团集体溃逃的事情发生过不下一回。

斯皮尔斯讲了这么一个故事，他有一次和德·毛迪一起，遇到一支行刑队押送一个逃兵去往刑场。"德·毛迪看了一眼，扬了扬手，示意行刑队停下，迈着独有的快步，走到那个倒霉蛋跟前，问他犯了什么罪，一问才知道是临阵脱逃。"德·毛迪听后跟那位士兵解释说道，军纪严明，容不得半点玩笑，还讲了为什么要杀他示众的原因，说有些人不用惩罚也能坚守岗位，可另外一些人没那么坚强，就必须接受失败的后果。士兵点了点头。德·毛迪伸出手来，说道："你这样也是一种方式，算是为法兰西尽忠了。"说完示意行刑队可以离开，继续走了。斯皮尔斯坚称德·毛迪的这番话让这个犯了军法的士兵低头认罪，可这看起来不大可能。能够肯定的倒是法军在1914年

发现这样的惩罚措施相当管用，足够让其他士兵坚守阵地，不当逃兵。

9月8日，弗朗谢·德斯佩雷整整一天都在同比洛的大军鏖战，比洛在重压之下侧翼也已开始暴露。这位德国司令官于是收紧右翼，结果拉大了同友邻部队的间隙。比洛和克拉克二人，还有这两位将军同毛奇之间几乎完全失去通信联系，这一点简直要命，也确实令人不可思议。德军的每一位司令官都在各自为战，完全不清楚其他地方战况如何，也没有任何一只手来协调作战。毛奇虽然通过截获的无线电报得知英国远征军正在朝着克拉克和比洛的中间缺口进发，可他并不了解整体战局。毛奇同时意识到交通线恐受到威胁，一方面，比利时人8月25日至26日从安特卫普主动出击，发起零星攻势，另一方面，英国人也有可能在比利时海岸登陆。

西线战场究竟鹿死谁手，悬于一线：卡斯特诺告诉霞飞自己可能被迫放弃南希；第九集团军的右翼已经垮了；毛里斯·萨拉伊的第三集团军正陷入苦战，死守雷维尼的缺口，力保凡尔登不失。法军告急的电报源源不断地传到英军总司令部，信中的语气虽然礼貌，紧迫程度却一封急似一封。霞飞请求弗伦奇爵士加快英国远征军的推进速度。可是，英军指挥官每遇见一片林子，都会让队伍停下脚步，先行侦察一番。英军即便未遇任何抵抗便渡过了小莫兰河，依旧没能赶在9月8日入夜之前抵达马恩河。汤姆·布里奇斯少校写道："我们的追击虽然算不上用尽全力，但是部队多少还是有几分疲惫。"话虽然说得没错，可是法国人又会累到什么程度呢？法国人的遭遇难道不是更加糟糕吗？

一切都取决于到底哪一支军队首先垮掉。9月8日下午1点许，朝着福煦右翼进军的德国近卫军筋疲力尽，停下了脚步。德国人虽然清晨发动的白刃战取得了胜利，却缺少后备兵力扩大胜果：三个师才刚刚走了8英里，就损失了五分之一的兵力。剩下的士兵也已饥肠辘辘，怨声载道，有的至少一天没有得到补给，有的甚至两天。大部分士兵刚一停下脚步，就累倒在地，沉沉睡去。天气变得异常糟糕，雾气蒙蒙，细雨淋淋。圣贡德沼泽的战局变得越发扑朔迷离，福煦有一些部队发起进攻，打退了部分德军，可在其他地方，法军仍在继续撤退。第九集团军有好几支部队公然拒绝前进的命令。所有投入战斗的士兵都处于极度疲劳、士气低落的状态当中。

8日当晚，福煦向法军最高统帅部描绘了一幅乐观场景，简直堪称大言不惭，谎话连篇，说什么自己的一些部队进展顺利，还说其他部队受到挫折、后撤甚至溃逃。真实情况却是福煦的两翼全都遭到挤压，只有中路还在勉强支撑，形势岌岌可危。传闻福煦当时掷地有声地宣称："我的右翼被挤进去了，左翼也在后退。这才叫好，正好从中路打进去。"按照几位高级参谋的说法，福煦这番话说得这么煽情，其实是经安德烈·塔尔迪厄中尉之口出来的。此人是福煦的翻译官，口才极佳，最喜欢说这种夸大其词的话。实际情况却是法国第九集团军之所以能够绝处逢生，与其说靠的是自己努力，还不如说是因为德国人在其他地方遇到的麻烦带来的压力。

就在霞飞和从洛林到巴黎一线的几位司令官们苦苦纠结于究竟能否守住阵地，是否应该继续进攻之时，远在卢森堡校舍之内的毛奇却在一边钻研地图，一边用苍白的语调同身旁的参谋说道："我们什么消息也得不到，简直糟糕透顶！"这一幕不能不说是历史的讽刺。英国远征军虽然行动极其缓慢，但这位德军总参谋长只要一想到比洛和克拉克各自为战，互不相顾，约翰·弗伦奇爵士的部队正向二人中间的缺口进发，就感到心神不宁。毛奇9月7日并没有给第一和第二集团军发出任何指令——当然，即使发了指令，也很可能会被忽略。实际上，毛奇一整天都是在苦闷中度过的。鲁普雷希特亲王亲自造访德军最高指挥部，愤愤不平地抱怨说如果逼着自己抽调六个弹药队给友邻部队，就会削弱第六集团军对南希的进攻力量。毛奇底气不足，只好在鲁普雷希特的要求面前让步。鉴于同北面各路大军的指挥官几乎完全失去联系，毛奇接下来只好决定派遣理查德·亨奇中校作为联络官，挨个去每个司令部取得联系。此举很快就将引发军事史上最具戏剧性的一幕授权表演。

塔彭身为毛奇手下的主要参谋官，经常习惯派遣信使，并且授予信使相当大的权力。亨奇时年45岁，出生在一个军士家庭，一开始加入的是撒克逊而非普鲁士军队，虽然因为患有胆囊炎，脾气暴躁，烟瘾又重，但才华出众，思路清晰，声名在外。亨奇当天是坐车走的，后面还跟着一辆车，以防

万一。毛奇在亨奇出发之前和他私下聊了一会儿，不过没有人知道毛奇具体给的什么指示。这位中校无疑得到了口头授权，有权在必要的情况下以毛奇的名义调动军队。对于这样一场有史以来最大的战争，一位指挥官居然用这样的方式发号施令，绝对非同一般。不过，毛奇就是这么做的。8日上午11点刚过不久，亨奇就从指挥部所在的女子中学乘车动身出发。与此同时，法德两军正在200英里长的战线上杀得血流成河，尸横遍野。毛奇接下来一连好几个小时心都在悬着，在惴惴不安地等待自己派去这位信使的回音。

亨奇自作主张，决定每一个集团军的司令部都要亲自视察一遍，而非仅仅走访比洛和克拉克的司令部。亨奇跟陪同的连级军官说了一下自己的担心，说毛奇其实并没有给自己任何书面指示，但他料想这个肯定不会招惹什么麻烦——事实上也的确没有。亨奇视察的第一个地点在阿尔贡。他下午4点给卢森堡打了第一个电话，报告中路的第四和第五集团军状况令人满意。至于豪森的第三集团军，亨奇得出的也是同样结论——他没有意识到第三集团军在经过上午的一番猛攻之后，已经无力继续。豪森仍然相信自己即将横扫福煦的军队。晚上8点，毛奇接到电报，意思大概就是如此。

就在接下来的几个小时里面，亨奇又发来另外一份电报，电报这一次是从比洛在蒙特莫特的第二集团军司令部发出来的。这也是这场大战中最重要的一封电报。电报送到手中时，毛奇正坐在桌旁，给妻子写信——毛奇几乎每天都会给妻子写信——他用近乎歇斯底里的语气写道："我找不到词语来形容现在承受的压力，这个担子过去几天以来已经压得我喘不过气来，今天也是这样。我们目前境况不妙，遇到了很大困难，就像一副黑色的窗帘挂在眼前，什么也看不见。全世界都在联手反对我们，看起来感觉每个国家都想把德国打倒在地，再踩上一脚，让我们永不翻身。"

9月9日凌晨两点，亨奇传来消息，毛奇大惊失色。报告中写道老比洛对于自己所处困境已经有所警觉。在德斯佩雷和福煦的双重重压之下，比洛的右翼正在溃败。法军兵力远在德国第二集团军之上，德军有效作战兵力已经从26万人缩减至15.4万人。比洛虽然没有从克拉克处得到任何消息，但还是报告第一和第二集团军之间出现了缺口，宽度达到18英里，并且在不断扩大，英军正在朝着缺口进发。不知道是比洛，还是比洛的某个参谋官，反正在同亨奇谈话时一度用上了"灰暗"这样的字眼来形容第二集团军面临的危险。比洛请求亨奇中校以德军最高指挥部的名义下令，让克拉克向自己的侧翼靠拢。亨奇的回答语气平静，措辞慎重。他告诉比洛自己根本做不到这一点，克拉克的军队正在陷入苦战，而且朝向完全相反。就在谈话之际，又有电报送来，报告德·毛迪已经突破了埃内姆的阵地，正在向蒙米拉伊步步进逼。

比洛本就年岁已高，身体不佳。他的参谋长奥托·劳恩施泰因也是有病在身（劳恩施泰因1916年死于心脏病）。经过连续五周的重压，二人都已无力支撑。亨奇虽然只是一名小小的中校，却告诉这位第二集团军司令，说自己有毛奇的亲自授权，有权批准第一第二集团军撤退。亨奇建议立即展开撤退，这样的话，克拉克和比洛才有可能在菲斯梅重新会师，那里位于韦勒河畔，往东还有30英里，在快要接近兰斯的位置。考虑到这个建议对于这场战役和整个战争的巨大影响，比洛似乎如释重负，表示同意。亨奇于是给毛奇发去电报，写道"第二集团军情况严重，但并未绝望"，写完之后就回房休息去了。

第二天，也就是9日早上5点，亨奇与比洛的参谋们进行了第二次、也是最后一次讨论。比洛本人没有参加——这位将军整晚都在不停地哭喊声中惊醒，饱受折磨。空中侦察清楚地显示法军正在朝着德国第二集团军的阵地快速推进。在如此背景之下，早上的讨论对头一天晚上做出的撤退决定予以了确认。亨奇中校显得异常谨慎。虽然，亨奇采取的这个行动几乎无法避免，但这样一名低级军官能够在战争的如此关键时刻插手介入，足以让这一幕成为接下来一个世纪的争论焦点。

亨奇一离开比洛的司令部，就立刻动身，坐车前往50英里外的马勒伊，克拉克的司令部就在那里。亨奇的车从战线后方经过，这里不仅有两支大军鏖战正酣，还有大批平民正在惊慌失措地逃难，到处熙熙攘攘，一片混乱。亨奇发来的电报让毛奇情绪低落，甚至认定失败不可避免。毛奇在给妻子的另外一封信中写道："局面越来越糟，巴黎东面的这场仗恐怕将以我们失利

而告终。我们肯定要为那些被破坏的东西付出代价。"上午9点2分,比洛的部队接到命令,开始撤退。

不过,再往南面,豪森仍然在对福煦的右翼展开猛攻。拂晓时分,德军已经攻下孟德芒城堡,把一个摩洛哥步兵团打得抱头鼠窜。整个上午,德国人都在猛烈炮轰,法军防线危在旦夕。德军同时发起步兵进攻,差一点儿就可以拿下高地,控制整个地区。对于西面30英里开外的联军来说,运气着实不错——联军的运气已经大有好转。瓢泼大雨下了整整一个晚上。9日上午,向蒙米拉伊进发的法军没有遭遇任何抵抗,抵达时发现比洛的军队已经撤退,只留下一些军用杂物,还有一大堆空酒瓶,数目惊人,地面都被碎玻璃给盖了起来。德国人走时忘了一件大事,犯下了大错——这个错误反映出德国人走得有多么忙乱,士气又是如何低落——他们竟然忘了炸毁马恩河上的大桥。这是一个转折点,也是第一次世界大战当中具有决定意义的一刻。

9日当天,英国骑兵终于渡过马恩河,身后跟着的是黑格的第一军。第二军也紧接着渡过了河。9月9日,炮兵威廉·爱丁顿写道:"由于肯定德国人已经撤了,每个人都比之前开心了许多……下午,我们看见了大部分德军撤退的场景,场面相当壮观,士兵一队接着一队,多到数都数不清。"爱丁顿看到路面上散落的德军武器和装备,感到非常惊讶,更令他吃惊的是一辆废弃的汽车里面竟然装满了女人的内衣。骑兵中校戴维·坎贝尔曾经拿过障碍赛马冠军,他指挥部队继续向蒙塞勒冲锋,虽然被一名德国长矛兵刺伤,但还是一脸高兴,笑道:"这辈子最开心的就是这15分钟。"

英国远征军此时进入的是一片空旷地带,见不到一个敌人。即便如此,约翰·弗伦奇爵士还是下令部队停止前进。从英国本土赶来的增援部队已经抵达,继黑格和史密斯-杜利恩的部队之后又有了第三个军队,弗伦奇想让三支部队保持步调一致。掷弹兵团的杰夫瑞斯少校用挖苦的语气写道:"这一路追的那可真叫慢,走走停停,停停走走,看来德国后卫部队的拖延战术相当成功。"9日,黑格听到传言,说邻近的法军刚刚吃了一场"大败",变得愈发谨慎起来。

英军高级将领们缺少的并非勇气,而是动力、决心和能力。事实的确如此，英军指挥官会和他们的法国同行一样把自己的人暴露在外，显得又蠢又倔。有一个上尉看见师长艾尔默·亨特-威斯顿站在拉弗特的大街上，毫不在意子弹从身边呼啸而过，打在身后的墙上，不禁写道："勇气的确可嘉，只是作为一名将军，勇敢得过了头。"东兰开夏郡步兵团的勒·马钱特上校也是如此，9日接到进攻指令后还站在外面，结果被德国人逮个正着，一枪撂倒在地。几天之后，锡福斯步兵团的艾弗林·布拉德福德爵士和第一步枪旅的亨利·比达尔夫两位上校正站在一块空地上，同吉米·布朗洛上尉查看地图。其中一个刚刚嘟囔着"大进军"几个字，两枚炸弹就在身旁开了花。布拉德福德战前在汉普郡是一名板球手，结果被当场炸死。布朗洛头部受了重伤。比达尔夫除开帽子被冲击波掀到30英尺开外，身上毫发无伤。不过，比达尔夫第二天就没有这么幸运了。一个皇家工兵团的士兵在清理枪械时不小心枪支走火，子弹击中比达尔夫的脚踝，迫使他退出前线。不过，这些只是战场上的小插曲，并非德军持续抵抗所致。英军总司令部里头没有任何一个人希望部队走得更快。那位英军总司令最关心的事情只有一个，就是确保自己的部队不会成为法国人背信弃义或者德国人突然奇袭的牺牲品。

同样是在9日当天上午，亨奇中校还有一个地方要拜访——这个地方更加重要。亨奇上午11点半方才抵达克拉克的司令部，路上堵得水泄不通，简直就像做了一场噩梦，路过一个地方的时候竟然有后备兵朝自己的汽车开枪。不管走到哪里，都会有人神经兮兮地告诉这一帮参谋官，说法军已经渡过马恩河，正在全力挺进。不过，亨奇发现克拉克及其幕僚倒是信心十足——他们有理由感到自信，因为他们阻止了莫努里前进的脚步。按照克拉克手下总参谋官的说法，他们已经做好准备，等着给法国人致命一击。莫努里的左翼已经溃败，部队士气低落，伤亡减员严重。然而，这位毛奇特使却在此时突然宣布，比洛的部队已被打败，正在撤退，克拉克必须同样后撤，否则后方很快就会遭到英国远征军的攻击。亨奇为了强调威胁有多么严重，还绘声绘色地描述了自己来时路上逃兵、救护车队、补给车队和难民乱成一团的场面。

第一集团军的军官们回复道根本不用担心英国远征军的威胁。其中一个

军官后来写道:"根据以往的经验,我们十分清楚英国人行动有多缓慢。"不过,亨奇并未赞同。虽然,霞飞此时还没有抓住两支德军之间30英里的缺口,乘虚而入,但亨奇断定缺口必将成为命门所在。他于是搬出毛奇的授权,要求第一集团军务必从与莫努里军队的战斗中迅速抽身,向苏瓦松和贡比涅之间,通往埃纳河的方向撤退。克拉克的总参谋官赫尔曼·冯·库尔同意撤军,并且紧急抽调一个军负责掩护,确保撤军不受英国远征军和弗朗谢·德斯佩雷的干扰。亨奇于是动身返程,在9月10日晚12点40分回到卢森堡。与此同时,毛奇考虑到英军已经接近比洛和克拉克之间的缺口,只需直插进去便可将两军切断,局势已经无法挽回,也发布了全面撤军的命令。

令历史学家们感到困惑不解的是亨奇和第一集团军参谋之间的重要谈话,以及最终达成的决定,因为决定做出时克拉克本人并不在场,而是身在300码外的指挥所。谈话各方似乎并未受到任何恐慌或者绝望的情绪左右——除开毛奇之外——仍然对自己的压倒性战略优势地位抱有自信。在北部实行大包围的前景虽然已经黯淡,但是在更加靠南的凡尔登取得决定性突破的希望犹在。9月9日,德皇在卢森堡听取了毛奇的决定(或者说得更加准确一些,应该是毛奇对亨奇决定的默许)。毛奇要求右翼德军立刻向埃纳河撤退。德皇一开始表现得大为不满,连声说道:"不,不,不,这样不行!"经过好一番激烈争论,毛奇才起身离席,去起草正式的撤军令。他在给妻子的信中无奈地写道:"不管发生什么事,我都必须承担后果,与祖国共命运。"

德国人已经开始撤退,可福煦的军队仍然在俯瞰泽地的高地上艰苦作战。德军此前已经朝着高地推进,打退了法国人一波接一波的反攻,守住了孟德芒城堡。通往城堡的路上堆满了法军的尸体。可是,到了9月10日上午,法军先头部队的一个师穿过圣贡德沼泽地,对拉费尔尚庞奴瓦斯发起进攻时却没有遇到丝毫抵抗——德军已经撤离。炮兵将两门大炮徒手推到前面,从300码外隔着围墙不断开炮,重新占领了孟德芒城堡。随着城墙大片倒塌,法军士兵蜂拥而入,却惊讶地发现城堡里面也只剩下德军士兵的尸体,活着的都已转移撤离。

同样的情形也出现在西北方向莫努里第六集团军的阵线上。保罗·林提尔的炮兵连在纳特伊尔附近宿营。10日早上太阳升起，林提尔一觉醒来，发现四周鸦雀无声，连一声枪响都听不到。一个路过的步兵上校对这位炮兵连长说道："敌人昨晚就已经全部撤光了。""怎么回事？"这名少校连长显得难以置信，反问道。"我也不大清楚，我们接到命令，继续前进……德国人正在全线撤退。"两人对望了一眼，咧开大嘴，笑了起来。林提尔写道："消息很快传了开来，大伙都无比开心。胜利，胜利……好久没有盼到胜利了。"

不少德国士兵对于从马恩河撤退感到困惑与愤怒，一如英军不到三周前败走蒙斯的感受一样。毛奇手下最得力的参谋官塔彭上校虽然宣称"谁坚持到最后，谁就是胜利者"，可是突然中断攻势的却是德国人。骑兵将军乔治·维丘拉感到"如同判了死刑"，部下"士气极其低落，每个人都是一脸迷茫"。第三集团军有一个团接到撤军的命令，将之比作"晴天霹雳"。团长写道："我看见许多人都哭了，泪水从脸颊上流了下来。"第一近卫师的奥斯卡·冯·胡蒂尔将军问道："那帮家伙全都疯了吗？"保罗·弗莱克将军也表示难以置信："怎么会这样，胜利是我们的。"这些话反映了刚刚开始遭人背叛时的感受，这种感受深刻而又激烈，近乎歇斯底里，认为黑暗势力抢走了本应属于德国的胜利；这种感受还将持续很长一段时间，在1918年之后进而演变为某种创伤和臆想。鲁普雷希特亲王在作战日志中用轻蔑的语气写道："最高指挥部的那帮家伙完全被吓破了胆。"巴伐利亚将军卡尔·冯·温宁杰描述了毛奇最高指挥部9月10日当天的气氛："安静得就像停尸房一样，人人踮着脚尖走路……最好不要跟参谋说话，什么话也不要问。"

9月11日，毛奇在塔彭的陪同下，离开位于卢森堡的最高指挥部，亲自前往战地司令部探访。当天晚些时候，毛奇在第三集团军司令部与豪森会面，此次会面意义重大。毛奇在司令部同比洛当场通了电话，听到的没有一条好消息。毛奇说道："豪森自己也生了病，第三集团军9月份头十天就损失了1.5万人，剩下的部队也已筋疲力尽。"法军此时正在向前突进，试图两翼合围，威胁第三集团军。豪森左侧的阿尔布雷希特公爵也在要求支援，应对遇

到的麻烦。这位萨克森州陆军大臣对此别无他法，只能照做。

英国远征军的莱昂内尔·丁尼生在日记中写道："我们听到传言，说俄国人要从英国打过来解救我们，这听起来简直就是扯淡。"令人惊讶的是，毛奇脑海中也在时刻想着这件事，总在担心英国人会在石勒苏益格-荷尔施泰因地区登陆。在比利时，德军也收到了英军在战线后方登陆的消息。事实上，英军之前派了四个营在奥斯坦德登陆，刚刚上岸没多久就差不多全部重新回到了船上，只留下一堆死马，足足可以装一火车皮，都是因为没有船只运走，英国人自己射杀的。不过，毛奇对此并不知晓。毛奇从来就不喜欢冒险，这一回胃口已经得到满足。他决定从法国前线紧急抽调十个师开赴比利时，西线则继续全面撤退。

11日当天，卡尔·埃内姆将军亲自驱车来到第三集团军司令部，安慰生病的豪森。埃内姆经过兰斯的时候碰巧遇上了毛奇，发现毛奇"已经完全换了个人，变得一蹶不振"。这位总参谋长信口说了一句："上帝啊，怎么会发生这样的事情？"埃内姆一时火起，怒道："原因你自己应该比谁都清楚！你怎么能够一直躲在卢森堡，撂下担子撒手不管呢？"毛奇有气无力地辩解了两句，说自己没法拽着德皇，跟在敌人后面，跑上大半个法国。埃内姆回答道："既然你那个伟大的叔叔当年可以把他的国王带到色当去，你和德皇为了控制局势，好歹也应该离前线更近一点儿。"

溃败接下来并未发生。德军正在朝东退却，沿途洗劫了法国的不少城镇村庄，留下的惨状令霞飞的部队大为难过。不过，联军并没有俘虏大批人员，也未缴获大量火炮。德国人在埃纳河对岸的高地上迅速找好位置，停下脚步，准备继续战斗，同时派出轻工兵挖壕据守。待到9月13日日落时分，克拉克和比洛军队的危机已经过去，两支部队已经双双安全渡河，占领了绰号"贵妇小径"的山脊。9月1日，弗朗谢·德斯佩雷拒绝了霞飞要求加速前进的命令，说道："摆在我们面前的并非敌人的断后部队，而是严阵以待的对手。"联军的追击步伐，尤其是英国远征军极其缓慢。法军弹药储备几乎耗尽，士兵们过于疲惫，也吃够了苦头，已经无法加快脚步，乘胜追击，给予德国人致命一击。

无论如何，毛奇西线进攻的高潮已经过去。霞飞宣布："马恩河战役取得了毫无争议的胜利。"德国军事内阁首席总长莫里茨·林克也承认："总的说来，必须承认（我军）整个行动……已经彻底失败。毛奇完全被局势压垮，根本无法面对当前的局面。"一名参谋官写道："毛奇将军紧张不安的情绪显得非常明显，尤其是他在房间内不停地走来走去，牙齿缝里还不时发出嘶嘶声……人们普遍认为冯·毛奇将军由于身体状况欠佳，已经无法胜任这份伟大的工作，而且他对各部门领导放任不管，任由属下各行其是。"9月14日，林克禀报德皇，毛奇必须下位。虽然，消息秘而不宣，直到数月之后才公之于众，但这位德军总参谋长就此成为33名撤职德军将领中名头最大的一位。毛奇没有得到来自同僚的任何同情，在历史上也没有留下什么光辉业绩。当然，也没有任何人能够像他这样让欧洲如此之快陷入浩劫。毛奇最终没能证明自己有能力指挥祖国德意志的大军。他在1916年病逝，享年68岁。

不过，德皇从未得到权力干涉战场作战，他直到1916年末才好不容易获得了一项大权，也就是任免德国陆军总参谋长的权力。回到1914年9月，德皇挑选了自己身边的人、普鲁士陆军大臣埃里希·冯·法金汉来执掌德国这台战争机器。法金汉走马上任之际发表过一番简短讲话，扬言"施里芬计划"已经完蛋，毛奇也已黔驴技穷"。事态发展到这个关键地步，德国领导层似乎更想把失败的责任具体归咎到某一个人的身上，而非承认德国发动战争的全盘计划给德国乃至整个世界带来了一场灾难，毕竟这个国家不到两个月前挑起战争的那一刻还是那样的自信。休·斯特拉坎写道："军方指责克拉克违抗军令，从而导致（克拉克的第一集团军和比洛的第二集团军之间）缺口产生；比洛错在头一个决定撤退；亨奇的错误在于下令要第一集团军遵守命令；豪森和鲁普雷希特亲王原本可以扭转战局，却未能完成突破；而毛奇没有本事证明自己配得上真正的领军人物。"

话说起来感觉已经过去了很久。回到8月24日，汉诺威当地中学主管部门当时搞了一个新名堂，随后还在全国推广开来。不管陆军海军，只要一有捷报传来，中学教员们就会对学生进行一番爱国主义说教，然后接下来让学生放假庆祝一整天。可是，没有任何人说得准万一吃了败仗该怎么办。德国

政府的做法是拒绝承认失败，既没有向盟友奥地利透露有关马恩河战役的只言片语，也对自己的国民撒了谎，只是这种欺世瞒人的行为并没有多少人相信。哪怕报纸宣传，铺天盖地说的也是德军在战场上处于如何有利的局面。可是，明眼人都知道德国已经遭到重挫。安娜·特莱普林就在给前线的丈夫信中写道："这些事情还有什么可说的，你们都已经撤了那么远。"

格特鲁德·斯卡德拉描述了每天盼着三个哥哥弟弟的消息有多么"痛苦"。斯卡德拉的三个兄弟都在跟随部队在比利时作战。她非常担心战争经历给他们带来的影响，写道："那些活下来的人，看到的战争场面会在他们心中留下怎样的印象呢？"好不容易等到9月13日，斯卡德拉终于收到了最小的弟弟戈特弗里德的来信。弟弟小名叫"弗里德尔"，信写得很难过，说写信的纸是从一个法军士兵尸体的背包里找到的，还说自己每天要"死上好几百回"，弄不明白到底是怎么活下来的，"你想象不出面对大炮猛烈开火到底有多么可怕，只能一动不动地趴在地上，求上帝饶命"。

德军当年撤退埃纳河的决定时至今日仍然充满争议。一些历史学家（这些历史学家并非全是德国人）认为毛奇精神崩溃、亨奇对比洛和克拉克撤军随随便便就点头认可，正是这些让德国人失去了到手的胜利。如果德军指挥官能够表现得坚决一点儿，为了胜利团结起来，完全可能在马恩河前线的对抗中保持优势。诚然，不是所有的谜团都能解开，德国人在9月8日到12日之间做出的这些决定，其中不少重要细节都让人觉得扑朔迷离。有些德军部队打起仗来，要比他们的法国对手厉害得多，福煦和莫努里当时距离失败其实已经不远。

即便如此，至今仍有充分的证据证明法军当时已把德军打得只能停在原地不动。克拉克军中一些士兵从8月17日开始，直到9月12日，已经连续行军400英里，一连9天连续作战。克拉克和比洛早已将自己置于了难以为继的地步。弗朗谢·德斯佩雷的第五集团军领导得当，兵力强大，正向二人步步进逼。霞飞凭借着卓越的领导才能与钢铁般的坚强意志，在德军右翼形成了大规模优势兵力，他的部下也充分利用了这一点。南面的法军出色地完成了任务，在敌人的疯狂重压之下仍然守住阵地，北面的法军则赢得了胜利。

　　德国人9月初干的最后一件蠢事是在10日晚上发动了一场白刃战夜袭。发动夜袭的是威廉皇储殿下第五集团军的大约十万预备役士兵，地点是在圣梅内乌尔德以北的沃玛丽。毛奇一开始批准行动，听到德军在南希伤亡惨重的消息之后又收回了成命。皇储随后向这位总参谋长提出威胁，扬言要将此事告知父皇。毛奇无奈之下，只好勉强同意。最后的结局简直就是一场灾难。突袭的士兵没能完成突破。步兵们排着密集的队伍，列队向前冲锋，遭到了法军大炮这个"黑色屠夫"的无情屠杀。早上7点45分，法军发起反攻，把惊慌失措，乱作一团的德国士兵给打了回去。德军一些部队军官伤亡率高达40%。当晚，毛里斯·萨拉伊将军向霞飞发去一封电报，电文不长，上面写着："战局令人满意。"虽然，法国人在战争开始的头几个星期失误连连，伤亡惨重，这些已经说得够多了，不过德国人在干蠢事这方面也差不了多少，这次突袭就是有名的一件。威廉皇储能够趾高气扬地向毛奇保证，扬言自己9月10日的行动定将取得"大胜"，由此就足以看出德皇军队指挥官的水平。

　　与为德军辩护者的观点相反，马恩河战役代表的绝不仅仅是毛奇的失败——毛奇只能暗自接受事实，承认失败——这同样是法军赢得的历史性胜利，也是傲慢的德国军人应得的惩罚。法军的不少有利条件得到了发挥，比如说，守军在本土作战，拥有更好的通信条件，补给线也比劳师远征的德国人要短。法军指挥系统运转起来要比德国人的流畅得多。当然，假如霞飞在8月25日就被解职——他的"第17号计划"一败涂地，带来的伤亡惨不忍睹——那么他将成为军事史上的一个尴尬。但是，霞飞在此之后像一只斗犬一样不离不弃，证明了自己能够成就一番大事。马恩河大作战就像一场赌博，而这位法国陆军总司令赌赢了这一把。在决定欧洲命运的1914年，霞飞比毛奇拥有更加坚定的决心与意志，其意义之重大，无论如何评价也不夸张。不仅如此，法军士兵们的英勇表现足以与这位法军最高统帅的个人贡献相媲美。小伙子们在绝望面前几乎一度放弃，却展现出不屈不挠的勇气，坚持了下来。

　　有些历史学家认为比洛同样精神失常，虽然原因不如毛奇那么容易解释，后果却要严重得多。这种说法似乎忽略了一个简单事实——这位第二集

团军司令9月6日已经被德斯佩雷击败。至于克拉克,他如果认为毛奇、或者说亨奇不应该插手干预,那么为何不提出抗议——他之前不就经常对最高指挥部发出的指令表示过异议吗?有一种说法更加说得过去,认为克拉克其实也暗自承认,西线德军无论从战略、战术还是后勤保障上来说都已经走得过远,难以为继。克拉克及其同僚在任何时候都从来没有想过9月9日做出的决定会意味着德国输掉这场战争。他们只是承认的确有必要暂时撤退,然后再重新集结。

英法联军之所以此后未能抓住机会,将敌军的败退转变为致命一击,这是因为联军在经历了8月份的重创之后,已经手段不多,精力匮乏。英国远征军原本可以对撤退的德军施以更大的压力,逼迫得更紧一些,取得更大战果,可惜英国人没有这么做。整个马恩河战役,英军总共伤亡1701人,甚至还不如法军的一些旅。假如一切都由那位远征军最高司令官说了算的话,英军或许压根就不会介入这场战役。做出参加反攻决定的并非弗伦奇,而是阿斯奎斯和基奇纳。诚然,即便英国人打得再狠一点儿,也不大可能把霞飞的一场胜利转变为德国的灭顶之灾,但是这样无疑可以增加敌军的损失,尤其是俘虏更多士兵,让克拉克和比洛撤得更加难受。

经过开战最初几周对于战争结局的沮丧和担心,马恩河畔赢得的这场大胜让协约国阵营一时迸发出欢欣喜悦的气氛来。爱德华·格雷9月14日在给一位政府同僚的信中写道:"战场传来的消息实在太好了,简直叫人不敢相信是真的。"不少人以为马恩河大捷将为这场战争带来决定性的胜利,夏尔·戴高乐中尉便是其中之一,他写道:"敌军再也无法阻止我们乘胜追击的脚步……敌人自以为是世界上最优秀的军队,我们要彻底打败他们,光荣凯旋……我们要做到这一点,证明俄国人的帮助对我们来说并非必不可少。"不过,其他士兵则要更加谨慎,爱德华·科德维在跟随部队前进的路上经过一座小村庄,看到德军已经逃走,虽然十分开心,却不愿为此感到过分高兴:"如果法国能够迅速解放,那还不错……可是战友们已经在想象进军莱茵河的情景,我觉得这是异想天开,不大可能。我了解德国人,他们组织严密、潜力巨大,装备充足。我认为要想打到莱茵河,可没那么容易。战友们笑我没信心，那是因为他们不清楚德国人，不了解普鲁士人生就的民族自豪与组织能力。"

即便如此，对于见多识广的德国人来说，马恩河失利意味着他们已经失去了筹码，无法在这场赌局中一盘定输赢。艾伯特·霍普曼在海军部里双手紧握，说道："大局对我们相当不利，这些都是早几年犯下的错误导致的。"霍普曼严厉批评政府软弱无能，缺乏强硬姿态："我们的体制根本做不到让有本事、有知识的人走到前排，进入政坛，参与管理……真是可悲，实在可悲，可怜的德国。"没过几天，他又用上了"蠢不可及"这样的字眼来形容这场战争，把责任推给了德国的外交部门。霍普曼唯一能够找到的些许慰藉只有"德意志民族的精神。这种精神只有通过广泛的民主妥协才能得以维系。否则，毫无疑问将爆发革命，霍亨索伦王朝就会垮台。至于我们的那帮政客能否意识到防微杜渐，预防革命发生，谁又说得准呢？"

一种如释重负的感觉在法国迅速席卷开来，这感觉是那样强烈，叫人无法抵挡。9月15日，爱德华·瓦扬在《人道报》上写道："这是普鲁士帝国主义走向覆灭的开始，更是联军赢得彻底胜利的开始。""马恩河奇迹"这个词最早由莫里斯·巴莱斯在12月份创造出来。他将这场战役描述成"永远不灭的法兰西奇迹、堪比法兰西的圣徒与守护者圣女贞德"。当时，天主教正在法国寻求宗教复兴。有个牧师继巴莱斯之后，发行了一份小册子，标题就叫作"马恩河奇迹"。不过，士兵们对于9月份的这段经历要表现得更加谨言慎语，没有那么多漂亮的空话，倒也不足为奇。有一个上校，名叫德方丹，在25日写道："我们经历了战争最痛苦的一个阶段：身体筋疲力尽，补给跟不上去，军官伤亡太大，弥补不了。"

等到1918年过去，马恩河战役在德军口中成了"背后捅刀子"①的故事。诸如此类的段子还有不少。德国陆军在官方正史中写道："在奥克和马恩河展开的这场伟大的史诗般的战役结束了。德军右翼部队为了确保胜利，选择了

---

① "背后捅刀子"（Stab in the back），亦称"刀刺在背"，指的是1918年之后德国国内右翼势力广为流传的一种说法，认为德军"一战"并非输在战场之上，而是遭到背叛，败在了国内人民，尤其是1918年推翻帝制的共和党人的手里。——译者注

撤退。"鲁登道夫在1934年写道:"德军1914年在马恩河并没有战败,而是赢得了胜利。"这样的话确实是痴人说梦。德军不可战胜的神话早已破产,法军从失败的废墟中高昂着头,站了起来。霞飞的将士们在不断进攻的喜悦中为法兰西收回了失地,体会到了精神上的浴火重生。普略·德·迪于斯上尉有一天晚上借宿在一个老太太家里。这个老太太不太友好,家中不久前还招待过德国人。德·迪于斯快要上床睡觉的时候,突发奇想,想知道这个老太太在德国人离开之后是否换过床单。不过,他很快耸了耸肩,自言自语道:"对于我这样一个当兵打仗的来说,这算什么问题……反正到了哪里,都能睡好。"

第二节 "僵局对我们有利。"

德国人有条不紊地从马恩河后撤,老练地选好新的阵地,以便掉转头来,站稳脚跟。毛奇在交出指挥权前做出了最后一个重要决定,命令兰斯以南的部队放弃进攻,尤其是对凡尔登和南希的进攻,转为掘壕固守。这样一来,德军才有余力在其他地方发起新的攻势,特别是比利时西部和法国北部仍然留有大片空旷地带尚未染指。9月14日,这位德国陆军总参谋长接到德皇亲自发布的指令,要求汇报病情——德国政府对民众隐瞒了这一消息。毛奇在德军最高指挥部里沮丧地消磨了几周时间之后,最终以在安特卫普前线出击失利为由辞去了职务。

从毛奇手中接过指挥权的是法金汉。法金汉时年53岁,要比任何一位陆军司令都要年轻。这是一个待人冷淡、不爱交际的近卫军军官,深得德皇赏识,而这一点鲁登道夫做不到。法金汉为人行事果敢强势,属于从一开始就做好打算,预计长期作战的那一类人,不过有时也会犹豫不决。这样一个有紧迫感的人平日睡眠极少,常常会在凌晨时分去找各位军长促膝谈心。法金汉同样是一个孤僻之人,行事极其诡秘。性格要比毛奇更加沉稳,在接下来的两年里作为德国头号战争领袖,展现出了相当的潜质。不过,法金汉也和他的前任一样，必须面对那些难以解决的问题。格哈德·塔彭中校身为进攻法国的总设计师，仍然担任作战处处长，这也意味着不大可能在战略上改弦易辙。法金汉上任伊始便拒绝将马恩河受挫视为败局已定。他的第一要务在于牢牢握紧权力，行使权威，加强各集团军指挥官之间的协调，而这一点恰恰是可怜的毛奇之前没能做到的。

几乎与此同时，法金汉和塔彭之间出现了紧张关系。这位新任陆军总参谋长有意重启大包围计划，调遣兵力进入比利时，从联军侧翼后方实施合围，毕竟联军两翼前方还有大约200英里的空旷地带可以大做文章。反观塔彭，却想重拾中路进攻，从苏瓦松和兰斯的中间地带打将进去。从短期来看，这位作战处处长的想法更占上风，部分原因在于铁路运力有限，难以将部队运过前线。大多数线路都是东西而非南北走向，加之比利时境内铁路系统损毁严重，陷入瘫痪。德军虽然发动了一系列进攻，但由于计划不周，不仅付出了巨大代价，而且都未取得成功。

与此同时，联军正试图将马恩河的胜势转化为战略上的胜局，一个月来在马恩河以北25英里处攻势不断，这便是有名的埃纳河战役。埃纳河静静地蜿蜒流淌在群山之间，出了山谷便是一座小山，陡然升高300英尺，山上林木茂密，郁郁葱葱。山脊以北有一片开阔的田地，坡度平缓。沿着农田上去是一条公路，长约21英里，这便是法国历史上有名的"贵妇小径"。小路以法国国王路易十五的两位千金阿黛拉伊德和维克多瓦尔命名，两位公主当年就是沿着这条小路去往德拉波夫城堡，拜访纳博讷伯爵夫人的。

法军一路前进，有些人"从德国人的尸体里找寻战利品，死尸上面盖满了泥土和血污……这些人装了好几麻袋德军的大衣和头盔，可惜这些东西他们又没法留着自己用。"爱德华·科德维笔下对这些人不乏轻蔑之词。9月的一个晚上，科德维所在部队的一个中士拖进来一个敌军士兵。这家伙因为腿断了动弹不得，已经在野外躺了整整五天五夜。"我们只要一想起这些伤号有多么痛苦，就感到脊背发凉。动又动不了，白天日头暴晒，晚上寒气逼人，下起雨来连个躲雨的地方都找不到。这个可怜的德国兵看到我们来救他，把身上的勋章、徽章还有钱全都交了出来。"

再往东走可以看见环绕兰斯的连绵小山，还有阿尔贡茂密的森林。德斯佩雷的第五集团军正在此地发起进攻。德斯佩雷的军队从马恩河一路前进，虽然速度比英国人快不了多少，好歹还是可以拿上个月打过恶仗当作借口。第五集团军在夺回兰斯之后继续向前挺进，攻势一直持续到10月，虽然代价高昂，却进展不大。9月17日到19日，德军连续三天对兰斯发起炮轰，兰斯的大教堂损坏严重。这种破坏行径引发了法国首都民众的巨大愤慨和新的一轮恐慌：巴黎市民相信巴黎一旦落入德军炮火射程之内，那么卢浮宫、荣军院、巴黎圣母院以及其他宝贵遗产都将遭到破坏。巴黎人会产生这样的担心，也并非无凭无据。

9月的第二个星期已经过去，英国人整整一周时间都在莫努里和弗朗谢·德斯佩雷两军的中间地带，一如既往地缓慢北进，除了遇上大雨之外，并未遭遇任何抵抗。亚历山大·约翰斯顿在11日写道："跟我担心的一样，我们放跑了德国人，让他们几乎毫发无伤，就这样逃之夭夭……真的应该尽可能追得再紧一些。"不过，英国远征军大多数士兵都涌动着乐观的情绪。牛津白金汉郡步兵团的哈里·迪戍上尉在9月13日给家人的信中写道："一切都好，我想德国人已经完了。昨天我们在雨中睡了一觉，接着就追上了德国人。虽然德国步兵有一阵子火力很猛，但是我们没人伤亡。我们团抓了116个兵，其中5个还是军官……能够看到这样的好戏我当然不介意，只要不是走个不停、一天到晚浑身湿漉漉的、没有觉睡就好。"

然而，就在英军快要接近埃纳河时，一支新组建的德国第七集团军正在加紧步伐，迅速赶来，填补克拉克和比洛之间的空隙。增援德军部分部队向埃纳河急行军突进，赶在英军到达前的几个小时甚至几分钟之内占好了位置。这支德军预备役第七军长途跋涉40英里，抢在约翰·弗伦奇的先头部队抵达之前及时赶到山脊，抢占了有利地形。9月13日，一场为期一个月的惨烈战斗拉开序幕。联军试图突破至贵妇小径。一开始挑起重担的是兰斯以东和以北的法军，不过注意力随后集中到了英军的行动上。这是因为有人以为——很可能是误判——只要渡过埃纳河，翻过山脊，再越过前面的开阔田地，就有机可乘，肢解德军防线。路易斯·斯皮尔斯写道："回想起来，还真得谢天谢地，那帮一心盯着埃纳河看的人没有一个知道等待着他们的会是什么下场。完全没有想过泥浆满地、湿冷的堑壕，还有接下来的几年到底会过得多么凄惨。"

英军第一次渡河算得上是最成功的一次。第11步兵旅在滂沱大雨中走了15英里，浑身上下全部湿透，于9月12日夜间抵达塞普蒙安营扎寨。士兵们刚刚休息了还不到两个小时就从睡梦中被叫醒，接到命令，穿上又硬又湿的衣服，拿起武器装备，重新动身赶路。旅长艾尔默·亨特-威斯顿得到消息，德国人搞糟了事情，没能炸掉几英里开外弗尼泽勒埃纳河上的大桥。根据侦察兵发来的报告，桥墩虽然出现了裂缝，但是未被炸垮，小心一点儿的话应该可以通过。

亨特-威斯顿是1914年秋英国远征军里头少有的急性子，坚持要求全旅士兵利用夜色掩护，立即渡河。参谋官莱昂内尔·丁尼生对这位旅长如此描述道："他这个人我不怎么喜欢，其他人也不喜欢。非常挑剔，口碑不好，常常头脑发热，办事也没什么能力。"不过，亨特-威斯顿当晚在埃纳河可是展现了一把自己的能力。凌晨两点，英军排作一列纵队，每个士兵保持5码间隔，借着东岸唯一一个灯罩下灯光的指引，从这座快要散架的铁桥上左摇右晃地走了过去。桥距离河面大约60码高，士兵们走过桥面时一个个颤颤巍巍，桥摇来晃去。不到一个小时，英军各营重新集结完毕，只听见扑哧扑哧一阵水响，全都潜入了北岸山脊下的草甸子里。英军士兵已经整整一天没有进食，浑身冰冷湿透，苦不堪言——英国远征军没有任何一名士兵配备了真正防水的衣服。还有不到三个小时天就要亮了，亨特-威斯顿再次下了死命令，要求几近精疲力竭的士兵们向高地发起强攻。亨特-威斯顿的好胜心得到了回报：黎明时分，这些来自萨默塞特郡、汉普郡步兵团还有步枪旅的士兵们出其不意地出现在了德军警哨的面前，吓得德国人赶紧逃回了主阵地。

英军刚刚站稳脚跟，就在山脊边缘一线开挖堑壕。英国人正处在德国人的下方，对手在山坡上面已经布好阵地，英军动向尽收眼底。不过，英国人至少已经过了河。英军官史辛辣地评价道："如果其他部队也有同样进取之心——9月12日的行军路途更短的话——13日的战斗结果将会大不相同。"换

句话说，英国远征军其他部队在向埃纳河的前进过程中，一如之前向马恩河进军一样懒散悠闲，直到9月13日白天才开始正儿八经地准备渡河，双方在多个渡河点展开交火。德军在山脊的另一头部署了一排重炮和迫击炮，杀伤力巨大，德军观测兵可以把英军的一切动向看得清清楚楚，向山谷倾泻炮火。一名英军炮兵军官悲伤地写道："（我们）进军的时候走得没有劲头，结果给了德国人充足的时间严阵以待……我们赶不走德国人。"

在小镇布尔科曼，一队英国骑兵试图强行渡河，结果遭到德军机关枪的疯狂扫射：第四龙骑兵团的杰拉德·菲茨杰拉德勋爵新婚燕尔才刚刚33天，就被一发子弹击中眉心。英国步兵找到了一条德军还没来得及炸毁的水渠，好不容易上了埃纳河的北岸，刚刚占领布尔镇，德军炮火就劈头盖脑地倾泻下来。英军工兵拼死在河上搭起一座浮桥，在德军炮兵和狙击手的攻击下伤亡惨重。一个木筏被直接命中，十多个工兵掉进河里，大多数人死于非命。有三个胆大的士兵脱得赤条条的，想从河的这一头游过去，把木筏抢回来。敌人的子弹打在水面上嗤嗤作响。其中一个中了弹，好在另外两个成功游到木筏跟前，爬了上去，把这个笨家伙划到了岸边，木筏上5个受伤的工兵这才得以保住性命。

在佩西村南面，西萨里郡步兵团顶着敌人的炮火渡河，损失了百来号人。在蓬塔西，成百上千步兵迎着德军弹雨，通过另一座损毁过半的桥，抵达东岸。在瓦伊，英军在通过一座木板桥时遭到敌军猛烈火力攻击，好几十名士兵中弹倒地。在密西，一队工兵在9月14日凌晨打算趁着黑夜，利用筏子将马匹运过河去。贝德福德步兵团的吉米·达文波特中尉描述了当时的场景，写道："我们一筹莫展……河岸太陡，河水也流得太急。"达文波特的同事辛格上校在推筏子的时候不慎滑倒，跌落水中，幸亏双手死命抓住岸边才没被冲走，脑袋距离马蹄只有几英寸远，相当危险。这匹马渡河渡到一半开始乱踢，倒霉的上校左躲右闪，才避开马蹄。还有几匹马从筏子上跳进激流，过了好几个小时才找回来。

待到9月14日早晨，英军已有数千士兵在埃纳河北岸站稳了脚跟——但是处境危险。士兵们浑身湿透，筋疲力尽，大多数人已经好几个小时没有吃过任何东西，只能守着阵地一动不动。贵妇小径沿途都是树林，英军阵地就在林子边上，每一处地方都被德国人看得一清二楚。对手就在东面的开阔农田里，在一个缓坡上面，那里地势要高一些。在接下来的几天里，英国人多次努力冲上山顶，德国人也一次又一次想把对手赶回河里去。双方都付出了惨重代价，可都做不到。天气变得糟糕起来，士气也开始随之跌落。不管英国人还是德国人，虽然还会有更多人死在这里，可是只要任何一方知道贵妇小径这条战线在接下来的四年里将维持现状基本不变，士气恐怕还会掉得更加厉害。

卡梅伦高地步兵团的二等兵查尔斯·麦肯齐9月14日双腿负伤，写道："那里可真是个鬼地方，除了成堆的尸体，满地的血，什么也看不到。我们死了很多人……1400人只剩下了300来号。"科尔德斯特里姆步兵团和苏格兰近卫团同样损失惨重。康诺特别动队9月13日晚上从阿尔西渡口渡河，进了苏皮尔村。村里有一座宏伟的城堡，城堡主人是加斯顿·卡尔梅特，就是被卡约夫人开枪打死的那个《费加罗报》编辑，这件事当时闹得沸沸扬扬。别动队虽然当晚没有接到任何命令，要求继续前进，但是队长威廉·萨斯菲尔德少校却因为一个举动一举成名。萨斯菲尔德认为既然迟早要拿下高地，那么肯定越快越好，于是带领别动队士兵从村里出发，沿着蜿蜒的林间小道，穿过森林，到了一处开阔的旷野，那里有一座大农场，名字叫作"苏皮尔之心"。全队在农场集合，等待天明。上午9点45分，再次下起瓢泼大雨，第二掷弹兵团也赶到农场，完全没有意识到走在前头的是爱尔兰士兵。与此同时，德国步兵对农场发起猛攻，两支英国部队被夹在枪林弹雨之中，情急之下，只能掉转方向，以求自保。两支部队一没有地图，二不知道对方是谁，只好接下来在农场和周围林子里乱打一通，打得晕头转向，所幸伤亡不大。

掷弹兵团的盖伊·哈卡特-弗农写道："我们拦下了许多别动队队员，人人都在忙不迭地'撤退'，纷纷说自己的队伍中了埋伏，断了后路，少校要大伙儿赶紧撤退。我们把他们所有人都接到了我们的队伍里来。还看到许多小分队，跟我们的差不多……看得出来，只要有一个人慌了手脚，大家都会互相开火。在林子里打仗最可怕的地方就在这里，看不到其他人，又没有

人指挥。听到右边有枪响，就停下来让人跟上靠紧我。全都散得不成样子。一抬眼突然看到前面有穿灰色军装的，吓得屁滚尿流，差不多马上就会挨打。"哈卡特-弗农腹股沟中了一枪，还当了一小会儿俘虏，直到德国人被击退才逃了出来，一个小时之后被送去了医院。

这一天，英军在多处展开局部小范围战斗，打得相当激烈，攻上去，又打回来，反复拉锯。德国狙击手躲在树杈枝丫后面，利用有利地点开枪，打死打伤的源源不断。科尔德斯特里姆步兵团和爱尔兰近卫团先后赶来支援。四个营白天零零散散地打了一整天，也不知道到底打的是谁，只要一看到敌人露脸就开枪乱打一通。在一个地方，掷弹兵团刚刚准备发起进攻，农田北面根茎地里趴着的德国兵突然站起身来，大约两百来人，齐齐举着双手，摇着白旗，走了过来。英军士兵正要把这些倒霉的德国俘虏集合收押起来，突然遭到德军另外一支步兵部队开火进攻。德国人也不管是不是有自己人，照着这一大群混在一起的人一顿猛打。掷弹兵团的乔治·杰弗瑞斯写道："我认为这帮德国人不是有意变节。他们前面那一拨已经被我们打得差不多了，是真的打算投降。再说他们的弹药也基本上差不多打光了。倒是后面上来的援兵没有投降的意思，一旦找到好的目标就会开火。我从不知道根茎地能起到这么好的掩护，这么多人趴在里头，跟松鸡一样根本看不出来。"

苏皮尔村的战斗没有任何将军指挥——就是几个营，外加几个连各自为战，想打哪里，就打哪里。军官损失相当骇人。近卫团里向来拥有不少贵族名人，这些名门望族伤亡惨重：格恩西勋爵正在同亚瑟·海勋爵说话，突然双双倒地不起，开枪击毙二人的是一个德国步兵，枪法了得。康诺特别动队伤亡250人，掷弹兵团伤亡120人，科尔德斯特里姆步兵团伤亡178人。掷弹兵团里有一个年轻的二等兵，小伙子名叫帕森斯，集合了12个散兵，都是另外一个团里的，要么没了军官，要么没了军士指挥。帕森斯带着这帮人打了整整一天，表现不错，凭借这次出色表现升了职，还被点名表扬。不过，和其他不少人一样，帕森斯几周之后也死在了战场上。

当天晚上，近卫兵团掘壕固守。炮弹不断打来，落在战线后方的英军营地上，营地距离山下约莫一英里远，就在苏皮尔村子里头。杰弗瑞斯当晚写道："我想睡上一觉，可是实在太冷，还有一排德国伤兵在'同志''同志'的叫个不停，吵得睡不着。以前从来不知道'伤口发臭腐烂'这句话到底是什么意思。这些德国兵脱得赤条条的，真的发出一股腐烂的恶臭。"有个康诺特别动队的士兵递给杰弗瑞斯一杯茶。这位少校一想起别动队撤退时的窝囊表现，就感到恶心，本想懒得伸手，不过最后还是抵不住口渴，接了过去。

"苏皮尔之心"的战斗第二天仍在继续，伤亡也在持续增加。被打跑的德国人又回过头来发动了几次大规模进攻，取得了一些小小的成果。每一次交火都有死伤。英军这边同样没有大的进展。9月16日下午，德军一发炮弹落到一个采石场里头，掷弹兵团的一个连就在采石场边上守着，所有伤号都躺在采石场里。这个连超过半数士兵，一共59人，连同其他部队的11名士兵，还有在场的唯一一名军医全部被当场炸死。军医名叫哈更，以前是苏格兰的一名橄榄球运动员，名气不小。哪怕人死了，阶级差别一样体现明显。掷弹兵团的乔治·杰弗瑞斯少校在主持安葬仪式时会借着手电筒的光，读出阵亡英德双方士兵的名字，这些士兵会被埋在一个大坑里，就在十字路口边上。阵亡英军军官的尸体则会专门派人送下山，送到苏皮尔村的教堂里安葬。

牛津和白金汉郡轻步兵团的莱昂内尔·瑟斯顿上尉也参加了苏皮尔村的战斗，他在9月20日给家人的信中写道："一个星期之前……我们碰上了德国人，对方已经布好阵地。自打那个时候开始，我们就连一英寸都没有前进过。这里简直就是地狱……这个鬼地方就像一个定期宰杀牲口的屠宰场。前天150头公牛被活活烧死，奶牛也被统统打死；到了昨天，总共剩下的5头猪里面，侥幸没死的只有两头。"罗斯林·伊夫利上尉为了救一头受伤的猪，一时大意，暴露了自己，结果被一发炮弹当场炸死。瑟斯顿认认真真地算了一下，写道："离我们堑壕大概八百码远的地方躺了500个德国兵的尸体，躺在那里已经有4天了，我觉得还是应该处理一下才好。"

伯纳德·戈登–伦诺克斯写道："我们被大炮轰了整整一天……从堑壕里头望出去，可以看见不少德军阵地，可以看见德国人在挖沟，挖得飞快，但是大炮很难瞅见。弹片整天在我们周围，还有脑瓜顶上飞来炸去。杰弗瑞斯

上校，还有那个又矮又胖的豪厄尔医生来我们这里转悠了一圈。豪厄尔说他现在已经不敢再'四处溜达'了。"有些英国炮兵计算得很清楚，说什么自己阵地一个下午挨的德国炮弹得要3.5万英镑。掷弹兵团新来的连长威尔弗里德·亚伯-史密斯在给妻子的信中写道："小伙子们都很不错，面对危险，毫无惧色，我想他们之所以这么勇敢，很大程度上是因为英国人天生呆头呆脑。意识不到危险，这反倒是件好事，至少能让他们像块石头一样，在其他国家的士兵坚持不住的时候还能挺住。不过，小伙子们确实累了，这个倒是看得出来。"

虽然，苏皮尔村成了英军遭受重挫，损兵折将，颜面扫地的地方，但在贵妇小径一线，英军遇到的类似遭遇不少，右翼的法军也是如此。赛尔尼的糖厂口碑尤其不好，好几支部队在这里死伤惨重。9月15至17日，皇家北兰开夏郡步兵团在攻打特鲁瓦的时候有9名军官阵亡，五名军官受伤，士兵伤亡500多人。有一个连在渡过埃纳河之前有两百来人，过了河就只剩下两名军官和25个士兵了。9月20日，西约克郡步兵营遭到敌军侧翼包围，战斗规模虽然不大，但极其惨烈，全营士兵大多缴械投降。德军同样损失惨重。准尉恩斯特·诺普尔在9月23日的报告中写道，自己的连已经从200人减员到74人，"齐柏林少校听到损失如此惨重，恨不得自己把自己一枪打死算了"。

凡是参加过埃纳河战役的人，都会觉得这一仗要比在蒙斯或者勒卡托打得更惨，因为战斗时间拖得太长。士兵们在贵妇小径发现了一些打仗的新特点。在这里打仗，一打就打个不停，一场仗可以一连打上好几个星期，既没有机会喘息，也打不出什么名堂来。密集的炮火轰炸有时能够持续好几个小时，炮弹每隔几秒钟就会落到某个阵地上。有一个德国军官在9月份的战斗中受了伤，写的话颇有几分先见之明："这场战争里头最有发言权的一定是炮兵。"堑壕里的士兵一个个灰头土脸，对于他们来说，洗澡已经成了遥远的回忆，军官里头刮胡子的就更少了，远征军大多数士兵自打蒙斯开战以来就一直穿着同一身衣服。

战争的性质正在发生变化，人们开始明白一个简单的道理：要想在战场上活下来，就得把自己藏好，让敌人看不见，找不着。士兵们刚刚抵达埃纳河的时候惊讶地发现河边一片空旷，只有在发起进攻时才看得到人。只有听到子弹飞过的嗖嗖声和炮弹的爆炸声才明白仗还没打完。到了晚上，不管哪一边，只要有一个士兵神经兮兮，开枪走火，都会引来两边一阵枪炮齐鸣，其他人则会喋喋不休地骂上老半天。9月14日，黑格声称："第三师部分部队在蒙斯和勒卡托损失惨重，已经无法指望。"他在20日描述了西约克郡步兵团士兵"仓皇逃窜"的场景，说这些士兵只能依靠武力强行押回去，由龙骑兵带着重新向前冲锋。

英国国内，《泰晤士报》在9月22日写道："'德国人逃跑了吗'成为大家挂在嘴边的话题。"没有，德国人当然没有逃跑。朱利安·格伦费尔一想起被德国人杀死的战友就来气，对着一名被俘的德国军官和几个德国兵大吼了一通。这个德国军官直直地看着格伦费尔的脸，敬了个军礼。格伦费尔为自己发这么大的脾气感到后悔，写道："我从来没有见到哪一个人在经历苦难的时候还能显得这样自豪、坚决、聪明、自信。这让我感到无地自容。"贝德福德步兵团的约翰·麦克里迪上尉写道：

> 我们已经明白，这就是堑壕战的开始……当然，铁丝网还没有出现，堑壕与堑壕之间隔得很远，中间地带都有火力覆盖。巡逻只能晚上进行，从德国佬的战线穿过去，走上一遭，再掉头回来。我们死了不少人，都是被狙击手打死的。阿拉森一个前沿排里就有好几个被打死，所以白天根本没法出去活动。巡逻兵的士气低到了极点……天气越来越热，林子里尸体散发出来的臭味闻着反胃，德国人的也好，我们的也好，到处都有零零散散没有找到的尸体。马和牛的死尸更加难办，我们一点儿一点儿把这些死马死牛埋了，但是要埋掉一头牛确实麻烦，牛死了尸体肿胀，要比正常大上三倍。

英军在埃纳河每天伤亡将近2000人。一个士兵写道："这里的士兵开始心灰意冷，德国人的表现要比我们预想的好得多……1870年，德国人就是在这个地方把法国人打败的。"有一个德国炮兵士官，名叫威廉·凯森，在10月2日写道："有些进攻蠢到就连我们的人都看着直摇头，简直难以置信，他们进

攻的时候怎么能够这么没有脑子。就连英国军官都知道，面对着600到800米长的战线，在敌人已经准备就绪的情况下发起冲锋，简直就是草菅人命。"凯森认为步兵进攻时随身携带的装备过重，导致行动极其缓慢。凯森眼看如此悲剧一而再、再而三地上演，不禁叹道："一开始，我们用大炮轰，把一个村子轰上整整一天，直到所有东西都被炸得稀巴烂。接着，步兵开始上刺刀，往前冲，展开一场恶战。我见到几个巴伐利亚士兵脱了外衣，捋起衬衣袖子，把步枪反过来，拿着枪托一顿乱打。敌军接着也开始炮击，腾起一阵雾墙和火墙，根本没法穿过去。能够毫发无伤，侥幸逃生，完全是老天保佑运气好。"

　　几个月之后，战场新闻审查机制开始建立。凯森的信原本永远也寄不到目的地，因为他在信中声称步兵伤亡巨大，如同灾难，在得不到兵员补充的情况下，友邻部队将不复存在。有个中尉刚刚加入凯森的炮兵连才几分钟时间，就被一枚流弹碎片击中后背，这个年轻人就此成了一具冰冷的尸体。战前生产的大量军火弹药被迅速消耗一空，炮兵成为各支部队里头最依赖加快战时进度的人。可是，弹药的可靠度和精确性却在每况愈下。恩斯特·谢帕德是英国远征军中的一名上尉，给远在美国阿拉巴马州的一位朋友写信——说来有些难以置信，谢帕德本人虽然是个英国人，战前却是阿拉巴马州国民警卫队的一员——写道："德国人的勇敢简直到了蠢不可及的地步。想象一下一千名士兵排着密集的队形，迈着坚定的步伐，朝着堑壕走过来。堑壕里头等着的是这世上枪法最准的士兵……干这种事情简直恐怖，以前从来没有见过有人干这样的蠢事。"当然，历史上其实出现过类似事情。美国内战就是例子，只是谢帕德并不知晓罢了。不过，英国人的集体意识里似乎完全没有注意到这些前车之鉴。

　　不管哪一方，到了现在还在自吹自擂的已经只剩下极少几个人。有一个德国兵在10月4日给家里的信中写道："我们这里真没人把英国人当回事……你没看到他们是怎么逃命的……砰的一枪就打死了，下手毫不留情，干完了大家哈哈大笑一通。距离在大概1200到1300米远，英国人像只苍蝇一样倒了下去。"德国人的确是这么干的。9月21日，军医洛伦茨·特莱普林告诉妻子，自己所在的团只剩下了三分之一的人，军官死了6个，还有30个受伤："现代打仗就这么打啊打，打个不停，实在可怕。"到了这个时候，不管哪一边的军队，都差不多不会有人再像8月份那样朝着敌人的阵线往前冲了。克里斯滕·安德雷森是一个德国兵，也是战死的一个。他在9月28日的日记中写道："我们已经开始麻木，开赴战场时既不会掉眼泪，也不会感到害怕，可是心里明白自己正走在通往地狱的路上。只是，既然穿上了这身硬邦邦的军服，就不是想做什么就能做什么的了。我们已经不再是我们自己，也不再像个人，顶多像一台调试好的机器，什么也不用多想，只要照着做动作就够了。噢，上帝啊，我们什么时候才能重新做一回人呢？！"

埃纳河战役于10月16日正式结束，英国远征军将阵地转交给了法国地方军。这场为期一个月的战斗成为此后数年人们热议的焦点，大战结束后更是如此。是不是因为约翰·弗伦奇爵士的军队向埃纳河推进得太慢，渡河犹犹豫豫，过了河打仗也不卖力，就此错失良机？假设在一条狭窄的战线上集中兵力，而非在多个地方同时渡河，是否又能取得突破？自从在马恩河展开反攻开始，英军行进速度一直相当缓慢，遇到的抵抗也十分微弱。英国人从来就没有对撤退的德军施压，给了德国人充分时间在埃纳河畔从容布阵，摆好大炮，好好教训打算渡河，继续作战的英法联军。

诚然，英国人若是有更多勇气和动力，他们大可不必费那么大力气才爬上埃纳河东岸，损失也会要少一些。可是，英国人即便这么做了，也不见得就丧失了一个重要的战略机会。德军自马恩河战役失利之后虽然被迫后退，陷入困境，但是队伍并未溃散。就在英军跌跌撞撞，试图攻上贵妇小径山顶的时候，德国人的援军也正在飞速赶来。英军的大炮都在下面的山谷里，只能平射，对于山上可怜的步兵爱莫能助，而德国人的大炮可以大展身手。要求士兵穿过完全暴露的开阔旷野，冲上高地，这种做法似乎永远不可能取得成功——换成德国人，用这种方法进攻同样难以施展开来。埃纳河战役再次让人看到了8月份留下的教训：在其他条件大致相当的情况下，防守一方一旦占据有利地形，要比进攻一方拥有大得多的优势。

这场战役还出现了不少新鲜事。骑兵们差不多只要一打仗，就得下马作

战，结果吵着闹着要求给自己分发刺刀。有些拖拽大炮的马匹是从农场征召来的，起初一听到开炮的声音就会吓得四处乱跳。牵马的花了好几个星期才让这些野性十足、乱踢乱蹦的畜生勉强适应自己的新角色——当然，前提是这些马能够活这么长时间。英军士兵不再抱怨被德国人耻笑的事情，因为敌军有一支部队的军乐队9月18日在埃纳河前线演奏了一曲英国国歌。不过，士兵们得到的解释是《天佑吾王》这首曲子和歌颂德皇的《万岁，胜利者的桂冠》其实是一个调子。另外，也没有人能够跟士兵们解释清楚，为什么最惨的仗往往都在星期天打。

9月16日，约翰·弗伦奇爵士亲赴医院，看望一批受伤的英国军官。军官们向弗伦奇询问战况。这位英军总司令答道："就目前而言，僵局对我们有利。"其中一名军官在给家人的信中困惑地写道："这句话到底什么意思。"弗伦奇曾给英王乔治五世致函，这封信也在战后受到了广泛关注。他在信中写道："我认为埃纳河战役很有代表性，将来的战争很可能就会像这个样子。包围进攻将在很大程度上遇到战术问题——铁锹会和步枪一样成为必不可少的装备，另外，无论哪一方都需要大口径的多种大炮支援作战。"

弗伦奇的这些看法，连同担心，得到了山头另一边德国人的认同。施里芬早就一直担心运动战打到最后将无力为继，陷入僵局："前线的所有部队都会像在攻城战经历的那样，尝试和敌人一个阵地接一个阵地地战斗，不分白天黑夜，唯有前进、挖壕、再前进、再挖壕，如此反复。利用一切现代科技手段把敌人从掩体里赶出来。"施里芬的担心此时已经成为现实。鲁普雷希特亲王的参谋长不禁叹道："这种挖沟围攻的战术实在叫人害怕！"掷弹兵团的乔治·杰弗瑞斯在自己的部队被法国地方军接替不久之后，满心疲惫地写道："日复一日，每天都差不多一模一样，总是在炸来炸去。"弗雷迪·盖斯特是约翰·弗伦奇爵士手下的一名副师长，跟老家的朋友提起德军进攻没完没了，写道："我不知道德国人怎么才能让他们的士兵做到这一点。"盖斯特显得心情沮丧，随后又加了一句："估计你很快又能看到一张长长的伤亡名单了。"

英国远征军大可为自己的坚强感到自豪，他们在埃纳河经历了一个月的残酷战斗，守住了阵地，也消耗了大量部队。不过，如果说英法联军没有输掉埃纳河战役，那么他们也没能赢下这一仗。交战双方现在都在拼命确定一个地点，位置就在从瑞士通往海边的中间地带，这样才能够展开机动，在这场波澜壮阔的较量中为自己赢得决定性的胜局。

第十一章
可怜的家伙，他们像真正的男人一样战斗

第一次世界大战欧洲列强的多次交锋基本在陆上进行，这一点至少直到1917年德国人发动U型潜艇作战之前是个事实。不过，英国人一直固守着对皇家海军的幻想，认为皇家海军将会与德国公海舰队展开一场生死大战。海战一直是英国人的传统，加之英国在无畏舰上投入巨大，自然有所期待。英国人需要在海上一决高下，因为英国人认为这将对自己有利。可惜，对手迟迟不给机会，让英国人愤恨不已。回到1914年，"特拉法加情结"一直在英国人的脑海当中挥之不去，这也让他们忽略了一个简单道理——德国人不大可能去让自己卷入一场胜算不大的海战之中，因为他们在战舰数量上劣势太大。大战开始的头几个月里，英国皇家海军虽然没有起到什么立竿见影的效果，但是一举一动都要远比陆军让英国民众感到更加兴奋。

7月30日上午的英吉利海峡出现了奇怪的一幕：英国大舰队昨晚正向东面的斯卡帕湾锚地航行，军舰驶过，海面上漂浮着桌子、椅子，甚至还有钢琴。船员们把凡是能烧的家具和装备都从这些编队航行的巨舰上扔进了海里，等着与敌人迎头相遇，大战一场。德国公海舰队也进行了类似的大清理。海军上将弗朗茨·冯·希佩尔在日记中写道："住的舱室里面看上去一团糟，凡是能烧的东西都给拆了，让人住得很不舒服。"

不管哪一方，那帮下级军官，就连一些高级军官都对这一仗已经期待了四年之久，求战心理之所以此时此刻变得愈发强烈，那是因为他们根本就没有试过打仗是个什么滋味。不像陆军，欧洲列国的士兵很快就体会到了打仗原本就是一场非人的灾难，对于陆军更是生不如死，海军却依旧不知死活。

杰弗里·哈珀是英国皇家海军舰队"恩底弥翁"号上的一名士官生，听到英国对德最后通牒到期的消息时像个孩子般喜出望外，写道："这个消息真是太好了。""韦茅斯"号的弗朗索瓦·普里德姆中尉在8月4日的日记中写道："船上所有人全都激动万分，充满干劲。"海军中校约翰·麦克里奥德在给母亲的信中写道："如果真要打起来，就我个人而言，这才是我参加海军的意义所在。我感到非常平静，毫不畏惧。"

菲尔森·杨是一名记者，在海军中将戴维·贝蒂爵士的战时班子任职，爵士可是战列巡洋舰中队的头面人物。杨写道："海军和陆军有一个重大区别，一旦开战，陆军的生活方式将发生彻底改变，会被运往另一个国家，整个组织形式和生活环境都将发生重大变化。海军则不然，仍然在熟悉的环境里运转：海军在和平时期的路线完全按照战时情况设计而成，即便有事，也很难影响日常生活。海军不用提前12小时待命，我们可以随时作战。"英国海军职业自视甚高，一心希望尽早觅得机会，用实际行动证明自己比敌人强大。

然而，机会并未来临。接下来的几个月让人等得实在提不起精神来。舰队司令约翰·杰里科爵士麾下大小舰只上军官起居室和水兵食堂的主人们耐不住无聊，又把各种装备陆续摆了回去，这些可都是当时求战心切，兴奋之下一时心急扔掉的。杰弗里·哈珀早在8月17日就在长吁短叹："德国公海舰队早就把自己藏了起来，躲在哪个港口里面瑟瑟发抖。我们的船找不到任何东西打——除了水雷。"哈珀给德国人贴了一个标签，叫作"偷偷摸摸的孬种"。

自打1588年艾芬厄姆的霍华德爵士以来，还没有哪一位英国海军司令能够将大英帝国的全部舰队握于股掌之中。丘吉尔写过一段著名的话，说假如"杰里科犯下大错，让德国人在不列颠岛周围赢得制海权的话，那么只要一个下午就能输掉这场战争"。丘吉尔的想法对他那个时代以及后来的许多历史学家都产生了重要影响。不过，这其实并非这位海军大臣第一次，当然也不是最后一次用华丽的辞藻夸大事实。无论德军海面舰队发动任何攻击，都不大可能改变战争的走向。就算杰里科的舰队遭受重创，德国人还是没有足

够船只对英国实行封锁。英国皇家海军牢牢掌控着北海北南两面的出口，在1917年德国U型潜艇成为主要威胁之前，都足以避免德国人对大西洋贸易产生严重干扰。

海军方面，尤其是海军少将埃德蒙德·斯莱德——这位经济战专家于1907年至1909年间担任英国海军情报处处长——长期以来一直担心德国对英国海上贸易发动水面攻击。对于德国人来说，比起直接挑战英国大舰队，攻击商船无疑是更为现实的选择。英国海军部为了防微杜渐，组织起了一只"防御性武装商船队"，为民用船只配备火炮。截至1914年，英国已有40艘武装商船投入使用。颇具讽刺意味的是，1915年"卢西塔尼亚"号被U型潜艇击沉，引发愤怒呼声一片。"卡纳德"邮轮和姊妹舰"毛里塔尼亚"号在建造时都得到了大量政府补助，二者将作为武装商船为战争服务，谁知从来没有发挥过任何作用。待到大战爆发，英国海军部深恐停泊在中立港口纽约的21艘德国商船会装备火炮，进入大西洋对英国商船进行报复性打击，届时只有英国战列巡洋舰才能对付得了。好在德国海军元帅提尔皮茨对于经济战的潜在威力预估不足，迟迟不见行动。英国商船只遭到少数德军海面舰艇的袭扰，英国人很快找到这些兴风作浪的家伙，将其一一击沉。

几十艘英国军舰齐聚斯卡帕湾，按照各自等级，在锚位一一停泊。舰上的水兵作为大英帝国海上统治地位的捍卫者，其实更想待在一个比奥克尼群岛更有意义的地方完成自己的使命。奥克尼群岛之所以被选定为不列颠群岛东面唯一的锚地，在于地方够大，足以容下整支大舰队，免遭外敌入侵。斯卡帕岛上没有树木，夏季时分会有大量海鸠、燕鸥、海鸥、贼鸥和尖嘴鸟来此栖息，主要对观鸟人士具有吸引力。对于获准登岛上岸的水手来说，这个地方只有一个泥泞不堪的足球场、一间阴暗的餐厅和弗洛塔岛上一座专对军官开放的高尔夫球场。有些船长和海军将军为了打发无聊时光，甚至干起了园艺，打理起小小的蔬菜地来。赌博虽然遭到禁止，私底下却非常流行。

话虽如此，大舰队好歹能够在北海随心所欲地自由航行，德国人却做不到这一点。德国公海舰队的将士们只能在不尴不尬的困境中消沉萎靡。船员们每次出海时间都不长，然后返回威廉港装煤，连上个岸都感到迷茫：德国在等待着这帮小伙子去战斗，而他们却无仗可打。有个水兵名叫理查德·斯图姆夫，写道："越感到无聊，就越觉得沮丧。不管走到哪里，人们都对我们不满，抱怨我们无所作为。"斯图姆夫所在的"黑尔戈兰"号舰首炮塔上挂着一幅西线战场地图，每天都会标出德军的最新动向。地图成了船员们天天关注的焦点。大伙儿挤在一块，轮流观看，看着陆军一路高歌猛进，自己却无所事事，无不感到沮丧。船员们抱怨舰上军官之所以大力加强装备检查，目的只是为了让水兵们解乏，省得他们脑中空空，每天早上醒来第一眼看到的永远是一成不变的施里格路①。

英国对德国的经济封锁在战争的头几年里效果不大，原因在于白厅责任分工与目标不够明确：外交部一心避免同中立国家，尤其是美国外交摊牌。贸易部则想极力维持英国的商业贸易。结果重要商品不单源源不断地从斯堪的纳维亚半岛和鹿特丹港运抵德国，来自英国的出口货物也数量不少，其中就包括威尔士的煤炭和吉百利公司的巧克力。虽然看起来有些古怪，可"伦敦市"投资信托公司仍然在给许多发往德国的货物提供金融支持和保险服务，其中一些货物甚至用的是英国商船装运。海军本想采取封锁，在北海布雷，此举至关重要，不想竟然没有得到批准。紧密封锁是否合法，这个问题长期以来一直存在质疑和争论，美国还有其他一些国家认为此举有悖1856年签署的《巴黎协议》和1909年签署的《伦敦协议》。德国人不仅没能充分发动中立国家反对英国的封锁行动，错失良机，而且后来发动无限制潜艇战，反为自己招致怨恨。英国人迟至1917年才让世人接受对德封锁，充分表明英国政府没能抓住总体战的要务所在。

整个8月，杰里科的轻型舰队都忙着在北海巡逻游弋，一面击沉敌方渔船，一面警告英国和其他中立国船只大战将至。当时无线电接收机尚未普及，不少船只入港之前对于欧洲大陆的风云动荡一无所知。8月9日，一艘德国巡洋舰捕获了一艘比利时纵帆船，比利时船员全然不知自己已经成了德国

---

① 施里格路（Schillig Roads），施里格是位于威廉港北部的一个小村庄，通往海湾和威廉港的道路有两条，一条朝向西北方向，一条朝向东北方向，俗称施里格路。——译者注

的敌人。还有一艘德国拖网渔船，船员们完全不知战争已经爆发，看到英国"南安普敦"号巡洋舰靠近时还在尽情欢呼，以示友好。海军上尉斯蒂芬·金霍尔是"南安普敦"号上的一名军官，说起自己起居室的通告板上还贴着一张五个星期前的明信片时语气相当讽刺。当时正值基尔赛艇会，一群"石勒苏益格-荷尔斯泰因"号战舰的德国海军军官造访"南安普敦"号，送了这张明信片，上面写着"期待与诸君再会"。

"南安普敦"号参加了不列颠岛沿海的数场小规模战斗。其中较早的一次发生在8月10日，星期一，地点在金奈德海角的北面。水手们被刺耳的警报声惊醒，纷纷从吊床上爬起，跑到各自的战斗岗位就绪。此时正值拂晓时分，水手们一个个睡眼惺忪，跌跌撞撞地跑到上甲板，发现姊妹舰"伯明翰"号正在开火，目标在晨雾中若隐若现。说时迟，那时快，一艘德国潜艇的潜望塔突然破浪而出，海水从艇身两旁倾泻而下。"伯明翰"号立即转舵撞向潜艇，不消一会儿工夫，海面上便只剩下一摊油污，这艘U15潜艇就此葬身海底，这也是英国皇家海军击沉的第一艘U15潜艇。类似的惊心动魄场景在北海多处上演。8月21日，德国"罗斯托克"号巡洋舰的瞭望哨在博尔库姆岛附近海域发现一艘英国潜艇，险些被两枚鱼雷击中。海军上尉莱因霍尔德·诺布洛赫是"罗斯托克"号上的一名军官，写道："这次事件……对于我们来说印象非常深刻，让我们看到了敌人确实存在。"

尽管这些冲突规模都不算大，可英德两国海军将士当中普遍出现了某种失落情绪。海员当中鲜有人具备充分的应变手段，大多数人面对这场席卷欧洲的战争灾难，反应极不成熟，让人汗颜。海军上尉鲁道夫·费乐是德国一支鱼雷艇队的指挥官，早在8月6日就写道："已经变得无聊之极。原本想象着一旦宣布开战，紧接着便是一片欢呼，接着开始进攻，很快就能看到结果……可是，眼下根本看不到敌人在哪里，自然很难保持士气。"莱因霍尔德·诺布洛赫也有同感："士气已经掉了下去，原以为战争会是另外一个样子……结果没有任何事情发生……船上的人开始对什么都感到无所谓，感到无趣乏味。每个人都在嫉妒陆军的那帮家伙。"

菲尔森·杨写道："海军的心态就好比一个游泳运动员，已经为比赛训练了很久，将身体调整到了最佳状态，这会儿脱了衣服，准备就绪，正站在跳板边缘，只等一声令下便纵身入水，谁知人们却期望他保持这个姿势三到四年。想象得出，没有任何事情要比这个更加让人精神上难熬。"英国政府多年以来将税收的四分之一毫不吝啬地慷慨投入到深受国民爱戴的海军身上。政客也好，民众也好，现在人人都在盼着投入有所回报。如果说陆军兵力弱小，对陆上战争难以产生什么立竿见影的效果，那么皇家海军理所当然地可以出击，发扬大英帝国的天生传统，把那个虚张声势的德国皇帝好好羞辱一番。

丘吉尔一心盼着能有一支部队在德国本土登陆。他自打1911年走马上任，成为海军大臣以来，就对皇家海军倾注了全部热情，甚至因为耽于个人感情，试图给大舰队中新下水的战舰"奥利弗·克伦威尔"号洗礼。如此建议自然遭到了英王乔治五世的否决。此时此刻，丘吉尔的最大心愿便是看到"自己的"舰队出海作战。他的所作所为与其说是一个政治上的监管者，不如说更像是一名司令官，时不时插上一手，介入作战行动，让一干海军将军们好生恼火。丘吉尔还因为在身边网罗了一帮军官，不问级别高低，一律听命于己，结果受到控告。好在理性的声音最终占了上风，这位海军大臣不切实际的两栖登陆幻想就此寿终正寝，这对那些险些为此白白丢掉性命的人来说无疑算是走了大运。

可是，倘若不在德国抢滩登陆，又该如何施展英国海军的强大实力呢？英国面临的困难在于面对的是一个陆上强国。弗里德里希·冯·英格诺尔海军上将麾下的德国公海舰队除非或者说直到能够占据有利条件，否则根本无意在北海上与英国人展开正面交锋。德国公海舰队的大型舰艇出海次数寥寥无几，往往是瞅准机会，发现某艘舰船脱离英国大舰队，孤掌难鸣的时候才会试图追捕。

正因为如此，战争开始的头几个星期对于海上的士兵们来说着实索然无味、失望之极。没有大的战事，只有一些零星小规模冲突发生——虽然，战斗场面绝对多姿多彩，却谈不上波澜壮阔。每一名海军军官都在渴望着像绅士一样战斗。莱因霍尔德·诺布洛赫得知自己的军舰只是用来击沉一些英国

拖网渔船，更何况渔船上的船员早已被带走下船，深感丢人，写道："只是击沉几条没有武装的轮船，真的让人感觉不痛快。"卡尔·冯·穆勒是轻巡洋舰"埃姆登"号的船长，指挥战舰在太平洋和印度洋海域袭扰英国商船，成为倍受对手羡慕的少数德国海军军官之一。海军上尉威廉·帕里为此写道："她（"埃姆登"号）干得确实相当漂亮，而且像个绅士。"

对于充满浪漫主义情怀的人们来说，尤其是那位英国海军大臣，看起来一切似乎大失所望。大舰队就像一位贵族千金，衣着华丽，珠光宝气，准备出席北海中间举办的一场海军舞会，却发现没有任何宾客到来。水兵们对于出现这种情况应该有所预料，可是在战争爆发之前的好几年里，敌对双方的海军将领们对于动员并且采取防御措施之后要做什么并没有明确认识。"海军不会打仗"，这是丘吉尔1912年写的话，听语气就已经显得按捺不住："他们一门心思只知道埋头往前冲。"当然，考虑到高级军官花了那么大的精力谋划封锁行动，丘吉尔此番评价并非完全公平。可是，舰队作战是海军的主要考量所在，这点倒是不假。与此同时，另一边的德国军官倒是聪明，清楚认识到德皇对海军的热情既然如此之高，舍得在海军身上花上数百万马克，舰队实力肯定会有，只是还不足以与杰里科的舰队匹敌，指望战而胜之仍然不大现实。

8月18日，法金汉在科布伦茨向提尔皮茨发难，质问公海舰队为何不出海迎敌。这位海军司令答道："因为这样做无异于自寻死路——这就好比孤军深入，进攻圣彼得堡一样。"法金汉用轻蔑的语气说道："既然如此，那么公海舰队岂不是个废物？不如让水兵们都上岸来打仗。"提尔皮茨极力辩解道：公海舰队的职责在于保护德国的海上利益，向实力占优的敌人贸然发起攻击丝毫无助于获得更多好处。提尔皮茨事后向下属坦言自己担心海军会成为替罪羊，承受德国民众对战争失望的指责。提尔皮茨并没怎么说错。这位德国海军头号名人一语道出了真相。在他看来，德国战前思路并不统一。提尔皮茨没能成为德国海军辉煌伟业的缔造者，只是说服自己的主子、那位德国皇帝耗费大量资源，打造出来一支庞大的武装"游艇"编队罢了。

与此同时，杰里科也意识到自己最重要的职责在于保持英国的海上霸权，这需要避免贸然行动，莫逞匹夫之勇。"显而易见，总司令的主要考量在于避免舰队陷入险境"，贝蒂手下战列巡洋舰中队的一名军官写道，"他的战略对于大舰队的部分中队来说相当困惑，这些中队已经进入北海作战，等的就是迅速击败敌人。"在舰队作战训练中，每当"敌军"驱逐舰发起鱼雷攻击，杰里科总是无一例外地掉头就走。战列巡洋舰上的一名军官不禁挖苦道："德国人真要打来，他这么做当然不会输，但也赢不了"。

英国皇家海军早期海上作战虽然只是一些小打小闹，却起到了重要作用，使得德国人无法在1914年赢下战争。英国远征军在运往法国的途中没有因为敌人干扰损失一名士兵。此次行动堪称埃德蒙德·斯莱德爵士的代表作。德国人虽然在贸易航路上制造了一些小麻烦，击沉了一些商船，但协约国贸易往来几乎未受阻碍，依旧保持畅通，在这一点上可以说是对同盟国的一大宝贵优势。德奥媒体谴责协约国封锁行动是懦夫的举动，胜之不武。某报甚至刊出大标题："他们想把我们活活饿死。"无论在实际行动上有什么差池，但英国皇家海军对敌方船只行动的阻截自战争伊始就给同盟国制造了相当大的麻烦。回到1914年秋，由于死伤骡马成千上万，参战各国陆军在辎重和役畜方面捉襟见肘，而这对于保持机动灵活至关重要。英法两国还能从美国、阿根廷和澳大利亚购买牲畜，用船运回欧洲，德国人却做不到这一点，只能依靠从占领区征用更多牲畜，而当地农业生产本就因为缺乏役畜萎靡不振。运力短缺严重阻碍了德军行动。进口化肥不足也对德国粮食生产产生严重影响。民众期待来一场纳尔逊那样的正面对决，在他们看来，这些事情微不足道。可是，正如德国海军上尉赫尔曼·格拉夫·冯·施魏尼茨在日记中所言，当他看到英国庞大的战舰编队时只能摇头叹息："英国人控制了海上的所有地方……这让我们在陆上取得的胜利无关痛痒。"

协约国的战略家们对于自身处境越是瞻前顾后，就越希望避免豪赌式的冒险，转而更想维持现状，这一点与德国人不谋而合。海军上将胡戈·冯·波尔，也就是后来的德国海军司令公开宣称："无所事事对于英国人来说再好不过。当然，无所事事也会让我们的声誉一落千丈。一旦真的开战，我们的舰队必然大败无疑。"德国海军战列巡洋舰司令希佩尔在8月6日

写道:"假如现在冒险开战……不仅得不到任何胜利果实,我们的公海舰队也将在转瞬之间化为乌有——这是英国最希望看到的结果。"于是乎,威慑、防御,保存实力成了接下来四年里头交战双方最主要的调子。先发制人、主动进攻则被抛在了脑后。

话虽如此,大舰队仍有部分舰船经常在海上游弋,不管天候,都在训练或者巡逻。航行通常在夜间进行,这对于驻守上甲板的水兵而言,不失为一件非常浪漫的事情。有一名船员写道:"身边漆黑的影子统统融入了周围的空阔寂寥,陆地上朦胧的景象渐渐消失在无尽的黑夜当中。阵阵海风吹过,这是命运的风,一刻也不停歇,直到你踏上海岸,岸上也许是死亡,也许是家。不管放眼身前,还是环顾四周,哪里都是漆黑一片。身后的影子更大更黑了,那是船尾的影子;黑暗一片连着一片,从头到尾,首尾相连。每艘船都有3万吨,我们在以20英里的时速疾行。这就是我们的生活……日复一日。"

然而,日复一日的平淡生活无法满足求战心切的英国皇家海军。高级军官们开始幻想着如何才能将敌人拖入战斗。潜艇司令罗杰·凯斯和"哈里奇"号驱逐舰司令雷金纳德·蒂里特这两位年轻的少壮派军官提出设想,既然德国轻型舰队在黑尔戈兰湾夜以继日地游荡,那里又是德国公海舰队的老巢,不如打对手一个出其不意。二人建议趁着低潮,德国人的无畏舰无法穿过杰德湾出港,趁机将英格诺尔的部分驱逐舰引诱出来,待其进入英军战舰与潜艇的大炮和鱼雷射程,再利用优势兵力予以歼灭。英国海军司令二话没说就拒绝了这个想法。不过,凯斯虽然才智平平,却敢打敢拼,有着一股闯劲,1900年在镇压中国义和团运动中立下战功,以勇武出名。他有一回拿着一把左轮手枪,顶着火车司机的脑门,指挥一列火车从敌军人群中冲过。此刻,打个比方说,凯斯用了类似的大胆出牌策略,跳过海军司令,直接找到海军大臣丘吉尔。丘吉尔当机立断,支持计划,批准执行。

按照计划,三艘英国潜艇将浮出水面,充当诱饵,引诱德军追击,身后大约50艘小型军舰则向这座德军主要海军基地暗暗接近,直至几英里处。突袭一旦出现差错,德国公海舰队的无畏舰卷入战斗,英军势必面临一场惨败：没有任何非装甲船只禁得住无畏舰重炮的轰击。初始计划中只设计了一个保险措施，即安排两艘巡洋舰在西北40英里外埋伏。整场行动旨在重演16世纪德瑞克在加的斯港"火烧西班牙国王大胡子"的一幕。谁知海军司令部愚蠢之极，直到8月26日，也就是行动开始当天才将此事知会杰里科，向其征求意见。

凯斯的三艘潜艇率先出海，这位潜艇司令乘坐"猎犬"号驱逐舰与之同行。"瞭望"号驱逐舰也被指派参加。舰上的海军上尉奥斯瓦尔德·弗里温坦言自己并不喜欢提前两天才被告知要去打仗，写道："我倒希望要打就马上打。我这个人喜欢胡思乱想，天生就是个悲观的人，压根就不需要花两天时间来担心这种事情。"待到次日，弗里温的驱逐舰会同蒂里特的舰队一同出海，一共32艘驱逐舰。蒂里特坐镇旗舰，崭新的轻巡洋舰"艾里苏萨"号指挥。此举最后证明是个错误，因为这艘巡洋舰根本就没有做好战斗准备。

杰里科为人谨小慎微、敏感多疑、天生喜欢控制，到了这个节骨眼上才开始出声，指出整件事情存在危险。杰里科意在集中兵力，为此建议派遣大舰队出海巡航，一旦出现机会或者遇到危险威胁便可干预。海军部虽然没有采纳杰里科的建议，还是勉强授权他指挥剩下的战列巡洋舰编队。如此一来，贝蒂就赶在了8月27日，即勒卡托战役的第二天指挥六艘轻巡洋舰向黑尔戈兰湾进发支援。杰里科虽然随后自作主张，不管海军部有令在先，亲率大部队南下，但只是远远地起到了一些支援作用。此次行动虽然完全是一时心血来潮，行动纰漏不断，却在海战史上留下了浓墨重彩的一笔：这是英国皇家海军第一次集中全力，出海应战。只见一艘艘灰色的军舰，瘦长的船体排成一列列，喷吐着烟雾，从几个不同的锚地出发，穿过北海，向前驶去。有些舰长已经跃跃欲试，誓要为英格兰干一番大事，有些则一心想着如何才能逢凶化吉。

无畏舰时代的到来为20世纪的海军制造出了新的等级制度：大型舰船上除了轮机军官以外，几乎所有军官都以"绅士"视之，不仅享有舒适的生活条件，而且拥有一定身份，至少在港口地位颇高。每个星期有三个晚上，贝蒂会和应邀赴宴的宾客身着海军军服，在军官餐厅共进晚餐，舰上的乐队会

在舱房外演奏乐曲；其他晚上，乐手们会在军官室外弹唱。级别较低的人员工作条件各有不同。轮机房海员在船体深处干活，工作辛苦，周遭环境闷热嘈杂，肮脏零乱，堪比炼钢厂。"就算消息最闭塞的家伙都每次知道什么时候要起航出海，"有位军官如是写道，"只要开启蒸汽机的命令下达到轮机舱，住舱甲板上就会响起一片歌声，一听便知。整艘船会发出奇怪的嗡嗡声，听上去像一个大马蜂窝。"当然，并非所有人都喜欢这样的大合唱：有个司炉的海军中士就向"狮"号战列舰上的一名高级轮机官提出要求："请您下个命令，叫司炉的那帮人不要边干活边唱歌了，要不然我在四号锅炉舱什么也听不见。"

烧油的船，除了高温以外，工作条件还算过得去。可是，倘若换作老式轮船，给炉子里添煤可真是件折磨人的苦差。对于所有船员来说，给煤舱加煤补给的活最脏最累，最不想做。司炉和平舱工平日在吃水线以下工作，一旦船沉，活着逃生的可能性最小，这些人对此也早就心里有数。船行海上，一旦触雷，或者被鱼雷击中，海水大量涌入，司炉和平舱工无时无刻不身处险境。再看看其他地方，大型舰艇上的水手和重炮手取暖通风条件待遇都很不错，大多数人能够免受恶劣天气影响。船上食物充足，不管战时还是和平时期，远非一般工人平民能够享受得起。英军每艘巡洋舰每天早上煮的鸡蛋就有2000个，晚上会再煮1000个。一个水兵一天吃上6个鸡蛋，绝非什么稀罕事。

不过，轻巡洋舰、驱逐舰和小型舰艇上服役的船员一旦赶上恶劣天候，受到的折磨简直和纳尔逊时代别无二异。不管是在瞭望塔上，还是操作没有炮塔遮掩的大炮，抑或在甲板或是高出海面不过几英尺的舰桥上，船员永远都是一副浑身湿透，面无表情，战栗发抖的模样，几近冰冷的水沫不断打在身上，完全不知道自己什么时候才能结束当班，可以回到阴冷潮湿的住舱甲板，把身子和衣服弄干。话虽如此，驾驶小型快速水面舰艇和潜艇的船员却颇为自豪，自认是精英中的一分子。U型潜艇军官约翰内斯·施皮斯虽然待的地方长期气味难闻，极不舒服，却为自己的生活方式欢欣鼓舞，写道："海水清澈无比，阳光照来，银色的气泡汩汩冒着，升了起来，把整个船体包在里面，像在水族馆里一样。多少回每当潜艇静静躺在海底，都可以见到鱼群在指挥塔的瞭望口游来游去。电灯的光穿透海水，鱼儿都被光吸引了过来。"驱逐舰上的船员有着属于自己的快乐，他们会为在海面上以超过30英里的时速穿梭感到兴奋不已。随着一条这样的"海洋猎犬"离开停泊的锚地，听着船体疾驰划过水面的声音，不禁让人浮想联翩，感觉就像丝绸被一下撕开一般。船上日子虽然过得艰苦，却不乏惊险浪漫。

战列巡洋舰司令、海军中将戴维·贝蒂爵士早已声名在外，被誉为当时最敢打敢拼的海上闯将，无论是在舰桥上挥斥方遒，还是在躺椅里运筹帷幄，都堪称明星一般的人物，此刻又要在黑尔戈兰湾一显身手。贝蒂天生才华横溢，好勇争胜，自视甚高。最受贝蒂器重的记者菲尔森·杨如此描述道："此人年轻有为，长得的确一表人才，不过与其说带有普利茅斯高地的味道，还不如说更有蓓尔美尔街的感觉①。"贝蒂在1898年基奇纳指挥的喀土穆战役中第一次进入公众视野。他当时在尼罗河上指挥一艘炮艇。后来迎娶了芝加哥百货业大亨马歇尔·菲尔德的千金埃塞尔，从此过上了衣食无忧的豪门生活。批评者们则大肆抨击贝蒂与下级军官的妻子调情，嗜好开枪射杀正在孵蛋的野禽，将其斥为十足的无赖。

然而，贝蒂却是丘吉尔心仪之人。正是这位海军大臣在战前挽救了贝蒂的军人生涯，使其没有一落千丈，沉沦堕落——贝蒂当年拒绝大西洋舰队副司令的位置，如此轻蔑之举史无前例，结果降至半薪。是丘吉尔给了贝蒂海军生涯中最甜蜜的甘露，让他做了战列巡洋舰队司令官。1914年，贝蒂只有43岁，这个年纪对于一般海军军官来说，能够当上一舰之长已是求之不得。贝蒂的旗舰"狮"号成为1914—1918年这场大战中最受人关注的军舰。虽说，贝蒂赢得了手下大多数军官的尊敬与爱戴，可是他在战争结束之前提拔

---

① 普利茅斯高地（Plymouth Hoe），是英国港市普利茅斯的一块坡地，英国海军将领弗朗西斯·德瑞克爵士当年正是从此地出发，率领英国舰队迎战西班牙无敌舰队。此地同样是一般工薪阶层聚居地。蓓尔美尔街（Pall Mall）是伦敦的一条街名，上流社会、名人权贵多汇集于此，19世纪后半英国陆军部也设在此地。这一句话指的是贝蒂为人喜欢趋炎附势，攀附高枝，不像一个老老实实的海军军官。——译者注

了一批碌碌无为的亲信，加之轻视技术，尤其是通信方面的细节，暴露了自己的致命短板。贝蒂并未如他自己以及英国民众期望那般优秀，既不比纳尔逊那般天赋异禀，也没有那样的运气。

不过，回到8月28日那天早晨，当英国海军在黑尔戈兰湾集合时，一切就这样真实地摆在眼前。此次行动准备极其仓促，简直就像一场"想来就来"的聚会。大部分舰船对各自位置一无所知，徒知盲目乐观。贝蒂边走边给自己的舰队发出信号："所知甚少，希望随着航程继续，能够得悉更多情况。"英国皇家海军不仅指挥混乱，而且通信不力，无线电通信能力尚不及德国。海军部给凯斯和蒂里特发去电报，告知二人贝蒂也将加入行动，谁知电报直到二人出发之前尚未送达。那位驱逐舰司令官直到在海上遇到威廉·古迪纳夫准将的轻巡洋舰才知道战列巡洋舰队也来参战。战斗中交流主要依靠的还是纳尔逊时代的技术——旗语。旗语虽然短距离之内比无线电更为可靠，可是一旦遇上糟糕天气就难以辨认。加之进入20世纪军舰航速不断提升，浓烟滚滚，效率比起18世纪来大打折扣。贝蒂的旗舰副官是个出了名的蠢货，为人办事不力，此后两年里给英军在北海行动带来了诸多不利影响。

随着海面出现第一缕曙光，用来作为诱饵的三艘潜艇按照计划，浮出水面，向黑尔戈兰岛靠近，果然被德国人逮个正着。早上7点，希佩尔的一艘驱逐舰率先发难，发现了蒂里特的小舰队，迅速向这位海军上将发出警报。一如凯斯与蒂里特所料，潮位过低使得德军重型舰艇无法出海应战。希佩尔于是命令八艘轻巡洋舰抓紧时间，尽快给蒸汽机升压，准备出海起航，有些船只一下就耗去了三个小时。一场混乱松散的驱逐舰作战行动在同一时间拉开帷幕，好像几支猎狐犬在同一块场地上同时追逐猎物。英舰虽然处在德军海岸炮火射程之内，所幸浓雾弥漫，能见度跌至5000码，炮兵无法看清，才没有引起德军岸炮的注意。

早上8点，蒂里特的小规模袭扰行动受到干扰。希佩尔轻巡洋舰队中最前头的两艘"弗劳恩洛布"号和"斯德丁"号突然出现。英舰按照原定计划，掉转船头，投奔己方巡洋舰"艾里苏萨"号和"无畏"号而去。后二者随即加入战斗，展开猛烈交火。然而，英军旗舰并未做好战备：舰上火炮除一门以外，全部出现故障哑火。德国人对3500吨的"艾里苏萨"号展开轮番炮击，炮火之精准，令"古迪纳夫"号相形见绌。早在1913年8月，英国驻柏林海军武官休·沃森上尉就在临行前的报告中写道："我看不出有任何理由认为德国海军军官……要比英国海军军官低人一等……据我所知……有朝一日倘若真要较量一番，（德国人）将会证明他们要比我们海军在政治上联系更加紧密的那帮盟友厉害得多。"沃森此处所言指的是法国和俄国人，8月27日发生的一幕也证明了他所言不虚。德国海军成立时间不长，比起对手来，虽然没有什么丰功伟绩值得炫耀，但在黑尔戈兰湾的战斗中，德国水兵却展示出了过人的勇气与本领。

"艾里苏萨"号之所以最终得救，是因为舰上唯一一门能用的6英寸炮碰巧一发正中"弗劳恩洛布"号的舰桥，将舰桥炸成了一堆扭曲的钢筋。包括船长在内的37名德国官兵非死即伤。德舰被迫掉转船头，歪歪斜斜地退出战斗。"艾里苏萨"号由于失去动力，船体进水，只能留在原地，一筹莫展。就在此时，蒂里特的舰队与一队德国军舰不期而遇，这批德舰刚刚结束巡逻，正在归航途中。5艘德国驱逐舰见状逃之夭夭，仍有一艘陷入重围，虽然军旗依旧飘扬，舰炮直至最后仍在开火，还是被猛烈的炮火击沉。

英军刚刚开始拯救落水的船员，"斯德丁"号巡洋舰就急速赶来，重回战斗。这艘德舰在经历了短暂的退却之后，现在已经开足马力，冲了回来。蒂里特的驱逐舰眼看炮火袭来，只好丢下两艘满载德国俘虏和十名英国水手的小船，掉头驶离。海面上一时空空如也，这帮弃儿只好随波逐流，听天由命。此时，凯斯的E-4潜艇突然从近旁浮出水面，将蒂里特的船员带上潜艇，一同带走的还有三名德国军官，当作"示众的典型"。潜艇随后重新潜入水下。人人都有意让人看到做事体面。E-4的舰长给留在小船上的德国人留下了饮用水、饼干、指南针，并且告诉敌人如何去往14英里之外的黑尔戈兰岛。

此时虽然才刚刚早上8点过去不久，黑尔戈兰湾却即将迎来不平静的一天。接下来的一个钟头里还发生了一出小小的闹剧。罗杰·凯斯在海面上发现了一群四个烟囱的巡洋舰。他料想不会有这样的英国船只出现在海上，于

是通过无线电向远处的"无敌"号战列巡洋舰报告发现敌情，并且迅速逃到了小小的"猎犬"号上。困惑最终得以澄清，凯斯赶忙发出警报，以免自己的潜艇搞不清楚这些巨舰都是英军舰只，还在想着如何击沉她们。英国潜艇已经这样干过一回，好在没有命中目标。"南安普顿"号也试图撞沉进攻的英国潜艇，所幸也未成功。

10点17分，蒂里特趁着战事初停的一小会儿间歇，下令停航——由于这片水域德国U型潜艇随时可能出现，此举危险之极。蒂里特让"无畏"号靠近停在动弹不得的"艾里苏萨"号身旁。足足二十分钟，两艘军舰就这样一起静静待在水面，船上的船员们在拼命清理卡住的大炮，恢复电力。待到修复完毕，英舰已经在黑尔戈兰湾待了差不多四个小时，敌人的援军显然已在赶来的路上。虽然，水位依旧太低，大型舰艇仍然难以行动，可就在"艾里苏萨"号重新启动轮机的时候，希佩尔的三艘轻巡洋舰已经出现在眼前，开始朝着英国突袭舰队展开炮轰。

战局发展至此，虽然并未出乎蒂里特的预料，可他仍然向贝蒂发去电报——后者此时仍有两个小时的航程——"遭到大型巡洋舰攻击……请求支援。压力很大。"直到英国驱逐舰发动鱼雷集群进攻，迫使德国轻巡洋舰掉头应战，这位司令官才获得喘息之机。贝蒂意识到他们在黑尔戈兰湾已经捅了马蜂窝。他虽然并不清楚黑尔戈兰湾到底有多少敌军在等着自己，尤其是潜艇数量，但是从蒂里特的电报中觉得自己义不容辞。贝蒂站在"狮"号高高的舰桥上，向身旁的旗舰舰长厄恩利·查特菲尔德征询意见："你觉得我们应该怎么做？我应该继续往前开，去支援蒂里特？但是这些船这么宝贵，如果损失一艘，全国上下都不会饶过我的。"查特菲尔德答道——不承担责任的人回答问题总是这样轻松潇洒——"我们当然要往前开。"于是乎，在上午11点35分，贝蒂一声令下。他庞大的战列巡洋舰队——"狮"号、"玛丽女王"号、"皇家公主"号、"无敌"号，还有"新西兰"号——齐齐掉转方向，以27节的航速直奔黑尔戈兰湾而去。

在水兵眼中，每一艘巨舰都有着自己的鲜明特征："玛丽皇后"号和"新西兰"号被视为一流战舰；"皇家公主"号最为舒适；"狮"号可能是因为舰长和下属军官过于严肃而略显沉闷。此时此刻，这些英国海军的荣耀象征正向着德皇的门户重地全速进发。贝蒂能够当机立断，介入战斗，不能不说颇有胆识。虽然，考虑到已经收到命令，为蒂里特提供支援，如此决定在所难免，但此次行动仍然极其危险。回到纳尔逊时代，要用一艘加入战列的军舰冒着被敌人击沉的危险，去援救一艘同级军舰，可谓难得一见的事。相比之下，1914年的无畏舰虽然不惧小型舰艇的炮火，可一旦碰上水雷和鱼雷，往往不堪一击。其中鱼雷尤其可怕，能够让小型军舰发挥巨大的杀伤力。这种作战方式对于那些还沉浸在学生般幼稚思维难以自拔的水兵来说，显然算不得正大光明。

杰弗里·哈珀对此写道："我对潜艇从来就没有好感，没有什么能够让我喜欢潜艇，我总是觉得这种东西根本就不配属于海军，现在态度也很明确……这是一种下三滥的做法，卑劣之极，跟在背后捅刀子没什么两样……讨厌潜艇战的不止我一个，我碰到过很多人，大家都觉得利用潜艇作战有失公平。我可不喜欢偷偷摸摸。当然，我们的潜艇和敌人的潜艇同样都要受到谴责。不管是谁，不管哪个国家的人，只要在潜艇服役，就算不得光明正大。"哈珀的话可以说荒唐透顶。抛开这些胡话不谈，回到8月28日正午时分，贝蒂的舰队正在争分夺秒地朝着黑尔戈兰湾全速进发，虽然有未知的危险在等待，但他们这样做并非为了什么丰厚的奖赏，而是为了维护大英帝国皇家海军的尊严与荣耀。

在战列巡洋舰队前方，战斗正在逐步西移：4350吨的"美因茨"号加入混战，朝着英国驱逐舰猛烈开火。英舰对"美因茨"号一共发射了11枚鱼雷，无一命中。蒂里特的舰队好好领教了一番"美因茨"号的精准火力：头一次齐射就击中了"月桂"号，引爆了弹药架上的炮弹，将英舰后排烟囱直接炸飞，舰长身受重伤；"自由"号主桅被炸飞，舰桥炸断，舰长当场身亡；"拉厄尔忒斯"号被齐射击中，一时间失去动力，只能瘫在水面，动弹不得。英舰陷入灾难，直到"美因茨"号掉转船头，以惊人的速度全速撤离——德国瞭望哨发现古迪纳夫准将的三艘轻巡洋舰正在快速靠近。不过，德国人撤得太迟。短短数秒不到，英国人的6英寸炮弹就狠狠落在了"美因

茨"号的头顶上。蒂里特的驱逐舰不顾被德国人强悍炮火击中的危险，再次发动一波鱼雷攻击。射出的鱼雷虽然几乎悉数落空，仍有一枚击中了"美因茨"号，重创了德舰的动力系统。"美因茨"号的速度慢了下来，成为英国巡洋舰的活靶子。英舰围上前去，轮番开火，将德国人的船打成了筛子。

"他们每一次开火齐射，都像一场龙卷风袭击，""美因茨"号的舰务官后来回忆道，"每次齐射，只要炮火一闪，我就会数数，一、二、三、四、五，炮弹接着就落在了我们头上。到处都是死尸，所有东西都被炸得稀烂。每一次舷侧炮击中我们，整艘船都会摇晃起来。""南安普敦"号上的史蒂芬·金-霍尔写道：

大家的脑海里充满了一阵奇特的狂喜。有人在等着看到更多黄色的火光；有人想打烂她，让她生不如死；还有人在自言自语："哈哈，又打中了，送她见鬼去吧。"感觉好像只要动动嘴皮子，大炮就能打中"美因茨"号一样。"美因茨"号是被打中了，不过受到的损害还不够，毕竟在层层迷雾中隔了1万码远，炮弹溅起的水花基本上看不到，不好控制火力发射。再说"美因茨"号还在我们前面有好一段航程。令人沮丧的是，海上起了大雾，我们开了足足五分钟，却压根看不见船的影子。

甲板下方的人完全不知道外面发生了什么，司炉工在往锅炉里不停塞煤，直到涡轮转得不能再快。安全阀升了起来，蒸汽从烟囱旁边的排气管中扑哧扑哧冒出来，发出的轰响震耳欲聋。说时迟，那时快——对于海战中以时速30英里航行的船只来说，所有事情都发生在一瞬间——我们距离"美因茨"号已经只有7000码，距离还在不断缩短。大雾茫茫，"美因茨"号肯定出了什么问题，停在那里一动不动……我们乘势接近，开炮齐射。"美因茨"号的尾炮在断断续续开火，炮弹从头顶飞过，高了差不多有1英里。大概过了十分钟，"美因茨"号终于哑火，瘫在原地，成了一个浓烟滚滚，千疮百孔的废物。前锚已经没入水中。船上的人看起来就像一群蝼蚁，看到我们接近纷纷跳入海中。阳光驱散了迷雾，我们慢慢驶到距离300码的地方，用国际电码打出"你们是否投降"的信号。就在我们停下来的那会儿，"美因茨"号的主桅像大树一样慢慢向前倒了下去，横在了甲板上。

上午12点50分，"美因茨"号已经无力回天。罗杰·凯斯命令"猎犬"号靠上前去。凯斯写道："舰首已经基本沉入水下，船后部挤满了人，不少人伤势严重。炮台全毁，船体中部已经被烧成熔炉，两个烟囱垮塌，船已经报废，烧得通红。即便远在'猎犬'号的舰桥上，也能感到灼人的热浪扑面而来。船上的所有东西都被我们强力炸药的烟气熏染成了金黄色。""猎犬"号接走了大约220名幸存者。其中有一名年轻的德国军官在指挥搬运伤员，拒绝离舰。凯斯亲自上前劝解，告诉对方："表现难能可贵，但是必须清场，他必须马上撤离，其他事情他也帮不上忙。"这位英国舰队司令身形瘦削，双眼炯炯有神，伸出手来。那名德国军官呆呆站在原地，先是敬了个军礼，接着说道："谢谢，我不走。"这样一段插曲不能不说情深意重，令人动容，最后的结果也是让人欢喜："美因茨"号过了不久便翻转沉没，右舷螺旋桨刚好从全速后退的"猎犬"号身旁掠过。那位年轻的德国军官被人从水里救了上来。

德军另外八艘轻巡洋舰此时已经赶到战场，再次利用火力优势，对英舰构成威胁。不过，德舰行动缺乏协调。每艘军舰都是各自为战，轮番上前，火力分散，一旦觉得英舰火力更强便迅速退去。蒂里特、古迪纳夫和凯斯的舰队这才侥幸躲过一劫。12点30分左右，已经遭受重创的"艾里苏萨"号再次成为德国巡洋舰的攻击目标。蒂里特当时就站在舰桥上，他日后回忆道："那个时候我真的有些放心不下。"就在此刻，英国人突然惊讶地看到一艘巨大的战舰正穿过浓雾，朝西驶来，当确认来舰是"狮"号和其他战列巡洋舰时，全船上下如释重负，大声欢呼起来。轻巡洋舰和驱逐舰上的数千英国水兵看着贝蒂指挥着3万吨级的庞大编队从身旁全速驶过，舰首劈开波浪，黑色的烟囱在身后吐出股股浓烟，此情此景无不令人欢欣鼓舞。

现在该轮到战列巡洋舰出场了，贝蒂的船员们斗志高昂。"我们不断靠近，"查特菲尔德与自己的司令双双站在"狮"号舰桥上，写道，"每个人都已各就各位，大炮已经上膛，测距仪也已调试完毕，塔台待命就绪，信号员

正在用望远镜搜寻远方迷雾重重的海平面……两英里之外便已难以看清……突然报告传来，听到炮声……接着在左舷首的位置，透过迷雾看见了……闪光，也不知究竟是敌是友。并未见到炮弹落下。贝蒂站在罗盘旁，戴着眼镜，扫视着眼前的场景。过了好一会儿，才看清那是一艘巡洋舰（'美因茨'号）的残骸……烟囱已经垮塌，前桅也被打断，上甲板上燃着熊熊大火……'不用打了，'贝蒂说道，'留给他们吧。'"

贝蒂其实是想找还没有受损的德国轻巡洋舰较量一番。没过多久，船上的炮塔便掉转方向，炮口抬高，在接二连三震耳欲聋的隆隆轰响声中，开始向黑尔戈兰湾的另一头打去。进入视野的德舰当中，"斯特拉斯堡"号成功逃脱。"科隆"号试图还击，可怜那小小的4英寸舰炮有如隔靴搔痒，徒劳无用。英国人12英寸和13.5英寸的炮弹不断落下来，把船打得千疮百孔。不到一两分钟，"科隆"号的前甲板就已陷入一片火海，成为一堆废铁。"阿里阿德涅"号也落得了个同样下场。贝蒂的舰队在继续高歌猛进。不过，这位海军上将深知时不待人，一旦潮位上涨，德军战列舰就会出海作战。英舰在黑尔戈兰湾打了足足四十分钟，德国人的海岸线已经近在眼前。午后1点10分，贝蒂向全体舰船发出"撤退"信号，英舰齐齐西转掉头。"狮"号又进行了两轮齐射，彻底结果了"科隆"号。这艘德国巡洋舰船尾朝下，很快消失在了滚滚波涛之中。德国人两天之后才偶然救起船上的一名幸存者，一名刚刚升职不久的海军上将连同500多名水兵葬身鱼腹。

下午2点25分，距离英舰离开已经过去了一个小时，英格诺尔的大型战舰才姗姗来迟，抵达战场。德国人谨慎地巡视了一下战场，随后重新退回了港口。英国大舰队也在离开战场，向北航行两百英里之后，回到了港口。"狮"号上的船员们齐聚在舰桥下，个个神情兴奋，为他们崇拜的将军欢呼喝彩。"艾里苏萨"号被拖回母港，航速已经掉到只剩六节。8月30日，参战的战列巡洋舰和轻型巡洋舰齐齐返回斯卡帕湾。大舰队每一艘军舰上的船员都在甲板和舰上列队喝彩，欢迎战友凯旋。

此役，德国海军有三艘轻巡洋舰和一艘驱逐舰被击沉，另有三艘巡洋舰遭受重创。英国海军虽然"艾里苏萨"号和三艘驱逐舰损毁严重，但所有船只全部安全返航，无一沉没。阵亡人员只有35人。比起德国的712人来，这份"伤亡名单"可以说简直微不足道，令人咋舌。丘吉尔满心欢喜，登上停泊在小镇施尔尼斯的"艾里苏萨"号，为参战将士授予荣誉。丘吉尔日后将黑尔戈兰湾战役誉为"一段辉煌的经历"。英国民众为胜利激动不已，贝蒂一时之间成为英雄人物。不过，海军部没有发来只言片语表示赞许，让这位海军上将感到好生"厌恶"。贝蒂在给埃塞尔的信中谈起德国人，字里行间流露出那个时代才有的谦逊："这帮可怜的家伙，他们像真正的男人一样战斗。他们像真正的水手，不畏艰险，与船共存亡。直到沉入大海，舰上的旗帜还在飘扬……无论他们有什么过错，都是不屈的勇士。"

英国政府此时正处在兵败蒙斯的困境当中，法国战事吃紧，国内情绪紧张，对立尖锐，这一场海上大胜可以说帮了大忙。海军部的诺曼·麦克劳德写道："战役规模虽小，却极大地鼓舞了人心，展现了海军的高昂士气，让人吃了一粒定心丸，知道德国人是打不进来的。"阿斯奎斯也连连称快，称赞"温斯顿的小计谋……非常成功……一定程度上抵消了陆上的损失。"然而，在这随之而来的沾沾自喜气氛当中，鲜有人记得问几个该问的问题：英军为何计划混乱无序、指挥不明，通信联系失误频频，还有炮兵射术不精。英军炮兵不仅准星很差，而且许多炮弹即便击中目标，也未引爆，就算爆炸，造成的损害也微乎其微，炮弹引信极不可靠，往往提前爆炸。英军部署在黑尔戈兰湾的潜艇一事无成，没有起到任何作用。若非杰里科自作主张，派出贝蒂支援突袭，蒂里特和凯斯可能早就被德国人的轻巡洋舰打得丢盔弃甲。哪怕只要出现片刻厄运，便可叫一艘战列巡洋舰报销。在海军总司令杰里科看来，这样的赌博风险显然超过了回报。

虽然，人们对于黑尔戈兰湾战役提出了种种批评意见，但显然低估了此役在更大层面上造成的心理冲击。黑尔戈兰湾战役对德国公海舰队的影响远在微不足道的物质损失之上。德国水兵清楚自己蒙受了何等奇耻大辱。英国人的船竟然可以大摇大摆地开到距离自家海岸线几英里远的地方，发动突袭，然后全身而退。岸上住着成千上万德国人，听到隆隆的炮声，全都吓得瑟瑟发抖。海军上将提尔皮茨大发雷霆，原因可不仅仅是因为自己的儿子

沃尔夫冈上尉就在沉没的"美因茨"号上。提尔皮茨用夸张的口气对艾伯特·霍普曼说道："我们这是自取其辱。我知道我儿子迟早会要牺牲，但这样死去，实在令人悲哀。我们被痛打了一顿，看着自己的舰队完蛋。"霍普曼想要安慰几句，说英军救起了一些幸存者，他的儿子可能也在里面。提尔皮茨听不进去，坚称儿子已死。不过，英国方面第二天就传来消息，他们的确抓住了提尔皮茨的儿子。

黑尔戈兰湾战役让英国皇家海军在士气上面对敌人更加占据上风，这种状态一直保持到1918年。德皇对英国海上力量的敬畏之心也进一步加深，从此下令公海舰队今后务必保持最高警惕，慎重行事，未经其本人同意，大型舰船不得参与进攻。这是英国取得的重大战略胜利，其意义足以为黑尔戈兰湾行动正名。9月9日，英国大舰队再次在黑尔戈兰湾沿岸发起扫荡作战。德国人这一次绝对不会出击迎战。虽然，如此被动挨打，让求战心切的德国水兵们沮丧之极，但足以显出英国的海上霸主地位是何等牢固。

不过，黑尔戈兰湾战役也让人们看到了英国海军部还不适应如何指挥现代海战。早在1860年，一名季刊评论员就撰文指出，目前的体制不过是"在特拉法加硝烟中停滞不前的死脑筋"。半个世纪过去了，如此说法仍然没有过时。海军部里掌权的都是一帮老朽，思维狭隘，无意进取。第一海务大臣巴腾堡亲王路易斯倒是受人尊敬，虽然因为拥有德国血统，常常遭受媒体的不公诋毁，但问题在于他无法胜任自己的职位。批评人士极尽挖苦地给亲王起了个外号，叫"完全同意先生"，因为亲王在批阅文件时总会随手写上"完全同意"几个字。海军作战部门更像是一个研究机构，而非一台制定计划、指挥作战的机器。按照其工作机制设想，海军将领一旦舰队起航，出海作战，有事当自行决断。可是，过不了多久，海军部就会明白在这个无线电通信的新时代，介入战场指挥的诱惑力实在无法抵御，可海军部无论在体制还是人员配备上都没有做好准备。贝蒂的参谋官菲尔森·杨就对上司对于海军大臣和海军部职员的评价大为赞同，指出："海军也好，海军部也好，里面的人全都没有脑子，视野狭隘，缺乏生气。凡事只会搬出千篇一律的陈词滥调，说什么不要老盯着结果，方法更加重要。"

不过，对于联军的战争大业来说，好在掌管海军部的并非全是一帮迟钝的老油条。其中一个极为重要的部门——情报部门——就由一帮得力能人管理。自打1914年11月以来，"40号房间"就由"闪光灯"雷金纳德·霍尔上尉指挥——霍尔之所以得此外号，是因为眼睛习惯眨个不停。霍尔曾是海军界一颗冉冉升起的明星，调任前不久还是一名战列巡洋舰舰长，后因健康状况不佳被降职调回岸上工作。霍尔有过一段搜集情报的业余经历，1908年从威斯敏斯特公爵那里借了一艘游艇，开到德国舰队在基尔的基地，假扮游客，统计了一下德国舰队的船只数量，还拍了不少照片。此时此刻，霍尔成了真正的专业情报人员，虽然身体看上去弱不禁风，并不起眼，却发挥了重要作用，成为英国突然冒出来的一位情报奇才。

据见过霍尔的人描述，霍尔"谈话喜欢单刀直入"，而且"长相和眼睛容易引起别人的注意。鼻梁高耸、嘴唇紧闭、下巴坚挺，中间有一条小沟，让人本能地感觉这个人不好说话。霍尔看上去更像一只游隼，加之目光如炬，炯炯有神，一眼就能穿透人群，给人感觉更像一只鹰了"。另外一个熟人描述起霍尔来说道："此人半带着马基雅维利式的狡黠，半带着学童式的天真。"这后一点性格可以从一个故事中看得出来，霍尔平素总喜欢拿这个故事来说自己。有一回一位法官对一个德国间谍判得很轻，因为法官认为这个间谍只是将工厂地址告诉德国而已。霍尔得知此事后恼怒不已，据说他事后告知德国情报部门，说那个法官的家就是"一间重要的工厂"。

海上缴获的三本德国海军密码本对"40号房间"的情报工作帮助极大。8月11日，一个澳大利亚海军军官把手枪掏出来，才抢到了德国轮船"霍巴特"号的密码本，船当时正在墨尔本外海。不过，由于耽搁延误，密码本直到10月底才被送到伦敦。第二本密码本是从俄国人那里得来的。8月25日，"马格德堡"号巡洋舰在波罗的海爱沙尼亚沿岸搁浅。本子被搜了出来，10月13日转交给了英国海军部。最后一本是11月30日一艘英国拖网渔船在特塞尔沿海的一艘德国驱逐舰上找到的。这艘德国驱逐舰早在10月17日就已被击沉。截至1914年12月，多亏了专门招募的一批通晓德语的学者专家。在他们的帮助之下，霍尔的团队破译了敌人三个重要的海军密码——这三个密码又

被称作VB、HVB和SKM代码。霍尔的团队此后还将破译更多其他密码。

那个时代，无线电通信对于不少人来说还是新鲜事物，要知道这些人出生那会儿可没有无线电这种东西。有一天晚上，贝蒂的旗舰"狮"号正停靠在斯卡帕湾。一名军官在无线电收发室里戴着耳机，听着莫尔斯电报发出的嘶嘶电流声，听得入了迷，大发感慨，说道："我们听到了波罗的海上俄国司令官的声音；听到了来自马德里的声音；听到了德军总司令的声音，从那遥远的北海尽头传来；波段前前后后，调来调去，一下是德国指挥官，一下是英国指挥官，多么有趣——这两个声音对于我们所有人来说，都具有无限的意味——先比一比他们说话的调子，再想象一下他们在说些什么。"

幸亏有了"40号房间"，英军指挥部很快了解了德国人不少秘密的答案。英国海军部在东海岸一线建立了一连串无线电接收站，越来越多电文在被拦截之后，短短数小时之内便被破译，翻译成英文，供人阅读。海军虽然并不情愿，还是对于民间译者无视海事用语的做法睁一只眼，闭一只眼，给予了包容。举个例子，有一回作战处收到这样一条破译的讯息，上面写着"（德国）第二战列队会在下午2点出去，4点再转头回来，返回港口"。由于德国公海舰队一切行动都从威廉港出发，不少命令一般通过书面或者电话传达，因此"闪光灯"霍尔也不敢过于自信，提前预判德军的每一步行动。不过，由于发报机性能优越，占有技术优势，英格诺尔的舰队要比英国皇家海军更多使用无线电通信。此外，英国对德宣战之后的头一项举措便是切断德国潜艇同外界的电报电缆联络。柏林迫不得已，只好在不少敏感的国际联系上采用无线电通信，而海军信号往往可以提前数小时将敌军将要出海的消息通知大舰队。

不过，战争胜利的天平在黑尔戈兰湾战役结束之后的几个月里一直在来回摇摆，形势常常对英国皇家海军不利。9月22日，德国U9潜艇在荷兰沿海一举击沉了三艘英国老式巡洋舰。"霍格"号、"阿布基尔"号和"克雷西"号三艘英舰当时正沿固定航线行驶，执行"巡逻任务"。由于巡逻这种事情无关痛痒，因此戒备松弛，舰长也没有把潜艇威胁放在心上。第一艘船被击中不久之后，第二艘也被击中。令人难以置信的是，三艘巡洋舰竟然先后停了下来，营救幸存者。1400人最终葬身鱼腹。U9指挥官凯旋回港，令公海舰队的不少船员艳羡不已。"罗斯托克"号的诺布洛赫中尉在日记中满怀惆怅地写道："能够取得这样一场大捷，凯旋回港，定然是满心欢喜。"更多军官欣喜若狂，也有同感。恩斯特·魏茨泽克为U9的胜利感到颇为骄傲，认为这让德国水面舰艇的碌碌无为显得更加丢人，说道："今天才让人觉得当一名海军军官有多么幸福。"

10月27日，新下水的英国无畏舰"果敢"号在爱尔兰北部沿海触雷沉没。虽然，一旁经过的"奥林匹亚"号客轮上的数百名美国乘客目睹了沉没的全过程，德国中小学甚至为此放假庆祝一天，可英国海军部时隔几个月之后，竟然荒唐地拒绝承认船已沉没，甚至在海军指令中矢口否认。与此同时，德国在袭击商船方面，尤其是大名鼎鼎的"埃姆登"号在地球另一端的太平洋和印度洋海域取得了一些不大的战果。11月1日晚上就发生了这样一件令人难过的事情。海军少将克里斯托弗·克拉多克爵士老旧的巡洋舰队在靠近智利沿海的科罗内尔被德国海军上将冯·斯比歼灭。

克拉多克绰号"软毛"，之前写过一本小书，叫作《舰队的悄悄话》（*Whispers from the Fleet*）。他在书中警告"海军那帮'莽汉'刚愎自用，考虑不周，终有一天要吞下失败的苦果"。然而，克拉多克本人恰恰落得个如此下场。他的舰队走得太快，以至于前无畏舰"老人星"号无法支援。"老人星"号带有12英寸大炮，原本也归克拉多克指挥，不想舰长接到轮机员报告，说出现技术故障，需将航速降到12节行驶。等到一天半时间过去，才发现原来是轮机员精神失常——根本就没有必要降低航速。可是，这艘军舰已经被舰队其余船只拉下了足足300海里远。换句话说，"老人星"号原本可以赶到科罗内尔参战。

待到发现真相，为时已晚，克拉多克已经无力回天。他的旧式装甲巡洋舰"好望角"号和"蒙默斯"号本来配备的就是预备役船员，唯一能够一战的只有轻巡洋舰"格拉斯哥"号。克拉多克在生死关头拒绝弃船逃跑。这位忠诚的朝臣曾因侍奉英王而被授予爵位，和其他海军军官一样，也在8月亲眼见证了海军上将厄内斯特·特鲁布里奇的蒙羞经过。当时正值战争爆发不

久，特鲁布里奇放弃了在地中海上与德国海军"格本"号和"布雷斯劳"号交战的机会，结果遭到连篇累牍的斥责攻击。克拉多克的舰队虽然论实力远不及特鲁布里奇，却依然选择与敌接战，1600名英国士兵与战舰共存亡。阿斯奎斯得知此事后，在给维尼西娅·斯坦利的信中大发雷霆，写道："恐怕这个可怜的家伙早已葬身海底，若不然非得上军事法庭接受审判不可。"

科罗内尔战役虽然战略意义不大，却是对英国威信的沉重打击，让本就紧张万分的英国政府更加坐立不安。杰里科早就因为做事拖泥带水备受指责，正是他的畏手畏脚才让英国皇家海军日后在日德兰错失良机，没能赢得一场大胜。可是，这位总司令虽然谨小慎微，常常让人提不起劲来，但比起克拉多克的自寻死路，贝蒂的盲目冲动，还有导致"霍格"号及其姊妹舰被U9潜艇击沉的愚蠢战术来，还是好了不少。可是，一个不变的问题在于伦敦政府一直渴望赢得一场大胜，好让自己扬名立万。科罗内尔战役结束后的11月4日，阿斯奎斯给维尼西娅·斯坦利写信——信中一如既往的充斥着不合身份的无礼言词，让人进一步看到阿斯奎斯此人是多么不适合担任战时领袖的角色——写道："我跟温斯顿说……他是时候放下一些东西，打烂几个破罐子了。"

当然，那位海军大臣其实才是最不需要勇气去冒险的人：他刚刚做了一个极其危险的决定。10月，巴腾堡的路易斯亲王被迫离职，丘吉尔为了弥补海军部的权力空缺，试图让前第一海军军务大臣费舍尔勋爵继任其位。这位无畏舰的创始人时年73岁，为人行事大刀阔斧，精力充沛，是丘吉尔最敬重的人之一——丘吉尔曾经将杰基·费舍尔比作"一座名副其实的火山，学识渊博，启人心扉"。此番费舍尔再次出任第一海务大臣，他的这位崇拜者恰如其分地指出，费舍尔无论在判断力还是处理实际问题的连贯性上，都要比那些过激的记者们说的好得多。可是，丘吉尔和费舍尔二人没过多久便产生抵牾，二人开始争夺主导权，这对于海军部的办事效率和内部团结来说都不是一件好事。

令英国人值得庆幸的是，在科罗内尔损失的威信在12月8日得到了弥补。多夫顿·斯特迪爵士指挥两艘战列巡洋舰，从贝蒂的舰队奉命出发，击败了斯比的舰队。德国人做出了一个鲁莽的决定，没有按照命令返航，而是试图对福克兰群岛发动突袭，抢占煤矿。老旧的"老人星"号姗姗来迟，被特意拖到了斯坦利港的岸上，舰上的火控装备被搬到一座小山包顶上，炮火足以覆盖全城。如此一来，这艘老旧的战列舰终于可以打响战役的第一炮了。英国人是幸运的——斯比没有利用斯特迪离港之际，趁势拉近距离，发起鱼雷攻击，而这几乎是德国人避免全军覆没的唯一机会。

回到英国国内，人人都在为胜利兴高采烈，鲜有人注意到英军到底耗费了多少弹药——英国人面对比自己弱小得多的对手，居然在五个小时之内一共发射了1174枚12英寸炮弹。斯特迪的军舰平均每门大炮需要75分钟才能命中目标一次，这也为两军日后在北海狭路相逢埋下了隐患。德国媒体则对斯比的失利轻描淡写，认为损失的几条船年头已久，毫无战略价值可言。如此言论让德国的水兵们颇受打击。"我觉得把我们英勇作战的军舰描写得这么差劲……一无是处，实在是太过刻薄，我们的船已经尽力了。"沃尔特·斯提兴格是"洛特林根"号上的一名海军士官生，一提起这个就感到委屈。对于交战双方来说，无论是在科罗内尔还是福克兰群岛，教训都只有一个：与更加强大的对手正面交锋，那不是什么勇气，而是没有脑子的傻气。不仅如此，杰里科既然有了证据，足以显示水雷和潜艇的威胁何等致命，也就变得更加小心谨慎起来，深知倘若运气不好，或者判断错误，舰队实力平衡会在转瞬之间发生变化。的确，没过多久，大舰队就遭遇到了战争中最惊心动魄的一刻。只是这一切当时尚且无人知晓罢了。

德军人一心盼着一雪前耻，报黑尔戈兰湾失利的一箭之仇。他们首先派了四艘驱逐舰到泰晤士河口布雷，结果还没开始就被全部击沉。德国人接着又在雅茅斯沿岸策划另一场布雷行动，希佩尔还取得德皇同意，可以带上战列巡洋舰替自己撑腰。11月3日，德舰对英国东海岸的一些城镇海滩展开短暂炮击，收效甚微，除了击沉几艘小艇以外，一无所获，趁着英舰赶来交战之前便逃之夭夭。英国海军部不敢相信德军此次出击只是为了进攻雅茅斯这样一座毫无战略意义的小镇。几位海务大臣也没有派遣军舰追击希佩尔，认为希佩尔此举旨在佯攻，只是为了转移英国注意力，背后肯定藏着更加重大

的威胁。不管怎样，前来偷袭的德国人毫发无损地回家，只有一艘老船"约克"号巡洋舰在靠近威廉港时，触发了德国人自己布下的水雷沉没，235人丧生。

英国人反应如此软弱，对英格诺尔来说无疑是个鼓舞。他决心再次发动更大规模的袭击。12月14日，霍尔的"40号房间"向海军部发出警告，希佩尔的战列巡洋舰将在翌日出海。电码译员其实并未作任何暗示，提到德国公海舰队将倾巢而出，但伦敦方面仍然做出决定，不仅派遣贝蒂的舰队出海，而且增派一个战列舰中队，随同轻巡洋舰和驱逐舰，在北海的多格浅滩静候德军，旨在切断敌人的逃跑回港路线。由于并不确定希佩尔的具体进攻目标，英军决定先不动手，任由德国人发起攻击，待到摸清敌人真实意图，再在希佩尔战列巡洋舰回家的路上将其围歼。这样做要比在德舰出海线路上迎战机会更好，因为海岸线绵延300英里，对手有可能开往其中任何一个地方。比起引开敌舰，让英国本土免遭涂炭，击沉敌军战列巡洋舰显然份量更重，自然成为头号作战目标。

杰里科得知计划之后，深恐大舰队兵力分散，不由得再次担心起来。杰里科希望派出整支舰队迎战，不料提议遭到海军部否决。海军部一心留着大型军舰好好保养。这些巨舰如果反复出海，频率太高，发动机恐磨损迅速。出海的只有贝蒂和海军少将乔治·沃伦德的无畏舰。由于天气状况过于恶劣，又有几艘驱逐舰和轻巡洋舰中途返航，打道回府。如此一来，部署在多格浅滩的六艘战列舰和四艘战列巡洋舰——其中两艘战列巡洋舰尚未来得及从福克兰群岛返航——得到的支援所剩无几。她们面对的却是由18艘无畏舰、8艘前无畏舰、9艘巡洋舰和54艘驱逐舰组成的整个德国公海舰队。杰里科担心的噩梦看来即将成为现实：德国舰队在火力上占据压倒性优势，而英国大舰队只有部分舰艇出战。德国人拥有足够火力一举摧毁甚至消灭英国人在主力舰上的优势。

希佩尔一开始对于炮轰英国城镇并无多少热情，认为此举不仅在战略上毫不相干，而且有悖自己身为职业海军军人的绅士准则。他在11月29日的日记中写道，如果德国要拿宝贵的大型舰艇冒险，就应该直接针对英国皇家海军。对沿海进行炮轰只是一种蠢笨无能的表现，而非实实在在的作战行动。希佩尔同时对英国雷区造成的威胁表示担忧，"若是未经一战，没有赢得任何荣誉就船沉命丧，我的职业生涯岂不将以遗憾告终？"希佩尔的反思，足以让贝蒂同样感到自哀自怜。

12月16日一早大雾弥漫，8点5分，约克郡的海边度假胜地斯卡伯勒，海岸警备队军官亚瑟·迪安朝海上望去，远远看见两艘战列巡洋舰驶来。两艘军舰一边穿过南湾，距离小城古堡还有600码开外便开始向岸上连番开炮，接着掉转船头，沿着来时的航路再次开火。城里多是上了年纪的寡妇，此时正在大饭店里围在餐桌旁读信。一连好几发炮弹直接命中饭店，将屋内炸得一片狼藉。市政厅的山墙被炸垮。圣尼古拉克里夫大街上的铺面，公寓寓所连同斯托比路上的一排农舍悉数尽毁。镇上有个文职官员，名叫约翰·霍尔，正在穿衣起床，不想一炮打来，把霍尔和睡房炸成了平地。20英里外的惠特比也上演了类似的残忍一幕，另外两艘德国巡洋舰朝岸上开炮：一发炮弹摧毁了当地一座古老教堂的西厢，另一发则将艾斯克斜坡上的小屋子全部炸成废墟。在相距不远的哈特尔浦，德舰炮击持续长达三十分钟，劳埃德银行被毁，当地一座煤气厂发生爆炸。希佩尔的舰队在完成炮轰任务之后，即刻掉头返航。

与此同时，在多格浅滩，英德双方的驱逐舰不顾恶浪滔天，相互瞄准对方，展开交火，战斗从晚上一直持续至白天。一如黑尔戈兰湾战役一样，德国炮兵技术要在英军之上。英国人的驱逐舰被数次击中，英格诺尔的舰船却依旧毫发无损。贝蒂和沃伦德试图推断德军此次行动究竟意在何为，直到传来一条重要消息，说斯卡伯勒遭到炮击。现在轮到出海作战的各位英军将领们选择合适的拦截路线了。沃伦德给杰里科发去电报，一并抄送给战列巡洋舰队："斯卡伯勒遭到炮击，我正在赶往赫尔的途中。"贝蒂永远都是那副天不怕，地不怕的骑士样子，回电道："是吗？那我去解救斯卡伯勒。"然而，英舰纵使竭力西行，将近午时，海上能见度已经相当恶化。英德双方的各式舰艇，无论形状大小，都只能在浓雾中摸索前行，断断续续开火，茫然不知敌人所踪。

那么，英格诺尔和强大的德国公海舰队此时此刻身在何方呢？当天早上5点45分，这位德国海军上将得悉自己的驱逐舰遭遇英舰，相信整个英国大舰队近在咫尺，偷袭已经无法得手。英格诺尔是海上唯一能够给予希佩尔偷袭支援的舰队，苦于没有德皇授权，无法展开大战。英格诺尔于是迅速掉头返航，全然不知就此与贝蒂和沃伦德擦肩而过，错过了德国海军大战中最好的一次战略机会。

从接近正午开始，直至午后两三点，英德两军的轻型舰艇在雾中开始玩起了打了就跑的游戏，一旦瞅准机会，瞄到对方，就立即开火。英军的大型战舰依旧不知希佩尔的下落。沃伦德在后来的报告中也对此表示了愤怒，写道："她们刚从狂风暴雨中露出影子，又消失在了另一场暴风雨中。"贝蒂临时决定向东转向，希望找到更好的机会，能够截住回程的希佩尔。不过，贝蒂做出的是个误判。假如他保持西进路线不变，不出一个小时就能碰上德国人的战列巡洋舰。当然，也很难保证贝蒂乐于见到这样一场遭遇战。贝蒂或许能够取胜，但是考虑到他的舰队日后在日德兰海战中的表现，没准也会遭受一场惨败——贝蒂在日德兰有两艘军舰被击沉，另有两艘遭到重创。于是乎，贝蒂在12月16日错过了希佩尔的舰队，让对手平安返回了威廉港。除了两艘英国驱逐舰需要修理之外，英德双方舰队均无明显舰艇损失，安全回港。1914年最后一次大海战的机会就这样失去，不禁让英国皇家海军好生懊恼。

查尔斯·丹尼尔是英国海军"猎户座"号上的海军军校学员，他在当天早上的日记中写道：如果我们的舰队让德国人逃了，那么皇家海军的名声"可能就会在英国民众的心中变得一文不值"。结果5天之后，最坏的事情果真发生。这个年轻人悲愤地写道："德国人的巡洋舰就这样跑了，这件事情我们无法忘记。我们本可击沉德国人的巡洋舰，那该是多么壮观的一幕。我只要一想起这个，就感到愈发失望。"英国人虽然无法确定希佩尔的具体目标，但是知道敌人已经打上门来，却没有做任何努力御敌于海上，结果让斯卡伯勒、惠特比和哈特尔浦的男女老少一共107人惨遭毒手，另外还有500多平民受伤。即便敌人的意图已经被"40号房间"发现，即便与敌军舰队部分舰船发生了交火，英国皇家海军在此之后仍然无力将敌人拦截下来。虽然，这样的事情在雷达问世之前那个时代的海上战场司空见惯，但对于英国皇家海军来说，这一天绝对是颜面扫地的一天。

安德鲁·戈登对此做过一番精彩分析，认为英国皇家海军的最大缺陷就在于军官思想僵化教条，只知一味服从上级。舰长徒知等待舰队司令下令，如果没有下达命令或者命令模糊——这种事情在贝蒂的舰队里时有发生——下级绝不敢有自己的想法，也不敢自主行动。进入20世纪，舰上上行下效，等级森严的压抑气氛使之看起来就像一所漂浮在水面之上的寄宿学校。在英国皇家海军内部，哪怕是年级长（舰长），若是没有校长同意，也绝不敢自作主张，擅自行动。英国人在斯卡伯勒遭袭当天之所以先后两次错失良机，就是因为舰长只知徒劳等待上级指示。还有一回，一支驱逐舰队的旗舰由于船舵被一发德军炮弹卡住，无奈之下只能大幅度转向，没想到整个舰队竟然也跟着一起变了航向。

可是，德国人炮轰英国沿海城镇，意图究竟何在？德国人此举其实并无任何军事目的，纯粹只是为了散播"恐怖"，旨在向英国人证明他们在德国人的"恐怖"面前是多么脆弱，借此动摇英国人民的士气。然而，事实恰恰相反，德国人的恐怖行径加深了英国人民对敌人的仇恨，加强了英国人民战斗到底的决心。如果说8月4日，英国民众对德皇的仆从还没有多少敌意，那么待到1914年临近尾声，德国人的丑恶行径，再加上协约国的宣传造势，已经激起了不少英国人胸中的怒火。詹姆斯·科尔威尔当年只有22岁，是"兰卡斯特"号上的一名军官，他在12月18日希佩尔舰队犯下恶行之后写道："但愿我们有朝一日能够打到德国，把这笔账好好算个清楚，但是我们不是要屠杀非战斗人员。我希望看到那些德国城镇，从埃森开始，最后直到柏林，统统烧成灰烬，洗劫一空。总之一句话，要像卢万一样，血债血偿。"

斯卡伯勒遭袭令英国皇家海军饱受批评。如果民众知道英国海军有意将海岸线暴露在德国人眼前的话，抨击将会变得更加严厉。不少海军军官认为纵使斯卡帕湾是大舰队目前唯一合理的驻扎地，但战列巡洋舰至少应该再往南移，这样下一次德国人再搞突袭，才能更快拦截。于是，贝蒂的舰队最后

被重新部署到了福斯湾。

不过，人们普遍认为德国公海舰队拿几座海滨胜地开刀发泄，其实徒劳无益，不仅体现不了自己的强大，反而显得软弱无能。英格诺尔和希佩尔忌惮英国大舰队，不敢与之正面交锋，才只能干出轰炸海边民宅这种下作的举动来。就某种程度而言，斯卡伯勒一役也反映出了一个事实——战争开始变得卑鄙龌龊。交战双方不少人五个月前刚刚拿起武器的时候还懂得有所克制、多少带着点骑士风范，现在都已脱去了文明的外衣。沃尔特·冯·凯泽林克男爵是德国海军"洛特林根"号的舰长，他在12月29日给叔叔的信中要求对英国商船发动无限制潜艇战，扬言："只有让英国人在自己的土地上尝尝战争是什么滋味，这帮强盗和凶手才会知道别人的痛苦。自打（17世纪）荷兰海军上将德·鲁伊特以来，还没有人在（英国人）家门口扔过一个炸弹。"

其实，就在斯卡伯勒遭袭之前，英德双方大多数海军军官还在以为双方舰队需要等上很久才能大战一场。恩斯特·魏茨泽克是舰上的非指挥军官，他认为德国的海军造船计划应该将精力集中投入到巡洋舰和小型舰艇身上，而不是去制造那些造价高昂的无畏舰。莱因霍尔德·诺布洛赫对此表示赞同："我们现在无所事事，这让我们不由得开始怀疑水面舰艇到底能够起到多大作用。现在有不少（德国水兵）认为只有潜艇、飞机和水雷才管用。"沃尔瑟·泽施玛是"黑尔戈兰"号上的一名炮兵军官，他在10月份的日记中写道："很明显仗还根本没有打起来。"过了一个月，泽施玛的话写得更加情绪低落："北海风平浪静，没有任何战事发生。只有U型潜艇永远处在战备状态。"德国公海舰队永远走着同一条熟悉的航线，让人看不到希望：舰队先在杰德湾外海巡逻，转上两天，然后在靠近海岸的地方巡逻四天，再回到港口待上8天。面对如此单调乏味的循环往复，船上的每一名军官都在怨声载道。可是除了间或来几场小打小闹，这就是德国舰队在接下来四年里的总体生存状态。

"从一个普通海军军官的角度来看，"菲尔森·杨在北海上航行时写道，"一直等不到敌人出现，这才是这场战争真正让人头疼，让这场战争变得无趣乏味的问题所在。自从宣战以来，我们舰队里就没有哪个看到过哪怕一个德国人，能够见到一艘德国军舰的也少之又少……敌人变成了一个虚幻妄想出来的影子……好不容易出现一回，也只能看到四根小小的烟柱，感觉像一只刺猬，在冰冷灰暗的大海尽头刚刚露了个脸，就匆匆而过——看到的烟柱现在只剩下了三根。这意味着应该是一艘大船，上面装的人比一个大村子的还多，已经被烧焦，没在海水当中，成了一堆废铁，冷却下来，成了这灰暗冬季海上一座白热的痛苦地狱。"

罗杰·凯斯在10月份给妻子的信中写道："只要能够让敌人的舰队出来，哪怕要我当个陆军也行。"凯斯的郁闷之情到了下一个月变得更加强烈："我已经受够了这种无仗可打的日子。下辈子转世投胎，一定要当个陆军——当初下定决心加入海军之前，这种事情连想都没有想过，我简直就是个蠢货。在这个问题上历史已经把话说得清清楚楚。陆军天天有仗打，海军运气再好，一年顶多也就打上一回。最见鬼的是下决心参加海军那会儿还太年轻，少不更事，对于历史了解不多。还有詹姆斯写的那个六卷本海军史……那个年头天天读的就是这个，全是骗人的鬼话。书里面写的大大小小全是打仗，一看时间，却拖了三四十年之久。"

待到大战结束，英国皇家海军军官士兵总人数已经增至43.7万人，其中32287人阵亡。这个伤亡数字虽说远不能让人忽略不计，但是比起陆军和皇家空军（由英国皇家飞行队演变而成）来还是要小得多。这也解释了为何陆军士兵早就对战争不抱任何幻想，而海军内心深处却一直充满热情，求战心切，这是因为如果海军的战斗失去了艰难危险，就无法同陆上西线战场的残忍艰苦相提并论。斯卡伯勒遭袭过去之后的好几年里，英德双方在相当长一段时间之内在北海发生过进一步的水面冲突，最有名的当数1916年5月的日德兰海战。大舰队直到杰里科1917年11月调任海军部之后才由贝蒂接手掌管，水兵们也就此失去了渴望已久、一战成名的机会。

然而，无论英国皇家海军存在怎样的缺陷或者失误，都对协约国赢得第一次世界大战的胜利起到了重大贡献。丘吉尔在1914年末指出，是英国皇家海军从8月份开始，将80.9万名士兵、2.03万匹军马以及25万吨物资安全运

到了法国，期间无一闪失。丘吉尔对此表示满意，话也说得很中肯。在接下来的几年里，英国皇家海军保持了作战舰队的存在，确保了英国商船和英军在世界各地畅通无阻，自由通行。尽管有些拖延，也出现过一些令人震惊的工作差错，让英国面临比"二战"更为严重的饥荒威胁，但皇家海军还是在1917年打败了德国U型潜艇，保持了有效对德封锁，并在1917年4月之后死死掐住了德国人的脖子。

对于英德两国战前展开"海军军备竞赛"持批评意见的人士多持有一种观点，认为是英国人积极建造无畏舰加速了大战到来。不过，最终结果却证明军备竞赛和大战爆发并无必然联系。上述两种说法都不尽然。没有理由认为如果英国皇家海军只有一半规模的话，欧洲大陆列强中的任何一个就会改变主意，不发动战争。此外，虽然大舰队对于战争胜利没有做出直接贡献，但是倘若少了这样一份海上霸权的存在，英国将会变得不堪一击。海军中校雷金纳德·普伦基特是贝蒂旗下一艘战列巡洋舰上的军官，1914年底给军报《海军评论》杂志投稿写道："英国海军虽然基本上未经一战，却做到了任何一个国家海军梦寐以求的事情。"普伦基特的这番话虽然不免有些自视甚高，但德国海军的全体将士恐怕都会表示认同的。

大战刚开始的头几个月里，正当奥地利人在塞尔维亚蒙羞之际，更加可怕的事情却在加利西亚上演。加利西亚是横跨波兰西南部和奥匈帝国的东北行省，康拉德·赫岑多夫在这里一手主导了一场灾难，让哈布斯堡帝国输掉了最后一块遮羞布。诚然，俄军指挥官们在能力上不比康拉德好到哪里去。可是在1914年行将结束之际，康拉德让世人看清了谁才是这场战争中最蠢笨无能的那一个——是他让弗朗茨·约瑟夫的15万大军成了炮灰，一无所获。

不管是在宣战之前还是开战之后，这位奥地利陆军参谋长总是无法与毛奇步调一致。两家扯皮，互相数落对方不是成了每天的常事。8月的第二个星期，贝希托尔德伯爵，这位大战的发起者在维也纳向亚历山大·帕拉维奇尼——帕拉维奇尼的儿子与他同名，就是在塞尔维亚服役的那名军官——哭丧着脸，说道："全是德国人闯的祸。"帕拉维奇尼发现自己的奥地利同胞难得有人真正忘记1866年败于普鲁士人之手的痛楚，一直对此耿耿于怀，写道："我们两国虽然面临巨大危险，尤其是在最高层面，但旧怨敌意从未消除，德国人对此也心知肚明。"

康拉德全然不顾德国人只打算在东线维持现状，牵制法国，开始野心勃勃地在波兰发动大包围作战。康拉德为了实现目标，在8月份投入了31个师同俄国人的45个步兵师和18个骑兵师相抗衡。沙皇的部队之所以能够在波兰南部快速部署，一个原因在于俄国人早在全面动员开始之前就已调兵遣将，另一个原因则是因为他们将法国人的大把钞票花在了铁路系统升级之上。相比之下，奥军移动要缓慢得多。康拉德一开始原本打算调派1.1万列火车，最后

调动成功的只有1942列。火车在奥匈帝国境内速度低到每小时只开10英里，只相当于德国人的一半。运兵的火车一天得停下来六个小时，好让车上士兵吃饱喝足。办事不力引发的闹剧频繁上演：奥地利西里西亚波多波尔兹的车站站长犯了糊涂，竟然弄反了信号灯，导致几支部队白白耽搁了好几个小时。站长后来在接受调查的时候饮弹自尽。

派往加利西亚的奥地利部队有四支，距离前线还有好一段路程就早早下了火车，只能徒步前行，8月19日到26日这段日子天天走上20英里。有些士兵和带队的军官一样，把即将打响的战争想象得过于天真。埃德勒·冯·霍夫特中尉带着一支战斗巡逻队，走在大部队前面，远远地看到两公里开外有哥萨克骑兵飞奔而来，等到敌人只有1200米远时才下令手下一齐放枪。奥地利士兵看到一个俄国兵中枪倒地，全都高兴地嚷嚷起来。"人人当然都说是自己打中的，"霍夫特回忆道，"那个俄国人从马上滚了下来，倒在地上，难道不好看吗？"

理查德·冯·施特尼茨尔是一名医生，44岁，丢下在维也纳红红火火的事业，跑到部队里头当了一名军医。施特尼茨尔刚到前线的时候只随身带了一个小提箱，因为"据说这场仗只要几个月就会打完"。然而，参谋官亚历山大·帕拉维奇尼——此君是贝希托尔德的熟人——从一开始就显得十分悲观："这对于我们的外交官来说是一场难过的'胜利'。他们一直算计的只有如何对付塞尔维亚而已。"帕拉维奇尼在日记中用了一些法语单词："现在的关键字眼就是下命令（'Order'），撤销命令（'Contreordre'），重新下命令（'Désordre'）。"特奥多尔·里特·冯·泽涅克中校在前往加利西亚陆军参谋部报到之前，与妻子在维也纳话别。泽涅克感觉自己像是"坠入了厚厚的云层当中"。波兰是沙皇俄国西面的一块凸出之地，也是这场大战中最富异域风情的一块战场。约翰·里德就栩栩如生地描述了生活在波兰的众多民族。此时此刻，这些民族正受到来自尼古拉二世帝国各个角落士兵的摧残与蹂躏。借用这位美国记者的话来说，这是一场"种族的盛会"：

生活在这里的摩尔达维亚农民早已臣服，性情温顺，穿着一身白色亚麻布衣服，戴着宽沿低帽，卷曲的长发一直披到肩上……俄罗斯农夫穿着罩衫，戴着尖顶帽子，脚上蹬着厚重的靴子——男人都是大块头，满脸胡子拉碴，脸上的神情苍白单调。俄罗斯女人要精神许多，脸上圆滚滚的，衣着色彩搭配得很是难看，像各色毛巾和衬衫拼凑在一起……时不时可以见到个俄国教士，一看就是一副狡猾奸诈、精于算计的模样，头发长长的，袍子前面挂着个大大的十字架晃来晃去。来自顿河的哥萨克人除了裤子上有一道红色宽条纹之外，制服与其他部队并无什么明显区别。他们的军刀镶了银，刀柄没有护手，一簇卷发从前额披下来，遮住左眼。鞑靼人脸上长着麻子，这些金帐汗国的后裔曾经横扫神圣的莫斯科，现在成了俄国军队里的强人，衣服上有一道红色的窄纹，很是醒目。土库曼人多穿白色或者黑色的熊皮外套，系着腰带的长袖衣服要么是浅紫色，要么是蓝色，靴子的尖头朝上翘着。这些人身上挂着金链、腰带、匕首和弯弯的马刀，显得琳琅满目。还有，走到哪里都能看见犹太人，犹太人，还是犹太人。

在这个充满生机的多元社会里头，不同种族效忠的对象也各有不同，三支大军将在1914年8月踏上这块土地。奥地利中尉康斯坦丁·施奈德中尉跟着自己的团坐上火车，快要接近喀尔巴阡山的时候发现虽然依旧身在哈布斯堡王朝的土地上，可不仅沿途的风景，就连每一个士兵的行为举止也起了变化："最高指挥部在地图上画了条线，标出了战区的起始地点。这个地方就连自然景观都变得不大一样。和平的世界到了尽头，肥沃的农田本该有勤劳的农夫收割，现在已经遭人废弃。繁华的都市生活被抛在了身后……我们虽然听说火车没准会停下来，但还是得从如诗的美梦中醒过来，化身为斗志昂扬的英雄。让我们给枪上好膛，全副武装起来，等待天明。"

弗朗茨·约瑟夫的大军一过喀尔巴阡山的关隘，就进入了边疆地区。莱姆博格①，普热梅希尔，克拉科夫，边境地区的每一座城市都坚壁高垒，犹如

---

① 莱姆博格（Lemberg），即利沃夫（Lvov）的德语称呼，乌克兰西部最大城市。——译者注

一座座要塞。从这里开始，奥地利人就要下车徒步，朝着俄罗斯人进军了。与康斯坦丁·施奈德的部队同行的还有六百辆辎重车。驾车的都是些平民，没有受过军事训练，明明指定走道路的左边，偏偏不照着做，看得施奈德好生无奈，叹道："一路上吵个不停，时不时得停下来，路过不去，只好破口大骂一通。"波兰边境两侧的道路条件极其糟糕，铁路难得一见。康拉德的补给队虽说要参加一场20世纪的战争，走的速度却不比19世纪快多少。

奥地利人将在两条战线上遭遇俄国人。一条位于华沙以南一百英里，在桑河的另一边；另一条要再往东，横跨德涅斯特河两岸。在第二条战线上，奥军兵力与俄军比例为1：3。俄军司令官尼古拉·鲁茨斯基带着部下，小心翼翼地进入加利西亚，没想到刚一交手就损失惨重，很快退回了波兰境内。此时此刻，俄军各指挥官们收到的命令不仅不合常理，说得更加贴切一点，简直就是自相矛盾——这是两派争权夺利的结果：一派是把持俄军最高统帅部的尼古拉大公及其幕僚，另一派则是圣彼得堡和前线司令官尼古拉·伊万诺夫。战场上的军队将领们搞不清楚到底谁在负责，为了解决混乱，只好各行其是，看自己今天怎样方便就怎样做，全然不顾友邻部队可能会走哪条行军路线。高级军官之间的宿怨敌意由来已久，全然不知克制，恬不知耻地任其发展。如果说萨姆索诺夫和伦宁坎普两人之间关系紧张早就臭名在外，那么在加利西亚，古力耶维茨上校，这位第九集团军参谋长仗着自己是波兰贵族，又是朝廷宠臣，公然拒绝听命于自己的上司西伯利亚战区司令官莱切斯基将军。莱切斯基拒绝让古力耶维茨的老婆搬来司令部同住，结果被古力耶维茨斥为粗鄙之人，无可救药。

鲁茨斯基为人一向悲观，此番虽然面对奥地利军队，心里同时还在担心北面的德国人会趁机兵临华沙，然后一路直取圣彼得堡。他为此想把司令部搬到后方的涅曼河去。由于没有信心，害怕德国人打过来，华沙就连部分堡垒和桥梁都已经炸了。与此同时，35万俄国士兵正从卢布林向西南进发，进入奥地利境内。康拉德在此部署的兵力大致相当。两军在这片土地上肆意烧杀抢掠。当地居民由于尚未尝到战争的滋味，还不懂得如何适应战争的残酷。在奥波莱，一所教堂被烧得只剩下了祭坛和十字架。钟楼的砖块全被拆了下来，散落在四周的战场上，被奥地利士兵拿来修筑堑壕。相比之下，俄军正在一两英里开外向前推进，沿途遇见不少家庭穿着礼拜日的盛装，一如既往地前去教堂做礼拜，孩童们还在村中的水塘嬉戏玩耍。奥军这边，康斯坦丁·施奈德好奇地盯着加利西亚教堂洋葱一样的圆顶发呆，想着那些奇怪的地名，心里念着："东方应该就是这个样子了。没错，就是这个样子。走到这里，离开欧洲已经太远了。"

参谋官埃德勒·霍夫特8月15日平生头一回经历了俄国人的密集炮轰，他住的农舍被一发炮弹直接打中："马儿扬起前蹄，人们四散乱跑，肯定有些倒霉蛋挨了炮弹。"不过，当炮火停歇下来，霍夫特惊讶地发现受伤的竟然只有一个人，还是伤在膝盖。霍夫特写道："这肯定是上帝创造的奇迹，要不然怎么可能有人活下来。"士兵们在每一个战场上学到的都是同样的教训：炮火虽然危险，但不可能把人一次全部打死，因为距离太远，一锅端不大可能。

协约国派驻西南前线的武官刚一到前线，就受到了俄军一众指挥官和参谋官的热情迎接。俄国人的热情拥吻让英国武官阿尔弗雷德·诺克斯少将感到有些恶心。武官们发现俄国人对于喝甜滋滋的柠檬水似乎没有多大热情——伊万诺夫将军在这个非常时期下了禁令，军官食堂不得提供酒水。不过，这个新举措似乎既不能帮助俄国人提升士气，也无法增加效率。即便如此，伊万诺夫将军还是在士兵当中很受欢迎，会时不时找士兵们聊聊家常。一个重炮炮兵说起老家还有老婆和五个孩子，将军亲切地保证，要他放心肯定会再次见到家人。炮兵难过地答道："人们说通往战场的路又宽又大，可要想回家，却只有小路一条。"

8月19日清晨，伊万诺夫指挥部队，冒着瓢泼大雨向前进发。中途休息时，士兵们解开脏兮兮的绑腿，把布条晾干。几个年纪小一点儿的士兵还哼起了军队里的流行歌曲：

我记得那时
我还是个小姑娘，

遇到部队演习，

一位年轻的军官，

带着他的兵，

来到了我们村，

军官对我说：

"姑娘，给些水喝吧。"

军官喝完水，

从马上俯下身来，

亲了亲我。

一整晚

他都在我梦里。

　　不过，根据某个亲身经历过这一切的人的说法："大多数士兵都说这是一场悲惨的经历，枯燥乏味，莫名其妙。"阿尔弗雷德·诺克斯也发现，有不少军马刚刚从农场和养马场征用过来，体形瘦小，根本拖不了大炮，干不了这样的重活。加上马的年龄太小，不好使唤，管马的士兵在这方面也没什么经验。按照官方要求，俄国陆军每匹军马每日配给口粮为14.75磅燕麦，15磅干草和4磅稻草。考虑到这些可怜的牲口实在辛苦，因此口粮要比和平时期足足多出三分之一以上。然而，事实却是马匹吃得可能比士兵还要差，倒毙的马匹成千上万。

　　8月23日，前线参谋长亚努什科维奇向伊万诺夫眉飞色舞地报告喜讯："我军前方的奥军兵力比模拟推演预计的要少。"谁知在接下来的三天里，俄军由于疏于部署，结果在敌军面前暴露侧翼，惨遭血洗。伊万诺夫的士兵倒是聪明，知道沿着进攻时的来路撤退，一直撤到克拉希尼克才停下脚步，重新布置阵地。第二天，埃德勒·霍夫特和一名同事来到一座教堂。教堂之前被俄军占领，俄军后来遭到炮火密集轰击，被困在此处。教堂里有不少来不及掩埋的尸体："空气的味道刺鼻难闻，叫人不得不屏住呼吸……厚厚的砖墙全都塌了，硕大的弹坑一个挨着一个。尸体就倒在地上，有个地方有7具尸体叠在一起，一个肚子炸了开来，一个脑袋炸得只剩下下巴，还有一个肩膀和屁股没了踪影，惨不忍睹。文泽把每一处都拍了照片，我只想捏住鼻子，赶紧离开。"

奥军这厢，头一个战死在加利西亚的是亚历山大·冯·布罗施·阿雷瑙将军。阿雷瑙是高级军官中最为求战心切的一位，8月21日未经侦察，便率领"皇家猎人"师排着密集的阵型，对俄军发起进攻，结果惨遭屠戮，死伤无数，自己也成了阵亡人员中名头最大的一个。奥军士兵抱怨自己的灰色军装虽然在山区作战不易发现，可是到了加利西亚的平原上反而相当惹眼。反观俄军，身着棕色军装，要隐蔽得多，除非活动起来，否则待在田间地头很难被发现。

弗朗茨·约瑟夫的军队长期受制于言语沟通问题。有一个师征召的都是波希米亚人，不止一次把附近的友军当作敌军，朝对方开火——由于波希米亚人只会说塞尔维亚语和克罗地亚语，发生这种情况不难理解。康斯坦丁·施奈德带着一支巡逻侦察队前去侦察俄军动向，路上遇上一队哈布斯堡轻骑兵。施奈德很想交换情报，不巧骑兵队伍里头竟然没有一个人听得懂施奈德手下蒂罗尔士兵的德语。8月28日晚，一支骑兵团刚刚走到奥军某师防线附近，只听见有人大喊："哥萨克人来了！"随后数百人开始乱叫。慌乱之下照着黑暗中看不清楚的敌军一顿乱打。待到次日天明，施奈德视察前方阵地，被眼前的一幕吓了一跳，只见"山谷里堆满了尸体……都是我们轻骑兵团的士兵。这些士兵没有死于敌人之手，而是死在了自己人的枪下。如此凄惨的一幕让我差一点哭出声来"。这一次的灾难又是由于沟通交流失败所致：步兵说的是德语，听不明白轻骑兵的喊话，还以为来的是俄国人。

灾难降临到当地百姓的头上。奥地利人也好，俄国人也好，没有任何人关心当地百姓的死活。农舍是用茅草和木头搭起来的，统统被付之一炬。"只能看见房屋的石头地基，还有屋里剩下的灶台"，埃德勒·霍夫特写道，"沿途到处可见升起的烟柱，像墓碑一样可怕。树全被大火烧焦了，叶子也掉光了"。俄军撤退时不仅炸毁了沿途的火车站和桥梁，还在路上伐倒大树，挖

出深坑，只为延缓奥地利人的步伐。苏瓦乌基有一座大庄园，附近突然传来一阵枪声。一个仆人正端着汤锅去餐厅，给尊贵的主人上午餐，吓得一下子将汤锅扔到了地上。没过多久，主仆二人就只能收拾铺盖，逃出家园。在卢布林前线后方，战地记者塞尔盖·孔杜拉什金看见有个人驾着一辆农用大车，载着老婆，正朝自己打招呼，感到十分惊讶，定睛一看才发现驾车的原来是熟人，是个地主，以前当过国会议员，老家的宅子被奥地利人烧了才逃了出来。这个逃难的乡绅指着大车后面，摆了摆手，一脸无助的样子。只见车后放了一个篮子，还有一把椅子。乡绅说道："留下来的全部家当就这么一点儿了。我们现在正要找地方逃难去。"

"二战"期间犹太人受到的恐怖折磨为后人广为所知，可是1914年犹太人遭受的苦难，尤其是落在俄国人手上的遭遇，对此有所了解的人就少了许多。成百上千犹太人死在了加利西亚，还有更多的犹太人财物被洗劫一空。俄国人对商人普遍抱有某种病态的怀疑，对犹太人更是如此。约翰·里德笔下的波兰犹太人"形容佝偻，身体瘦弱，头上戴着的圆顶礼帽满是灰尘，身上披着长外套，油迹斑斑，留着一缕细胡子，双眼露出狡黠与渴望，见了警察、士兵和牧师卑躬屈膝，到了农民面前就会吹胡子瞪眼睛。这是一群受到迫害的人，因为遭人敲诈和虐待才变得令人讨厌"。

十月份，华沙有一栋居民楼的住户向警察举报，说楼里有犹太人聚众谋划阴谋，想把自己"肢解"。警察闻讯赶到，发现所谓"图谋不轨"的几个共犯不过是一群倒霉蛋，正在商量如何穿过前线逃往德国，那边相对会要安全一些。阿尔弗雷德·诺克斯10月14日写道："听说有个犹太人背了个麻袋，里面装了一个德国军官，想从伊万哥罗德过桥，结果当场被抓。两个人都被绞死。"11月，俄军占领莱姆博格，展开屠杀。20名犹太人被哥萨克骑兵杀害。12月，华沙有64个犹太人遭到逮捕，这些人据说全都参与策划了投机倒把，哄抬物价，财产一律充公。

在战争接下来的日子里，更加不幸的事情降临到东欧的犹太人身上。其他不少无辜族裔也遭遇到了同样的不幸。在哈布斯堡王朝统治的领土之上，少数族裔长期以来不受信任。奥军在普热梅希尔要塞发布告示，内容堪比德意志第三帝国。告示上写道："只有极端无情残酷才能……防止当地不同政见者放肆造次。"鲁塞尼亚人[①]据信普遍同情俄国。9月16日，45个鲁塞尼亚人被军警拘捕，在押解穿过市区游街时遭到暴民袭击。暴徒们高喊着："绞死卖国贼！"一些匈牙利地方民团士兵听见喧闹，在波西昂大街抓着这些鲁塞尼亚人，用军刀活活砍死，活下来的只有四个。

俄国人一开始选择退却，令康拉德信心爆棚。他强令部队沿着俄国人败退的路线，往波兰境内推进。由于推进速度过快，补给开始捉襟见肘。哈布斯堡军队熟悉的混乱场面随之而来。骡马炮兵部队强行抢在步兵前面。命令前后矛盾，害得一些部队只好来回打转。东欧幅员辽阔，空无人烟，与几乎连成一片的法国战线截然不同，军队到了这里常常迷路，有时候一连数日摸不清方向。敌军到底身在何方，成了颇费脑筋的难题。待到夜幕降临，部队已经走得人困马乏，补给粮草却迟迟不见踪影。参谋官特奥多尔·里特·泽涅克眼看骑兵因为"出牙期的麻烦"损失惨重而哀叹不已——这些骑兵愚蠢之极，就像他们19世纪的上一辈那样，毫无顾忌地把自己暴露在敌人面前。由于交战双方很少用到飞机，不做侦察，8月28日到30日这几天两军意外遭遇了好几回。伊万诺夫的军队在战斗中损失了上百门大炮，两万士兵当了俘虏。

俘虏当中有一个名叫伊万·库兹涅佐夫。库兹涅佐夫和战友们在前线战区一会儿前进，一会儿后退，被前后不一的命令弄得晕头转向，带队的军官更加一头雾水，不知如何是好。8月将尽那会儿，库兹涅佐夫的部队撤到一个地方，发现一大群平民，都是临时征召起来的，在挖堑壕。库兹涅佐夫他们于是利用夜幕掩护，把堑壕给抢了过来，没想到天刚蒙蒙亮又接到命令，要求放弃堑壕，按原路返回。谁知刚刚走到一座村子，只见一名上校骑马飞奔而来，嘴里大声喊着，要他们务必赶紧回到堑壕里去。

混乱接踵而至："各连各排的士兵都混在一起。军官在大声召集自己的队

---

① 鲁塞尼亚人（Ruthenes），东斯拉夫人的祖先，今白俄罗斯、俄罗斯、乌克兰人的祖先，亦称罗斯人。——译者注

伍。"部队朝着堑壕往回走，稀稀拉拉，根本就不像一支训练有素的队伍，更像一群乌合之众。结果刚刚走到堑壕，奥军就从两翼围了上来。数百俄国士兵一下乱了阵脚，一边喊着叫着，胡乱放枪，一边寻找自己的队伍，却怎么找也找不到。一枚炮弹在库兹涅佐夫身旁开了花，把他掀到空中，摔得昏死过去。库兹涅佐夫醒来发现四周一片寂静——自己已经当了俘虏。抓他的人跟他说了一连串波兰语。库兹涅佐夫写道："我根本听不懂，后来才知道说的是'没事，先生，没事的'。"不过，库兹涅佐夫的几百战友可没有这般好运。他被抬上一驾马车，运往后方的时候放眼望去，看见地上躺的全是死尸和伤员。

奥军这厢，康拉德声称赢得大胜，自鸣得意起来。可是，俄国人已经开始调派援军，他们的战略补给线也比奥地利人的要短。就在康拉德的北方军8月26-28日在莱姆博格以南向俄属波兰发起进攻的同时，奥军还在佐洛塔利帕河发动进攻，这里的俄军兵力要多出来不少。这一回该轮到奥地利人品尝失败的滋味了。奥军损失之惨重，丝毫不亚于伊万诺夫此前在北面的遭遇。在乔齐洛夫附近召开的一场师参谋会议上，康斯坦丁·施奈德有个同事，指着头顶的一朵云彩，神秘兮兮地说云朵形状像从后面看俾斯麦的头："俾斯麦是三国同盟的创造者，一直反对同俄国开战，你看他现在正背对着我们。"8月29、30两日，奥军在南部再次发起进攻，被俄军打得大败而归。弗朗茨·约瑟夫的军队在缺乏炮火支援的情况下还敢发动密集进攻，损失惨重，当然在情理之中。

不过，康拉德总是充满幻想，北面赢得的胜利让他自信南面蒙受的失败无关紧要。他又想出了一个复杂的方案，首先诱使南面的俄军继续深入，然后再调集自己的北方部队转向，从侧翼包抄。康拉德此时刚刚得到德军坦嫩贝格告捷的消息，倍感兴奋，扬言道："凡是德国人能够做到的事情，奥地利人也必须做到。"9月的头一个星期，俄奥两军都在加利西亚冒失前进。士兵们还没开始交战，就已经因为连续不停地行军疲惫不堪。鲁茨斯基虽然在9月3日占领了莱姆博格——奥军已经弃城而去——不过在随后几天与俄国人的小规模冲突中接连吃了好几场败仗。

　　康拉德犯下的一个最大错误在于他一门心思扑在南面进攻之上，幻想着像拿破仑一样一战成名，却完全没有意识到俄国人正在北方大举增援。截至9月1日，俄军已经增至35个师，而奥军只有20个师。俄军兵力过于强大，正以不可阻挡之势向康拉德在卢布林以南的阵地袭来，甚至还能抽出足够多的剩余兵力，向维斯瓦河突进，攻打驻守东岸的一个德国预备役军，进入德国境内扫荡。德国预备役军被打得七零八落，仓皇渡河逃窜，损失8000多人。有必要指出的是，俄国人在战争开始的头两年里抓到的德国士兵要比英法两国俘虏的德国士兵加在一起还多。俄军虽然先是在坦嫩贝格受辱，之后又在马祖尔湖蒙羞，背上了沉重的包袱，可是到了9月份的波兰战场上，运气反倒一下子好了起来。

　　卢布林距离前线不远，也就几英里路程，全城此时正陷入激动与狂热之中。民众聚集在大教堂外面，争相一睹从奥地利人手中缴获的大炮。大炮的护板上弹孔累累——一门大炮护板上用拉丁语刻着"王者最后的论据"，另一门上面刻着"为了祖国的荣誉"。有个小伙子是个俄国炮兵，正在洋洋得意地向一无所知的民众介绍如何操作大炮，口中念着指令，假装装上炮弹，然后把拉火绳一拉，大喊一声"开炮！"。成千上万双军靴踏过街头，尘土飞扬。火车站里，士兵们蜷着身子，三五成堆的躺在地上，把枪放在一旁，用帽檐遮住眼睛。"哪怕到了凌晨两三点，"有人对眼前的景象如此描绘道："整座城市仍然无法平静下来。街上到处都是人，打了胜仗，大家都兴奋得要命，静不下来。"这个人还看见一群奥地利俘虏被押着从街上走过，大部分人从始至终低头看着脚下，不敢环顾周围，与当地民众对视。

　　俄军在奥军两翼的巨大兵力优势开始显现：康拉德的部队在轮番冲击之下早已筋疲力尽，难以为继，只能节节败退。奥军军营中士气低落到了极点：有一个士兵名叫帕尔·凯莱曼，在相距不远的加利奇目睹了人们从莱姆博格要塞大逃亡的场景：

　　人们排着长长的队伍，从城里涌了出来。有的坐着马车，有的走路，还有的骑马。人人都在想尽办法保全自己。能带走的都带在了身上，每个人的

脸上都显得疲惫不堪，沾满了灰尘和汗水，一副惊慌失措、无精打采的样子，一看就知道受尽了痛苦与折磨。眼神中流露着惊恐，动作慌慌张张：这些人已经被极度的恐惧压得喘不过气来。扬起的尘土把队伍包了起来，仿佛要把人卷走。我躺在路边，睡不着觉，睁着眼看着这地狱般的一幕。就连军队的马车也挤到了队伍里头，逃窜的步兵和迷路的骑兵从田里踩了过去，没有一个当兵的装备齐全。这么一大群人就这样拖着疲惫的脚步，从山谷里挤过去，往斯坦斯劳逃去。

莱姆博格是哈布斯堡帝国的第四大城市。莱姆博格的陷落对于奥军来说堪称奇耻大辱，奥地利人将在接下来的日子里陷入更多麻烦当中：不少大炮不见了踪影，有些其实是炮兵故意扔下的，这样才能逃得更快一些。8日晚上，康拉德的军官们看着部下满身污秽，筋疲力尽，无精打采的样子，只好承认吃了败仗。俄军第二天从北、东、西三面向奥军逼近。奥地利人只剩下南面唯一一条逃跑路线，他们抓住了机会。"我们的部队一下子清醒了过来，带着失败的痛苦，又回到了边界的这一头，胜利的美梦就这样破灭了。"康斯坦丁·施奈德如是写道。

绝望的日子还在继续。鲁迪格·弗莱赫尔·施蒂尔弗莱德·冯·拉森尼茨那年18岁，是猎狐步兵营里的一个排长。他命令士兵9月10日拂晓在马杰罗附近发起反攻，结果士兵被俄国人猛烈的炮火打得抬不起头来，只能躲在一处林地边上，卧倒在地，等待进攻指令。队伍渐渐失去了耐心。不知是谁突然喊了一句："冲啊！"士兵们一骨碌爬起来，冒着枪林弹雨，朝着开阔地就冲了出去。拉森尼茨赶紧跟上，试图阻止士兵们前进，可是根本不管用："我想拦住他们，不要这样发疯猛冲，可是不管我怎么叫喊，也没人理会——根本下不了命令。"荒唐的是，有些士兵还一边往前跑，一边还举着铁锹，挡在眼前，保护脸部。大家没过多久又赶紧找地方隐蔽，开始挖沟。拉森尼茨还没来得及开挖就突然感到右脚啪地一响，紧接着大腿一阵剧痛。他知道自己中弹了。

由于没有哪个抬担架的有胆子敢冒着炮火清理战场，拉森尼茨只好在地上一躺就是15个钟头，直到夜幕降临。有个士兵一直陪在拉森尼茨旁边，一边帮他挖沟，一边不断安慰他。"到了正午的时候，天气热得难受，我俩渴得实在受不了。"拉森尼茨的同伴先是用厕纸和烟丝卷了一支烟，接着又找来一块面包，虽然不怎么新鲜，二人还是一同分享了这点东西。晚上9点半，两个人终于被抬上担架，送往后方。拉森尼茨躺在大车上，沿途所见一片可怕的景象，像这样运送伤员的车子排成了长列，车上的人在"不断哀嚎呻吟"。拉森尼茨好不容易到了普热梅希尔，上了火车，被送往维也纳，在维也纳的医院里住了好几个星期。

9月11日，康拉德下令全面撤退。康斯坦丁·施奈德接到命令，趁着夜黑风高骑马去找附近的一个师求援。战线被打出了缺口，非常危险，必须立即堵上。施奈德在路上碰到一个营，队伍已被打散，只剩下不到一成兵力。营长对于施奈德告诉自己位置所在十分感激，可当施奈德刚一开口求援，就二话不说，一口拒绝，然后耸了耸肩，表示自己实在人手短缺，无法抽兵增援。这位参谋官白白骑马跑了这么远，只好打道回府。由于危在旦夕，军情紧急，指挥部里气氛压抑。俄国人在继续增兵驰援，康拉德的部队却在不断萎缩，士兵们因为连续行军统统累得有气无力，无精打采。待到9月9日，俄军仍在毫不留情地向前推进，奥地利人眼看就要遭受灭顶之灾，康拉德只好向德国开口求援。德皇也正为自己的军队兵败马恩河，陷入危机而苦恼，只能答复康拉德目前无法调兵相助。

俄国人之所以能够取得胜利，与其说是自己的将领指挥有方，作战勇敢，还不如说是因为奥地利人一错再错。不管怎样，康拉德都被钉在了耻辱柱上。看着德国人在其他地方高歌猛进，奥地利人感觉更加不快。亚历山大·帕拉维奇尼描述了部队参谋部的同事听到德国人在坦嫩贝格打了胜仗的消息后酸溜溜的反应。参谋部的那帮人个个嘴里嘀嘀咕咕："赢的总是德国人，从来不是我们奥地利。"帕拉维奇尼答道："这个没什么大不了，只要能赢就行。"帕拉维奇尼听到其他人还在说三道四，于是坚持己见，大胆说道："所有事情都交给德国人去管，难道不是更好吗？！"帕拉维奇尼的这番话可不受人欢迎。"我可不是靠说这些话来讨好别人，"他过了两天补充道，

"德国人看来赢得很大，他们肯定有他们的秘方。虽然，换作我们，很难拿到，但是不要忘了，我们面对的可是俄军的精锐主力。"住在加利西亚前线地区的沙俄臣民们对于侵略者被击退感到分外高兴。斯塔尼斯拉夫·库尼茨基是个地主，趁着奥地利人还没来得及糟蹋自己的家业，就把孩子们送到了卢布林，待到周围刚刚开始打仗就和妻子一同躲到了庄园的地下室里，待了整整36个小时。等到迎来哥萨克人，重获自由——解放只是暂时的——库尼茨基郑重邀请俄国军官们大吃了一顿，不仅吃了"味道极好的卷心菜汤"，还有从自家池塘里钓上来的一条大鲤鱼。库尼茨基家的花园虽然弹痕累累，千疮百孔，餐桌上却装饰着秋季盛开的紫菀。

俄军的数百万士兵都是农民出身，对于现代技术一无所知，结果闹出了不少笑话。有个俄国士兵向记者讲述了自己是怎样得到勋章的："是这样的，先生。那天我正在路上走着，看见一辆汽车朝我开来……开车的戴了个德国人的帽子。我于是赶紧闪到路旁，开枪射击。汽车被打中，停了下来。我跑上前去，一枪打死了车里的那个家伙。我当时想把车带回指挥部去，可是跳到驾驶员的座位上，想发动汽车，却怎么也发动不起来。汽车扑哧扑哧直响，就是不往前开。这个时候我正好瞅见一个农民驾着一辆马车经过，于是就让他把马车解开，（用马）拖走了汽车。"俄军在罗兹附近的战斗中使用了最早的装甲车，士兵们头一回见到，一个个惊得目瞪口呆。有个士兵目不转睛地盯着这个钢甲怪物看了许久，一本正经地说道："这家伙可了不得。"有个记者在提到装甲车的时候写道："这些车子大受欢迎，不管开到哪里，人们都希望能待久一点，好多看几眼。"

英国武官阿尔弗雷德·诺克斯跟随俄军一路前进，有天晚上目睹了俄军审讯奥地利战俘的过程，对于俄国人保留的骑士精神感到相当惊讶："那场面可真叫人难忘，房间里挤满了人，有军官、也有战俘，只点了一根蜡烛，烛光闪来闪去。受审的只有军士和少数几个人……按照俄国人的理论，军官是体面的人，不得随意侮辱，强迫他们提供背叛自己祖国的情报。"后来发生的另外一件事情也体现出了这种骑士精神。俄军当时被迫撤到了杜纳耶茨河的对岸。奥军一个师有一个参谋官把拉德劳的一座古堡占为己用，古堡之前住的是一位俄国军长。新住进来的奥地利参谋官之所以未受炮火骚扰，是因为那位俄国将军曾向城堡主人亨里克·多兰斯基伯爵保证过，为感谢让自己在这里借住一月，将让城堡免遭炮火威胁。

奥军一路败退，沿途到处都是丢弃的武器、汽车和装备。遗弃的马匹要么死了，要么早已奄奄一息。大批掉队落单的士兵涌入普热梅希尔，当地的卫戍部队正在加强防御，对付即将到来的围城战。9月12日，随着混乱加剧，普热梅希尔的交通陷入瘫痪。17日，普热梅希尔进入俄军炮火范围，俄军随即展开炮击。维也纳市民开始担心敌人可能会打下普热梅希尔，一路杀到多瑙河：虽然，维也纳有些城区能够派得上用场的大炮还是1875年制造的，有的甚至生产于1861年，还是紧急调派了3万工人修筑工事。

奥军内部，军官士兵等级分明，待遇差别之大令人咋舌。理查德·冯·施特尼茨尔身在普热梅希尔城内，他在9月24日的日记中写道："我们靠打牌、吃饭，睡觉来打发时间。到了晚上，会到卡拉拉中尉的防空壕中打打牙祭，喝上几杯葡萄酒，还有香槟。"施特尼茨尔说自己——他的这些描述并无反讽之意——无事可干，除了照看几个霍乱病人，有几个病人后来还把霍乱传染到了维也纳。不过，翻看同一时间某步兵团的作战日志，记录的却是一场噩梦。哪怕连续三周撤退已经让全团上下累得筋疲力尽，收到的命令仍然是"不管掉队的人，继续前进，不得停歇"。鉴于普热梅希尔城里已经挤满了零散部队和破损车辆，乱作一团，为了避免混乱加剧，这个团没法子，只能多吃点苦，再多走几英里，从城边绕过去。

普热梅希尔为了应对包围，开始囤积供给，不过为时已晚。城里大炮一共有714门，将近半数还是19世纪发射黑火药炮弹的那种。等到打出去，才发现储存的不少炮弹都是哑弹。防御装备工作在仓促进行，新修了一些简易外围工事，铺了将近100万码的铁丝网，射击地带也被清理出来。只是附近的林子还留着没有砍掉，这样一来俄国人靠近时就可以利用林地掩护进攻。总之，一切都极具哈布斯堡帝国一贯的办事特色：奥地利人虽然一直有心守住普热梅希尔，可是早就习惯了懒惰倦怠，根本没有积极应对，直到敌人兵临城下，悔之晚矣。普热梅希尔首次被围从9月26日开始，直到10月10日落入俄

军之手。俄军占领该城长达数周，直至后来被迫再次撤退。

康拉德的大军由多个民族的士兵构成，本来就不和睦友好，在军事失利的重压之下变得更加支离破碎。从东部地区征召组建的部队尤其靠不住。举个例子，第19战时后备步兵团由所谓的鲁塞尼亚人组成，大部分士兵是乌克兰人。这个步兵团在8月份的一场战役中被打得溃不成军。士兵们丢下武器装备，夺路而逃。9月，由于实在太不可靠，承担不了防区防御任务，这个团余下的士兵被从普热梅希尔的卫戍部队中清除了出去。

路德维希·维特根斯坦是奥军巡逻艇"高普兰"号上的一名船员。船员们在维斯瓦河上巡逻时面对敌军正面进攻，纷纷弃船而逃。"俄国人就在身后紧追不舍"，维特根斯坦在日记中写道："我们已经30多个小时没有合过眼。"船员们第二天又回到了船上，不过这一回只是奉命经杜纳耶茨河撤到克拉科夫。只有到了普热梅希尔后方，奥军纪律士气才略微有所恢复，康拉德的部队毕竟撤回到了自己的土地上，避开了同敌军直接交锋。康斯坦丁·施奈德写道："士兵们的行为在一天天好转。开始服从命令，把武器扛到肩上，不再像之前那样有时在地上拖来拖去，有时像运动员一样拿着。公路上不再有抢劫发生，就连马也不会再糊涂到拴在一起养。"

截至9月中旬，奥军已经退至克拉科夫以东的河边，损兵折将超过35万。俄军虽然伤亡也已高达25万，但是由于预备役兵力更多，因此能够迅速抽调人手补充。奥地利人丢弃的战争物资不计其数，其中火车机车近千台，辎重车1.5万辆。奥军牵引车辆和役马奇缺，就连120毫米口径大炮都要靠牛拖运。即便如此，康斯坦丁·施奈德仍然惊讶地发现这场战争展示出了令人意想不到的技术革命，"意义比从拿破仑到毛奇整个时期都要更加重大。"

康拉德此时剩下的唯一选择就是原地掘壕固守，等待德军援助。9月19日，亨利·威尔逊从法国给妻子塞西写信："（西线）战事将在来年开春结束，我的意思是说，如果俄国人打得不错的话，我看不出俄国人有什么理由不继续好好打下去。"威尔逊的话反映了英法两国一直以来对于俄军战力充满信心，哪怕俄军在坦嫩贝格和马祖尔湖遭受惨败之后仍然如此。当然，这两仗到底输得有多惨，伦敦和巴黎方面并未充分了解。1914年—1918年的这场大战，如同其后1941年—1945年的"二战"一样，俄国人对自身军事作战，尤其是吃了败仗从来守口如瓶，一直是让西方盟国感到沮丧失望的根源。10月17日，英国的《新政治家》杂志认为，东线战事究竟进展如何，被笼罩在一片谜团之中，这一点全世界都在关注。杂志坦承："战斗正在进行，也许会持续很长时间，甚至可能长达数周……如果审时度势的话，就应该清楚不管哪一方宣称赢得'大胜'，都不要信以为真。"

反观哈布斯堡帝国这厢，康拉德对属下冷冷说道，如果弗朗茨·费迪南大公还在人世，一定会将导致这场战祸的罪魁祸首——康拉德说的就是他自己——拖出去毙掉。"奥地利人的境况看上去相当糟糕"，德军中校马克斯·霍夫曼在9月26日的日记中写道："这就是奥地利人过去二十年来忽视在军队上花钱的可怕后果。"康拉德的军队已有将近三分之一被击溃。好在俄国人追击缓慢，才让奥地利人避免了全军覆没的灭顶之灾。伊万诺夫选择了暂停脚步，好让军队重新集结，补给休整，同时加强莱姆博格的防御工事，以应对奥军反扑。

东线战争有一个鲜明的特点，就是后勤补给拖了交战双方的后腿，今天是俄国人，明天就轮到了奥地利人。俄奥两军的给养补给部门都是一样的碌碌无能。随着秋雨降临，没有铺筑路面的道路很快被淋成了沼地。俄国人在加利西亚的军队人数远远超过了他们的支持能力，要知道这个地方没有什么铁路。除了不缺人，其他什么都缺：士兵们背着背囊在战场上溜达，从死马身上收集蹄铁。塞尔盖·孔杜拉什金听到有个士兵在炮火当中，从一所农舍里向所有人喊道："快过来吃！我煮了一些土豆，天知道口粮啥时候才能到手。"话音未落，就只见一队人冒着奥军炮火，飞也似的冲进农舍，享用起这难得的美食来。

沙皇士兵们的日子过得实在可怜巴巴。只有等到从圣彼得堡寄来些许慰问品，才能得到稍稍缓解。寄来的有香烟、贝果和蛋糕，都装在一个小小的粉红色蕾丝花边袋子里。有些部队只给在前方堑壕里的士兵配发步枪，第二道防线的士兵只有等到前面的人死了才能接手拿到武器：瓦西里·米什宁参军之前是一个家具销售员，从俄国中部来的，接过枪一看，只见上面血迹斑

斑，早就干了，吓得不敢伸手。待到十月中旬，卢布林市内邮局囤积的信件已经堆积如山，足足有32吨重。这些信都是写给成千上万士兵们的，他们在殷切期盼着家乡亲人的消息。可是，邮递员没有马车把信运往前线，所以无法投递出去。

回到奥军指挥部，亚历山大·帕拉维奇尼在尽量往乐观的方面想，试图安慰自己，起码军队避免了全军覆没的灭顶之灾："除了一些零星遭遇战，前线没有什么消息传来……看看其他战场的情况，你就会发现没有理由感到沮丧：法国人、英国人还有俄国人，都遭受了巨大挫折，比利时就更不用提了。起码我们让俄国压路机停了下来。不过，既然没有任何地方出现对我们极为有利的决定性进展，这场屠杀和破坏还会持续很长一段时间，直到和平的天使有朝一日降临。"

如果说无论哪一个战场，死亡都是同样可怕的事情，那么东线战场上伤员的命运要比西线差得太多。乡下的大车走起路来上下颠簸，吱吱作响，拖车的马儿累得筋疲力尽，拖着蹄子，有气无力地从战场往后方走，车上躺着的要么缺胳膊少腿，要么奄奄一息，躺在干草上头，身下的草垫都被鲜血浸透。一辆车通常一次拉三名伤员，要是到达包扎所的时候还能有两个活下来，简直就是奇迹。走得更远的话，活下来的更少。阿列克谢·克休宁有一回听见一个俄国伤兵在跟一个奥地利俘虏聊天，语气相当友好，那个俘虏也受了伤，两个人躺在同一辆车上。

"匈牙利人？"

"不是，斯洛伐克的。"

"你们不是很多人都投降了吗？"

"噢，是啊，是有很多人投降，还有很多被打死了……头几天过得倒挺快活，后来完全不行。根本没有吃的……面包全吃光了，罐头也没了，他们只是给我们喝两次咖啡。"

这个斯洛伐克士兵告诉俄国伤兵，自己把老婆和两个孩子丢在了喀尔巴阡山的家中。他夸奖俄国人，说俄国人是好人，心地善良，说起这番话来的口气和平常的俘虏一样温和。

"告诉我，先生们，我们到底为什么要打这一仗？我实在搞不明白他们派我们来打自己人，到底图个什么？"

卢布林医院里的景象看得让人心惊肉跳——原本300个床位，一下塞进来2500个伤号。伤兵们躺在地上，大厅里，走廊上，连厨房里躺的都是。由于医疗物资暂时短缺，医生护士人手不足，不少伤兵得不到治疗看护。有个士兵朝着一个从身旁走过的人痛苦地尖叫起来，以示抗议："把他赶走。他踩着我们了，他的靴子踩着我们了！"有个士兵头部中弹，已经完全看不见，只能沿着走廊，摸着墙壁走。还有一个也是头部受伤，倚在炉子旁边，两只眼睛模模糊糊，神采全无，见到一个军官走过，竟然条件反射般地挣扎着站起来，敬了个军礼。

由于医院实在没有地方，卢布林火车站的一处仓库就成了多余伤员的容身之处。到处都是躺着的人，血污斑斑，呻吟声不绝于耳。波兰护士在中间蹑手蹑脚地走来走去，给伤号们分发香烟。有个俄国兵指着身旁的一个奥地利人，对着护士说道："也给他一根，他是我们自己人，说我们一样的话，估计是乌克兰的。"这种事情确有其事。因为加利西亚和其他战场不同，两国皇帝虽然誓要拼个你死我活，底下的臣民们却处在相同的境遇当中，不免惺惺相惜，打仗只是听命于那帮穿着金边制服的跳梁小丑，既无法理解，也没有同情，只是苦于无法脱身罢了。在华沙的一所医院里，记者塞尔盖·孔杜拉什金问一个受伤的士兵，为什么这么多人都伤在胳膊上。士兵用带着苦楚的语气嘲讽道：伤在脑袋上的就只能永远留在战场上了。孔杜拉什金写道："听到的故事很多很多，差不多都一样，就像这些当兵的，都是一样的人，就像当下的局势，成千上万的人都上了战场。"

阿列克斯·托尔斯泰从莫斯科坐火车去前线，从车上向外望去，竟然发现战区后方农村里的人们生活一如往常，一开始感觉有些不可思议："车站里的人还是那样悠闲懒散，村子里和田里依旧祥和宁静，丝毫看不出任何变化……夕阳西下，一个农夫赶着牛群走在铁轨旁，扬起漫天尘土……"不过，当托尔斯泰快到战场的时候，这番田园牧歌的景象就被打破了，放眼望去，景色凄凉，寂静萧瑟。南向的火车经常开着开着就得停下来，这是因为

运送伤兵的火车开往莫斯科，方向相反，得给对方让道，托尔斯泰坐的这列也不例外。伤兵直接躺在露天车厢里，饱受日晒雨淋，风吹雨打。托尔斯泰发现其中很多人都穿着奥地利军队的蓝色哔叽外套和长筒靴——比起沙俄军队发的那点行头来质量要好得多。

差不多每一个士兵在被捕成为俘虏的那一刻都会感到一时震惊，茫然不知所措，心里意识到人生就此改变，完全不知道未来会变得怎样。伊万诺夫·库兹涅佐夫描述了发现自己落到奥地利人手上那一刻的感受："我想到了家乡里皮亚吉的村子，想到了我的父母，年轻的老婆，还有孩子。要是没有我，他们以后的日子会难过不少。这些人到底会怎么处置我？"东线战场的交战双方都有不少战俘死掉。俄军战俘被关在运货的车厢里，打匈牙利经过，停靠路边车站的时候常常会遭到当地居民的攻击，居民们往车厢两侧的板子上扔石头，还用木棍敲来敲去。

匈牙利的埃斯泰尔戈姆附近有一个军营，里面关了好几千俄国俘虏，条件极其恶劣，不少人没有吃的，结果被活活饿死。伊万·库兹涅佐夫写道：

我们醒来，看到四周躺的到处都是尸体，马上就要被拉去埋掉。有好几回……我们集合在一起，要求给点吃的……走到守卫士兵跟前，朝卫兵们大声喊着："面包！给我面包！"士兵举起枪托打我们，把我们赶回军营里去……地上又多了15具尸体。有时候，大官会到军营里来，对我们严厉警告一番，接下来几天面包会多一些，还会给我们做土豆汤。不过，过不了多久，吃的又会变得和以前一样少。被抓来的按照地方不同，分成不同派系。我和另外几个是奔萨那块来的……有两个还是亲戚……大衣被收走了，只好穿着短外衣和裤子，躺在地上睡觉。他们每隔三到四天会给我们每人发200到300克面包。吃的一天煮一回，往开水里兑上一点儿面粉，再加一点儿红胡椒粉，一桶二十个人分。秋天一到，就变得又冷又湿，到处都是烂泥。地上的沙土松松软软，很快能够挖出个洞来，挖好之后再做成一个凹龛，里面足够躺下好几个人。我们组一共三个，爬进洞里头去，躺在里面，头上是拱起来的沙土洞顶。早上一觉起来，整个人都埋进了沙里，只能抖干净，再洗一洗，然后一整天在军营里来回溜达，到了晚上再钻回洞里去。10月一到天更冷了，我们的临时住所也塌了。

反观奥军这厢，悲惨遭遇仍在继续，没有丝毫缓解。"要想躲避炮火，就得待在堑壕里，"埃德勒·霍夫特写道，"可是泡在水里绝不是件什么有趣的事情。大雨一下，就泡在了齐腰深的水里，靴子每走一步都吱呀作响。不在一个地方久待的话，挖堑壕的工作会相当累人。这样的事情我能躲就躲，一点兴趣也没有。"波兰的秋天冷飕飕的，野鹤在战场上空飞过，发出阵阵悲鸣。不少村子的村民已经背井离乡，逃离家园。管他哪一边的军队，只要打自己村子经过，都叫人害怕。路上走的有人、马，还有大车，把狭窄的乡间公路挤了个水泄不通，有的干脆从种着土豆、甜菜和胡萝卜的田里直接趟过去，开出新的路来。

塞尔盖·孔杜拉什金写道："空旷的田野里，山谷里，逃难的人们随处可见，成群结队，都是从维斯瓦河附近的村里逃出来的。家里凡是扛得动的都被带在了身上，拖家带口地长途跋涉。这些人不知道究竟该到哪里去，只好在又冷又湿的山谷里坐下来歇歇脚，想想下一步该怎么办。他们尽量想让孩子暖和一点。一个男人嘴里在不停地嚼着一片干面包皮，嘴唇都冻僵了，一脸苦相。我问他话：'安诺波尔那边情况怎样？'。他过了好一会儿功夫，把面包皮咽了下去才接话：'噢，先生，跟死了一样。昨天鲁什诺维茨家的房子被炸没了。一个炮弹打中屋子，屋子就垮了。当家的受了伤，他老婆被炸死了。还有个当兵的也死了。马维奇、布拉克、两头牛，还有安东·佩茨和戈杰科夫斯基，全都死了。剩下的人基本跑光了，还没走的今天会走。'交战双方为了找到敌军奸细，展开大肆搜捕。虽然，大部分间谍纯属臆想而已，可仍有不少无辜百姓为此丧命。理查德·施特尼茨尔就写过，他在普热梅希尔经常早上六点听到枪声，是从要塞射击范围里传来的："被罗列上间谍罪名的人就这样遭到处决。"康斯坦丁·施奈德对于毫无节制的猎捕间谍行动心生畏惧。他讲述了军警闯进一个村子的事情，因为"据说听到村里传出枪声，就把觉得可疑的村民统统打死"。

俄军继续在东普鲁士边境这边发起零星攻势，由于疑神疑鬼，害怕当地游击队，干了不少惨绝人寰的事情。俄国人打到小镇多姆瑙，遭到德军攻击，却自欺欺人，非说是镇上的人干的，一把火把镇子烧了个干净。同样的暴行还在阿什万根上演，俄军车队途经此地遭到枪击，有40人随后遭到处决。不过，战后一份德国的官方记录对俄军的行为说得还是比较严谨公允："除了少数情况之外，俄国军官还是在努力制止暴行发生。"在大多数占领区，俄国人做事还算有所节制，尽量保证当地人能够吃上饭。的确，俄军1914年入侵东普鲁士基本算得上比较人道，有所收敛，这一点与他们30年后的所作所为反差鲜明。

让德国人最为痛恨不已的是俄国人后来撤退的时候掳走了一些当地居民，当作人质——具体人数虽然有所争议，但是当在千人左右——战争期间一直扣着不放。俄国人重新占领了东普鲁士边境的一些居住区，这些地方都是俄军在马祖尔湖战役失利之后撤出来的，帕帕温也在其中。俄国人四处扫荡，烧杀抢掠，让当地的施祖卡一家下定决心，背井离乡，向西逃到德国人控制的地方去。9月14日，施祖卡一家在一名俄国士兵的陪同下，走进了格拉耶沃当地的俄军指挥部，想要一份离境许可证。一家人一开始还受到俄国人的热情款待，甚至还收到了俄国人送的一小罐蜂蜜，谁知很快便被告知将被拘押一晚。第二天晚上，施祖卡一家才得知自己将被送到俄国腹地——一同抓走的还有数百个家庭，全被当作了人质。施祖卡一家在西伯利亚一直待到1918年，后来又被关进战俘营，直到俄国内战爆发，才趁乱逃了出来，等到返回家园已是两年之后了。

视线再往南移，阿列克谢·克休宁访问了几个被俘的奥地利士兵。这些奥地利战俘排成长队，走在卢布林城里，一眼望不到尽头："走在最前面的是一队斯洛伐克人，穿着蓝色的军装，后面跟着匈牙利人，穿的是深蓝色的夹克外套。早上只要醒来，推窗往外一看，就能瞅见战俘。出了城，看到的还是战俘排成的长龙。等到晚上回到宾馆，看见的还是奥地利战俘的身影，像黑点一样。"俄奥两军士气都已低落。有天晚上，康斯坦丁·施奈德的部队正在找地方宿营，碰巧发现了一座被抛弃的乡村豪宅。士兵们砸烂门锁，闯进餐厅，发现桌上杯盘狼藉。宅子的主人几个小时之前还和几个俄国军官在此享用晚餐。士兵们把凡是值钱，能够带走的东西一扫而空，还砸坏了屋里的家当。"在敌人的土地上，道德约束不复存在。"施奈德写这番话时显得并不舒服。不过，这支奥军部队第二天遇上俄军火力压制，奥军上校竟然因为出于宗教顾虑，拒绝下令让士兵们炸毁一个巨大的木头十字架，哪怕十字架给了俄国人不错的藏身之处瞄准射击。

虽然，1914年9月的西线战场交战各方战线僵持不下，直到10月份才进入下一阶段，但广袤的东部战场上战事发展持续变化。东部战场公路铁路奇缺，庞大的军队只能依靠双腿徒步行进。赶上大雨倾盆，道路泥泞，行军步伐更加缓慢。由于距离实在隔得太远，没有哪一方能够像法国和佛兰德斯那样保持战线连续完整——这里的战线长度差不多是法国和佛兰德斯的两倍。兵力密集程度只有西线的三分之一左右。

不管俄国还是德国，哈布斯堡王朝的军队都被双方视为这场战争中的一个病号，为了站稳脚跟，在不断向德国求助。俄国人千方百计试图一鼓作气，尽快消灭奥地利人，扭转8月份在东普鲁士的惨败结局。如果说情报工作在西线战场不大受人重视的话，那么在加利西亚，情况要更加糟糕。交战各方要么判断不准对方的行动意图，要么面对对手先发制人，反应拖沓迟钝。俄军指挥官们还在不停勾心斗角，相互倾轧。9月中旬，南面的伊万诺夫试图向撤退中的奥军持续施压，目标首先拿下普热梅希尔，再占领克拉科夫，然后直取布达佩斯。

与此同时，德军这厢也已清楚看到，除非答应康拉德的请求，否则别无他法。法金汉和德皇只要一想到奥地利军队全面崩溃，就坐立不安，只好赶紧抽调四个军奔赴东线，让兴登堡和鲁登道夫驰援盟友。新组建的第九集团军被部署在了德国东部边境，就在克拉科夫以北，从此地可以直接威胁俄军右翼。俄国人在9月底做出回应，集中30个师的兵力对付兴登堡，大军由伊万诺夫指挥。俄国人寄望这支部队不仅能够一举击败德国第九集团军，还可以从维斯瓦河中游趁势向奥得河上游推进。俄军在维斯瓦河率先发难，使得俄军指挥官之间各自为政，互不相让，再起争端。鲁茨斯基感觉自己受到上级

轻慢，懊恼不已，决定带领军队擅自进攻东普鲁士——这又是一次分散兵力的鲁莽之举。俄军共有25个师参加了这次进攻，剩下的30多个师还留在加利西亚，被奥地利军队看得死死的，抽身不得。

刚刚进入10月，伊万诺夫决定重整部队，为进攻做好准备。这需要俄军后撤渡过桑河，再向维斯瓦河东岸北上，寻找安全渡河地点。如此一来一去耗掉了三个星期。俄军在这三周机动期间不停行军，根本没有与敌交战。10月9日，德军抓住一名掉队的俄国军官，获悉了俄军的作战指令，这才意识到自己的18个师已经打得精疲力竭，此刻面对的是俄国人的60个师，根本没有机会一举制胜。德国人和奥地利人于是放缓步伐，只是在俄军身后尾随。鲁登道夫向外界吹嘘胜利，其实只是自己的部队在朝前走，敌人的部队在往后撤罢了。

伊万诺夫可谓将沙俄军队的特点体现得淋漓尽致，即便没有同任何敌军交战，也会因为其他原因损失惨重。队伍从未停下过行军的脚步，成千上万马匹由于缺少饲料，倒毙路上。士兵们在连绵无尽的雨中备受折磨，苦不堪言。待到全军最终抵达维斯瓦河的指定渡河地点，不仅补给不足，就连架桥渡河的装备也找不到，别无他法，只能眼睁睁看着河水滚滚流过，一等就是数日。好不容易等到10月11日开始渡河，对岸的德奥军队早就准备就绪，严阵以待：有些俄国士兵虽然成功渡河到了西岸，却被困在桥头堡动弹不得。一座浮桥被洪水冲垮，顺水一直漂到华沙郊区才停下来。截至10月中旬，局势已经明了，伊万诺夫强渡维斯瓦河，进攻德国的计划已经落空。

随着俄军开始渐次后撤，波兰边境地区陷入无政府状态。当地的俄国官员审时度势，撤到了华沙。宪兵赶紧换上平民的衣服，省得引起双方注意，避免招惹不必要的麻烦。奥特沃茨克火车站只剩下了一个宪兵留守。这个宪兵为了壮胆，灌了一肚子伏特加，向路过的乘客每人收取一卢布的"人头税"。华罗克拉维克市曾被德军占领长达三个星期，城里的消防队员靠着军刀，才让当地人保持秩序。德国人撤走之后，消防队员们继续承担起警察的角色。卢布林和科瓦尔也是同样情形。俄军从未训练过军官如何承担管理城市的职责，一个城市只要政府垮台停转，全城就会陷入无人管理的持续混乱。

米哈伊尔·莱姆基是一名沙俄军官，在总司令部任职，眼看当官的面对同胞陷入困境，漠不关心，不禁心生倦意，写道："这帮家伙视而不见，充耳不闻，对国人生计毫不关心。"黑市交易猖獗起来，不仅有食品和酒，还有制服、靴子、外套，甚至武器。大部分东西都是做黑市生意的从战场上四处搜回来的。当兵的每隔一段时间就会卖掉个人装备换吃的，就连珍贵的冬装也不例外。

如果说但凡当兵入伍的，不管打什么仗，上了战场都会发现自己所知有限，基本只限于眼界所及的那点儿范围，那么身处加利西亚和波兰这些偏远地区的人就显得更加孤陋寡闻，愚昧无知了。维斯瓦河畔有一座大宅子，被一个骑兵团当作了指挥部。战地记者塞尔盖·孔杜拉什金走进宅子，几个军官迫不及待地想知道其他国家战局如何，立刻迎上前去，抛出一堆问题来："法国打得怎么样？罗马尼亚在干什么？土耳其呢？德国人现在打到哪儿了？"孔杜拉什金写道："我从没想过自己还有这么大能耐，知道这么多有趣的情报。我努力回忆了一下世界各地正在发生的事情的一些细节，还有各种走势、观点和其他评价。"

该轮到德国有所行动了。德军一路深入波兰腹地。天气恶劣，沿途一路都是深深的泥沼。可是，就在第九集团军前进之际，鲁登道夫却没了信心。他认为自己的军队兵力实在太少，要想拿下华沙，不切实际，于是在10月20日下令撤退。交战双方的步子还是迈得太大，虽然又多损失了数千士兵，可是无论哪一方都没有取得明显优势。

波兰城市罗兹陷入麻烦，搞不清楚现在到底是战是和。咖啡馆里人满为患，有平民，也有军人，天上虽然时不时落下炮弹来，可是吓不倒来喝咖啡的。有一发炮弹击中了当地最好的宾馆——维多利亚宾馆，直接从屋顶打进去，把顶层的天花板和地板砸个粉碎，再从侧墙飞了出去，所幸没有造成人员伤亡。阿列克谢·克休宁正在和同为战地记者的弗拉基米尔·聂米罗维奇-丹钦科（此君是莫斯科艺术剧院的创办者）闲聊，一枚弹片突然飞了进来，

把邻桌的玻璃桌面砸得粉碎。其他客人并未受到这点儿小事影响，仍然端坐在原地，一动不动。大家听一个勇敢的飞行员说起自己是如何驾驶飞机，降落在无人区，由于炮火猛烈，只好在沼泽中待了好几个小时，等到天黑才偷偷摸摸回俄军阵地。

罗兹城里到处都是乞丐，不少人以前是工厂工人，由于工厂全部停工，现在断了生计来源。克休宁写道："人们被一些女人追得到处跑，这帮女人疯疯癫癫，眼神神经兮兮，见到人就拽着袖子不让走。孩子们衣衫褴褛、饥肠辘辘，尾随在路人后面，一路木屐噼里啪啦，响个不停。当地最好的几家宾馆由于没有取暖燃料，房间里头异常寒冷，不过表面上仍然坚持提供奢华的服务。有几家餐厅还在提供美味的食物——只是少了面包而已。电车还在运行。食品店关上了百叶窗，店外挤满了人：既然面包已经卖光，那么就开始抢购意大利面。要是意面也没了，大部分人就只能靠吃土豆过日子。远处传来隆隆的爆炸声，还有小型武器发出的突突声，汇成一曲交响乐，一刻不停。夜幕降临，夜空被红色的火光染红，不时传来爆炸的冲击声。整整一天，伤员源源不断地走过街道。除了伤得最重的，其他伤兵都得按照命令，自己走去火车站，那里隔上一段时间还有疏散人员的火车可以坐着离开。

然而，德皇的军队在波兰取得的战果完全无法与东普鲁士的大胜相提并论：从1914年秋开始，直至初冬，德国人多次试图突破俄军防线，占领罗兹，均以惨败告终。两军伤亡惨重。落入俄军之手的德国伤兵当中有一个战前是个会计，一想起受伤，远离家乡妻儿，就哀恸不已。临时负责照看的是一个外国护士。此人便是36岁的劳拉·德·托科齐诺维茨，是出生在加拿大的歌剧演唱家，后来嫁给了一位波兰伯爵，住在苏瓦乌基的一个大庄园中。这个敌军俘虏无精打采，一脸忧伤地跟劳拉诉苦，说道："大人物吵架，我们就得付出代价，就得流血，就得丢下老婆孩子。" 这位托科齐诺维茨伯爵夫人后来才得知，这个德国俘虏没来得及赶上救护列车，送往后方就死了。不管是哪一边，大部分士兵应该都会同意这个德国人对这场战争的评价，确实很难反驳。

第十三章
你和他跳过舞吗？

第一节 后方

早在9月16日，当时大战才刚刚开始六个星期，安德烈·纪德就在思考"只要周围环境没有刺激，人就不可能一直保持紧张状态，毕竟这种状态本来就是人为制造出来的。所以回去读读书，弹弹巴赫的曲子，哪怕用欢乐的节拍来编赋格曲也不错。"纪德笔下写过这么一件事情：火车站里有个女人，因为火车晚点大发脾气，车站工作人员解释因为有军事命令，自己也没有办法。这个女人冲着工作人员怒道："你们打的这场仗，我已经受够了！"

各交战国的平民百姓已经在学习如何适应一种全新的生活，情绪压抑，限制诸多，这样的状况将持续不止4年。《经济学家》杂志在谴责英国的紧急管治规定赋予政府太过严厉的权力，有些权力甚至直到战后好几十年，还在被政府大臣们滥用。德国下令禁止在公开场合说英语，圣彼得堡则不准说德语。打电话如果违反规定，要被课以3000卢布的罚金。要是有人胆子够大，敢于面对面用德语聊天，照理要被放逐到西伯利亚去。不过，上有政策，下有对策。俄国人执行起法令来一向粗心大意：有钱的德国人继续在沙皇的帝都过着养尊处优的悠哉日子，11月14日甚至还举办了一场宴会，庆祝德皇万寿无疆。

　　每一个国家都有不少人想"尽自己的一份力"，不过也有人愿意安坐家中，有的人找的借口还挺不错。马塞尔·普鲁斯特因为身体欠佳，不适合服役，最后得出结论，自己参军反而会给其他人增加负担。"我问我自己"，普鲁斯特跟一个朋友说道，"我要是入伍参军，会有多么麻烦。"运气好不用上战场的于是转为关注国内问题。9月下旬，波尔多的酒庄庄主们报告说今年葡萄收成不错，预计1914年的干红可以与1870年相媲美——这个年份可没有几个法国人愿意提起。冬天一到，奥地利掀起了一阵穿军装戴军帽的风潮。尽管这样的穿戴看起来不那么得体，却被认为是爱国的表现，以示与前线的战士们紧密团结在一起。许多大户人家的菜单变得简单了不少，原因不仅在于缺少食物，更重要的是厨房人手不足。《女士》杂志向英国上流社会的读者们建议道："第二道菜——布丁——尤其适合家中年轻一点的口味。如果晚餐减到只剩两道菜的话，他们要么选择肉和布丁，要么就是鱼和布丁，绝对不会抛开布丁，只选鱼和肉。"

　　许多商人认为战争干扰生意，大为光火。欧洲各地的信箱里塞满了商人和工业家们的信件。这些信里可没有好话，都在抱怨要么货运耽搁，要么买卖取消。乌尔姆附近有家小公司，老板8月写信抱怨"打仗影响恶劣"。德国汽车制造商威廉·迈巴赫20日在给儿子卡尔的信中，一说起儿子绘制的技术设计图粗制滥造就唉声叹气："就算打仗让人分心，也不能当作借口，出现发动机传输故障这样的严重错误。"英国人在时刻担心德国间谍用信鸽把英国的秘密情报送到德国，出于恐惧，起诉关押了好几名德国侨民。举个例子，安东·兰伯特住在普拉斯托的隐士巷，就在伦敦东区，因为未经许可，养了24只鸽子，结果被罚苦役六个月，鸽子全部遭到捕杀。

　　物价飞涨，食物价格暴涨得尤其厉害，德国的情况最为糟糕，穷人们背上了沉重的负担。许多城市设立了流动厨房，用以救济那些突然失去生计来源的人。法国出台政策，暂停收取房租。各家各户如果主劳力参军，每天可以领到1.25法郎的补贴，16岁以下的孩子每人可以额外领取50生丁[1]。法国

----

① 生丁（Centime），法国货币单位，即"分"。——译者注

1911年日平均工资各地不等，少的如旺代省，为3.72法郎，多的好比巴黎，可以拿到7.24法郎，有些家庭发现家里如果有人参军，日子还能过得更加宽裕一些。法国政府认为为了维持士气，这些钱还是值得一出。英国可没有如此慷慨大方。英国当时法官年俸5000英镑，外交部常务次长岁入2500英镑。开战两个月后，英国内阁就阵亡者遗孀发放抚恤金的事情进行投票。丘吉尔建议按照每周6天、每天7先令的标准发放，其他人建议按照每周6天、每天6先令的标准，首相劳合·乔治则认为5先令更合适。最终采纳的也是这个低一些的标准。

若论世道不公，分配最为不均的莫过于后方生活的苦难与艰辛。穷人，尤其是依赖消费品行业生存的人，好比肖迪奇的家具厂和伊斯灵顿地区的钢琴制造商就陷入了严重的困境。许多家庭为了吃饱肚子，不得不典当用品；情况好一点的会卖掉家具和自行车。音乐厅的生意受到严重冲击，只好加快进度，改行成为电影院。与此同时，更有钱的虽然叫苦不迭，抱怨仆人不够，可食品供应没有任何困难：11月9日举办的伦敦市长晚宴上就有甲鱼汤、鳎目鱼切片、羊肉饼、烧牛背、烧锅炖野鸡、烟熏舌、俄式奶油蛋糕和蛋白糖饼。

进入秋季，政府收到的报告令人沮丧，社会底层穷困潦倒，酗酒严重。其中一份报告写得清清楚楚："女性过度酗酒的情况仍然存在，据说还有很多人依靠乞讨为生。"陆军部开口要警察帮忙多关心留意一下参军士兵妻子们的"幸福"——说的隐晦一点，其实就是守贞问题——要这些女人守活寡，她们当然不愿接受。直到圣诞将至，经济状况才略有好转。军人配偶可以领到分居补贴，就业率也开始上升。钱多了起来，秋季一度萎靡不振的珠宝销售开始出现复苏。女人承担起了之前只有男人才干的活儿，这股潮流将进一步扩散开来。举个例子，1914年在铁路部门办事的女员工不过千把人，4年后将增加到1.4万人。

船主、磨工，还有玉米商人和糖商生意一派欣欣向荣。许多工厂对生产线加以改造，用来制造武器、弹药和其他军事设备，有些仅限少部分人生产，例如木质鞍架就是由以前制造柜橱的工人制造的。基奇纳要求外交部每

个月提供一万头活羊,满足在法国印度军队的日常饮食需求,此言一出,让格雷爵士大吃一惊。羊虽然没有找到,但找到的替代食品还是能够接受。不过,经济恢复步伐整体依旧缓慢,诺斯克里夫旗下媒体1915年曝料新闻弹药短缺,反映出经济复苏尚不充分。

英国工会的一些人出于维护国家团结考虑,曾在8月接受提议,暂停工人敌对活动,现如今也开始失去耐心。工会的人看见雇主从战争中收益颇丰,觉得自己没有理由不效仿为之。当时有观点认为,"雇员雇主之间因为摩擦产生的一切敌对态度"都是对国家的背叛。《店员》杂志12月12日刊文谴责了这种"骗人的爱国主义"。1915年因劳资纠纷引发的罢工总天数将近300万个工作日,1916年为240万个工作日,1917年超过500万,1918年增至将近600万。在国家生死存亡的那几年里,这些数字反映出了英国社会分化之深何其痛苦。虽然,比起1917年至1918年俄国、德国和奥匈帝国的类似社情来显得没有那么暴力激烈,但劳工反抗始终是英国在为战争努力过程中的一道不和谐音符。

"顶住"这个词在维也纳的各家报纸上频繁出现。不过,越来越多人想知道自己到底需要"顶住"什么。奥地利的妇女得到指点,说大力咀嚼食物可以释放更多营养;黑莓茶的好处得到极力吹捧;按照要求,负责操持家务的应该将蔬菜尽量切得更小更细,再下锅烹饪。大多数商品还有现货可卖,只是面包供应很快就不稳定了。德国和奥地利自1915年开始实行食物配给,法国直到1917年、英国迟至1918年才开始推行。不过,物资短缺和通货膨胀在某些地方出现得要早得多:法国人就一直抱怨面包质量太差。

世界各国都有不少人在讨论如何从战争中获利,好几个国家的政府也在其中。土耳其对于从德国获得的资金和军事援助看来颇为满意,在10月29日加入同盟国。土耳其的统治者们以为时机已到,能够终结奥斯曼帝国在外交上的孤立境地:他们太过草率,以为德国会支持君士坦丁堡实现称霸巴尔干的野心。在世界的另一头,英国人犹豫不决,不知道日本加入协约国究竟是祸是福,当看到东京纯粹是为了实现帝国野心才有意加入,变得更加怀疑起来。然而,英国外交部改变心意来得太迟:9月23日,日本对同盟国宣战,就此成为仅有两个为了明确领土诉求参战的交战国中的一个——另外一个意大利在1915年参战。虽然,英国人帮的忙不多,可日军还是迅速攻占了德国在中国沿海的飞地青岛,展示出的过人能力和灵活战术恐怕令其西方盟友都望尘莫及。

萨恩·朱利亚诺侯爵是意大利驻伦敦大使,于1914年10月向法国驻伦敦大使恬不知耻地透露,影响意大利是否参战的要素有三个:道义、利益,还有准备情况。意大利军队尚未做好准备参战,罗马政府还要看哪个交战国给的好处最多,才决定支持哪个。弗朗索瓦·伯迪爵士对此轻蔑地写道:"意大利人异想天开,以为自己远胜于古罗马时期,自以为是地中海大国,是突尼斯、马耳他、埃及和土耳其群岛的主人。"意大利在领土要求得到应允之后,于翌年加入协约国。这笔交易反映出协约双方的互不信任,罗马政府又是何等蠢笨。

以美国、荷兰和挪威为代表的部分中立国家利用各交战国忽略的商业市场,从中大量获利。挪威尽管有一半商船被U型潜艇击沉,可是到了1918年还是从海运中获得了巨大财富。美国在战争刚刚爆发之际,伍德罗·威尔逊总统曾经号召美国人民在情感和法律上保持中立。随着几个国家陆续发来警报,警告战争可能摧毁美国经济,美国人很快意识到这场战争将敞开工业和贸易的机遇之门,特别是8月巴拿马运河开通之后,机会就摆在眼前。

在个人层面,通过战争牟利的现象在欧洲比比皆是。有个奥地利人做得尤其出格。奥托·泽林格在克尼特尔费尔德开了一家镰刀厂,由于生意每况愈下,于是突发奇想,把厂房改成战俘营,用于商业谋利。泽林格9月6日向当局写信,提出做笔交易,让战俘营一直开到1915年7月——即便如此乐观的企业家,也认为仗顶多只会打到这个时候。经过反复讨价还价,泽林格最终接受了营房每平米25克朗的租金合同,外加几百俄国战俘建造营房。等到12月,战俘营已经收容两万余人。为了养活这些人,后来又签了一份附加合同。

在更低层面,法国认为有必要将牛奶销售商置于警察监督之下,因为出售的牛奶有58%查出掺有户外喷泉水。法语广告开始出现在《泰晤士报》

上，此举针对的是比利时难民，堪称将社会公益和商业机遇的巧妙结合。广告多为精装房屋出租，上面写着"整房出租"。《泰晤士报》写道："鉴于大量法国人和比利时人在英居留，广告可由报社员工按需免费翻译。"类似这样代表新世界的明显标记还有不少，好比伦敦从10月开始给路灯涂上油漆，旨在避免空袭，毕竟这样的厄运已经降临到了好几个欧洲城市的头上。上至达官贵人，下到平民百姓，伦敦全城上下对这一片漆黑感到困惑不解，心情沮丧，尤其是等到冬天都快过了，也没见到德国人前来空袭的影子。

相形之下，中产阶级市民认为既然爱国，就应该有个积极向上的乐观样子。某记者在圣诞节前一周写道："伦敦的生活可不只正常，甚至比平常还要欢快喜庆。"有些入伍新兵也持同样观点。基奇纳的新军里头有一名新兵，在英国南部接受军训，虽然条件极不舒适，管理也相当混乱，可在给《新政治家》杂志写文章，描述自己刚刚穿上卡其布军服的经历时还是写了不少好话：

实在是太开心了，简直都没法冷静下来思考。真的，我这一生从来没有这么高兴过——说实在的——没有比这三个月更加开心过。身体感觉棒棒的；军营集体生活其乐融融；总能找到机会结交各路朋友，背景经历各有不同；大家朝夕相处，同吃同住，感觉过上了共产主义生活，又方便，又刺激。最重要的是，自己也好，战友也好，大家说话做事幽默风趣，让平日里的种种不快统统烟消云散。我可能想法不一样，可是到了这个时候，既然战争已经来了，我除了感谢上帝给我机会经历这些，并没有其他想法。管他打仗是个什么样子，既然来了，就做好准备，投入战斗，这就是最好玩的游戏，就是这世上最好的活儿。

当时有类似想法的士兵为数不少。这种状况直到写这段话的这名新兵和同伴1915年去了西线，才有所改变。

与此同时，在英吉利海峡对面，法国政府在12月上旬搬回了巴黎。由于之前流亡波尔多的行为实在太不光彩，普因加莱总统声名扫地。社情紧张的状况在秋季危机期间一度有所缓解，此时再次浮出水面。中产阶级中的不少人依靠房产收入度日，对于政府强制暂停收租的做法日渐不满。哈尔曼–保罗画过一幅漫画，画中一个商人跪在总理面前，说道："只要您愿意，就把我儿子带走吧，4年、5年、6年都无所谓，但是，啊！但是请把我的收入留下！"有钱人看上去对穷人毫无同情之心。法国成立了一个国家基金，专门用来救济穷人，结果只募集到了20万英镑，只有其他国家同类基金的一小部分——其中罗斯柴尔德家族捐献了4万英镑。巴黎人开始小心翼翼地回归正常生活，和平街上的一些裁缝铺重新开门营业，几家剧院也恢复了日场演出。不过，公共交通一到晚上10点就会停止运营。巴黎不少有钱人8月逃了出去，感觉在法国南部和西南地区就这么待着，听不到枪炮作响，比起回到乏味沉闷的战时首都，日子反而过得更加悠哉舒服。

有些富人发现受战时通货膨胀影响，身家大大缩水。不过，有门路和军方下单签合同的那帮生意人倒是发了大财。9月，法国陆军部长邀请一众工业家来波尔多共商大计，会上告知众人，法国即将面临炮弹短缺危机：75毫米炮弹库存不足，一个月后每门大炮将只剩下两发炮弹可打。会议通过应急计划，设定目标日产炮弹十万枚。不过，这个目标直到一年过去方才实现；此外，炸药产量将从每天41吨增至255吨。专业技工被从军中紧急召回，支援战争物资生产。技工们戴着红袖章，上面绣有手榴弹标志，以示并非逃兵。不过，此举无法阻止某些工业家假公济私，利用这个豁免兵役的方法把没有什么技术能力的亲戚朋友从军队里头弄回来。日用品生产商转而开始生产饭盒、水瓶、铁锹以及炸弹和炮弹，很快赚得盆满钵满。

战争刚开始头几个星期，法国许多工厂由于商品缺乏买家，纷纷关门倒闭。战争催生出新的需求，需求旺盛，长达4年。伊泽尔省雷纳格市的一座铸铁厂为了满足政府每周一万把铁锹和鹤嘴锄的合同需求，24小时开工不停。格勒诺布尔市有家建造厂雇了500人制造金属堑壕掩体。该市另一家工厂签了合同，要在1914年圣诞节来临之前每天生产75毫米炮弹1000枚，到了1918年日产量已经增至9000枚；厂里的工人也从800人一下猛增到2750人。当地一家造纸厂开始改行制造炮弹填充物，工人人数比战前翻了一番。帆布、炸药、

皮革、水壶、纸笔、弹药部件和罐装食品的需求同样巨大。生产这些产品让各交战国的制造商们都大赚了一笔。

写有祈祷祝福话语的连环信从一个人的手中传到下一个人的手中，每一个收到信的人都被要求将信传给另外九个人。据报道，乡下教堂的活动有所增加，但并无证据显示人们的虔诚有所增加。士兵也好，市民也好，不少有教养的人一辈子都没有当着别人的面说过一句脏话，可是战争让这些人在某些场合会冷不丁地脱口而出，冒出一句"去他娘的"！让品格高尚的人士无法忍受的不只粗俗的语言，更有实际行动。对于那些即将赴死，或者持续分居的人来说，通奸成了当务之急，非做不可。正如阿尔弗雷德·爱德华·豪斯曼所言："我在老家参军入伍，成了一名枪骑兵。噢，谁不想和勇士同床共枕呢？"大战开打头8个月，弗莱堡感染性病的人数翻了不止一倍，法院卖淫判刑的案子飞增；大多数城市都是类似情形。

有些平民，尤其是学术圈里的那帮人，正在努力同敌国同行保持公开交流：这种做法被认为体现出了文明开化的姿态，突出了欧洲文化的共性。1914年10月，梅纳德·凯恩斯通过中立国挪威，给路德维希·维特根斯坦寄去一封信，问对方大战结束之后，可不可以给剑桥的一位逻辑学家提供奖学金。维特根斯坦家境富有，之前是赞助人，表现得慷慨大方，此时正在巡逻艇上当水手，在维斯瓦河上巡逻，值此"非常时期"，看到老朋友居然只寄来一份投资建议书，可没有好脾气。

英年早逝成了普遍的主题：不管在哪一个交战国，随着家人、朋友死亡的消息接二连三地传来，人们开始变得习以为常起来。爱德华·格雷爵士在给同事的信中说起自己当兵的弟弟查理一只胳膊刚刚截肢——"我们希望他能活着回来"，还好他们做到了——还有一个侄儿也受了重伤："这些悲伤得我自己一个人扛，可是其他人也有其他人的悲哀，有的比我的要大得多。"中学教师格特鲁德·斯卡德拉的家人住在费尔登，距离不莱梅不远。全家人都不敢看报上的伤亡名单——"我们感觉没那么坚强。"斯卡德拉的家人听到马恩河传来的消息之后沮丧万分——"我们在法国只好稍微后退一点点了。"接着到了10月，传来的消息更加糟糕：年轻的路德维希·斯卡德拉也出现在了死者名单当中。家里寄的信被军队退了回来，上面写着短短的一行字："9月4日阵亡。"格特鲁德对弟弟的遭遇悲恸不已："是他们团遭到了进攻，还是他晚上一个人站岗的时候中了枪？死了那么多人——敌人死的要比我们多得多。唉，我替他们所有人难过。"

过了两天，也就是10月12日，寄给弟弟戈特弗里德的信也被退了回来，上面写着："受伤，下落不明。"一家人知道戈特弗里德也死了，死的时候才21岁，距离送到兰斯附近的战地医院刚刚过去八天："我们失去了家中最小的弟弟——他是我们的阳光！死神啊，你太残忍！我们该去哪里寻找慰藉？"斯卡德拉试着想象弟弟与上帝同在一起，借此安慰自己。"主啊，请把我们最心爱的孩子留在身边吧。他们的战斗已经结束，获得了胜利者的桂冠，希望他们不要回来。"

哪怕只有只言片语，哪怕多半徒劳，不少家庭还是会想尽办法打听阵亡亲人的消息。法国士兵阵亡之后，手腕上佩戴的身份标签通常会被送给他们的至亲，标签上会加上短短几个字"光荣牺牲"。这种做法在当时美其名曰"接受勋章"。有个女人有5个孩子，丈夫开赴前线不久便生下了一对双胞胎，却在当天晚上收到了"勋章"。寄送哀悼卡开始流行。其中一张属于圣苏尔皮斯神学院的学生莱昂-皮埃尔-马里埃·沙拉梅尔。上面写着："1914年9月24日，在克雷西战役（索姆河）中为国捐躯，卒年22岁。"在费尔登，玛格达莱妮·费舍尔是路德维希·斯卡德拉的女友，男友在法国阵亡之后去了城里的摄影师那里，看能不能找到男友最后留下的军装照。可惜只找到一张大合影，男友的相貌也看不大清楚。玛格达莱妮后来发现路德维希的连长加岑梅尔中尉受了伤，正躺在当地的医院里。连长给玛格达莱妮零零碎碎讲了一些她男朋友的最后情况，虽然不知真假，但已经比许多家庭得到的消息要多得多。

由于从军当兵一直以来都是英国上流社会家庭男孩和平时期经常选择从事的职业，在法国的损失让这些家庭蒙受了沉重打击。9月19日公布的一份阵亡将士名单中就包含了珀西·温德姆、洛德·格恩西还有瑞维·格伦菲尔的名字，无一不是青春少年，风华正茂。阿斯奎斯在给维尼西娅·斯坦利的信

中打听起有关瑞维·格伦菲尔的事情来："你是不是和他跳过舞？"维尼西娅肯定和他共舞过。对于每一个刚刚步入社交圈的少女来说，那个冬天公布的烈士光荣榜上找不到自己熟悉的名字并不容易。不论有关这场战争的其他评价如何，英国的统治阶级至少同样付出了血的代价：从8月23日到12月31日，共有60名贵族成员战死在了法国和佛兰德斯；此后阵亡贵族成员的人数稳定在每月6人左右。这些人曾经在自己的小世界中享受着盛名风光，如今换来的却是一纸简短讣告。这样的人实在太多太多。莱昂内尔·丁尼生在10月14日写道："第16枪骑兵团的威利·麦克尼尔真是可怜，当年还在全国越野障碍赛马场上英勇驰骋，今天早上却死在了距离我们不远的地方。"

每一个国家都在号召中小学激励人们热情洋溢地支持战争。法国教育部长阿尔贝特·萨罗在给中学校长们的通知中写道："我希望在开学的第一天，在每一个城镇，每一个班级，老师开口说的头几句话能够提升大家的爱国心……向我们军队正在参加的这场神圣战斗致以敬意……我们每一所学校都有士兵送上火线——无论老师还是学生——每一个人，我清楚得很，面对死亡早就在承受骄傲的悲伤。"安德烈·纪德一听到这样的话就心生惧意："一个新的橡皮图章就这样被造了出来，这是爱国者们新的习惯心理。没有这个，根本就不可能叫人产生敬意。记者们每每谈起德国，那个语调真叫人恶心。个个都在赶潮流，人人都怕落在后面，都怕看上去比起其他人来，不是一个'那么好的法国人'。"

法国中小学得到指示，要求给学生布置作文，题目五花八门，好比《我们团动身了》《一封来自为我们而战无名大哥哥的信》《来了一车伤员》《德国人杀害了一个拿着玩具枪在操场玩耍的七岁小男孩》《德国人侵略了你的城镇——描述你的感受》，诸如此类。校长们得到上头指示，地理课应以战区作战地图为准，地图每天都会更新。复员返校任教的伤员被认为有一技之长，能够有所发挥。当然，这样做到底结果如何，恐怕难如教育部长所料。德语课遭到取缔，由英语课取而代之；历史教学大纲也对拉丁和希腊英雄重新进行了强调。

德国高中毕业考试设置了这样一些问题，例如"假如生命是一场战斗，我们的武器是什么？""是什么激励着每一个适合参军的德国人响应祖国的战争召唤？"柏林一所中学以《战争的教育意义》为题征文。每一个国家都会组织儿童上街收集金属物品，用来制造军需品。施奈德米尔的艾芙丽德·库尔惊奇地发现，自己从家里偷出来的铁锅铁盆居然还能变成子弹。艾芙丽德的奶奶生气地抱怨道，学校尽搞这些收集活动，害得家里的东西都快丢光了。

孩子们的游戏也受到了战争的强烈影响。英国有一家玩具厂名叫"不列颠"，做了一大批参战各国的玩具士兵模型。在汉堡，4岁的英格博格·特莱普林逢人便说，自己的三轮脚踏车可以用来给部队运兵。英格博格的妈妈带着她们三姐妹到汉堡的赫尔曼·蒂茨百货商店逛街，发现商店里摆着一个巨大的玩具战场，里面有堡垒、法国兵和德国兵，起了火的屋子，上面还吊着一架飞机。安娜·特莱普林写道："孩子们全都惊呆了。"玩具制造业杂志《德国玩具报》试图为自己正名，声称玩具作用重大，言之凿凿地宣称玩具可不仅仅是奢侈品，更重要的是可以"让孩子们了解战争的过程，培养民族意识、诚实的品质，还有爱国主义情怀"。

虽说，每一个国家都要求孩子为支持战争做出贡献，但英国公学在这方面表现得尤为出众。理查德·奥尔丁顿在小说《英雄之死》(Death of a Hero)中形象地描绘了这种体制的典型产物——说的就是指挥基奇纳新军的那一类人——这一类人虽然什么都不相信，但也并非完全没有道理。

他对英国中产阶级的每一条偏见和禁忌都表现得心悦诚服，服服帖帖。英国中产阶级不管想什么，做什么，都是对的；其他人不管想什么，做什么，都是错的。他看不起一切外国人。除了吉卜林、杰弗里·法诺、埃莉诺·格林和每天的报纸，基本不读其他任何东西。他不太喜欢埃莉诺·格林，认为太过"前卫"。虽然从不关注莎士比亚，也从没听过俄国芭蕾，还是喜欢"看一场精彩的演出"。他认为流行音乐剧《朱清周》是最伟大的演出……他觉得美国人是一群殖民地的下等人，从大英帝国这最完美的体制中分离出去，叫人遗憾……他虽然蠢得让人好气，却诚实、友善、认真负责，

既可以服从命令，也能够向其他人发号施令，可以不辞劳苦地照料自己的部下。不管是指挥一场毫无胜算的进攻，还是绝望防守直至最后，他这种人一看就靠得住。像他这样的人还有成千上万。

罗伯特·C.谢里夫在大战期间是一名军官，后来写出"堑壕剧"《旅程终点》（*Journey's End*）而闻名于世。他认为公学学童之所以能够在法国起到引领民众的表率作用，靠的不是军事技能，因为他们不需要在这方面干出成绩，靠的是树立的个人榜样，"靠的是他们的耐心、幽默和坚忍不拔的精神"。英国公学体制的优缺点在1914年的战场上展露无遗，国内的领军旗手表现得情绪过于外露狂放，甚至让一些爱国人士都感到反感。第一个死在战场上的教师是A. J. N.威廉姆森、中尉军衔，来自黑格特。威廉姆森的死让《泰晤士报教育增刊》9月22日专门为此刊登了一条社论："我们每个人都承认战场是多么严峻残酷，讲求尽忠职守，正是学校灌输的纪律精神和体育道德才在战场上结出了丰富而光荣的累累硕果。我们每个人都知道那些最震撼人心的英雄事迹将被载入战争史册，其中不少有助于提升年轻军官的声誉，而这些军官几个月前才刚刚结束各自的学校生活。"《伊顿公学纪事》10月刊登了一首小诗，纪念阵亡的阿盖尔和萨瑟兰高地兵团中尉A. H.布莱克洛克——小伙子去年夏天刚刚脱下公学燕尾服。

> 带着你们高地兵团的小伙子们，
> 向着可怕的密林冲锋吧！
> 可爱的人啊，你的脑海里只有一个念头，
> 像战士一样死去！

截至1914年11月，战殁者中出自伊顿公学的有65人，威灵顿学院38人，查特豪斯和哈罗各21人，拉格比学院20人。这些数字丝毫无法扑灭这些公学学员投笔从戎、建功立业的抱负热情。克兰伯恩勋爵是索尔兹伯里侯爵的继承人，邀请好友奥利弗·利特尔顿和亚瑟·佩恩住在自家在哈特菲尔德的庄

园里头，等待陆军接受入伍申请。3个人大部分时间都在打猎，一想起不久之后将要感受另外一种截然不同的枪声就喜不自禁，会心大笑。小伙子们从始至终把打仗看成一件开心轻松的事情，直到日后去了法国：佩恩后来双腿中弹，无法继续作战，被送回了家。他在自己的狩猎记录簿上加上了这么一条："猎场——艾沃威河，猎物——我自己。"

威斯敏斯特公学举办了一场六年级学生辩论赛，其中一个辩题是《仲裁取代战争会给世界带来灾难》，正方以11∶7获胜。颇有意思的是，另外一个辩题"德皇应该对当前的战争负责"却以反方10∶6获胜。校长们指引着昔日的学生走向战场，多少有些残酷无情。在他们看来，就好比是派出一支板球队参加大赛。9月2日，拉格比公学校长戴维博士致函《泰晤士报》，在信中强调义务参军有助提升道德素质："现在是个好机会，给所有阶层的年轻人树立一个榜样。也是对学校精神和特色的极大考验……对于家长们，我们愿意送上一条建议，这是一位母亲眼看儿子犹豫不决时说过的话……'孩子，妈妈当然不想让你去（战场）。但是换作妈妈自己，妈妈会去。'"然而，该来的迟早会来。战争头几个月激起的情感热潮过于汹涌澎湃，随着伤亡人数节节飙升，有些人一听到这样的说教就心生厌恶，感觉受到愚弄。浮华的辞藻，虚伪的虔诚大行其道，联军战争事业的真正意义反而遭到极大抹黑，尤其在拼死付出才赢得迟来胜利那一代人看来更是如此。

随着活下去的希望变得越来越黯淡渺茫，一些人放弃了早婚的打算，另外一些则认为必须抓紧机会把婚事办了。议会律师休·戈德利有个朋友，女儿8月23日出的嫁，没想到4天之后就死了丈夫，成了寡妇。有个24岁的炮兵军官，名叫约翰·皮克·奈特，是杰出服役军章的获得者，1913年与布莱顿家的奥利弗·奈特小姐订婚。二人在1914年8月约好推迟婚期，待到战争结束再办。不过，寒冬来临让躲在堑壕里的奈特改变了主意。奈特获准短暂离队。这对相亲相爱的恋人在布罗姆利的圣约翰教堂中举行了婚礼。新郎并未身着盛装礼服，而是穿上了一身卡其布军装——这种衣服当时已经开始流行。婚宴在奈特父母家中举办，就在桑德里奇公园附近。完婚几天之后，约翰·奈特回到了法国的炮兵部队，1916年牺牲。报上报道了不少婚礼没有婚

宴，甚至没有办完。比如说琼·詹姆士小姐和伦斯特步兵团的约翰·法雷尔先生。"两个人本来打算去苏格兰度蜜月，没想到计划泡汤，新郎只好临时归队。"

数百万人同家人天各一方，信件在这些分离家庭的生活中起到了重要作用。有些士兵只要不上战场，每天都会给家里写信。不少妻子也尽可能展开纸笔，诉说衷肠。这个年代的欧洲人大都识字：1870年普法战争期间，战场上的普鲁士士兵收到信件包裹差不多有50万个。相比之下，1914年每天寄给德军的信件包裹多达990万个。军中寄出的信件包裹也有680万个。收到心爱之人的来信总会令人心潮澎湃。"收到丈夫的来信，信上写了很多，充满爱意"，奥地利女教师艾塔·吉在10月19日的日记中写道，"我们女人家，可不能没有心爱的他！"

不过，无论是在后方家中，还是战场之上，要想用一两封信把身边发生的事情好好描述一番，尤其是将心底的情感彻底抒发，满足远方收信人的情感需求，可不容易。还是艾塔·吉："我每天都给亲爱的丈夫写一封信，把所有的事情，悲伤的也好，感动的也好，统统都讲一遍。昨天我收到了他的回信，今天又收到了两封。他把每天做的事情都一五一十告诉了我，挺有意思。结尾总会写上几句温柔的话。要是少点儿大白话，多点儿甜言蜜语就好了。可惜我家男人做不到这一点——他心思那么粗犷，每写一句温柔的话都不容易。"有些法国农民去参军之后，会在给家人的信中做一番指导，教留在家中的女眷干农活。有一个士兵来自塔恩省圣阿尔邦，心里挂念家中马厩里头的一匹母马，在信中用指责的口吻问妻子道："你说你没有耽误耕期，可是没有告诉我到底种了多少袋燕麦和玉米。"洛特加龙省有个女人，给丈夫的长官寄去一份肉酱，巴望着这点心意能够让长官手下开恩，别叫自己的男人参加最危险的任务。

"凡是家里有人当兵，告假回来，全家人都会约定俗成"，本书作者的外祖父、炮兵军官罗尔夫·斯科特-詹姆斯写道，"以为他们不愿多说打仗的事，出于礼貌，都对打仗的事避而不谈。其实真正不想谈的是家里的人。我这么说的意思并不是指在海外服役的人要比身在后方的同胞处境好多少或者坏多少——只是留在家乡的是一类人，出外打仗的又是另一类人。非要实话实说，留在后方的人其实连同情心都没有多少。"

某些特权人士觉得要把打仗当作一件严肃庄重的事情不大容易。瓦奥莱特·阿斯奎斯10月去了一趟法国，回来后给当首相的爸爸写了一封信，在信中讲述了自己盘问一个上了年纪的逃难老女人的事情，语调带着点戏谑，甚是好玩：

"德国人是不是在你们村里干了坏事？"

"是的，坏得透顶。他们把所有东西都打得稀巴烂。"

"德国人野蛮不？"

"野蛮极了——他们杀了我的猪！"

瓦奥莱特如释重负，写道，"原来杀一头猪会产生这么大的心理阴影，也能达到恐怖的程度。"这个女人太过蠢笨，不知道对于一个法国农民家庭来说，杀一头猪有多惨，是多么大的经济损失。

最新几期的社会主流杂志《女士》同样反映出英国上流社会的幼稚无知。10月15日，有个女记者撰文感叹乡村上流社会家庭中的男主人和打猎的仆从都去参军当了兵，生活变得一贫如洗。这个女记者用了个大标题，名叫《女运动员和战争》，还愤愤不平地说道："养狗场里的啰唆事情怎么干也干不完，这个时候可没有人有闲工夫去干这些。就算伊芙琳早中晚都守在狗场里，也没法完全相信自己有本事叫那帮人按规矩办事。喂狗食从来就是一件麻烦事，现在当饲养员的这个人又脏又懒，只有实在没有办法，才会喊一下，干一下。"

战争还才刚刚开始，就有迹象显示有一种趋势表现得日渐明显——互敬互爱的社会风气开始每况愈下，以前得过好处的人不免大失所望。有个英国人遇见一位来自牛津的老友，感叹道："十年前坐公共汽车，车上要是人挤人，总会有工人站起身来，用手碰一下帽子，示意给我让座。现在遗憾得很，这样的精神已经见不到了。"种族区分倒是和以前一样尖锐。《号角报》10月10日的一篇报道就让人哀叹。有个英国将军和一名身着制服的印度王子同在一家酒店餐厅用餐，席间从始至终没有同王子说过一句话。第二天

晚上，就在这家酒店的吸烟室里，有人看见一群同样的军官还是对这位"肤色黝黑的君主"不理不睬。《号角报》的一位专栏作家愤愤不平地写道："如果觉得和一位印度王子讲话有失身份，英国国王又有什么理由心安理得地让印度人替自己卖命？"

问题问得不错，只不过这种问题英国社会的仲裁者们是不会回答的。出于无奈，非得回应的话，许多人会声称之所以要打这一仗，是为了捍卫传统英国社会的标准和礼仪。的确，几乎所有交战国都认为自己是在维护保守的社会价值观。借用里奥·埃默里的话来说，中产阶级里头志愿参军的那些人提出强烈反对，抗议"安置自己的军营跟一群浑身污秽，满身臭汗的混混挨在一起"。英国首相的小儿子西里尔·阿斯奎斯后来在法国当了一名军官，谈到参军服役时轻慢地说道："就是在一帮无聊无赖之徒的陪伴下与一群蛮人打仗。"虽然，共同的危险会让前线阵地上的阶级隔阂在某种程度上得到弱化，不少中产阶级人士——有男也有女——还是觉得被迫与比自己低等的人保持亲近，难以适应。"我从没想过会有这样的遭遇，顶着隆隆炮火，一整晚和一群普通士兵挤在同一间房里，所有的人都睡在稻草堆上"，护士埃尔希·诺克尔写这段话的时候正待在比利时的一座谷仓里头。诺克尔后来陪着一群伤员回了英国，由于不得进入当地医院，大家只好在多佛的一家招待所凑合睡了一晚。到了尤斯顿火车站，诺克尔费尽口舌，好不容易才说服车站管理部门答应将伤员安置在女洗手间里，等火车来了再走。

相比之下，虽然人数不多，却总有那么几个幸运儿觉得现在身处的环境要比习惯了的家里更加舒适。34岁的奥地利农民卡尔·奥贝尔霍夫是七个孩子的父亲，响应征召入伍参军，跟着后备军住进了蒂罗尔的一家豪华酒店。奥贝尔霍夫惊叹道："我们居然可以坐在餐桌旁，有女服务员伺候，像个贵族一样。根本不用操心其他任何事情。"奥贝尔霍夫运气不错，不用上前线打仗，觉得参军要比在自家农场辛苦干活舒服得多，和同伴们没日没夜地尽情喝酒、赌钱，放任自由，这些事情换作在家根本连想都不敢想。奥贝尔霍夫每天的任务只有一个，就是在铁路线旁守上两个小时，这样一来，"除了吃饭，最累的差事就是教会游行了"。

《女士》杂志在谈起欧洲大陆难民逃到英国的问题时表现得极其傲慢："待在英国的比利时人和法国人为数不少，这些人想必觉得英国的生活方式相当古怪。有一件事情法国和比利时的女人们肯定会很怀念，没了这个还会感到失落，那就是讨价还价。回到她们各自的国家，差不多每一回买东西都少不了讨价还价。价格固定不变是大多数英国女人乐于见到的，可在法国和比利时女人看来，这样的安排相当无趣。"杂志上的社会闲谈专栏也挑选了相同的专题："不少人看到比利时人饱受战争之苦，逃到英国，对其热情款待，礼遇有加。埃克塞特勋爵夫妇便是其中之一。夫妇二人将比利时的维勒斯伯爵夫人和她的五个孩子邀至家中，住在伯利庄园，这里是勋爵夫妇在英国中部的历史圣地。埃克塞特夫人有一个漂亮的名字，叫米拉，她留着一头金发，有着一双深色的眼睛，长得极富魅力，戴着一颗绿松石，上面点缀着漂亮的饰品。"

《女士》杂志尽力帮助妇女处理战争带来的意想不到的社会问题。12月10日就在"每日难题"专栏中提出了一个两难的问题：有个女人养了几只猫，有个军官要上前线。女人答应军官照料他养的狗。假如这只狗要吃掉猫，请问这位女士该如何是好？《女士》杂志认为这位女士有责任保证这只狗得到妥善安置，没准还可以给狗找个新家。杂志还报道了礼节问题，从殖民地回来的太太们多会遇到这些繁文缛节。文章认为太太们不要在名片上印临时住址，要印永久地址。太太们应该意识到，一个社区里的人住得久了，除非是双方都认识的熟人介绍，否则是不会去新搬来的人家里串门的。为了方便互相走动，《女士》杂志建议刚从国外搬回来的应该找一家声誉良好的报纸，把回国的消息公之于众。杂志对于英国大老爷们在欧洲大陆的辛苦劳累提得不多，最挨得上边的一篇文章和后勤有关："在现代战场上，能够让一支努力奋战的军队填饱肚子，绝对是一个了不起的成就——大可称之为'养家'，养一个大大的家。不过，由于我们掌握了制海权，给远征军提供补给变得易如反掌。"如果身在后方的人只是依靠《女士》这样的杂志获取信息，那么对于法国的战况到底有多么吓人一无所知倒也不足为奇——这种事情知道的少点，兴许是件好事——再说了，那些正儿八经的报纸上有实质内

容的消息也多不了多少。

有些人心思单纯，悲天悯人的点点情怀也飞到了前线。施奈德米尔的小艾芙丽德·库尔在日记中写道："海员们的船要是在海战中沉了，一定会很吓人，别的船都不会停下来救他们。泰坦尼克号撞上冰山，淹死了那么多人，全世界都吓坏了。现在，每天都有船沉，却没有人关心船员怎么样了。"这个小女孩和好朋友格蕾泰尔有一个秘密任务：打理清扫坟墓。墓都是俄国战俘的，施奈德米尔附近有个战俘营，那些俄国兵背井离乡，死在了那里。

战俘营成了乡下人经常光顾的观光景点。在乡下，不管他来自何方，只要是个外国人，都会引起当地人的好奇。有些农民一到星期天，就会带着一家老小在战俘营外头溜达，隔着铁丝网看里面关着的那帮人，搞得当局好生恼火。明斯特市下了禁令，战俘营周围600米内，当地市民一律不得接近。在德国的大小城市，人们——大部分是女人——喜欢围在火车周围，看车上的俘虏等着运到战俘营去。有些爱国人士发现居然有人对这些落难的外国人心生爱怜，不禁大吃一惊：有个记者撰文指责人们不该沉迷于这样的情感当中，任由自己"在性爱冒险的低俗欲望"中堕落。政府也威胁要将这些无耻之徒的名字公之于众。蒂永维尔有4个护士和法国战俘订了婚。事情曝光之后，德国红十字会接到政府通知，红十字会志愿者不得进入战俘营。

同情敌人的做法变得越来越不为人接受。奥地利的克恩顿州有一个斯洛文尼亚天主教神父因为亲塞尔维亚被捕入狱。神父告诉信众："让我们为皇帝和奥地利祈祷，同时祈祷塞尔维亚人看到光明。"在哈布斯堡王朝治下的卢布尔雅那，欧根·兰佩博士听到英国人吃了败仗，喜出望外，写道："人人都希望英国人见鬼去。贝尔纳托里奇开了一家公司，当地的犹太人叫作'英国服装大商店'。贝尔纳托里奇现在宣布重新改名叫作'卢布尔雅那服装大商店'"。埃塞尔·库珀有个英国熟人，住在莱比锡，和一个德国人生了个孩子，这个德国人后来死在了法国。当地政府既不答应为孩子提供救助，也不允许女人找工作，因为她是敌人那边的人。牛津古典学者吉尔伯特·穆雷一开始反战，没过多久就改了主意，写道："我发现自己无比迫切地希望听到德国无畏舰在北海被击沉的消息……要是知道哪次哪次交战，我们杀了两万德国人,第二天只杀了2000,我就会感到难过。"

路易·巴塔和一群士兵押着一车德国俘虏,坐火车穿过法国南部。好几家报纸都在煽风点火,要老百姓让这帮"人模人样的畜生"知道知道厉害。于是乎,每到一个车站,都会围过来一大群愤怒的群众——女人们在吐口水,男人们手里挥舞着小刀和石头。这同一拨人会往负责押解的法国卫兵怀里塞葡萄酒和葡萄。火车刚一开动,法国卫兵就会和看押的战俘一起分享这些美酒水果:"这些姿态体现出了同志般的友爱,对于那些针对赤手空拳敌人的作呕表演,也算是一种补偿。"那些亲眼见识过真正的战场到底有多么可怕的人可没有如此盲目的爱国主义表现。巴黎一家音乐厅有一名演员唱了一首歌,在歌中讽刺德国人的军队夹着尾巴逃跑,德国人的炮弹都是哑弹,没想到底下观众反应冷淡,在座的就有休假的士兵。有些法国小曲要流行一些,歌里唱着德国人真正罪不可恕的是向独裁暴政低头屈服。有一首曲子名叫《晚餐没了》,歌里想象邀请德国皇帝到巴黎来用餐。合唱团齐声唱到:"我们来做蛋糕,叫你来吃。"

欧洲各国的不少妇女看着自家的男人在战场上赢得勋章,受到人们的爱戴,自己却只能留在家里缝缝补补、写写信件,感到分外沮丧。"我们在这里留守大后方,很难体会到打仗有多么艰苦",格特鲁德·斯卡德拉在12月的日记中写道,"只能为战场上的爱人提心吊胆"。格特鲁德和母亲那年冬天大部分时间都在给东普鲁士来的难民缝制衣服,还有收集慈善捐赠的东西。对于欧洲的妇女们来说,给士兵织衣服是日常工作,差不多成了一项神圣的职责。不过,妇女们的劳动成果有时得到的却是冷嘲热讽。奥地利士兵埃贡·基希的部队驻扎在塞尔维亚,11月收到一批货物。基希给货物编了个目录:"暖和的内衣——当然,织这些东西一点屁用都没有;手套绣得还算精细;腕套上有一个红心图案;连指手套太大了,一头小象都戴得进去;护膝可以给长腿鹳鸟穿。诸如此类的东西,都是姑娘们参加聚会时打发无聊时间,要么满足虚荣,一时兴起随手织的。"基希下士勉强表示了感谢,想着要是可以的话,还不如送点烟来实在。

有些妇女对于参加急救课程兴致颇高,因为这个能够让她们有机会聚

聚。不过，格拉茨市的中学女教师艾塔·吉在9月16日写了这么一番话："每天都有事情压在心里。我到底在想什么？我觉得是因为我越来越不满足，在这样伟大的时刻，除了照顾孩子，什么忙也帮不上。"在英国，就连《女士》杂志也在哀叹女人能够做出的贡献相当有限："很快将要组织成立各种各样的委员会，缝缝补补的事情一直在做，红十字会的成员已经做好准备，只等一声令下，挑选出来的护士就会去该去的地方，各就各位——这片土地上的每一位女性都在尽可能地做自己力所能及的专门工作。即便如此，人人心里还是想多出一份力。"

梅恩夫人是一个英国士兵的妻子，丈夫在爱尔兰驻防，自己在伦敦东区一家招待所上班，每天要面对一大群来自德国、比利时和斯堪的纳维亚的女人，都是一些不远千里，离乡背井的女人。战争让梅恩感到深深的孤独，丈夫不能陪在身旁。几个兄弟也接受军训，参军当兵去了，"这种感觉简直让人喘不过气来"。梅恩看着卖国旗的、买东西的，还有救护车来来回回，忙个不停，写道："这些我都看不懂，不过心里头还是（为英国参战）偷偷感到骄傲——现在我想我错了。"梅恩接受了一份工作，在比利时一家英国医院做手术室护士，动身之前将结婚戒指寄给丈夫杰拉德保管。不巧的是，由于临走时情绪激动，忘了附上解释说明，害得她丈夫收到戒指后大为不解，心情沮丧。

9月底，德国一个名叫海琳·施维达的女孩干了一件大胆的蠢事，只身一人前往法国，去军中探望心爱的男友威廉·凯森，谁知刚刚走到德国西部就被一个军官给抓了起来。军官要海琳回家去，傲慢地宣称只有男人才可以接近战区。海琳难过地写道："我又忘了，忘了自己只是一个女人。"然而，随着战争一天天持续下去，女人开始证明自己在很多方面足以替代男人，起到不可或缺的作用，这样的势头发展得越来越快。图卢兹和其他法国城市一样，第一次出现了女性邮递员、消防员，甚至还有电车售票员。人们送了个昵称，叫作"彭斯家的姑娘"，这是因为图卢兹公交公司老板叫作彭斯先生。在军火工厂里工作的女人则被称作"女军火员"。

英国救护车女司机多罗西·菲尔丁10月17日在比利时给家人写信，抱怨自己运气不好："所有事情都乱成一团，我只好什么事情都一个人揽着。真希望有个男人带头冲在前面。我一回去，就要安顿下来，找一个又高又壮的男人嫁了，随他欺负。拖着其他人跑来跑去的日子我受够了。"不过，这种心情低落的哭诉发泄只是偶尔累了才会发生。菲尔丁当年25岁，是登比伯爵的千金，大部分时间还是感到非常高兴，觉得这份活儿足够有趣，能够带来各种机会。

菲尔丁刚开始工作的时候，还一直担心自己所在的志愿兵部队没有机会发挥重要作用："唉，我觉得我们这帮女人可能没什么机会干很多实实在在的战地工作。就算不是所有的时候，但大部分时间都会在后方待着。"不过，菲尔丁很快发现手头这份活儿相当来劲："要做的事情一大堆，许多事情很有意思，有趣极了。"10月8日晚上，菲尔丁帮助将两名英军伤员从堑壕转移到后方3英里处。不过，菲尔丁不大愿意为敌军俘虏提供救助："我不介意冒着危险去救自己人，救法国人也行，但是换作德国人，万一被哪个可恶的家伙在身上打出几个洞来，可就惨了。"

所有交战国的妇女们很快就将以菲尔丁为榜样，掌握前所未有的权力和责任。不过，有些传统性别角色的转变较为缓慢：在比利时前线后方，29岁的女护士伊丽莎白·埃尔希·诺克尔夫人——诺克尔是一个医生的女儿，来自埃克塞特——在9月29日的日记中写道："我在将军的外套上缝了一颗纽扣——这个男人让我着迷。"

在每一个国家，至少在最开始的时候，战争都让君主的重要象征意义得以增强，毕竟这场仗本来就是以一国之君的名义打的。奥地利报纸报道了弗朗茨·约瑟夫去维也纳绿园少年宫内军事医院视察的经历，文章写得毕恭毕敬。贵族青年鲁迪格·拉森尼茨和其他人一同受到奥皇接见："大公夫人玛丽亚·约瑟芬把我介绍给了陛下，陛下询问了我的伤情和部队情况。上一回见到陛下还是1909年，在圣珀尔滕，我当时是圣珀尔滕一所军校的学生。陛下和上次相比背要更弯了，话也不多。有人事先告诉我，陛下问的每一个问题，都要大声回答。我从战场带回来了一个俄军背包、几枚徽章和一些子弹，当作纪念品给陛下过目……陛下看上去还颇有兴致。"

《新报》如实地告诉弗朗茨·约瑟夫的臣民们："最高统帅接见了各位军官，陛下平易近人的风范令一位上尉感动不已，这位上尉虽然已经截去了右臂，仍然谦卑地请求陛下恩准其留在军中继续服役。陛下大为感动，答应了这名忠诚的军官的请求。陛下在宏伟的大厅里停留了将近一个小时，用各民族的语言向在场的全部102名士兵致辞……士兵们显然深受鼓舞。"格拉茨中学教师艾塔·吉不仅在日记中差不多逐词逐句地把报纸上的报道抄了一遍，还不忘加上评论，一如既往地充满了自己特有的感情色彩："这些卑微的普通人肯定高兴坏了，皇帝陛下和他们说话。还有多少人——就连那些受伤的也会心生妒意吧——能够得到这样的恩宠！——生活真不公平。有些人运气好，有些人就没有。"

欧洲各国的君王们并非个个智力出众，有些甚至反应迟钝，迟迟未能意识到欧洲正在发生的事情究竟意义几何。道格拉斯·黑格在8月11日与乔治五世共进午餐之后写道："国王陛下看上去忧心忡忡，不过他给我的印象是并没有完全意识到事态有多么严重，我们的国家和他的皇室家族正要经受怎样的考验，也没有真正理解大国之间一旦开战，胜负何其难料。尽管在旁人眼中陛下胸有成竹，其实不然。"就在1914年的那个冬天，黑格在圣奥莫尔检阅完部队后再次与英王会面，仍然不觉得英王在审时度势方面有所长进："陛下虽然看起来信心十足，但是总觉得我们的军队天生英勇善战，对于指挥官在战场上为保持士兵'士气'付出的种种努力视而不见，对一切军事训练也熟视无睹。殊不知训练在和平时期极有必要，可以让、好比说、一个连像一支组织有素的部队一样明知有去无回，仍然一往无前，英勇赴死。"英王同时费尽心机，为自己的许多亲戚在敌方阵营作战搪塞辩解。他有一次告诉阿斯奎斯，说自己的表兄、也就是石勒苏益格-荷尔施泰因的阿尔伯特亲王"并非真心替德国人打仗"，只是在管理战俘营而已。

10月的一天晚上，奥地利贵族亚历山大·帕拉维奇尼与卡尔大公同坐一桌，共进晚餐——大公此时已经接替弗朗茨·费迪南成为哈布斯堡王朝的法定继承人。帕拉维奇尼眼看大公两耳不闻窗外事，不禁心灰意冷："真是难以置信，大公居然可以如此'置身事外'，这是因为他同士兵接触太少。听到大公信心满满地宣布俄国人已经完了,战争即将彻底结束,我真的无法按捺自己。大公对于一切质疑全然不顾,只知坚持一己之见。"帕拉维奇尼进言道,战争胜负取决于西线成败,奥匈帝国必须支持德国。没想到这位未来一国之君的回答依旧冥顽不化,愚蠢固执:"法国对我们无关紧要。我们必须朝着意大利进军。"

相比之下,那位德意志帝国的统治者眼看自己一手挑起的战事发展至此,开始流露出幻想破灭的迹象。9月25日,海军上将艾伯特·霍普曼与德皇共进晚餐,对德皇的明显厌战情绪印象深刻。德皇威廉用上了"灭绝人性的恐怖屠杀"这样的字眼。不过,到了此时此刻才知道一时兴起,有感而发似乎多少有点为时已晚。霍普曼对提尔皮茨上将苦笑道:"过去25年里,我们一直生活在玩世不恭、蛮不讲理的专制体制之下。所谓成就,不过是虚伪的面子假象;所谓地位,不过是徒劳的争名夺利。这个国家在这种体制下面混得太久。大多数人都不想这样。可是,专制政体让我们无法诞生伟大的政治家,反倒养出了一帮官老爷和马屁精。"这些话出自一个对德国政治体制有着密切观察之人笔下,可谓语重心长,道出了德国走上歧途,挑起大战的缘由所在。

随着秋意渐浓,初冬来临,英法联军虽然依旧迷茫,不知究竟怎样才能打赢这场战争,却已经越来越不再担心输掉战争,这是因为联军能够越发迅速有效地动员兵力。反观另一边,不少人心中忧虑的疑团与日俱增。路德维希·维特根斯坦10月25日写道:"我开始愈发强烈地感觉到我们——整个德意志民族——此刻面临的困境即将演变为一场可怕的悲剧。在我看来,我们肯定无法击败英国。英国人是世界上最优秀的种族,他们不可能战败。可是,我们有可能,也肯定会输,不在今年,就是明年。一想到我们德意志民族将要战败,我就悲痛不已,谁叫我是个彻头彻尾的德国人!"

想当初,有些人好战心切,就连家里人都在公然叫嚣开战。此时此刻,这股狂热的好战情绪也已渐渐消退。奥地利女教师艾塔·吉在9月26日的日记里写道:"今天我去拜访了K博士和他的妻子。K博士是个聪明人,有着坚定的信念,令我深受感染。博士坚信德国和奥地利将会获胜,因为正义站在德

国和奥地利这一边——要是我也能像他这样信念坚定就好了。"10月10日，艾芙丽德·库尔被奶奶的话吓了一跳："每一个当妈的都应该去皇帝那里，告诉皇帝'不要再打了！'"这位老妇人一辈子经历了4次普鲁士战争，现在看着屠杀无休无止，也感到害怕起来。

不过，从11月柏林莫阿比特工人区流出的一封政治情报来看，当地社会主义分子虽然没那么热衷打打杀杀，但是仍然会为战斗尽职尽责。弗莱堡市长奥托·温特尔是一名退伍军人，9月28日在圣保罗大厅的一场集会上面对上千名最有名望的弗莱堡市民，发表了如下一段讲话："我们团结一致，亲如兄弟，对于谁该为发动战争负责这个问题，也有着一致的答案……上至王公贵族，下至工人平民，所有阶层都紧密地站在一起。"库尔特·亚历山大是自由主义倾向犹太刊物 *K C-Blatter* 的编辑，9月撰文指出不少德国人指责犹太人不为战争出力："既然如此，我们就要比其他人付出更多努力，这是我们神圣的职责。每一个犹太人都要努力成为英雄，至于是在战场上，还是在平常的工作中倒不重要。每一个犹太人的言行举止都要体现出价值，能够被浓墨重彩地写入德国人民的历史当中。"当然，也有一小撮反对者，克虏伯公司经理威廉·穆埃隆就是其中之一。此人是一个空想家，一直梦想欧洲能够消除国界之分，由一个统一的政府管辖，对于自己的国家挑起战端，深感愧疚。穆埃隆在日记中写道："普鲁士今天的所作所为只会激起欧洲人民的更多深仇大恨，进而演变为彻彻底底的积恨宿怨。"

10月24日，英国《新政治家》杂志谈到了一个问题"我们为什么要参战？"——这个问题正讨论得热火朝天，至少在知识界闹得沸沸扬扬。《新政治家》杂志谈起很多人反对英国与专制的沙俄结盟，"凡是俄国反动势力支持的，一概不信"。有观点认为战争是反动势力蓄意发动的，目的在于避免社会改革，本质上是一场军国主义侵略战争，"我们之所以参战，并无其他真正理由，纯粹是为了取悦外交官和军火商。"《新政治家》对这些阴谋论进行了一番驳斥，谨慎地得出结论："我们知道德国的广大民众并不想打仗，还有那些可能希望知道事实真相的人……也众口一词，一致声称德皇同样不想战争。"英国的内阁、议会还有人民"之所以同意参战，完全是为了帮助比利时。不管有多少私欲——这样的私人利益需求无疑为数不少，形形色色——恰好因为这个国家的决定得到满足，但真正的参战决定毫无疑问是基于比利时的考量才做出的。"毋庸置疑，这最后一句话说得没错。

劳合·乔治用一场演讲为英国的战争努力做出重大贡献，这场演说堪称劳合·乔治政治生涯中最振奋人心的一次，于9月19日在伦敦皇后厅发表。劳合·乔治在演说中提出的信条日后得到了民众的广泛欢迎："英国此时此刻正在参加一场战争，目的在于终结战争。这是一场神圣的战斗，'是为了将欧洲从军事集团的奴役下解放出来'……所有的国家，所有的人民从这场战争中得到的收获将比他们现在能够理解的要多得多……这片土地下潜藏的奢侈和懒惰的大潮将会退去，一个新的英国将会诞生。"劳合·乔治的演讲虽然当时听来激动人心、鼓舞士气，却在日后收获了苦果。劳合·乔治认为这场大战不仅会促进全民道德新生，还将以激进的方式解决政治问题。他的这些观点直到1918年都未兑现。英国民众希望破灭，失落之情强烈。许多人感到愤怒，不仅仅是因为在堑壕中的悲惨遭遇——这种磨难既然上了战场，就不可避免——更多是因为感觉遭到了劳合·乔治及其政治集团的出卖，如同买到赝品假货一样。劳合·乔治后来在1916年12月当上了英国首相。这位内阁大臣虽然大可振振有词地宣称其他国家的政治领导人同样兜售假货，但是回到1914年他完全可以做得更好，完全可以把真相同英国民众解释清楚，告诉英国人民只有像法国人民一样付出血和财富的代价，才有可能赢得胜利。诚然，胜利带给英国人的好处除了几个殖民地之外——这些殖民地价值究竟几何，尚且存疑——并无多少重大利益可图。但是，这样的牺牲必须付出，不为别的，只为避免更加糟糕的结果，不让德国赢得战争的胜利。

交战双方都无比热情地把"上帝"拉了进来，为自己的战争大业撑腰鼓劲。约克大主教在10月大声疾呼："每一个人只要良心未泯，就必须坚守岗位，直到战争结束。除非彻底摧毁德国人穷兵黩武的好战精神，否则和平不会到来。"德国教会虽然奋斗方向正好相反，但在精神上同样坚定决绝。不莱梅挚爱圣母教堂的牧师在城里的预备营开赴战场之前，为全营士兵做了一场告别布道："你们接受号召，即将承担的这项任务是艰巨的，但是对

于拯救你们的同胞来说至关重要。你们若是面对敌人，也能保持良心的干净，那么即便身处死亡与毁灭当中，也能成为杰出的布道者，为了理想传播福音。这是一条你们非走不可的路，这条路是那样的黑暗，没有任何人能够保证活着回家。"至少在这最后一点上，这位牧师还是体现出了先见之明。

第二节　新闻与毁谤

9月5日，英国首相致函海军大臣，口吻一如既往地轻描淡写："亲爱的温斯顿，报社埋怨我们提供的消息太少，'饿得慌'。报社有抱怨，也不是完全没有道理。我觉得这是你的机会……让报社走（新闻）局那边，把这个星期的一些事情'品一品'。你用你那双巧手给他们'调一调味'。公众多少知道一些情况，不过他们可能还是生活在先知以赛亚那个时代，一想到打仗，无非就是'又吵又闹，乱作一团，衣服浸满鲜血'罢了。"

有个德国牧师注意到"如果说大战爆发之前，报纸只是家庭的好友，那么现在已经成了主人，决定了一家老小，亲朋好友之间的几乎所有话题"。这个时代，报纸大量发行，公众对新闻的依赖简直上瘾，结果差不多每个国家的政府都会下大力气，不管是通过文字广播，歌曲还是新发明的新闻影片，总之不遗余力地将媒体捏在手里。截至1918年，法国军队已经制作了600多部影片供大众消费。包括红磨坊在内，巴黎的好几家音乐厅都用电影取代了现场表演。

交战的每一个国家都意识到赢得美国的支持将至关重要，为此竞相争取。《泰晤士报》8月发表的一条社论看起来有些自鸣得意："英国人民注意到自己为之战斗的事业得到了美国同胞们的同情，这份同情之心可以说没有限制，英国人民非常满意。"事实上，真相要远比此复杂。轻蔑之声在大洋彼岸广泛存在，印第安纳州有一个编辑就写了这么一番话："美国人民从来没有像今天这样感激我们的先辈。先辈们当年离开欧洲，移民出去的决定实在是太有远见卓识了。"伍德罗·威尔逊总统是一个完完全全的道德至上者，虽然认为德国和奥匈帝国需要对政府体制来一场激进改革，但是并不同意将战争责任完全推在德国人民头上。美国的工业大亨们——至少私底下如此——认为如果战争能够削弱德国的全球竞争力，那么这样的结果有利可图。美国自始便倾向支持协约国，某些大人物还在暗中提供支持，最有名的当数前总统西奥多·罗斯福。诚然，西奥多·罗斯福在1915年英国邮轮"卢西塔尼亚"号被德国击沉之前一直支持武装中立，而非让美国参战，但他一直强调尊重小国，尤其是比利时这种小国的权利。不过，同盟国同样拥有支持，特别是德国后裔群体的影响力不容小觑。8月14日，一家德国新闻办事处在美国开张，协约国很快步其后尘，在美成立了新闻处。

法国由于在战场上节节败退，在9月9日大幅加紧了新闻审查："对政府或陆军最高统帅部毫无节制攻击"的社论一律禁止，"鼓吹停战或者中止敌对行为"的文章也不得发表。10月上旬，克列孟梭的报纸《自由人》因为对伤员治疗不力的丑闻进行曝光，结果被封刊一周。政府要求所有报纸停止刊登伤亡人数。在德国，虽然对报纸评论的控制直到1915年才开始严格起来，但是自从1914年10月柏林成立中央审查处，关于军事挫折或失利的一切讨论就开始正式遭禁，对于高层政策的批评，战争目标的讨论，以及有关战争是否具有意义的异议观点也不得发布。

大战早期，各国普遍支持对新闻严加管理。作家希莱尔·贝洛克极力主张应当将不利消息和军事机密等同视之，严禁公之于众："明智的话……就不要让民众知道出了哪些漏子，赶紧弥补就好，也不要让人们知道政府干了哪些蠢事或者恶行，只要在没出乱子之前压下去就好。"贝洛克后来在给吉尔伯特·基恩·切斯特顿的信中写道："有时候为了国家利益考虑，还是有必要撒谎，哪怕编得再离谱也无所谓。"不过，英国政府和媒体之间的关系还是受到了影响。战争头几个月的审查制度过于严苛，前线发生的一些事情就连敌人都已一清二楚，却在英国遭到新闻封锁。

各交战国都在竭尽全力，发动本国最犀利、同时也是最有文采的"笔

杆子"来替自己的战争大业正名。法国作家阿纳托尔·法郎士[1]不仅批判德皇统治无道，还对德国的文化、历史甚至葡萄酒展开口诛笔伐。作曲家卡米尔·圣桑对瓦格纳大肆抨击。有些作家甚至公然宣称杀人也有道义可言。埃德蒙特·古斯写了一篇论文，阐述了战争与文学的关系，文章发表于1914年秋天刚开始的时候。古斯将战争形容为"伟大的思想清道夫"，把血流成河比喻成流动的液体，可以"清除智力上浑浊的死水，疏通头脑里淤塞的渠道"。夏洛克·福尔摩斯的创造者亚瑟·柯南·道尔爵士在一篇名为《致武力》的小册子中写道："那些在这场最严重的危机当中，怀着为国尽忠的想法，慷慨赴死的人是多么幸福。"

10月18日，54位文坛巨匠在《纽约时报》联名发表文章，文章题为《英国知名作家为英国参战辩护》。文末印有全部作者的签名。阿诺德·本涅特[2]作为其中一员，大战期间发表宣传文章300多篇。他在给美国出版商的信中透露自己的第一本宣传手册"自由：关于英国情况的声明"已经写好。手册之所以赶在1914年10月出版，是因为本涅特担心英美两国的"和平主义分子

---

① 阿纳托尔·法郎士（Anatole France，1844—1924），本名蒂波·弗朗索瓦-阿纳托尔（François-Anatole Thibault），法国著名诗人、小说家，社会活动人士，法兰西学术院会员。由于父亲是一名书商，法郎士从小便和书结下不解之缘。父亲书店里关于法国大革命的书籍给法郎士的一生留下了不可磨灭的印象，"法郎士"既是他父亲弗朗索瓦的异称，也是祖国法兰西的名字。法郎士 1881 年凭借《西尔维斯特·波纳尔的罪行》（*Le Crime de Sylvestre Bonnard*）蜚声文坛，此后写了一系列历史类小说，积极投身社会活动，1921 年凭借"辉煌的文学成就"，"对人性深刻的同情"，"优雅的文风"以及"地道纯正的法国特质"获得诺贝尔文学奖。法郎士在他生活的时代被法国人视为理想的法国文人代表，却在身后因为"写作的政治动机"遭到来自多方的大量口诛笔伐。——译者注

② 阿诺德·本涅特（Arnold Bennett，1867—1931），英国作家、小说家，父亲是一名诉讼律师，阿诺德早年曾一度为父亲的律所工作，后因父子关系不合作罢，开始转向文学创作，1903 年移居法国巴黎，1908 年出版代表作《老妇人的故事》（*The Old Wives' Tale*），1911 年回到英国，"一战"期间在英国报业大亨、政治人士比佛布鲁克男爵（Baron Beaverbrook）的推荐下进入英国宣传局，专门负责法国方面的事务，写了大量的宣传文章，大战结束时成为宣传局副局长。1918 年，英国政府有意授予本涅特爵士爵位，遭到其本人拒绝。本涅特的为人及其作品也因其政治上的功利与成功而为后人诟病批评。——译者注

和来自财经界的影响"有可能在德国军国主义被彻底击败之前"逼宫施压，迫使和平过早到来"。有作者在《新政治家》杂志上提出质疑，质问这帮作家何德何能，有什么资格对战和问题说三道四。本涅特的回答颇有几分目中无人："战争本来就是关乎人性的大事，本能当在理性之上。在我看来，一个严肃的作家理应对于人性略通一二，有权就一个国家在战争中的所作所为表达看法，并无不妥，不应受到凌辱谩骂。"本涅特发现还是政府给钱实在——这个可比只图嘴上痛快更加实际——他和福特·马多克斯·福特等作家凭借口舌之劳，从设在威灵顿别墅的政府宣传局那里拿到了一笔可观的报酬。

德国有一位学者在9月撰文指出，全国69位历史教授当中有43人在写和这场战争有关的文章。鲁道夫·欧肯是耶拿的哲学教授，诺贝尔奖得主，光1914年一年就做了36场演说宣传。柏林的哲学家阿洛伊斯·里尔为自己的文章付梓兴奋不已："我们的第一大胜利就是战胜自己。我们从来没有像8月初那些难忘的日子那样紧密团结在一起……每一个人都感觉自己是在为全体人民而活，全体人民也装在我们每一个人的心中。"在有悖学术道德的诸多事件当中，最出名的当数所谓的《德国知识分子宣言》。宣言发表于10月，由93人联名签署，为首的是乌尔里希·冯·维拉莫维茨–莫伦多夫[①]。宣言对协约国的"不实之词与中伤污蔑"表示抗议，指责协约国"无所不用其极，试图玷污德国的荣誉。德国是为了生存才奋起战斗——这是一场强加在德国人民身上的战争。"

两派可谓唾沫横飞，口水满天，口诛笔伐日趋激烈。卢万被毁，兰斯大

---

① 乌尔里希·冯·维拉莫维茨—莫伦多夫（Enno Friedrich Wichard Ulrich von Wilamowitz-Moellendorff, 1848—1931），德国古典哲学家、古希腊哲学与文学的权威。文中提到的《德国知识分子宣言》又被称为《93 人宣言》（*Manifesto of the Ninety-Three*），发表于 1914 年 10 月 4 日。在此之前，莫伦多夫还倡议发起过《德意志帝国大学教师宣言》（*Declaration by the University Teachers of the German Reich*），收集签名 3016 个，支持德国发动参加大战。莫伦多夫的儿子第谷·冯·维拉莫维茨—莫伦多夫（Tycho von Wilamowitz-Moellendorff）同样是一位古典哲学家，1914 年 10 月 9 日在登布林战役中阵亡。莫伦多夫也在不久之后放弃了对《93 人宣言》的支持。——译者注

教堂遭到炮轰，这些都成了协约国师出有名的强大武器，足以昭告天下自己在捍卫文明社会价值观免遭德国人的野蛮暴行践踏。法国更是如此。天主教徒与世俗论者战前本来隔阂颇深，现在可好，但凡德国的东西，一律反对，竟然把两派一下子给团结在了一起。在英国，威灵顿别墅发布报告。报告由布莱斯勋爵领导的"调查德国暴行委员会"编纂而成，记录了德国在比利时和法国的累累暴行，虽然在遣词造句上看似正儿八经，但是一看内容，还是显得危言耸听。

有好几位法国作家声称发现了法国人和德国人在生理方面存在的显著差别。杰出的历史学家奥古斯丁·柯钦激动万分，煞有其事地指出德国人身上有一股特殊体味，"极其强烈，无法消除"。柯钦还在德国人身上发现了一种跳蚤，属于新的品种，比法国士兵身上的个头明显要大。这样的话不免过头，但凡有点脑子，理智尚存的人都会对这样的宣传心生反感。随着战争持续，变得愈加惨烈，有些人说的话变得越发无稽离谱。这些人为了支持自己国家打仗，不惜无中生有，捏造证据，编出种种不实之词，自然引起不少冷嘲热讽。

如果有人想当然地以为只有现代媒体才喜欢夸大其词、异想天开，欺世盗名。那么这些人真该回到1914年，去好好看一看那个年代的各国媒体是如何谣言满天，谎话连篇的。《每日邮报》刊载了一个故事，讲的是海军打了一场大胜仗。故事完全子虚乌有，纯属杜撰。"这些骇人听闻的流言蜚语一旦开了个头"，欧根·兰佩1914年9月初在卢布尔雅那写道，"便会以极快的速度传播开来。好比两个人在街上碰面，互问对方'有什么消息没有？'其实谁也没有新的消息。但是，总有人愿意听信谣传，传播谣言。整整一个星期，气氛极其紧张。家里有男人或者儿子在军中服役的都在悲痛祈祷，在战战兢兢中度日。报纸一来，就争先恐后地抢着去看，看过之后会压低声音小声说道：伤员名单中没见到我们家的人。他们根本就想瞒着我们！死了太多人，他们连记都记不清楚！"

响应号召，写战争报道的记者里头难得有几个对军事上的事情知晓一二，一看就知道是个门外汉。堑壕战刚刚出现那会儿，还被法国媒体斥为德国人孬种无能的表现，德国兵也被形容成一群"地鼠"。多家报纸在大肆谈论敌军有多么不堪一击、士气低落、食物短缺。有消息说奥地利的城市为免遭饥荒威胁，正在向意大利开口求援。德国据说有意征召意大利人来填补工人空缺，可惜招不到人。《泰晤士报》在9月下旬根据伤亡名单，做了一个极其夸张的估算，宣称英国远征军在一个月的战斗里头损失了40%的军官。路德维希·维特根斯坦当时正在维斯瓦河上的巡逻艇上工作，10月25日在信中写道："昨晚传来消息，说巴黎被我们打下来了，真是胡扯。我一开始非常高兴，随后意识到这种消息不可能是真的。新闻报道一旦开始乱猜，肯定说明情况不妙。要是真有好消息，这些假话就没有必要存在了。"5天之后，维特根斯坦拿到一份德国报纸，赶紧从头到尾，匆匆忙忙扫了一遍，结果发现根本就没有什么实质内容，感觉糟糕透了："没有好消息——就等于坏消息。"

与此同时，法国的《尼斯先锋报》在8月19日编了一个故事，说英国皇家海军和德国公海舰队在北海大打出手。英国海军据说损失了16艘无畏舰，其中就有"铁公爵"号、"狮"号和"壮丽"号。法国报纸特别热衷报道那位德国亲王的消息，说什么亲王此时正作为集团军司令在指挥部队作战：8月5日先是在柏林死于一场暗杀；15日在法国前线受了重伤，被送进医院；24日又在另外一场暗杀行动中遇刺身亡；9月4日据说试图自杀，虽然抢救了过来，但在10月18日再度受伤；20日在亲王夫人的目视下死在了床上；可是到了11月3日又被证实发了疯。这些故事没有一句真话，完全不值一信。

《法国行动报》向公众披露了一个消息，说美极乳品厂和卡布连锁店其实是个情报中心，由一帮普鲁士军官掌控，这些人早已加入法国国籍，一心盼着战争爆发；每个乳品厂里都暗藏着无线电发报机，美极牛奶里还掺进了毒药。一群不明真相的群众受到报道唆使，冲进工厂店内，把这些毫无关系的外资工厂和商店砸了个稀巴烂。不少故事离奇古怪，其中一个流传甚广。故事和"特平毒气"有关。这是一种新的超级炸药，据说由化学家欧仁·特平发明，可以不费吹灰之力就消灭躲在堑壕里的德国兵。法国讽刺周刊《鸭鸣报》正是创刊于这一时期，专门针对传统媒体上那些连篇累牍的谎言鬼话。

报纸出现这些问题，其实并非自身之过，而是因为政府拒绝告以实情，又不允许记者亲赴前线采访，才导致如此结果。英国的雷平顿上校抱怨审查制度遭到滥用，"用以掩盖政府、海军和陆军犯下的一切过错"。的确，审查制度在维持民众士气方面起到的作用要远在防止敌人获知行动机密之上，这一点毋庸置疑。在法国，陆军总参谋部在马恩河战役之后才开始向媒体透露口风，提供的信息少之又少。然而，伤害已经造成：巨大的裂痕已经产生，再也无法复原。法国的记者们自此之后对于一切官方声明始终表示怀疑——读者们也将很快失去对官方的信任。

战场上的法国士兵将这些报道轻蔑地称为"Bourrage de crane"，字面意思是"塞脑袋"，说得恰当一点，就是"鬼话"——士兵们拿到手的报纸上全是这些"鬼话"。《巴黎回声报》的莫里斯·巴莱以鼓吹战争名声在外，罗曼·罗兰大力宣扬和平主义，送给巴莱一个雅号"大屠杀的夜莺"。法国的士兵们对传统报纸毫无好感，转而看起了自己编写传抄的战地报纸，能够拿到手的话，也会看一些瑞士的报纸。哲学家阿兰·埃米尔·奥古斯特·沙蒂叶当时还是一个士兵，他在11月25日写道："《日内瓦日报》在我们这里特别抢手，军官们甚至拿来做起了剪报；军事报道写得令人拍手称道，我们的报纸相比起来简直就是荒唐，这一点人人都赞同。"

历史学家路易·德比杜尔也是军人出身，对此表示赞同："我们所有人都受不了那帮记者炮制出来的那些堑壕里的故事，说我们的士兵是多么别出心裁，氛围又是如何热烈，部队一派喜气洋洋，堑壕里头布置得别致生动，诸如此类，统统都是胡编乱造出来的。军队不过是保持镇定，队伍没散罢了。天气寒冷，气候恶劣，士兵身处这样的悲惨境地，只好听天由命，打起精神面对。"德国的报纸也在干这些骗人的勾当。法兰克福的《奥德报》上刊登了一篇特写，题为《埃纳河畔的勃兰登堡人》。作者是一名战地记者，在文中表扬士兵们把堑壕收拾得像家里一样舒适，懂得苦中作乐。防空洞在笔下被描绘成"装修布置，舒舒服服"；前线阵地上的营地据说和詹姆斯·费尼莫尔·库柏《皮袜子故事集》里面的美国旧边疆有异曲同工之妙。战争在年轻人的眼中也被描写成了一场激动人心的挑战。

第十三章
你和他跳过舞吗？
....

哪怕是最最荒唐的无稽之谈，欧洲各国的人们也好像信以为真。有个作家名叫亚瑟·梅琴，写了一篇短篇小说，登在了9月29日伦敦的《晚间新闻报》。作者在文中描述了英国远征军是如何在蒙斯目睹圣乔治现身，带领一群古代英格兰弓箭手奋勇杀敌的场景。射出的箭雨一下子射死了一万德军，而且不留一丝痕迹。梅琴的这篇文章虽然被明确列为小说，仍有不少人认为写的都是真人真事。与此同时，同盟国这边，奥地利人也在广为传唱一个12岁孩子的传奇故事。小姑娘名叫罗莎·泽诺克，据说在给莱姆博格战场上的伤员送水时不幸被弹片击中，落下了残疾。泽诺克失去了一条腿，被送进了维也纳的一家医院。弗朗茨·约瑟夫亲自探望，送给小姑娘一个盒式挂链，还答应替她买一副假肢。这个"莱姆博格小天使"的故事就此成为奥地利儿童文学的一大主题。《女士》杂志不肯甘居人后，也推出了一本英文新书，书名《比利时玩伴》，由内莉·波洛克创作而成。《女士》杂志写道："这是一本小小的故事书，写得很棒，也合时宜，适合孩子们阅读。讲的是当下战争的故事，场景一部分设在英国，一部分在比利时。"

两军交兵，士兵们之间形成的集体归宿感要比与后方民众的情感联系强烈得多，出现这种事情不足为奇。毕竟，各交战国政府有意将后方民众隔离开来，不让民众知道他们以人民的名义在战场上到底干了些什么。

德国人对英国军事动向的了解更多来自中立国传来的小道消息，而非协约国的报纸或者自己安插的间谍探子。柏林派出的第一个间谍是一名预备役军官，名叫卡尔·罗迪。此人特意说一口带有明显美国口音的英语，好引人注目。由于寄往中立城市斯德哥尔摩的信件遭到截获，罗迪于10月2日被捕。威斯敏斯特市政厅的一所公共军事法庭判处罗迪死刑。死刑如期执行。罗迪被枪毙在了伦敦塔的壕沟之内。他死前对宪兵副司令说道："我想你应该不会和一个间谍握手，对吧？""当然不会，"这位宪兵副司令答道，"但是我会和一个勇敢的人握手。"军情五处处长弗农·凯尔也敬重罗迪是条汉子，对枪决的决定感到遗憾。其他德国间谍后来被一锅端了个干净。有个在中立国荷兰的比利时难民给英国陆军部写了封信，告诉英国人联系人的真名叫弗兰斯·莱巴赫，还有德国间谍在鹿特丹的联系地址。

让柏林感到庆幸的是，其他信息渠道犹在，仍然能够随时掌握英军动向。所谓"上头的一万人"，也就是英国的上流社会向来不注意谨言慎行，让战场上的英军指挥官们大为头疼。最敏感的军事行动情报竟然可以在有钱贵妇的餐桌上传来传去，这些消息很快就会见诸中立国的报端，被敌人知道，自然正常。"要想打听消息，你只要去赴一场午宴就够了。我可以向你保证，像佩吉特夫人和阿斯特太太这样的大户人家，打听到的基本都是一手消息，绝对没错"，记者菲尔森·扬写道，"陆军部的那帮人一个个吃得脑满肠肥，每天过着神仙日子，先是不动神色，等到仆人离开房间，看着眼前摆着的桃子和杯里的波特酒，这才慢慢开口：'好吧，我知道的不多，不过跟大家说个事……'。这种事情直到今天仍然司空见惯。"有审查制度也好，没有审查制度也好，英国的军事安全大战期间一直岌岌可危，和受制于人的媒体向公众提供的消息一样乏善可陈。1914年—1918年的这场战争有一个显著特色——各国政府因为采取蠢笨甚至近乎打压的新闻管理政策，结果待到大战结束，声誉一落千丈。各交战国的统治者们欺骗了广大公众，也在很大程度上导致了日后信任的破灭。

第十四章
空旷的乡村、空旷的天空

第一节 丘吉尔的冒险

9月2日，交战双方在瑞士至凡尔登一线展开战斗。漫长的战线连绵不断，从瑞士一直通往凡尔登。一个星期过去，战线稳定下来，从凡尔登到马伊①又多了60英里。不过，在埃纳河到英吉利海峡之间仍然留有方圆170英里的空旷地带尚未遭到两军践踏蹂躏。法军和英军都在忙着抽调足够兵力，守住阵地。在北西两面，法金汉窥出端倪，认为有机会赶在冬天到来之前完成两翼合围，德皇的大军正是在8月错失良机。法金汉虽然并不认为德军仍有把握赢得绝对胜利，但是纵使无法对联军侧翼包抄，倘若能够拿下英吉利海峡沿线港市，可能的话甚至向西打到加莱，那么也好让德国在和谈开始时占据一个十分有利的战略地位。

英法联军为了应对威胁，开始重新部署。此番调兵遣将堪称联军参谋后勤工作的一次壮举。联军指挥官们普遍感觉乐观，认为在法国北部和比利时尚未被德军占领的地区，发起一场快速运动战依旧可行，不用像在贵妇小径那样毫无意义地乱打一通。西线在9月、10月见证了1914年的最后一场可怕混

---

① 马伊（Mailly），地名，位于法国东部勃艮第索恩－卢瓦尔省的一个小城，以风景优美而闻名，法国第三炮兵团就驻扎于此。——译者注

战。深秋日近，天气不断恶化，敌对双方虽然对于海峡沿岸一线兴趣不大，想得更多的是如何包抄切断对方的后路，但还是展开了一场被通称为"奔向大海"的交战。约翰·弗伦奇爵士让英国远征军移至联军左翼，原因部分在于图个方便，好和英国本土交通，另外也希望手下这支小小的远征军和强大的骑兵分队能够充分利用沿岸优势，把握战机。然而，无论英国人，还是法国人和比利时人，都发现自己从一开始就陷入一系列遭遇战中难以脱身，接下来的正面攻坚战一打就是好几个星期，成为大战中最难熬的一段日子，联军防线在德军大规模攻势面前岌岌可危。

法金汉原本做出的判断不错，谁料走马上任后下的第一脚棋就违背初衷，竟然批准比洛孤军深入，向苏瓦松−兰斯前线突进。行动在9月16日宣告失败，法金汉随后孤注一掷，全力加强右翼。法军这厢，莫努里同样希望避免与敌正面交锋，一心绕开克拉克，小心翼翼地沿瓦兹河溯流而上，不料17日遭遇德军，行动受阻。霞飞赶紧派兵北上，组成一支新的集团军，交由卡斯特诺指挥。这位73岁的老将身体健硕，在"南希的大皇冠"一役中表现"稳如磐石"。不过，卡斯特诺手下都是预备役士兵，既无斗志，也没有受过正规训练。法金汉得以腾出手来，分兵应对。新组建的集团军由巴伐利亚亲王鲁普雷希特指挥。德军的问题在于虽然占领了比利时、卢森堡和法国部分地区，但这些地方铁路为东西走向，难以大规模调兵遣将，从战线最南端运兵北上。比利时境内铁轨损坏严重，国王阿尔贝的国民们在撤退途中进行了大规模破坏，将大部分机车运到了法国。德国人虽然征调了2.6万名劳力清理阻塞的隧道，修复损坏的铁轨，但是铁路系统直到10月依旧无法恢复正常运行。

德国人从9月开始，直到11月一直在源源不断向海岸增派援军，可是兵力仍然远远不够，无法毕其功于一役。法国人的火车要好用一些，这一点区别至关重要。9月23日晚，鲁普雷希特的第六集团军向瓦兹河上游进发。霞飞身在统帅部，一时没有反应过来，摸清德军此举意在何为。不过，卡斯特诺的小伙子们有本事阻止德军的前进步伐。法军26日在南面挫败了德国人的另外一次突进，德军伤亡惨重。这一次又是在南面，法金汉麾下各路将领倾巢而出，下场和霞飞在8月行动中几乎一模一样——当时进攻的是法国人。不过，北面才是注意力真正所在：对于参加战斗的四个国家来说，不少士兵打心底希望能够赢得一场历史性胜利。法国境内，通往亚眠、阿拉斯、朗斯和里尔的各条公路上都挤满了骑兵和车辆；火车往返不停，将成队成队的步兵运到各地的指定下车集结点。

德军战线情况大同小异。炮兵赫伯特·苏尔茨巴赫随队奔赴前线，路上看着骑兵从自己的队伍跟前经过，一队接着一队，场面甚是壮观。苏尔茨巴赫在10月6日的日记里写道："有达姆施塔特的龙骑兵、特里尔的猎骑兵，还有梅斯、卡尔斯鲁厄、布鲁赫萨尔、牟罗兹和卡塞尔来的骑兵团：骑兵们手持长矛，威风凛凛，给人感觉即将投身一场大战……看得人心中充满希望，激动不已。眼前疾驰而过的人里头有好些熟悉的面孔。这些人要在这片宽广的阵地上狭路相逢，该有多么奇怪。"苏尔茨巴赫发现自己的下巴冒出了胡子茬，更加激动起来，像老兵一样嘴里嘟囔道："好几百万人一起打这一仗，能够成为其中一员，感觉真是妙不可言。"

德皇御驾亲临绍尼前线劳军，旨在打消士兵心中的疑虑。"圣诞节前大家就可以回家了，"德皇反复强调，"我会让大家尽快回家的。"在巴黎，马恩河大捷的余韵犹在，人们同样思乡心切。英国大使馆的弗朗索瓦·伯迪爵士在10月1日写道："如果霞飞这一仗打赢了，为法国夺回阿尔萨斯–洛林，他就可以想干什么就干什么了。"不过，这只是那些未经战阵之人的想法。那位法军最高统帅在这个想法成为现实之前，首先必须被迫放弃侧翼包抄德军的企图。霞飞虽然在源源不断地向前线增兵，却始终认为除了守住防线之外，别无良策阻挠德军的宏伟计划。鲁普雷希特亲王的大军此时正朝里尔进军，阿拉斯告急。10月4日晚，阿拉斯被围。霞飞面对威胁，任命斐迪南·福煦代表自己负责指挥整个北部战区。福熙身为全权代表，在接下来数周之内做出的主要贡献在于让全军保持了钢铁一般的意志。福熙告诉下属，撤退断无可能，全军将士誓与阵地共存亡。德·毛迪此时正在福熙麾下任第十集团军司令，率部击退了德军对阿拉斯发动的一次主攻。随着10月6日夜幕降临，阵线基本稳定下来，法金汉只好转移注意，另谋他处。

　　法国人清楚知道单凭一己之力，无法掌握自己国家北部和比利时尚未占领地区的命运，英军和比利时军队同样起着关键作用。从9月的最后一个星期开始，鲁普雷希特亲王的军队在对阿拉斯以东法军发起进攻的同时横扫比利时。当地民众和比利时军队一路后退。根特的让娜·范·布莱恩博格夫人心事重重，在给朋友的信中写道："我们听到了好几次炮声，你根本想象不出这种巨大的声响有多么可怕……想一想，大炮每响一声，都会有好多人送命……想必你也在你们当地的报纸上听说了我们这里的遭遇，男女老少被统统杀了个精光，全村全城都给烧成了一片火海。"

　　30日，志愿参军的英国护士格莱蒂斯·温特波顿开车去威海姆接一名伤员，路上到处都是残缺的尸体，只能绕来绕去。"桥边上躺着一个人，是那帮帅气小哨兵中的一个——已经死了。我们冒着猛烈的炮火过桥……就在这个时候，从桥的另一头跑过来12个士兵，一个个全都吓得腿脚发软，紧紧抓住桥两边的栏杆不放。带头的死了，这帮当兵的只好四散逃命。我们没有找到伤员，就把这12个士兵接上了车……这一伙人相当激动，差一点儿要抱住我，谢谢我救了他们。我实在累坏了，再也经不起猛烈的炮火折腾了。"

　　法金汉下令务必扫清安特卫普这个障碍。德军已经先后两次遭到要塞内比利时驻军的骚扰，第一次是在勒卡托，第二次是在埃纳河战役的时候。德国人现在下定决心，要把这个眼中钉给彻底拔掉，解除对德军通信的威胁。德军最高指挥部从预备役部队紧急抽调一个军，在重型火炮支援之下开始攻城。比利时陆军大部分兵力聚集城内。声名扫地的毛奇也亲自来到安特卫普，希望能够重拾几分威望。比利时向法国求援，却遭到霞飞拒绝，因为安特卫普并不在霞飞的大战略计划之内——按照霞飞判断，安特卫普已成孤城，根本无法守住。在这位法军最高统帅看来，撤退势在必行。他只派遣了为数不多的一些佐阿夫步兵，地方军和陆战队前去掩护安特卫普卫戍部队撤退，好让比利时人沿着海岸一线退到法国境内。

　　不过，英国人雄心勃勃，另有打算。英国人对阿尔贝国王的这个国家投入了大量感情。约翰·高尔斯华绥在《每日邮报》上大声疾呼："我们打算为比利时做些什么？——比利时是一众小国当中最英勇无畏的一个，却仅仅因为忠诚遭到铁蹄践踏。多少国家因为这场上帝的大决战受苦受难，比利时是中间最无辜的一个，我们又能为比利时做些什么？"这位小说家说得情真意切，道出了英国民众的心声。比利时虽然遭到入侵，但是相当一部分国土并未落入敌手。英国倘若出兵相助，肯定能够帮助比利时摆脱遭人奴役的命运。不少英国人，其中不乏文官武将，一想到能够在家门口，也就是皇家海军势力范围之内打上一仗，自然来了兴致。现在比利时给了英国人一个机会，可以不用再受霞飞和那帮法国人的干扰，独自作战了。

约翰·弗伦奇爵士一向不懂审时度势，哪怕此番有机会带着整支英国远征军驰援安特卫普，依旧拖拖拉拉——其实，弗伦奇自打8月开始就想让远征军留在安特卫普。假设这个计划真的付诸实施，弗伦奇的部队几乎肯定会落入德军包围，甚至来不及逃跑就全军覆没。弗伦奇拖到最后，只是与法军达成一致，将英国远征军从埃纳河重新部署到联军左翼。10月1日晚，英军各部开始从贵妇小径陆续后撤。虽然已经开始撤退，英军还是在安特卫普发起了一场冒险。向安特卫普派遣整支远征军的想法尽管已经作罢，英军阵中有几个胆大的还是认为有机会试一试。

文职人员诺曼·麦克劳德在当年的海军部文件里偶然发现了一本战前留下的战略备忘录。备忘录是丘吉尔写的，用麦克劳德的话来说，写得简直"妙不可言"。丘吉尔早在1911年就描绘了同盟国和协约国之间必有一战，"预言法国将在东北战线上被迫保持守势，很可能在德国借道比利时，发起进攻之前就得将领土拱手相让，就连巴黎也可能面临危险"——法国人民得玩一场伺机而动的游戏，至于他们有没有这个本事，丘吉尔表示质疑——英国将派遣29万人的部队支援法国——40天过后，战局就将扭转。不过，麦克劳德对自己如此钦佩丘吉尔也做了一番解释，写道："这份文件差不多是我见过丘吉尔唯一能够展示自身才华的东西——海军师的计划已经让人看到了他的问题——丘吉尔头脑灵活，点子很多，办事也相当得力，但是欠缺平衡与连贯，所以真正做起来实际效果不好。我很难想象丘吉尔能够把脑子里的宏伟计划一步一步，扎扎实实地执行到底。他这个人做任何事情都是开了个头，便没了下文，若是计划得不到贯彻，就会拿出一些惩罚来唬人，威胁部

门头头，接下来又是犹犹豫豫，一拖再拖，迟迟不能决断，直到最后放弃计划。"

鉴于那位海军大臣令人捉摸不透的进取之心，麦克劳德的上述评论似乎颇有有先见之明。麦克劳德提到的"海军师计划"是丘吉尔想出的一个典型的海盗做法。丘吉尔纠集了一帮皇家海军陆战队和海军部冗员，一心想要组建一支属于自己的私人军队，于是搬出一堆理由，声称安特卫普是个天赐良机，能够实现自己英军两栖登陆的梦想。可是，这个想法不管从哪个角度来看都欠缺审慎，甚至可以说鲁莽冒失。安特卫普被丘吉尔视为欧洲大陆上的一个滩头，无险可守，要想增援，只能溯斯凯尔特河而上，此举势必打破荷兰的中立地位。即便如此，这位海军大臣仍然自命为英国的全权代表，认为唯有自己能够解安特卫普之围，指挥着当时唯一能够抽调使用的英军部队——他自己的海军师——出发了。

安特卫普周围部署的比利时军队正身陷困境。一个月前，法国《晨报》还言之凿凿地宣称安特卫普"坚不可摧"。可是，这座要塞事实上自从1900年之后就再也没有添置过任何现代化防御武器，和列日要塞一样在现代大炮面前不堪一击。卫戍部队中有两名掷弹兵，一个叫爱德华·比尔，一个叫夏尔·比尔，二人来自布鲁塞尔一个富裕家庭，家中兄弟四人。比尔兄弟七周之前匆忙入伍，一心建功立业，没想到被送到安特卫普，日复一日，每天就是挥着铁锹挖沟开壕，心情低落。此时此刻，兄弟二人身陷德军攻势之中。城市近郊要塞遭到猛烈炮火攻击，一发炮弹击中弹药库，引发巨大爆炸。爱德华·比尔在日记中写道：

我们需要鼓起全部勇气。场面太可怕了！到处都是尸体，有的没了脑袋，有的已经看不出模样，断肢横飞，开膛破肚。呻吟惨叫声不绝于耳，听得人心惶惶。大多数尸体都没有军牌，无法辨认。有个地方躺了37具死尸，活下来的只有4个，都受了伤，其中两个伤势严重。

抬担架的不肯上前面去，我们的指挥官于是看谁愿意自告奋勇，把那两个伤得最重的抬到农场去。夏尔、我，还有另外两个人站了出来。指挥官同我们一一握手，说道："有种，好样的。"我们穿过开阔地带，炮弹在身旁四散炸开，有时候就在眼前。受伤的那两个人我们每走一步，就哼一下，越走哼得越厉害。我们走不到二十步就得停下来，手指上湿漉漉的全是泥，抓不住裹伤员的毯子。

几个人好不容易到了阵地，放下担子，赶紧打道回府，回到要塞，受到了战友们的热烈欢迎。大伙儿见到他们活着回来，也都感到意外。

9月28日，德军对安特卫普外围60英里防线正式展开围攻，只剩下西面荷兰和比利时交界一线的公路网开一面，未被包围。安特卫普周围大片农田已被放水淹没，成了一片泽国。此举原本打算阻止敌军进攻，结果没想到地表水深，害得要塞外面的防御部队没法挖壕据守。到了9月30日，也就是星期三晚上，德军开始发起持续炮击。爱德华·比尔写道："场面甚是吓人。前面后面都能看见大炮发出的火光；北面全是火，南面和西面也是一样火光冲天。阿弗尔–圣卡特尼村中心燃起熊熊大火，烧得像个火炬，就连教堂钟楼也起了大火。"到了第二天早上，比尔所在的部队被大炮炸得实在顶不住，只好丢下阵地。好在当晚趁着大雾弥漫，又夺回了阵地。比尔过了几天继续写道："这是我们第三个晚上没有合眼了……今天的炮击又死了4个，这一条沟里已经死了20个……哎，恨虽然恨，但是起不到作用。看到战友就在身边倒下，其他人受伤，却没法替他们报仇雪恨！眼看着同伴还没来得及开打，就倒在敌人的机关枪下。这段时期的密集炮轰太伤士气了。"

丘吉尔的皇家海军师士兵身上穿着海军军服，装备奇缺，可以说根本没有受过训练，压根不知如何陆上作战。丘吉尔对于打一枪换一个地方这种打法情有独钟，之前已经派遣海军师干过好几回类似的事，第一次去的是奥斯坦德，接着是敦刻尔克，之后又去了里尔。这位海军大臣丢下海军部里的位子，心急火燎地亲自赶赴安特卫普，乘着一辆劳斯莱斯敞篷汽车在市内巡视。丘吉尔有一名随从，是个新兵，名叫亨利·斯蒂文斯，如此这般描述了丘吉尔的此行经过："在我看来，处处都是丘吉尔先生在做主……他对阵地不大满意……时不时骂上几句，批评比利时军队堑壕选址不对，修得差劲……

表达观点的时候非常强势，挥着手杖，敲着地面。说话极其尖刻，发泄一通之后会走上几步，看着敌军的方向出神。有时候一言不发，迈开大步，说走就走，一头钻进车里，极不耐烦地等着……丘吉尔有一回发现一条堑壕里头守兵极少，劈头就是一句'这帮浑蛋死到哪里去了'。"

　　只要看看比利时军队是何等不堪一击，再看一看安特卫普地处联军控制区域的最西北尽头，远水救不了近火，就知道这场战役人人都认为没可能打赢。现如今，却把一支兵力不足，临时拼凑的英国部队投入到这样一场战役中去，这种做法无论说怎样荒唐，都不为过。皇家海军陆战队上校莫里斯·费斯廷描述了自己的部下放弃里尔时有多么难过。里尔当地居民一度将他们视为救星，大加欢迎。可是，他们迫于丘吉尔的命令，却不得不放弃里尔，赶赴安特卫普。费斯廷在10月4日的日记中写道："离开里尔对我来说是一场痛苦的回忆，只希望再也不要喊我去干这么丢人、这么痛苦的事情。"

　　陆战队士兵放弃里尔之后，一路心神不宁，步履蹒跚地往北进发，准备与南下的比利时炮兵会师。从这一点便可看出，联军口口声声誓要保卫安特卫普，其实并非真心实意。让费斯廷和战友们感到更加困惑的是自己要奉命完成的目标——区区2500人，一无炮火支援，二无后勤保障，更加糟糕的是还饥肠辘辘，饿得要命。一行人突然发现竟然遇上了海军大臣本人，不禁大吃一惊。眼前的这位海军大臣浑身滚圆，身披披风，头戴一顶海军军帽。"我们正在赶路，海军大臣视察了队伍，承诺吃的会丰盛一些。他看起来显得相当激动。"海军陆战队最终抵达安特卫普，海军师还有另外一个旅，纯粹就是一帮乌合之众，也加入进来。全队随后被带往阵地，很快发现德军观察兵可以通过系留气球指挥炮火，阵地处在敌军炮火威胁之下。丘吉尔弄来了几辆劳斯莱斯装甲车和一辆装甲列车，开车的全是身穿水兵服的水兵，这帮人到了这个时候也已经打过一些小仗。接着命令传来，要求坚守阵地，直至最后一人。莫里斯·费斯廷写道："竟然下这样的命令，可把我气炸了。要守住这样一个毫无意义的阵地本来就荒唐透顶，不说倒也罢了，现在居然还下了军令，简直忍无可忍。"

　　英国海军部战前已经指定海军陆战队在舰上服役。军事动员开始之前，

第十四章
空旷的乡村、空旷的天空
....

"海军陆战队的军事训练水平已经跌至谷底，近乎滑稽可笑……（到了此时此刻）海军陆战队发现自己一没有计划，二没有装备和训练应对这样的紧急状况。"参加此次行动的人不少上了年纪，属于后备军人。费斯廷在到达安特卫普的头一个晚上就吓了一跳。他去一个营视察岗哨，发现全营上下竟然全都睡得如同烂泥，连一个哨兵也没有安排。第二天10月7日，士兵们首先接到命令撤退，刚刚走出没多远，又得到命令，要求掉头回去，把之前的阵地重新夺回来。费斯廷临危受命，当上了副旅长。他上任后的头一项命令就是把英军指挥部上空飘扬的那面大大的红十字旗给降了下来，插在了一家精神病院前面。这样做倒也恰如其分——一天之后，这个旅就因为精神过于紧张，被打得溃不成军。

与此同时，比利时守军的境况变得更加绝望。爱德华·比尔在7日写道："随着夜晚很快来临，我们接到新的命令：趁着起雾，把村外的堑壕给夺回来。将军说了：'要不惜一切代价'，哪怕路上损失一半兵力也要完成任务。我们部队排成两列纵队前进，夜色漆黑，鸦雀无声。很快眼前出现一片巨大的火光，瓦切比燃起熊熊大火，烧得只剩下了断垣残壁。随处可见着火的房屋在火中还没有完全垮塌。村民们丢下的牲口在四处觅食。我们继续往前赶路，眼前的景象让人过目难忘，心情低落。脚踩在碎石路上沙沙作响，路上留下的一个个深坑表明这里给炮弹炸得有多惨。"

丘吉尔日后谈起德国后备役部队时显得相当不屑，认为这支不入流的队伍在比利时要塞里"扭来扭去，像蠕虫一样"。不过，明眼人一看就知道联军已经无力坚守防线：安特卫普在劫难逃。皇家海军陆战队从杰克·西利上校那里得到命令，全军撤退。西利原为英国陆军部长，此时也已到了战场，在海军师参谋部底下临时干事。费斯廷说话可没好气，直言此人就是"军中那帮游手好闲玩弄权术之徒中的一个"。混乱接踵而至。英军各部队开始零零碎碎地撤出阵地，逃离安特卫普。"我想此时此刻没有任何一个人比西利上校更让我讨厌。我知道他是温斯顿·丘吉尔先生的一个重要朋友。我真的要诅咒老天，为什么让我们旅这么倒霉，落到这两个家伙手中。这两个家伙都是职业政客，对当兵打仗一知半解。"

　　随着情况明了，英军开始陆续撤出安特卫普，要塞无力回天。副旅长费斯廷，连同有病在身的旅长，还有参谋官，一股脑儿全都挤进了唯一的一辆汽车，有人甚至站在了车门两侧的踏板上头。黑色的夜空被着火房屋燃起的熊熊大火划破。一行人走走停停，汽车发出突突声响，有两个轮胎爆了，只能依靠轮圈继续行驶。费斯廷写道："10月8日晚上的安特卫普简直见了鬼。"英国人经过好一番苦苦哀求，才让将信将疑的守城士兵打开梅赫伦大门，成功逃了出去。

　　比利时军队共有8万士兵从安特卫普撤出，后来随着法金汉加紧对比利时的钳制，接连打了好几场硬仗，面对占据压倒优势的德军表现英勇。撤退队伍中有一小群英国护士和救护车司机加入比军作战。埃尔希·诺克尔是其中一员，他10月9日下午正好在根特北面一个名叫梅勒的村子里。诺克尔写道："德国人突然冲上街道，枪上都上了刺刀。炮火猛烈，我们只好撤离。"诺克尔后来听说不少死伤的士兵就躺在不远处的一块萝卜地里。诺克尔坐车赶到现场，发现几十个德国兵，死的死，伤的伤，躺在法国陆战队士兵中间。开车的汤姆是个伦敦佬，两个人赶紧把伤员转移到车上，装了满满一车。汤姆开车载着伤员去了安全地带，留下诺克尔在原地，还有3个德国兵和1个肩膀烂了的比利时兵要照看。

　　诺克尔在日记中写道："四周一片死寂，听不到一丝声响。直到救护车远远消失在路上，我才回过神来，意识到自己孤身一人。我坐在萝卜地里，身旁躺着200具死尸，还有4个伤员坐在地上。我寻思着：'汤姆会不会被抓住，回不来了？''德国人会不会想夺回梅勒，从萝卜地打过来？'我突然听到不远处传来一个声音，说道：'小姑娘，你会说德语吗？'我答道：'会。'这个坐着的伤员接着说：'你随便找个死人，把大衣和帽子脱了，过来我们坐在一起。'……这个伤兵告诉我德国人就在萝卜地的另一头，要是看到我穿着卡其色制服可能会开枪。"

　　诺克尔一直等到天色渐暗，终于看见救护车朝自己开了回来，一个小时之后安然无恙地回到了医院。诺克尔日后兴高采烈地评价了自己的此番经历，极其生动的反衬出那个时代中产阶级女性和平时期的生活是多么无聊与压抑："这样妙不可言的大日子，我可不愿错过。"诺克尔在接下来的好多年里一直保留着这份追求刺激与浪漫的心，即使后来嫁给一位比利时飞行员，成为塞格拉斯男爵夫人，依旧热情不减。

一个星期之后，就在西面几英里开外，那位英国首相的千金小姐也在这场屠杀中找到了某种类似的冒险激情。瓦奥莱特·阿斯奎斯漂洋过海，来到法国，亲临战场，四处巡游了几天。她有一次走到巴约勒，那里距离前线后方大约3英里，见到当地百姓在嘲讽德军战俘，于是上前狠狠批评了一顿："你们不要这么取笑战俘。"法国人不以为然："噢，夫人！我们就要笑他们！您打算干什么？德国人是下等民族，是强盗，是野蛮人，到处搞破坏，搞抢劫。"法国正在遭受德国侵略者的蹂躏，而一个英国女人像观光客一样，走到哪里都说三道四，指手画脚，引起法国人的厌恶，不难理解。"亲爱的爸爸，"瓦奥莱特在给首相父亲的信中写道，"这次出行的所见所闻让我触目惊心，印象深刻。相比之下，之前经历过的，还有差一点发生的事情都显得苍白干瘪，索然无味。"

安特卫普于10月10日下午开城投降。大部分守城部队和英军分队已经沿着海岸线顺利逃离，与联军余部会师。留在阿尔贝国王手中的比利时国土此时只剩下了狭长的一小条。国王骄傲地宣布自己将留守德帕内，直到战争结束。虽然最终有一千多水兵被德军俘虏，或在荷兰遭到拘押，英国海军师仍然通过奥斯坦德撤出了比利时，新组建的英军第七师也从奥斯坦德登陆上岸。该师原本为了增援安特卫普守军而来，好在审时度势的明智意见占了上风。不过，这却激怒了丘吉尔。

这位海军大臣10月26日致函约翰·弗伦奇，写道："安特卫普对我来说是一场不小的打击，也给我的敌人多多少少留下了口实。"丘吉尔后来又自怨自艾地舔起了"政治"伤疤，写道："这些年虚长了几岁，也徒增了几分见识，现在回头来看，我当时太过自以为是，执行这样的任务相当危险，胜算渺茫。"丘吉尔从未承认过安特卫普其实就是一场惨败。莫里斯·费斯廷对此大为反感，写道："人们真该设定一些条条框框，来限制温斯顿·丘吉尔先生的胃口。他这个人只要冲动一来，就会意气用事，干出一些胆大妄为

的混账事情来。可是，安特卫普尘埃落定才刚刚几个月，丘吉尔又开始忙活起来，这一回换成了达达尼尔。要是这段故事落到某个出版商手里，我一定要让英国老百姓做个见证，确保皇家海军陆战队再也不要接到陆上作战的命令，除非有训练、有组织，有装备，做好了准备上岸打仗。"

温斯顿·丘吉尔的一些崇拜者和传记作者对丘吉尔在安特卫普横插一手显得宽宏大量，认为这是一场冒险，充满着传奇色彩，为丘吉尔的多彩人生又增添了一份亮色。可是，事实上发生的事情却是如此愚蠢，令人瞠目结舌。干这些蠢事的这位大臣不仅滥用权力，还背离职责。让人惊讶的是，这位海军大臣的阁僚同事们竟然如此轻易就原谅了他的错误判断，要知道这些误判原本会断送掉大部分人的政治生命。丘吉尔10月3日给首相发去电报，提出辞去海军大臣的职务，作为交换，要求"获得一名别动队指挥官带兵打仗的全部权力"，结果引起同僚一片嘲笑。阿斯奎斯写道："温斯顿以前是一名轻骑兵中尉，我若是答应了他的要求，他的手下可能会指挥两名战功赫赫的少将，至于准将、上校，就更多了。"

虽然，阿斯奎斯对于丘吉尔在安特卫普的所作所为看得很开，依旧保持善意，可其他高级军官纷纷对此感到震惊。海军部文职人员诺曼·麦克劳德10月12日写道，第四海军大臣"对于丘吉尔充当战略家的行为极尽挖苦"。英王私人秘书斯坦福德姆爵士的评价同样不无道理："我们的朋友（丘吉尔）一定是昏了头。"另一位海军军官也轻蔑地说道，安特卫普事件"看起来就像儿童读物里的故事"。《晨报》在13日的社论中对于这位海军大臣的所作所为进行了大肆批评，引得《新政治家》杂志也为其连连叫好，认为"此前对于政府的批评之声几乎全部遭到压制，这一回终于有一家声名显赫的报纸打破了报界自己套在自己头上的框框"。10月16日，麦克劳德再次写道："失望之情随处可见——公众对于安特卫普失守，反应尤为强烈，毕竟之前的报道太过乐观……德国人正在朝着奥斯坦德和华沙进军……这也产生了影响——标志着海军部内部已经失去信心。"

阿尔贝国王的军队早已溃不成军、士气低落，此时已经退至伊瑟河和运河。伊瑟运河是一条修建于中世纪的古老河道，英国的羊毛正是通过运河从海上运往内陆，经尼乌波特，抵达巨大的制衣中心伊普尔。德罗西·菲尔丁在附近服役，她在10月10日给家人的信中写道："比利时军队已经吓破了胆，连德国人的照面都不敢打。只要一听到打仗就立马撤退。这帮人一连好几个月来早就受够了德国人的冲击，已经完全累垮，变得像兔子一样，一有风吹草动就逃之夭夭。不过，看到周围有这么多英国兵，还是让人感到一丝希望，你知道只要有英国兵在，就不会输。"让娜·范·布莱恩博格的丈夫在比利时军中服役，她10月11日在根特给英国的一个朋友写信，说道："我们每个人都非常敬佩英国，英国真是一个伟大的慷慨的国家。英国士兵打街上走过的时候，所有人都在夹道欢迎。"

但是，英军在根特的日子也不会长久。战争如潮水一样席卷根特，德国人成了这座城市的主人。第七师的人德罗西·菲尔丁之前见过。这个师从比利时的登陆港口出发，朝着伊普尔以北的阵地进发。一名皇家威尔士火枪兵团军官遇见乔治·马尔科姆上尉。上尉是新来的苏格兰步兵团的一员。上尉向军官表示歉意，说自己参加战斗"来得太晚，还没来得及看上一眼"。马尔科姆的担心多余了。对于所有来到这里的人来说，人人都会有足够的仗要打。第七师继续前进，前往会合点与正从南面赶来的远征军其他部队会师。两支队伍最终在战场相遇。这个战场将在接下来的几个月里成为埋葬这支老旧英国陆军的坟场。

第二节 "魔鬼的发明"

对于1914年参战的士兵们来说，新技术带来的机遇不少，也制造出了很多麻烦。头等大事当数人类终于成功实现动力飞行。8月25日，南希以东的巴伐利亚军司令部有一个参谋突然发现一架飞机在头顶盘旋，转了几圈之后，扔下一个闪闪发光的东西。巴伐利亚人还在寻思丢下这样一个毫无威胁的炮仗到底是何用意，就遭到了法国人的炮轰——原来他们的阵地已经被飞机投下的照明弹照得一清二楚。

有位当代作家名叫克里斯蒂安·柯尔特，指出人们刚一发现天空可以任由人类驰骋，不少人心中便激荡起了控制的欲望，一如征服狂野的非洲一般。回首19世纪，士兵飞上天空的冒险行为还只限于偶尔利用观测气球而已，那气球还得靠绳索系住。这些观测气球的确能够起到作用，整个"一战"期间也在继续使用，只是视野有限，而且只能在作战人员本方阵地后方升空。动力飞行标志着一个惊人的进步。1903年，莱特兄弟成功完成首次起飞，成功挣脱了地球千百年来对人类的束缚。在大战到来之前的短短11年间，飞机性能突飞猛进。德国试飞员厄内斯特·坎特尔在航空日志中写道，自己1910年时的飞行高度只有80英尺，两年后已经升至将近5000英尺。1908年每五名飞行员就有一人身亡，相当于每飞行1000英里就有一名飞行员死亡。到了1912年，事故死亡率已经降至五十一分之一，相当于每飞行10.3万英里才有一名飞行员死亡。

德国的军事将领们一开始更感兴趣的是飞艇，而非飞机，他们在1907年拒绝了莱特兄弟提出的商业计划。不过，一些业内人士很快看到，重于空气的飞行器在不久的将来将比齐柏林飞艇更加有效：威廉·黑森认为"这些飞行器将凭借着优越的速度与飞行能力，很快超越现存所有机械交通工具"。1909年，德国得知法国正在训练41名军事飞行员，而德国只有10人受训。德国人受此刺激，开始以更加严肃的态度对待这项新兴技术。阿巴托斯公司的沃尔特·胡特博士出钱让自己公司的司机学习如何开飞机，这名司机后来也成了一名军事教员。

第二年，法国将军约瑟夫·莫努里——此君后来在马恩河战役中担任第六集团军司令——在军事演习中亲自体会了一把飞行的滋味，亲眼见识了飞机对于战争的巨大价值，深受震撼。德国陆军1912年演习结束之后，法金汉也开始思索一系列技术创新，最受关注的便是飞机："这些魔鬼的发明一旦开始工作，起到的作用令人惊叹；即便派不上用场，也不会有任何损失。"1914年3月，德皇正式给予德国陆军飞行队与其他部队同等待遇，并且要求新教教会在为陆军日常祈祷时把飞行兵也加进去。

英国在空军方面起步较慢：1909年，陆军部暂时中断了陆军飞行实验，声称一次实验花费2500英镑过于昂贵。殊不知德国人已经在这上面花去了40万英镑，法国人的开销也少不了多少。即便如此，英国皇家飞行队还是于1912年宣告成立。在一年之后的一次演习当中，陆军中将詹姆斯·格里尔森爵士向英王乔治汇报："陛下，我认为这些飞机在打仗的时候会要坏事。每次飞机从头顶飞过，我都只能命令士兵们用干草遮住脑袋。这家伙还发出噪音，像个蘑菇。"话虽如此，富于想象的格里尔森仍然成了这项新技术的早期信徒，利用空中侦察赢得了一次演习。每一支军队的高级军官都意识到从空中俯瞰地面会有多么巨大的威力，可以深入敌后，改变战争规则。兵力集中反倒成为轰炸的活靶子，每一次行动都可能遭到敌军反击。在以往的战争中，指挥官喜欢开战之前在山顶安营扎寨，以便纵览战场全局。现在再这么暴露自己无异于自寻死路：德国参谋条例就明文规定，不得将指挥部设在醒目的地方。

不过，空中侦察并非没有局限。最明显的限制就是天气：云层过低，或者大雨倾盆都能让飞机无法起飞。即使飞行员成功升空，观察到了部队动向，要想将看到的情形说个明白，还得下一番苦功。不仅如此，飞行员也无法保证那帮将军们会对自己的报告产生兴趣——弗伦奇在蒙斯，还有克拉克在马恩河就是两个明显的例子，说明指挥官即使得到空中情报，还是无法做出合适的决定。最后，飞机数量长期以来一直不多，尤其是在东线。德国人一开始有254名受过训练的飞行员和246架飞机，其中一半是鸽式单翼机，剩下的是阿巴托斯公司和亚蒂克公司生产的，不过只有很少一部分随时可用。法国陆军飞行队情况差不多，有200架飞机和500名受过训练的飞行员，民间志愿飞行者不久也加入进来。这些飞机大多数由科德隆公司和莫拉纳-索尔尼埃公司生产，通常被编成小队飞行，有时6架双座飞机一组，有时4架单座飞机一组。法国陆军飞行队的指挥官做事反复无常，一开始自作主张动员飞行员是在7月初，也就是大战开始前一个月，随后得出结论，认为所有冲突不会持续太久，8月一到就关闭飞行学校，把所有教员送往前线。直到后来一位新的将军走马上任，才采取更为明智的政策。

英国参战时有197名飞行员和113架飞机可用，大部分是法尔曼和BE2a双

翼机。丘吉尔也单独组建了一支皇家海军飞行队,一开始自欺欺人,认为只要邀请一些有地位的飞行爱好者,拿到自己的航空俱乐部飞行资格证,就能找到替补飞行员,替补的只要交纳75英镑就能入伍服役。陆军部颁布的一条指令明文写道:"应该鼓励有飞机的皇家飞行队成员带上自己的飞机去中央飞行学校,在学校接受训练。"不过,皇家飞行队在1914年秋匆忙上马了一个飞行训练项目。战争还没结束,训练中遇难的飞行员甚至比被敌人杀死的还要多。第一个在战场上受伤的皇家飞行员是军士长吉灵斯,他在8月22日飞越比利时领空时被一发步枪子弹击中了大腿。

这个时候的奥地利人有48架飞机,比利时人只有12架。俄国人的纸面实力骇人,拥有飞机200多架,型号多达16种,充分展现了自己的设计天赋。不过,拙劣的组织能力让这些飞机一直无法投入实战。交战各国当中只有法国在战前拥有实战经验,在1913年的摩洛哥殖民地战役中利用飞机执行过军事任务。法国人的双翼飞机时速在50英里至70英里,根据天候情况,升至6000英尺需要30分钟到60分钟不等。布雷里奥和鸽式单翼机速度会更快一些,也更敏捷。

早期的人们对于飞机并不熟悉,地面上的人看到飞机出现在空中,一脸茫然,不知为何物,惊讶不已。英国修女梅恩在比利时看到鸽式单翼机,形容像一只"美丽的小鸟"。不过,士兵和民众很快明白这些飞行器将成为自己安宁生活的直接威胁,于是开始想方设法消灭飞机。8月6日傍晚,弗莱堡市民看见两架法国飞机居然悄无声息地飞过德国边界和德军阵地,出现在了自己城市的上空,不禁大惊失色。有些市民感觉受到冒犯,端起猎枪,朝天开火,配有弹药的警卫士兵也纷纷朝天射击。法兰克福的民兵也干了同样的事情,他们听说法国人的飞机躲在云层后面,于是对着云彩好一阵开枪猛打。

奥地利医生理查德·施特尼茨尔在普热梅希尔被围的时候就对俄国飞机入侵表示反感:"头顶要是有一架飞机高高飞过,会让人觉得怪异,很不舒服。虽然,在2000米高空的飞机分辨不出地上的人来,可还是感觉有东西跟在身后。"不同国家的飞机不久之后开始涂上标记,以示区分,比如德国人的飞机上画的是十字架或者三色徽章之类的标记，但这些标记从地面上通常无法看清。法国士兵弗朗索瓦·迈尔写道："只要有飞机飞过头顶，我们就会像鸵鸟一样，把头埋起来。"10月27日，在伊普尔，一架飞机从苏格兰高地近卫团头顶飞过，全团士兵把弹匣里的子弹打了个精光，直到看见飞机燃起烈焰，坠落地面，才开始疯狂庆祝。有人见到此番情景，知道闯了大祸，写道："我们……直到意识到原来是架英国飞机，才感觉有多么可怕。"奥地利上尉康斯坦丁·施奈德描述了部下在加利西亚头一回看到飞机飞过头顶时的感受：士兵们像疯了似的一顿猛打，军官们连压都压不住，就算发现是自己人的飞机也停不下来。战役开打才刚刚几天，就有三架奥地利飞机栽在了自己人的枪口之下。

普通民众开始为空战这门新的艺术吸引。赫伯特·阿斯奎斯像个维多利亚时代的人一样充满好奇，将这种划时代飞行器称为"航空飞机"。早期飞行员随身佩带的武器只有一把左轮手枪，要么就是一杆步枪。飞行员很快成为受人敬仰的英雄人物：不管是象征意义还是事实上，翱翔空中都赋予了飞行员力量，足以凌驾于肮脏混乱的战场之上。这是一个工业化大屠杀的新时代，让人厌恶，而飞行员给人感觉重新绽放出个人英雄主义的光芒。27岁的彼得·涅斯捷罗夫是著名的俄国飞行先驱，也是第一个驾机完成翻跟斗的人。8月25日，他驾驶一架莫拉纳·索尔尼埃单翼飞机，在波兰上空飞行，突然发现一架奥地利阿巴托斯BII型双翼飞机，开飞机的是弗里茨·梅赫伦，观察员是弗里德里希·冯·罗森塔尔男爵。涅斯捷罗夫打光了左轮手枪里的全部子弹，却没能命中敌机，索性驾机直冲过去，把敌机撞了下来。不幸的是，涅斯捷罗夫自己的莫拉纳单翼机也在撞击中严重受损，跟着掉了下去。涅斯捷罗夫由于伤势过重，翌日不治身亡。葬礼在基辅大教堂举行，民众纷纷前来瞻仰悼念：涅斯捷罗夫的棺木上摆放着他的皮帽，灵柩被鲜花簇拥着，有些鲜花还是从他飞机坠毁的地方专门采摘来的。涅斯捷罗夫的行为反映出了俄国飞行兵军纪涣散，喜欢这种同归于尽的自杀攻击。长期以来，上天作战的俄国飞行员几乎都未接受过像样的训练，这也使得俄国航空兵的意外伤害率在各参战国中最为严重。

　　莫里斯·巴林身为英国皇家飞行队参谋官，虽然在指挥部地面服役感觉不好，可是跟着一帮年轻英国飞行员飞越法国机场，看着满目秋色美景，不禁诗兴大发，写道："我想起了我们小小的临时办公室，打字机在嘀嘀嗒嗒地响着。一个士兵在厨房里扯着嗓子，高唱起了'与主同行'。亨利·法尔曼驾着飞机，飞过晴朗的夜空。'归航的机翼打破了夜晚的宁静'。银色的月光洒在机场周围的麦茬上。营火星星点点，围坐一旁的人们唱起思乡的歌曲，多么美丽。"

　　战争伊始的一系列战役催生出一个重要后果：每一个国家的指挥官都认识到了空中武器的作用与潜力。霞飞对于空中侦察在马恩河大捷中起到的重大贡献记忆犹新，要求将陆军飞行队扩大到65个编队。截至10月，法国已经下了一份2300架飞机和3400台发动机的庞大订单。其他国家同样野心勃勃。基奇纳听人说起计划将皇家陆军飞行队增至30个编队，于是提高嗓门，直截了当地说了一句："给我加到60个。"对于所有国家的航空兵来说，由于飞机型号形形色色，过于复杂，训练、保养和更换零配件因此变得相当棘手。法国人头一个对飞机编队进行明确分类，将飞机分为战斗机、轰炸机和侦察机。英国皇家陆军飞行队也早在9月就开始试着在飞机上安装无线电发报器。装置虽然简陋，但是可以给炮兵发送信号。

　　陆军越来越意识到自身所处的尴尬境地，像个囚徒一样被困在地上，周遭环境一团糟糕，很容易指望得到空中同僚们的一臂之力。飞行员们付出的一切努力都值得让人尊敬：9月17日，比利时士兵查尔斯·施泰因的炮兵团得到放假半天的嘉奖，感觉就像一支赢了比赛的中学足球队一样高兴，这是因为他们不但击落了一架德国飞机，还抓住了机组人员。英国远征军的罗伯特·哈克上尉11月写了一番话，字里行间毫不掩饰自己的惊讶："我和这里的一些飞行队士兵还有军官聊了一阵，感觉有意思极了。有个人跟我说，他被连续追着打了半个钟头，感觉就像一只被人追赶的野鸡——他说那些大炮瞄准飞机射击，打得又高又准，还说飞机来去自如，飞得又快，前一分钟你也许还在欣赏一场大战，下一分钟就可以跑到一个安全的地方，美美吃上一顿。"

美国人卡罗尔·德纳·温斯洛曾在法国波城的一所飞行学校接受训练，他将飞行员分为三类：第一类是那些有身份有地位的绅士；第二类人战前是飞机驾驶员和具有专业资质的机械师；第三类来自民间，有的当司机，有的做机械师，因为具有相关专业技能，才得以进入开飞机这个上层领域。最好的飞行员年龄在20到30岁之间。年轻一些的不够成熟，容易出岔子；年纪太大的又过于谨慎，反应太慢。每个国家都发现一下子忙不过来，需要赶紧培养机身装配员、钳工，还有机械技工来修理保养这些由帆布、电线和胶合板拼接而成的飞行器。法国还从印度支那招了不少地勤人员，也就是俗称的"安南人"。

所有飞行员都是志愿参军的，还有越来越多陆军军官也想加入进来，出一份力：有些是受不了堑壕，逃回来的；有些本来是骑兵，成日里无仗可打；还有一些是因为受过伤，已经无法胜任地面作战。所有人很快就会明白，飞行的危险丝毫不亚于在陆军当兵，死于事故的飞行员人数要远远超过被敌人打死的。12岁的艾芙丽德·库尔在施耐德米尔当地的飞行训练场，一天之内就亲眼见到两架飞机坠毁。她在日记里提起飞行员时一副无可奈何的口气："飞行员头一次单独飞行总会紧张，结果就出事了。"

飞行员在飞机坠毁时一般会有四分之一的概率生还。那个时候的飞行员可没有谁配备降落伞，一切全凭经验：低空飞行时，电话线和系留气球的缆绳都可能招来致命危险；飞机撞地之前得解开座椅上的安全带，被抛出去虽然也会死，但是危险性应该低于困在飞机残骸里，被发动机活活撞死。云层是个威胁，敌机可能就躲在里面。飞艇很快就只限于在即时战区执行夜间任务，因为艇内装满易燃气体，不管自己人，还是敌人，只要被地面炮火击中，就会报销——法军就不止一次把自己的飞船打了下来。飞艇到了晚上非常管用，因为双方直到此时都还没有意识到，前线后方的军事设施到了晚上必须实行灯火宵禁。

11月的一天早晨，住在汉堡的小英格博格·特莱普林大声对妈妈说："等我长大了，要去好远好远的地方打仗。"妈妈问她："好啊，你要去那么远的地方做什么呢？""我要去把开飞机的，还有飞艇全都打下来。"特莱普林夫人听了"吓了一跳",要女儿不要打飞艇。"好吧,我不是要打我们的飞艇。"——这个孩子几天前在汉堡上空看到了一架飞艇——"但是,要是是从法国飞过来的,就会把炸弹丢在我的头上。"特莱普林夫人叹道:"这么小的孩子,都学了些什么!"特莱普林夫人的丈夫看过之后,在回信中写道:"仗应该不会拖得太久,不会等到我们女儿都长大了……去打飞艇才结束。我们到这里来,就是为了把这场仗做个了结,这样我们的女儿再也不用经历战争了。"

特莱普林先生的心愿虽好,可惜无法如愿。各国此时此刻正在紧锣密鼓地下大力气,推进空中轰炸技术升级换代,这样就能够飞越战场,深入敌国境内,对目标展开进攻。多项实验早在战前便已展开,法国的米其林航空俱乐部就举办过一场轰炸竞赛。鲁道夫·马丁是德国最早的空中轰炸倡导者,早在1908年就说过飞艇和飞机能够打破英伦三岛的安全防卫,"使之软化",为登陆做好准备。马丁指出,同样的成本,造一艘无畏舰可以造80架飞艇。德国有足够的工业能力造出十万架飞机,每一架装上两个步兵,一晚上只要半个小时就可以飞到英国。马丁相信,德国只要建立起一支强大的空中战队就足以起到举足轻重的作用,对敌国形成战略威慑。一如许多高瞻远瞩之人,马丁虽然正确把握住了这项新技术的重要意义,却低估了技术臻于成熟之前所需的时间间隔——这样的时差何止一代人——也小看了这项技术在实现自己战场期望的同时,会带来何等可怕的毁灭力量。

德国人的空中轰炸实验始于1910年。不过,两年后出台的一份报告指出试验结果"相当糟糕",哪怕从300米的低空投弹,结果仍然难以令人满意。1914年,德国人组织成立了一个秘密轰炸编队,代号"奥斯坦德信鸽部队"。由于无法做到准确命中目标,部队后来遭到解散。不过,大战的到来大大加快了飞机和轰炸技术的进步。英国皇家陆军飞行队有一名军官,名叫马斯格罗夫,是一名少校,他在9月18日进行了英国首次轰炸实验,从驾驶的飞机上投下一枚炸弹。"炸弹虽然引爆",地面观察员的记录简短扼要:"却并未落在预定地点,也没有像预期的那样爆炸。"3周之后,一架德国飞机在皇家陆军飞行队的机场上投下一枚炸弹,虽然毫无效果,却是英国飞行队头一回遭到德国轰炸。俄国人在12月成立了一个飞行中队，由伊里亚·穆罗梅茨轰炸机组成，这是世界上第一种四发轰炸机，虽然收效甚微，但至少能够对德国和奥地利的目标展开常规轰炸。

待到1914年冬天来临，除开英国之外的所有参战国都对其他国家但凡能够打得到的城市多多少少展开过空袭，飞机能够为战场上的炮兵实现目标定位，这一实战价值也得到了大力开发。飞机利用无线电为地面炮火定位，将在接下来的四年里成为这场战争众多技术革新中最具意义的一项。德国人在圣诞节前夜发动了对英国本土的首次空袭，为敌人的节日助兴——一架双翼飞机在多佛投下一枚小型炸弹，虽然没有造成伤害，却清楚地预示着一种针对平民的新型战争模式已经成为现实。只要有了可行的手段，任何道义上的条条框框也阻止不了这种屠杀行径。一天之后，也就是圣诞节当天，英国皇家海军飞行员利用水上飞机发起空袭，目标是库克斯港，那里据悉新建了一座飞艇库房。空袭最终中途作罢，彻底失败。3架飞机在返航途中甚至不得不被弃之海上。厄斯金·柴尔德斯是其中一架飞机上的观察员，虽然行动失败，却仍然满心欢喜，写道："我们真是幸运，能够有幸亲眼见证这样的大事，这预示着一场战争方式翻天覆地的革命。"虽然，对于1914至1918年间的飞行员来说，观察飞机下方的敌军行动要比造成破坏更有意义，但是距离人类实现动力飞行过去不过十年多一点，闪电战的时代便已悄然来临。

第十五章
伊普尔："有些事情叫人彻底绝望。"

10月中旬的比利时，阿尔贝国王的士兵正在安特卫普节节败退。再往西去，由于长期以来对对手动向不大了解，英法联军和德军在开阔的田野乡间绕来转去，互相捉起了迷藏。霞飞一直以来都对约翰·弗伦奇爵士的提议感到不安，后者要求将英军分遣部队转移至联军左翼。这样的话，一旦战略上出现什么娄子，靠近大海的英军就可能仓促之下逃回英国，要知道8月的时候那位英国远征军总司令就一心急着这么干。不过，虽说英军在埃纳河赢得重大进展的可能性微乎其微，强大的英国骑兵倒是在东北地区能够派上用场。要是通过海峡沿岸的港口从英国本土提供补给，也会轻松得多。于是乎，霞飞最后还是同意了英军转移阵地的要求。10月的第二个星期，这支派往欧洲大陆的英国军队整整一个星期都在向佛兰德斯转移。步兵坐着火车，骑兵则好好放松了整整一周，在温和的秋日里悠闲地骑着马穿过皮卡第，每走上一段路就会在热情好客的法国村庄驻足。那些能够活着走完下一年的人后来回忆起这段日子，都说这是人生陷入黑暗之前最后一段比较舒适幸福的时光。

13日，德军在军乐队的伴奏之下高唱着"保卫莱茵河"，踏着大步，开进里尔。两旁街道上的有轨电车发出咔嚓咔嚓的声音，从队伍旁边驶过，让德国士兵一时不知为何物。霞飞后来大发牢骚，抱怨不该丢掉这个大型工业城市。霞飞声称，如果铁路系统当时不是英国人只图自己方便，用来转移自己的部队，增援的法军也许就能赶到里尔，守住里尔。然而，霞飞如此说法并无道理。英国远征军及时赶到北面，虽然英军总司令并未意识到自己干了件大事，但起到的作用至关重要。约翰爵士又一次莫名乐观起来，自信德军在比利时西北部兵力薄弱，凭着自己手头集结的三个军足以快速挺进，先打下布鲁日，再朝着根特推进。

伴随妄想同时出现的还有新的谣言。弗伦奇手下有位师长，名叫查尔斯·门罗，本该是个识时务的人，没想到口里的话简直自信过了头，说什么"大批俄军增援部队正在赶来的路上，现在已经在英国北部登陆"。尉官莱昂内尔·丁尼生则要表现得更加谨慎一些。他瞄了一眼10月11日报纸上的消息，随后写道："听说安特卫普已经失守，可法国人和俄国人仍然在接连取胜。这种事情现在道听途说得太多，已经有点儿叫人不大相信了。"表现得兴高采烈的并非那位英国远征军总司令一人，乐观情绪同样可以在经常光顾巴黎拿破仑咖啡馆的记者当中找到，那里可是一个八卦消息满天飞的地方。《新政治家》杂志有一名记者就在咖啡馆的露台上写了一篇报道："一个月之前，人人脸色阴沉，忧心忡忡；现在个个兴高采烈。胜利的气氛随处可见。我相信我们不能提早过于乐观，可是又情不自禁地会想到局势真的在朝着好的方向发展。"

事实上，在利斯河北面集结，正挡住英军去路的德军可不止五个军。法金汉还组建了一支新军——第四集团军，由符腾堡公爵指挥，在鲁普雷希特亲王的右翼负责进攻。这支部队的不少士兵都是预备役出身，缺乏训练，带队的多为上了年纪的老兵。10月的时候，有一个团的团长连同下面三个营长全部死于年老体衰，而非受伤。有些士兵已经人到中年，早就过了冲锋上阵的年龄，年轻士兵里头却没有几个对于打仗到底是怎么一回事有所了解。各支队伍装备极差。有好几支部队发现自己不仅缺少铁锹和野战炊具，而且发到手中的制服和装备年代久远，甚至可以追溯到1871年。让炮兵们感到失望的是，开炮的难得有几个晓得如何赶马。即便如此，这支部队仍然兵多将广，正朝着联军直扑而来。

德军10月18日在比利时重拾攻势，开始大举进攻。符腾堡公爵的部队对海峡沿岸的比利时军队率先发难。德国人犯下的战术错误堪比法国人之前干过的蠢事。有一份报告记录了20日的进攻情况，描写了汉斯·格拉夫·冯·温特金格罗德上尉是如何战死的：温特金格罗德骑着战马，带头冲

锋，"高举着手中的军刀，不断督促士兵们奋勇向前"。结果不出意料，温特金格罗德身中数弹，倒在两军阵地之间的空地上，无人理睬，在寒冷刺骨的倾盆大雨中挨了整整6天6夜才被人发现，紧急送往救护站，最终在救护站不治身亡。

10月23日早上，查尔斯·施泰因和几个同队的比利时掷弹兵瞅见一群德军正在匍匐前进。守军于是悄无声息地进入阵地，各就各位，静待德军靠近。进攻德军摸到距离300码左右的时候，"突然齐齐跳将起来，朝着我们发起冲锋，嘴里咿咿呀呀地喊着，好像婴儿牙疼时的哭闹。与此同时，我们的机枪和步枪也一起响了起来。看着德国兵被成片成片地打倒在地，余下的连滚带爬地仓皇逃窜，心里开心极了"。彼得·科勒惠支、也就是那位女画家的儿子因为放假，8月从挪威兴高采烈地归国效力，结果在当天的战役中死在了迪克斯梅德。

即便如此，德军依旧取得进展：截至24日已经渡过伊瑟河。比利时士兵爱德华·比尔是从安特卫普撤出来的，算是老兵一个，看到大批难民逃离小城梅赫伦，写道："全城的人都赶在那帮强盗到来之前逃了出来。一大队人马全都凄凄惨惨，愁眉苦脸。大车上装了一些零散家具，这些都是宝贵的记忆，可不能让人毁掉。逃难的队伍里有不少当妈的，怀里紧紧抱着孩子，生怕孩子冻着，大一点的孩子紧紧跟在身旁。老人大多身体虚弱，若不是害怕敌人，也不会有这个力气走路。至于我们，虽说是保卫人民的忠诚卫士，却不得不经常挡住难民们的去路。这些逃难的人以为这样一走，就能逃出生天！有时候执行这种任务，真的很难下手。"

诚然，英军在自己的比利时战友面前表现得一如既往的轻蔑傲慢，但是部分比利时部队反抗顽强，一直坚持到了10月的最后一周。人们虽然认为约翰·弗伦奇的部下普遍看不起比利时兵，德国人的记录当中却丝毫看不出这种轻慢之情。两军在交错纵横的堤坝和河道当中展开近身激战，进攻德军迫于无奈，只好临时搭桥。桥不断被炮火击毁。比利时人反复发起反击。德国人在靠近海岸的地方损失惨重。英国皇家海军有些炮舰吃水较浅，在沿海游弋，照着德国人迎头一顿炮火猛轰。有一名德国指挥官10月27日报告时情绪相当激动："我们营已经完全丧失了战斗意志。"天气寒冷，冷雨交加，地上一片泥泞，对于交战双方来说都是折磨。即便付出再沉重的代价，也要延缓德国人的推进步伐，这已成为联军的共识。

阿尔贝国王的军队在不断后撤，伤亡持续增加，士气日渐低落。"伤兵源源不断地被人抬进来，又抬出去"，英国女护士梅恩夫人在弗尔讷医院照料比利时伤病员，写道，"院子里摆的到处都是担架，上面血迹斑斑。黑灯瞎火的，要是一不小心绊倒在上面，手上黏糊糊的沾的全是血"。27日，二等兵施泰因用蹩脚的英文写道："我们待在堑壕里，感觉非常的累。"过了两天，施泰因在经过一番苦战之后又写了两句："一只七星瓢虫爬了过来，非常可爱，乖乖地停在我的左手上休息。我捏起瓢虫，放在纸上，包起来放进口袋。这只七星瓢虫能够带来好运，我把它送给了我最心爱的女友。衷心希望这只瓢虫给她带来好运，就像带给我好运一样。"施泰因的话说得早了一些。没过多久，一发炮弹落在堑壕前面，爆炸开来，所幸没有造成人员伤亡，施泰因和战友们如释重负，哈哈大笑起来。没想到几秒之后，这群人就被一枚炮弹直接击中："我想我肯定昏过去了很久，睁开眼睛的时候天都快黑了。想爬起来，却翻不了身，只觉得后背痛得厉害。"施泰因后来转了好几次院，在英国人的医院里待了几个月，做了几场大手术。

10月26日，比利时的战地指挥官再次提出撤退，遭到阿尔贝国王拒绝。可是，形势已经明了，刻不容缓，必须尽快采取措施阻止德军沿海岸线发起的攻势。如果比利时人阻挡不了德军，那么就只能借大自然的一臂之力。10月27日，尼乌波特港趁着涨潮打开闸门，发动水淹。海水滚滚涌入，淹没了周围的农田。德军面对不断上涨的洪水，只好在31日发动最后一波进攻之后赶紧撤退，联军左翼就此转危为安。"一铲子下去，刚刚挖出的坑里就灌满了水"，一个德国兵悲伤地写道。由于补给出现问题，迪克斯梅德前线有些士兵迟迟拿不到口粮，不少人开始拉肚子，一病不起——这很可能是因为喝了被污染的水——吃不下东西。比利时军队在水淹地区西面的涝地上修起护墙，开始重新布置阵地。

在比利时军队和英军之间，法国海军陆战队为了守住迪克斯梅德也在奋

力战斗。德罗西·菲尔丁写道：

> 我们的汽车在昼夜不停地开。通往迪克斯梅德的最后两英里是一条直路，没有任何遮掩，成了一条死亡公路，只要有任何活着的东西出现在路上，马上就会有炮弹劈头盖脑地落下来。好多次我们都像赛跑一样，开着侦察车狂奔，上面装着担架……城镇、村子，还有农场都被烧了。火光虽然夜里方便看路，但看上去感觉就像地狱。火舌蜷曲着，在黑夜里窜上蹿下，房屋在烈焰中坍塌，发出咔嚓断裂的声音，非常可怕。有一天晚上，我们开车穿过迪克斯梅德的街道，两旁沿街的房子全都起了火，热得灼人，我只想尽快开车穿过去。车胎竟然没有被玻璃碴划破，也没有被余烬烧坏，真叫人不可思议……伤兵从前线接回来，没有地方可去。因为人太多，弗尔讷的医院只能接纳一些濒死的伤员。余下的都得继续转移，要么搭火车，要么找到什么就上去……牛拉的大车上铺着一些干草，脏兮兮的。既没有灯光，也没有水喝，更找不到一个医生问上几句。火车只要一装满就立马开始分流，不过也就是在旁轨上可能停上那么几个小时。加莱的医院在后方距离这里只有四十英里远，可是按照规矩，一般要三到四天才能把伤员转移过去。你简直无法想象这帮家伙送到后方的时候有多么悲惨。断了腿的一路颠簸折磨，就连能够平躺下来的担架都没有，也找不到一块破布盖在身上，只能穿着一身被雨水和血水浸湿的军装，冻得瑟瑟发抖。

迪克斯梅德虽然被德军占领，但这座小城也让德国人付出了不少性命。菲尔丁后来成为第一个荣获英国军事奖章和法国英勇十字勋章的女性。更南面的英国士兵对于联军兄弟部队的表现完全不屑一顾。掷弹兵威尔弗里德·亚伯-史密斯写道："我听他们说，比利时人从来就没干成过什么正儿八经的大事。只要一开炮就软了下去——话说回来，除了训练有素，纪律严明的部队，谁也禁不住大炮折腾。法国人，还有比利时人都离我们不远，都靠不住。"这些话说得何等狂妄自大：要知道法国和比利时部队的表现可比英国人说的要好得多。不少英军士兵很快就将被持续不断的炮击打得畏手畏脚，甚至抱头鼠窜。有个德国军士在描述迪克斯梅德战役时，话虽然写得伤感，但还是带着几分尊重：“法国佬还是证明了自己有种，是根硬骨头。”

比利时军队和法军阵地之间是一片内陆地区，英国远征军从10月起开始在这里布置阵地。从6日开始，直到14日，大批德国骑兵在这块地头上转来转去，来来走走，试图打掩护，不让联军察觉第四集团军的动向。马尔维茨的骑兵进入伊普尔——这也是大战期间他们唯一一次这么做——找地方安营扎寨。有个德军军官写道：“当地人对我还是非常友好的，不过他们对于德国人打来既没有什么欢迎，也谈不上多么反感。想表达的只有一句话，那就是‘比利时太可怜了’。”虽然，德国骑兵很快就得被迫放弃伊普尔，但德军接下来发起的进攻对于英国人来说算得上1914年最惨的一次，标志着这场战斗决定性的转变。

约翰·弗伦奇爵士的部下从埃纳河一路撤退，搭乘火车，到了这片尚未受到战争侵扰的地方。当地百姓士兵生活一切照常，似乎对战祸将近毫不关心。有个法国军官见到一群英军士兵在贝休恩买东西，当地人服务热情周到，感觉相当吃惊，耸了耸肩，说道：“这就是你看到的法兰西精神。我倒是惊讶于英国人能够如此淡定，毫不顾及危险迫在眉睫。我见过一个连被派往前线，路上走得慢慢悠悠，士兵嘴里叼着烟斗，军官挂着手杖，看起来还以为是出去打高尔夫的。没过多久就听说这个连正中埋伏，被打死了好几个。”

霞飞希望自己的联军盟友不要这么拖沓，能够加快进度。战争开打过去了十个星期——这段日子感觉就像一场没完没了的折磨——英军损失要远远小于法军。英国远征军有些部队一想起在贵妇小径度过的那段残酷日子就后怕，可是看到佛兰德斯乡间未遭战争破坏的绿色原野，立刻又来了精神，有了焕然一新，重新开始的感觉。不过，英军前进的步伐并没有任何加快的迹象。通信主任亚历山大·约翰斯顿看到部队走得如此缓慢，痛心疾首。他在10月13日写道：“又是令人极其失望的一天，我们在这里整整一个师，竟然就这样被几个德国步兵和骑乘炮兵拖着，耽搁掉一整天。在我看来，人人都在指望着左边、要么右边的部队去干这些苦活累活。我们事实上一天下来没干

成任何一件事情，干等着左边的第八步兵旅采取行动。"

第七师两个星期前才从英国过来，登陆上岸，此时此刻已经在比利时泥泞的道路上走得人困马乏，在四处转悠，却连德国人的影子也没瞧见。第七师求战心切，走在英国远征军其他部队的前头，10月14日终于开进伊普尔。士兵们很快就给这个地方起了个外号，叫作"威普斯"。威尔弗里德·亚伯-史密斯几天之后也带着自己的掷弹兵进了伊普尔："这是一座古城，相当不错，街道窄窄的，上面铺满了鹅卵石，有些屋子修得非常漂亮美观……当地好像还有很多神父修女……在这种乡下地方打仗感觉实在古怪——我们过去一提起打仗，总会想到热带地区。"

亨利·威尔逊是个奇怪的人，看事情总是带着一些玩世不恭，又有点一针见血，早在几个月前就指出英国难得有几个士兵会注意到"像比利时这样有意思的小国家，哪怕他们当中不少人很快就要命丧于此"。英国远征军完全没有意识到危险迫在眉睫。约翰·弗伦奇爵士明知联军在奔向大海的路上势必经历连番恶战，却仍然向手下的军官信誓旦旦地保证，正在进入的这个国家空空如也，基本碰不到敌人。10月15日，第七师出了伊普尔城，在城东几英里处建起一条新的防线，指望着一旦远征军的其他部队跟上来，就可以继续往前迅速推进。

炮兵查理·巴罗斯16日写道："我们早就厌倦了这样没完没了的等待，迫不及待开始战斗。天气阴沉，冷飕飕的。听说敌军先头部队已经撤到前头几英里的地方，放火烧了一座村子。"抓了几个德军俘虏，其中一个巴伐利亚士兵是从阿兹布鲁克押过来的，跟一个英国军官大吐苦水，抱怨法国老百姓欺负他。"联军的俘虏要是被抓到德国，"那个德国兵说，"会有蛋糕，甚至巧克力吃。可是，我们却被人扔石头，太不人道。"话虽如此，这帮俘虏还是有理由要求特权：毕竟对他们来说，仗这就算打完了，而他们活了下来。

到了星期天，也就是18日，第七师接到命令，前往梅嫩，路上和德军巡逻队有过几场小规模交锋。次日一早，派往东面侦察的皇家陆军飞行队的飞行员带回重大消息：发现大批德军，兵力远远超过英军步兵和掩护的骑兵，几个小时之内就将逼近。英军迅速取消命令，停止前进，沿来路折返，当晚在一处低矮的山脊露宿，此处正好可以俯瞰伊普尔——英军两翼依旧漏洞大开——就此拉开了后来有名的伊普尔突出部之战。所谓伊普尔突出部，指的是此地恰好在联军防线上形成一个突出地带。在接下来的几年里将有超过20万英军士兵命丧于此。

当然，回到1914年10月的那一天，英军士兵们只是想着在一片尚未被战争殃及的美丽乡野小停片刻。星期二，也就是20日一大早，当地百姓开始成群结队地赶紧向西逃离，有些人甚至赶着自家牲口。英军严阵以待——他们并未等待太久。短短几小时之内，德军就在密集的炮火支持下朝着第七师发起了第一波攻击。进攻德军大多为预备役，缺乏训练。一些士兵甚至从未受过训练，就被火车拉到了梅嫩，下了车徒步赶往前线。德军一个旅向英军发起进攻，旅长对着手下吼道："给我把那帮躺着的废物扔到海里去！"

比利时的乡间地头随处可见树篱农舍，林地成片，牲畜还在田里吃着草。德国人跨过一道道浅沟，朝着英国人脆弱的防线冲去。英军士兵有的利用浅浅的堑壕做掩护，有的干脆直接趴在草地、树根或者树茬上面。守卫此地的英国士兵不比远征军的其他部队，之前还从未见过如此大批敌军步兵：符腾堡的士兵头戴尖顶钢盔，看上去气势咄咄逼人。一如史密斯-杜利恩的部下在蒙斯和勒卡托所做的那样，守军噼里啪啦，一顿猛打。英国人夸耀的所谓"一分钟狂射"其实不免夸张。密集的枪声刚刚平息下去，转瞬又响了起来，战斗就这样时断时续地从头打到尾：不仅弹药存量成为关键考量，而且要打的目标看上去无穷无尽，叫人不知该打哪个是好。

第七师的士兵们只有在劈头盖脸落下来的枪林弹雨中才能学会如何打仗。有些军官把白痴行为同英勇无畏混为一谈。沃尔特·劳瑞中校来自沃里克郡第二步兵营，骑着一匹高大的白马，走在全营最前面，朝着梅嫩进发，结果被一枚子弹击中了脚后跟。劳瑞大声咒骂起来，经过一番包扎，仍旧坚持继续骑马。没过多久，坐骑中弹毙命，劳瑞随即换了一匹，结果也中弹倒下。这位中校最终在24日战死沙场。当时他一只脚穿着拖鞋，一瘸一拐地走在队伍当中，还在督促士兵加快步伐。劳瑞一家三兄弟，全部死在了大战开

始的第一年，他是头一个。

　　帕斯尚尔村失守，落入敌手一去就是三年。前线阵地接到命令，要求掘沟坚守。士兵们面面相觑：拿什么挖？不少人的挖沟工具要么早就不见了踪影，要么仓促之下丢在身后，连一把重一点的铁铲都找不到，只能找到什么，就拿什么来挖，有些人甚至徒手作业。21日双方再次经历鏖战，损失惨重。从埃纳河赶来的英军刚到前线，就进入阵地。部队一支接一支赶来，迎接他们的是德军一波接一波的攻击。德国人的攻势夜以继日，昼夜不停，战线也越拉越长。不过，德皇的士兵们在20日和21日两天同样损失惨重，感到对手难以击败。骑兵司令马尔维茨对英军阵地做了一番仔细研究，在22日写道："此处的乡间地带完全由一整片农田组成，每块田地面积不大，由树篱围隔开来，上面还缠着铁丝网。我们该如何才能穿过进攻呢？敌人动作熟练，充分发挥了潜质，要么从农舍屋内向外射击，要么从堑壕中开枪。英国人挖堑壕的速度可谓相当迅速。"

　　有一名德军下士参加了一开始对兰赫马尔克的进攻，那里位于伊普尔北面，后来写到此事颇有一些疲态："不管是那一天，还是接下来的几天里头，谁知道到底会发生什么呢？我们也好，敌人也好，到底打算干什么，谁又搞得清楚？……突然之间，炮弹就在我们阵地开了花，炸得死的死，伤的伤，一片狼藉。我看到的也好，亲身经历的也好……那种场面只有胆子最大的人才敢想象。我们师最后剩了多少人？……每一块草地上头，每一座山脊背后，都躲着一群群的人，有的多，有的少，可是这帮人到底在干什么？这帮人又能干什么？"21日午后一点左右，德军有个团因为伤亡过于惨重，无力再战，全体军官或死或伤，士兵们逃得一干二净。日暮时分，普尔卡佩莱村的每一栋农舍里头都挤满了伤兵，全是从兰赫马尔克的屠宰场抬回来的。德国人次日重拾攻势，但结果还是一模一样。

　　大战结束之后的几十年里，一些德国民族主义分子极力找寻某种想象的"兰赫马尔克精神"，借以展现德军面对敌人时的无畏勇气。这完全是一派骗人的鬼话，掩盖了事实。德军从21日到23日三天之内发起的进攻毫无作用，纯属徒劳，堪比法军边境战役期间的所作所为。"真是血腥的一天"，巴伐利亚上尉奥特玛尔·鲁兹在21日写下了这样悲伤的话。鲁兹举了好几位军官好友的例子，都是在进攻伊普尔的路上带队冲锋时阵亡的。英军的猛烈火力还击一直持续到了晚上："感觉好像没有人打算活着离开这里。"第二天早上，虽然经历了一番周折，食物还是送到了前线德军士兵手中。一同送达的还有详细指令，要求重新发起进攻。这是不少人两天来吃的头一顿热饭——也是许多人的最后一餐。法金汉的第四集团军叫苦不迭，抱怨自己白天付出巨大代价，刚刚打下的阵地到了晚上又被敌人抢了回去。

虽然，伊普尔和道格拉斯·黑格爵士的第一军才是德军此次进攻的主要目标，但南面的法军和英军打得同样艰苦。10月的最后两个星期，联军一直在阿尔芒蒂耶尔的前方和拉巴塞的后方陷入苦战。最高统帅部迟迟未能摸清德军进攻规模大小，却仍然把部队送上前线，以为很快就可以发起进攻。结果待到部队上了前线，才发现情况与预计大相径庭。"不管走到哪里，都能见到德国人在前面等着"，掷弹兵乔治·杰弗瑞斯写到。威尔弗雷德·亚伯-史密斯也感到出离愤怒，在22日写道："说我们前头一个敌人也没有，纯粹是胡说八道。德国人简直成群结队。这些德国兵非常能打，炮兵准头也相当不错……我们当然会杀死一群又一群的德国人，可是又会出现一波接一波更多的敌人。"

不少英军士兵从8月开始奔波劳累，身上的军装早就成了破衣烂衫。有些甚至穿着平民百姓的裤子，威尔士火枪兵团的老兵弗兰克·理查兹的帽子早就丢了，头上系着一条手帕，打了个结。弗兰克倒是并不在意："我们看起来确实有点滑稽，但是斗志昂扬，准备好了应付各种情况。"弗兰克的部队走到弗罗梅勒东面刚刚过去一点，就给士兵发放了挖沟的工具："当时压根没有想到……挖的洞居然成了以后的窝。"理查兹写道。10月22日，两个印度师加入英国远征军右翼。援军的到来解了燃眉之急。第一个赢得维多利亚十字勋章的印度士兵是一个俾路支人，名叫库达达德·汗。这个印度兵是一名机关枪手，因为在霍勒贝克表现英勇赢得了勋章。

不过，在大部分英国人看来，印度士兵组成的部队并不适应大陆作战。弗兰克·理查兹在印度服役多年，后来说起此事，语气中透露出一股行伍之

人的不屑："印度兵在法国表现糟糕。报纸上有人甚至说他们忍受不了寒冷的天气。不过，真实情况是这些印度人胆子太小，敌人只要打几发炮弹，在堑壕周围一炸，就足以让大多数印度兵吓破胆子。"印度骑兵部队的指挥官麦克·里明顿中将不无讥讽地告诉别人，自己的手下"只配喂猪"。这样的说法太不公正：是印度士兵教会了英国远征军其他部队如何巡逻。不过，这些观点同样反映了一个核心事实：即便大英帝国有难，急需援手，让这些从世界另一头征调过来的雇佣兵不远千里跑到佛兰德斯来打仗，面对巨大的文化冲击，怎么说都是一件残忍的事情。

德军进攻夜以继日，昼夜不停，很多时候双方都在借着房屋熊熊燃烧的火光作战。10月21日晚上，有一支部队摸黑偷偷靠近掷弹兵团，煞有其事地开口喊道："我们是科尔德斯特里姆步兵团的。"不过，掷弹兵们一眼瞅见地平线上露出的尖顶头盔影子，毫不犹豫地开枪射击，将来犯之敌打倒在地。一名军官写道："简直就像是在打绵羊，真是一帮可怜的家伙，听话是很听话，也守纪律，说什么就做什么，可是今晚在林子里搞偷袭，结果被我们拿枪一顿猛打，打得抱头鼠窜，真是可怜。"牲畜没人照料，四处走来走去，有些士兵甚至趁着炮轰暂停的间歇，给奶牛挤起了奶。有一次进攻，德国兵赶着一群牛，走在队伍前面，结果连人带牲口被打死不少。

牛津和白金汉郡步兵团第二营10月22日的作战日志是这样写的："德国人排着密密麻麻的队伍冲了过来，我们在不停放枪，光线也足够看清目标。"冲在最前面的德国士兵倒在距离二营阵地25码开外的地方。英军的榴弹虽然制造了一些损失，但双方都缺少炮弹：大多数人死在了步枪和机关枪下。兰赫马尔克有一仗打得尤其惨烈，德军阵亡1500人，另有600人被俘。人性到底有多坚强，伊普尔的这场恶战成为最大考验。为了防止士兵临阵脱逃，军队会时不时采取极其残酷的惩罚，要么至少会拿惩罚出来吓一吓人。威尔特郡步兵团的二等兵爱德华·坦纳就在10月29日遭到行刑队枪决——他在后方被抓住的时候穿着一身平民的衣服。英王皇家步枪团的中士威廉·沃顿在伊普尔附近当了逃兵，东躲西藏好几个月，最后还是被抓了回来，如期枪毙。莱昂内尔·丁尼生就扬言，倘若下次还有哪个士兵去无人区巡逻，胆敢中途逃跑回来，就要一枪打死。"无人区"这个词以前在中世纪是用来形容伦敦城北的一片无主之地，死刑一般就在那里执行，现在头一回被士兵挂在嘴边，指的是敌对双方堑壕之间的空地，根据地形变化，宽度在50码到200码不等。

在伊普尔接下来进行一连串大大小小的战役当中，艰辛、悲惨、恐惧、绝望和牺牲这些字眼在双方的记录中反复出现。几乎所有人都误以为英国远征军是在孤军奋战，凭借一己之力抵抗强大的敌军。这样的感受也影响到了英国国内。丘吉尔在那几个星期里头描写了自己是多么黯然神伤："感觉好像在和一头怪兽在陆上展开搏斗，被压得喘不过气来。这是一头面目狰狞，力大无穷的野兽……我感到心情无比沉重。"到了11月，英国国内再次掀起一阵恐慌，人人心忧德国入侵。虽然时间不长，可基奇纳和丘吉尔也双双受到影响，重新开始把德皇想象得拥有无穷无尽的资源，可以任其支配，为所欲为。

诚然，佛兰德斯的英军防区是法金汉煞费苦心的目标所在，此言不虚，但是法国人经历的磨难同样不少，法国人同样为守住防线做出了至关重要的贡献。德军在审问法军战俘的时候，报告说法国人抱怨自己的英国邻居表现糟糕，多少反映出法国人对盟友的不满。就在英国远征军营地的南面，福煦的军队发起了一轮又一轮反击，对敌军持续施压。中士保罗·科乔这一年35岁，在布列塔尼有一家杂货铺，是四个孩子的父亲。他在佛兰德斯头一回上战场打仗，着实吓得不轻："我从来没有想过打仗会是这个样子……看到我们团乱作一团，毫无指挥；伤员几乎没人照料……头两天只能靠着几片小小的干面包填肚子。当然，由于情绪太过兴奋，也没怎么感觉饿。一开始有酒喝，有几个伙计懂路子，去那些废弃破房子下面的酒窖里搜了一些酒回来，到了后来，就只有冷咖啡了。"科乔把自己的经历描绘成一场漫长的噩梦，直到11月底因病退下火线，才从噩梦中醒过来。

10月23日，法军为了重新夺回帕斯尚尔，孤注一掷，再次发起步兵冲锋。冲在队伍最前头的是指挥官穆西将军。将军大声喝令全军前进："冲啊，冲啊，小伙子们，给我向前冲！向前冲！"士兵们齐声答道："遵命，将军。"话虽如此，可每每面对敌军猛烈的炮火，士兵们只能退回来找掩护，无力向前进攻。穆西试着讲起了笑话："今晚大家务必夺下帕斯尚尔，不然就没

有晚饭吃，没有晚饭吃噢！"可是，不管活下来的有没有饭吃，法军还是没能打下帕斯尚尔。虽然，英国人觉得穆西此人的行为举止与其说是个将军，倒不如说更像是个连长，可还是有不少英军将领争相效仿。不管日后如何夸耀吹嘘自己在这场战争中是何等"将才出色"，第一次伊普尔战争中交战双方的高级军官都任由自己的部队暴露在敌军眼前，双方伤亡也基本相当。

这是一场痛苦与牺牲的比拼较量。德国士兵保罗·哈布10月23日在给家人的信中写道："玛丽亚，这样打仗真是说不出来的惨。你只有看到抬担架的排成长龙，才会明白我的意思。直到现在我都没有机会开枪。我们得同看不见的敌人战斗。"虽然，爆炸发出的巨大轰响让哈布永远失去了听觉，但是他的许多同志命运更加悲惨。有一个德国军士，名叫克瑙特，在伊普尔北面胸部中弹，伤势严重。克瑙特后来写道，自己惊讶地发现受伤反而让自己轻松下来："也好，这样你就能够回家过圣诞节了。"法金汉的攻势还在继续，部下的痛苦也在继续。军士古斯塔夫·萨克在信中向妻子宝拉讲述了自己部队配给的食品是如何少之又少。信是10月26日在佩罗纳附近写的：早上7点，也不知道喝的是咖啡还是茶，反正从外观质地上来看分不清到底是哪一种。到了晚上10点钟左右，会发一点汤和定量的面包，行军厨房做的那种。士兵待的地方不是连成一线的堑壕，而是一个一个的散兵坑，人就直接睡在稻草上。至于战争，"一切都和你能够想象的非常、非常的不一样，要更加疯狂……你看不见任何东西，哪怕邪恶的敌人——虽然语气沉重，但这个词还是让人看得出萨克的幽默——离你只有三四百码远，却能听见很多声音。"萨克在另外一封信中写道："我都快冻僵了。今晚轮到我站岗放哨，从晚上7点一直站到早上7点。月亮很高，云朵像棉花和羊毛一样，太阳出来了，景色不错，周围有很多野鸡，一切都像画中一样漂亮——就是感觉冷，冷，冷，还有饿！"

到了这个时候，每一名英国士兵都已经清楚，只要敌人一停止炮轰，就会开始步兵进攻。哈里·迪戎上尉在给父母的信中讲述了10月24日遭遇夜袭的经过："只见一大群人，灰蒙蒙的一大片冲了过来，冲到离我们不到50码远——大概就是从凉亭到马车房那么远……我首先开的枪，接着其他人差不多同时全都开了火。有人看到这一大群德国人抖动起来。其实是有些人被打倒之后，其他人倒在身上，后面的又继续冲了上来。我从来没有在这么短时间里头开过这么多枪……右手因为上上下下不停拉枪栓都被磨破了，青了一大块……枪声慢慢平息下来，黑夜里只听见传来一阵阵呻吟声。手脚还能动弹的在地上爬来爬去；动不了的就只能挨着，直到最后断气。夜晚的寒风吹在残缺的身体上，刺骨的痛。农舍里透出的光血红血红，照着成堆成堆的尸体，灰压压的一大片，都是被我左边下头那帮伙计打死的。场面不但古怪，而且吓人，里头有些人会用一只胳膊想把自己撑起来，还有几个会爬上一小段路才断气。"

很少有人会有丰富的情感去想一想到底是谁在遥远的后方遥控操纵这些人去发动如此惨无人道的屠杀。迪戎便是其中一个："嗯，我想如果真有上帝的话，有朝一日会要给比尔皇帝①记上一笔的。想一想那些受伤的人有多么痛苦，还有那些人的妻子、母亲和朋友日后将要遭受的折磨；想一想这场战斗的规模有多大，每一边恐怕都有将近50万人，在短短25英里的战线上展开殊死搏斗；想一想这样惨烈的战斗现在战线已经拉长到了400英里。再想一想，这个人原本可以让所有人都免于战祸。"

英军防守的并非一条连续的战线，中间断断续续，留下的空档不小，德国人完全可以渗进去，抢得一些阵地，就像之前在蒙斯一样，只不过当时规模要小不少。作战仍然主要以营为单位，许多部队到了战场上各自为战。大部分参战部队早已在埃纳河消耗惨重，有的从1000人减员到600来人，甚至更少。这些部队的兵力到了11月还将进一步缩水。英军相当一部分大炮部署在阵地后方，地势较低，结果害得军官看不到天际线另一头的德军。加之大炮炮弹不足。更为严重的是，英国远征军几乎没有配备铁丝网。20世纪的战争中，防守是否得力的一大关键就在于要有能够得到火力掩护的障碍物。可是，英军鲜有障碍物可用，以致面对敌军进攻，主要的拦阻方式只有子弹或者炮弹，更何况子弹也好，炮弹也好，从来没有备足过。

---

① 比尔皇帝（Emperor Bill），即德皇威廉。比尔为威廉的昵称。——译者注

　　英军给梅嫩公路以北的大片欧洲赤松起了个名字，叫作多边形森林，这是因为这些林地在地图上的形状就是一个多边形。让人意想不到的是林地中间居然有一所比利时骑兵学校。有些英国军官年轻气盛，不顾炮弹就落在附近，仍然策马扬鞭，跳跃障碍。10月24日，这里成了一系列漫长艰苦战斗的战场。英军士兵有的10个人、有的20来人、有的50人一组，只要一遇见德军，就同敌人展开战斗。有些英军士兵坚持战斗，直到阵地被敌人攻破，才丢下手中的武器，举手投降，谁知犯下大错，等待他们的竟是敌人的刺刀屠戮。敌人这样做当然并非不合情理。战斗惨烈至此，投降这种事情不是你想，对方就会接受的。

　　不过，德军攻势此时突然一下子没了后劲，英国人抓住喘息之机，拼死夺回失地。伍斯特郡第二步兵营的士兵刚从火线撤下来，正想歇息片刻。"每一个人……都累得筋疲力尽、脸上胡子拉碴"，其中一个名叫约翰·科尔的二等兵说道，"能够到后方去休整一下，简直如释重负。没想到……才刚刚抵达休整地点，就有命令传来，要我们赶紧出发，阻挡德军的另一波攻势……这样的罪真是受够了"。担任伍斯特郡步兵营营长的是36岁的爱德华·汉基少校，是在前任上校提拔升职之后才接的手。汉基为了夺回多边形森林，率领全营士兵展开连番白刃战。战斗异常惨烈，虽然损失惨重，却保住了英军防线。当晚，皇家工兵旅的一名士兵写道："树林里的景象太恐怖了！地上躺的全是尸体。我们旅一天之内就在这里发起了三轮冲锋。"德军有一支部队在这片松林里损失了70%的战斗力量。带头发起冲锋的团黎明时分还有57名军官和2629名士兵，待到夜幕降临只剩下了6名军官和748名士兵。其他地方战况大同小异。10月20日—21日，德军在更南面的普勒格斯特尔特森林中同样蒙受了巨大损失。

　　10月25日，奥特玛尔·鲁兹上尉目睹了英国近卫兵团被猛烈的炮火打得溃不成军，地点在伊普尔东南的克鲁塞克："炮轰的效果惊人；英国人根本不可能抵挡得住。英国兵纷纷跳出堑壕，正好进入我们的机枪射程。复仇的时刻到了！"从鲁兹的报告来看，英军甚至还没等到德军步兵发动进攻就丢下武器，逃之夭夭。德军冲进英军堑壕，俘虏了许多还在顶着炮火坚守的英军士兵。亚历山大·约翰斯顿当天的记录写道:"德国人之所以能够打到爱尔兰第二步兵营的堑壕里头去,是因为步兵营的士兵实在太累,全都睡着了。"待到25日结束,步兵营全营上下只有4名军官生还。英军当晚一度组织反击,还是无力收复阵地。次日清晨,更多英军士兵放弃阵地逃跑,很快就被下马作战的德国骑兵生擒活捉,不少德国骑兵甚至连靴子上的马刺都来不及解下。胜利者早就等不及瓜分战利品,香烟尤其抢手。

自古以来,军队打仗,战斗一般持续一天就鸣金收兵,偶尔也会打上个两三天,之后才偃旗息鼓。可是,联军和德军此时此刻正在展开一场前所未有的全面战斗,双方厮杀不断。要么你杀我,要么我杀你,一连数周不停。戈登高地团的团长向来喜欢夸海口,勒令部下在新年到来之前,每人务必打死40个德国兵。高地团有一名中士名叫亚瑟·罗宾逊,10月24日因为伤重不治,死前居然还为自己没能完成指标道歉。

战殁者当中有些是少年,才十五六岁,头一回上阵打仗,其他的是老兵。26日阵亡的士兵当中有一名二等兵,名叫威廉·麦克弗森,是利斯[①]人,曾在南非的皇家苏格兰步兵团服役3年,后来又在汉普郡做了8年警察,之后才重新应征入伍,加入苏格兰近卫兵团。档案中对此人描述如下:"他是爱丽丝·麦克弗森的丈夫,住在伯恩茅斯市博斯坎普区温莎路19号。"约翰·布鲁克上尉来自戈登高地团,30岁,战前是桑德赫斯特荣誉之剑的获得者,生前获得过维多利亚十字勋章,29日在对伊普尔东南德军阵地发起的第二轮进攻中阵亡。当天在格鲁维特的战斗结束之后,掷弹兵团第一营打得只剩下了4名军官和100来个士兵。

德军在10月最后几天里发起的进攻堪称最为猛烈,英军防守也极其顽强。26日是星期一,道格拉斯·黑格在当天的日记中写道:"到了下午4点钟,第七师大部分部队基本上都从凸出部撤了回来。大多数部队已经被打成了散兵游勇……我3点左右驾车出去,看看情况如何,惊讶地发现士兵都回来了,一个个吓得半死。当然,第七师还有一部分部队没有放弃堑壕,仍在坚

---

① 利斯(Leith),爱丁堡北面的一个小地方,位于利斯河口。——译者注

守。"29日，德军投入七个师的兵力，对伊普尔发起攻击。有个军官名叫奥伯曼，是个上尉，头一天晚上花了大半晚的功夫爬过无人区，偷偷侦察英军在梅嫩公路阵地的情况。第二天一早，德军趁着迷雾发起进攻，奥伯曼被苏格兰团的机枪击中，身受重伤，死在了副官的怀里，成为该营在佛兰德斯阵亡的第二名军官。奥伯曼手下有一名下士，带着大家发起冲锋，最终让英国人的机枪哑了火。开机枪的是一名顽强的老兵，一直不停地开火，直到德军冲入阵地才中枪倒下。这批德军中有不少人是慕尼黑来的志愿兵，随后向上级报告英军已经丢弃阵地，逃往后方。让黑格碰上、感到沮丧的正是这一批英军。黑格眼看有些部队居然把士兵部署在向上的斜坡上，不禁连声哀叹：阵地完全处于德军的视野之中，当然要付出惨重代价。

不过，德国人当天的经历也极其悲惨。德军正在向前推进，不想太阳渐渐驱散了迷雾，结果被英国炮兵看得一清二楚。进攻德军当中有一名军官，眼睛一直盯着田间的水塘不放，看着池塘里的水在炫目的炮火下闪着耀眼的光芒。军官还看到杨树在炮火下摇晃起来，成片成片倒了下去：乡村的自然美景就这样一点点消失殆尽。英军炮火变得愈加猛烈，打得不少德国士兵只好找地方隐蔽起来。有一个普鲁士军官非常愤怒，大声质问道："巴伐利亚人凭什么不冲上去？他们凭什么躺在那里？"进攻的德国士兵只好极不情愿地勉强爬起来，继续前进，枪声也重新响了起来。"我们是起来了，"有个德国军官后来写道，"可是能去哪里？往前冲的，大多数都是去送死的……我的排活下来的一共只有5个……英国人在一块烟草地里挖了堑壕，在一个宽阔的山头上面，位置很好，打得非常顽强。"德国炮兵反复出现射程不够远的问题，结果炸死炸伤一些自己人。值得一提的是，无论东线还是西线，德国炮兵总是粗心大意，害得自己的部队在"友军火力"下损失惨重。29日当天，一个巴伐利亚团就有349人阵亡，受伤人数大体相当。

所有军队都对丢失阵地表现得极其敏感，将其视为一件面上无光的丑事，英国人尤为如此。伊普尔战役开始头3个星期，随着进攻反击反复拉锯，英军战线也在不断变化，有时鼓出去一块，有时又凹进来一截。阵地先是拿了下来，接着丢了，然后又再次抢回来，有时一连几天数次易手。惨烈的近身肉搏也随之出现，士兵们拿着军刀、刺刀、枪托，甚至手枪上阵搏斗。一如20世纪之后发生的大多数战争一样，部队一旦遭到炮轰，往往会放弃阵地，混乱程度也因人而异。即便再勇敢、再有纪律的部队，面对榴弹和高爆炸弹劈头盖脑地打过来，身旁的人死的死，伤的伤，还要求士兵们坚守堑壕，确实说不过去。如果说待在一个地方肯定会一命呜呼，那么但凡有点理智的士兵都会转移别处，这也让带兵打仗的将领们好生郁闷。丢弃的阵地势必要再次夺回来——当然也不一定非得抢回来，这得视情况而定……有时候几分钟之内就会发动反击，更多时候要等上一两个小时。不过，这个时候德国人恐怕已经布置好马克沁机枪，静待对手上门了。

有些营表现得格外顽强，有些则随时随地准备逃跑，名声极差。10月21日，亚历山大·约翰斯顿就对南兰开夏郡第二步兵营报以嘲讽："那帮家伙真是孬种……根本不能作任何指望，今天已经是开战以来他们第4次逃跑了。"29日，约翰斯顿又在炮火纷飞中写了这么一段话："后来过了一会儿才找到，有几个是威尔士第一步兵营的，南兰开夏郡第二营的相当地多，一个个全都跑得上气不接下气，身上的装备丢了个精光……居然差不多跑到了后方两英里的地方才停下脚步，听到这种消息真叫人难受。炮轰的滋味固然不好受，但持续时间并不长。怕成这个样子，我感觉这足以反映出这些士兵有多么紧张。"贝德福德郡团、诺森伯兰郡火枪兵团，还有柴郡步兵团也属于那些看上去不太让人放心的部队。

欧内斯特·汉密尔顿上尉是英国远征军作战经历的早期记录者，他在1916年出版了一本书，专门描写了战场上的经历。欧内斯特在序中用充满歉意的口吻写道："希望读者能够有清醒的认识，能够理解书中虽然一次又一次提到某某营从堑壕里被赶了出去，但我并无半点意思讽刺这些部队无能"——这个词不过是懦夫的一种委婉表达——"对于这些营来说，英国远征军的每一个营在过去12个月里，很可能都会出现这样那样被迫放弃堑壕的情况……这是因为炮火过于猛烈，无力支持……丢掉的堑壕可能被另外一个营夺回来，可是这个营各方面的战斗能力反倒比被赶跑的营要弱，这种情况也有可能发生。"

英军营一级以上指挥官的指挥水平多乏善可陈。不少士兵身在前线，不但要提心吊胆，身心俱疲，还常常感到孤立无援，犹如困兽般苦闷。亚历山大·约翰斯顿对此极为愤怒："我认为旅指挥部里头有些人的做法让人恶心，为了躲避流弹，整天待在防空洞里，寸步不出，哪怕炮弹在两百码外爆炸，都会吓得东躲西藏。这帮人倒是会下各种命令，要求做这做那，可有时待人极其刻薄。身在前线的士兵真是可怜，所有的打击，所有的折磨差不多都得自己扛。那些有权的里头哪怕有几个人，隔一天去前线偶尔走上一趟，说一两句鼓励的话，我敢肯定那些可怜的士兵都会坚持下去的。"

约翰斯顿过了两天，接着又写道："我敢肯定旅里面那些军官并不真正了解局势，根本就不可能真正体会士兵们的状态，也懒得花心思去好好睁开眼睛，看一看当前形势究竟是个什么样子。虽然不是故意的，可是军官现在的做法伤透了士兵的心。"约翰斯顿的话反映了战争初期出现的问题，这种情况随着静态战的出现，将成为这场大战中的一件大事。高级军官们为了保证命令得到有效执行，需要和参谋一起坐镇电话线路网的枢纽，为此必须和前线保持一定距离。可是，如此做法的代价在于军官和自己指挥的士兵之间因为环境不同，从而出现严重的心理生理隔阂。尽管有些参谋官为了能够逃避上火线，毫不掩饰自己的庆幸心态，但带兵打仗的将军们少有懦夫，他们只是思维有限，难以理解士兵们承受的巨大痛苦。一如伊普尔的这场噩梦一般，士兵们是多么需要与人接触，得到情感支持。可是，有些高级军官几十年来早就习惯了军队中僵硬教条的传统约束，完全无法适应改变，为士兵提供支持。就此而言，我们应该关注的不是有多少英军部队在第一次伊普尔战争的各个阶段败下阵来，而是有多少部队守住了阵地。

10月还剩最后几天，德军又组建了一支新的部队，目的十分明确，就是要在伊普尔城南打开一个缺口。这支部队由6个师组成，由马克斯·冯·法贝克将军指挥，外号法贝克集团军。然而，待到这支部队10月30日向前发起进攻的时候，士兵们惊讶地发现火力准备绵软无力。法金汉的大炮急需弹药补充。虽然为了给伊普尔战区腾出炮弹，西线的其他战场都对大炮做了定量配给，一天只能发射两到三发炮弹，可仍然没有足够的炮弹，对伊普尔进行集中炮轰。进攻的法贝克集团军经过连续数夜急行军,方才抵达前线,行动尚未开始,便已显露疲态。霍勒贝克是德军的第一个目标。有位高级军官眼看最高指挥部期望过高,正告道:"近些天来,我军接连错失良机。敌人兵力明显弱于我军,我军却任由对手一拖再拖……进攻缺乏一鼓作气,坚持到底的勇气,做不到将生死完全置之度外,没有意识到每一次进攻的目的在于一举消灭敌人,赢得胜利。"

10月30日早上,驻守弗罗梅勒附近的皇家威尔士火枪兵团第二营的士兵们一觉醒来,吃了早餐,每人只有3块饼干,上面涂了一勺果酱,一听咸牛肉4个人分,每人定量一勺朗姆酒。弗兰克·理查德的连长——这个老兵虽然不怎么喜欢这位连长,倒很尊敬对方——一手拿着军刀,一手拿着手枪,在堑壕里从头走到尾,轮流走到每一个阵地,反复告诫站在踏架上的士兵,务必坚持战斗,直至最后一兵一卒。一营的姊妹营皇家威尔士火枪兵第二营负责防守赞德沃德城堡,全营400来号人遭到德军猛烈炮击,抵抗顽强,直至中午时分阵地被敌人占领,全营上下几乎悉数战死被俘。下马作战的皇家骑兵团在邻村遭到进攻,经过将近一个半小时的火力预备密集炮轰之后被打得退了回去,留下一地尸体,其中包括内近卫骑兵团的机枪军官沃斯利勋爵。上午10点左右,德军已经占领赞德沃德山脊。英军一个营试图夺回阵地,结果全军覆没,大部分士兵做了俘虏,待到傍晚重新集结时活下来的只剩下了86个人。

不过,进攻德军同样蒙受了惨痛的损失。德国人不仅在争夺赞德沃德的战斗中,在对其他地方发起的进攻中同样伤亡惨重。就在30日同一天,德军再次对兰赫马尔克发起进攻,由于缺少炮火支援,再次无功而返。眼前炮火如此猛烈,有一支部队的士兵们发现齐泽维茨中尉竟然倚在一棵树旁,端着望远镜,观察英军阵地,无不感到惊愕,要知道他可是部队里唯一还活着的军官。士兵们请求齐泽维茨找个地方隐蔽起来。可是,齐泽维茨没有听取警告,直到一发炮弹落在身旁,倒了下去——一块弹片击中了他的胸口,伤口虽小,却足以致命。待到夜幕降临,进攻依旧没有取得任何重要进展。在兰赫马尔克北面,一位名叫弗兰奇的副职军官写道,到了晚上,阵地上最难受

的事情就是你堵不住耳朵，总能听见无人区甜菜地里传来伤兵们绝望的喊声。听得见声音，却见不到人："德国人，到这边来！""救救我！""医务兵！""救命！"进攻德军11月初一直保持对兰赫马尔克施压，由于靠海的阵地受到洪水影响，无法行动，于是抽调了一些部队前来增援，即便如此，仍然寸步难前。

更往南面，德军各部队指挥官在10月30日晚召开会议。到场的高级军官宣布各营将在次日恢复进攻。命令一出，立刻引起了一位指挥官的不满，插话说道："对不起，上校先生。您刚才用了'营'这个词，可是我们在中路已经没有一个营是完整的了。士兵们已经连续作战48小时，一连三个晚上没有合眼睡过觉了。"这名军官接着说自己无法重新发起进攻，上级军官听后勃然大怒。上校咆哮起来："你胆敢说不可能？根本没有不可能的事！我们都是军人，必须接受死亡的威胁！"上级指令不可违抗。10月31日必须重新发起进攻。

来自符腾堡的保罗·哈布是突出部中路、靠近格鲁维特的德军一员，31日那天在给妻子的信中草草写道："亲爱的玛丽亚，我感觉非常难受，还不如不说给你听……在这里过的每一天都让我更加明白家有多么美好……一提到家，我就有好多话想说。这些日子每天都活得战战兢兢，简直找不到词来形容，身边全是悲惨的事情。战斗一天比一天激烈，看不到任何结束的迹象。我们的血都流成了河……周围到处都是凄惨的景象，惨不忍睹。士兵们死的死，伤的伤，牲口也是有的死，有的伤，死马的尸体，烧了的房子，田里的泥巴地被踩了个稀巴烂，车子，衣服，还有武器……真没想到打仗会是这个样子……我们现在只剩下几个人对付那帮英国人。"

"那帮英国人"由于兵力远处下风，感觉只有自己在受苦受难。不过，德国人10月31日又打了一仗，战斗异常艰苦，战果却相当有限。31日这一天对于英国人来说成了伊普尔战役中最血腥也是最危险的一天。梅西讷是一座小村子，村里有一座教堂，一家磨坊和一家石灰厂，常住村里的一般有1400来人，此时此刻守卫村子的是第9枪骑兵团和第11轻骑兵团。士兵们下了马，在每一座民宅上开出枪孔来，让敌人每前进一寸都要付出惨重代价。法贝克的部下由于火力不足，无法组织发起连续炮击，夷平村庄，消灭盘踞在村里的英军，只好挨家挨户展开猛攻。即便如此，英军由于兵力实在过少，仍然抵挡不住德军攻势。德国人打到一个地方，调上一个野战炮兵连，在200码开外照着英军一顿猛轰，打得一些英国士兵举手投了降。炮兵中士威廉·爱丁顿后来写道："4挺马克沁机枪掀起了一场弹雨，照着街的另一头横扫过去。街对面的房子早就被德国人的燃烧炮弹和燃烧弹击中，起了熊熊大火，现在烧得更旺了。这样的场景简直难以形容。"幸存的英军最终不得不撤退，把重要的高地拱手让给了德军。

10月31日加入战斗的部队当中有一支是来自伦敦的苏格兰步兵营。这是一支地方部队，人数不多，在白金汉宫旁边的白金汉门专门有一个大厅训练。这支部队在抵达伊普尔之前，已经在后方待了6个星期，每天尽干一些乏味无聊的力气活。之所以如此，部分原因在于英国远征军的指挥官对"地方部队"的战斗能力表示怀疑。不过，如今正值危难当头，这支步兵营也被匆匆送上了前线，士兵们坐的是征用来的伦敦双层巴士——和几个月前把他们带到伦敦城办事处的恐怕还是同一辆。待到到了军指挥部，有人告诉营长上校，说步兵营可以把科尔德斯特里姆第一营的车辆拿去用。营长问道，难道科尔德斯特里姆一营不需要汽车用吗？得到的答复是：是的，已经不用了，这个营已经差不多死光了。

伦敦苏格兰步兵营的头一仗是在维茨希特村打的——英国人给这个村子起了个外号，叫作"白床单"①——这一仗简直成了一场灾难。士兵们配发的弹药竟然和手中的步枪不匹配，就这样对梅西讷山脊发起反击，结果付出了沉痛代价：伤亡394人，其中阵亡190人。全营在敌军炮火之下坚持了整整一天，待到左翼被突破，又端起刺刀，发起冲锋，试图扫清敌人。不过，这样的任务对于这支部队来说实在过于艰巨。下士爱德华·奥尔根目睹了伦敦苏格兰营回来时的样子，写道："队伍已经完全不成样子……被打得支离破碎。

---

① 维茨希特（Wytschaete），英军士兵读不好这个发音，所以干脆谐音叫作"Whitesheet"，即"白床单"之意。——译者注

德国人像割草一样把他们打垮了。"这次行动或许勇气可嘉，可这毕竟是一支地方军，缺少作战经验，也没有武器派得上用场，才害得初次作战落个如此悲惨下场。

在格鲁维特，德国人的压迫变得愈发难以阻挡，成为当天故事的基调：鲁普雷希特亲王的部队虽然损失惊人，但是德军凭借人数优势最终"掰弯"了英军防线。德国人在一条堑壕里一次就抓获了200名俘虏，这些英国士兵当时正准备逃往后方，英军的炮弹就已经落在了自己人的头上。待到中午12点30分，英王皇家步枪兵团、女王皇家步枪兵团，还有北兰卡夏郡团统统被从格鲁维特赶了出去，英军的一些60磅大炮也被德军缴获。格鲁维特的所有英国炮兵都被迫匆忙后撤。"我们刚刚把大炮搬走，敌军就冲过山头，进入眼帘，我们只好赶紧逃命。"炮兵查理·巴罗斯后来说道，"我们也搞不清究竟是怎么逃出来的。只见炮弹遍地开花。我的从马受了伤，累得走不动，几乎掉了队。可是还得往前——我们必须往前走——沿着梅林公路一直走。我从没想过能够活着逃出来。往后撤了一英里，躲到一片地里歇了歇脚。死了一个军官、两个军士和一个炮兵，另外还有几个开车的也受了伤。"英军最后一共丢了6门大炮，格鲁维特就此失守。

牛津郡轻骑兵团是一支义勇骑兵部队，温斯顿·丘吉尔后来也和这支部队过从甚密。这个骑兵团之前一直是英军最高司令部的直属部队，现在可好，竟然要一路颠簸30英里，赶赴梅西讷。士兵们先是骑马冒雨，连夜赶路，接着又下马徒步前进，一到前线就立即进入阵地。"我们压根都不知道打成了什么样子，"爱德华·奥尔根回忆道，"不过还是可以感觉得到战况相当激烈……看得见农场和农舍都在燃烧，炮弹不断落在身旁。我们就在山脊正下方，可以说是躲了起来。不过，有时会有连串子弹嗖嗖飞过头顶——像成群的蜜蜂嗡嗡飞过一样。人人都感觉紧张——好吧，我想应该说是害怕——你要是感到害怕，只要有一个人带头唱歌，其他人都会跟着大声唱起来……大家唱起了'滑稽的牛仔乔'。我根本没管别人在唱什么，脑袋里只是想着大家全都趴在那儿，枪炮就在附近砰砰响个不停……我还从来没有被这样吵过一整天，这算是头一回。"

伍斯特郡步兵营曾在一个星期前发起反攻，拯救了英军阵线。全营虽然损失巨大，可现在又被再次征召起来，奉命前去收复格鲁维特的中路阵地。全营士兵先是饱餐了一顿炖肉，喝完朗姆酒，接着下午两点从兵营动身，向进攻发起线出发。士兵们身上背着棉制的子弹带，里面装着额外配发的弹药。一名军官写道，就在大伙儿拖着步子，向前跋涉时，遇到大队人马朝后方跑，都是其他部队的。黑格后来向英王乔治五世描述道："那帮逃兵沿着梅嫩公路一路逃了回来……为了逃命，凡是能够扔掉的，全都扔了，连枪和背包也扔了。脸上惊恐万分，我可从没见过哪个人有这样的表情。"有些英军士兵三五成群地舞着白旗，枪口朝下，举起双手，朝着敌人阵地走去……这帮人运气确实不错，敌军居然接受了他们的投降。

这支古老的郡团逆势而为，冒着猛烈的炮火发起冲锋，向前挺进了大约1000码，一直冲到格鲁维特城堡的下方，发现还有一些南威尔士边境部队仍在那里坚守。汉基少校骄傲地吹响了猎号。伍斯特郡步兵营把一些零散的德国兵从灌木丛里赶了出来，然后挖壕据守，凭着步枪击退了敌人的每一次反击。不过，身在后方的将军们一开始还是经过了一段忧心忡忡的等待，心中悬而未决，直到后来才得知汉基取得胜利的消息。约翰·弗伦奇爵士对黑格的意见表示认同，认为英国远征军恐怕不得不放弃伊普尔，往城西撤退。这位军长一度骑马上了前线，想要亲眼看一看战场局势，结果被沿途见到的混乱场景吓了一跳。只见各支部队都被打得七零八落，仓皇逃窜。黑格的参谋官注意到黑格用手用力拉着自己的小胡子。黑格每次感到压力巨大的时候总会习惯性地用手拉扯胡子，这是他极力让自己镇定下来的标志性动作。那位英军总司令后来将当天下午比喻成英国远征军大战期间最严重的一场危机，他的这种说法并非没有道理。

在更南面，艾伦比的骑兵们下马作战，拼死顽抗。可是，位于前方的法国人伤亡要比英国人更加惨重。2点30分，黑格接到第一师师长报告，说第一师已被"打垮"：其中一个营是女王步兵营，已有624人阵亡，只剩下了32个人，大部分是炊事兵和交通员。第七师同样陷入绝境。就在这次谈话结束不久，炮弹落在第一师设在霍格的指挥部，师长连同大部分参谋官非死即伤。

约翰·弗伦奇爵士面对绝境，一筹莫展，正要离开黑格指挥部时，只见一名副师长跑了出来，报告伍斯特郡步兵营已经夺回阵地。下午3点，准将查尔斯·菲茨克拉伦斯发来报告："我的阵线守住了。"傍晚时分，局势已经明了了，德国人的攻势被阻止住了。

伍斯特郡步兵营为英军赢得了喘息的机会，让第七师能够把逃跑和掉队的士兵找回来，重新部署。伍斯特郡步兵营出发时全营一共370人，一天下来伤亡损失将近四分之一。很多很多年以来，当地阵亡将士纪念碑上刻着长长的一列名字，上面写着这些人都是在"同凶残的敌人进行英勇战斗"之后倒下的。到了现代，今人说话的口气温和了许多，石碑上的铭文也改成了"同意志坚决的敌人进行英勇战斗"。英国人虽然对伍斯特郡步兵营的英勇顽强印象深刻，德国人却并无这般感受。他们对于能够继续保住格鲁维特村已经感到心满意足。不过，德国人失去了取得决定性突破的机会，这是他们一直苦苦找寻的机会，英国人也对这样的突破惧怕万分。在德国人看来，法军在南面的奋力反扑才是德军10月31日进攻受挫的关键原因。不过，德国人的这种说法值得商榷。虽然，单凭一支部队就能改变一支军队在战场上的走势，这样的事情鲜有发生，但伍斯特郡步兵营在伊普尔或许做到了这一点。有一点倒是明白无误，那便是福煦中31日当天面对法金汉赢得了士气上的优势，后者从此一蹶不振，最终决定了德军败亡的命运。

英军当晚一面连夜抓紧挖掘堑壕，一面展开反击，将德军新的进攻一一击退。其中，伦敦的苏格兰步兵营也在当晚遭到进攻。"德国人这一次并没有贸然冲锋的意图，"二等兵赫伯特·德·哈默尔认为，"他们稳扎稳打，向前推进，走到近前便纷纷倒下。火舌沿着德国人的阵线喷射出来。没有鬼哭狼嚎的声音，只听见步枪咔嚓咔嚓的射击声。子弹从我们前面的山脊穿过来，打在身后的河岸上啪啪作响。从头到尾，只要我们一准备还击，新配的步枪就卡壳，打不了了，有时刚刚打完一发，有时是打了五发就会卡住……不过，过了一会儿，就不再有德国兵朝我们攻过来了。"苏格兰步兵营试图发起冲锋，地面被周围房屋燃起的大火照得雪白，结果被打了回来。联络官保罗·马泽描述了次日吃早餐时遇见一群幸存士兵的情形，写道："那是一个伦敦苏格兰营的中士，身上的军服已经烂成了碎片，看上去完全没了力气，正在吆喝手下的人排队站好。那些士兵看起来就像一群水手，站在沙滩上眼睁睁看着自己的船沉下去一样。"受伤人员当中有一个以前在伦敦城做运务员，是个二等兵，名叫罗纳德·考尔曼①，1909年加入的地方军，这次脚踝被弹片击中，成了瘸子。不过，这样也好，伤过这一回就不用再继续打仗，没准也算救了自己一命。不过，伤势并未阻碍考尔曼日后去往好莱坞，成了一位电影明星。说来也是凑巧，与考尔曼同一个部队的巴兹尔·雷斯伯恩②、赫伯特·马歇尔③，还有克劳德·雷恩斯④都去好莱坞当了电影明星。

就在11月1日，礼拜日当天，乔治·杰弗瑞斯与第七师师长托马斯·卡珀爵士会面碰头。杰弗瑞斯少校说道："先生，我恐怕您的第七师要有一段日

---

① 罗纳德·考尔曼（Ronald Colman，1891—1958），演员，1891年2月9日出生于英国伦敦的里奇蒙，早年在英国参加过戏剧和默片演出，嗓音语调极富感染力，"一战"加入苏格兰步兵团，1914年9月在梅西讷战役中脚踝严重受伤，留下残疾，翌年退伍，1920年前往美国发展，于20世纪20年代迎来事业高峰，代表作包括1935年的《双城记》（*A Tale of Two Cities*），1947年凭借《双重生活》（*A Double Life*）夺得第20届奥斯卡金像奖最佳男主角和金球奖最佳男主角，1958年5月19日因慢性阻塞性肺病去世，享年67岁。——译者注

② 巴兹尔·雷斯伯恩（Basil Rathbone，1892—1967），英国演员，1892年6月13日出生在南非约翰内斯堡，早年以出演莎翁舞台剧而出名，一生参演电影70多部，"一战"期间加入苏格兰步兵团，任情报军官，后升任上尉，因出色完成巡逻侦察任务于1918年荣获军功十字勋章，20世纪20年代前往美国好莱坞发展，30年代因出演福尔摩斯系列剧而赢得盛名，一生获得两次奥斯卡提名，进入好莱坞名人堂，1967年7月21日因心脏病突发，病逝于纽约。——译者注

③ 赫伯特·马歇尔（Herbert Marshall，1890—1966），英国演员，1890年5月23日出生于伦敦，父母都是演员，"一战"期间参加苏格兰步兵团，1917年4月9日在第二次阿拉斯战役中被德军狙击手击中左膝，伤重截肢，终生残疾，战后参演多部舞台剧和电影，并且登上电视荧屏，"二战"期间专门投身伤员恢复工作，1960年进入好莱坞名人堂，1966年1月22日因心脏病去世，享年75岁。——译者注

④ 克劳德·雷恩斯（Claude Rains，1889—1967），1889年11月10日出生于伦敦，父亲弗雷德里克·威廉·雷恩斯（Fredrick William Rains）是一名舞台剧演员。克劳德早在1913年便去了美国，"一战"期间回国服役，升至上尉军衔，战后一度留在英国发展，1939年入籍美国，代表作包括1942年出品的经典影片《北非谍影》（*Casablanca*），一生获4次奥斯卡最佳男配角提名，晚年曾撰写回忆录，因健康恶化，遗憾未能完成，1967年5月30日病逝于美国新罕布什尔州。——译者注

子难熬了。"这位将军答道:"是啊,的确不好过,第七师都已经打没了。我现在成了一个怪物,说是师长,可师没了。"杰弗瑞斯听得有些不知如何是好,写道:"师长看起来好像是在讲别人的笑话。"卡珀的第七师自从上战场打仗以来,短短3个星期损失了五分之四的兵力。英国远征军几乎所有部队都遭遇了同样可怕的巨大损耗。约翰·弗伦奇爵士手下共有84个步兵营,其中75个只剩下了不到300兵力,还有18个营大幅减员到不足100人。

福煦闻知那位英国远征军总司令疲态尽显,情绪低落,不由心生不安,赶紧派遣两个师,在科诺的骑兵支援下接管艾伦比的部分防线。照理说,但凡援军到来,总会叫人高兴,可是法国骑兵还是像战争刚刚开始那样穿得非常不合时宜。一位英国护士小姐目睹了法国骑兵前进时嘈杂的哗啦哗啦声:"骑兵们一脸正儿八经的样子……穿着艳丽的军装,戴着明晃晃的胸甲,看上去华丽夺目。场面虽然让人伤感,但的确好看。"基奇纳意识到自己的法国盟友对于弗伦奇的精神状况感到担心,于是提出用伊恩·汉密尔顿爵士取代弗伦奇。没想到,霞飞和手下的将军们对此竟然表示反对——法国人的反应确实出人意料——不愿草率换将,生怕动作过大,反而害得自己摸不清对方的底细。

纵观英法联军的整条防线,其他地段对于联军此刻在比利时的境遇有多窘迫,知之甚少。夏尔·戴高乐8月留下的伤痛已经愈合,带着部队回了香巴尼。他在11月1日的日记中写道:"北边传来的消息虽然还不错,但是说句实在话,进展实在太慢。中午喝了苏特恩白葡萄酒和香槟。非常惬意。来了一些客人。大家一起干杯庆祝进攻顺利。还能听到德国人在堑壕里唱歌。没错,唱的是赞美诗。真是一帮古怪的家伙!"

就在同一天,德军在重炮火力支援之下对伊普尔近郊重新发起进攻。炮火大部分瞄准的是英国骑兵把守的阵地。巴伐利亚志愿兵路德维希·恩斯特勒给家里人写信,讲了讲自己干的活:"我给今天写的这封信起了个题目,叫作'万灵日',上帝啊,'万灵'这两个字背后是多少条人命啊。"恩斯特勒在信中描述了德军向维茨希特发起突击的场景,英国人从每一座地窖,每一栋房子里向成群结队的德军开枪扫射。"我们的人太少了。军官连个影子都看不到，只好退了回来……打到这个地步，掉头往回走，我们排实在太惨。活下来的人没有几个，其中一个开口问道："你还活着吗？"。"联军最终没能保住维茨希特，和梅西讷一样宣告失守，联军防线朝里面凹进去一大块，局势岌岌可危。不过，德国人清楚决定性的胜利仍然没有到手。炮兵上校克洛茨在11月1日战斗结束之后提笔写道："我们把敌人从每一个角落都给清理了出去，但也付出了巨大代价，根本突破不了。"

第二天战事一刻不歇。乔治·杰弗瑞斯写了11月2日晚上遭遇夜袭的事情："这个时候德国人距离已经非常近（有微微的月光照着），看得清清楚楚：他们往前推进得相当缓慢，感觉好像不等我们开枪，就要撤回去一样，不过每次总会往前走上几步。德国人队伍里还跟着一个鼓手，平时一直敲个不停，这个时候也和其他人一样，躲到树后面去了。我一直没有看见鼓手倒下，估计是因为我们没有朝他开枪的缘故。进攻的德军在我们开枪之前就渐渐退了。不过，让德国人靠得这么近，感觉很不舒服。"11月3日，德军一名军长发布了每日例行命令，提起自己的部下3天之内一共俘获了大约40名军官和2000名士兵，写道："英国人如果觉得进攻猛烈，打得受不了，就会投降。这一点毋庸置疑。所以我命令攻就要攻得坚决彻底，要吹军号，还要让军乐团奏乐。军乐团的乐手如果在进攻的时候奏乐，将被授予铁十字勋章。"有个德国士兵描述了当天试图突破兰赫马尔克以北法军防线的情况："法国人高度戒备……我们一开始往前突进的时候并没有遭遇敌人火力……没想到突然一下开了火，打得真是残忍。直到第二天早上才撤下来。点名的时候发现这次进攻我们部队死了不少人……整个连基本上死光了。"

3日入夜时分，在法贝克集团军的指挥部里，取得突破的希望已经全部落空。德军3日之内伤亡1.75万人，炮弹几乎消耗殆尽。弗里茨·冯·洛斯伯格中校是法贝克的参谋长，写道："11月3日发生的一切表明……不可能在佛兰德斯通过强攻取得胜利。"不过，洛斯伯格随后又加上了几句，说起法金汉和德皇拒不接受事实。在洛斯伯格看来，鉴于11月1日至3日遭遇的失败，以及此前数周的失利，正确的选择应该是停止在西线的大规模行动，分兵东线，因为只有在东线才有可能取得对俄国人的决定性胜利。

英法联军与德军堑壕里的状况都在急剧恶化，让对手行动带来的伤害更加雪上加霜。伯纳德·戈登-伦诺克斯11月4日写道："天快要黑的时候下起了雨，雨势凶猛。堑壕里的泥土全都湿乎乎的，成了一片泥巴地，让人更加难过。不过，一想起德国佬的情况就算不比我们差，但也好不到哪里去，心里多少宽慰了一些。"戈登·伦诺克斯已经心生厌倦，继续写道："我想大家会慢慢习惯看到自己最好的朋友被一个一个抬走，只好想想自己还能够活着待在这里，运气已算不错——至少现在还活着。"伦诺克斯说得不错。6天之后，他就被炮弹炸死了。

威尔弗里德·亚伯-史密斯写道："我想起了可怜的伯纳德，几天前累成那个样子（我早上离开的时候，他还待在堑壕里。多希望能够顶一下他，可他就这样死了）……我想他现在已经得到了安宁，再也不用面对所有这些喧嚣与痛苦。虽然她（戈登-伦诺克斯的妻子）很可怜，但是对于伦诺克斯自己来说并不坏。她要是知道伦诺克斯终于可以好好休息，也一定会感到欣慰的。"后人没有那么虔诚的信念，看到那么多阵亡将士墓碑上刻着的那些话，好比说"他终于找到了永久的安息之地""他得到了永久的安宁"，总是不以为然，以为都是空话，却不知道这些话对于那些在佛兰德斯经历过生死恐怖的人来说意义有多么深刻。

11月5日，法金汉又组织了一波新的攻势，对伊普尔突出部北南两端发起近乎自杀式的进攻，攻势持续了整整一周，中间几乎没有停歇。两军士兵似乎已经学会了如何忍耐，主要是因为他们觉得类似这样的屠杀与灾难不可能拖得再久。皇家威尔士火枪兵团的理查德森中尉写道："我真是烦透了待在堑壕里头，又怕又累。真不想再在里头待下去了。盼着德国人赶快下命令，进攻吧。"英军阵地一连数日遭到炮火不断骚扰。6日，法金汉指挥步兵对伊普尔东南面的克莱因齐勒贝克村重新发起进攻。英军依旧利用猛烈炮火，展开抵抗。好几支德军部队被打得溃不成军。有个志愿兵描写了自己刚刚参加的部队在格鲁维特附近迎头遭到敌人的猛烈炮火袭击，一下溃逃的情景："所有人都向后方涌去，猫着腰，在灌木丛里挤来挤去，跑了两百来米……头一回打仗就碰上这种事，有点糟糕。"这个志愿兵还把第二天形容成简直就像

"人间地狱"，不断遭到火力攻击，受伤的人得不到任何医疗救援。

不过，英法联军在6日同样陷入险境。法军好几支部队和爱尔兰近卫兵团——借用杰弗瑞斯的话来说，"在6日当天之前就已经很难坚持下去"——被德军打垮，英军右翼暴露在外。皇家近卫骑兵团快马加鞭，上前迎战，下马一看，才发现德国人阵中还夹着一大群法国士兵，正在仓皇逃窜。休·道内少校是一名参谋官，带着内近卫骑兵团发起冲锋，与敌人展开白刃战。道内本人虽然战死沙场，却为英军保住了防线。仗打到这个节骨眼上，英国远征军中几乎没有任何一支部队是完整的。以掷弹兵二营为例，该营在伊普尔一共损失了20名军官和800名士兵；爱尔兰近卫兵团减员到只剩下3名军官和150名士兵；科尔德斯特里姆一营则连100人都不到。

黑格对于某些部队表现软弱，大为不悦。他在11月7日的日记中写道："林肯郡团、诺森伯兰郡火枪兵，还有贝德福德郡团，哪怕听到一丁点小小的枪炮声，就统统丢下堑壕，逃之夭夭。有几个逃跑的从师指挥部门前路过，我就在里头坐着。我下了命令，像他们这样胆小如鼠的孬种，一律送上军事法庭受审。（丢了的）堑壕统统给我夺回来。"亚历山大·约翰斯顿和这位将军一样，对临阵脱逃感到极为震惊与反感，写道："突然一下子，一大群士兵就往回冲进了我们的指挥部——大部分人看来连枪都扔了，不少连装备都没有。这帮家伙每个人嘴里都说着同样的一套话，有的说'接到了撤退的命令'，有的说'大家人人都在撤'，有的说'我们是派回来补充弹药的'，还有的说'德国人已经进了堑壕'，诸如此类的话。看到这么多英国士兵一个个如此胆小懦弱，感觉真的伤透了心……我要不是威胁把其中几个抓出去枪毙掉，这帮人根本不会继续战斗……我们还从墙角旮旯里揪出来了一些藏着躲着的士兵。"

次日，第三师师长发来报告，说"自己已经无法命令部下发起冲锋，收复原来的堑壕"。接下来的一周内，来自伦敦的苏格兰步兵营营长上校向军部发去报告，声称自己的部队"状态不佳，无法上阵——士兵们完全垮了。全营急需时间休整。如果得不到批准休息，步兵营将全军覆没"。黑格挖苦道："在我看来，更想休息的不是士兵，而是这个上校（上校名叫马尔科

姆)。"就在不到一个月前,这个名叫乔治·马尔科姆的上校还在担心,生怕自己的部队到达比利时太晚,赶不上参加战斗。

按照现代一辈人的眼光来看,黑格面对一群受尽折磨、已近极限的士兵,口里说出这样一番话,听上去似乎过于残酷无情。可是,既然身为将军,就得硬着心肠。联军要想在伊普尔守住防线,就必须承受伤亡和痛苦的代价。除了顽强抵抗,战术上别无他途,也没有工夫去大发慈悲,同情弱小,悲悯死者。黑格在败走蒙斯的过程中表现不佳,进攻埃纳河的战役中也并无多少值得称道之处,可他在伊普尔三个星期以来表现出来的冷静与决心,为自己赢得了同僚的尊重。黑格是属于他那个时代的佼佼者,头脑冷静,颇有将才,如果职责需要的话,完全能够一面调度指挥一场战斗,一面美美地享用一顿午餐——在接下来的4年里,黑格认为这就是自己的责任所在。鲜有人谈得上多么喜欢这位第一军军长,但是黑格的确展现出了卓越的才华。反观其他人,尤其是那位约翰·弗伦奇爵士,在这方面明显有所欠缺。若是没有黑格,英军在伊普尔的防线可能早已被德军攻破。

此时此刻,德军攻势渐弱,指挥官们遭受重创,军心动摇。11月7日晚,德军沿着梅林公路发起进攻,第143步兵团的乐队奏起了《约克军团进行曲》和《德意志高于一切》两首曲子。进攻最终演变为乐手们的灾难:吹双簧管的瓦尔德迈尔被打死,一同吹双簧管的维勒宾斯基和中士巴斯双双受伤。巴斯在被送往后方之前,拿起乐队指挥的一瓶白兰地,赶紧几口喝了个干净。这次行动结束之后,军乐队得到命令,交出乐器,开始承担起新的职责——抬担架。个中意味,不言而喻。

9日,德军掷弹兵近卫团正朝着进攻发起线进发,士兵们突然看见路边出现了一名高级军官,穿着一身龙骑兵第一近卫团军装,身旁还跟着一些随从。此人正是特奥巴登·冯·贝特曼·霍尔维格——这位德国总理亲自前来视察战事进展。要知道,正是霍尔维格挑起的这场战争。霍尔维格对着那位团长上校自我吹嘘了一通,说道:"上校先生,我这个人做事向来都有自己的规矩:必须在具体的时间地点到场,好给小伙子们'抹油'。"——"抹油"这个说法颇有历史渊源,指的是很久以前角斗士在进入角斗场之前要在身上涂抹油脂，这样对手就没有那么容易抓住自己。不过，士兵们虽然听着总理大人夸夸其谈，心里可没有忘记这个说法还有另外一层含义——路德宗的死亡仪式上也要"抹油"。贝特曼当天没能看到胜利，只看到了更多死亡。

战斗再次短暂平息下去。埃本·派克上尉是一名英军掷弹兵，他在11月9日写道："我们在这里拼命死守。"几天之后，派克也死在了战场上。威尔弗里德·亚伯-史密斯写道："我无法忍受看着朋友们一天天死去。埃本被击中的那一刻，我的心沉了下去。可是，我必须面对这些困难，希望能有好的结果。如果不是相信上帝，我想我没法坚持这么久。"英德两军都有士兵日渐绝望。11月9日，德国掷弹兵团的贝瑞克上尉正在审讯一名英军囚犯，突然横在众人前面的栅栏开了，一个佐阿夫轻骑兵用法语大声喊着："不要开枪！我还有一大家子人，有好多孩子要养。"这个士兵接着一把抢过一名德军士兵的水壶，把壶里的水喝了个精光，引得大家哄堂大笑，紧张的气氛也随之缓和下来。就在同一天，德军一位团级副官冯·绍罗写道："从前方传回的报告来看，在当前条件下发起任何进攻都毫无希望取胜。鉴于目前完全缺乏对敌军、地形乃至我军自身阵地的清楚了解，完全没有希望通过正面进攻打通佛兰德斯的沼地。尽管已经多次尝试说服高层明白这一点，可是一切努力均告失败……成百上千最优秀的小伙子为了这场毫无胜算的进攻，白白献出了生命。"

由于多名指挥官执意坚持，德军在11月10日对法军阵地又发动了一轮进攻。这是一场注定失败的进攻。德军次日也对英军展开强攻，普鲁士近卫兵两个旅的兵力沿着梅林公路两侧，朝伊普尔直逼而来。天色微明，晨光暗淡，防守的英军士兵简直不敢想象眼前的景象：敌人排着密集的队形，人数之多，令人咋舌，仿佛鲁普雷希特亲王手下的兵力用之不竭。在接下来几个小时的战斗中，德军一次又一次向前发起强攻，在英军防线上打开了好几个缺口。一名英军士兵在日记中简单写道："人人慌了手脚，纷纷夺路而逃。枪啊，装备啊，所有东西都被丢在了身后。"英军发起反攻，收复了阵地：牛津和白金汉郡步兵团9月曾在"苏皮尔之心"战役中大放异彩，这一回又在诺讷伯什森林赢得胜利，规模虽小，但十分关键。当天阵亡将士当中就有近卫

旅旅长查尔斯·菲茨克拉伦斯，他是防线上大家公认的一位英雄人物。德军方面，有个近卫兵团11月10日一日之内伤亡超过800人，7名军官阵亡，德军攻势最终在距离伊普尔不到3英里的地方停了下来。

皇家火枪兵团下士威廉·霍尔布鲁克用黑色幽默的方式讲述了一段亲身经历。霍尔布鲁克的排在无人区遭到敌军火力压制，一连好几个小时无法脱身。就在此时，只见一个德国军官突然从灌木丛里爬了出来，用一口标准的英语喊着："我受了伤。"霍尔布鲁克的排长中尉闻听此言，勃然大怒，呵斥道："你就不该打过来，那样就不会受伤！"火枪兵团的士兵们听了，全都哈哈大笑起来。可惜，这名英军中尉几分钟之后就被流弹击中身亡，手下的士兵群龙无首，不知该如何是好。霍尔布鲁克帮助一名战友从膝盖里剜出了一枚榴弹弹片，战友随后趴在地上，爬去找安全的地方躲避，他自己则坐在一个弹坑里。四周光线昏暗，突然听见不远处传来树枝折断的声音，抬头一看，只见一个德军士兵的脑袋露了出来。这个德国兵受了重伤，疼得直哼哼，口里喃喃念着"水，水！"霍尔布鲁克递过自己的水壶，给他喝了几口，没想到水竟然从这个人的嘴角汩汩漏了出来，里面合着全是血，简直吓了一跳。这个德国兵伸出3个手指，可怜兮兮地说道："孩子。"天还没有完全亮，这个德国兵就死了。霍尔布鲁克也趁着天色未明，赶紧逃回了英军阵地。

当天晚上，伊普尔那座建于中世纪的纺织会馆着火，烧了起来。戈登·费舍尔中士是军需主任，来自地方军赫特福德郡团，刚刚参战不久，当时还是坐着公共汽车上的战场。费舍尔看着夜空被照明弹的火光划破，呆呆地入了神，连连惊叹，心想："难道这看起来不漂亮吗？跟放焰火一模一样。"费舍尔直到后来才慢慢明白眼前这番美丽景象到底有多么恐怖。约翰·迪莫尔中校是一名机枪手，31岁，属于那种比较少见从士兵做起，一步一步升上来的军官。11月12日，在伊普尔，迪莫尔正用机枪对着冲过来的普鲁士近卫兵团开火扫射，机枪突然被一条浸湿的子弹带卡住了。迪莫尔凭着一把活动扳手修好了机枪，继续开火，不料敌军一颗子弹打来，正中下巴，机枪也再次卡住。迪莫尔试图修理故障，又被击中，右肩中弹，同一个地方留下了3块弹片。迪莫尔不顾伤痛，坚持射击。距离最近的德军眼看已经逼到50码开外，没想到竟然一下子掉头转身跑了。迪莫尔面部也中了枪，双眼被鲜血蒙住，几乎无法看清，所幸活了下来，并被授予了维多利亚十字勋章。迪莫尔后来还获得了军事十字勋章，直到1918年1月在指挥一个营战斗时阵亡，那时他才刚刚结婚3个月。在伊普尔，英军各支部队虽然不断减员，但正是靠着许多像迪莫尔这样的人凭借着大无畏的英勇行为坚守阵地，才牢牢守住了防线。

在英军左翼，法军也在从宗讷贝克至比斯舒特的战线上打得十分艰苦。兰赫马尔克依然处于持续重压之下。11月12日当天，德国许多城镇贴出了一张告示。这则告示堪称大战中最厚颜无耻的一则官方通告，上面写道："在兰赫马尔克西面，（我们）年轻的小伙子们高唱着'德意志，德意志高于一切'，对连成一线的英军堑壕发起进攻，夺取了敌人的阵地。"事实却是，英法联军守住了兰赫马尔克西面的防线。至于英军战线上的其他阵地，如果真的有人高唱进行曲的话，那么待到日落时分，德国人也没有多少值得庆祝的了，因为他们又一次没能实现突破。

16、17两日，德军再次发起局部进攻，将更多弹药倾泻在了小城伊普尔的头上。掷弹兵团二营的作战日志写道："进攻反反复复，气势汹汹，全营一共打了2.4万发小型火炮炮弹。"然而，德军到了此时此刻，也和英法联军一样疲态尽显。亚历山大·约翰斯顿在11月16日写道，英军不少部队已经打得精疲力竭、士气低落。他随后又补充道："好在我感觉面前的德国步兵也没有多少精力折腾了。"约翰斯顿所言不虚。恶劣的天气使得朝任何方向行动都变得异常困难。救护车驾驶员多罗西·菲尔丁11月17日哀叹道："湿成这个样子，待在堑壕里的士兵真是可怜。看着他们那个可怜兮兮的样子，不是滋味。一个人就这样受冷挨冻，浑身透湿，根本干不了。"

随着一连几天大风暴雪的开始，伊普尔的战事逐渐平息下来，交战双方各自据守着被鲜血染红的阵地。德军在抢夺地盘方面取得的最重要成果当数占领了梅西讷山脊一线的高地，直至1917年6月。不过，德军在伊普尔一带的伤亡人数已经高达8万，许多部队损失了三分之二甚至更多兵力。一个德国士

兵在给家人的信中写道:"这些天过的日子完全颠覆了之前的想象,从没想过有人能够忍受坚持下来……我们一营打仗英勇无比,从1200人打到只剩下194个人。但愿上帝保佑,让我很快就能再见到你们,这些可怕的日子也会很快结束。"写这封信的士兵运气不错,不久之后就当了俘虏。

第一次伊普尔战争的赢家无疑是英法联军:德国人为了在西线赢得战略突破,在这个冬天进行了最后一次尝试,洒尽鲜血,最后却以失败告终。法国、英国,还有比利时的军队凭借着顽强防守,面对重重困难,勉强守住了战线。丘吉尔日后将伊普尔战役誉为"前所未有的光荣"。丘吉尔此言不虚,胜利的确至关重要。可是,对于胜利的一方来说,经历的苦难与悲痛如此巨大,以致日后很少有人愿意为之庆祝。英军得益于参战的大部分士兵都是老兵,经验丰富,面对的德军却是预备役部队,训练水平低下。不少德军将领日后总是以此为由,指责法金汉没有征调更好的部队。英国军事将领没有展现出任何伟大的战术才华,仅仅只是要求部下坚守到最后,与阵地共存亡,这也是英军几个世纪以来的一贯作风。不过,伊普尔的代价在于这些老式军队基本消耗殆尽。英军损失了54105人,8月到11月底的伤亡总人数就此达到89964人,这一数字甚至超过了英国远征军首批投入战场七个师的兵力总和。自此之后,在比利时和法国境内的英军除非得到大英帝国增派大批援军,或者基奇纳在本土训练的新军支援,否则就只能指望着待在原地,守住阵地罢了。

卡梅伦高地步兵团的乔治·马西森下士在给家人的信中写道:"出发的时候,我们有军官士兵1100人,现在只剩下了伊登少校和80来个士兵。相信国内还有不少士兵。不过也好,就凭现在这点人手,我们也能应付得来。"民众迟迟才明白正在发生的这场战役规模究竟有多大。《新政治家》11月21日发表了一篇自鸣得意的报道,字里行间完全嗅不到一星半点血腥味:"除了英勇无畏的战斗事迹——尤其是英国步兵力挫普鲁士近卫兵团——西部战区自从上个星期以来,没有什么事情值得报道。交战双方战线变动很小,小到甚至要在大比例地图上才能看得清楚……伊普尔地区的战斗越来越像是一场对于双方耐力的纯粹考验。"

虽然在英国国内民众看来，英国远征军损失惊人，可是法军付出的牺牲却在英军十倍以上。在一众指挥官中，福煦居功至伟。福煦凭借着旺盛的精力、敏锐的直觉和天生富有感染力的领导才华，再加上黑格的一臂之力，为英法联军在伊普尔成功守住战线做出了最重要的贡献。比利时军队的战斗实力只剩下一半。从10月18日到11月12日的数周之内，战况之惨烈，骇人听闻，失去的不单是成千上万士兵的性命，还有多少希望。但是，将领们没有绝望，这一点毋庸置疑：为了胜利，继续战斗，这不仅是为将之人的道义，也是职责所在。不过，真正见证这一幕的却是对垒之中的两军士卒，他们不单只在伊普尔，还在跨越平原、山谷、一个又一个山头，直到瑞士边境、延绵数百英里的堑壕之中亲历着真相。交战双方都拥有无尽的力量，对对方造成损失与伤害。可是，只要一方还有士兵和枪支尚存，那么防守一方得到增援的速度，就要比进攻一方乘胜追击的速度更快。

威尔弗里德·亚伯-史密斯在10月28日写的这段话颇有先见之明："枪炮的噪声虽然吵人，却也不那么令人悲哀。当然，人们对于危险已经有了半是清醒的意识——不过，最主要还是厌倦感。多想从这永不停歇的喧嚣中摆脱出去，轻松几天。我不知道这些仗要打到什么时候才能结束。现在的问题是已经陷入僵持。战线这么长，哪里也去不了，不能往前走（要不然马上就会陷入危险），也没法继续打下去，因为根本就不存在侧翼可言，谈什么绕过敌人。只要一侧翼包抄，飞机就会暴露你的行踪，敌人马上就会应对，以彼之道还施彼身，所以这是一场没完没了的仗。双方摸到相互距离只有几百码远的地方，然后开始挖壕，停在原地，白天放一整天冷枪，晚上打个不停。"亚伯-史密斯的一席话道出了未来的战略趋势，如此走向足以令双方的指挥官感到胆寒。双方都将在接下来的四年里倾尽全力，拼个你死我活，难解难分，直到1918年春天姗姗来迟才打破僵局。

第十六章
战争是对人类的报应

第一节　波兰

　　东线的德国人还在为坦嫩贝格大捷自鸣得意，却被盟友们的碌碌无为、无法及时跟进弄得好生窝火。"东线战况一切顺利"，兴登堡的作战主任马克斯·霍夫曼10月8日在波兰的凯尔采写道，"除了奥地利人！这帮废物——'浑蛋'——要是能够动起来就好了！我们给这帮家伙带来了胜利果实，结果却被他们从手中白白丢掉"。弗朗茨·约瑟夫的士兵的确累了，早就筋疲力尽，士气消沉。"我们已经太长时间没有休息"，骑兵指挥官维克多·丹克尔伯爵在10月15日写道，"每个人的神经都紧张了那么久，已经拿他们没法子了……出征那会儿还是那样满怀希望，可是现在精神已经崩溃"。丹克尔9天之后又写了几句："士兵们已经无力继续发起进攻。我们缺少军官，现在还活着的也已经被吓破了胆，早就完了，没得救了。我们已经沦落到和俄国人一样窝囊：士兵们只知道躲在阵地里龟缩防守，照着黑压压的人群胡乱开枪，直到把子弹打光为止。"

　　在康拉德的司令部，亚历山大·帕拉维奇尼看着一干指挥官和参谋人员舒舒服服地坐在办公桌前，一旁放着电话，对于战场上发生的一切一无所知，感觉匪夷所思，惊叹道："浪费了那么多笔墨纸张。这样的机构简直就像那种国际银行，唯一的区别就在于跟银行比起来，我们纸上圈圈写写的那些活儿更加没用。这个地方的不少人甚至连一声真正的枪响都没有听过，即便如此，还口口声声说仗就应该这样打。" 哈布斯堡帝国上上下下，越来越多弗朗茨·约瑟夫的臣民们只要一想到这样一帮华而不实的家伙在制造这样一场恐怖灾难，就人人自危，畏惧不前。斯洛文尼亚神父托莫·祖潘回忆起康拉德战争开始前编出的那一套花言巧语："上帝赐予了我们一场战争。"此时此刻，祖潘写道，这位陆军总参谋长的疯狂欲望不仅可能拖垮整个哈布斯堡王朝，还已经在开始摧残欧洲的人民。祖潘在日记中对康拉德进行了深恶痛绝的怒斥："你毁掉了那么多正值盛年、充满希望的生命。是否想过怎样弥补哪怕每一位死者的家庭？如果可以重新选择的话，哪怕给上十个亿，也没有任何一个家庭愿意牺牲自己的男人。"另外一位名叫伊万·符霍夫尼克的神父在10月18日写道："今天，有更多人离开卢布尔雅那，开拔前往战场。刚开始响应对抗敌人号召时的那股热情已经荡然无存；（最新一批将要出发的军人们）喝吧，喝吧，用酒来冲淡离别的伤痛；看看他们的脸，就知道他们有多绝望。"

援兵们有足够的理由担心最坏的情况。康拉德有一种无穷无尽的本事，能够让灾难愈演愈烈。他在10月中旬下令，把加利西亚的部队也投入进去，又发动了一次东进行动。14日，奥军开始横渡桑河，没想到竟然遭到敌我双方炮火夹击，损失惨重。一支进攻部队发回电报："看在上帝的份上，告诉炮兵们对准俄国人打，别打自己人！"康斯坦丁·施奈德哀叹道："我们的重型榴弹炮竟然炸死了上百自己人！"奥军根本无法搭建浮桥，因为俄国人的炮火已经把大部分驮运浮桥部件的马匹炸死，无奈之下只能通过坐船，摆渡渡河。

施奈德的师长想出了一个点子，命令一支军乐队在奥军这一头的岸边演奏，借此鼓舞士气。于是乎，喧嚣的炮火、嘈杂的军乐，夹着士兵们的哀嚎融成了一锅大杂烩，多少人听着这样的声音，以为自己正在走向疯狂。进攻的大部分船只都被俄军炮火击沉。侥幸活下来的16日黎明被救回来的时候，借用施奈德的话来说，"这帮人连路都已经走不稳，眼窝深陷、形容憔悴，三天前还对生活充满了希望，现在却变得麻木不仁，沉默不语，就连自己经历

了什么都说不清楚"。

10月的最后一个星期,战斗在一直持续,一片混乱。奥地利人再次蒙受惨重伤亡。全军上下,失败的论调随处可闻。普热梅希尔面临俄军新的进攻威胁,士兵们饿得实在受不了,纷纷上街乞讨,拿着一丁点毫无用处的钱去换取面包和土豆。11月3日,守城部队得到许可,在普热梅希尔完全陷入包围之前,士兵们可以给家里寄最后一封信。第二天,住在城里的平民,要么换个说法,吃着闲饭,打不了仗,帮不上忙的一律被要求撤离。车站里挤满了惊恐的人们。有个女人带着两个孩子,拼尽全力才挤进车厢。待到火车缓缓开出,向窗外望去,才发现三岁的儿子竟然被一个人忘在了站台上,吓得大惊失色。

有个波兰寡妇,名叫海伦娜·雅比昂斯卡,好不容易得到保证,有幸搭上一辆大车出城,11月8日到了一个名叫奥斯赞的村子,发现烧毁的废墟还在冒着青烟,一些活下来的村民坐在一堆破破烂烂的家当中间,抖个不停。"这些人已经像鬼一样,不成人形,"雅比昂斯卡写道,"这个地方比沙漠还要荒凉。找不到任何东西生火:树全被砍了,连树桩也被烧得干干净净。"最糟糕的是,俄国人已经打到前方不远的地方。逃难的人没法子,只好掉头折返,重新回了普热梅希尔。接下来将是一场长达5个月的围城,这是这场大战中时间最长的围城之战,是12.7万驻军和困在城内的1.8万居民的一场噩梦。

奥地利野战军再次选择后退。由于弹药短缺,难以为继,即使步兵受到重压,处境艰难,康拉德也只能给炮兵每日限额配发4发炮弹。如果说没有哪一方在10月的战斗中赢得大胜,那么同盟国的情况显然最差。霍乱开始蔓延,很快席卷整个加利西亚,短短一个月之内就有3632个奥地利人死于霍乱。疫情暴发之初,维也纳的陆军部拒绝批准接种疫苗,加之医院伤兵满营,人满为患,也无暇再接收霍乱病人。由于疫苗迟迟得不到供应,撤退到德国上西里西亚的奥地利军队将霍乱传染到了当地民众之间。随着瘟疫爆发,传染开来,许多士兵甚至军官为了能够撤到后方,甚至不惜伪装生病;军队无奈之下,只好出台严格的检验措施,防止越来越多的人假装有病,临阵脱逃。

俄军那一边，身在基辅的阿列克谢·托尔斯泰有一天晚上听到公告，说俄国取得大捷。消息传来，不少从哈布斯堡王朝投诚过来的人大为激动——这些人现在都已经改了主子，在为沙皇卖命。托尔斯泰写道："捷克军官在我住的酒店大厅里踱着步子，一手摸着脸上的红胡子，一手在地板上拖着军刀。其他捷克人在楼上又唱又叫，热烈欢庆。捷克志愿军里还有一些女人，被酒店门童唤作'后备娘子军'。"不过，基辅市民并未因为这样的消息有太多触动：人们早就对所谓的胜利消息越发谨慎，因为很多这种消息不久之后就会露馅。只有到了第二天下午两点钟左右才见到一些人手持游行旗帜，聚集在古老的大教堂前面的广场上，举行了一场宗教仪式。人们欢呼雀跃，唱着赞歌，有好长一段时间一直在往天上抛鸭舌帽和羊毛帽子。

"和其他地方一样，"托尔斯泰写道，"这才是普通百姓对战争的真正回应。打个比方，卖面包和苹果的妇女专程去迎接运送伤员的专列，把一半商品送给伤兵。有一次我看见一个妇女走到一个军官跟前。那个军官是我认识的。只见那个妇女同情地看着军官的脸，问了问军官的名字，答应会替他祈祷平安。"托尔斯泰的这番话指出了俄国在这场战争中的一个关键弱点：统治阶级对待战争太过玩世不恭，一心只想让自己开脱责任，不愿付出牺牲。不仅如此，许多沙皇的臣民不但要承受战争的苦难，还要忍受种族和宗教上的不公待遇。一个应征入伍的穆斯林士兵就抱怨说信奉基督教的战友在军中有牧师，可自己和其他穆斯林却无法得到这样的精神宽慰，"即便事实上，（在我的部队里）有超过一半士兵是穆斯林，他们死的时候却没有毛拉陪在身旁，而且还要跟其他俄国人一起埋在同一个墓里。"

话虽如此，东线交战的任何一方都对战局进展感到不满。德军这厢，东线也好，西线也罢，由于无法集中足够兵力，都不可能取得决定性胜利，以马克斯·霍夫曼为首的不少人对此忧心忡忡。"要么先和法国人，要么先和俄国人，总之希望看到能够一决胜负，做个了断，"霍夫曼10月21日在拉多姆写道，"那帮家伙要是多给我们哪怕两到三个军，我敢保证都肯定能够做到。可是，现实却是我们必须同兵力远远超过自己的敌军在这里纠缠不清。"这

样一番抱怨倘若出自身在柏林的鲁登道夫之口,言辞恐怕会要激烈得多,而这也成了德国在东线战争中的主旋律:多一点,哪怕再给我们多一点军队,胜利就会向我们招手。德皇的将军们显然大错特错:除非沙皇的军队随着战争年复一年,旷日持久地拖下去,被彻底击溃,损兵折将,以致消耗殆尽,否则德国人断无取胜的希望。然而,沙俄的人力资源绝非德军有时想象的那样取之不尽,用之不竭:1914至1915年的大部分时间里,正是由于沙皇动员兵力不足,俄德双方兵力差距其实并不如德国人想象一般看不到希望——奥匈帝国和德国共有大约84个师,俄国有99个。与此同时,优柔寡断的情况倒是比比皆是。在东线的北部战场,两军于10月下旬展开对抗。借用哈罗德·冯·马尔维茨中尉的话来说,"泡在浸满水的堑壕里,我们一只脚踩着德国的土地,另一只脚踩着俄国的土地"。马尔维茨的部队被部署在了两块界碑之间的地方,那里是东普鲁士与沙皇俄国的交界之地,就算急着想去其他地方,也急不来。

然而,西欧诸国对于盟友的前景依旧抱有天真的幻想:俄国人每前进一步,都能点燃他们的希望。11月7日,《新政治家》发表了一篇振奋人心的报道,写道:"我们也许只需再等上两到三个星期,俄军主力就会踏上德国的土地……我们有充分的把握相信德国在东线已经被打败,无法凭借目前的兵力与俄国继续对抗。"《伦敦画报》表现出了对英国这位盟友的轻信态度,刊出了一整版尼古拉大公的肖像,声称大公"正在坚定不移地执行计划,要为俄军带来光荣"。不过,倘若换作大公的士兵,肯定会认为这样的赞美之词言过其实:尼古拉本人不过是名义上的领袖,况且俄国人根本没有能力充分利用秋季在加利西亚取得的优势。补给线几近崩溃,就连指挥车也被征去运送成箱的饼干,好让士兵们填饱肚子。弹药供应短缺的问题开始出现,圣彼得堡发出的一系列指令也是前后矛盾。

反观德军这厢,法金汉给康拉德送去急电,解释为什么自己难以抽调更多兵力增援东线作战。负责送电文的正是理查德·亨奇上校,也就是毛奇在马恩河战役中做出关键决策的那个中间人。亨奇11月10日到了加利西亚的奥军指挥部——亨奇能够受此重任,意义重大,因为这看上去像是证明他在九月马恩河战役中正确执行了毛奇的指令，得到了认可。这位上校如果被人认为应该对德军当时遭遇的重大失利负责的话，那么他不大可能再获得这样一个传递消息的重任。此时此刻，亨奇要告诉康拉德的只有一点——奥地利人只能自己靠自己。

不过，亨奇本应在向奥地利人传信之前拜访一下兴登堡。这位德国陆军总司令和他的总参谋长意见相左。二人11月11日从截获的电报中了解到俄军最高统帅部打算重拾攻势，进攻德国。无论有没有法金汉的援兵，鲁登道夫都已下定决心，打算抢先一步，先发制人。他对伊万诺夫军队的北翼发起了大规模进攻，此役后来又被称作罗兹战役。

俄国人一如既往地对于即将到来的进攻置若罔闻。最北面俄国集团军的司令官伦宁坎普正打算向东普鲁士发起试探进攻，而非保护自己在西面的侧翼。这支军队在进攻路上一路遭遇重大损失，被打得溃不成军。前线总指挥鲁茨斯基迟迟未能判明进攻德军的兵力规模。截至11月18日，罗兹已经几乎完全陷入包围，俄军被困在一个长16英里、宽8英里的狭窄地段之内。19日，只见一名神情紧张的军官骑着马，飞奔至第五集团军司令费列夫将军面前，将军正在与下属一同骑马前行。"阁下！"这位年轻的军官还没喘过气来便高声喊道，"第二集团军已被包围，很快就要被迫投降！"费列夫剑眉一扬，冷冷地看了这名传令官好几秒钟，然后说道："小伙子，你是来演悲剧的，还是来送信的？如果是来送信的，就去找总参谋长。但是，你得给我记住——不要搞得跟演戏一样，要不然我就派人把你抓起来。"费列夫得知消息之后，决定和自己的几位集团军司令自行行动，抽调部分原本进攻德国的兵力紧急驰援第二集团军。费列夫的军队迅速掉转方向，直奔罗兹而来，速度之快，完全不像俄军一贯拖沓懒散的作风，居然奇迹般地抢在德军之前赶到了罗兹。说时迟，那时快——这也正是罗兹战役的一大特点——俄军7个军一下子挡住了正向罗兹逼近的德军先头部队的去路。鲁登道夫过于冒进，终于酿成大错：他手下的兵力只有25万，面对的俄军却有两倍之多。

接下来的战斗持续了一个星期，德军攻势日渐萎靡，弹药所剩无几。俄军不仅兵力占优，而且占据有利地形，易守难攻。罗兹城东山丘连绵，林木

茂密，德军有三个师在那里被切断了退路。11月22日，俄国最高统帅部下令调用60节车厢，预计需要将大约5万名战俘运往战俘营。23日晚，德军军长冯·谢弗-博雅德尔男爵给集团军司令部发去电报，声称将在当晚率部突围，不然的话，"后备役第25军明天将不复存在"。经过一场殊死搏斗，谢弗于次日清晨7点50分再次发出电报："预备役已经打光，情况危急！"十分钟之后，谢弗再次急电："弹药食品急缺。请求立即援助。"奥古斯特·马肯森是德军第九集团军司令，见此情形，立刻调派两个军紧急驰援谢弗。谢弗率部奋力杀出重围，并且俘获了1.6万名俄国士兵。24日晚上，两支部队在布设什尼成功会师，俄军合围的计划就此落空。然而，鲁登道夫的进攻已经归于失败，之前放出的豪言壮语沦为空谈。虽然，与对手俄国人相比，德军在军事技能上明显更加出色，兴登堡的大部分下级将官能力也在俄国军官之上，但他的那位总参谋长绝非什么自吹自擂的所谓军事天才！

鲁茨斯基虽然就战术而言，成功击退了马肯森，但已经资源短缺，捉襟见肘。11月短短3天之内，俄军单单一个师就消耗掉了215万发小型武器子弹。俄国开战之初拥有5000门大炮，储备了500万发炮弹。待到1914年年底，沙俄的工厂一个月能够生产3.5万发炮弹，可前线军队有时一天就能消耗掉4.5万发。12月1日，俄军弹药储备库里只剩下了30万发炮弹。除开弹药不足，俄军还缺少步枪，甚至连军靴也不够用。鲁茨斯基需要的是50万双军靴。士兵们驾着大车，满战场地搜，从死马蹄子上把蹄铁敲下来，留着给活马用。地面被冻得坚硬如铁，虽然有利运送补给，却给两军挖掘堑壕带来了麻烦。在厚厚的积雪之下，伤员若是得不到及时救援撤出，肯定会被活活冻死。就算没有炮弹和子弹的打扰，有些人也会在挨过一个冰冷的寒夜之后活活冻死在堑壕里头。德国人虽然一直在对华沙进行空袭骚扰，但飞行员双手冻僵，不能自如活动，无法操纵飞机，所以只能执行短距离飞行任务。双方军队逃兵现象层出不穷。德军进攻虽然遭到遏止，但俄国人打算入侵德国的计划显然也成了泡影。鲁登道夫向主子报告，声称自己又赢得了一场伟大的胜利，其实只不过对俄军部分部队造成损失罢了。不过，鲁登道夫的声望依旧居高不下，足以说服法金汉从西线再给他抽调四个军。

再往南走，奥地利人在经过4个月的艰难困苦，连连失利和糟糕透顶的指挥之后，士气一跌再跌。哈布斯堡帝国的将军们更擅长跳华尔兹，而非上阵打仗，对于如何带兵指挥，连最基本的意识也没有。康斯坦丁·施奈德11月29日前往克拉科夫，向军长汇报情况。经过战场上这么长一段日子的折磨煎熬，施奈德早已身心俱疲，没想到自己竟然又一次回到了平民的世界："军队的生活仿佛一到城市边缘就停下了脚步。感觉就像施了魔法一般，一下子摆脱了战火。街道上灯火辉煌……这全新的生活对我来说是如此陌生，让我突然涌起一股冲动，仿佛从梦境转换进入了现实。这里的人不穿军装，每个人都在平静安心地忙着自己的活儿：女人衣着时髦；军官们头戴和平时期的黑色帽子，穿着卫戍部队的制服。回想起短短两个小时之前，俄国人的弹片还在我身边四散炸开，身边是满目疮痍的死亡区，谁能想到再继续走上几公里，出现在眼前的却是一座充满生机活力的都市，这感觉真是奇妙。"军指挥部设在一座大酒店里，富丽堂皇。施奈德浑身上下拉里邋遢，穿着一身破破烂烂的军装，和一群油头粉面、衣着光鲜的参谋官们站在一起，不免尴尬。施奈德从这帮参谋那里得知了一个重大喜讯：德国人的援军已经到了，正在下火车。"如此喜讯给了每一个人新的希望，胜利指日可待了。"

事实上，新到的援军兵力有限，充其量只是为了防止奥军彻底垮台罢了，俄国人的混乱也帮了奥地利人一把。沙皇的几位将军们再次起了争执：南面的伊万诺夫想对奥地利人发动新的一轮进攻，前提是需要友邻部队保护自己的右翼；鲁茨斯基却对此毫无兴趣。反倒是奥地利人在12月初发起新的攻势。进攻一开始取得了一些成果，令康拉德兴奋不已，飘飘然地高调宣布赢得了胜利。康斯坦丁·施奈德却发现这样的进攻简直比撤退还要糟糕："吃了败仗的……是不会看到战争中受苦受难的人的。反倒是打了胜仗的，不得不穿过战场，才会看见那些可怜的人儿在瑟瑟发抖。"施奈德还描述了那几天偶然见到的一幕，颇有意义：他那天碰巧看到一个俄国兵和一个奥地利兵倒在地上，两个人死之前都在想努力用刺刀刺死对方，没想到却死在了同一发炮弹之下。康拉德这场短暂的胜利依旧一无所获：他没有乘胜追击的本事，俄国人开始反攻。待到年关将近，奥地利军队被再一次赶了回去，又缩

进了喀尔巴阡山地势较矮的坡地里头。

交战双方都谈不上有什么连贯的战略，都在朝令夕改。法金汉意识到这场战争的成败关键在于西线。他在11月26日致函东线司令部，也就是在波兰的最高指挥部："倘若西线不能取得胜利，那么东线赢得的任何胜利都将失去意义。"法金汉话虽然说得重，却无法阻止兴登堡和鲁登道夫一意孤行，继续要求增派援兵。加之伊普尔失利之后，法金汉被认为应该承担个人责任，兴登堡和鲁登道夫二人的军中威信已在法金汉之上。在说服调遣德军部队增兵东线方面，政治上的用意要比军事意图更有影响力。同盟国陷入病态一般的焦虑当中，深恐一旦东线失利，中立国便会投入协约国的怀抱。柏林和维也纳担心不单意大利可能加入敌方阵营，同自己作对，就连保加利亚和罗马尼亚也有恐背叛。奥匈帝国倘若战败，后果更加不堪设想。诚然，沙皇尼古拉二世也好，奥皇弗朗茨·约瑟夫也好，二人手下的军事将领基本上都是无能的庸人，军队装备也难以适应现代战争之需，可是哈布斯堡帝国的军队情况更为糟糕。俄国军队好歹白天作战，尤其是在防御战中敢打敢拼，奥地利人却连这一点也基本做不到。德国此后之所以还在东线试图有所举动，主要动机就在于要确保奥匈帝国留在阵中，继续作战。

奥地利军队表现如此糟糕，反映出奥军在体制上对于军事科学的漠视，尤其是在后勤方面。康拉德曾在1913年至1914年进行过战争演习，即所谓的"大演习"。演习目的本应针对战场上此时此刻暴露出来的这些问题，也就是说，部署在加利西亚多个军团的部署与给养问题。当时有一位名叫特奥多尔·冯·斯尔格林根的教官指出，在一个没有公路和铁路的地区，后勤势必成为作战行动必须考虑的关键因素。可惜，斯尔格林根被认为是在制造麻烦，结果遭到撤职。弗朗茨·约瑟夫的士兵们之所以在1914年的寒冬经受着数不尽的艰难痛苦，这是因为他们的指挥官失职，无法解决士兵们的口粮和生活保障问题。有一个中尉名叫亚历山大·图鲁西诺维奇，是个斯洛文尼亚人，讲述了自己的士兵分到的口粮有多么寒碜——几块黑面包，炖的汤里面连一点肉末都找不到，再加上一些喝的，用来替代黑咖啡——"士兵们差不多都快饿死了"。与此同时，图鲁西诺维奇和他的军官同事们"吃的竟然比整个连加起来还要多——葡萄美酒加蛋糕。至于香烟和雪茄，我都分给了士兵。如此不公似乎很容易激起反感，尤其当你身在堑壕之中。毕竟在死亡面前，我们每个人都是平等的"。

奥地利人打起仗来总是别出心裁。12月的一天，一位德国军官看到奥地利士兵排着队，正在懒懒散散往前走，于是用了"笨手笨脚"这个词来批评奥地利人行军纪律自由散漫，比起队形整齐的德军来说，简直有天壤之别。这场战役中还有一个小小的插曲让人意想不到。康拉德在加利西亚的"士兵"当中据说有40来个是女人。在大战爆发之前的东欧，妇女穿上男人的衣服，乔装打扮成男人的情况并不少见，而且有些指挥官也允许妇女留在军中，即便暴露身份也无所谓。一个典型例子就是出生在波兰的维也纳女艺术家索菲娅·普莱温斯卡。1914年，普莱温斯卡当时才19岁，化名莱塞克·波米安诺维斯基应征入伍，同年12月被派往利普尼察穆罗瓦纳前线，在那里参加了战斗。

整个1914年，康斯坦丁·施奈德所在的师刚上战场的时候拥有兵力1.5万人，伤亡人数竟然达到了编制兵力的两倍，其中9000人失踪，绝大部分做了俘虏。待到圣诞将至，全师上下只剩下了4000人。大战爆发头5个月，康拉德的军队整体伤亡人数已达百万。"战争是对人类的报应，"中校特奥多尔·泽涅克哀叹道，"说这样的话，并不是因为这么多人失去了性命，而是因为道德价值已经崩坏。"可是，单单"失去了性命"这句话听起来就已经足以成为理由，让成千上万家庭悲痛哀悼了。

12月的一天，亚历山大·图鲁西诺维奇带着半个连奥地利援军，去普鲁特河北面抢占阵地。天色未明，一行人先在后方饱餐了一顿，还喝了一些啤酒。一位将军在大家面前高谈阔论了一番，说什么他们此次扮演的角色对于即将开始的战斗是何等光荣，将为赢得胜利起到重要的作用，如是云云。全体人马坐上农民用来拉货的大车，排成一队，一路上走了6个多小时，下车之后又继续步行。正要穿过一片茂密的树林时寂静突然被打破，炮火把树枝都烧了起来，"仿佛一头巨鹿全力猛冲过去。接着传来阵阵哀嚎与呻吟，巨大的轰响在整个森林深处回荡，简直震耳欲聋，就连自己说话也听不见"。

　　士兵们一个个吓得不知所措，好不容易摸到林地边缘，放眼望去，一眼瞥见打算占领的堑壕，立即飞奔过去，找个地方隐蔽起来。没想到这些堑壕挖得太浅，还没完工，加上俄国人的炮弹准得惊人。士兵们于是开始发疯似的挖起来，一心想着赶快把洞挖深一点。图鲁西诺维奇冒着危险，从护墙上朝外瞄了一眼，下面的普鲁特河像一条灰绿色的带子一样。已经可以见到俄国士兵的身影，正冒着奥地利人的炮火，往河这边冲过来："一个匈牙利机枪手正从胸墙上开火射击，离我只有十步远。可惜全都打偏了。看得见子弹全都打进了水里。一发炮弹落在胸墙周围，掀起的泥土落了我一身。我可不想死啊！"

　　炮击终于停了下来，这批新来的奥地利士兵听到山谷里传来低沉的说话声，大为不解。有人说道："这是俄国人在祈祷。"天色暗了下来，夜色不时被阵阵交火还有照明弹的火光划破，警报传来，原来只是虚惊一场。拂晓时分，俄军发起新一轮齐射，打得奥军防线南北两面的林子一片混乱，炸断的树枝四散飞溅。图鲁西诺维奇的士兵们"蜷着身子，在避弹坑里恨不得躲得越深越好，每个人都在祈求老天饶自己一命"。受了伤的发出阵阵呻吟，可是没有一个人愿意冒着危险，出来帮上一把。

　　炮火变得愈加猛烈，"在这场钢铁咆哮的盛宴之下，听不见其他任何声音，就连求救的呼声也被淹没。突然之间，俄国人的大炮停了下来，树林左侧响起了一片整齐划一的'乌拉'声。一切随之安静下来，只听到人的叫喊声在回响……我们看见森林深处，一群人冲了过来，他们身上的衣服和灌木草丛是同一种颜色。这些人越冲越近，从一棵树飞快地跑到另一棵。我们也迎了上去。现在，不仅能够清楚看到敌人的脸庞，甚至在敌人高喊'乌拉'的时候连牙齿都能看得一清二楚。每个人心中顿时起了谜团：我们该怎样才能击退一场白刃战呢？……他们差不多已经到了眼前……"

　　"我看见俄国人在往前滚着一个带轮子的什么东西。上帝啊，那是一挺机枪！上帝快来把我们从这魔鬼面前解救出去吧！机枪开火的声音与此起彼伏的'乌拉''呼啦'声混在一起。周围倒下的人纷纷发出惨叫和呻吟。我差一点没来得及跳进一条浅沟。火力越来越猛，随后突然戛然而止，穿着灰色军装的奥地利士兵开始纷纷往回跑......"

不过，第二天轮到俄国人往后小撤了一段。奥军小心翼翼地下到河边："堑壕里弥漫着俄国人的皮具和马合烟的气味，味道实在是大，只要闻一下就知道之前待在这里的是哪国人。"大批尸体堆在壕沟里，附近还散落着一堆信件。山上有一阵子沉寂了下来，奥军士兵甚至能够听到狗叫，野战炊事班也到了俄军阵地上。虽然看不见敌人，但并不妨碍奥地利士兵想象敌人就在周围走来走去、吃吃喝喝。就在大伙儿竖起耳朵仔细听的时候，有个家伙开了口，用颇为同情的奇怪语气说道，"都听见了吗？俄国佬把炊具带来了，在那儿做什么饭菜呢？"第二天，杀戮重新开始。图鲁西诺维奇后来当了逃兵，投奔了俄国人，在俄国人的军队里服役了好几年。

12月16日，两军在利马诺瓦①打了1914年的最后一场大仗。战役结束之后，特奥多尔·泽涅克骑着马从战场穿过：

眼前的景象实在太不可思议：堑壕像迷宫一样，向四面八方延伸开来。壕沟里到处都是空的弹药箱、坏了的枪支、弯曲的刺刀、木头碎成一片片，稻草早已腐烂，地下水汩汩流着，一片狼藉。地上散落着祈祷用的圣经、奥地利人的军帽，普鲁士人的钉盔和俄国人的帽子......整个村子都被炸得一塌糊涂，电线杆倒了，桥也垮了。只见一队接一队的农民带着孩子，人人唉声叹气，哭哭啼啼，不知道该去往何处；这里堆着一堆士兵的尸体，那里排着一排新挖的坟墓；死马就这样躺在地上。村里到处都是断壁残垣，满目疮痍，村里的人大多被赶跑了，要么就是自己逃走的，农田被踩得稀烂。天上的乌鸦倒是成群结队，叫个不停，在找吃的......头顶，冬日的阳光依旧和煦，好像没有什么不对劲，世界还是一样的和平幸福。

1914年终于走到尽头，加利西亚的战事和其他地区一样依旧胜负难断。

---

① 利马诺瓦（Limanowa），波兰南部的一座小城，位于克拉科夫东南40公里。1914年12月1日—13日，奥匈帝国军队在这里阻止了俄军向西南方向推进的企图，迫使对手后撤，史称"利马诺瓦战役"。——译者注

借用历史学家格哈德·格罗斯的话来说，德军在坦嫩贝格的胜利因为1914年东线"德意志帝国的战略失败"一时之间变得暗淡无光。不管8月底从西线抽调两个军增援东线的决定是否算得上致命失误，削弱了毛奇在法国继续作战的能力，现实明摆在那里：德军未能在任何一条战线上取得决定性胜利。鲁登道夫算得上一位得力干将，精力十足，却绝对称不上他自诩的那一类天才。他在解决资源、后勤、敌人囤积重兵，以及长途运输等基本困难方面，做得并不比交战双方的其他领军人物出色。西线战场的防线上平均每一码有6支枪；到了东线，每隔两码才有1支。

俄军缺乏战斗能力，加之指挥不善，根本无法战胜德军。他们只能打败奥地利人，那是因为哈布斯堡帝国的军队实在腐败透顶。可是，俄国人自身的失败也给罗曼诺夫王朝带来了致命的巨大压力。俄国的敌人们虽然对于沙皇士兵忍受痛苦的能力感到敬畏，但是反应敏锐的俄国人意识到战争已经让数百万可怜的帝国臣民不堪重负。比起大多数西欧国家的国民来说，俄国人更加无法理解这场战争到底意在何为，也更加缺少同仇敌忾的意识。由于从达达尼尔海峡到沙俄的航运遭到切断，俄国经济受到严重影响：俄国的粮食不能出口到西方，重要的补给品也运不进来。尼古拉二世的臣民们正在饱受折磨，走向死亡。在他们看来，这一切绝非因为捍卫什么崇高理想，仅仅只是因为自己的皇帝一厢情愿罢了。一名政府特工报告说农民议论纷纷，"管他哪个当皇帝，我们的日子还不是一样难过？"农民们建议俄国政府应该给德国的敌人送钱，好了结这场战争。

阿列克谢·托尔斯泰讲了这么一个故事：一个士官朝着一群预备役士兵大声喊着口令，这些士兵都是农民来着，是大战头一年征召的900万大军中的极小一部分。军营里虱子满地、墙壁往外渗着水，潮湿的泥团裹着结核病菌。士官在咆哮："向右看齐！全体立正！脚跟并拢，脚尖分开一枪托宽，膝盖夹紧，不要留缝！脑袋抬起来，正视前方……这样别人才能看出你是一个兵，要为了信仰、沙皇陛下和祖国勇于牺牲。你——你做什么鬼脸？给我把脑袋摆正！"

被点到名的那个士兵一脸苦相，盯着士官，嚷嚷道："我做不到，做不

到，做不到啊！"

"为什么做不到！"

"我肌肉有病。小时候被打的！"

士官只好作罢，对于不得不把士兵当作残疾人对待大发雷霆。另一个士兵开了口，说起话来虽然结结巴巴，嗓门倒是大得很。其他人也开始跟着你一言我一语地闹腾起来。按照托尔斯泰的描述，"全都摇摇晃晃，咳得一把鼻涕一把泪，喘个不停"。士官大声喊道："你们怎么搞的，在这里得了痨病吗？安静！不要动！现在敬礼：手臂举起来的时候要跟弹簧一样快，手掌要硬得像块木板。敬礼是件严肃的事情！"不过，托尔斯泰从士兵们的举动当中已经感觉到了他们的不耐烦。这些人"无法体味军队生活的美好之处，只能在纪律面前低头罢了……他们已经受到了第一波焦虑的打击，内心茫然，不知所措：'做这些到底是为了什么？上帝救救我们吧。'"托尔斯泰感觉到这些人被陌生的军队生活给吓住了，感觉"什么都做不好，一切都乱了套"，被战争折磨得变了样。正是这场战争夺走了数百万人原本安稳、熟悉的生活。对于东线战场上所有参加战斗的人们来说，等待他们的是今后长达数年的痛苦与屠杀，这种苦难直有等到他们的主子面临最后抉择清算才会结束，而做这样决定的地方却距离战场好几千里。

第二节　塞尔维亚人最后的胜利

从战争大局来看，塞尔维亚可以说是最无关紧要的一条战线。可是，这条战线却对加速哈布斯堡帝国的崩溃功不可没。一如加利西亚和西欧战场，塞尔维亚的寒冬让士兵们的日子变得更加痛苦。奥军上尉罗兰·伍斯特一想起亲眼见到塞尔维亚士兵尸体内脏被动物吞食的场景，心里就后怕不已。亚历克斯·帕拉维奇尼描述了开车时遇到的困难：汽车不时陷进淤泥当中，只能靠马匹才能拖出来，简直就是对这件20世纪技术发明的侮辱。由于缺少配件，维修也是一件叫人头疼的麻烦事。燃料同样常常供应不足。对于塞尔维

亚人来说，无论自己的军队打不打得赢，平民百姓都饱受折磨，苦不堪言。萨基诺维奇医生是贝尔格莱德精神病院的副院长，他在11月2日写了这么一段话，显得十分绝望："如果再不尽快恢复和平，我恐怕就不再是给病人治病，而是成为病号中的一员了。我每天都在没完没了地抽烟喝酒，可是这些根本就不能让我增加精力。"等到有朝一日连香烟也没法到手，有些人甚至只好把干树叶拿来当烟抽。

奥斯卡·博迪奥雷克将军在八九月的进攻中蒙受惨败。不过，他在十一月初凭借着近乎压倒性优势的兵力完成逆转，重创了塞尔维亚军队。博迪奥雷克为此受到德皇嘉奖，萨拉热窝还有一条街道以他的名字命名。不过，博迪奥雷克自负、无能和迟钝的毛病并未因此有所收敛，不顾部下已经疲惫不堪，装备不整，仍然试图保持对塞尔维亚的攻势，一直打到冬季来临。有个师长提出抗议，声称"士兵们还穿着夏天的单衣，天气恶劣，会影响健康"。抗议归于徒劳。博迪奥雷克对此一口回绝，认为关于添置军靴、冬衣，还有什么更多装备弹药的要求统统都是"无病呻吟"。有人告诉博迪奥雷克说部分士兵吃不饱肚子，他回答道："打仗就意味着得挨饿。"有个奥地利士兵把军中对于这位将军的议论传闻给记录了下来，写道："大伙儿说他这个人对于仗该怎么打这些事情毫无兴趣，常常头一天发生的事情就给忘了个精光，发的那些命令也一点屁用没有。"

11月6日，博迪奥雷克发动新的攻势，挥师深入塞尔维亚境内。50万奥地利大军在三条战线上发起进攻，而守军兵力只有一半。"英勇的塞尔维亚军队已被打败，消息传来，迅速在首都引起一片恐慌，人人闻之变色"，斯拉夫卡·米哈伊洛维奇大夫写道，"留在这里的人本来就不多，现在都在准备逃走。"斯拉夫卡几天之后又写道："天气变得冷得叫人难以置信，医院里的工作条件简直让人无法忍受。吃的十分糟糕，供给已经差不多消耗光了。炮轰持续不断，通往乡下的公路全都已经被切断。"随着奥地利人向塞尔维亚腹地推进，士兵们被塞尔维亚人的贫穷给惊呆了。农民家里虽然都很干净整洁，但家具陈设少得可怜，只有几床绣花毯子和一些布匹——缝纫机是唯一随处可以见到的现代机器。墙上挂的多是几幅圣像和一些廉价的水彩画，画的都是塞尔维亚人当年在巴尔干战争中对抗土耳其人的英雄人物。奥地利士兵对这些敌人充满鄙视,不仅将他们视为野蛮人,还当作失败者对待。

贝尔格莱德终于沦陷。12月3日,奥地利军队在市内举行了一场胜利大阅兵。消息很快传来,奥军已经推进到距离克拉古伊耶瓦茨45英里的地方,塞军司令部就在那里。塞尔维亚人的弹药库存已经几乎消耗殆尽。逃难的平民百姓成千上万,只要一想起早年被奥匈帝国占领时的惨状就心有余悸,纷纷跟着撤退的军队一起逃命。塞尔维亚看来大势已去,无力回天。陆军总司令普特尼克将军敦促政治人物赶紧同维也纳谈判求和。谁知帕希奇政府回应誓要坚决抵抗,继续战斗,令普特尼克吃惊不小。无论是留在故土的,还是流落异乡的,塞尔维亚人的苦难都在加剧。俄国外交官尼古拉·恰雷科夫的妻子被尼什一家医院的悲惨景象给吓住了。医院在边境过去一点点的地方,位于保加利亚境内。有好几百名塞尔维亚伤兵被疏散到了这里,直接躺在地上,由于缺少麻醉用的氯仿,消毒剂和敷料,就连清洗伤口的温水也没有,根本得不到任何治疗。

不过,打了胜仗的境况也好不到哪里去。仗打到11月中旬,成群结队的奥军士兵拖着疲惫的步伐,向着下一个目标德拉金涅-波斯纳克迈进,全军上下可谓早已苦不堪言。运送粮草的大车陷入泥地当中,动弹不得,害得口粮常常到不了各支部队手中。士兵们干脆直接睡在泥里。一个士兵写道:"比起那帮牙痛难忍,要么因为风湿疼痛,连腿都迈不开的可怜虫来说,有些人只是得了个感冒,咳上几声,气色看起来要好上许多。行军背包和毛毯被雨淋湿之后变得异常沉重,背得肩上都勒出了血痕,只能硬撑着不往后倒,莫要摔个仰天一跤。大炮总是陷进泥里,连车轮都没了进去,看都看不见。哪怕牵来6头牛、6匹马拴在车上,有时还得花上一个多小时,拼死拼活,才能拉出一门炮来。"

士兵们沿途遇见大批难民——老人、妇女,还有孩子,都是几个星期,要么几个月前从村里刚刚逃出来的,现在又想掉头回去。难民们在泥地里受的苦一点不比在奥地利人那里受的折磨少。"只要一看到这些难民队伍的悲惨景象,"下士埃贡·基希写道,"我们自己的苦恼就根本算不了什么。很多时

候，村民的马车会陷进泥巴地里头，怎么拉也拉不出来，要么就是牲口因为没水喝，渴得倒在路上：沿途躺着死牛，有时还有翻倒的马车，车上的东西洒了一地。车主人站在原地，看着发呆，不知该如何是好。看到这些人绝望的样子，我们简直心如刀割，却帮不了他们。"罗兰德·伍斯特写得更加灰心丧气："我们没有一双像样的靴子，也找不到一件像样的衣服；口粮早就吃得精光，士兵们全都累坏了——草率冒进和激烈战斗就是这个下场。驮运行李的牲口有一半得了鞍疮，臭不可闻，跟在后面走路简直没法忍受。"

可是，命运之轮此刻再次转动起来，简直就是一场奇迹。法国给塞尔维亚运来充足的弹药，盟友空了的大炮拖车上又有了炮弹可用。普特尼克重新集结起了部队。也不知他用了什么方法，竟然说服部队组织起了反攻。要知道这支部队又脏又累、衣衫褴褛、早就饿得半死不活。12月3日，塞尔维亚人在阿兰德赫罗瓦克的一场战斗中取得了惊人的胜利。乘胜追击的塞军惊奇地发现奥地利军队已经摇摇欲坠：首先败退的是中路防线，接着是两翼。罗兰德·伍斯特在12月4日写道，博迪奥雷克军队的败退就好像拿破仑当年兵败莫斯科一样——辎重车队、大炮、攻城小分队，轻工兵连，全都混在一起，杂乱无章，"步兵连同清道夫和伤员夹杂其间。人人都拼了老命，想从这块充满厄运的土地上逃出去"。伍斯特第二天腿部中弹，眼看没人救命，只好把伤口草草包扎了一下，一瘸一拐地走到附近的一座农庄，躺了下来。接下来的7个小时里头，伍斯特费了九牛二虎之力也没能把血止住。这位年轻的军官绝望之下将家人的照片递给一旁的一名哨兵，要哨兵等自己一死就把尸体埋了。哨兵要伍斯特不要担心，说伤情看上去并非特别严重，不过说完又乐呵呵地补了一句，说自己不久前刚刚埋过一个战友，情况跟伍斯特差不多。"听到这些话，实在是叫人放心。"伍斯特无奈地草草写道。

第二天，眼看炮火越来越近，伍斯特上了一辆马车。那马车没有弹簧，颠簸折腾了15英里才到了瓦列沃。路上走了差不多五个半小时，每前进一码对于受伤的伍斯特来说都是折磨。不想到了部队医院，正好赶上撤退，医生拒绝治疗。伍斯特实在忍不住，歇斯底里地抽泣起来，之后想了个法子，坐车到了镇上的火车站，找到一列运货的火车，躺在敞开的车厢里，跟着车第二天一早到了波斯尼亚边界，这才化险为夷。三天之后，伍斯特终于回到了林茨的家中。此时的他面容消瘦、胡子拉碴，就连亲生儿子也认不出来。伍斯特一面说着自己的悲惨遭遇，一面忍不住再一次潸然泪下。他接下来一连好几个星期都在做噩梦，梦里发现自己被塞尔维亚人抓住，任凭对手摆布。

12月14日，奥地利人目睹了令人难以置信的一幕：只见逃兵成群结队，一个个惊慌失措，争先恐后，不顾一切地往河对岸的波斯尼亚逃去。陆军在萨瓦河上搭起的浮桥经不住重压，摇摇欲坠。虚张声势的塞尔维亚人见到这番情景，大喜过望，赶紧朝着奥地利士兵放枪。就在当天，塞尔维亚陆军总司令部高调宣布："敌人已被打败、溃不成军，被永远驱逐出了我们的国土。"

16日，一群奥地利步兵围着一份维也纳来的报纸，争着看个究竟。报纸是两个星期前的，直到这个时候才送到士兵手中。当大家读到奥地利成功占领贝尔格莱德的消息时，人人弯起嘴角，一脸嘲讽——士兵们看到这份旧报纸时早已撤出贝尔格莱德，正在又一次仓皇后撤的路上。就在12月16日当天，塞尔维亚人重新站在了首都的街道上。虽然街上满目疮痍，空无一人，但并不妨碍塞尔维亚人庆祝胜利。指挥反攻的兹沃金·米西奇将军此时此刻成了塞尔维亚的国家英雄。将军发出电报，骄傲地宣称："除了俘虏之外，塞尔维亚的土地上再也找不到任何一个奥地利士兵。"

亚历克斯·帕拉维奇尼在12月17日的日记里描述了奥地利人仓皇逃往多瑙河和萨瓦河过桥的情形："经过这一番狼狈经历之后，人们对最高指挥部的愤怒与怀疑似乎都有了说得过去的理由，想不出来还有哪个国家的指挥后勤体系比我们的更加差劲。实在找不到人去各处分发军靴，没有法子，只好在瓦列沃一把火烧掉了四万双靴子。毫不夸张地说，我们的部队行军打仗要么穿着破皮靴，要么打赤脚。"博迪奥雷克的部队一路溃逃，塞尔维亚人此役缴获大炮130门，俘虏包括270名军官在内的奥军4万人。约翰·巴赫曼医生所在的步兵团在12月的撤退中溃不成军。由于没有运输车辆，巴赫曼只好丢下伤势最重的伤员，好不容易渡过萨瓦河，却发现身体不适，不宜继续服役，于是放了长假，回到家中，倒头便睡。巴赫曼一睡就是整整12个钟头，却没

想到在接下来的几个星期里发现自己根本无法安心入睡:梦里总是想起在塞尔维亚噩梦般的日子。

正如战局日后发展所示,哈布斯堡帝国军队的失败并非不可逆转,塞尔维亚的资源在逐渐消耗殆尽。可是,弗兰兹·约瑟夫帝国的威信已经受到这个令人厌恶、遭人唾弃的小小邻国损害。康拉德·赫岑多夫承认在冬季剩下的时间里有必要让南面战线的军队采取守势。话虽如此,即便到了这个田地,赫岑多夫又一次做出了进一步战略妥协,实在蠢笨拙劣:奥军无论是在贫瘠的塞尔维亚土地上掘壕坚守,还是与塞尔维亚人隔河相望,作为屏障,其兵力虽然不足以发起进攻,可在防御敌人反击方面还是绰绰有余。康拉德在战争伊始的几场战役中面对斯拉夫人这个让他不屑一顾的对手,表现出来的指挥能力已经被证明是一场灾难,和面对俄国人简直一个德行。奥地利人曾将入侵塞尔维亚比喻为"惩罚远征";没想到此时此刻却被他们不放在眼里的塞尔维亚人改了个名字,叫作"受罚远征"。塞尔维亚人还特意创作了一首得胜歌,歌的开头是这么唱的:"沙皇尼古拉跨着一匹大黑马啊,弗兰茨·约瑟夫皇帝骑着一头小骡子。"

无论是战胜的一方,还是失利的一方,似乎都看不到苦难的尽头。如果说奥地利人在1914年入侵塞尔维亚的行动中行为野蛮,那么奥地利士兵一旦倒霉落入敌手,也会付出同样惨痛的代价。塞尔维亚人自己的食物本就不多,留给未来征服者的更少。政府有令,任何塞尔维亚公民都有权以微薄的薪水雇用奥地利工人。这个做法得到了奥地利战俘的欢迎,因为塞尔维亚雇主给的口粮要比同一阵营中的其他雇主好一些。不过,病死的不在少数:待到1914年年底,落在贝尔格莱德手中的6万奥地利俘虏中,有五分之一死于伤寒,死亡人数此后还在增加。截至1914年年底,奥匈帝国为自己对塞尔维亚的傲慢付出了巨大代价,动员的45万大军中伤亡人数多达273804人。维也纳这才迟迟意识到自己的绝大多数高级军官竟然如此无能,6个集团军司令中有4人遭到撤职,其中就包括奥斯卡·博迪奥雷克。

不过,塞尔维亚人也没有什么值得庆祝的。有个年轻人在战斗中双目失明,唱起了一首歌,歌的开头是这么写的:"我很伤心,因为见不到阳光、绿野和盛开的李树。" 贝尔格莱德西面的萨瓦河谷变得一片荒凉。不少小城和村子遭到遗弃，街上杂草丛生。逃难的人们跟着军队一起慢慢往西还家，看着自己曾经生活的地方变成断垣残壁，满目疮痍，心里好生害怕。贝尔格莱德城内到处都是乞丐、残疾人和孤儿。这个国家能够通车的路本就不多，现在也在运兵的过程中毁了。通往萨洛尼卡的一条单行铁路成了塞尔维亚与外界的唯一通道，缓慢地运送着补给品，还有从中立国希腊获得少得可怜的一点援助。伤寒、痢疾和霍乱在塞尔维亚的大片国土上肆虐。一个人若是在战场上受伤，得了坏疽还能够活下来，简直就是天大的幸运。

塞尔维亚举步维艰，在英国成了人们关注的焦点：温伯恩夫人、佩吉特夫人和托马斯·利普顿爵士等社会名流纷纷前往塞尔维亚，和特鲁别茨科伊伯爵夫人一同参加志愿医疗队，后者是新上台俄国首相的老婆。可是，塞尔维亚这样一个国家地贫人穷，偏僻隔绝，虽然暂时取得了胜利，却已支离破碎、弱不禁风，即使有心相助，也只能是杯水车薪。塞尔维亚损失了163557人，其中69022人阵亡。这个国家将在接下来的好几年里遭受更多不幸，即使有再多胜利喜悦也无法弥补。15到55岁的塞尔维亚男性中将有62.5%的人死于这场战争；整个国家也将沦为一片废墟。

约德杰·斯坦诺耶维奇是一名塞军中尉，有一次借酒壮胆，义愤填膺地向美国记者约翰·里德质问道："那帮法国人和英国人在做什么？凭什么不去打德国人？他们需要我们塞尔维亚派几个人过去，教教他们怎么打仗。我们塞尔维亚人知道打仗讲究的就是不怕死——仗接着就会很快打完了……" 其他人也有和斯坦诺耶维奇一样的看法，其中一些还是司令官。这样的想法对于欧洲的年轻人来说意味着可怕的结局。

第十七章
泥泞的生活

　　欧洲的冬天来了。格特鲁德·斯卡德拉在靠近布莱梅的小城费尔登的家中凝视着窗外的冷雨，想起了在前线为祖国奋战的战士们："士兵们不仅要面对这样恶劣的天气，还要随时面临死亡的危险。"斯卡德拉的担心并非多余，从瑞士一直通往大海的西部战线上，到处都是来不及掩埋的尸体和粪便，还有700万套被水浸泡的衣物和皮靴，散发出浓烈的恶臭，一连数周不散。两军对垒，战线延绵500英里，有的隐蔽在孚日山的崇山峻岭之中，在被炮火烧毁的松林中安营扎寨；有的因为无法挖掘堑壕，只好沿着伊瑟运河筑起一道坚固的胸墙，躲在后面。第一次伊普尔战争结束之际，法国人负责把守的防线有430英里长，比利时人有15英里，而英国远征军只有21英里。对于英国远征军那一点点微薄的兵力来说，他们已经尽其所能。不过，相形之下，待到1918年2月，英国人的防线将延伸至110英里。

　　从1914年9月开始，直到大战结束，几乎所有主要战事都发生在凡尔登和英吉利海峡之间，这是因为再往南走，地形不利于展开进攻。比利时西部有一些小城镇景色宜人，至少在10月和11月的战事把这里毁掉之前算是不错的好地方。不过，平整的田地被高矮不一的树篱分隔开来，变成一块又一块，有的大，有的小，就不大招人喜欢了。乡间柳树成荫，杨木和悬铃木在路旁排成一行行，时不时还会冒出一簇两簇山毛榉。战事刚刚开始的头几个星期里，牛群还在悠闲地啃着草，任由打仗的士兵从身旁穿过，正是田地里随处可见的动物粪便让不少伤员染上了气性坏疽。一旦连绵的秋雨来临，地势低洼的地方车辆便寸步难行，无法上路。由于这里地势高低差别不大，因此哪怕最微小的优势也变得至关重要，德国人无一例外地占领了较高的地方。作为占领者，他们完全不必因为掉头就跑感到面子挂不住，无须顾忌荣誉受损的问题，因此在战术上占了优势。反观联军，不到万不得已，否则在比利时和法国的土地上是绝不会轻易退让半寸土地的。

爱德华·科德维刚被派往法国东北部的时候，他和战友都为自己要待在这样一条深沟里感到不可理喻。科德维将之形容为"迎接我们的新玩意儿"，没想到这竟然成了他们日后的生活。好几百万人要在好几个月里守着几乎一成不变的阵地，而敌人就近在咫尺。"堑壕战刚刚开始的那些日子，"弗兰克·理查兹写道，"双方都相当不怕死。你会看见一个德国兵突然从沟里跳将出来，朝着村子直冲过去，这样的场景看过不下一两回。可惜，不是每一次都能跑得到的。后来日子久了，两边都领教了对方的准头有多么厉害，再也没人敢露一个手指头了。"《每日电讯报》记者阿什米德·巴特莱特撰文写道："现代战争中士兵常常要把自己隐藏起来。为了对付德国人的害人诡计，士兵们只好藏在地下。敌人要是不知死活，胆敢探头出来，就立刻起来，一枪把他干掉。"罗伯特·哈克11月写道：在我自己防守的这块地头上两边阵地相隔只有几码远，但是"像这种打法，有些防线你哪怕在堑壕里一连走上好几天，都有可能连一个德国兵都见不到"。

皇家近卫骑兵团的科尔温·菲利普斯从伊普尔写信回家，字里行间充满了悲伤，"待在这个地方，你要学会的头一件事情就是忘记什么叫作'荣誉'"。进攻的时候，有些德国军官会拿着步枪，背着背包，借以避开敌军枪手的注意；士兵们会拔掉钉盔上的尖钉，因为这些钉子一旦从堑壕里露出来，就有可能赔上性命。要想不暴露哪怕一寸肌肤，就必须严格遵守纪律。步枪旅的莱昂内尔·丁尼生眼看自己营的友邻部队锡福斯高地步兵团粗心大意，不禁连声哀叹："人的命运就是这样难以预料：只要20来分钟没有炮弹打过来，这帮人就会跳出堑壕，把自己完全暴露在敌人的枪口下，好像根本没有打仗一样。结果可想而知，好多人就这样白白丢了性命。"

英军士兵慢慢养成了一套例行公事般的生活规律，单调无比，极不舒服：每天天还没亮就进入阵地待命，接着7点开始吃早餐，12点半吃午餐，4

点钟喝下午茶，7点吃晚饭，不用站岗的9点半开始睡觉。不过，如此规律的作息制度虽然看着挺好，却常常会被打破。警报不分白天黑夜都会拉响，时不时得出去巡逻，走上一遭，站岗放哨令人筋疲力尽，所以绝大部分士兵都是和衣而眠，有时一天下来甚至连靴子也难得脱。成日靠咸牛肉、饼干、面包和果酱充饥，再加上家中寄来的一点儿零食，打打牙祭。邮递送信业务堪称一台效率极高的机器，让生活在死亡线上的数百万士兵能够获得一两天之内的英国报纸，还有各种各样来自国内的慰藉。军官们可以通过邮递从远在伦敦的商店订购雪茄、饼干，诸如此类的东西。掷弹兵团有一个军官每个星期都会从福特纳姆和梅森百货商店订购两磅咖啡，可惜只喝了一个月就死在了战场上。周二下午4点从泰隆库克斯敦有限公司寄出来的鸡蛋，周三下午5点就能送到弗尔讷比利时医院的梅恩修女手中。

士兵们开始学会如何好好利用自己所处的位置，既然德国人的阵地就在隔壁，那么就能免遭敌人炮火威胁，"这样一来，他们就没法把我们'埋了'，"佛朗索瓦·迈尔写这番话时明显心满意足。他用的这句法国俚语是在形容敌人开炮，就像"梅子"用来代表子弹一样。近卫兵团军官卡文勋爵在11月写道："我们后来的主要工作是学习三件事情，第一件事是怎样在堑壕里做木炭，做好了之后怎么搬，又该怎么用；第二件事是怎么扔手榴弹，这个活儿对于掷弹兵来说再简单不过；第三件是怎样才能把飞机打下来。不过，问题在于鸟儿太少，要等很久才能放上一枪。"在类似贵妇小径这样的防御地段，交战双方都用上了探照灯，这样可以更好地应对夜间进攻。起保护作用的铁丝网虽然还达不到接下来几年里那种让人无法下脚的密集程度，也已经布得越来越密。有些英国军官始终认为打仗就该光明正大，指责德国人不守规矩。罗伯特·哈克抱怨道："德国人会使用各种阴招诡计，朝我们发起进攻的时候穿着一身卡其色军装，搞伪装，有时甚至穿着苏格兰裙，用英语喊'不要开枪，我们是某某部队的'，还会报出某些英军部队的番号。他们还会用英语喊'停火'，打我们的信号。"

法国兵路易·巴塔所在的部队最早是在11月底被派往前线的，之前几个月一直在干看守犯人之类的活儿。冬天天黑得早，巴塔到达加莱海峡边上的

第十七章
泥泞的生活
···························

阿讷坎时已是晚上，在此之前刚刚去了一趟法国南部的纳博讷。第二天一大早，巴塔在小镇附近遇见三个人跟自己打招呼，感觉很熟，十分惊讶。这三个人从头到脚都是泥巴，像鬼一样，简直分辨不出模样来，仔细一问才知道原来都是战友，5天前刚刚离开同一座军营，"他们说起在泥里躺了好几个小时，没有任何遮掩，整天淋雨，吃的东西更是难以下咽。"没过多久，巴塔和战友们就被派去把守堑壕，沟里满是积水，好不容易挨到天黑，却又一连好几个小时睡不着觉，只能听着零星的枪声，看着时不时闪过的火光，提心吊胆，担惊受怕。

就算睡意终于姗姗来迟，也会被铁锹铁铲叮叮当当、砰砰啪啪的声音给吵醒。"你们在干什么？"巴塔睡眼惺忪，看着头上模模糊糊的身影问道。"在埋死人，刚才那一阵子打死的"，上头的人粗声大气地回答道。即便如此，还是有不少死尸丢在无人区，无人收尸。灰色军装裹着的尸体早已腐烂，成了老鼠和空中盘旋的乌鸦的食物。听另外一个法国士兵说起，那些进攻的步兵被机枪扫倒，尸体在他的堑壕前面躺了足足有一个月，"一排排倒在地上，好像演习一样。雨水无情地落在尸体上，子弹打得泛白的骨头碎片直飞。有一天晚上，雅克巡逻走到跟前，只见好多老鼠从褪了色的军装底下窜了出来。这帮家伙在吃人肉，已经吃得又肥又圆。雅克的心怦怦乱跳，趴在地上，朝着一具尸体爬了过去。那个人的头盔滚在一边，脸上还挂着痛苦的神情，血肉已经没了，只露出光秃秃的头骨，眼睛也被吃了个干净，假牙掉了下来，落在已经发烂的衬衫上，嘴巴张得大大的，一只腐虫从里头蹦了出来"。

10月18日，英国国内某报刊出一封匿名信，写信的是一名英国远征军军官。信中写道："坐在这里，读着刚刚到手的英国报纸，让人不禁想起英国还没有成功摆脱旧有的认识，还在把战争看得波澜壮阔，或者说充满浪漫主义色彩，而这和现实扯不上丝毫关系。报纸给人的印象还停留在打仗就是一顿猛冲猛打。"作者同时引用了根据伦敦苏格兰步兵营在伊普尔经历所做的宣传："现在发生的可不是这样。我们的士兵拥有大无畏的精神，英勇无比，包括夜以继日地坐在湿透的堑壕里，听着骇人的噪音，炮弹打来，地动山

摇……我读了运动员营①的事迹，里面个个都是运动员（这个营属于新组建的'好友营'之一），个个都是棒小伙，没有哪个不够勇敢。可是，我们需要的是普通人，是训练有素，懂得怎么瞄准开枪的普通人——是那些懂得不到合适的时机，绝不开枪的人，而不是那些只会喊打喊杀，巴不得一枪打死两个德国佬的家伙——这样的普通人越多越好。"

乔治·克列孟梭作为政治家和记者，也用同样的笔触写道："我们总是想当然地认为当兵就是和敌人上阵厮杀搏斗……可是，在枪林弹雨之下一动不动地静待时机，这样的耐心又需要多少更多勇气？任凭痛苦折磨，这样的考验又是多么更加艰难？在不断无情地吞噬着所有生理和精神上的反抗。"西线对垒的双方终于意识到在来年开春之前已经不大可能取得重大突破。德国军官鲁道夫·宾丁11月22日在佛兰德斯气急败坏地写道："按照目前的情况来看，不单在佛兰德斯这里，而是整条战线，我们和敌人都被拴住了双脚……都……都失去了继续突破的动力……能够制造出这么一条漫无尽头、连续不断的战线，把阿尔卑斯山到大海连成巨大的一片，这可真是一个了不起的成就；但是，这绝不是我理想的战略打法。"待到局势明了，当前不会再有大规模作战行动，英国远征军索性给一些军官和士兵放了假，这是这些人8月以来第一次得到解放。大伙儿上了火车，争先恐后地抢座位，有一拨军官甚至坐着挂在机车后的煤水车，去了布洛涅。

指挥官们也在利用这样的喘息之机，把一些渴望回家的脆弱灵魂送回了国，其中包括陆军准将戴维斯，这位出生在新西兰的将军刚刚在埃纳河吃了败仗。一同送回家的还有掷弹兵团的诺埃尔·科里中校，他8月23日在未得到军令的情况下擅自从蒙斯撤退。乔治·杰弗瑞斯身为科里的副手，认为科里遭遇到了不公，因为撤退的决定是正确的。其他一些情况要模棱两可一些。皇家威尔士火枪兵团的代尔姆-雷德克里夫中校回到营地时已经精神失常。这

---

① 运动员营（Sportsmen's battalion），包括第23和第24勤务营，英国陆军"一战"初期组建，士兵大多为在板球、拳击、高尔夫等体育方面做出突出成绩的人组成。下文提到的"好友营"（Pals unit）同样组建于"一战"初期，士兵多为朋友、熟人、邻居或者同事、同学。——译者注

是一个涵盖诸多不明症状的术语，简单的解释就是一些正规军官表现得无法适应战争压力。这些人在1914年得到了军法更为宽大的处理，相比之下，那些地位低下的士兵在接下来的几年里可没有这样的好日子过。

对于那些仍然留在堑壕里的人们来说，即使胜利无法唾手可得，双方的指挥官们也坚信必须采取主动，这样才能防止士兵们陷入沮丧和惰性之中。军官们为此采取措施，加大局部进攻力度。可是，对于被迫执行命令的人来说，如此举动显然毫无意义。法军的底层军官叫苦不迭，抱怨上级军官仅仅为了让人看到他们没有磨洋工，"有事可干"，就白白牺牲士兵的性命。在英军把守的防线上，约翰·考恩上尉描述了10月发生在吉旺希的一场战役："我们有一个连进攻了一个德国蠢货，占领了他们的堑壕，没想到随后遭到机枪扫射，战友们成片成片地倒下，进攻的50个人里头最后只剩下两个活着回来，克尔中尉在回堑壕的路上被打死。三连赶紧上去支援，我们直到堑壕被炸垮才得到解脱。我……白天黑夜就这样醒着，浑身上下湿了个透，连续五天五夜没有合过眼，每天晚上都在等着进攻随时到来，这样的任务真是又苦又累。"

12月21日一大早，考恩的部下正在擦拭步枪，"突然传来一声轰隆巨响，堑壕抖了起来，护墙和壕沟被炸得四分五裂，周围地上的泥土被掀到空中（敌人埋下的一串地雷爆炸了）。随后听到10码开外传来德国人的叫喊声，只见德军端着刺刀，冲了过来……最后（我们）只好撤退。我有好几个部下被活活闷死，还有几个死在了刺刀底下"。德国人在印度步兵团阵地前方引爆了10枚地雷，造成大量伤亡，引起一阵慌乱。考恩在支壕里集合起10个侥幸没死的士兵，连同友邻步兵营的40名廓尔喀雇佣兵发动反击。"有些人连武器都没有拿就冲了上去。我把左轮手枪给了布里斯班中士，他的那把已经没法用了。可惜，他在我身旁，不久就被打中了脑袋……上帝开恩，德国人不再照着我们冲过来，开始掉头回转……我捡起一把步枪，撂倒了7个德国兵，都是从背后打的。我还打中了一个德国军官……不过，德国人开始向我们开炮，横向依次打来。我们被强大的火力压得抬不起头来，最后只好向预备防线撤退"。考恩所在的营损失了14名军官和516名士兵，"损失相当惨重……

我的运气不错，活了下来，有一枚子弹还打穿了我的头套"。

堑壕战已经变得形同例行公事一般——突袭、巡逻、冷不丁地放上一记冷枪、突然一阵猛烈齐射，再加上局部进攻，造成的人员伤亡源源不断，英军指挥官越来越担心兵力不足。国内的基地在竭力寻找兵员补充，直到基奇纳的新军为1915年的战役训练配备完毕。但是，旧军队里的那帮废物难堪大用。莱昂内尔·丁尼生在日记中写道："中士斯文查特带着第二批援军到了，他是军士中最没用的一个。我威胁要把斯文查特带到指挥官面前，告他游手好闲，没想到他竟然开枪打伤了自己的一只脚，结果被送上了军事法庭。"斯文查特虽然遭到降级，却因为缺少证据表明有意自残，免去了一场牢狱之灾。在他看来，这样的结果应该是最符合自己利益的。

道格拉斯·黑格爵士向陆军部大倒苦水，抱怨这一类人的种种不是："我早就说过，我们需要的是有爱国之心的人，要懂得我们为之战斗的事业的意义。德国人都是在强烈爱国情感熏陶下长大的，所以才会心甘情愿为了国家牺牲。我们倘若不加以循循善诱，愿意为国牺牲的人就不会太多。我说过，把在剑桥和牛津读书的年轻人们派往战场，去当军官，只有这些人才懂得大英帝国目前面临的这场危机有多么深重。"德国人当然不会认可黑格口中德国人人欣然赴死的说法。在德国人看来，自己也面临着和对手同样的困扰：积极性不够，领导力低下。鲁道夫·宾丁在伊普尔写道："毫无疑问，英法两国的军队要是碰上训练有素的军队，早就该被打败了。可是，这帮年轻小伙，刚刚经过训练，实在没用，尤其要是指挥官死了，更加派不上用场。我们的轻步兵营几乎全是马尔堡大学的学生……面对敌人的炮火，损失相当惨重。"

英国的《晨报》在为征兵大声疾呼，《新政治家》杂志却声称如此操之过急，"恐将引发这场战争中我们百分之九十的道德问题，不仅等于承认这个国家没有把心铺在战争上……这样完全站不住脚……还会动摇我们参战的基础。这场战争不再是一场属于英国人民的战争，而是英国统治阶级的战争"。诺斯克里夫勋爵强调自己有决心按照自己的方式去解决这个问题。"我和政府官员见了面"，诺斯克里夫有一天晚上对《每日邮报》全体主管讲话时说道："他们让我搞一场大的征兵运动。我一口就回绝了，除非我们的人（在前线后方的新闻记者们）得到公正对待，能够方便地介绍我们的军队，这样才帮着征兵。我有本事招到50万人，但必须得按我的方式。他们既然不同意，那我就不答应。"就这样，在整个1914年冬天和接下来的一年里，英军一直想尽办法通过志愿兵制度招募足够人手，只有这样英国才能在这场欧洲大陆战争中扮演主角。

英军为了解决燃眉之急，将征兵的最低身高要求从8月的5英尺8英寸降低到了10月的5英尺5英寸，11月又降到了5英尺3英寸。此举在一定程度上取得了成功，1914年参军入伍人数一共达到1186351人。可是，其他国家陆军战场部署部队是这个数字的三到四倍之多。只有到了1916年，驻守法国的英军才获得与自己国家大小相称的兵力，也只有在当年引入征兵制之后，才保证了英军能够保持兵员持续补充，以应对这场战争源源不断的兵力需求。无论何种情况，一支庞大的陆军要想提前做好武装，保证配备充足，都是一件难事：英国远征军长期面临严重的冬衣短缺问题（头一个冬天配发的羊皮大衣完全不合适）。各种武器，尤其是炮兵的弹药奇缺。直到大战进入第三个年头，国内工业生产才可以完全满足战争需要。

同样紧缺的还有役畜。英军1914年开赴法国的时候带了5.3万匹马，其他国家军队马匹使用比例大体相当。官方历史学家对此写道："现代战争中牲畜伤亡导致的损耗超乎想象。"英国远征军征用的马匹和骡子年死亡率达到29%。1915年新年到来之前，在法国和佛兰德斯死于疾病和敌军行动的牲口就有1.3万匹之多。亚历山大·约翰斯顿估算了一下，自己在前往埃纳河的行军途中差不多每走200来码就能看到一匹死马："可怜的牲口，真是遭罪。"马匹的死伤方式各种各样，有的是被打死的，有的断了腿，有的则被活活累死。英国陆军在战争刚开始的头12天里从猎户和农民手中购买了16.5万匹马，其中不少马匹就像这样死的死，伤的伤。德国人9月撤退的时候在路上丢了不少带着尖刺的铁蒺藜，又叫作"鸦脚"，用来对付追赶的骑兵。这些三角钉经常起到作用，加上法国的农妇习惯不把钉子和其他废铁清理干净，就把炉灰直接倒在乡间的车辙小路上，更令英军马匹损失惨重。

很多马匹因为赶马的人要么不懂驾驭，要么野蛮驱赶，结果成为牺牲品。兽医们对无知无识的骑手和马夫如何虐待马匹进行了分门别类：拉大炮的一般喜欢"勒紧"马嘴；骑兵常常任凭坐骑又饥又渴，不闻不问；士兵们即便没有要务在身，也会在坚硬的路面上肆意策马飞奔；骑马的人对于鞍伤毫不关心。英军在奥姆斯柯克、斯韦斯林和谢汉普顿专门设点，为骑兵更换马匹。每个站点附近都有一家兽医院，可以同时照料上千匹伤马。在温彻斯特附近的皮特角军营，军用马厩一次就接收了3000多头伤病牲畜。

至于那些体型笨重的耕马，当初军队征召的时候就有专家提出反对。军队招这样的马原本是为了拉大炮，此时此刻已经证明确实不能适应角色。官方历史学家写道："兽医军官……早就预见这些耕马不适合做军事用途，预计如果不加区分，把这些马当作军马用于打仗，损失将会不小……因为这些马匹抗病能力极差，食量饮水需求巨大，而且无法承受高强度行军。"死在法国的重型耕马成千上万，部分原因在于这些马匹的蹄子极不适应潮湿的天气。英军法军只好从国外大量购买马匹，予以补充，只到经历惨痛损失之后才甄选出最适合作战的马种。从加拿大来的不少新马有的死在了横渡大西洋的途中，有的刚刚抵达英国就一命呜呼。直到最后才发现最优质的马种并非在畜棚里饲养长大的，而是那些美国乡下马，这些马身强体壮，来自南北达科他州这样的艰苦环境。待到大战结束，英国陆军军马数量已经达到45万匹；西线交战双方征召服役的骡子马匹预计在200万左右。英国皇家陆军兽医部队1914年仅仅招募了360人，四年过后已有2.8万人。

如果说身体健康、没有受伤的人和牲口都觉得待在条件恶劣的堑壕里日子难过，那么那些受了伤的遭受的又是怎样一种折磨，就更加难以想象了。德国兵阿洛伊斯·勒文施泰因看着战场上的那些牺牲品，心生怜悯，写道："一堆尸体里躺了三个受伤的法国兵，一个两条腿全断了，另一个肚子开了膛，还有一个想一枪打死自己。我们有个伙计把他的左轮手枪给夺了下来。那个法国兵朝自己脑袋开了两枪，想了结痛苦，但笨手笨脚，两枪都打得高了一些，无边帽被掀掉了，哼个不停，听得让人心里难受。另外一个躺在地上，显然已经没了气息，只剩下一条腿在那里抽搐，就像还没完全断气的松鸡一样。太可怕了！"

在"一战"之前的半个世纪里，军事医学发展要比其他科学领域进展缓慢。在缺乏抗生素的情况下，坏疽病依旧是导致大规模死亡的元凶。如果伤口得不到妥善处理，耽误数日，死亡率将会更高。病人常常因为疼痛缓解，误以为正在好转。其实感受到的只是伤口变得麻木惨白，那是死亡来临的先兆。要想活下来，需要相当的运气。勒内·卡森12月在圣米耶勒附近被击中了腹部，这种枪伤多半都是致命的。按照法军医疗队的规定，卡森只有回去自己团里找医生，才能得到治疗，而他的团远在400英里之外。卡森只好忍着伤痛，走了10天才找到自己的医生，在没有麻醉的情况下做了手术。这段惨痛经历使他从此成为一名改革先驱，为了受伤老兵的人权奔走一生，大声疾呼。

爱德华·科德维去一家法军战地医院，见一个生命垂危的朋友最后一面，看到80个伤兵躺在一座制糖厂里头，直接睡在稻草堆上，身上还裹着被泥水浸透了的军装。医院里只有一张病床，是留着给已经确诊，即将咽气的人准备的。10月的时候，一条铁路道岔出了故障，结果导致一辆满载着500名伤员的救护列车走错了道，开上了马恩河上的一座断桥。15节车厢里头只有两节没有一头栽进河里——说来也巧，那两节装的全是德国伤兵。并非每一个当护士的都是大慈大悲的修女。普略·德·迪于斯上尉就曾为这样的场景感到震惊：一个女人迈着大步，从排成长长一列的车厢前走过。每一节车厢里都装满了伤员，呻吟声此起彼伏。女人每经过一节车厢门口，都会敷衍地问上一句有没有人需要医生。有个伤兵求她救救身旁的战友，那名士兵的腹部伤口由于气性坏疽再次裂开，发出难闻的臭气。谁知这个护士竟然熟视无睹地径直走了开来。德·迪于斯最后找了一个医生。那个医生因为超负荷工作，早已累得不行。德·迪于斯把情况跟医生说了一下就匆匆离开了那里，写道，"我已经受够了这些可怕的事情，只能随他去吧"。

路易·莫夫莱是陆军医院的一名护理员，谈起自己在尽力救助一个伤兵时感到多么无力："那个人的脸上，下巴已经碎了，满脸血肉模糊。我们先是把他口里的碎片清理了一些，接着把一根管子插进食道，这样才能把灌肠剂

灌进去，喂一些水和咖啡。"莫夫莱的救助站经常缺水，就连给士兵伤口敷料前清理一下手上泥巴的水都没有。碰上病人休克，简直无能为力。和绝大多数地方一样，在这种完全谈不上卫生的环境下根本无法输血。莫夫莱讲述了一个救助站的情况，自己曾在那里干过一段："一进门左手边摆着两具尸体，上面盖了一些帐篷的帆布碎片，就这样丢在日头下晒着；尸体后面堆着高高的一堆装备、步枪、刺刀，还有浸满了血的毛巾。屋里用来照明的只有几支蜡烛和两盏油灯。我慢慢看清了躺在地上的那帮伤兵，差不多人人都是头顶着头，睡在地上。到处都是人身上的味道，鲜血，还有吐出来的东西；唯一听到的声音只有没完没了的哀嚎。最难的活儿是你得把一只脚踩在一个士兵的两腿之间，膝盖跪在另一个的腋下，才能为第三个人治疗。"

按照规定，莫夫莱还得帮着掩埋死人，"这些尸体大多已经臭得不行，早就完全腐烂，脸上全是黑的、肿的，上面还爬着蛆。你非得有这个本事，不怕反胃，才能给他们脱掉衣服，把身上的身份标牌给解下来"。战争刚刚开始的头几个月里，军官和士兵是分开掩埋的。可是，随着伤亡人数增加，法军下令只有上尉及以上军衔的人才能享有这种特权。法国政府面对民众的强烈诉求，最终答应各家各户有权把牺牲的亲人带回家。不过，这件事情很快引发争议，因为很多家庭出不起钱托运尸体。英国人和德国人则选择将差不多所有战死的列兵就近掩埋，葬在普通墓地里头。

战场打到这个时候，还没有被炸弹完全夷平，变成一片寸草不生的泥泞烂地——要想做到这一点，还需要成千上万门重炮再多"辛苦"几个月。1914年那会儿还有一些房屋完好无损地留下来，连同残破的篱笆树林一起免于战火，只是随着时间推移，这样的屋子也所剩无几，难得再见到几栋了。德军在普尔卡佩莱附近有一个团，团长格里姆少校讲述了自己的一些部下找到一所农民的房子，在里面住得舒舒服服，优哉游哉，他自己也难得把好多天没刮的胡子刮了一回。不过，德国人的舒适老窝很快成为炮火集中打击的目标，农舍里头的大部分人没能活着出来。

士兵们对于待在一个一成不变的老地方，一打就是陆陆续续好几个月，开始习以为常，这些地方的地标建筑也逐渐声名在外。英军步枪旅在梅西讷附近，为了抢夺一个阵地打了一场狠仗，阵地周围密密麻麻围着全是铁丝网，因此又被叫作"鸟笼"。拉巴塞有一个地方叫作"开动的火车"，其实是一些遗弃的货车车厢。德国人在里面装满混凝土，狙击手躲在后面放冷枪，还挺管用。在拉巴塞，一个英国士兵要是运气不错的话，没准可以"回趟老家"——受一点轻伤，就能获得机会，坐车回国。孚日有一块阵地，双方在那里都死了不少人。德国人管这块地方叫作"硬汉山顶"，法国人称之为"老杏仁"。只要占领了这个山头，就可以控制通往牟罗兹的道路，德皇的士兵们可是为此下了大力气，死了不少人。

回到1914年，当时的军队打起阵地战来，可以说要什么，缺什么。电话机数量不够，可信号兵既不能发莫尔斯电报，也不能像以前殖民地战争中习惯的那样打旗语，以免暴露自己。于是乎，指挥官们只好派人送书面情报，送信兵一旦被抓，风险极大。由于没有润滑油和棉花废料，步枪常常被泥土和火药残渣堵住，开不了枪。加上一些冒牌制造商生产的弹药粗制滥造，步枪卡壳成了常事。有一次，几个皇家威尔士步兵团的士兵跑到一个废弃的农场里头，杀了一头猪，把猪油拿来当作步枪润滑剂用。卫生设施极其简陋原始：士兵们索性直接尿在牛肉罐头里，再把罐子往胸墙外一扔，仍得越远越好。同样，躲在堑壕里拉大便也是不得不做的事情。在日常废物清理制度出台之前，粪便也是随手一抛，直接扔到无人区去。工兵在皇家威尔士步兵团的阵地前面布过一道铁丝网，说是起保护作用。弗兰克·理查兹手下一个士兵轻蔑地戏称，就连长颈鹿都能从铁丝网下头走过去。即便如此，英国人自那之后一连好几个星期再也没有布设更多铁丝网。

德军士兵为了让日子过得更加舒坦一点儿，下的功夫要比英军、法军或者比利时人都多。德国人不仅挖了深深的堑壕，还在掩体里添置起了一些装饰，多少有了一点家的味道。中尉阿道夫·斯佩曼对于手下亲自动手，在住的地方布置起棚架、天窗，还有壁龛，感到很是赞许。掩体入口的牌子被粉刷得干干净净，这样住所看起来简直就像一个"快乐老家"。另外有一座碉堡周围摆满了法军打过来的哑弹，美其名曰"炮弹宫殿"。德国人吃得也比法国人好："路易·巴塔的部队一连好几个星期喝的都是冷咖啡，吃的是大

块干肉和一些面包，面包上还沾着泥，每天天蒙蒙亮的时候才开始分发。吃的如此寒碜，那些愿意、也有能力出钱的士兵只好私自加餐。巴塔有一个战友，每天晚上都冒着被送上军事法庭的危险，偷偷溜出营地，徒步走去贝休恩，负责为连里一半的人买吃的，每次赶在天亮之前跑回来，身上背得重重的全是吃的。"

　　职业军人，哪怕级别最高的军官，到了这个时候也把这场战争视为一场双方坚强意志力的较量。既然如此，就必须展现出更胜对手一筹的能力，让人看到自己这一方更能承受痛苦与损失，唯此方可战胜对手。夏尔·戴高乐在12月7日给母亲的信中写道："这场战争如果不是一场歼灭战，又是什么！像这样的战争，不管范围、意义还是残忍程度，都是欧洲从未经历过的，若不付出巨大牺牲，是绝对打不起来的。我们必须打赢这场战争，只有最狂热渴望胜利的一方才能打赢。"戴高乐看到战线上的很多地段，交战双方慢慢养成了一种相安无事，和平共处的心态，对此极为反感。法军有一次挖了一条堑壕，直通德军阵地，借以阻止敌人如法炮制，在自己阵地下头挖壕。戴高乐督促营长，认为应该利用这条堑壕来压制敌人火力。营长少校大为不满，反驳道："你不要跑到我的地头上来开这样的头。这样做只会惹得敌人发作。让敌人在自己的窝里老老实实待着，他们不也让我们安安静静待在我们的世界里吗？"戴高乐听了心里酸溜溜的不是滋味，写道："堑壕战存在一个严重缺陷，会让每个人越来越强烈地产生这样一种感觉：如果我不招惹敌人，敌人就不会来打扰我……真是可惜啊。"

　　即便如此，那些一连几周相互对峙的部队直到最后也没能与这位求战心切的年轻法国军官达成共识。士兵们追求的是住宿条件能够好一点，日子多多少少没那么难熬。伊拉里翁溪的溪水从穆松桥北面的森林里潺潺流过，法德两军的士兵都会到这里来取水。在伊普尔北部，一阵强降雨过后，英德双方的士兵都只能趴在胸墙上休息，堑壕里灌满了水，排水沟也被炮弹炸坏。两边日子都不好过，没有任何一方还有干劲想大打一场。12月初，有个德国军医汇报说友邻的步兵团和法国人达成协议，每天到了晚上留出半个小时的例行停战时间，交战双方利用这段时间把死者抬出去掩埋，顺便交换交换报纸。不过，法国人最后还是抛弃了这段简单的友谊。"明显看得出来，法国人对于我们最近打败了俄国人，很是生气。"不过，更有可能是某些高级军官介入，才让此事作罢。德乌巴尔将军向同为将军的格罗塞蒂提出告诫："请您务必留心注意，有些士兵在同一个防御地段待得太久，会和对面的敌人把关系混得很熟。搞出聊天，有时甚至相互串门这种事情来，恐将导致不幸的后果。"

各交战国出现了一股新的风潮，这股风潮和对8月战事的浪漫幻想与热情没有任何关系。路易·巴塔11月动身离开纳博讷，出发去往前线的时候，强烈地感觉到了这种反差：既没有出征仪式，也没有喝彩与亲吻，这与自己部队夏天出征时的热情游行截然不同。在巴塔看来，一个象征性的标志在于：4个月前妇女们涌向火车站台，向士兵们赠送水果、果酱和白酒，可现在这些女人会将商品卖给士兵，自己赚钱。要是能够受点轻伤，简直求之不得。威廉·凯森中士的哥哥左手中弹。凯森在给家人的信中无不羡慕地说道："哥哥这次可真是中了头彩。"弗朗索瓦·迈尔躲避炮火时摔倒在地，落在地上的一堆烂玻璃上，被严重割伤。这次受伤给了他好几天的宝贵时间，可以暂时远离前线。"我很抱歉要抛下同伴，但我跟他们保证，一个星期后就回来和大家团聚。"迈尔回到后方，不少平民前来看望。大家对迈尔受这一点伤就大惊小怪，纷纷嘲笑不已。迈尔一开始感到无地自容，后来才慢慢好起来。"不管走到哪里，我都在遮遮掩掩，不想告诉别人受伤的实情，只是说子弹打的。靠着编这些谎话，真真假假，换来了几夸脱咖啡和几瓶朗姆酒，都是送的，都不要钱。"

年轻的德国炮兵赫伯特·苏尔茨巴赫碰见一些法国战俘，听到战俘们说起一路上能够毫发无伤地到达德国，把打仗的事情丢在脑后，简直心中的一块石头落了地，觉得不知道该说什么是好。法军战线上也是同样如此：有个德国俘虏告诉爱德华·科德维"我们在这里当俘虏要好过打仗"。有几个同伴听了，大骂这个德国战俘不该。科德维于是问起他们是否认为法国应当为这场战争负责。"这既不是法国的错，也不是德国的错，"这帮德国战俘说道，"要负责的是俄国人。我们这些当兵的之所以打仗，纯粹是没有法子。"

不过，雄心勃勃的英雄还是有的。"这些人从困境中获得了鞭策的快乐，或者说至少装出来这副模样。朱利安·格伦菲尔是一个受到同时代人追捧的偶像人物，原因在后人看来往往不得其解。他在10月曾经写道："我热爱战争……战争就像一场大型的野餐，却没有野餐的目标。战争是最好玩的事情……正适合我强壮的身体、坚强的神经和狂野的性情。战斗带来的兴奋让每一样东西，每一个场景，还有每一个动作都充满活力。人只有在杀人的时候才知道自己有多么深爱自己的同类。"

可是，更多士兵对于自己每一分、每一秒遭受的折磨都感到深恶痛绝。步兵更是不堪重负，苦不堪言。让士兵们同样感到厌恶的还有一个现实：在前线后方，成千上万的支援部队过着相对安逸的日子，有地方睡觉、休息、洗漱，吃的一应齐全，吃饭也基本上不用担心战斗随时来袭。有个德国士兵酸溜溜地说道："打仗就像剧场里的一出戏。演戏的在前面，最好的座位都在后头。"炮兵威廉·席乐恩-弗林施写道："留在后方的那些兵，日子过得跟和平时期一模一样，根本就看不出来在打仗。在我看来，在最前头冲锋陷阵的是步兵和轻工兵。这些人没日没夜，随时都有死亡的危险。"阿洛伊斯·洛文施泰因给家中女儿的信中说起自己当司机会有一些便利，虽然并无多少害处，却感到沮丧："有些士兵会一次又一次放出闪电来打敌人。你崇拜爸爸。可是爸爸打不了雷，有时会感觉很没面子。爸爸虽然升不了职，但是只要可以，爸爸就愿意去面对狂风暴雨。"

洛文施泰因的话如果是出自一番真心，倒也难得。杰弗瑞斯带着部下奔赴前线，去参加另一场战事，途经梅维尔的时候碰上一个军官，虽然不知姓甚名谁，但也是掷弹兵团的。杰弗瑞斯问他："你什么时候回团里面？"这个面熟的军官答道："天啊，你不会真以为我会干这种蠢事吧？我已经找到一份不错的工作了。" 杰弗瑞斯烦闷地写道："这家伙是个懒骨头，厚脸皮，做事喜欢讨价还价，是铁路上搞征兵的那种军官，反正就是那一类人。"

法国步兵喜欢自嘲，戏称自己是"捡破烂的"，越来越看不起那帮和自己穿着同样军服，却不分担风险的"长尾巴"。有个军官在路上偶然遇到几个陆战队员，竟然坐着汽车，而不是徒步前进。他问起陆战队的长官是否有所伤亡，得到的回答却是轻描淡写的一句"很少很少"，言下之意一个也没有。这位陆军军官写道："我看着我可怜的部下在路上一步一个脚印，向着灌满泥水的堑壕前进，等着在那里受苦受累。不，在这场战争里头，前线不同作战部队士兵经受的苦难绝对是不公平的。"一伙法军军官从前线退了下来，休息几天，正在乌丹的一家宾馆用餐，有一个军司令部就设在那里。有个"捡破烂的"只要一听到他们喊"服务员，再来一瓶查特酒"就感到恶心。招呼服务员的那几个参谋官一眼就能看出对于每天晚上如此安逸地享用晚餐早就驾轻就熟。

爱德华·科德维每天只要一见到军官们坐着铮亮发光的小汽车，从排成长队的伤员身边加速驶过，胸中就感到义愤填膺。伤兵们只能拖着疲累的身子，一步一挨走去最近的救护站——有一回走了差不多12公里。"这帮军官别看一个个衣冠楚楚，经过的时候竟然没有一辆车停下来，给累得实在走不动的（伤员）捎上一段。那个当少校的想必一定不能错过自己的烤肉。"阿洛伊斯·洛文施泰因只要一说起前线士兵面临枪林弹雨，就对当参谋的鄙视有加："那帮家伙躲在前线后面好几公里远的地方，只会摆弄摆弄书桌、电话，还有收发报机的纸条。军械主任就连马都长得膘肥体壮。"

留在前线的只要不是蠢货，都会多多少少受到恐惧的折磨，只是有一些人要比另一些人更加明显承受不起。"一个人要是给吓坏了，去看他的眼睛是一件很奇怪的事情，"弗朗索瓦·迈尔写道，"眼里充满着痛苦和恐惧，像个疯子一样。这些炮弹虽然可恶，但并不至于让人害怕到这个程度，只要不被炮弹直接击中，就没那么大伤害。炮弹打来之前，会听到一阵长长的呼啸声，接着数到十，就炸了。"救护车司机德罗西·菲尔丁提到某些人面对炮火，缩手缩脚，显得很是鄙视。有个志愿兵尤其如此。此人名叫约翰逊，在一家民间战地机构工作："光听见（炮弹）打来的声音，就吓成这个样子，真是少见。邓砌齐的那个约翰逊就是这副熊样。当时只见一辆'囚车'（德军炮弹）飞了过来，这个约翰逊居然一下子吓晕过去，瘫倒在地，还有一个司机也被吓成了这副德行。"

除开心理负担，身体负担同样不轻。随着冬天气候日渐恶劣，就连身体最棒的士兵也有不少患上了风湿和堑壕足病，这是因为24小时长期穿着湿靴子和湿袜子，经常要在齐膝的脏水里涉水徒步。患病人数与日俱增。支气管炎司空见惯，有时甚至会夺去性命。虱子不仅仅只是惹人讨厌，更是疾病的携带者。"亲爱的，今天已经是待在堑壕里的第7天了，"中士古斯塔夫·萨克11月5日在阿尔德库尔给妻子写信，"我们看起来真的就像猪这个字形容的那样。大衣、外套，还有裤子上面附着的泥，毫不夸张地说，足足有一公分厚……报上都是些令人作呕的东西，要是看到说什么'向前缓慢推进'，意思就是挖了整整两个晚上，朝敌人的阵地前进了50米到60米的样子。"萨克虽然之前是个记者，可是觉得只要一看到德国报纸上吹嘘战争如何如何崇高，堑壕里打仗是多么多么骄傲，就感到恶心，感觉自己永远无法提起笔来，把在法国的亲身经历讲给世人听："凡是那些到处宣扬，说什么'在经历过战争洗礼之后，要写一点东西来歌颂战争有多么伟大'的家伙，统统都是在放屁。"

乔治·杰弗瑞斯12月24日头一天晚上趁着天黑，把一支部队从前线给救了回来，隔夜第二天一早写了这么一番话："我一大早四处走了一走。有些地方的水已经齐腰深了。天光亮了起来，这才看见我们堑壕选的位置相当的差，满是水和泥巴……这里的土地十分平整、毫无特色，地头上还有不少堤坝拦着……德国人可以从上往下看到我们……我花了两个多小时才沿着防线走了一圈，路上蹚了不少水。"罗伯特·哈克也是同样境遇："到这种地方来打仗确实感觉非同一般，早就没有了时间概念，什么今天是星期几，几月几号，这些全都记不得了。感觉一切只凭什么时候进堑壕，什么时候出来放风休息来算……这些泥巴……可不一般。这里的泥里头有许多黏土和矿物质，黏糊糊的一大团，像捕鸟胶一样，腿一踩进去就被吸住，拔不出来。另一块阵地上有5个人被泥巴粘住，陷在了靠近射击线的一条交通壕里，花了足足7个小时才弄出来3个……跪在树篱拼成的柴把上，我们用手把他们大腿还有脚上的泥刮掉……泥巴粘在衣服、外套、裤子和装备上，差不多有半英寸厚，等于身上的负重多了一倍。枪也全被堵住塞住了，根本用不了。"罗伯特·哈克在被死神夺走性命之前就忍受了这么几个月的痛苦折磨。

弗朗索瓦·迈尔秋天刚开始给家中妻子写信的时候还斗志昂扬，信心满满："我们过得很开心，每天吃得饱饱的。当然发牢骚的也不在少数——都是些老近卫兵——不过，我想说士兵们的士气整体上要比刚刚开始打仗那会儿好一些。有些暴力激进的社会主义分子又重新找回了爱国主义热情。"只有为数不多的一些人嘟囔着要当逃兵，迈尔写道，不过对面堑壕里的一些普鲁士人也会干同样的事情，高举着双手，向我们走来，嘴里喊着"法兰西万岁！太残忍了！"一经审问才知道这些人是因为不满口粮太少，加上受到军官虐待。话虽如此，随着日子一个星期接一个星期过去，天气也变得越发糟糕，迈尔的昂扬斗志也和成千上万其他士兵一样掉了下去。10月31日，迈尔参加了一场进攻。连里大部分战友倒在了战场上，只有几个侥幸活了下来，得到命令，撤了回去。迈尔写道："好运气就是在那个时候用完了。我们拼命往回跑，三个同伴全都中了子弹——夏布里埃脑袋被打中，倒在了地上；杜福尔受了伤，过了几个小时也死了；布兰克背上背的袋子替他挨了三枪。"

迈尔发现自己被一种越来越强烈的无助感困扰，感到无力自拔，每参加一回战斗，这份无助感就变得更加强烈。"昨天我们发起了一场佯攻，把德国人的预备役部队引到我们这边来，"迈尔11月29日在亚眠东南面的罗谢雷斯写道，"这样可以帮助在凯努瓦恩撒特尔附近发起一场真正的进攻。在我看来，干这种事情一点都不好玩。先是大炮照着敌人齐射了几轮，接着一阵猛烈放枪，再接下来，10个士兵在一个中士带领之下，从我们的战线朝前走了60来米。这下可好，炮弹像雨点般劈头盖脑打了过来。过了差不多一个小时，我们的10个人回来了。不过，敌军炮击一直持续到了晚上。请问这样做的意义到底在哪里？我不晓得。连里有一个死了，还有两个受了伤，就为了这一丁点战果。"威尔史密斯·亚伯·史密斯上校听到基奇纳预测说这场仗要一直打下去，感到大为震惊，用难以置信的口吻说道："这种事情这个世界能够忍受两年，简直叫人不敢相信。"

交战各方的军队都发现通过惩罚手段维持纪律，大有必要。弗兰克·理

查兹的部队终于接到命令,可以离开前线,告假休整一段时间。指挥官利用这次机会搞了一场额外的例行行军。这是一次迟来的惩罚,针对所有在蒙斯撤退过程中临阵脱逃的人。不管是开溜的,还是掉队的,就连军官也不能免于受罚。即便是跑到其他部队里头,端起刺刀冲锋过的也得参加,结果自然引得怨声载道。在休息的营地里头,还是这同一位军纪官,对发现违反军纪的士兵执行了第一号战场惩罚令。这一回不像以往,受罚的士兵不再捆在货车车轮上面挨鞭子,而是被绑在了乌普利纳一家工厂外面的栏杆上。当地的女人全都围了过来,看个究竟。有些表示同情,有些则在大声嘲笑。有个士兵坦言自己并不在乎接受军纪惩戒,"可是受不了让这帮吃蛙浑蛋(法国人)这么盯着看热闹"。

虽然,每一个国家都会对战场上临阵脱逃或者离队的士兵处以极刑,但是德国人对于本国士兵执行惩罚的次数要远远少于英法联军。吕西安·拉比目睹了一个自行车步兵团的法国兵遭到枪决的场景。这个法国兵面对敌人,丢下岗位,临阵脱逃。"他死的时候很勇敢,解开军装,大声说道:'亲爱的同志们,朝我的胸口,而不是脑袋开枪!'"被枪决的这个法国兵拒绝被蒙住双眼,直到最后还在高喊"法兰西万岁,阿尔萨斯万岁!"爱德华·比尔讲述了有一回比利时人行刑,场面一塌糊涂,错漏百出:两个士兵被定了罪,绑在电线杆子上。行刑队的10个人听到命令,开枪齐射了一波。一个士兵被打死,倒了下去,可是当医生检查另外一个士兵的时候,发现对方竟然还活着,于是向负责行刑的指挥官嘟囔了几句。指挥官随后打发一名下士去补枪。没想到这一枪打完,医生一看,发现这个士兵还活着没死。指挥官这一回只好从下士手中一把抢过步枪,亲手替那个可怜的士兵结束了痛苦。比尔写道:"等到那帮军官离去,人们上前砍断绳索,把尸体放了下来。大家都忘不了刚刚发生的一幕。我听见有人说道:'啊!我宁愿脑袋被德国人的炮弹炸掉,也不要被这帮没用的畜生砍掉,太丢人了!'"

既然日子过得苦闷无聊,哪儿也去不了,住在堑壕里的人只好在自己部队阵地这一块狭小天地里找寻能够找到的一切东西来转移注意力。弗兰克·理查兹写道:"对于一个遵守规矩的老兵来说,一副扑克牌才是真正的圣经。"理查兹和战友们各种玩法换着来，打个没停。中士阿尔夫·布里斯利花了一周时间，把汉普郡步兵团的团徽雕刻成了贵妇小径下头一个采石场的模样——继布里斯利之后，法国和德国的士兵们也展出了自己的艺术作品。爱德华·科德维惊叹于十几个大男人竟然因繁就简，玩起了巴格代拉这种桌球游戏，投入之专注，就连炮弹时不时落在周围也毫不在意，直到最后一发炮弹差点击中他们，才不得不抬起头来。只听见其中一个愤怒地喊道："这帮畜生就是要害得我们玩不成。"

静态战为新技能创造了市场。有一位著名的法国画家名叫吉杭·德·斯沃拉，是陆军电话接线员。他想出了一个点子，找一些材料，与当地的地貌特征，比如说石头、草、树之类的特意融为一体，来伪装大炮。马恩河战役之后，斯沃拉的这个点子得到了普因加莱和霞飞的支持，得以付诸实践。"我采用了立体派的方法"，斯沃拉后来写道。他动员了多位画家朋友来助自己一臂之力，包括福兰、杜诺耶·德·塞冈扎克、艾伯特·劳伦斯、阿贝尔·特鲁切特、德旺贝、布森戈、迪弗雷纳、卡姆安、焦梅斯、布拉克和罗杰·德·弗雷奈，还有一些雕刻家，比如德斯皮奥、布沙尔和兰多夫斯基等人。伪装开始流行起来。安德烈·马累[1]把这门技术教给了英国人，还在笔记本中留下了自己的水彩杰作——坐落在人工树林和伪装废墟中的观察哨。

"我们不再在乎死去的人，只关心那些还活着的，"弗朗索瓦·迈尔11月28日写道，"正是这些贬低了人类为此付出的牺牲。人若是没有经历过战争，就谈不上见识过什么大风大浪。嘴里吃着东西，身旁躺着尸体，乌鸦在上面啄食，就这样和大伙儿有说有笑。真是可怕极了。"爱德华·科德维同样记录下了人们的麻木不仁：他有一次偶然遇到一个德国士兵直挺挺地靠着

---

[1] 安德烈·马累（Charles André Mare, 1885—1932），法国艺术家、画家、设计师，出生于诺曼底，"一战"期间为法国陆军设计创作混隐色伪装。马累从立体主义中得到灵感，利用交错的彩色条纹线条混淆敌人的视线，使之无法分辨法军的大炮，后来又和友人、法国画家、设计师费尔南·莱热（Fernand Henri Léger, 1881—1955）一同为英军和意大利陆军设计伪装。1916年，马累在设计一处观察哨时被炮弹炸伤，8月获颁英王乔治五世军事十字勋章，战后继续从事绘画与室内设计，成为装饰风视觉艺术的领军人物，1926年因其对装饰艺术做出的巨大贡献，被授予法国荣誉军团勋章。——译者注

帆布背包,坐在那里,因为失血过多,已经快不行了,只能慢慢地把一块铺地用的防潮布顶在头上挡雨。"这个德国人趁着还有一口气,从外套里掏出一张照片。照片上是他年轻的妻子和两个胖乎乎的小女儿。"让科德维吃惊的是自己的同胞不单害怕麻烦,不愿掩埋德国人的尸体,还在德国人手里紧紧捏着的相片上面画胡子,嘲笑德国人死相难看。有一名法军中士在12月给妻子的信中写道:"趁着前线停火的空隙,几个担架兵抬着一个死人,从我们外面几米远的地方路过。有几个人抬头看了一眼死的到底是谁,其他人都在一门心思打扑克,好像什么事情也没发生一样。"

古斯塔夫·萨克中士在阿尔德库尔的堑壕中朝外远远望去,看着成片的法军士兵尸体发呆。这些死尸已经连续两个星期没有掩埋了,唯一的利用价值就是让巡夜的士兵从死者背囊里找一点口粮。"有个人开了一罐罐头,也许是不小心,也许是因为恶心,手颤颤巍巍的,接着吃了起来。'为祖国而死是多么幸福,多么值得。'可怕,真是太可怕了!只要能够一醉方休,那就醉得不省人事吧!"好不容易挖出来的堑壕,因为过于潮湿,两边的墙都垮了下来。雨如果下得太久,掩体的屋顶也会倒下来,"这样一来,我们就跟猪一样在泥里打滚了"。喜欢思考的人们会对周遭见到的一切表现得无比厌恶。德国炮兵阿道夫·斯佩曼中尉11月1日在索姆河前线写道:

秋色如此美好,放眼望去,平原上的景色虽然略显单调,可是真的让人赏心悦目。不过,一切都是乱糟糟的,连绵数英里长的地头都被堑壕和掩体连了起来,像一条条的带子,让人还以为是一条单独的堑壕线,从敦刻尔克一直伸到凡尔登。整个平原看上去死气沉沉,空空如也……有几头牛在地里吃着草;再过去就是敌人的地盘,能够看见一些农民在耕地,偶尔也会见到一辆汽车驶过。

明天蒂耶普瓦勒教堂的塔尖就要被炸掉了。那里一直以来都被法国炮兵当作瞄准点,是对我们整个阵地的威胁。塔尖既然是理想的观察点,自然也成了大炮重点关注的目标。波济耶尔塔也装上了炸药,敌人一旦发起齐射就会被炸掉。看着眼前遍地的断垣残壁,我们无时无刻不在感谢,幸亏将战火带到了敌人的土地上。假若是在我们自己的国家打仗，那帮畜生又会干出怎样的事情来？

阿洛伊斯·洛文施泰因有着和斯佩曼同样的想法："住在这个地方的人真是可怜！我一直在想，感谢上帝，这场仗没有在我们国家打。"德国军事当局一直在考虑，法国和比利时已经遭到如此明显的大规模破坏，一旦战争结束，肯定会出现连番指责，需要有人出来负责。12月，德军最高指挥部作出指示。凡是占领的城镇和建筑物必须拍照留念，以示完好无损。如果之后有所损坏，德国可以拿出来作为证据，证明责任在协约国一方。

西格蒙德·弗洛伊德虽然只是一介平民，却也意识到了这场冲突之残忍惨烈，前所未有，写道：这场战争比起之前的任何一场战争来，不单更加血腥、更加残忍，还更加旷日持久、更加毫无同情之心……这场战争抛弃了我们和平时期遵守的一切法则界限，就是我们称为人权的那些东西。这场战争并不承认伤员或者医生享有的特殊权利，也不对非战斗人员和战斗人员加以区别对待。红十字会总部在日内瓦设有一个国际委员会，1914年9月当时只有16名工作人员，那个时候正好赶上德国抓的第一批法国战俘被放出来，是红十字会国际委员会负责把战俘转交给巴黎的。在此之后，这个机构的人员承担的责任与日俱增，人员数量也飞速增加，10月就已经增加到200人，后来很快又增加到了1200人。

红十字会国际委员会负责安排中立观察员前往各交战国战俘集中营的访问事宜。从观察员的报告来看，德、法、英三国均履行了各自对战俘做出的人道主义承诺——奥地利和俄国却没有。在德国战俘营里，法俄两国战犯共处一室，相处融洽，彼此教授语言，探讨各自的文化。安德烈·沃诺德是一名法国战俘，写了一些充满理想主义色彩的话，认为这样的共同经历"催生出某种很好的国际主义情怀——当然，德国人并不包含在内——让我们同心跳，共脉动"。阿洛伊斯·洛文施泰因在给家中的信里提到：受伤的法国战俘要比英国的受欢迎，因为法国人会对照顾自己的德国护士表示感谢。相比之下，按照洛文施泰因的说法，英国人"又粗鲁无礼，又不懂得感恩"。

　　住在前线后方的平民一旦落到军队手中，就得遭罪受难，只能忍受。战争的大多数时候，大炮开火对于住在德国西南部和法国东部城镇乡村里的人们来说，不过是如同管弦乐演奏一般的背景音乐。许多无辜的人被当作间谍，惨遭枪决。当地人常常声称自己的军队和敌人一样不把他们的财产放在眼里。比利时二等兵查尔斯·施泰因有一回同一个农民起了争执，那个农民还是他的同胞，抱怨说士兵把自家的秸秆偷走，拿去睡觉。施泰因的意思是换作德国人来了，农民的日子会更苦。不是这样的，那个农民固执地说道："你们来之前，德国人就来过我们这儿。他们可都是好人，不管拿什么东西都会给钱。"

　　不过，在德军占领之下的法国东部，两百万平民百姓却生活在残酷无情的统治之下。老百姓管战线那一头的土地叫作"自由法国"。德国人强迫法国人采用德国的时区制度，按照季节不同，要比巴黎早上一到两个小时不等。有些胆大的想方设法向西逃跑，就像一个方丹欧皮尔的当地人写的那样："住在方丹并不代表住在法国——我们是在按德国的时间过日子。"只要出一趟远门，就得带上通行证，公共集会一律禁止。占领军制定出一整套高昂的赋税，敲骨吸髓。伊夫斯·孔加尔是住在色当的一个男孩，为了逃避德国人对家养宠物征税，只好眼睁睁看着自家的狗被杀掉。

　　占领军对于海牙会议定下的规矩熟视无睹，强行征召成千上万平民百姓做苦力。有个老人，已经74岁，被迫一年四季打扫里尔的街道，"每日食不果腹，暴露在双方军队的炮火之下。只能任劳任怨，忍受这种残酷的奴役"。有个牧师也同样讲述了人们不分年龄，不分男女，都得强迫劳动的故事："孩子们被吩咐去养牲畜，捡苹果；年轻女孩必须打扫德国人住的街道、马厩和屋子；其他的要么去田里干活，要么缝机关枪的子弹带。与此同时，年轻小伙得去挖坟墓，等着埋成批成批从前线运回来的死尸。"

　　并非所有占领军都对当地心不甘、情不愿的法国人表现野蛮。在卡内尔唐库尔，军医洛伦茨·特莱普林10月在村里组织了一个男孩赛跑比赛，吸引了不少人前来观看，来的既有士兵，也有平民——拿了冠军的可以获得一盒薄荷糖作为奖品。有一个妇女眼泪汪汪地过来抗议，说士兵把她家的牛给牵走了，家中有一个一岁大的婴儿，还有一个90岁高龄的老父亲，两个人都得喝牛奶。特莱普林写道："当我搞清楚这两个要喝牛奶的都是真的，我们就把牛还给了这个女人。她答应以后每天送给我们几升牛奶。这样两边就扯平了。"随着冬季到来，双方进攻停歇了很长一段时间。这位军医在此期间还给当地人做手术，当地人也送了梨过来作为答谢。

莫里斯·德尔莫特是个农民，上了年纪，住在方丹。他记得德国军官一开始住到法国人家里的时候就连吃饭也枪不离身。无论是不愿接待的主人，还是借住他家的宿客，随着双方后来慢慢明白这场仗也许会一拖再拖打个没完，大部分家庭还是会设法腾出地方，让给"自己的"德国客人住。德国兵保罗·哈布曾在比利时一个名叫皮拜的小村庄里住过。他写信给妻子玛丽亚，叫妻子寄一本法德袖珍字典来，说"这里的人对我们非常热情友好"。保罗·凯斯勒随军驻扎在里尔，在陆军邮局干活，看到给占领军分发的《德法常用语手册》里头说话腔调粗俗刺耳，感到十分沮丧。按照手册要求，士兵入住寄宿家庭时，如果主人不大情愿，可以说这样的话："马上带我去我的房间"……"敢让我住这么个不见光的破洞，你胆子可不小！"……"马上给我把所有房门都打开"……"我以……的名义逮捕你"。这本常用语手册很早之前就在柏林编纂完成，旨在让胜利的占领军了解一些基本用语。凯斯勒发现自己读到的是1913年发行的第33版。他在给妻子爱丽丝的信中写道："真是太棒了……只要不是法国人，就可以这么说话。我还从来没有用这样的腔调跟人说过话……其实，要做到既彬彬有礼，又保持警惕，是完全可以的。"

格奥尔·班特林26岁，是一名随军外科医生，也是团里的营舍管理员。他遇上了一个让人纠结的问题：如何在7000人口的比利时小城隆基耶尔安排驻军住宿。班特林有两个司令部的参谋要安排，还有一个步兵团，两支弹药运输队，一个炮兵分队，两个卫生连，加起来一共5000多人，外加700匹马。普通士兵睡在稻草上，凡是能住人的地方都在地板上开了铺。只有军官能够分到床睡，还可以在当地的一座古堡里用餐。巴特林在给家人的信中写道："我们在装饰华丽的餐厅里一边用餐，一边欣赏楼下花园的美景。晚餐都是

精心配制的，酒水醇美。如此待遇，简直就像贵族一样，味道感觉和端着锡盘，拿着一把锡调羹，喝战地炊事班做的那些汤还是有一些不一样。我们的这身行头跟住的环境比起来简直有天壤之别：用钉子钉住的军靴在漂亮的波斯地毯上踩来踩去；身上的军服经年累月，早已开线破烂，躺椅上铺着的却是华贵的绸缎，墙上糊着弗兰德的牛皮纸，挂毯都是哥白林挂毯，颇有年头来历。"

在每一个占领的地区，街上张贴的宣传画都在告诉人们尽管放心，只要遵守德国人的规矩，就没有什么值得害怕的。当然，反过来如果违反规矩，就有可能会被枪毙。德国人一开始努力劝说当地的男人志愿报名，参加劳役团。到了1916年，替军队干苦役已经成了义务，而且极其残酷。每个占领区每周都会点两次名。有些德军士兵对招待自己的法国和比利时房东言行举止相当规矩，通常都会得到善意的回报。可是，另外一些人则不然，只要看中什么，就会抢走，据为己有。有个士兵给朋友写信，讲起了自己在拉昂城东的经历："我们从当地人那里拿走了他们所有的皮具、罐子、铜器、软木制品、油、蜡烛架，还有厨房里的瓶瓶罐罐……全都寄回了德国。我有一回和一个同伴一起去，收获不少，在一间四面是墙的房间里发现了15件铜制乐器、一辆崭新的自行车、150套被子、几条毛巾还有6个铜烛台。你可以想象我们住的那家的那个丑老太婆看到这个，该有多么惊慌失措。我哈哈大笑起来。指挥官也很高兴。"

德军上上下下都在疑神疑鬼，不仅害怕游击队，还提心吊胆，生怕那些狡猾的鸽子会给法国人送信。身在洛林的阿道夫·斯佩曼在日记里写道，按照命令，只要看见鸽子打头顶飞过，就要打下来，"这已经成了一项颇受欢迎的运动"。"一群鸽子从身后的村里飞了起来，飞快地向西边径直飞去。这些狡猾的家伙被抓住了，虽然可怜，但总要好过德国人（死）。"占领军一旦认定占领区有人包庇藏匿游击队，就会连带惩罚。汉斯·伦施中尉是莱比锡人，在一家铁路建设公司上班，10月19日开车经过一个名叫奥尔希的村子，那里10天前被德国人一把火烧掉了："村子已经成了一堆废墟。我见到一个女人，带着个年幼的孩子，在自家房子废墟前哭哭啼啼。真是让人羞耻难过。

看到二十几个女人和孩子在房子废墟周围挖来挖去，我都快要崩溃了。可是，又有什么用？只要当地人野蛮地对待伤病员（德国人说这些都是被游击队打伤的），整个地方就会被烧成灰烬。到底是谁干的，很难找出来。99%的人都是无辜的，却要遭这样的罪。法国人民要遭受这种莫名其妙的悲惨折磨。这些地方（烧成）这样，到了冬天，日子又该怎么过？"不过，伦施并不会为财产上的损失感到良心有愧。老家的一个朋友提出给伦施的部下送一点慰问品，这位中尉打消了他的想法，说手下已经给好东西腻坏了，只要他们要什么，法国人就得给什么。"我们从不缺衣少穿。我们的人'发现'法国人并不心甘情愿把东西交出来。小伙子们在这方面有天赋。哪怕最破破烂烂的村子里头都能给你搜出一堆不错的东西来"。

10月初的一天早晨，路易·巴塔——巴塔战前在奥德做制桶匠——所在的步兵团得到换班命令。全团上下一片欢呼，上午4点便早早出发，前往马赞加尔伯的宿营地休整。全团的士兵们兴高采烈地开往后方，谁知距离马赞加尔伯还有4英里的时候竟然被叫停了下来，每人还发了两天口粮。士兵们纷纷撅起嘴巴，明白自己还得再打一仗。指挥官告诉大家必须赶在天明之前发起进攻。巴塔痛苦地写道："这就是给我们的休息——是的，对于有些人来说，这一次将会永远休息下去……可是，为什么要演这样荒诞的闹剧，为什么要耍这样可恨的诡计。那帮家伙到底在怕什么，难道怕我们兵变不成？他们也太高看了我们，真的以为我们就这样被牵着鼻子，带去屠宰场，也不会有一点抗议。我们哪里算是人，只不过是一群驮着重担的牲口罢了。"士兵们后来得知这次进攻只是为了牵制敌人，为英国人进攻拉巴塞，还有法军攻打阿拉斯打掩护，变得更加气愤。巴塔哀叹道："啊，祖国啊，他们打着你的名义，干了多少缺德事啊！"

随之而来是一场屠杀。全团士兵在前进路上经过一块甜菜地，遭到敌军火力压制，"成了德国人的活靶子"。巴塔有个战友两边脸颊，舌头连同整个下巴都被弹片打穿。巴塔想尽办法给他止血，可是怎么止也止不住。由于缺少人手抬担架，折腾一整晚才把伤员全部运到后方。巴塔的部队次日清晨重新发起进攻。团长罗蒂埃中尉明显喝了不少，显得异常兴奋，居然面对对方

火力齐射，在堑壕里大摇大摆地走来走去，手里还挥舞着一柄德军刺刀，口里念念有词，说什么要"用自己的刀亲手宰了那帮德国佬"，话刚说完才几分钟就把脑袋露出胸墙，想看个究竟，结果被一枪打中，死了。

法军好些部队里头首先发作的不是兵变，而是如何防止这帮没脑子的蠢货胡来。"有些后备役士兵，"弗朗索瓦·迈尔写道，"早就没了遵守纪律的习惯，还跟长官表示，只要下令，自己完全不在乎顶着火力往前冲——有些人甚至扬言要跑到别的连去打仗，因为其他的连管理正常一些。"路易·巴塔呆呆地看着眼前的惨象，脑海里浮想联翩："我们的博物馆墙上挂着的战争画面，还有历史书里的战斗场面，里面的指挥官一个个被描绘得身跨高头大马，阵中旌旗招展，鼓声震天，炮声轰隆，沉浸陶醉在一副英雄盖世的狂热豪情之中。可是看看今天，我们那帮伟大的司令官，还有低级别的军官们，都跑到哪儿去了？这帮人全都躲在防空洞里，忙着接电话呢。"

罗伯特·斯科特-迈克菲1907年从英国陆军退役，当时是一名中士，在军中服役了7年，大战爆发那年已是46岁，重新征召入伍，进了利物浦的苏格兰步兵团，11月去的法国。他所在的连最初经历的一系列堑壕战可以说打得最为惨烈。"连里没有一个人没病没痛，"斯科特-迈克菲12月23日给父亲写信说道，"全营上下都传染了痢疾，一连好几个星期，战斗力严重削弱。"我们沿着大路往前走，路上全是泥巴，坑坑洼洼，"好多可怜的家伙掉了队……我遇上的头一场灾难是一脚踩进了一条深沟，沟里的水足有齐腰深。没过一会儿，我又一头栽倒在了一块烂泥巴地里，背上还压着重重的背包……想站起身来，可连爬都爬不出来。"到了前线，斯科特-迈克菲的营立刻投入激战，损失不少。除了这些损失，斯科特-迈克菲悲伤地写道，似乎没人关心"透湿的衣服，好几个星期都没有机会晾干。装备丢了一半，枪也被泥巴塞住了，这些问题……利物浦苏格兰步兵团很快打得剩下没有几个……想想我这么大一把年纪，居然还没被打死，真是蹊跷"。

德国士兵克里斯滕·安德雷森目睹了战友们在皮卡第地区对一座小镇大肆抢掠，写道："战争是何等残酷无情！至美至善的价值标准——遭到践踏——基督的教义、道德、家庭，还有温情。可是，即便如此，我们这个时代还有那多有关文明开化的说教。一旦人们不能给予价值观足够尊重，就将失去对文明和其他价值观的信念。"鲁道夫·拜丁描述了在佛兰德斯见到的荒凉景象，也陷入了绝望的沉思："一切变得麻木不仁，这是人类和人类历史上干的一件蠢事，一个可怕的糟糕的玩笑，是对人类无尽的羞辱，对一切文明的否定，让人丧失了所有对于人类有能力取得进步的信心，是对一切神圣事物的亵渎，让人感觉全人类都将在这场战争中在劫难逃。"

交战双方都是残忍暴行的制造者。10月5日，吕西安·拉比负责带队押解14名德军战俘去往后方，小分队路上突然被一支塞内加尔步兵团围了起来，塞内加尔士兵执意要把德国人的耳朵割掉。经过一番激烈的扭打，这帮殖民地来的士兵才终于退去。一个大个子塞内加尔士兵向吕西安敬了个军礼，满怀惆怅地说道："哎，我的中尉啊。你好歹让我割两只耳朵回去嘛……就两只而已！"有位法国随军牧师一方面为这些殖民地士兵把德国人吓得瑟瑟发抖，拍手叫好，另一方面也在为自己的医院该如何处理伤兵感到为难："北非的黑人和他们的柏柏尔或者阿拉伯同胞一样开化……（可是）还有其他一些来自西非和法属刚果的人……真的非常原始野蛮。"很少有摩洛哥、突尼斯和阿尔及利亚这些地区来的士兵会说宗主国的语言。有个苏丹士兵受了伤，拒绝脱下衣衫，接受治疗时"像野兽一样嚎叫，还狠狠咬了护士的手一口……第二天带到操作室给伤口排脓的时候，又对乙醚管产生了兴趣，拿着放到鼻子上闻了又闻"。

一种共同的受害者意识在参战各国的军队中开始滋生，发展蔓延，渐渐超越了对国家事业的投入奉献之心，怀有这种想法的绝对不只一小撮人。英军指挥官威尔伯特·斯宾塞讲起自己有一回偶然遇见一批德国战俘，写道："这帮家伙其实待人非常友好。我很受欢迎，身边围了好多人，听我美妙的德语发音。我跟每一个人都聊了很久，还跟大伙儿保证，等到仗打完了就去柏林玩，跟大家一起喝德国啤酒。他们希望我以后能多来几次，看看他们。又是打仗，又是行军，这帮人身上的确非常邋遢，但整体来说真的相当有礼貌。"让·伯蒂是一位反战的社会主义人士，他在信中叙述了自己被德军俘虏后的生活："法国人、比利时人、俄国人，还有英国人，全都乱七八糟地睡

在一起。这是一座新的巴别塔。每个国家的人都有各自招人喜欢的地方,也有不讨人喜欢的地方;有的心地善良、诚实、干净,有的争强好胜、贪得无厌、令人厌恶。这些人以前是我们的敌人,现在却成了盟友。他们也好,我们也好,谁都说不出个所以然,只知道我们什么也不是,不过被人要么当作玩具,要么当作木偶罢了。"

阿洛伊斯·洛文施泰因11月给家里写信,提起自己的部队已经守着同一块阵地待了4个星期,接着又颇有先见之明地加了几句,写道:"真是奇怪。我们还以为来到这里才4天呢。要是4个月感觉像4天,照这么算的话,这场仗会不会打上4年呢?"身陷困境,却又无力自拔,这种低落颓丧的心境在各交战国的数百万大军中慢慢浸润开来,浸染进士兵们住着的难看的土屋子里。

第十八章
寂静的夜，神圣的夜

1914年的圣诞节来了。无论身在后方，还是远在他乡，征战沙场，欧洲各国的人们都陷入了深深的反思。如果说人们之前还在怀疑政府要自己奉献牺牲的这场战争有多么严重，那么此时此刻已经不再有丝毫疑虑。在维也纳，西格蒙德·弗洛伊德7月的时候还在对战争表示热烈欢迎，此时的笔下却已产生出强烈的反感："这些悲惨的日子，这场战争，耗去的不仅是人们的热情，还有物质财富。"理查德·梅纳茨哈根是一名英国军官，在东非的英军部队服役，对于和德国人在坦桑尼亚的坦噶召开停火谈判，态度如此温和，感到大为不解："这件事情看上去有些蹊跷，好比昨天我还想着要怎样杀死某个家伙，今天却要同对方一起吃饭。看起来太不合常理，让我怀疑我们到底是不是在打仗，还是说我们大家都犯了一个可怕的错误。"海琳·施魏达在不莱梅给在西线服役的男友写信，说道："今天这个日子，每个人的心情都很沉重。就连孩子们对幸福的期待也显得压抑了一些。"在每一个参战国，人们都给自己的战士们寄去大量圣诞礼物，仅法兰克福一地寄往前线的包裹就装了足足50节火车车厢。

各大报刊的年终评论读起来冷静而清醒。《每日邮报》发表社论："联军在1914年下半年遭遇并且挫败了德国人对于法国首都的屠杀。联军1915年的任务是将敌人逐出法国，收复比利时……在一切军事条件都对防守有利的时候，士兵们却通过连续不断的进攻取得了今天的成就，这既需要我们英国，也需要比利时和法国人民付出巨大的努力。"如果说这番论断代表了偷偷摸摸承认现实，那么仍然没有对一种观点给予认可，而这种看法在某些高级军

官当中私底下大行其道，其中尤以法金汉为代表，换句话说，就算在战场上能够打出点什么名堂来，要想真正打赢，也得花上好几年才能看到。

在德国国内，为了让民众继续支持战争，大张旗鼓地公开表示乐观被认为至关重要。柏林的《福斯报》声称：德国人民必将赢得胜利，原因显而易见，因为德国人民拥有"更加坚强的意志！……在这场史无前例的世界大战中，更加坚强的意志将确保胜利属于我们，将在这场势均力敌的较量中为我们赢得更多有利条件"。沙皇尼古拉早在大战之初就曾预言，仗一旦打起来，就很难停下来，并将随着各交战国作战目的步步升级愈演愈烈。德国开始流行起了一个新的口号——"用和平赢得胜利"。这个和平必然是胜利者主导的和平，而非谈判斡旋得来的和平。这种想法在欧洲大多数国家显而易见。每一个国家的领导者都希望停止杀戮—— 一并停止的还有庞大的开支——但是，只有在取得了足够的收获，让1914年付出的牺牲有所回报，才会收手。

英法两国一心誓要摧毁"普鲁士军国主义"，也就是说，确保战后的德国不再具备工业和军事手段发动一场新的战争。两国于是从一开始就拒绝了美国总统伍德罗·威尔逊的调停，坚持认为如果无法动摇或者击垮德意志帝国，那么取得再大的成果，也无非是给德国重新发动大战创造条件。如此说法似乎完全站得住脚，只是英法两国就此认定若要让柏林完全听命于己，就必须取得完全的胜利，在此之后再采取惩罚性的经济措施，明确保证英法两国战后的商业利益，如此结论就值得商榷了。法国总统普因加莱有意在摩泽尔河和莱茵河之间划出一个缓冲区，归联军占领。12月21日，时任法国外交部部长泰奥菲勒·德尔卡塞致电俄国政府，在电文中向俄国强调了法国的承诺："法国军队不会以阿尔萨斯—洛林一线为界，停下脚步。我们将继续前进……直到有一天，协约国各国政府能够为自己的国家赢得合法的赔偿，在欧洲创立一套新的分配体制，确保世界今后多年的长治久安。"

当然，德国人这边恰恰相反，将这场战争视为一场生存之战。"生存还是毁灭"这句老话一直被德国人民挂在嘴边。德国人有先见之明，知道战争失利必将意味着国家蒙受侮辱。这场战争即便不能说是因西欧民主国家和中欧守旧帝国钩心斗角所致，但至少在某种程度上具有如此特征。德国人一开始完全无意主导世界，可是战争的残酷事实让德国的领导人不仅开始意识到失败的可怕后果，也进一步点燃了这些人的野心，让他们妄图在赢得胜利之后更加有所企图。贝特曼·霍尔维格对于领土诉求并不太多，仍然一门心思企图利用经济手段，实现对欧洲的政治控制。不过，霍尔维格的很多同胞，尤其是那帮工业家和银行家们，则对霍尔维格仅仅建立一个欧洲消费者联盟的观念不置可否，狂热地坚持要求吞并更多领土。尤其是法金汉，他虽然对沙皇俄国没有什么企图，但在西方事务上却是一个"多数派"，对永久占领西欧有着更加深远的野心与企图。

《伦敦宣言》9月发表之际，协约国承诺不仅不会单独同敌国媾和，而且保证任何一方提出的和平条件只有在各国达成一致的情况下才能付诸实施。英法两国一直相互猜疑，生怕对方战后趁势扩展自己的帝国版图。法国的各位部长听到传言，说英国人正在和日本人协商，要以印度支那、这颗法兰西殖民帝国的珍宝为代价，换取日本出兵欧洲西线作战，巴黎立时陷入恐慌。诚然，西欧各国的确渴望日本出兵欧洲，东京方面倘若无利可图，也不会答应这样的提议。不过，英国人最后既没有给予足够许诺，日本也没有派兵参战。到了11月，英法两国又开始考虑起奥斯曼土耳其帝国一旦战败，又该如何瓜分战利品的问题来。这件事情让1915年至1916年的英法谈判变得更加麻烦不断。法国人想要将叙利亚收入囊中。英国人除开自己的清单，阿斯奎斯还同意满足俄国提出的主要要求，让沙皇得到君士坦丁堡和达达尼尔海峡。

交战各国都在极力争夺道德高地。《每日邮报》在1914年的最后几天发表文章，把德国海军野蛮炮轰斯卡伯勒，拿来和英国人圣诞节空袭库克斯港海军目标做了一番比较——后者（虽然没有击中任何目标）被认为要更加得体。"有些人还在狡辩，说什么战争本来就是惨无人道的，战争期间的行径多少有些粗暴残忍，不足为奇。库克斯港和斯卡伯勒的不同遭遇成了对这些下作言行的最好回答。反差如此之鲜明，反映出战争带来的痛苦虽然不可避免，但如果发动战争的人是守道德，讲公平的人，那么这样的痛苦就能够得到抑制和限制，而且丝毫无损于在军事上取得优势；反之，如果发动战争的是德国人，那么这种痛苦就会被无限扩大和加深"。

德军在比利时和法国北部犯下的累累暴行,让英国人的这种说法似乎至少没有字面上听起来那样荒唐。虽然,英法两国同样在道德上打了折扣,一如历次战争中的所有交战国那样,所到之处,犯下罪行,但他们的所作所为确实要比同盟国好了许多。在东线,俄国人在1914年,尤其是1915年大撤退的时候大肆迫害犹太人,在自己的记录上留下了深深的污点。不过,与德国人、奥地利人,还有土耳其人一次又一次反复制造的大屠杀相比,英国人、法国人,甚至包括意大利人,都没有在家门口干下如此惨剧。德国人后来还在占领区残暴征召大批比利时人和法国人,像奴隶一样做苦力劳工。按照同盟国的说法,是协约国实行的经济封锁才使他们的人民陷入困苦,这样做一样等同于构成战争罪。不错,海上封锁在1917之前尤为严格,此举是否合法,的确颇具争议。但是,较之对平民的蓄意屠杀,经济封锁似乎属于另外一个不同的道德行为范畴。

1914年行将结束,现实摆在眼前:无论哪一方,无论东线还是西线,都无力取得战略突破,也无法兑现承诺,只要天气条件和弹药供应许可,就会尽快发动新的攻势。我们将在下文讨论法金汉的观点,但每一位军事领导人都从1914年的经验中学到了教训,却没有一个准备承认彻底失败。只有一小部分普通市民认为不管出于任何目的,崇高的也好,不那么冠冕堂皇的也好,都不能为这场战争的代价正名。持这种观点的几乎全是社会主义分子,来自各行各业,各个国家。和平人士则认为不管停战要付出怎样巨大的政治代价,都最好就此收手,省得继续打下去,把欧洲的人文、财富与文化毁灭殆尽。这样的观点虽然在21世纪得到了人们的广泛认同,却忽视了在实际可行性与道德层面的巨大障碍。

按照马基雅维利的说法,"你大可在想要打仗的时候挑起战争,可什么时候收手,就由不得你自己做主了"。试问会有任何一个负责任的协约国政府愿意同德国和奥匈帝国进行谈判,坐下来谈一谈德皇,还有德皇手下文武百官一直追求的和平吗?凡是为了这场战争付出过巨大道德、政治和经济代价的国家,只要认为自己有可能赢得胜利,就没有哪个有意退出战争。贝特曼·霍尔维格迟至1917年才改变心意,愿意妥协求和,却因为鲁登道夫的观点占了上风，认为德国为了胜利只能拼死一搏，继续战斗，于是只好辞职下台。必须意识到，除开以牺牲盟友为代价，获取领土为战争目的，德国领导人对于内部敌人相当敏感。柏林一开始之所以做出参战决定，一个关键原因就在于希望通过击败德国的外部敌人，赢得大胜，来消灭国内显露苗头的社会主义威胁。言下之意，任何恐将政治优势拱手让与社会主义分子的结果，除非取得明显胜利，否则任何结果都是不可接受的。

反观法英两国，虽然不少人内心深处的和平呼声日渐高涨，却鲜有人愿意支持一项有利于同盟国的解决方案——凭什么要求法国人和英国人对这样的方案表示支持？进入12月，反对德国抢夺欧洲大陆霸权的呼声丝毫不比8月要低。哪怕已经付出高昂的代价亦是如此。成千上万家庭早已失去至亲至爱。毋庸讳言，第一次世界大战已经成为一场欧洲浩劫。然而，战争一旦开始，政治家们究竟该采取何种手段，在战场决出胜负之前从战争中抽身，依旧扑朔迷离，难以看清。

倘若假设英国单方面停战，或者撤军，如此一来同盟国获胜几成定局，那么这样的结局即便从英王乔治五世一己之私的狭隘角度来看都不失为一件好事。这种想法似乎是个错误。按照那帮"诗人们"的看法，协约国的战争事业固然有值得夸耀的可取之处，却因为战争的恐怖，以及众多军官的平庸而失去意义。这种看法在此之后大行其道，极大地扭曲了现代人的观念。许多英国老兵终其一生都在谴责威尔弗雷德·欧文[1]以及

---

[1] 威尔弗雷德·欧文（Wilfred Owen，1893—1918），英国士兵，"一战"期间反战诗人最著名的代表人物，早年做过家庭教师，战前开始创作诗歌，充满浪漫主义与理想主义情怀，1915年10月参军入伍，加入志愿军单位艺术家军官训练营，1916年进入曼彻斯特步兵营服役，任少尉。欧文自入伍伊始便看不起军队顺手牵羊、到处抢掠的行为作风，留下过不少讥讽挖苦的文字，后来在一次战斗中跌入弹坑，脑部受到震荡，结果被迫当炮炮弹击中，昏迷数日，人事不省，后经诊断得了"炮弹休克症"，疗养期间结识西格夫里·萨松，人生就此转向，在萨松的鼓励与影响下创作了大量现实主义作品，充分反映了堑壕战和毒气战残忍痛苦的"个人体验"，代表诗歌包括《青春挽歌》（Anthem for Doomed Youth）。1918年8月底，欧文重回前线，11月4日在法国强渡桑布尔瓦兹运河时不幸阵亡，年仅25岁，此时距离"一战"结束正好还有一个星期，死后追授中尉军衔。——译者注

西格夫里·萨松①对自己这一辈人的无端揣测。有一位修正主义者，名叫亨利·梅勒什，声称有人扬言"战争是一场无边、无用、毫无意义的悲剧，仅仅应该作为一场可悲的错误被人铭记"，自己对于这种观点完全不予认可。相反，这位老兵在1978年写道："我和那些跟我一样的人刚刚参战的时候，心里期待的是开始一段英雄式的探险历程，暗自相信我们为之奋斗的是一项正大光明的事业；虽然，我们的探险因其性质，最终归于幻灭，可我们依然坚信自己的事业是正义的，我们的斗争没有白费。"

　　不管现代读者是否认可梅勒什的观点，梅勒什的观点对于与之同时代的人来说都要比欧文、萨松等人的"无用论"更加为人接受。欧文、萨松之流没有任何一个人设计出哪怕一个可信的外交方案来结束他们笔下生动描述过的这场噩梦。几乎每一个参加过战争的人，只要心智正常，都会在战场的痛苦面前却步，和书中记录的那么多士兵一样表达对于战争的反感。可是，他们的这份情感不该遭人误读，让人以为发出这些肺腑之声的人们会坐视不管，任由敌人赢得胜利。

---

① 西格夫里·萨松（Siegfried Sasson，1886—1967），英国诗人、作家，士兵，"一战"反战诗人的领军人物，1886年9月8日出生在肯特郡，早年父母离异，跟随母亲长大，自小喜好诗歌文艺，早年作品多富于浪漫主义色彩，1914年8月英国对德宣战之时怀着满腔爱国热情参军，不料在赴欧之前因为一次意外坠马，摔断了胳膊，1915年3月加入威尔士火枪兵团第三特别预备役营，任少尉，同年11月，弟弟哈默在加里波利半岛战役中阵亡，萨松也被调往第一营，奔赴法国，在西线作战勇敢，曾经凭借几枚手榴弹，写下了赶跑60多个德军士兵，单手夺取德军战壕的英雄事迹，1916年7月获军功十字勋章。萨松在此期间作品风格开始转向，侧重描写堑壕战残忍丑陋的真实一面，借以警醒被宣传麻痹的民众。"腐烂的尸体""残缺的断肢""肮脏污秽""胆小怕死""自杀"等字眼成为萨松诗歌的标志。1917年，萨松因为战友托马斯阵亡，开始转为激进的反战人士，拒绝继续服役，对讴歌战争的宣传大肆抨击讽刺，并且发表《和战争同归于尽——一个士兵的宣言》（*Finished with the War: A Soldier's Declaration*）。萨松的思想与文字深刻影响了包括威尔弗雷德·欧文在内的一批反战诗人。战后的萨松访问笔友，巡回演讲，担任编辑，笔耕不辍，出版过包括小说体自传三部曲《舍斯顿回忆录》（*Sherston Triology*）在内的多部文集，1967年9月1日在81岁生日前夕因胃癌去世。——译者注

那么，究竟该用怎样的一种方式才能最好地避免误解产生？冬天日渐一日地冷了起来，各国军事领导人都在为将来做着打算。英国政府内部展开激烈辩论，讨论是否有必要进一步收紧对德国的封锁，毕竟目前的封锁宽松得出奇。费舍尔和海军部急于在北海布雷，从源头上切断流入德国的大量货物，其中包括煤炭、食品，还有美国出产的棉花，后者是生产炸药的关键成分之一。但是，格雷和外交部坚决反对为此与美国产生争端。美国早已放出话来，声称支持棉花出口对于美国经济至关重要。外交大臣还有其他几位大臣也反对针对荷兰采取苛刻的政策。可是，大量物质正是通过荷兰进入的德国。在外交大臣等人看来，对一个中立国如此苛刻，不免让英国颜面扫地，毕竟荷兰是为了帮助邻国才投身战争的。

一些颇具影响力的声音陆续出现，要求放弃封锁，认为封锁不但起不到效果，还将损害外交形象。大臣们发现还有一件事情让人沮丧——美国驻欧各国的领事官员们正在不遗余力地保证对德海上货运渠道畅通，保持中立的意大利则在向同盟国提供粮食和橡胶。格雷早就被这场战争折腾的情绪忧郁，行为也变得愈加古怪。他提出了一个奇怪的个人建议：对奢侈品开绿灯，任其流入德国，借以消耗德国的外汇储备。白厅还在担心封锁若是过于严格，恐导致全球金融体系崩溃，将对英国带来灾难性的后果。鉴于上述种种争议质疑，英国到了10月已经几乎放弃封锁。这不能不说是一大变数，因为海军部早在1914年之前就在一直集中精力，将经济战当作对付德国的主要武器。可是，直到12月，来自英国的商船还在鹿特丹卸载食品，其中相当一部分最终将被送进英国敌人的肚子里去。直到1917年美国参战，协约国迟来的封锁才成为最终迫使德国投降的利器。

与此同时，英国政府也在就战略展开辩论。约翰·霍恩和艾伦·克莱默写道，在1916年之前，"这场战争将因其在军事上的发展过程，使得发动战争时的道德和政治意义相形见绌，变得微不足道"。这一点在1914年圣诞来临之际已经成为事实。将士们8月的满腔浪漫理想统统破灭，取而代之的是摆在眼前、令人困惑的新现实。温斯顿·丘吉尔为老去的时代唱起了赞歌，字里行间透露出丘吉尔独有的机智，以及些许的温和自嘲："这是

一种耻辱，战争已经将充满骑士精神的冲锋陷阵抛在一旁，变成了一场贪婪、卑劣、机会主义的游街示众；已经只能去找那帮戴着眼镜的化学家，还有握着飞机和机枪操纵杆的操纵者帮忙，才能打赢……（政客们）把战争从懂得如何行军作战的行家里手和受过训练的人手中抢了过去，开始拼人、拼钱、拼武器装备，成了一件令人厌恶的事情。"丘吉尔这最后一番话道出了不少老兵真诚的怀旧情怀。当然，换作老兵的平民同胞可能会反唇相讥，声称这帮职业军人1914年的作战行动难得有一次兑现承诺，实现所谓对战争的把握。

此时此刻，英国远征军已经部署了27万士兵，编制上包括艾伦比的一个骑兵军，外加两个集团军，一个由黑格统帅，另一个由史密斯-杜利恩执掌帅印。8月以来，英国远征军已有16200名军官和士兵阵亡，47707人受伤，16746人失踪被俘。阵亡的贵族后裔共有47人，其中不少人名列150位牺牲的伊顿校友之中，这些人占到伊顿公学战时最终损失人员的15%。虽然，这些伤亡数字对于英国人来说已经足够吓人，但比起其他参战国来说却显得微不足道，这也反映出英国在1914年对战争的投入相对较小。当然，后来一切都发生了变化。待到停火之际，英国已经通过征兵前后征召了600万人入伍，占到了英国成年男性人口的四分之一，其中八分之一死在了这场大战当中。

12月20日，约翰·弗伦奇爵士去往沃尔默走了一遭，在肯特郡的海边与阿斯奎斯和基奇纳进行了一番会晤。首相及其阁僚虽然感觉被逼无奈，只能将政府大事和国家命运托付给一帮带兵打仗的外行，可是除了这帮人，又有谁对军事上的事情略懂一二呢？阿斯奎斯对于那帮高级军官在公共场合口无遮拦，同样感到忍无可忍。这帮人要么无知无畏，盲目乐观，要么就是一副大祸临头，惶惶不可终日的腔调。阿斯奎斯写道："政府应该……给打仗的那帮家伙每个人舌头上统统安一把锁，管你是陆军还是海军。"

基奇纳依旧脾气不改，和同僚下属关系疏远。难得有几个人会觉得和此君共事谈得上意气相投：年轻的西里尔·阿斯奎斯看着这位陆军元帅血色红润、青筋暴露的脸颊，不屑地写道："他这张脸活脱脱就是一副波兰铁路图。"不过，那位恩涂曼战役的胜利者①虽然资质有限，当年甚至建议把已经死去很久的苦修派领袖马赫迪的头盖骨从喀土穆运到伦敦去搞一场公开展览，却绝非一个没有脑子的傻瓜，甚至要比英国远征军的那位总司令还要审时度势得多。西里尔·阿斯奎斯的妹妹瓦奥莱特此时也在沃尔默。她告诉朋友鲁伯特·布鲁克，说约翰·弗伦奇爵士对事态发展出奇地乐观，比自己的爸爸甚至基奇纳还要乐观得多。（那位最高司令官）已经观察到德国人中间出现了不少"过劳"信号，意义重大——扬言自己在过去三周除了教育俘虏之外没有做过任何其他事情！……在弗伦奇看来，一场突然崩盘可能近在眼前，整件事情没准会在4月，要么5月发生，在没有任何人预想得到的地方，好比柏林。

这无疑进一步证明了弗伦奇的判断有多么俗套。弗伦奇之所以做出这样的判断，根本原因在于他认为英法联军策划的春季攻势将毕其功于一役，对此深信不疑。令人惊讶的是，这位英国远征军总司令并未因为自己8月以来表现一塌糊涂，尤其是在马恩河战役之前和战役期间指挥拙劣遭到撤职查办。弗伦奇在11月提到了法军指挥官们的表现，措辞之卑劣，对于一位战时陆军总司令来说简直不可饶恕："说到底，法国佬的水平实在太低。你得时时记住，那帮法国将军都是些什么货色出身。"即便如此，弗伦奇仍然保住了位置，因为英国政府对于到底该如何打赢这场战争依旧判断不清。包括丘吉尔在内的许多政府官员仍然抱有错觉，认为约翰爵士是一位有能力的指挥官，只是被那些胆小无能的盟友辜负连累罢了。即使是基奇纳本人，也觉得自己有必要在9月的上议院发言上替弗伦奇美言几句，夸一夸后者展现出来的卓越领导才华，"冷静的勇气"和"高超的技巧"，而这完全是歪曲事实。约翰爵士指挥错漏百出，就1914年担任司令官这一段时期而言，可以说毫无作为，之所以没有改变历史进程，这是因为英国远征军远无这般强大的力量足以决定战争的胜负输赢。即便如此，让弗伦奇继续留任最高司令官，对于其麾下

---

① "恩涂曼战役的胜利者"（Victor of Omdurman），即基奇纳。1898年9月2日，基奇纳率军在喀土穆附近的恩涂曼村击败了苏丹军队，此役基奇纳旨在为戈登复仇，充分展现了英军作为一支现代军队在武器装备，战术素养各方面的巨大优势。——译者注

的军官将士们来说却是一个巨大的不幸。弗伦奇的继任者黑格虽然在现代人眼中是一个冷酷无情的人，也绝对谈不上军事史上的所谓名将，却是一个治军有方的有才之士。

阿斯奎斯本人倾向于乐观看待问题，较之西线，更多受到东线战事的鼓舞。他在沃尔默度完周末之后曾向维尼西亚·斯坦利透露，"看来好像有些确凿的理由，让我觉得奥地利有意自作主张，单独媾和"。阿斯奎斯有时候会有不少古怪的想法。就在那年冬天的一个晚上，他告诉斯坦利，自己在唐宁街的位置被赫伯特·塞缪尔给抢了过去，在谈到赫伯特的时候还用上了哈尔王子①的一段话："一个犹太人，一个希伯来的犹太人！"阿斯奎斯虽然在打仗这件事情上一没本事，二没天赋，还是在首相位置上一直待到了1916年12月。当然，为阿斯奎斯辩护的人可能会说法国、俄国、德国、奥地利还有意大利政府在战争开始的头几年里也不比英国自由党政府有任何高明之处。

反观内阁其他人，丘吉尔尽管对于战争热情不减，到了这个时候也开始担心西线一旦陷入僵局，数百万士兵就只能"嚼着铁丝网过日子"。首相阿斯奎斯在12月5日写道："（温斯顿）脑袋里想法很多，现在关注起了土耳其和保加利亚，打算大干一场，在加里波利半岛和达达尼尔海峡来一次冒险，我对此完全反对。"丘吉尔对自己在海军部里的位置感到愈加无趣，提不起劲来，一心渴望获得军事指挥权。他在战后声称，1914年冬天没有举行英法战略会议是一个极大错误。丘吉尔此言不虚。协约国之间的合作支离破碎，一开始更多考虑的是到哪里筹措资金，而非如何打赢战争。英国的盟友们认为，既然英国兵员贡献相对较小，那么就应该至少支付大部分账单。英国也的确这样做了，尤其是给法国提供贷款。可是，英国人与此同时没有采取任何行动，解决联军在法国各自为政引发的严重问题，只是到了1918年3月德国大举进攻，危在旦夕之际，才做了44个月前该做的事情，把英军交由法军最高统帅福煦元帅指挥。

---

① 哈尔王子（Prince Hal），即未继承王位之前的英王亨利五世，语出莎士比亚《亨利四世》。——译者注

丘吉尔有关西线陷入僵局的看法，得到了英国最负盛名的演说家和最具名望自由党政治家的认同。劳合·乔治早就对英法联军领导能力持怀疑态度，认为长此以往势必引发轻慢侮辱。劳合·乔治致函阿斯奎斯，写道："除非政府当机立断，把握当前局势，否则我对战争前景着实感到不安。看不到任何迹象表明我军领导者和指挥者能够拿出什么方案让我们摆脱当前的尴尬局面。若非亲眼见到这帮人如此鼠目寸光，我也万万没有想到有人坐在这样重要的位置上，竟然会这样缺乏远见。"

这位内阁大臣有意在巴尔干半岛开辟新的战线：出钱出力，支援塞尔维亚人、希腊人和罗马尼亚人的军事行动，同时寻求借道叙利亚，打击土耳其。劳合·乔治认为如果军队领导者能够更富想象力，就能找到路子，避免重大伤亡，尽快赢得对同盟国的胜利。劳合·乔治的看法虽然大错特错，可他在此后的一生当中依旧热情不改，坚持己见。丘吉尔虽然多少认同劳合·乔治的观点，却有更多保留。他在战后写道，"要想打胜仗，就得杀人，就得用计。越是伟大的将军，在计谋上下的功夫越多，就越不需要依靠杀人来打胜仗。"丘吉尔本人直到"二战"期间仍然心存幻想，认为如果采取的军事手段足够高明，就有可能以较小代价赢得胜利。可惜，对于20世纪那些工业大国之间的较量来说，他的看法是错的。

《将军》（*The General*）一书发表于1936年，C. S. 弗雷斯特[①]在书中用轻蔑的笔触成功刻画了一个战时英国军官的形象。作者将"一战"期间的指挥官比喻成粗野之人，一心只想凭借蛮力，东找一个支点，西找一根杠杆，把螺丝钉从木头里撬出来。真是可惜得很，弗雷斯特如是写道，这些人看不透事实，不懂得只要轻轻扭动，哪怕花上小小的一点儿力气就能够把螺丝钉取出来。弗雷斯特关于战时领导者的这种看法恰好代表了丘吉尔和劳合·乔治

[①] C. S. 弗雷斯特（Cecil Scott Forester）为英国小说家塞西尔·路易斯·史密斯（Cecil Louis Smith, 1899—1966）的笔名。史密斯擅长写战争小说，代表作包括《霍雷肖·霍恩布洛尔》系列小说（*Horatio Hornblower Series*）。《将军》一书讲述了一个名叫赫伯特·寇松的英国军官在"一战"中的经历，该书在当时赢得好评如潮，也得到了丘吉尔和劳合·乔治等人的认可。——译者注

的看法，并在此后赢得广泛认同。不过，如果正像当前许多"一战"研究者所说的那样找不到办法"扭螺丝"，没有办法确认什么才是可靠的方法打破僵局，又该如何是好？

寄望通过在达达尼尔海峡发起一场奇袭，就能打垮土耳其，这很可能只是一种不切实际的妄想，哪怕在加里波利半岛的战役进展要顺利一些，恐怕也难以达到目标。英国为了保护帝国切身利益、好比苏伊士运河，势必要同土耳其人兵戎相见。可是，就算英法联军1915年通过军事行动在黑海赢得出海口，但能否达到让土耳其人投降的地步，这一点依旧存疑。有了畅通无阻的海上通道，能够自由出口海外，俄国本可从中获益匪浅，尤其是粮食出口这一块。可是，即便真的通过达达尼尔海峡派遣兵力，打赢西线战争，就能保住沙皇政权，这似乎不大可能。体制的无能严重拖了俄军后腿。不仅如此，1915年至1916年期间，西方盟国一直缺少军需用品来补充自己的军队，勿论为俄国人提供足够装备，改变历史进程。伦敦倒是传出过一些有力的声音，有意让俄军士兵使用英国生产的武器，这样一来，省得英军西线增兵，自然也不会产生那么可怕的"伤亡名单"。如此做法不免讽刺，自然不了了之。英法两国对土耳其联合动武，击败奥斯曼帝国之后大肆劫掠，真正影响深远的是中东日后的命运走向，而非这场战争的胜负输赢。

西线作为大战的主战场，1914年至1918年间发生的大规模战役如此之多，在胜负揭晓之前，大量死人几乎不可避免。1939年至1945年的情况同样如此：即便西方盟国的人员损失大幅缩水，也不能反映领导能力比"一战"有所改善，只能说明在这第二轮大战中俄国人承担了更多责任，自然也付出了更大牺牲。只有在1944年的诺曼底登陆战中，英美两国大批军队与德国国防军在前线局部阵地展开直接交锋，某些部队的步兵损失率才能与1916年相提并论。这样惨重的伤亡一直持续到德军防线被突破，艾森豪威尔的大军能够充分发挥自身出色的机动能力才告一段落，而这样的战况在第一次世界大战中根本就不存在。

1914年的各位指挥官当中，霞飞因为提出"第17号计划"，遭到的攻击指责最多。可是，这位法国最高统帅倘若少了这份固执——你愿意的话，

第十八章
寂静的夜，神圣的夜
·····················

也可称之为坚持目标的力量——之后的马恩河反击战恐怕就不会取得胜利。1914年冬，随着霞飞在这场巴黎郊外与毛奇的意志大战中取得至关重要的胜利，其本人作为法国战争总指挥的地位从此不再受到挑战。10月的第一次伊普尔战役让人看到，法金汉比起他的协约国同行来没有丝毫高明之处，根本拿不出办法来赢得胜利。虽然，德军在体制上要优于敌人，但是德皇的军事将领们没有一个显示出所谓的天赋将才来。哪怕是鲁登道夫，战术上堪称大师，战略上也不过是一个拙劣的泛泛之辈而已。

英法联军的指挥官们为了夺回被德军占领的比利时和法国东部，从1914年9月开始就在一直忙个不停——他们必须面对一些基本困难：有些地方非攻不可，德国人却能够随心所欲，想守就守，觉得有利可图的时候甚至可以拱手相让。为英国人在战场上赢得更多份额，成了道格拉斯·黑格爵士1916年到1918年的重任——黑格此时已经接替弗伦奇·约翰爵士成为英军总司令。黑格1914年10月在伊普尔的经历对他本人的作战思路影响巨大。每每想起德国人当时距离突破防线只有一步之遥，黑格就会认定决心与毅力，也就是说意志上的优势对进攻一方赢得决定性结果有多么重要。不过，在今人看来，西线交战双方在1918年之前发起了一波接一波那么多攻势，却没有任何一次能够成为决定战争胜负的定手。只有待到德国精疲力竭，美国参战，英军在作战方法上有了明显改善——黑格对此完全可以认为是自己的功劳——胜利才有了成为现实的可能。

这世上从来就没有可靠的捷径可走。正如乔治·奥威尔在一代人之后的睿智评论所言，要想尽快结束战争，只有一个方法，那就是投降认输。战斗在西线的将军们如果能够更加珍惜士兵们的生命，对于士卒的牺牲表现得不那么明目张胆地冷酷无情，他们的声誉在今人眼中会高得多。但是，这些将军们到底有何妙策良方，能够打破僵局，确实难以看出。在1918年之前，摆在协约国面前的选择基本上只有一个，要么容忍默许德国掌握欧洲大陆霸权，要么拿起武器，予以反抗，继续承受可怕的代价。无论当时，还是今天，倘若有人认为还有第三条路可走，那只能说是一厢情愿，自欺欺人。

法国作为大战主战区，付出了极其惨痛的代价。法国不仅最终动员兵力

要比任何一个交战国都多，达到800万之巨，也是几个大国当中损失比例最为惨重的一个。来自法国各大城市的士兵死亡人数达到130万，占到应征士兵总数的16.5%。相比之下，德国损失为15.4%，英国为12.5%，奥匈帝国12.2%，俄国11.5%，意大利只有10.3%。法国死亡人数占到总人口的3.4%，这个比例仅次于塞尔维亚和土耳其——土耳其的死亡数据因为一场自导自演的恐怖行径掺加了不少水分，一百多万亚美尼亚人死在了同国土耳其人的刀下——另有300万法国士兵受伤：应征入伍者中有40%遭受了这样那样的伤亡，军官有五分之一非死即伤。即便如此，回到1914年12月，法国人虽然和其他每一个国家的人民同样明白自身处境有多么悲惨，但他们保留了巨大的意志与决心，只有在1917年的兵变叛乱中才露出疲态。

在哈布斯堡帝国，弗兰茨·约瑟夫的不少臣民都承认这场战争是一场灾难；俄国人还在一厢情愿地希望匈牙利没准会单独媾和。到了12月，奥地利人伤亡已过百万，其中18.9万人死在了与俄国人的战斗中，在加利西亚前线上集结的兵力只有30.3万人。康拉德一面催促柏林抓紧增派援军，大胜仍然可期，另一方面也在警告，倘若援军不能及时赶到，奥地利将在来年开春垮台，退出战争。再看俄国，俄军最高统帅部虽然此时正在紧锣密鼓，积极策划在东普鲁士发起一轮新的攻势，但俄国人相信只要再在加利西亚打上一两场大仗，奥地利人就将被彻底击败。虽然，俄国人也对自己蒙受的损失感到沮丧，对于战争的低落情绪弥漫整个沙皇俄国，但除了那帮革命者之外，没有任何明确派别会吵着闹着，要求不惜一切代价停战谈和。

1914年冬天，德国经历了国家领导层会议上迄今为止最为严重的一场纠纷。德皇抱怨自己被排除在战略决策体系之外。"总参谋部什么都不跟我说，有任何事情，也不来找我。"德皇11月6日的话说得煞有其事，口气愤怒："要是有人以为在德国是我在管军队，那真是大错特错。"不过，威廉二世手中还保留了一项重要权力——总参谋长的任免权，总参谋长的一切命令都以德皇作为最高统帅的名义发布。由此在德皇麾下各军事将领之间产生的分歧不和影响重大，将一直持续下去，直到大战结束。

德国的军事将领们将在接下来花上四分之一个世纪的时间去为自己的军

队为何无力在1914年赢得历史性胜利寻找替罪羊。毛奇显然是最好的人选。不过，法金汉的声望由于10月比利时前线进攻失败，招致巨大损失，因此一落千丈。1914年的最后4个月里，德军伤亡高达80万，其中军官1.8万人；战殁者多达11.6万人。总参谋长在提到德皇时写道："陛下情绪极其低落。认为在伊普尔的进攻已经失败，感到万分悲痛。难过到了这个地步，这场仗也……这是最高阶层在道德上的失败。"不仅如此，法金汉对于同盟国必将战胜协约国的信念也开始产生严重动摇。

法金汉提出的解决方案颇为激进——与俄国单独媾和、赔款，但绝不割地。在法金汉看来，如果东线德军能够调至西线，法军将很快垮掉。法金汉将英国视为德国的"头号敌人"，对《福斯报》的观点表示赞同："世界战争的驱动者是英国。时至今日，这一点已经毋庸置疑，得到各方共识。数百万无辜的人们因为重商主义深受其害——是他们养肥了伦敦的那帮富商，还有那帮富人对钱财的可耻贪婪。战争对于英国来说只是一门生意，是一场商业竞争，旨在通过战争的手段摧毁竞争对手，而这个对手就是德国。"

11月18日，法金汉将建议递交给了贝特曼·霍尔维格，提出东线停战。这位帝国首相听后，大吃一惊。他与总参谋长意见恰恰相反，一直以来都将俄国视为德国利益不可调和的威胁，对于凡是保留俄国实力的建议，一律不予接受。霍尔维格要法金汉好好看一看协约国9月刚刚签署的协定，各方明文约定，不得单独媾和。霍尔维格对康拉德提出的警告同样心有余悸，深恐德国如果不及时增派援兵，奥匈帝国将难以为继。12月初，贝特曼前往司令部，亲自拜访兴登堡，在司令部与鲁登道夫就一众问题进行了探讨。那位将军可是性情冷酷之人，常常感到时不待人，容易情绪激动，心里始终抱着一个念头不放，认为只要再增加兵力，就能够击败俄国，如此一来，才有希望在西线赢得胜利。鲁登道夫看不起法金汉，1915年1月甚至带着几个师去了康拉德那里，既没有问过法金汉的意见，事先也没有打过一声招呼，自此之后便一门心思想把那位总参谋长拉下马来。

贝特曼回到柏林时对"东线战友"充满了信心。汉斯·冯·海夫顿少校身为鲁登道夫在首相府的联络官，为了撤掉法金汉，让那位坦嫩贝格大捷的

将军取而代之，可谓四处奔走，不遗余力地大力游说。贝特曼虽然对此表示同意，却遭到德皇否决。德皇显得异常激动，言之凿凿地宣称，自己永远也不会对鲁登道夫这样的"可疑人物"委以重任，这样的人"早就被个人野心完全吞噬"。为了绕开威廉二世行事，前帝国首相比洛亲王和提尔皮茨元帅还讨论起了是否有可能宣布德皇精神失常，由其子代为摄政，兴登堡出任皇家总管。兴登堡和鲁登道夫甚至一度想把毛奇召回来，重新扶上总参谋长的位置，作为傀儡，任由二人摆布。

虽然这样的讨论没有任何结果，但毕竟反映出了弥漫在柏林政治层中的绝望情绪，而此时距离德意志帝国政府满怀热情地在欧洲挑起战事才刚刚过去五个月。前线一旦陷入僵局，紧随其后的必然是德国领导人之间的僵持不下。贝特曼开始对法金汉大肆抨击，称其为"赌徒……一个卑鄙之人"，并且疯狂支持向东线投入更多兵力，坚持认为将在波兰为德国赢得战争胜利。非但如此，这位帝国首相还亲自拒绝建议，拒不认为同盟国应该接受事实，承认胜利遥遥无期，至少在东线寻求和平。颇具讽刺意味的是，就在协约国认为德国是受到穷兵黩武的普鲁士好战派摆布控制的同时，在1914年冬天对于任何谈判妥协不置可否，断然拒绝的却是贝特曼这样一位政治官员。

与此同时，法金汉由于没有像兴登堡和鲁登道夫那样赢得过重大胜利，结果声望日减，个人威信一落千丈，陷入困境。虽然，老谋深算的法金汉机敏地意识到自己有责任实现不可能的任务，但他在1915年至1916年还是保住了位置。这位总参谋长在鲁登道夫的要求面前被迫做出让步，以西线为代价增兵东线。法金汉虽然看到自己的判断是正确的，援兵对于改变战局起不到任何作用，但这样的满足除了聊以自慰以外毫无意义。德国人一次又一次击败俄国人，抢得大片土地，最终在1918年2月通过签署《布列斯特–立陶夫斯克条约》确认了胜利。签约的另一方则是布尔什维克党人。

俄国在这场大战中一共损失了650万人。这个数字虽然不一定可靠，但估计是各交战国当中最高的。不过，鲁登道夫误以为战胜沙俄的军队就能够决定整场世界大战的胜负，他的想法错了。法金汉说得对。将东线胜利置于广袤的俄罗斯大地上不过是一种虚幻的表象罢了，毫无意义。法金汉后来在1916年因为没能拿下凡尔登而被解职。兴登堡走马上任，成为陆军总参谋长。鲁登道夫作为第一军需主任，成为实权拥有者。然而，历史终将证明，这场罗曼诺夫王朝军队覆灭的最终受益者并非霍亨索伦帝国，而是布尔什维克的革命党人。

随着圣诞临近，教皇本笃十五世公开号召各方在神圣的基督节日来临之际暂时停战。教皇的呼吁虽然很快遭到各国政府和指挥官的拒绝，但士兵们更加乐意接受。于是乎，交战各方——除开塞尔维亚，其他各条战线上都有不少士兵停止敌对——在1914年圣诞节不约而同地选择了停火休战。这一现象令后人不禁浮想联翩，认为这反映出战争既没有真正的敌人，也没有真正的目的，因此毫无意义。如此结论其实完全说不过去，因为停火背后并无特殊意义可言。多少世纪以来，很多战争中都出现过如此这般充满友爱的插曲，却根本无法阻止士兵们在此之后继续互相残杀。1914年12月之所以迸发出多愁善感与自怜自哀的情绪，其始作俑者几乎全是德国士兵，只不过反映出一个事实：在圣诞来临之际，几乎每一个基督教文化的信徒都渴望待在家中，与心爱的家人待在一起，现实却是数百万人在异国他乡的屠戮战场，在雪地与污泥中挤作一团，瑟瑟发抖。如此境遇让人一时之间不由得心生怜悯，某些人于是做出一些充满人性的举动，可是之后又回归常态，继续遵照自己国家领袖们的意志，开始日复一日的野蛮屠杀。

12月24日，一个名叫卡尔·穆勒格的巴伐利亚士兵步行整整9英里，走到科米讷，在那里买了一棵小松树，接着返回了前线的部队。穆勒格扮演起了圣诞老人，邀请连长点亮圣诞树上的蜡烛，为自己的战友、德国人民和世界人民祈求和平。就在穆勒格的防区，午夜12点过后，德法两国士兵在无人区碰头聚会。迪克斯梅德附件的比利时士兵也干了同样的事情：他们爬出阵地，朝着伊瑟河对岸的德国人大声喊话，要对方给自己在占领区的家人寄明信片。几个德国军官走了出来，要求见一位比利时随军牧师。军官们给了牧师一个领受圣餐的容器，这还是他们的部下在迪克斯梅德战役中找到的。容器被放在一个粗布麻袋包中，系在一根连接水道两岸的绳子上。比利时人把布袋拉到了自己的岸边，显得非常感激。

在加利西亚，圣诞节当天，奥地利军队得到命令，除非遭到挑衅，否则不得开火。俄国人同样表现出了克制。包围普热梅希尔的一些俄国士兵把三棵圣诞树放在了无人区，还附上了一张字条，上面写着给对手的话，语气相当客气礼貌："普热梅希尔的英雄们，祝你们圣诞快乐，希望我们能够尽快达成和平协议。"双方士兵在无人区见了面。俄国士兵用面包和肉同奥地利士兵交换香烟还有荷兰产的杜松子烈酒。几天之后，当沙俄士兵庆祝属于自己的东正教圣诞节时，哈布斯堡王朝的军队也同样还之以礼。

在西线好些地段，双方士兵在各自的堑壕里展开了一场歌唱比赛。好比德军第二近卫兵师就唱了《平安夜》和《圣诞夜》两首歌,还在低矮的胸墙上插了一棵圣诞树。法国士兵齐声高歌之后，德国士兵则以"感谢新恩"回应。这场"歌唱大赛"很快变得越来越有民族色彩：法国人高唱起了《马赛曲》，德国士兵回以《守卫莱茵河》和《德意志高于一切》，唱完之后还三呼德皇万岁。

亚历山大·约翰斯顿写了这么短短几个字："这是我服役期间过的第一个，也希望是最后一个圣诞节。"在距离伊普尔不远的地方，威尔伯特·斯宾塞写道："我看见德国人的战线点起了一连串亮光，有9到10个。我猜可能是圣诞树，我猜得没错……到了圣诞节那天，我们听见有人在大喊'圣诞快乐'，于是在木板上用德语写了'圣诞快乐'几个字，举起来给对面看。这个时候，谁也没有放枪，慢慢地两边越来越多的人开始露出头来。他们那边有两个人走到分界线中央，喊我们派一个军官过去。我走了过去，原来他们希望停火4个小时，把我们死的人抬过来，好让我们埋掉。要知道，几天前我们刚刚发起过一次猛烈进攻，伤亡惨重。我跟他们谈妥了安排，接着——好吧，我想你永远也不会想象会有这样的事情发生——我们两边都从堑壕里走了出来，走到中间，大家见面，握了握手，祝对方圣诞快乐，还聊了起来。"

法军第99步兵团的士兵们也有着类似经历，谁知到了元旦当天，停火竟然被德国人猛烈的炮火给打断了，感觉受到了冒犯。第二天一早，一位巴伐利亚中尉赶紧跑了过来，为头一天的所作所为解释道歉。中尉满怀愧疚地说道，自己的上级长官看到大家表现得这么友好，吓了一跳，毕竟打赢这场仗才是正事。德军有个团在报告中描述了另外一起类似事件。事情发生在距离比亚什不远，就在索姆河的阵地上。有几个法国步兵朝着迎面走来的德国人挥手致意，有个法军上校以为对方会派一名军官来跟自己会面。"过来的是预备役中尉沃格尔，第15步兵营的一个连长。两边的军官在各自防线的中间碰头见面。法国上校提出现在过节，大家不如暂时停火。沃格尔没有答应。上校随后又说，至少能够把尸体埋了。有一个法国兵死在了双方战线的中间，尸体丢在那里已经好长一段时间。沃格尔答应了建议。尸体是两个法国兵和两个德国兵一起埋的。"报告虽然对于没能阻止双方示好表示遗憾，有一点倒是写得相当明确：营指挥部已经对参与违纪行为的几名军官士兵进行了处罚。

杰尔维·莫里隆当年刚刚20岁，在给父母的信中写道："那些德国兵挥舞着白旗，大声喊着'同志、同志，出来见个面'，看见我们没动静，不敢出来，于是朝着我们走了过来，全都没有带武器，一个军官走在前头。我们身上虽然不算干净，可他们比起来实在脏得让人想吐。我跟你们说这件事，千万不要告诉任何人。这件事情我们就连其他士兵都不能提。"莫里隆后来死在了1915年。还有一个士兵，名叫古斯塔夫·贝尔蒂埃，25岁，写道："圣诞节那天，德国兵打了个信号，想跟我们聊一聊。那个德国人说他们不想开枪……早就厌倦了打仗。他和我一样也结了婚，成了家。除了和英国人，德国人跟法国人没什么过不去的。"贝尔蒂埃后来在1917年6月阵亡。

不过，善意并非随处都在。10岁的法国男孩伊夫斯·孔加尔住在色当，刚刚开始打仗的时候还感到极其兴奋，现在却要在德军占领之下过圣诞。孔加尔在圣诞节当晚的日记里写道："希望明年会比刚刚过去的这一年好一些。天气好冷。爸爸被抓走了，关了整整一个晚上。晚上12点连弥撒都没有做……那帮外国人在老街上横冲直撞，所有人都不敢开口说话，也见不到开心的笑脸……这就是谁最厉害，谁说了算；是侵略人，是搞破坏；饿了的人在哭，连一块面包都没有；我恨那帮家伙，他们偷了我们的东西、烧了我们的房子，还把我们关起来；我们种的卷心菜、大蒜，还有其他所有东西都被

那帮强盗抢走了，害得我们国没有国，家没有家。"

英国掷弹兵团第二营圣诞节当天有三人战死，两人失踪，另有19人受伤；还有一个因为冻疮发作，被送去了医院。第二天早上又有22个人因为同样原因进了医院。二营28日的作战日志写道："这个晚上真是糟糕透顶。浑身上下都湿了个透，到处都是泥巴。天上电闪雷鸣，落着冰雹，大雨倾盆，狂风大作，时不时还有人在放冷枪。"在弗朗索瓦·迈尔防守的地段，德国人在80码开外的堑壕里高声喊着"弗朗索瓦，去死吧！"之类的话语。临到元旦前夜的午夜12点，德国人发起了一波齐射，法军士兵齐声高唱《马赛曲》作为回应。迈尔写道："子弹从耳边呼啸而过，听到士兵们用雄壮嘹亮的歌声作为回应，我感到深深触动。我们歌声刚停，他们那边就唱起了'恺撒万岁！'"由于双方指挥官刻意回避，在大战接下来的几年里再也没有出现过如此大规模的圣诞节休战。即便如此，仍然无法阻止双方在局部范围达成非正式谅解——双方此后一直都在努力"活下去，也让对手活下去"，这也成为这场战争几乎每条战线上不变的特点。

大战结束之后，奥地利中尉康斯坦丁·施奈德回顾自己的经历，发现了一个奇特的现象。这个现象在大多数战争中，随着最初的新鲜期过去都能找到，但在这场战争中表现得尤为明显："对我来说，没有任何事情是新的；一切似乎都是重复，之前体验过的感受重新再来一次罢了。打仗成了一件令人厌倦的事情。"公海舰队的士兵理查德·斯图姆夫也有同样感受，他在1914年圣诞刚刚过去那天的日记里写道："管他发生什么，都没有什么值得一提的。难道要我写自己每天的任务吗？那样写出来的东西只会一模一样，天天不变。"

有个法国作家，名叫查斯特内，圣诞节前夜在《人民的权利》一文中写道：法国的教堂自打8月以来人就多了不少，要比20世纪中期以来的任何时候都多。"人们出于恐惧，才来祈祷。随着越来越多的人开始习惯这场战争……我们会看到回来的人越来越少，一切也将归于平常"。查斯特内所言不虚。头一次为阵亡的本地士兵举行葬礼，全村的人差不多都前来参加吊唁。可是，随着这样的事情变得平常，来的人也越来越少。1914年早些时候，法国乡下不少地方接纳了来自比利时和法国西北部的难民，圣诞节之前已经多达300万，让为难民提供食宿的人简直不堪重负。越来越多城镇村庄开始拒绝这些外来难民，谴责难民们像蝗虫一样——有的邋遢，有的缺德，有的专干坏事，还有的干不了农活，一无是处。

回到8月，当时地方上的市长们还会庄重地穿上黑色外套，戴上勋章，披上象征职位的肩带，挨家挨户地上门告诉失去亲人的悲痛消息。可是，5个月过去，许多这样的大人物就将这个任务丢给了当地的老师。有这么一件事情，有个女人，名叫玛丽·普利松丽埃，住在伊泽尔省一个叫作拉瓦当的村子里。村里的邮递员上了前线，普利松丽埃就承担起了送信的任务。至于为何选中普利松丽埃，据说因为她似乎是传达这类坏消息的最佳人选，毕竟这种坏消息来得实在太过频繁。普利松丽埃说道："人们的反应各不相同，这是常事。有人听到消息，情绪激动，歇斯底里，但大多数人表现出来的反应是一种麻木的震惊，似乎对此早有准备。"拉瓦当全村有400人应征入伍，最终牺牲的有30人，还有100多人受伤。玛丽·普利松丽埃还在村里的礼堂主持例常宣讲会，借助地图和报纸给大家分析战事进展。一开始来参加的人很多，后来随着前方战事进入胶着，前来听讲的人越来越少，最后甚至来不了几个。无论是身在后方的普通人，还是像康斯坦丁·施奈德那样在战场上拼命的，每一天过得都像是生命中的最后一天。

待到1914年年底，除了一小部分参战的，对于其他任何人来说，这场战争已经不再像之前那般有趣，也不再有什么利益可图。相反，成了一种责任，一种令人作呕的责任，与之俱来的是多多少少得学会忍耐和压抑。在东线，虽然统治者们有不同想法，但哈布斯堡帝国和沙皇俄国的士兵们都乐于见到和平，管他什么条件都无所谓。反观在西线作战的士兵，虽然对于自身所处环境心灰意冷，却没有几个打算就此放弃胜利，在敌人的无理要求面前低头认输。士兵们面对一场还要继续持续46个月的战争，表现出了非比寻常的决心，愿意受苦，愿意服从，如果有必要的话甚至愿意去死。对于后人而言，夸海口这样做似乎是一种幻想，当年的那些人却表现得像蛮牛一样倔强蠢笨。有一种观点认为，协约国应该接受德国的霸权，作为交换条件，让自

己从佛兰德斯的泥沼里抽身出来，这样的代价并无不公。可是，这种观点不仅把事情看得过于简单，而且疑点重重。对于当时为英国、法国和比利时战斗的人来说，绝大部分人都不会接受。更何况，这样的建议意味着放弃战争。德国直到1918年在战场遭遇失利，才打算结束在比利时和法国东部的残酷占领，放弃追求统治权。

塞尔维亚在1914年为了反抗奥地利入侵，付出了惨重的代价。在接下来的几年里，这个国家惨遭同盟国蹂躏，残存的塞尔维亚军队被迫遭到流放。塞尔维亚人即便彻底失去了自己的国家，也始终没有放弃与协约国并肩作战，这也为塞尔维亚人在和平到来之际赢得了历史上最有名的皮洛士式胜利——塞尔维亚人实现了自己宏伟的抱负，成立了南斯拉夫，获得了哈布斯堡帝国东部的大片土地。他们建立的这个国家此后经历了70多年的风风雨雨。罗马尼亚同样如此，虽然1916年因为加入协约国作战损失惨重，却在和平到来之际赢得了应得的回报——不过，正如后来历史所证明的那样，这些土地超出了罗马尼亚人能够掌控的能力。意大利人在1915年参战，目标明确，就是为了获取领土。他们同样从哈布斯堡帝国那里拿到了属于自己的一份，其中包括的里雅斯特港。不过，这些领土让意大利人付出了46万条生命的代价。1918年10月7日，俄国、哈布斯堡王朝和德国三家治下的波兰联合宣布成为独立国家。波兰人同俄国布尔什维克党人一直战斗到1921年，才守住了自己的边界。1918年10月28日，捷克斯洛伐克共和国在布拉格宣布成立；11月1日，匈牙利宣布脱离奥匈帝国独立。芬兰、爱沙尼亚、拉脱维亚和立陶宛随后也相继宣布独立。

美国在大战开始的头33个月内，向英法盟友和德国两家同时出售武器和货物——只不过对德规模稍微小那么一点点儿而已——攫取了巨大的经济利益。1917年4月，美国宣布参战，虽然军事意义微乎其微，但由此在道义与工业力量上对战争结局产生的影响至关重要。协约国在最需要的时候增强了信心，同盟国的士气则遭到适时打击。美国的一臂之力不只弥补了沙俄1918年3月退出战争的损失，还为协约国注入了更多力量。在这场冲突的各大交战国当中，日本是唯一一个完完全全得到了1914年加入协约国作战时想要得到的利益，而付出的人员财产损失几乎可以忽略不计。正因为如此，日本人比其他任何国家都更有理由庆幸自己参加了这场战争。在战败者当中，这场战争夺走了哈布斯堡帝国150万军人的生命，德国有200万，土耳其死了77万。随着霍亨索伦王朝垮台，威廉二世的帝国成为共和国，这和哈布斯堡帝国覆灭之后奥地利的情况一模一样。大英帝国牺牲人数超过100万，其中80万来自联合王国；俄罗斯和法兰西两大帝国各自付出了约170万人的代价。布尔什维克人发动革命，结束了罗曼诺夫王朝统治，使得英王乔治五世成为欧洲大陆上唯一一位大国君主。

后人一直以来都对一个问题感到疑惑不解：这些列强的领导者们，当中绝大多数人并不比他们的现代同僚更加愚蠢，也不比他们更坏，怎么能够允许这样一场战争爆发，而且一打就是4年。把1914年欧洲各国的统治者，尤其是奥地利和德国的领导者斥为"形同梦游"，这样的指责似乎并不恰当，因为这表明这些人对于自己的所作所为没有意识。倒不如称之为"矢口否认"更加合适，因为他们宁愿一意孤行，坚持推行极度危险的政策战略，也不愿意接受事实，承认这些政策与战略难以实现目标，即便重新来过，也只能归于失败。第一次世界大战的最直接原因就在于德国选择支持奥地利入侵塞尔维亚。德国人之所以这样做，是因为他们相信不管奥地利人的入侵行动会引发何种更大规模的冲突，同盟国都有能力赢得胜利。给沙皇及其文武大臣标上愚蠢甚至鲁莽的标签，这一点倒是说得过去。沙俄为了塞尔维亚参战，结果却让自己本就岌岌可危的政权陷入灭顶之灾。不过，沙俄此举是针对奥地利先发制人做出的回应，道德谴责的矛头首先应该对准维也纳才对。还有另外一个要素促成了这场灾难，那便是德军在体制上的狂妄自大，具体体现在毛奇本人的人格缺陷之上。毛奇一心梦想毕其功于一役，而非直面一系列悬而未决的危机，如此操之过急的心态在维也纳和柏林的行动中体现得淋漓尽致。这样的心态同样体现在圣彼得堡和巴黎的所作所为之中，只是没有维也纳和柏林那样明显罢了。

诚然，尽管，或者说正是因为将大量精力耗费在了战争宣传之上，停战过去还不到10年，当初带领国民，投入战争的那个英国政治集团就已经明

显失去了信任,不少曾经为之奋战的人也不再怀有信心,士兵们尤其如此。当他们回到家乡,眼前的社会道德衰退令人望而却步。有人将这种生疏感归结于士兵们参加的这场战争。笔者的爷爷曾经是一名炮兵军官,名叫罗尔夫·斯科特·詹姆斯,提到一位老战友在1923年说过的一番话:"我们中间有些人可能会觉得自己打了一场毫无意义的仗。"斯科特·詹姆斯补充道:"说这番话的人语气中没有丝毫因为绝望带来的愤怒。只是微微耸了耸肩,表明自己早已清醒过来。"回到那个时代,比起文中提到的亨利·梅勒什等人来,这样的观点依然只属于少数人。但是,在接下来的几十年里,越来越多的人开始产生出一种观点,认为英国及其盟友拿起武器去打这样一个敌人,与下一代人为了反抗纳粹英勇奋战相比起来,根本就不值得。前后两种观点反差如此巨大,在很大程度上是受到了现实影响:当士兵们1918年从法国凯旋返乡之际,却发现社会并未有所进步,给予不了自己想要的胜利果实,不免心灰意冷。反观1945年回家的那帮人,迎接他们的是一个工党政府,承诺的是要把英国建设成为一个福利国家。在21世纪的今天,大多数英国人只要一说起祖国在"二战"当中扮演的角色仍然感到无比骄傲自豪,可是只要一提起1914年抵抗德国侵略的事情,就极力想要岔开话题,避而不谈。

现在看来,德国应当为这场战争承担主要责任,这仍然是占有压倒性优势的观点。德国即使没有密谋发动大战,可是拒绝动用自己的力量,让奥地利悬崖勒马,阻止战争爆发。柏林即使没有策划一场欧洲全面大战,可是希望欧洲大战成为现实,因为德国相信自己一定能够取得胜利。德国领导人犯下的最大错误在于,透过武力的棱镜来审视自己的宏伟抱负,以为只有通过战争,才能保全并且扩张自己的权力,却严重低估了本国的经济和工业能力。德皇威廉、贝特曼·霍尔维格,还有毛奇都试图像俾斯麦一样给予对手无情一击,赢得荣耀,却忘记了俾斯麦本人从未这样做过。

战争一旦开始,如果还像不少生活在21世纪的人那样想当然地以为无论哪一方获胜,结果都将大同小异,那么这种看法可以说完全错误。协约国1919年在凡尔赛达成的和平协定固然愚蠢,但如果反过来,由德国作为战胜者来制定和约条款,那么欧洲的自由、公正和民主必将付出惨重代价。德国

"一战"期间追求的领土目标丝毫不逊色于其领导者"二战"期间热衷的那些诉求。正因为如此，1914年至1918年间发生在欧洲的这场战争固然是一出悲剧，这一点毋庸置疑，但倘若就此将之描述得无足轻重，则大错特错。只可惜，这种以人的性命为代价，衡量军事战争对错与否的观念已经深深植根于后人的脑海当中。只要承认德意志帝国不配赢得胜利，那么那些为了阻止德国获胜，在这场最终取胜的战争中为之奋斗，甚至为之牺牲的人们所付出的努力就没有白费。否则，任何战争中的任何牺牲统统无非只是一声叹息罢了。

【完】